Thomas Dreiskämper
Grundlagen der Medienbetriebslehre

Thomas Dreiskämper

Grundlagen der Medienbetriebslehre

Band 1: Ökonomische Rahmenbedingungen von Medienunternehmen

2., aktualisierte und vollständig überarbeitete Auflage

DE GRUYTER
OLDENBOURG

ISBN 978-3-11-154698-8
e-ISBN (PDF) 978-3-11-154899-9
e-ISBN (EPUB) 978-3-11-154946-0

Library of Congress Control Number: 2025936141

Bibliografische Information der Deutschen Nationalbibliothek
Die Deutsche Nationalbibliothek verzeichnet diese Publikation in der Deutschen Nationalbibliografie;
detaillierte bibliografische Daten sind im Internet über
http://dnb.dnb.de abrufbar.

© 2025 Walter de Gruyter GmbH, Berlin/Boston, Genthiner Straße 13, 10785 Berlin
Einbandabbildung: scanrail/iStock/Getty Images Plus
Satz: Integra Software Services Pvt. Ltd.

www.degruyter.com
Fragen zur allgemeinen Produktsicherheit:
productsafety@degruyterbrill.com

Vorwort zur 2. Auflage

Da Vorworte in der Regel nicht oder kaum gelesen werden, fasse ich mich so kurz, wie es mir sinnvoll erscheint.

Die Neuauflage dieses Lehr- und Lernbuches ist eine Folge des Einsatzes der ersten Auflage im Lehrbetrieb. Viele Studierende haben in den vergangenen Jahren angemerkt, dass der Lehr- und Lernstoff, den dieses Werk vermittelt, mit Lösungsskizzen zu den Kapitelfragen erweitert werden könnte, um den Lernprozess noch weiter zu verbessern. Dieser Anregung bin ich gefolgt. Außerdem werden alle betriebswirtschaftlichen Grafiken und benutzten mathematischen Formeln im Detail und leicht verständlich erklärt. Die zahlreichen Merksatzkästchen ergänzen die Lernunterstützung.

Die grundsätzliche Ausrichtung, weitgehend nur medienwirtschaftliche Beispiele innerhalb des BWL-Stoffes abzuarbeiten und dabei nicht nur die Großindustrie zu berücksichtigen, ist beibehalten worden. Außerdem werden auch VWL-Stoffe erläutert, soweit sie Einfluss auf den medienwirtschaftlichen Alltag haben oder für das Verstehen von Zusammenhängen wichtig erscheinen. Natürlich sind auch alle branchenwirtschaftlichen Daten und Fakten aktualisiert worden.

Diese **völlig überarbeitete, aktualisierte und** auch **die Digitalwirtschaft stärker betonende Neuauflage**, die neu strukturiert und dadurch in drei Bände gegliedert wurde, ist ausschließlich am Lernerfolg ausgerichtet. Sämtliche Kapitel sind einleitend mit einer Übersicht über den jeweils behandelten Stoff angereichert. **Merksätze, Tabellen und Grafiken** fassen das zu vermittelnde Wissen zusammen und erläutern es. Das macht das Erkennen, Lernen und Behalten von Wesentlichem leichter. **Jedes Kapitel ist autonom geschrieben**, d. h. alle für das Verständnis notwendigen Inhalte werden kapitelintern beschrieben. Es ist also nicht zwingend notwendig, vor- oder nachgelagerte Kapitel gelesen zu haben, um die jeweils beschriebenen Sachverhalte verstehen zu können. Natürlich werden trotzdem kapitelbezogene Hinweise gegeben, wenn inhaltlich Querverbindungen existieren.

Für **Studierende** sind die **Lernkontrollfragen** am Ende eines jeden (Unter-)Kapitels sowie die **Lösungsvorschläge** am Ende des Buches gedacht. Den vielen **Lehrkräften** für medienwirtschaftliche Module mag dieses Buch helfen, praxis- und branchennahe BWL- und teilweise auch mikroökonomische VWL-Beispiele nicht selbst suchen und ausarbeiten zu müssen. **Praktiker** können ihr branchenspezifisches oder -übergreifendes Wissen auffrischen und ihr Know-how theoretisch fundieren.

Band 1: Ökonomische Rahmenbedingungen von Medienunternehmen
erläutert die Grundlagen der Medien-BWL als Wissenschaft und beschreibt sowohl betriebswirtschaftliche Begriffe und Belange als auch wichtige, auf betriebswirtschaftliche Entscheidungen einwirkende Zusammenhänge aus der volkswirtschaftlichen Perspektive. Erläutert werden hier auch alle Konstrukte, die die Medienwirtschaft zu einer besonderen Industrie machen: Mediengüter, Medienunternehmen,

https://doi.org/10.1515/9783111548999-202

Medienbranchen/-gattungen und Medienmärkte. Im Anschluss daran werden zentrale Paradigmen der Ökonomie hinsichtlich ihrer Tauglichkeit für die Erklärung medienwirtschaftlicher Phänomene hinterfragt.

Im zweiten Teil geht dieser Band ausführlich auf alle relevanten Besonderheiten von Mediengütern ein und beschreibt, wie Medienunternehmen ihre Leistungsorganisation ausrichten können. Abschließend werden alle Rechtsformen, die Medienunternehmen annehmen können, aufgezeigt und erläutert. Beendet wird der Band mit Lösungsvorschlägen zu allen Lernkontrollfragen.

Band 2: Umfelder von und Managementaufgaben in Medienunternehmen
erläutert im ersten Teil die Umfelder, in die Medienunternehmen eingebettet sind und beschreibt, welche allgemeinen und welche spezifischen Besonderheiten Medienabsatzmärkte charakterisieren. Unterschieden wird dabei zwischen Märkten, die keinen werbebestimmten Netzwerkeffekte unterliegen (Buchmarkt, Musikmarkt), denen mit schwach werbebestimmten Netzwerkeffekten (Film- und Game-Markt sowie die Paid-Content-Plattformen) und denen mit stark und sehr stark werbebestimmten Netzwerkeffekten (aktuelle Printmedien-, Rundfunk- und Social Media-Plattform-Märkte). Im Anschluss wird dargestellt, wie Geschäftsfelder aufgebaut und praktisch geplant werden.

Der zweite Teil befasst sich mit dem Aufbau von Geschäftsmodellen und welche Besonderheiten hier zu beachten sind.

Im dritten Teil werden die Entscheidungsbereiche, die das strategischen Management von Medienunternehmen bestimmen, hinsichtlich ihrer spezifischen Aufgaben und Strategieoptionen erläutert. Abgerundet wird die strategische Sicht auf Medienunternehmen durch die detaillierte Vorstellung aller wichtigen Werkzeuge, derer sich das Management zur Planung und Steuerung von Medienunternehmen im Betriebsalltag bedient (ABC-, Five-Forces-, PEST-, Portfolio-, SWOT-, VRIO-Analyse etc.). Beendet wird auch dieser Band mit Lösungsvorschlägen zu allen Lernkontrollfragen.

Band 3: Zentrale Betriebsfunktionen in Medienunternehmen
beschäftigt sich mit den einzelnen Funktionsbereichen in Medienbetrieben. Diese operative Perspektive umfasst im ersten Teil die Themen Beschaffung und Personalwesen. Der zweite Teil zeigt auf, wie Investitions- und Finanzierungsentscheidungen hergeleitet werden. Der dritte Teil widmet sich der Leistungserstellung und zeigt auf, wie einerseits die Einzelfertigung (Produktion von Unikaten) und andererseits die industrielle Produktion der Massenmedien organisiert und analysiert wird. Insbesondere mit Blick auf die industrielle Vervielfältigung von Mediengütern, werden die einschlägigen Analysemodelle der Produktions- und Kostentheorie ebenso abgearbeitet, wie die Bestimmung von Minimalkostenkombinationen. Der vierte Teil widmet sich den Themen Umsatz- und Gewinnoptimierung und rundet damit die Erläuterungen zur Produktions- und Kostentheorie aus dem dritten Teil ab. Im fünften Teil wird der Marketing-Mix als Basis der Leistungsverwertung erläutert. Der sechste und letzte Teil rundet die Darstellung der Betriebsfunktionen mit Erläuterungen zur Dokumen-

tation und monetären Analyse der Wertschöpfung ab und führt in das Controlling sowie das interne und externe Rechnungswesen ein.

Damit gibt der dritte Band einen fachlich umfassenden Einblick in die Tätigkeiten innerhalb der zentralen primären und sekundären Aktivitäten von Medienbetrieben. Beendet wird auch dieser Band mit Lösungsvorschlägen zu allen Lernkontrollfragen.

Gedankt sei an dieser Stelle vor allem den zahlreichen Studierenden für ihre Anregungen. Meiner Tochter Jeanne danke ich für das Lektorat der juristischen Ausführungen zu den Rechtsformen der Unternehmen. Meinen Töchtern Aline und Tessa danke ich für den Verzicht auf gemeinsame Stunden während der Schreibphase und meiner Tochter Lisa danke ich für die beiden Enkel, die sie mir „geschenkt" hat. Den Verlagsmitarbeitern danke ich für die professionelle Unterstützung.

Abschließend sei angemerkt, dass in diesem Werk, immer dann, wenn es aus lese- und verständnistechnischen Gründen sinnvoll erscheint, nicht gegendert, sondern das generische Maskulinum verwendet wird. Weibliche und anderweitige Geschlechteridentitäten sind immer und ausdrücklich mitgemeint, soweit es für die Aussage Sinn macht.

Velbert 2025, Thomas Dreiskämper

Inhalt

Teil I: Medienwirtschaftliche Fragestellungen und Erkenntnisgegenstände

Verzeichnis der Abbildungen

Alle Abbildungen im Buch sind, sofern nicht anders gekennzeichnet, eigene Darstellungen.

https://doi.org/10.1515/9783111548999-204

Verzeichnis der Tabellen

Alle Tabellen im Buch basieren, sofern nicht anders gekennzeichnet, auf eigenen Schemata und Daten.

https://doi.org/10.1515/9783111548999-205

Abkürzungsverzeichnis

AdöR	Anstalt des öffentlichen Rechts
AfA	Absetzung für Abnutzung
AG	Aktiengesellschaft
AktG	Aktiengesetz
AO	Abgabenordnung
AR	Aufsichtsrat
ARPU	Average Revenue Per User
Art.	Artikel
ATL	Above-the-Line
BDZV	Bundesverband Deutscher Zeitungsverleger e.V.
BE	Break-Even
BFH	Bundesfinanzhof (oberste deutsche Gerichtsinstanz für Steuer- und Zollangelegenheiten)
BGB	Bürgerliches Gesetzbuch
BSC	Balanced Scorecard
BTL	Below-the-Line
BVDA	Bundesverband Deutscher Anzeigenblätter e.V.
BWL	Betriebswirtschaftslehre
CD	Compact Disk
CFROI	Cash-Flow Return on Investment
CLV	Customer Lifetime Value
CPA	Cost per Action
CPC	Cost per Click oder Cost per Conversion
CPI	Cost per Interest
CPL	Cost per Lead
CPM	Cost per Mille (= TKP)
CPO	Cost per Order
CPV	Cost per View
CRM	Customer Relationship Management
CVA	Cash Value Added
DB; db	Deckungsbeitrag, Stückdeckungsbeitrag (Deckungsspanne)
DBR; dbr	Deckungsbeitragsrate; Stückdeckungsbeitragsrate
DG	Distributionsgrad
DQ	Distributionsqualität
DTO	Download to Own
DTR	Download to Rent (Zeitspanne von etwa 24 oder 48 Stunden, oder Streaming-Angebote)
DVD	Digital Video Disc oder Digital Versatile Disc (digitales, vielseitiges optisches Speichermedium)
E (bzw. U)	Erlös (= Umsatz)
EBIT	Earnings Before Interest and Taxes
EBITA	Earnings Before Interest, Taxes and Amortization
EBITDA	Earnings Before Interest, Taxes, Depreciation and Amortization
EK	Eigenkapital
EST	Electronic sell through (Download to Own; eine Unterform von Video on Demand)
EStG	Einkommensteuergesetz
et al.	et alii (und andere)
EU	Europäische Union
EVA	Economic Value Added

https://doi.org/10.1515/9783111548999-206

f.	folgend
FCC	First Copy Costs (Produktionskosten für das Urmaster)
ff.	fortfolgend
FFA	Filmförderungsanstalt
FK	Fremdkapital
Forts.	Fortsetzung
FSK	Freiwillige Selbstkontrolle der Filmwirtschaft
GbR	Gesellschaft bürgerlichen Rechts (auch: BGB-Gesellschaft)
GE	Geldeinheit
GenG	Genossenschaftsgesetz
GF	Geschäftsfeld
GG	Grundgesetz
GK	Gesamtkapital
GmbH	Gesellschaft mit beschränkter Haftung
GmbHG	Gesetz betreffend die Gesellschaften mit beschränkter Haftung
GoB	Grundsätze ordnungsgemäßer Buchführung
GRP	Gross Rating Point (Maßzahl für Werbekontakte)
GRS	Grenzrate der Substitution
GWB	Gesetz gegen Wettbewerbsbeschränkungen (Zentralnorm des Kartell- und Wettbewerbsrechts)
HF	Hörfunk
HGB	Handelsgesetzbuch
Hrsg.	Herausgeber
HV	Hauptversammlung
i. d. R.	in der Regel
i. e. S.	in engeren Sinne
IfM	Institut für Mittelstandsforschung Bonn
IFRS	International Financial Reporting Standards
Inc.	Incorporated (amerikanische Bezeichnung von im Handelsregister eingetragen Kapitalgesellschaften)
InsO	Insolvenzordnung
ISIC	International Standard Industrial Classification
IVW	Informationsgemeinschaft zur Feststellung der Verbreitung von Werbeträgern e.V.
JuSchG	Jugendschutzgesetz
K; k	Kosten (Gesamtkosten); Stückkosten (Durchschnittskosten)
K'	Grenzkosten
Kap.	Kapitel
KDB	Kundendeckungsbeitrag
K_f; k_f	fixe Gesamtkosten (Fixkosten); fixe Stückkosten (fixe Durchschnittskosten)
KG	Kommanditgesellschaft
KGaA	Kommanditgesellschaft auf Aktien
KI	Künstliche Intelligenz
KKV	Komparativer Konkurrenzvorteil
KKW	Kultur- und Kreativwirtschaft
KLR	Kosten- und Leistungsrechnung
KMU	Kleine und mittlere Unternehmen
KPI	Key Performance Indicator
K_v; k_v	variable Gesamtkosten; variable Stückkosten (variabel Durchschnittskosten)
LMA	Landesmedienanstalt

LpA	Leser pro Ausgabe
Ltd.	Limited (Formzusatz zur Private Limited Corporation, der engl. Form der GmbH)
MA	Marktanteil (absoluter)
MaFo	Marktforschung
Mio.	Millionen
MKK	Minimalkostenkombination
MMOG	Massively Multiplayer Online Game
MoPeG	Modernisierung des Personengesellschaftsrechts
MP3	Verfahren zur Speicherung und Übertragung von Musik auf Computern, Smartphones, im Internet und auf tragbaren Musikabspielgeräten (MP3-Player)
MP4	Standardisiertes Video-Containerformat, das auf dem Apple-QuickTime-Dateiformat basiert
Mrd.	Milliarden
NetzDG	Netzwerkdurchsetzungsgesetz
NGO	Non-Governmental Organisation
NIÖ	Neue Institutionenökonomik
NpM	Nutzer bzw. Unique User pro Monat
OHG	Offene Handelsgesellschaft
o. Jg.	ohne Jahrgang
o. S.	ohne Seite
OTC	Opportunity to Contact (Durchschnittskontakte; medienneutral gemessen)
OTH	Opportunity to Hear (Durchschnittskontakte im Hörfunk)
OTS	Opportunity to See (Durchschnittskontakte im Fernsehen)
PA-Fkt.	Preis-Absatz-Funktion (siehe auch p(x))
POS	Point of Sale
PR	Public Relations
PublG	Publizitätsgesetz
p(x)	Preis-Absatz-Funktion (Preis ist abhängig von der Menge)
RBeitrStV	Rundfunkbeitragsstaatsvertrag
ReWe	Rechnungswesen
RF	Rundfunk
RFinStV	Rundfunkfinanzierungsstaatsvertrag
RMA	Marktanteil (relativer)
RoI	Return on Investment
RSTV	Rundfunkstaatsvertrag
RW	Reichweite
SchG	Schulgesetz
SCI	Social Climate Index
SE	Societas Europaea (Europäische Form der AG)
SGF	Strategisches Geschäftsfeld
SJCR	Strategic Job Coverage Ratio
SMM	Social-Media-Marketing
SVoD	Subscriptional VoD (Abonnements)
TKG	Telekommunikationsgesetz
TKP	Tausend-Kontakt-Preis
TMG	Telemediengesetz
TNP	Tausend-Nutzer-Preis
TVoD	Transactional VoD (Einzeltransaktionen)
TV	Television
U (bzw. E)	Umsatz (siehe auch Erlös)

UG	Unternehmergesellschaft (Variante der GmbH)
UGB	Unternehmensgesetzbuch
UNO	United Nations Organization (Vereinte Nationen)
UrhG	Urhebergesetz
USK	Unterhaltungssoftware Selbstkontrolle
u. v. a. m.	und viele andere mehr
VDZ	Verband Deutscher Zeitungschriftenverleger
VGR	Volkswirtschaftliche Gesamtrechnung
VkF	Verkaufsförderung
VoD	Video on Demand
VVaG	Versicherungsvereine auf Gegenseitigkeit
VWL	Volkswirtschaftslehre
WMK	Wirtschaftsministerkonferenz
X	Digitale Kommunikationsplattform (vormals: twitter)
x(p)	Nachfragefunktion (Menge ist abhängig vom Preis)
ZG	Zielgruppe
zit. n.	zitiert nach
ZMG	Zeitungs Marketing Gesellschaft mbH & Co. KG

Anmerkungen zum 1. Band

Der erste Band ist in zwei Teile gegliedert. Teil I befasst sich einführend in das ökonomische Denkuniversum mit den grundsätzlichen Fragestellungen und Erkenntnisgegenständen der Medienbetriebslehre.

Hier liefert das erste Kapitel zunächst ausführliche Erläuterungen zur Medienbetriebslehre und ihrer Abgrenzung zur Medienökonomie und zum Medienmanagement.

Im zweiten Kapitel wird der Gegenstandsbereich der Medienbetriebslehre vorgestellt. Damit einher geht die Erläuterung grundlegender Begriffe und Konzepte ökonomischer Disziplinen; angefangen mit der Vorstellung der Akteure auf den Märkten, über die Erläuterung des Güterbegriffs bis hin zur Ausdifferenzierung ökonomischer Zielsetzungen.

Im dritten Kapitel werden die Ausführungen aus dem zweiten Kapitel auf die Medienwirtschaft übertragen. Es wird erläutert, was Medienprodukte und Mediendienstleistungen ausmacht (worin ihre Besonderheiten liegen), welche spezifischen Eigenschaften Medienunternehmen charakterisieren, wie die Medienwirtschaft im Kontext der BWL und der VWL eingeordnet wird und wie Medienbranchen, Mediengattungen und Medienmärkte ausdifferenziert werden.

Im vierten Kapitel werden die klassischen Lehrsätze (Paradigmen) der Ökonomie vorgestellt und dahingehend untersucht, ob oder wie weit sie auch für die Medienwirtschaft Gültigkeit besitzen. Es wird sich zeigen, dass zentrale Annahmen und Forderungen im Umfeld von Medienangeboten relativiert werden müssen; z. T. ihre Gültigkeit sogar verlieren.

Teil II befasst sich mit den konkreten Herausforderungen der Medienwirtschaft und erläutert ausführlich die Besonderheiten, die Mediengüter und Medienunternehmen zu ganz außergewöhnlichen Erkenntnisgegenständen machen.

Kapitel fünf – als erstes im zweiten Teil – befasst sich dementsprechend mit der Darstellung der unterschiedlichen Facetten von Mediengütern und der Problematisierung der aus diesen Eigenschaften resultierenden Konsequenzen für das Management von Güterangeboten.

Kapitel sechs ist den strategischen Zielsetzungen von Medienunternehmen, die sich aus den unterschiedlichen Perspektiven ihrer Ausrichtungen ergeben, gewidmet. Dies ist notwendig, weil sie sich deutlich von herkömmlichen Zielsetzungen nicht medgetragener Leistungsanbieter unterscheiden.

Kapitel sieben gibt abschließend einen Überblick über die Rechtsformen, die Medienunternehmen wählen können und vermittelt einen Einblick in die unterschiedliche Verfasstheit und die daraus resultierenden Unterschiede in der Ausgestaltung von Eigentumsverhältnissen und der Risikoverteilung.

Kapitel acht schließt den Band ab mit Lösungsskizzen zu allen Lernkontrollfragen, die zu jedem einzelnen Kapitel angeboten werden. Diese Lösungsskizzen dienen

https://doi.org/10.1515/9783111548999-207

der Überprüfung des Lernerfolgs für diejenigen, die die Lernkontrollfragen eigenständig erarbeitet haben.

Ich wünsche allen Lesern eine spannende Lernexperience auf ihrer Reise in und durch die Medienbetriebslehre. In zwei weiteren Bänden wird diese Reise gemäß dem Leitgedanken „der Weg ist das Ziel" komplettiert.

Thomas Dreiskämper

Teil I: **Medienwirtschaftliche Fragestellungen und Erkenntnisgegenstände**

1 Die Medienbetriebslehre als Wissenschaft

Der Begriff Medienbetriebslehre ist ein Kompositum und setzt sich aus drei Begriffen zusammen: Medien, Betrieb und Lehre. Wie in germanischen Sprachen üblich, bestimmt das Erstglied eines zusammengesetzten Begriffes das Zweitglied und dieses wiederum – wenn vorhanden – das Drittglied. Die Grammatik spricht hier von einem Determinativkompositum, weil ein Über- und Unterordnungsverhältnis in der Wortzusammensetzung aufgezeigt wird. Es liegt also eine Wortkomposition vor, bei der ein Wortteil (Basiswort) durch einen anderen Wortteil (Bestimmungswort) näher bestimmt wird (vgl. Kessel/Reimann 2005: 104). Das letztgenannte Substantiv, „Lehre", das als Basiswort die Bedeutung des gesamten Begriffs bestimmt, verweist darauf, dass angeleitet, unterwiesen und vermittelt wird. Der dem Basiswort vorangestellte Begriff, „Betrieb", spezifiziert, dass sich diese Lehre mit Betrieben beschäftigt. Und das wiederum dem Begriff „Betrieb" vorangestellte Bestimmungswort „Medien" spezifiziert, dass sich die hier gemeinten Betriebe mit Medien beschäftigen.

Letztendlich handelt sich also um eine Betriebswirtschaftslehre (BWL), die sich ausschließlich mit den Problemstellungen von Betrieben beschäftigt, die Medien produzieren oder bereitstellen. Die **Medienbetriebslehre** wird mitunter auch **Medienbetriebswirtschaftslehre**, **Medienbetriebsökonomie** oder **Medienwirtschaftslehre** genannt. Betriebswirtschaftslehren, die sich mit Betrieben aus einer ganz bestimmten Branche beschäftigen, gehören zu den „Speziellen Betriebswirtschaftslehren".

Wird die Medien-BWL als Wissenschaft hinsichtlich ihrer Verortung und Arbeitsmethodik betrachtet, ergeben sich folgende Themenfelder, die auch im Einzelnen hier in den Unterkapiteln beschrieben werden (vgl. Themenkasten).

Themen von Kap. 1: Verortung und Arbeitsmethodik der Medien-BWL
- **Verortung der Medien-BWL im Wissenschaftskanon**
  Die Medien-BWL als Geisteswissenschaft im Umfeld der Wirtschaftswissenschaften.
- **Spezifische Abgrenzung der Medien-BWL**
  Die Medien-BWL als Institutionelle BWL grenzt sich ab von der Medienökonomie und dem Medienmanagement.
- **Komplementärwissenschaften bilden ein Erkenntnisrahmen**
  Die Vermarktung von Medien öffnet Fragen, die die Medien-BWL nicht beantworten kann.
- **Die Arbeitsweise der Wissenschaft ist reglementiert**
  Die Medien-BWL bildet Theorien, um Handlungsempfehlungen abgeben zu können.

1.1 Die Medienbetriebslehre im System der Wissenschaften

Wissenschaften haben die Aufgabe, Erkenntnisse über die Wirklichkeit bzw. Ausschnitte der Wirklichkeit zu gewinnen. Sie untersuchen und beschreiben Sachverhalte systematisch, intersubjektiv und mit nachvollziehbaren Methoden, um Erkennt-

https://doi.org/10.1515/9783111548999-001

nisse über die wesentlichen Eigenschaften, kausalen Zusammenhänge und Gesetzmäßigkeiten ihrer Erkenntnisgegenstände zu gewinnen. Insofern ist Wissenschaft ein System von Produktion, Sammlung und Ordnung von Wissen (vgl. Schülein und Reitze 2016: 22 ff.), umschreibt also ein konkretes Tun (Forschen und Lehren). Dieses Tun umschreibt das Bemühen um Erkenntnisse und wird in unterschiedliche wissenschaftliche Disziplinen differenziert. Die Erkenntnisse werden schlussendlich in Form von Begriffen, Hypothesen, Theorien, Gesetzen und Maßbestimmungen fixiert. Die Inhalte, die im Zusammenhang mit der Medien-BWL innerhalb dieses Kapitels vermittelt werden, zeigt der Themenkasten für dieses Kapitel.

> **Themen von Kap. 1.1: Die Spezifik der Medien-BWL als Wissenschaft**
> – **Die Medien-BWL ist eine deskriptive Wissenschaft**
>   Die Aufgabe besteht in der Beschreibung, Erklärung, Erkenntnisgewinnung und -anwendung.
> – **Die Provenienz liegt in den Realwissenschaften**
>   Die Medien-BWL ist eine am ökonomischen Geschehen ausgerichtete Geisteswissenschaft (Wirtschaftswissenschaft).

Die Erkenntnisgewinnung verfolgt grundsätzlich drei unterschiedliche Aufgaben: sie **beschreibt** Sachverhalte oder Phänomene (deskriptive Funktion), sie **erklärt** sie (explikative Funktion) und/oder sie **wendet** sie **an** (pragmatische Funktion). Die deskriptive und explikative Funktion führt zur Theorieenbildung. Die wissenschaftlichen Theorien und Aussagen selbst werden unterteilt in „wahrheitsfähige Aussagen" und „nicht-wahrheitsfähige Aussagen". Wahrheitsfähig ist eine Aussage dann, wenn sie überprüft werden kann; wenn sie also verifiziert (die Richtigkeit bewiesen) oder falsifiziert (die Aussage widerlegt) werden kann. Zu den wahrheitsfähigen Aussagen gehören alle empirischen (aus Erfahrung und Beobachtung gewonnenen) und auf Logik beruhende Aussagen. Sie beschreiben Zustände, wie sie sind und können überprüft werden. Zu den nicht-wahrheitsfähigen Aussagen gehören alle normativen (wertenden) Aussagen. Das sind Aussagen darüber, wie etwas sein soll. Solche Aussagen sind Ausdruck von Wertsetzungen, da sie auf Werturteilen beruhen, wahrheitsfähig sind sie nicht.

Je nachdem, welche Sachverhalte untersucht werden, sind unterschiedliche Wissenschaften zuständig. Obwohl es aktuell keine allgemeingültige Systematik der Wissenschaftsdisziplinen gibt, soll hier eine Typologie angeboten werden, die weitestgehend konsensiert ist. Diese Typologie fasst die Wissenschaften in zwei große Gruppen: die Formalwissenschaften und die Realwissenschaften (vgl. Abb. 1.1).

Formalwissenschaften beschäftigen sich mit Fragestellungen, die abstrakte und logische Zusammenhänge untersuchen. Zu den Formalwissenschaften gehören die Mathematik, die Logik und die Philosophie. Den Formalwissenschaften gegenüber stehen die **Realwissenschaften.** Zu den Realwissenschaften gehören die drei großen Gruppen der Naturwissenschaften, der Geistes- bzw. Kulturwissenschaften und die Humanwissenschaften gehören. Die Naturwissenschaften, wie z. B. die Astronomie, die Physik, die Biologie oder die Chemie zeichnen sich dadurch aus, dass ihr Forschungsgegenstand die belebte und unbelebte Materie ist. Ziel ist es hier, gesetzmäßige Zusammenhänge in der Natur zu beschreiben, zu erklären oder anzuwenden. Die Humanwissenschaften zählen Wissenschaften, die sich mit dem Menschen als Forschungsobjekt befassen. Die Kulturwissenschaften (auch Geisteswissenschaften genannt) beschäftigen sich mit Fragestellungen und Gegenstandsbereichen, die bspw. mit kulturellen, historischen, politischen oder medialen Phänomenen zusammenhängen. Auch die Sozial- und die Wirtschaftswissenschaften gehören in dieser Systematik zu den Geisteswissenschaften (vgl. Anzenbacher 1981: 22).

Die wirtschaftswissenschaftlich ausgerichteten Disziplinen beschäftigen sich mit Fragestellungen, die den rationalen Umgang mit Gütern, die nur beschränkt verfügbar sind, thematisieren (vgl. hier und fortfolgend Dreiskämper 2013: Kap. III). Die beiden Kernbereiche der **Wirtschaftswissenschaften** bilden die Volkswirtschaftslehre (VWL) und die Betriebswirtschaftslehre (BWL). Während die VWL einerseits grundlegende Zusammenhänge und Gesetzmäßigkeiten aggregierter Systeme (z. B. die Volkswirtschaft) untersucht (Bereich Makroökonomik) und andererseits das Verhalten einzelner Wirtschaftseinheiten beschreibt (Bereich Mikroökonomik) und drittens, die Regeln des Zusammenarbeitens analysiert (Neue Institutionenökonomik), untersucht die BWL die wirtschaftlichen Zusammenhänge und Gesetzmäßigkeiten in konkreten oder idealtypischen Unternehmen und liefert Erkenntnisse über betriebliche Strukturen und Prozesse. Hierbei werden die gesamten unternehmensinternen Entscheidungs-, Organisations- und Planungsprobleme der Wirtschaftssubjekte explizit in die Betrachtung mit einbezogen (vgl. Abb. 1.1).

Herausforderungen, die über alle Betriebe hinweg untersucht werden können, werden in der Allgemeinen BWL untersucht. Fragen, die nur für bestimmte Unternehmen oder Unternehmensteile relevant sind, werden in der Speziellen BWL beantwortet. Eine Übersicht über die wirtschaftswissenschaftlichen Disziplinen, Themenfelder und Fragestellungen zeigt Tab. 1.1.

Die Fachgebiete innerhalb der **Speziellen BWL** können noch einmal dahingehend differenziert werden, ob einzelne Betriebsfunktionen analysiert werden sollen oder ob das Erkenntnisinteresse branchenwirtschaftlicher Natur ist. Gilt Ersteres, rücken die einzelnen Unternehmensfunktionen der Leistungserstellung (z. B. die Produktion) und Leistungsverwertung (z. B. der Absatz) sowie die betriebsbegleitenden Funktionen (z. B. das Rechnungswesen und die Finanzierung) oder die Koordination und Steuerung des Unternehmens (Unternehmensführung) ins Zentrum des Untersuchungsinteresses. Gilt Letzteres, dass also branchenwirtschaftliche Interessen in den Fokus rücken, dann werden die Betriebe als Teilnehmer besonderer Märkte (z. B. Medienwirtschaft, Bankenwirtschaft, Industrie oder Handwerk etc.) betrachtet. Diese auch „institutionelle Sicht" auf die Unternehmen genannte Perspektive macht Sinn, weil Unternehmen in unterschiedlichen Branchen häufig auch speziellen Bedingungen ausgesetzt sind und auf diese branchenspezifisch reagieren müssen (vgl. Wöhe und Döring 2013: 42 ff.).

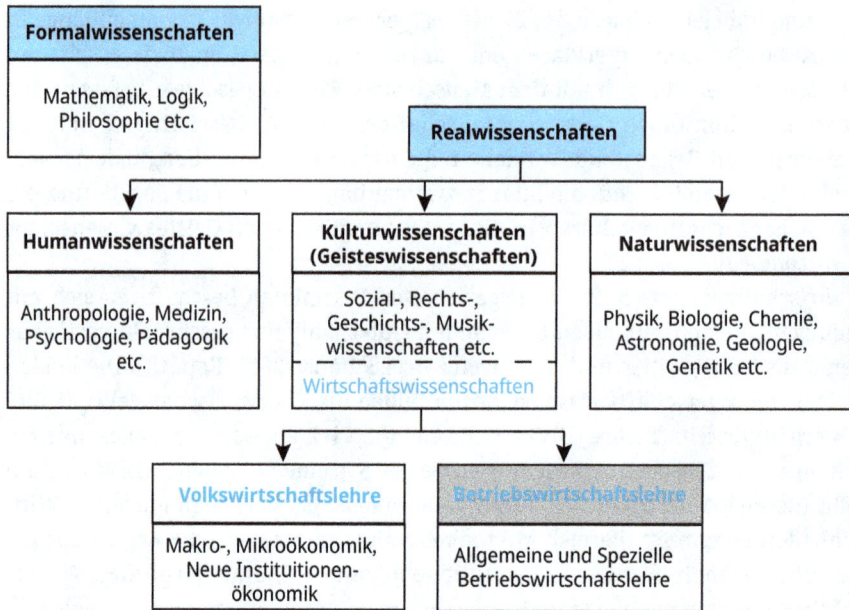

Abb. 1.1: Systematik der Wissenschaften.

Tab. 1.1: Themenfelder und Erkenntnisziele der wirtschaftswissenschaftlichen Disziplinen.

Bezeichnung		Themenfelder	Erkenntnisziele
BWL	Allgemeine BWL	Grundlegende, wirtschaftszweigneutrale betriebswirtschaftliche Fragen der Organisation von Unternehmen, der Wertschöpfung, der Planung und Durchführung von betrieblichen Strategien etc.	Formulierung allgemeingültiger Aussagen (Beschreibungen und Erklärungen) zu betrieblichen Phänomenen sowie die Erarbeitung von Handlungsempfehlungen und Verfahrensregeln für die betriebliche Praxis
	Spezielle BWL	Organisation, Wertschöpfung, Distribution etc. wirtschaftszweigspezifischer Güterangebote	Optimierung von strategischen und operativen Betriebsbelangen aus speziell institutioneller oder funktionaler Sicht.
VWL	Makroökonomie	Gesamtwirtschaft, Beschäftigung, Geldwirtschaft, Wirtschaftspolitik	Systemverhalten volkswirtschaftlicher Aggregate etc.
	Mikroökonomie	Märkte, Branchen, Akteure, Preise etc.	Akteursverhalten, Marktstrukturen, Preisbildung, Marktkoordination etc.
	Neue Institutionenökonomie	Informationsasymmetrie, Kooperation, Verfügungsrechte, Transaktionskosten	Wirkung von Regelwerken (Institutionen) auf das Verhalten von Wirtschaftsakteuren

Was genau untersucht wird und welche Zusammenhänge im Fokus des betriebswirtschaftlichen Interesses stehen, ist also von der jeweiligen Perspektive, aus der auf den
Betrieb geschaut wird und der konkret untersuchten Fragestellung. Drei grundständig
unterschiedliche Verständnisse und zwei ausdifferenzierte Ausrichtungen der Betriebswirtschaftslehre können heute unterschieden werden (in Anlehnung an Vahs und Schäfer-Kunz 2012: 20 sowie Gläser 2013):

– **Die produktionsfaktororientierte Betriebswirtschaftslehre**
   Im Mittelpunkt steht die Gestaltung der Produktionsfaktorenkombination in Betrieben. Dieser produktions- und kostenorientierte Ansatz geht auf Erich Gutenberg (*1897 – †1984) zurück und stellt vor allem die Produktivitätsbeziehung zwischen Faktoreinsatz und Faktorertrag in den Mittelpunkt seiner als wertfreie und
   theoriebasierte BWL bezeichneten Konzeption (vgl. Gutenberg 1951: Bd. 1 /1955:
   Bd. 2). Dieses BWL-Verständnis, das die „optimale Produktion" im Sinne des Verhältnisses von Faktorenverbrauch und Maschinenintensität ins Zentrum ihres
   Analysespektrums stellt, ist auf viele Medienbetriebe kaum anwendbar. Dies deshalb, weil z. B. Kreativprozesse nicht zwingend in Produktions- oder Verbrauchsfunktionen dargestellt werden können. Ganz einfach ausgedrückt: Ein Film, der
   mit einem Budget von 100.000 Euro produziert wird, ist nicht unbedingt länger
   oder qualitativ hochwertiger als einer, der mit einem Budget von 80.000 Euro
   hergestellt wurde. Dieser Ansatz gewinnt allerdings an Relevanz, wenn Produktionsprozesse analysiert werden, die Medienprodukte maschinell vervielfältigen.

– **Die entscheidungsorientierte Betriebswirtschaftslehre**
   Im Mittelpunkt steht die Entwicklung von Modellen für die in Betrieben zu tref-
   fenden Entscheidungen. Dabei betont dieses Verständnis, dass Betriebe nicht nur
   ein einziges Ziel verfolgen (z. B. die Gewinnmaximierung), sondern Zielbündel
   verfolgen (z. B. Gewinne generieren und Meinungsmacht zu erlangen). Das bedeutet, dass zunächst Erklärungen geliefert werden müssen, wie sich das Entscheidungsfeld zusammensetzt (welche Parameter eine Rolle spielen: Kosten, Absatzmöglichkeiten, Preise etc.) und im Anschluss werden Gestaltungsmodelle zur
   Bewältigung der Herausforderung konzipiert. Dieser entscheidungstheoretische
   Ansatz geht auf Edmund Heinen (*1919 – †1996) zurück und stellt bei der Berücksichtigung realitätsnaher Problemlösungen vor allem das menschliche Entscheidungsverhalten, das sich als lediglich begrenzt-rational erweist, in den Mittelpunkt. Damit löst Heinen die Betriebswirtschaft aus dem engen gutenberg'schen
   Theoriekonzept und öffnet die Türen für Erkenntnishilfen aus der Sozialwissenschaft und der Psychologie (vgl. Heinen 1968 und 1971) und damit auch für ein
   neues, praktisch-normatives Wissenschaftsverständnis. Die Vertreter der entschei-
   dungsorientierten BWL wollen nicht nur erklären, sie wollen auch aufzeigen, welche Entscheidungen als optimal anzusehen sind bzw. gefällt werden sollen, wenn
   bestimmte Wertmaßstäbe (z. B. die Gewinnmaximierung) als gültig angenommen
   werden. Eine Frage, die hier bspw. beantwortet werden könnte, lautet: Wie können
   unter der Bedingung, dass Meinungsmacht erlangt und Gewinne erzielt werden sol-

len, die Preise im Verhältnis zur Auflage für eine Zeitungsausgabe gesetzt werden? Dieses BWL-Verständnis ist „praktisch", weil es eine Dienstleistungsfunktion gegenüber der Praxis ausübt und „normativ", weil es Zielvorgaben (gewünschte Soll-Zustände) in die Entscheidungen einbezieht.

– **Die systemorientierte Betriebswirtschaftslehre**

Im Mittelpunkt steht die Unterscheidung zwischen betriebswirtschaftlichen und managementtechnischen Fragestellungen und Ansprüchen. Dieser systemorientierte Ansatz geht auf Hans Ulrich (*1919 – †1997) zurück, der das Unternehmen als produktives soziales System begreift (vgl. Ulrich 1970), das gesteuert und gelenkt werden muss und insofern als ein Regelsystem begriffen werden kann, das in einem äußerst instabilen Umfeld existiert. Aus diesem Grund, so Ulrich, müsse ein Betrieb als dynamisches Sozialgebilde aufgefasst werden, das flexibel auf sich verändernde Umweltbedingungen reagieren muss (vgl. Ulrich 2001). Auf dieser Basis sollen dann Optimierungskalküle ermittelt werden, die dynamische Entscheidungsprobleme unter der Bedingung von Unsicherheit zu lösen helfen. Dieser Ansatz führt zu einer interdisziplinären Managementlehre, die realistische Konzepte für die normative, strategische und operative Führung von Unternehmen liefern soll. Das Thema „Management" wird in Band 2 dieser Buchreihe aufgegriffen.

Diese drei grundständig unterschiedlichen Ansatzpunkte im BWL-Verständnis spiegeln Erkenntnisinteressen wider, die für alle Betriebe gelten, unabhängig davon, was sie herstellen. Im Kontext der Wissenschaften werden solche Interessen der **Allgemeinen Betriebswirtschaftslehre** zugeordnet.

Schon sehr früh wurde aber auch erkannt, dass spezifische betriebswirtschaftliche Problemstellungen besser auch fokussiert behandelt werden sollten. So befassten sich schon Ende des 15. Jahrhunderts erste Veröffentlichungen mit dem Thema „doppelte Buchführung" und Ende des 18. Jahrhunderts wurde das erste Lehrbuch über die Fabrikbetriebslehre herausgebracht. Diese Belege zeigen, dass schon in der frühen Entwicklung systematischer Forschung und Lehre erkannt worden ist, dass sowohl spezifische Betriebsbereiche als auch spezifische Branchenzugehörigkeiten Besonderheiten aufweisen, die es sinnvoll machen, sie auch spezifisch zu untersuchen. Diese Einsicht führte zur Etablierung der sog. **Speziellen Betriebswirtschaftslehre** (kurz: **Betriebslehre**).

Aufgrund der beiden unterschiedlichen Annäherungen – einmal aus der Perspektive der Betriebsfunktionen (Betriebsbereiche) und einmal aus der Sicht der Branchenzugehörigkeit – hat sich die Speziellen Betriebswirtschaftslehre in zwei Disziplinen ausdifferenziert: in die Funktionsorientierte und in die Institutionelle Betriebswirtschaftslehre.

– **Die Funktionenorientierte (Funktionale) Betriebswirtschaftslehre**

Im Mittelpunkt steht die Gestaltung der Regeln und der Rahmenbedingungen für die einzelnen Betriebsfunktionen im Wertschöpfungsprozess und den ihn begleitenden Aufgabenbereichen eines Unternehmens. Fragestellungen, die hier untersucht werden, betreffen z. B. die Materialwirtschaft, die Produktion, das Marketing und den Vertrieb ebenso wie das Rechnungswesen, die Personalwirtschaft oder das Management etc. In weiten Teilen lassen sich die Erkenntnisse auf eine große Anzahl von Betrieben übertragen und sind dementsprechend auch branchenübergreifend gültig. Wenn branchenspezifische Problemstellungen gelöst werden sollen, greift die Spezielle Betriebswirtschaftslehre auf die Erkenntnisse der Institutionellen Betriebswirtschaftslehre zurück.

– **Die Institutionelle Betriebswirtschaftslehre**
Im Mittelpunkt steht die Gestaltung der Regeln und der Rahmenbedingungen für branchenspezifische betriebliche Problemfelder. Der Begriff „Institution" wird in seinem übergreifendsten Verständnis als „Regelsystem" verstanden und soll insofern auf ein branchenwirtschaftliches Verständnis des Institutionenbegriffs verweisen. In diesem Fall wird unterstellt, dass unterschiedliche Branchen (und damit auch die dazugehörenden Unternehmen) unterschiedlich funktionieren und unterschiedlichen Regeln unterliegen. Dieses Verständnis macht es notwendig, Unternehmen und deren Umfelder im Kontext ihrer Branchen zu analysieren. Die Institutionelle Betriebswirtschaftslehre beschäftigt sich dementsprechend mit den Eigenschaften einzelner Wirtschaftszweige und deren Auswirkungen auf die einschlägigen Betriebe. Wirtschaftszweige sind z. B. der Handel, die Industrie, die Banken, Versicherungen, der Tourismus und das Handwerk. Dieser Gedanke führt zur Unterscheidung verschiedener Betriebswirtschaftslehren: so z. B. zur Bankbetriebslehre, Industrie- oder Handwerksbetriebslehre oder eben zur Medienbetriebslehre.

Insofern gehört die Medienbetriebslehre zur Gruppe der Speziellen (und hier: Institutionellen) BWL (vgl. Tab. 1.2). Sie analysiert den Medienbetrieb aus dem Blickwinkel

Tab. 1.2: Systematik der Betriebswirtschaftslehren (BWL).

Allgemeine BWL	Spezielle BWL	
	Funktionenorientierte BWL	Institutionelle BWL
Führungslehre	Management	Medienbetriebslehre
Organisationslehre	Beschaffung	Handelsbetriebslehre
Betriebliche Steuerlehre	Produktion	Industriebetriebslehre
Materialwirtschaftslehre	Marketing	Bankbetriebslehre
Entscheidungstheorie	Vertrieb	Versicherungsbetriebslehre
Investitionstheorie	Rechnungswesen	Handwerksbetriebslehre
Produktions- und Kostentheorie	Investition und Finanzierung	Touristikbetriebslehre
etc.	etc.	etc.
Untersuchung allgemeiner wirtschaftlicher Zusammenhänge, die in allen Betrieben in gleicher Art auftreten.	Untersuchung spezifischer wirtschaftlicher Zusammenhänge, die in speziellen Betriebsfunktionen auftreten.	Untersuchung spezifischer wirtschaftlicher Zusammenhänge, die in Betrieben spezieller Branchen auftreten.

der Medienbranche. Dabei berücksichtigt sie die produktions- und kostentheoretischen sowie institutionenökonomischen Besonderheiten, die einen Medienbetrieb charakterisieren (vgl. Dreiskämper 2013: 146).

!

Merke:
Die **Betriebswirtschaftslehren** gehören zur Gruppe der Wirtschaftswissenschaften und spalten sich auf in die Allgemeine BWL und die Spezielle BWL. Bei der Entwicklung von Modellen für die Bewältigung von Alltagsproblemen produzierender Unternehmen, fassen sie im modernen Verständnis ein Unternehmen als sozio-technisches System auf, das flexibel auf sich ändernde Umweltbedingungen reagieren muss, berücksichtigen das begrenzt-rationale Entscheidungsverhalten der Marktteilnehmer bei der Entscheidungsfindung und setzen produktions- und kostenorientierte Modelle ein, wenn sie Massenproduktionen wirtschaftlich optimieren sollen.

?

Fragen/Aufgaben zu Kapitel 1.1
1. Welche Aufgaben kommen der Wissenschaft im Allgemeinen zu?
2. Welche Wissenschaften gehören zur Gruppe der Wirtschaftswissenschaften?
3. Warum ist das gutenberg'sche BWL-Verständnis für die Analyse von Medienbetrieben häufig wenig geeignet?
4. Zu welcher Betriebswirtschaftslehre gehört die Medienbetriebslehre? Bitte begründen Sie Ihre Antwort.

Lösungshinweise finden Sie im achten Kapitel „Lösungsskizzen".

1.2 Medienbetriebslehre, Medienökonomie, Medienmanagement

Wer medienwirtschaftliche Literaturangebote recherchiert, stößt unweigerlich auf für Laien begrifflich verwirrende Betitelungen: Häufig ist von Medienökonomie die Rede, dominant sind Publikationen, die sich dem Thema Medienmanagement widmen und in absoluten Ausnahmefällen ist der Begriff Medienbetriebslehre im Titel genannt. Das klingt alles ähnlich, aber es werden tatsächlich unterschiedliche Themenfelder abgearbeitet; zumindest fokussiert. Die einschlägigen Erkenntnisinteressen und Fragestellungen sind verschieden. Schlussendlich ergänzen sich die Disziplinen. Sie sind komplementär, aber keinesfalls deckungsgleich. Sie ergänzen sich vor allem insofern, als dass die Untersuchungsfelder eine inhaltliche Schwerpunktverlagerung in den letzten zehn Jahren erfahren hat. Das ursprünglich eher kulturwissenschaftlich, politisch und sozial orientierte Verständnis über den Zugriff auf die Medienbranche (vgl. z. B. Kiefer 2005 und Posset 2022), hat sich schwerpunktmäßig deutlich zu Gunsten wirtschaftswissenschaftlicher Fragestellungen gewandelt (Wirtz 2023: 20). Kap. 1.2 befasst sich mit den folgenden Themenschwerpunkten:

Themen von Kap. 1.2: Die Differenzierung einschlägiger ökonomischer Medienwissenschaften
- **Die Medien-BWL konzentriert sich auf betriebliche Belange von Medienunternehmen**
  Die Medien-BWL gehört zu den Institutionellen Betriebswirtschaftslehren und beschäftigt sich mit Unternehmen im branchenspezifischen Umfeld.
- **Die Medienökonomie konzentriert sich auf volkswirtschaftliche Belange, in die Medienunternehmen eingebettet sind**
  Die Medienökonomie ist eine branchenwirtschaftlich ausgerichtete Wissenschaft mit Fokus auf das Akteursverhalten, den Wettbewerb und die Märkte.
- **Das Medienmanagement konzentriert sich auf Fragen der Steuerung von Medienunternehmen**
  Das Medienmanagement ist eine auf die Steuerung von Wertschöpfungsprozessen fokussierte Funktionale Betriebswirtschaftslehre.

1.2.1 Die Medienbetriebslehre fokussiert betriebliche Belange

Die **Medienbetriebslehre** (Medienbetriebswirtschaftslehre) ist – obwohl so selten im Titel medienwirtschaftlicher Publikation genannt – das zentrale Standbein, wenn es um die Untersuchung und Lösung betriebsinterner Fragestellungen von Medienunternehmen geht. Sie umfasst „einerseits die Darstellung der Besonderheiten der Medienbranche bezogen auf die Märkte und Produkte und beschreibt andererseits die branchenspezifischen Besonderheiten der klassischen betriebswirtschaftlichen Funktionen, deren Probleme in generalisierender Form bereits Gegenstand der Allgemeinen Betriebswirtschaftslehre sind" (Breyer-Mayländer und Werner 2003: 8). Medienbetriebliche Fragestellungen thematisieren demnach die unternehmerische Sicht auf das betriebliche Leistungsangebot und den damit verbundenen Wertschöpfungsprozess. Im Sinne einer Institutionellen BWL (vgl. Kap. 1.1) werden die Erkenntnisse aus der Allgemeinen BWL und die aus der Funktionalen BWL branchenspezifisch interpretiert und angewendet. Das Grundlagenwissen, das die Allgemeine BWL und das Wissen über die Unternehmensfunktionen, die die Funktionale BWL erarbeitet haben, wird mit den spezifischen Herausforderungen, denen Medienbetriebe ausgesetzt sind, gematcht. Ganz einfach ausgedrückt, handelt es sich bei der Medienbetriebslehre um die Betriebswirtschaftslehre für Medienbetriebe. Ein Lehrbuch, wie dieses, vermittelt also spezielles betriebswirtschaftliches Wissen für in den Medienunternehmen verantwortliche Personen. Da Betriebe offene soziotechnische Systeme darstellen, muss dieses Wissen mit Erkenntnissen aus den Umfeldern der Betriebe ergänzt werden. Deswegen nimmt auch die Medienbetriebslehre Bezug auf komplementäre Wissenschaften und bedient sich deren Erkenntnisse, um konkretisierende oder interdisziplinäre Aussagen über ihren originären Gegenstandsbereich machen zu können (vgl. Dreiskämper 2013 und Zydorek 2013: 11). Eine der Schwesterdisziplinen der Medien-BWL ist die der Gruppe der Volkswirtschaftslehre zugehörenden Medienökonomie.

> **!** **Merke:**
> Die **Medienbetriebslehre** ist eine betriebswirtschaftliche Wissenschaftsdisziplin aus der Gruppe der Institutionellen Betriebswirtschaftslehren und befasst sich mit der Beschreibung, Analyse und Erklärung von Besonderheiten in und im branchenspezifischen Umfeld von Medientrieben. Dabei greift sie auf Erkenntnisse der Allgemeinen BWL und der Funktionalen BWL zurück.

1.2.2 Die Medienökonomie fokussiert volkswirtschaftliche Belange

Die Medienökonomie bildet das zentrale Standbein volkswirtschaftlich orientierter, medienwirtschaftlicher Untersuchungen und hinterfragt, wie Wettbewerb und Märkte von, für und durch Medien entstehen und funktionieren (vgl. Dreiskämper 2013, Albarran 2010 oder Picard 1989). Dabei ist es von untergeordneter Bedeutung, welche Medieninhalte und Medienträger kreiert, produziert, distribuiert oder konsumiert werden. Es können **Informationsgüter** (z. B. redaktionelle Inhalte), **Unterhaltungsmedien** (z. B. Filme, Musiken, e-Games) oder **Werbemedien** (z. B. absatzfördernde Botschaften der werbetreibenden Wirtschaft) sein (vgl. Dreiskämper 2013, Gläser 2021, Wirtz 2023). Dieses Erkenntnisinteresse löst sich von den innerbetrieblichen Fragestellungen und kann medienbranchenspezifisch, aber auch medienbranchenübergreifend aufgestellt sein. Erkenntnisinteressen und Analysemethoden sind also der Volkswirtschaftslehre entlehnt.

Einigkeit in der Literatur besteht allerdings weder im Postulat, was die Medienökonomie als Wissenschaft zu untersuchen, zu leisten und zu liefern hat noch in der Abgrenzung ihrer Erkenntnisinteressen. Ein sehr engeres Verständnis (überwiegend vertreten durch publizistische Fakultätsvertreter) konzentriert die Analyseinteressen ausschließlich auf die Bedingungen in der öffentlichen Kommunikation journalistischer Produktionen bzw. redaktioneller Produkte im Umfeld marktwirtschaftlich organisierter Wirtschaftssysteme (vgl. Kiefer und Steininger 2013 oder Heinrich 2010). Dies deshalb, weil journalistische Produkte einem sogenannten „öffentlichen Auftrag" entspringen, den die Gesellschaft an die Presse definiert (vgl. Dreiskämper 2013, Weischenberg 1992: 69 oder Dornbach 1987: 112). Im Umfeld dieses Auftrags haben Pressemedien dafür Sorge zu tragen, das Öffentlichkeit hergestellt wird (vgl. Ronneberger 1974), um gesellschaftsrelevante politische, soziale, kulturelle etc. Themen transparent zu machen. Die Presse hat hier eine für demokratische Gesellschaften unverzichtbare Vermittlungsfunktion.

Das Verständnis wirtschaftswissenschaftlicher Fakultätsvertreter verortet die Medienökonomie hingegen als volkswirtschaftliche Disziplin mit rein ökonomischen Interessen (vgl. Dreiskämper 2013). Ein wesentlicher Unterschied der Interessenslagen liegt darin begründet, dass Ökonomen Medien als handelbare Güter betrachten, die Bedürfnisse befriedigen und in der Regel direkt oder indirekt Gewinne erwirtschaften sollen. Publizisten und Kommunikationswissenschaftler hingegen konzentrieren sich hauptsächlich auf die journalistischen Bedingungen der Produktion, die Analyse des publizistischen Wettbewerbs und sozialen Aspekte der Medienwirtschaft sowie die mediengetragenen Wirkungen auf die Gesellschaft (vgl. Wirtz 2023: 21, Dreiskämper 2013 und Beck 2011: 55 f.).

Da sich dieses Werk auf wirtschaftswissenschaftliche Herausforderungen konzentriert, müssen die publizistischen Problemfelder vernachlässigt werden. Die ökonomischen Fragestellungen der Medienwirtschaft werden in der Medienökonomie aus zwei volkswirtschaftlich orientierten Interessensbereichen gefüttert: der Makro- und der Mikroökonomie.

– Die **makroökonomischen Analysen** der Medienökonomie beziehen sich auf die Strukturen und volkswirtschaftlichen Prozesse der Medienwirtschaft als Industrie. Im Fokus stehen vor allem Fragestellungen der Leistungsfähigkeit der gesamten Medienindustrie oder die der einzelnen Branchen. Darüber hinaus sind die zu beobachtenden Konzentrationstendenzen in den einzelnen Branchen sowie das Konvergenzstreben der Komplementärindustrien (z. B. Telekommunikation und Informationstechnologie) mit der Medienindustrie von großem Interesse. Auch werden hier die Phänomene Marktversagen und Marktregulierung innerhalb der Medienwirtschaft thematisiert und z. B. Vorschläge für die Medienpolitik erarbeitet.

– Die **mikroökonomischen Analysen** der Medienökonomie untersuchen die Entscheidungskalküle der medienwirtschaftlich aktiven Marktteilnehmer (z. B. Produzenten, Konsumenten und Staat) und modellieren vor allem die Preisbildung auf den unterschiedlichen Medienmärkten (z. B. Rundfunk, Print, Online) sowie die Funktionsweise der (Netzwerk-) Gütermärkte.

Jüngste Werke spezialisieren sich im Themenumfeld medienökonomischer Analysen auf den digitalen Zweig der Medienwirtschaft.

– Die **digitale Medienökonomie** „beschäftigt sich mit der Analyse ökonomischer Auswirkungen der Digitalisierung" (Altmeppen et al. 2023: 29). Diese thematische Separierung kann dann Sinn machen, wenn darauf abgestellt wird, dass die Digitalisierung die Produktions- und Konsumptionsprozesse deutlich verändert und hinterfragt werden soll, welche Effizienzbedingungen, Geschäftsmodelle und Erlösquellen sich auftun, ändern oder untergehen. Auch publizistisch öffnen sich neue Analysefelder. Z. B. kommen Fragen auf, wie sich z. B. die Arbeitsbedingungen ändern, welche Auswirkungen die Digitalisierung auf die Medienqualität und die Möglichkeiten der Rezeption hat.

Das vorliegende Werk versucht hier einen Brückenschlag, indem sowohl die als klassisch bezeichnete Medienwirtschaft als auch die digitale Medienwelt aus betriebswirtschaftlicher Sicht abgearbeitet wird. Separiert werden die Ausführungen aber nur an den Stellen, an denen Unterschiede deutliche Auswirkungen auf die Problemstellung oder die Lösungsangebote haben.

> **!** **Merke:**
> Die **Medienökonomie** ist eine volkswirtschaftliche Wissenschaftsdisziplin und befasst sich mit der Beschreibung, Analyse und Erklärung über die Funktionsweise der Medienmärkte und des Wettbewerbs auf ihnen. Dabei konzentriert sich die makroökonomische Variante auf Fragestellungen, die sich mit den Strukturen und volkswirtschaftlichen Prozessen der Medienwirtschaft als Industrie und der Leistungsfähigkeit ihrer Branchen beschäftigen. Die mikroökonomische Variante hingegen untersucht die Entscheidungskalküle der medienwirtschaftlich aktiven Marktteilnehmer und modelliert die Preisbildung auf den unterschiedlichen Medienmärkten sowie die Funktionsweise der (Netzwerk-)Gütermärkte.

1.2.3 Das Medienmanagement fokussiert Lenkungs- und Entscheidungsbelange

Das Medienmanagement als drittes Standbein medienwirtschaftlicher Untersuchungen nähert sich den einschlägigen Fragestellungen über die Sichtweise einer Funktionalen Betriebswirtschaftslehre, indem das Management als Führungsfunktion verstanden wird und die allgemeinen Fragestellungen der BWL auf die besondere Situation von Medienmanagern übertragen werden (vgl. Wirtz 2023: 17 f.). Diese instrumentell interpretierte funktionale Sicht umfasst das zielgerichtete Entscheiden, gestaltende Eingreifen und ergebnisorientierte Kontrollieren innerhalb eines Wertschöpfungsprozesses bzw. einer Organisation (vgl. Macharzina und Wolf 2012: 35 ff. und Scholz 2006: 13) im Umfeld der Medienwirtschaft. Andererseits ist das Medienmanagement auch immer gleichzeitig marktorientiert und befasst sich dabei „vor allem mit den strategischen und handlungsorientierten Optionen in Bezug auf den Absatz medienspezifischer Produkte und Dienstleistungen unter besonderer Berücksichtigung des medienspezifischen Umfelds" (Wirtz 2023: 23). Damit befasst sich das **Medienmanagement** immer mit der strategischen und der operativen Ausgestaltung von Handlungsoptionen hinsichtlich der Zielsetzungen des Betriebs. Insofern wird das Medienmanagement als interdisziplinäre Wissenschaft verstanden, die das funktionale Begriffsverständnis der klassischen BWL um den Aspekt der Unternehmensführung erweitert. Dadurch erhält das Management seinen instrumentellen Charakter aus Sicht der Unternehmensführung (vgl. Witz 2023: 22).

Soll darauf hingewiesen werden, dass insbesondere auf die Digitalwirtschaft abgezielt wird, spricht die Literatur auch von **Internetmanagement**. Diese Abgrenzung macht dann Sinn, wenn der Schwerpunkt auf das strategische Management, das Beschaffungsmanagement, das Produktionsmanagement und das Marketing von (auch) digital orientierten Medienunternehmen liegt. Hier werden z. T. grundlegend andere Anforderungen an das Wissen des Managements gestellt.

Es sei allerdings angemerkt, dass auch das Managementverständnis und damit der Anspruch dessen, was Management ist und zu leisten hat, in der Literatur höchst unterschiedlich interpretiert wird. Das heißt, es gibt Forschungsansätze, die das Medienmanagement jenseits der wirtschaftstheoretischen Perspektive auch aus verhaltens-, politik- oder systemtheoretischer Sicht untersuchen. Welche paradigmatischen

Grundausrichtungen mit dem Medienmanagement verbunden werden können, zeigt Martin Gläser (2021: Kap. 1.2) kurzgefasst und gleichzeitig Übersicht generierend und wird im vorliegenden Werk in Band 2 aufgegriffen.

> **Merke:**
> Das **Medienmanagement** ist eine betriebswirtschaftliche Wissenschaftsdisziplin aus der Gruppe der Funktionalen Betriebswirtschaftslehren und befasst sich mit den an den Unternehmenszielen von Medienbetrieben ausgerichteten Aktivitäten der Planung, Organisation, Durchführung und Kontrolle des Leistungserstellungs- und Leistungsverwertungsprozesses sowie den Fragen der Führung von Medienbetrieben. Insofern berücksichtigt diese Disziplin auch Erkenntnisse der Institutionellen BWL und Erkenntnisse der Sozialforschung sowie der Psychologie. Damit umfasst das Medienmanagement sowohl die Führung von Medienbetrieben als auch das Managen des Umgangs mit Mediengütern.

Tab. 1.3 gibt die beschriebene Dreiteilung der Wissenschaften, die sich mit der Medienwirtschaft aus primär ökonomischer Sicht befassen, wieder. Alle drei Disziplinen stehen in der Tradition der Wirtschaftswissenschaften.

Tab. 1.3: Medienwirtschaftliche Disziplinen.

	Medienbetriebslehre	Medienökonomie	Medienmanagement
Ausrichtung	institutionell betriebswirtschaftlich	volkswirtschaftlich (mikro- und makroökonomisch)	funktional betriebswirtschaftlich
Aufgabe	Beschreibung, Analyse und Erklärung von Besonderheiten, die einen Medienbetrieb nach innen und hinsichtlich seiner Schnittstellen nach außen charakterisieren	Beschreibung, Analyse und Erklärung von Akteursverhalten in medienökonomischen Situationen sowie davon, wie Wettbewerb und Märkte von, für und durch Medien entstehen und funktionieren	Beschreibung, Analyse und Erklärung des Managementprozesses, der auf die Steuerung der ressourcen- und marktorientierten Wertschöpfungskette in Medienbetrieben abzielt
Ziel	Formulierung brancheninterner verallgemeinerungsfähiger Zustände, Ergebnisse und Wirkungszusammenhänge medienbetrieblicher Prozesse	Erarbeitung von Handlungsempfehlungen für die Wirtschaftspolitik, insbesondere die Ordnungs-, Wettbewerbs- und Medienpolitik	Entwicklung von Handlungsanleitungen und Gestaltungsvorschlägen in Entscheidungssituationen von Medienbetrieben

> **Fragen/Aufgaben zu Kapitel 1.2**
> 1. Was leistet die Medienbetriebslehre als betriebswirtschaftliche Wissenschaftsdisziplin?
> 2. Was leistet das Medienmanagement als medienwirtschaftlich orientierte Wissenschaftsdisziplin?
> 3. Was leistet die Medienökonomie als volkswirtschaftlich orientierte Wissenschaftsdisziplin?

4. In welchen Fällen kann es Sinn machen, zwischen der klassischen und der digitalen Medienwirt-schaft forschungstechnisch zu unterscheiden?
5. Definieren Sie die Begriffe Medienbetriebslehre, Medienökonomie und Medienmanagement.

Lösungshinweise finden Sie im achten Kapitel „Lösungsskizzen".

1.3 Medienökonomische Komplementärwissenschaften

Da sich die wirtschaftswissenschaftlichen Disziplinen mit der Beschreibung, Analyse und Erklärung von Akteursverhalten in medienökonomischen Situationen beschäfti-gen, aber auch zahlreiche Fragestellungen zu beantworten versuchen, die sich mit technologischen, politischen und gesellschaftlichen Bedingungen und Anforderungen auseinandersetzen, können etliche medienökonomische und auch normativ medien-betriebliche Herausforderungen nur interdisziplinär beantwortet werden. Aus die-sem Grunde sollen hier kurz typische Fragestellungen und Erkenntnisziele aufgelistet werden, die mit dem originären wirtschaftswissenschaftlichen Instrumentarium nicht beantwortet werden können, für die Erarbeitung von Handlungsempfehlungen für die Wirtschaftspolitik, insbesondere die Ordnungs-, Wettbewerbs- und Medienpo-litik aber essenziell sein können.

Ausgehend von der zentralen **betriebswirtschaftlichen Fragestellung**, was wird wie und durch wen produziert und verteilt, über die **branchenwirtschaftliche Fragestellung**, wie sind die Rahmenbedingungen in der Medienwirtschaft ausgestal-tet und welche Entwicklung begünstigen/verhindern sie bis hin zur **makroökonomi-schen Fragestellung**, wie können knappe Ressourcen bei alternativen Verwendungsmög-lichkeiten allokiert werden, liegt das Ziel immer in der Optimierung von Bedingungen und Mechanismen. Im Umfeld der Erstellung und Vermarktung von Medieninhalten kön-nen die Erkenntnisinteressen aber auch weit über diese ökonomischen Optimierungsan-liegen hinausgehen, wie die folgende Aufzählung zentraler Fragen einschlägiger Wissen-schaftsdisziplinen verdeutlichen soll:

- **Publizistik**: Welche Inhalte werden in welcher Menge und Qualität von wem pro-duziert? Erfüllen die Medien ihren gesellschaftlichen Auftrag?
- **Kommunikationswissenschaft**: Welche Wirkungen haben die rezipierten In-halte?
- **Medienwissenschaft**: Wie entsteht öffentliche Meinung und welche Auswirkun-gen hat die Ausgestaltung des Mediensystems auf die Inhalte?
- **Medienpolitik**: Wie kann das Mediensystem strukturiert werden, damit gesell-schaftliche Wohlfahrt maximiert wird?
- **Medienethik**: Wie verhalten sich Medienakteure und was ist erlaubt?
- **Medientechnik**: Welche Möglichkeiten eröffnen gegebene technische Lösungen, welche Innovationen sind möglich und zweckdienlich?

- **Medienpsychologie**: Wie wirken sich Mediennutzung und Medieninhalte auf die Sozialisierung und Kultivierung der Rezipienten aus?
- **Medienpädagogik**: Welche Medienkompetenzen sollen vermittelt werden, damit Rezipienten am Mediengeschehen teilhaben können?
- **Medienrecht**: Welche Rahmenbedingungen sind nötig, damit die Zugänglichkeit der allgemeinen Kommunikationsinfrastruktur gewährleistet, Meinungsvielfalt gesichert und der Mediennutzer vor Manipulation geschützt ist?

Tab. 1.4 gibt eine Übersicht über die Erkenntnisinteressen und Erkenntnisziele medienökonomischer Komplementärwissenschaften.

Tab. 1.4: Themenfelder und Erkenntnisziele medienökonomischer Komplementärwissenschaften.

Disziplin	Erkenntnisinteressen	Erkenntnisziele
Publizistik- und Kommunikationswissenschaften	Öffentliche Kommunikation, öffentlicher Auftrag von Medien; insbesondere Journalismus	Medien als Kulturgüter, Inhaltequalität, mediale Kommunikation, Massenmedien
Medienwissenschaften	Massenmedien, öffentliche Meinung etc.	Entstehung, Verbreitung, Wirkung der öffentlichen Meinung etc.
Politikwissenschaften	Normen, Gesetze, Schutzanliegen, Marktersatzleistungen	Zusammenleben von Menschen, Regelung von Rahmenbedingungen, öffentliche Güter etc.
Medienethik	Legitimität konkreten Handels, Verantwortung, Regeln, Moral, Profession	Zulässigkeit medialer Inhalte und Arbeitsmethoden, Verantwortung der Massenmedien und Akteure
Medientechnik, Medieninformatik	Technologie, Produktions- und Übertragungstechnik, Digitalisierung etc.	Information, Transport, KI, Medienkonvergenz etc.
Medienpsychologie (Wirkungsforschung)	Medienwirkung, Wissensvermittlung, Kultivierung, Emotionalität etc.	Nutzerbedürfnisse, Dispositionen, kommunikative Wirkungsunterschiede etc.
Medienpädagogik	Bildungsmanagement, Medienerziehung, Mediendidaktik etc.	Aufbau von Medienkompetenz, Lehren und Lernen mit Medien etc.
Medien- und Wirtschaftsrecht	Öffentliches und ziviles Recht, Medienzugang, Schutz, und Gewährleistung	Normierung und Gestaltung medien- und branchenrelevanter Bedingungen etc.

Das nächste Kapitel konzentriert sich auf die enge Perspektive der Medienbetriebs-lehre und zeigt auf, wie diese Wissenschaftsdisziplin zu Ergebnissen kommt.

> **!** **Merke:**
> **Medienökonomische Komplementärwissenschaften** bereichern die originären wirtschaftswissen-schaftlichen Disziplinen, indem sie Erkenntnisse beisteuern, die helfen, Fragestellungen, die nicht mit dem Wissenskanon der Ökonomie beantwortet werden können, zu beantworten. Dies gilt insbeson-dere für Fragestellungen sozial-politischer, kultureller, technologischer und ethischer Art, die Gesell-schaftsrelevanz haben und deren Antworten auf das Gesamtgefüge Medienwirtschaft, Individuum und Gesellschaft einwirken.

> **?** **Fragen/Aufgaben zu Kapitel 1.3**
> 1. Warum ist die medienwirtschaftliche Analyse allein nicht in der Lage ein komplettes Szenario der relevanten Fragestellungen im Umfeld der Herstellung von Öffentlichkeit zu beantworten und auf komplementärwissenschaftliche Erkenntnisse angewiesen?
> 2. Welche Komplementärwissenschaften stehen hier mit welchen Erkenntnisinteressen im Fokus?
>
> Lösungshinweise finden Sie im achten Kapitel „Lösungsskizzen".

1.4 Die Arbeitsweise der Medienbetriebslehre

Wie im vorstehenden Kapitel dargestellt, hat die Medienbetriebslehre grundsätzlich die Aufgabe, die Besonderheiten, die einen Medienbetrieb nach innen und hinsicht-lich seiner Schnittstellen nach außen charakterisieren, zu beschreiben, zu analysieren und zu erklären. Das Ziel dieser Bemühungen ist die Formulierung brancheninterner verallgemeinerungsfähiger Ergebnisse und Wirkungszusammenhänge medienbe-trieblicher Prozesse.

Um dies leisten zu können, muss die Medienbetriebslehre – wie alle anderen Wis-senschaften auch – systematisch vorgehen. Diese Vorgehensweise kann durch fünf aufeinander aufbauende Stufen der Theoriebildung beschrieben werden (vgl. folgend Wolf 2013: 2, 8 ff.):

1. Die Begriffsbildung

Zunächst müssen die Gegenstände und Sachverhalte definiert werden, um allen Betei-ligten die Möglichkeit zu geben, eine eindeutige und präzise Vorstellung vom Wesen der diskutierten Sachverhalte zu gewinnen. So wird gewährleistet, dass eine einheitli-che Begriffsvorstellung und -verwendung existiert. Die Verwendung einer eindeutigen Terminologie hat auch den Vorteil, dass eine kürzere Ausdrucksweise möglich wird, weil nicht alles immer wieder neu erklärt werden muss.

2. Die Beschreibung

Mithilfe dieser Terminologie werden dann beobachtbare Zustände, Ausprägungen oder Phänomene beschrieben. Von Interesse sind vor allem typische Gegebenheiten, die verallgemeinerungsfähig sind. Beschreibungen können statischer Natur (Modellierung von Ist-Zustände) sein oder dynamisch (Modellierungen unter Berücksichtigung von zeitlichen Veränderungen) abgebildet werden. Außerdem können sie sich im Komplexitätsgrad unterscheiden. Das heißt, sie können Ausschnitte beschreiben (Partialmodelle) oder größere Gesamtzusammenhänge abbilden (Totalmodelle). Häufig werden Partialmodelle auch mathematisch ausgedrückt, indem Abhängigkeiten als Funktionen dargestellt werden (z. B. als Kostenfunktion). Der Wert von Totalmodellen ist umstritten: Sie bieten Überblick, können aber schnell auch unübersichtlich werden.

3. Die Erklärung

Auf die Phase der Beschreibung folgt die der Erklärung bzw. Theoriebildung. Hier werden Ursache-Wirkungs-Zusammenhänge gesucht und als Wenn-Dann-Aussagen formuliert. Sie dienen als Hypothesen oder Theorien für die weitere Arbeit. Aufgrund einer Kostenfunktion kann beispielsweise erklärt werden, wie sich Kosten bei sich verändernden Ausbringungsmengen verhalten.

4. Die Prognose

Aufgrund der Beschreibung von Zusammenhängen folgt die Formulierung von Aussagen, welche Entwicklungen abzusehen sind. Die Basis dieser beschreibenden Prognosen sind rational nachvollziehbare Argumente. Das Ziel besteht in der Ausformulierung von vermutlichen Veränderungen in der Zukunft, wenn bestimmte Variablen geändert werden. So kann mithilfe der Kostenfunktion prognostiziert werden, wie sich die Kosten bei einer spezifischen Veränderung der Produktionsmenge verhalten werden.

5. Die Empfehlung

Mit der Lieferung von Hilfestellungen (Handlungsempfehlungen) zur Lösung von Problemen schließt der wissenschaftliche Prozess ab. So kann das Wissen um die mengenbezogenen Kostenveränderungen beispielsweise dazu führen, dass von einer weiteren Mengenausweitung abgeraten oder dass sie empfohlen wird. Die Ziele selbst werden nicht durch die Theorie bestimmt. Sie beruhen auf Wertvorstellungen.

Welcher der Empfehlungen, die die Wissenschaft zur Lösung eines Problems bietet, das Management letztlich folgt, ist eine Anschlussüberlegung, die sich der originären Fragestellung der BWL entzieht. Wenn beispielsweise Kosten im Unternehmen reduziert werden sollen, kann die BWL Lösungsvorschläge liefern, die zielführend sind. Welche der Handlungsempfehlungen allerdings vom Management aufgegriffen wird, ist eine Frage, die nur mithilfe der Entscheidungstheorie und der Ethik beantwortet werden kann. Die Entscheidungstheorie liefert Ansatzpunkte, wie unter Unsicherheit Wahlhandlungen ausgewählt werden können. Die Ethik hinterfragt die Folgen von Handlungen.

Der Gegenstandsbereich der Medienbetriebslehre, für den Begriffe definiert, Zustände beschrieben und Erklärung gefunden werden müssen, ist der Medienbetrieb und das ihn umgebende bzw. beeinflussende Umfeld. Damit gilt es zunächst, ein einheitliches Begriffsverständnis über die zentralen Erkenntnisgegenstände herzustellen. Dies geschieht nun in den folgenden Unterkapiteln. Zunächst sollen die allgemeinen Erkenntnisgegenstände und Erkenntnismotive dargestellt werden, die mit denen der allgemeinen BWL identisch sind. Im Anschluss werden die speziellen Erfahrungsobjekte der Medien-BWL definiert.

? **Frage zu Kapitel 1.4**

In welche Stufen kann die akademische Theoriebildung differenziert werden?

Lösungshinweise entnehmen Sie der vorstehenden Aufzählung (siehe oben).

2 Der allgemeine Gegenstandsbereich der Medienbetriebslehre

Der allgemeine Gegenstandsbereich der Medien-BWL wird durch Erkenntnisgegenstände gebildet, die generell in betriebswirtschaftlichen Fragestellungen von Bedeutung sind. Allem voran muss geklärt werden, wer die wirtschaftlichen Akteure sind und welches Verhalten diese zeigen, wenn sie sich in Situationen wirtschaftlicher Knappheit befinden. Hier ist von besonderem Interesse, welche Eigenschaften und Motive die Akteure antreiben, bestimmte Verhaltensweisen zu zeigen bzw. bestimmte Verhaltensweisen zu unterlassen.

Darüber hinaus wird untersucht, welche Eigenschaften Güter als Produktionsfaktoren und bedürfnisbefriedigende Nutzenbündel haben und nach welchen Prinzipien sie hergestellt und verwendet werden. Zudem ist von allgemeinem Interesse, nach welchen Zielen die Akteure ihr Handeln ausrichten und welche Eigenschaften Ziele haben müssen, um als brauchbare Orientierungshilfen genutzt werden zu können.

> **Merke:**
> Der **Gegenstandsbereich der medienbetrieblichen Analyse** setzt sich aus den Akteuren, ihren Motiven, ihren Zielen und ihrem Verhalten sowie den Gütern als Produktionsfaktoren und Waren zusammen. Komplettiert werden diese Analyseinteressen durch die Untersuchung der Auswirkungen des marktwirtschaftlich ausgeprägten Wechselspiels zwischen den Akteuren.

Diesen Gedanken folgend werden zunächst die Akteure (Haushalte, Betriebe und Unternehmen) vorgestellt. Im Anschluss werden die Motive und Handlungsweisen der Akteure beschrieben. Darüber hinaus wird gezeigt, wie Güter ihren Eigenschaften entsprechend systematisiert werden können. Abschließend wird dargestellt, welche Ziele die Akteure verfolgen, wie Ziele aufgebaut sind und wie sie überprüft werden können. Diese Ausführungen sind allgemeingültiger Natur und gelten nicht nur für die Medienwirtschaft (= allgemeiner Gegenstandsbereich; siehe Themenkasten).

> **Themen von Kap. 2: Begriffe der (Medien-)BWL und ihre Bedeutung**
> – **Haushalte, Betriebe, Unternehmen und das ökonomische Prinzip**
>   Alle Marktteilnehmer haben nach dem ökonomischen Prinzip zu agieren.
> – **Bedürfnisse, Bedarf, Nachfrage, Güter und das wirtschaftliche Handeln**
>   Die Vielfalt an Bedürfnissen und die Begrenztheit der Güter verlangen wirtschaftliches Handeln.
> – **Entscheidungen, Strategien und Zielformulierungen**
>   Klare Entscheidungen führen zu sinnvollen Strategien und eindeutigen Zielformulierungen.

https://doi.org/10.1515/9783111548999-002

2.1 Ökonomische Akteure und das ökonomische Prinzip

Wirtschaftsgeschehen basiert auf dem Handeln von Akteuren. Hier stehen sich Haushalte und Betriebe gegenüber. Die einen erwarten Güter, die anderen stellen sie her. Beide Akteure handeln nach dem ökonomischen Prinzip.

2.1.1 Haushalte, Betriebe und Unternehmen

Die am Wirtschaftsleben beteiligten Parteien bzw. Akteure werden Wirtschaftseinheiten genannt und abhängig davon, welches Wirtschaftsziel sie haben, in Haushalte und Betriebe unterteilt (vgl. hier und folgend Wöhe und Döring 2013: 27 ff., Vahs und Schäfer-Kunz 2012: 2 ff. sowie Thommen et al. 2017: 40).
– **Haushalte** gehören zu den **Konsumtionswirtschaften**. Der Konsum und gegebenenfalls die Produktion von Gütern durch Haushalte dienen der Deckung des Eigenbedarfs.
– **Betriebe** gehören zu den **Produktionswirtschaften**. Die Produktion von Gütern dient primär der Fremdbedarfsdeckung.

Insofern werden Wirtschaftssubjekte grundsätzlich danach unterschieden, ob deren Aktivitäten primär auf den Eigen- oder den Fremdbedarf ausgerichtet sind.

Ein zweites Kriterium, das Wirtschaftssubjekte grundsätzlich systematisiert, ist die Trägerschaft. Hier werden private von öffentlichen Wirtschaftssubjekten unterschieden. **Private und öffentliche Wirtschaftseinheiten** können Haushalte, aber auch Betriebe sein. Das heißt, sie können der Eigen- oder Fremdbedarfsbedarfsdeckung dienen und in privatem Eigentum stehen oder im öffentlichen. So werden grundsätzlich private von öffentlichen Haushalten und private von öffentlichen Betrieben unterschieden. Hinsichtlich der Einteilung von Betrieben werden, über die beiden Extremvarianten „privat" und „öffentlich" hinaus, auch gemischtwirtschaftliche Wirtschaftseinheiten erkannt. Das Kapital dieser Betriebe ist zum Teil in öffentlicher, zum Teil aber auch in privater Hand (z. B. Unternehmen wie die Lufthansa, die Deutsche Bahn oder Volkswagen). Betriebe in privater Hand werden **Unternehmen** genannt (vgl. Tab. 2.1).

Die Erscheinungsform des Haushalts und damit verbundene Analysen sollen im Folgenden vernachlässigt werden. Der Untersuchungsgegenstand der Betriebswirtschaftslehre ist der Betrieb.

Tab. 2.1: Systematik der Wirtschaftseinheiten.

Bedarfsdeckung Trägerschaft	Eigenbedarfsdeckung (Konsumtionswirtschaften)	Fremdbedarfsdeckung (Produktionswirtschaften)
öffentliche Hand	öffentliche Haushalte (Bund (z. B. Militär), Länder (z. B. Ministerien), Gemeinden (z. B. Rathaus))	öffentliche Betriebe und Verwaltungen (Sparkassen, öffentlicher Nahverkehr, Entsorgungsunternehmen, Anstalten des öffentlichen Rechts etc.)
öffentliche plus private Hand	nicht relevant	gemischtwirtschaftliche Betriebe (VW, Lufthansa, Deutsche Bahn etc.)
private Hand	private Haushalte (Ein- oder Mehrpersonenhaushalte)	private Betriebe (**Unternehmen**)

Merke:

Ein **Haushalt** ist eine Organisationseinheit, die Güter zu Konsumtionszwecken nachfragt und verbraucht. Ein Haushalt gehört zur Gruppe der Konsumtionswirtschaften. Wenn ein Haushalt produziert, dienen die Erträge nur der Deckung des Eigenbedarfs.

Ein **Betrieb** ist eine Organisationseinheit, die durch die dauerhafte Kombination von Produktionsfaktoren Güter zur Fremdbedarfsdeckung herstellt und absetzt. Ein Betrieb gehört zur Gruppe der Produktionswirtschaften.

Öffentliche Betriebe arbeiten i. d. R. nach dem **Kostendeckungsprinzip** oder dem **Zuschussprinzip**. Das heißt, dass öffentliche Betriebe entweder Leistungen zu Preisen abgeben, die ohne Gewinnaufschlag kalkuliert werden oder dass sie durch die öffentliche Hand bezuschusst werden, damit die Betriebskosten gedeckt werden können. Beispiele für Betriebe, die i. d. R. nach dem Kostendeckungsprinzip arbeiten, sind Ver- und Entsorgungsbetriebe, der öffentliche Nahverkehr oder städtische Kindergärten. Beispiele für Betriebe, die i. d. R. nach dem Zuschussprinzip arbeiten, sind Theater, Museen, Opern, öffentlich-rechtliche Rundfunkanstalten oder Sozialeinrichtungen.

Zu den konstituierenden Eigenschaften (grundlegenden Prinzipien) des öffentlichen Betriebs gehören (vgl. Vahs und Schäfer-Kunz 2012: 4)

- das **Prinzip des Gemeineigentums**, das besagt, dass die Verfügungsrechte über das betriebliche Kapital mehrheitlich in der öffentlichen Hand (dem Bund, den Ländern oder den Städten und Gemeinden) liegen,
- das **Organprinzip**, das besagt, dass staatliche Stellen ein Mitbestimmungsrecht bei den Entscheidungen der betrieblichen Organe haben. Betriebe werden nicht autonom, sondern als Teileinheiten des öffentlichen Gesamtkörpers gesehen sowie
- das **Gemeinnützigkeitsprinzip**, das fordert, dass gesellschaftliche Aufgaben wahrgenommen werden und keine oder nur sozial vertretbare Gewinne erwirtschaftet werden dürfen.

Private Betriebe (Unternehmen) arbeiten nach eigenverantwortlichen Leistungsprinzipien, d. h. private Betriebe sind eigennützig ausgerichtet und in ihrer Existenzsicherung auf sich gestellt. Hier wird privates Kapital eingesetzt, das je nach Markterfolg der angebotenen Leistungen vermehrt oder gemindert wird. Zu den konstituierenden Eigenschaften (grundlegenden Prinzipien) des privaten Betriebs gehören (vgl. Vahs und Schäfer-Kunz 2012: 4):

- das **Prinzip des Privateigentums**, das aussagt, dass die Verfügungsrechte am Kapital des Unternehmens letztlich bei Privatpersonen liegen,
- das **Autonomieprinzip**, das die Selbstbestimmung eines Unternehmens über seinen Wirtschaftsplan fordert. Ein autonomes Unternehmen entscheidet demnach individuell, welche Produkte oder Dienstleistungen es bereitstellt. Es entscheidet außerdem, zu welchen Preisen diese Produkte oder Dienstleistungen verkauft werden. Jedes Unternehmen hat also die Freiheit, Entscheidungen nach eigenem Ermessen treffen zu können,
- das **erwerbswirtschaftliche Prinzip**, das besagt, dass Unternehmen nach (höchstmöglichem) Gewinn streben.
- Konstituierend und damit die Basis für alle (öffentlichen und privaten) Produktionswirtschaften sind die drei folgenden Merkmale:
- das **Prinzip der Fremdbedarfsdeckung**, das verlangt, dass über den Eigenbedarf hinaus produziert und angeboten wird,
- das **ökonomische Prinzip** (auch Wirtschaftlichkeitsprinzip genannt), das verlangt, dass keine Ressourcen verschwendet werden dürfen und
- das **Prinzip des finanziellen Gleichgewichts, das** verlangt, dass allen Auszahlungen auf Dauer (mindestens) Einzahlungen in gleicher Höhe gegenüberstehen müssen.

Die drei wichtigsten Grundprinzipien, die einen Betrieb kennzeichnen sind, dass er für fremden Bedarf produziert, dass sein Handeln immer darauf ausgerichtet ist, die Güter unter Einhaltung rational begründeten Tuns herzustellen und dass ein finanzielles Gleichgewicht aufrecht erhalten werden muss (vgl. Gutenberg 1982: 457 ff. und Wöhle 2012: 24).

In Bezug auf die konstitutiven Merkmale von Medienbetrieben im Allgemeinen ist zu beachten, dass diese sowohl kommerziell, also auf Gewinnerzielung ausgerichtet sein können, aber auch gemeinnützig geführt werden können. In ihrer privatwirtschaftlich-kommerziellen Verfasstheit werden Betriebe Unternehmen genannt. In der öffentlich-rechtlichen Ausprägung spricht die Rechtswissenschaft von Anstalten. Eine Übersicht über die beschriebenen die Zusammenhänge gibt Abb. 2.1.

Aus Sicht der Betriebswirtschaftslehre (vor allem aus der Perspektive der Managementlehre) sind vor allem die Merkmale interessant, die ein Unternehmen aus führungstechnischer Sicht charakterisieren. Thommen und Achleitner (vgl. 1998: 37 f.) definieren ein Unternehmen als ein offenes, dynamisches, komplexes, autonomes, marktorientiertes und produktives soziales System und begründen die Eigenschaften wie folgt:

allgemeine Bestimmungs- faktoren des Betriebes	marktwirtschaftliche Bestimmungsfaktoren des Betriebes

Autonomieprinzip
(Selbstbestimmung)

Prinzip der
Fremdbedarfs-
deckung

Prinzip des Privat-
eigentums
(Verfügungsrechte)

(=)

privat-kommerzielle
Unternehmung

Erwerbswirtschaft-
liches Prinzip
(Gewinnerzielung)

Betrieb

(+)

Prinzip der
Wirtschaftlichkeit

Medienunternehmen

Organprinzip
(gesellschaftliche
Mitbestimmung)

(+)

Prinzip des
finanziellen
Gleichgewichts

Prinzip des Gemein-
eigentums
(vergesellschaftlichte
Verfügungsrechte)

(=)

Öffentlich-rechtliche
Anstalt

Gemeinnützigkeits-
prinzip
(öffentlicher Zweck)

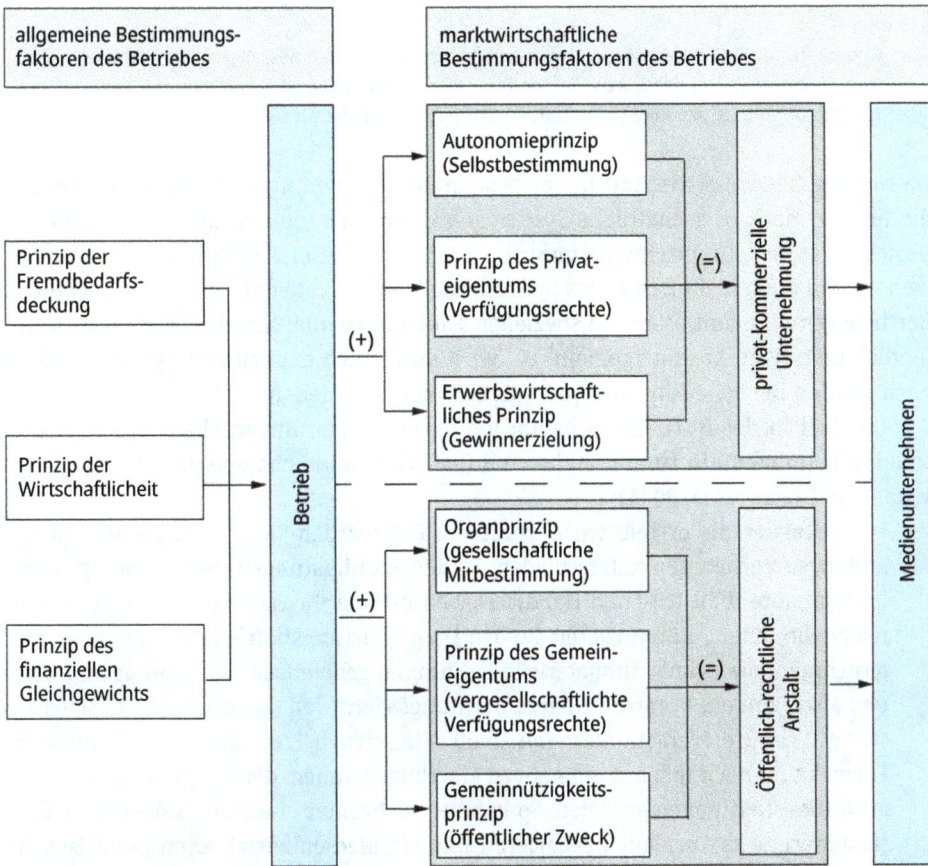

Abb. 2.1: Konstitutive Bestimmungsfaktoren des (Medien-)Betriebes.

Ein Unternehmen ist

- ein **soziales System,** weil hier Menschen miteinander interagieren und das Verhalten des Unternehmens steuern,
- **offen**, weil es mit seiner Umwelt in Beziehung steht und Austauschprozesse durchführt,
- **dynamisch**, weil es sich dauernd den sich wandelnden inneren und äußeren Bedingungen anpasst,
- **komplex**, weil es als Ganzes aus vielen einzelnen Elementen besteht, die in Strukturen und Prozessen eingebettet sind,
- **autonom**, weil es seine Ziele im Rahmen der Gesetze selbst bestimmen kann,
- **marktorientiert**, weil alle Entscheidungen und Tätigkeiten auf die Bedürfnisse des Marktes ausgerichtet werden und
- **produktiv**, weil es durch die Kombination bzw. Transformation von Produktionsfaktoren Leistungen erstellt.

> **!**
>
> **Merke:**
> Ein **Unternehmen** ist ein offenes, dynamisches, komplexes, autonomes, marktorientiertes und produktives soziales System, das durch die Kombination von Produktionsfaktoren an den Bedürfnissen des Marktes orientierte produktive Leistungen erstellt und austauscht.

Da sich die Betriebswirtschaft hauptsächlich mit den Bedingungen auseinandersetzt, die für das marktwirtschaftliche System gelten, werden die Begriffe Betrieb und Unternehmung bzw. Unternehmen im weiteren Verlauf dieser Publikation synonym verwendet und auch nicht besonders herausgestellt, ob private oder öffentlich-rechtliche Betriebe gemeint sind. Wenn in speziellen Fällen ausschließlich die Betriebsform „öffentlich-rechtliche Anstalt" gemeint ist, wird diese auch explizit angesprochen.[1] Dennoch werden Betriebe (Unternehmen) deutlich unterschieden.

Die drei in der BWL-Literatur am häufigsten aufgeführten allgemeinen **Unterscheidungsmerkmale für Betriebe** sind (vgl. Vahs und Schäfer-Kunz 2012: 5 f. oder Wöhe und Döring 2013: 30 ff.):

– Die **Güterart**, die erstellt wird: In diesem Fall werden Sachleistungs- und Dienstleistungsunternehmen unterschieden. Zu den **Sachleistungsunternehmen** gehören insbesondere Industrie- und Handwerksbetriebe, da ihr Hauptzweck darin besteht, materielle Güter zu produzieren. Zu den **Dienstleistungsbetrieben** gehören alle Unternehmen, die primär immaterielle Leistungsangebote (sog. Verrichtungen) anbieten; also Banken, Versicherungen, Beratungsagenturen, Speditionen, Reiseveranstalter, Friseure, Medienunternehmen etc. Eine strikte Trennung ist heute in vielen Fällen kaum noch möglich, da nahezu alle Unternehmen, die Produkte produzieren auch Dienstleistungen anbieten. So kann ein Schreiner einerseits Möbel herstellen, sie andererseits aber auch reparieren und ein Medienbetrieb kann publizistische Inhalte veröffentlichen, aber auch Zeitungen drucken.

– Die **Unternehmensgröße**: Hier werden kleine von mittleren und großen Unternehmen unterschieden. Maßstäbe für die Zuordnung sind beispielsweise die Bilanzsumme, die Höhe der Umsatzerlöse und die Beschäftigtenzahl. Welche Grenzen hier gezogen werden, bestimmen vor allem das Publizitätsgesetz (§ 1 PublG) und das Handelsgesetzbuch (§ 276 HGB).

---

1 Obwohl öffentliche Betriebe eher Betrachtungsgegenstand der sogenannten „Öffentlichen Betriebswirtschaftslehre" (Verwaltungsbetriebslehre) sind und nur rund zwei Prozent der Unternehmen in Deutschland öffentlich-rechtlich organisiert sind, erscheint die Gegenüberstellung in Anbetracht, dass einige der größten Marktteilnehmer in der deutschen Medienwirtschaft öffentlich-rechtliche Anstalten sind, dennoch als geboten.

– Das **Betriebsziel**: Dieses Kriterium differenziert die Betriebe in erwerbswirtschaftlich ausgerichtete Unternehmen, die im marktwirtschaftlichen Wettbewerb stehen und an Gewinnerzielung ausgerichtet sind und in Betriebe, die keine Gewinnerzielungsabsicht haben. Diese Betriebe werden Non-Profit-Organisationen genannt. Non-Profit-Unternehmen verfolgen soziale, kulturelle, karitative, politische oder ökologische Ziele.

Merke:

Güter sind materielle Gegenstände (Produkte) sowie Dienstleistungen und Rechte, die Wirtschaftssubjekten zur Bedürfnisbefriedigung dienen (= Nutzen stiften) und auf Märkten gehandelt werden.

Die **Unternehmensgröße** wird nach den Kriterien Bilanzsumme, Umsatzerlöse und Beschäftigtenzahl definiert.

Das **Betriebsziel** liegt entweder in der erwerbswirtschaftlichen Betätigung oder in der Gemeinwohlausrichtung.

2.1.2 Das ökonomische Prinzip als Folge rationalen Verhaltens

Unabhängig von Größenordnungen, Ausrichtungen oder Produktionsergebnissen ist, dass betriebliches Handeln immer rational (vernünftig) sein muss. Unabhängig von dieser betriebswirtschaftlichen Interpretation gilt die Rationalitätsannahme in der ökonomischen Modellwelt auch für die Haushalte. Damit gelten die nachfolgenden Ausführungen (auch wenn sie sich wörtlich nur auf Betriebe beziehen) sowohl für Betriebe als auch für Haushalte. Beide Akteure sind aufgrund der Knappheitsbedingungen, denen sie unterworfen sind (begrenzte Ressourcen) angehalten, mit ihren Einsatzmitteln vernünftig umzugehen.

Folge der Rationalitätsannahme ist das **Prinzip der Wirtschaftlichkeit** (auch ökonomisches Prinzip genannt). Es bildet die tragende Säule allen betrieblichen (und haushaltlichen) Handelns und Entscheidens. Das **ökonomische Prinzip** besagt allgemein, dass das Verhältnis aus Produktionsergebnis (Output oder Ertrag) und Produktionsfaktoreinsatz (Input oder Aufwand) zu optimieren ist. In dieser allgemeinen Formulierung wird das Wirtschaftlichkeitsprinzip als Optimumprinzip formuliert:

– Das **Maximumprinzip** (Maximalprinzip) besagt, dass bei einem gegebenen Faktoreinsatz (Input, Aufwand) eine größtmögliche Gütermenge (Output, Ertrag) zu erwirtschaften ist. Beispiele wären, dass mit einem definierten Budget von 5.000 Euro eine höchstmögliche Menge an Werbebroschüren produziert werden soll oder, dass innerhalb von 20 Arbeitsstunden so viele Kunden wie möglich zu kontaktieren sind.

– Das **Minimumprinzip** (Minimalprinzip) besagt, dass eine gegebene Gütermenge (Output oder Ertrag) mit einem geringstmöglichen Faktoreinsatz (Input oder Aufwand) zu erwirtschaften ist. Beispiele wären, dass exakt 10.000 Werbebroschüren in einer schnellstmöglichen Zeit herzustellen sind oder dass ein vorgegebener Gewinn mit möglichst geringem Kapitaleinsatz erwirtschaftet werden soll.

– Das **Optimumprinzip** (auch Extremumprinzip genannt) besagt, dass ein möglichst günstiges Verhältnis zwischen dem Produktionsergebnis (Output; Ertrag) und dem Faktoreinsatz (Input; Aufwand) zu erwirtschaften ist.

Da das geforderte Optimum auf zwei unterschiedliche Arten erreicht werden kann, zeigt das ökonomische Prinzip zwei unterschiedliche Ausprägungen, die mengentechnisch oder werttechnisch definiert werden können. Als abstrakte Formulierung ergibt sich das Optimumprinzip (Extremumprinzip) (vgl. Wöhe und Döring 2013: 34). Abb. 2.2 fasst die Aussagen zusammen.

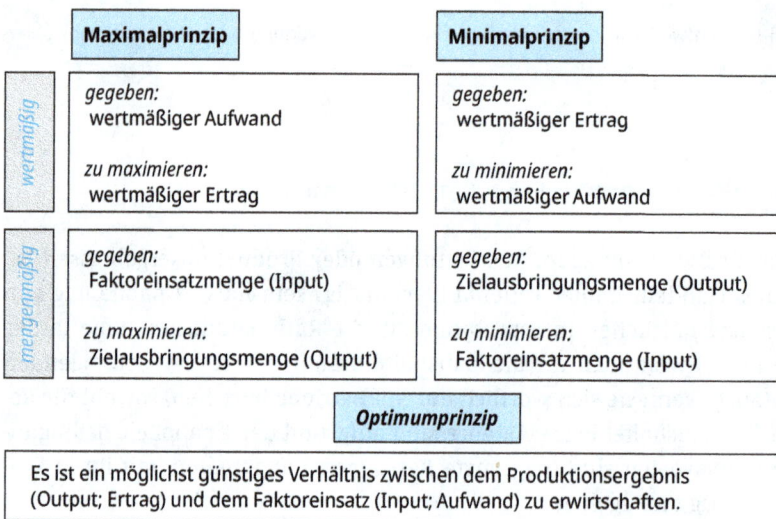

Maximalprinzip	**Minimalprinzip**
wertmäßig	
gegeben: wertmäßiger Aufwand	*gegeben:* wertmäßiger Ertrag
zu maximieren: wertmäßiger Ertrag	*zu minimieren:* wertmäßiger Aufwand
mengenmäßig	
gegeben: Faktoreinsatzmenge (Input)	*gegeben:* Zielausbringungsmenge (Output)
zu maximieren: Zielausbringungsmenge (Output)	*zu minimieren:* Faktoreinsatzmenge (Input)

Optimumprinzip
Es ist ein möglichst günstiges Verhältnis zwischen dem Produktionsergebnis (Output; Ertrag) und dem Faktoreinsatz (Input; Aufwand) zu erwirtschaften.

Abb. 2.2: Das Ökonomische Prinzip und seine drei Ausprägungen.

> **!**
>
> **Merke:**
>
> Das **ökonomische Prinzip** (auch Wirtschaftlichkeitsprinzip oder Rationalitätsprinzip genannt) ist die Grundlage des von Wirtschaftssubjekten geforderten Verhaltens im Umgang mit Ressourcen, die zur Zielerreichung eingesetzt werden. Es fordert, keine Ressourcen zu verschwenden, sondern rational mit Ressourcen umzugehen.
>
> Diese Effizienzforderung kann durch zwei Rationalitätsprinzipien umgesetzt werden:
>
> – Das **Minimalprinzip** verlangt, dass ein angestrebtes Ziel mit geringstmöglichem Ressourceneinsatz erreicht wird.
>
> – Das **Maximalprinzip** verlangt, dass mit einer gegebenen Ressourcenausstattung ein maximal mögliches Ergebnis erzielt wird.
>
> – Das **Extremumprinzip** (Optimumprinzip) verallgemeinert die beiden vorgenannten Prinzipien und fordert allgemein ein bestmögliches Verhältnis zwischen Ertrag und Aufwand.

Da das Prinzip der Wirtschaftlichkeit nicht nur zu den konstitutiven Eigenschaften eines jeden Betriebs gehört (und in der Ökonomie auch auf die Verhaltensoptionen von Haushalten übertragen wird), sondern auch dem Grundsatz des vernünftigen Umgangs mit Ressourcen entspricht, ist der Stellenwert dieser Denkweise nicht hoch genug einzuschätzen.

Knappheitsbewältigung ist der Sinn des Wirtschaftens.
Die Knappheit von Gütern und andererseits die Unbegrenztheit von Bedürfnissen führt zum Problem der Knappheitsbewältigung. Diese Knappheitsbewältigung bildet das ökonomische Kernproblem aller sozialen Gemeinschaften und damit auch aller ökonomischen Wissenschaften (sie haben ja keinen Selbstzweck). Die Frage, die es immer mitzubeantworten gilt, lautet: Wie können mit den begrenzten Ressourcen möglichst viele Bedürfnisse befriedigt werden; also ein möglichst hohes individuelles oder kollektives Wohlstandsniveau erreicht werden?

Die Antwort führt zur allgemeinen Forderung, dass das ökonomische Prinzip immer und systematisch umgesetzt werden muss. Geschieht dies nicht, werden mehr Ressourcen verbraucht als nötig. Verschwendete Ressourcen stehen anderen Produktionsprozessen nicht mehr zur Verfügung. Darunter leidet sowohl die Bedürfnisbefriedigungsmöglichkeit des einzelnen als auch die der gesamten Gesellschaft, weil weniger Güter zur Verfügung gestellt werden, als es theoretisch möglich wäre. Das Problem der Güterknappheit würde nur suboptimal gelöst. Deswegen ist es ein Gebot der Vernunft (Rationalitätsprinzip), dass mit knappen Gütern (Wirtschaftsgütern) ökonomisch umgegangen werden muss. Aus betrieblicher Sicht geht die Verschwendung von Ressourcen einher mit einer geringeren Gewinnerwirtschaftungsmöglichkeit; schlechtestenfalls mit dem Verlust der Existenz.

Folgerichtig weitergedacht, kann die **Wirtschaft** als ein System von Institutionen (= Regelwerken) und Prozessen interpretiert werden, die direkt oder indirekt der Befriedigung menschlicher Bedürfnisse und Wünsche nach knappen Gütern dienen. „Wirtschaften" bedeutet somit, knappe Güter so einzusetzen, dass die Bedürfnisbefriedigung in möglichst vorteilhafter Weise erfolgt (vgl. Vahs und Schäfer-Kunz 2012: 9). Möglichst vorteilhaft bedeutet in diesem ökonomischen Zusammenhang, dass bei der Herstellung der Güter das ökonomische Prinzip eingehalten wird.

> **Merke:**   **❗**
> Die **Wirtschaft** (Ökonomie) ist ein System von Institutionen (Regelwerken) und Prozessen, die der Bedürfnisbefriedigung durch knappe Güter dienen.
>
> **Wirtschaftliches Handeln** ist der Umgang mit knappen Ressourcen unter Beachtung ökonomischer Leitlinien (Rationalitätsprinzip/ökonomisches Prinzip) und damit das Umsetzen eines optimalen Verhältnisses zwischen eingesetzten Mitteln und erwünschtem Zweck (Effizienzforderung). Da aufgrund begrenzter Mittel nicht alle Bedürfnisse gleichermaßen befriedigt werden können, müssen rationale Entscheidungen zwischen Handlungsalternativen getroffen werden.

Fragen/Aufgaben zu Kapitel 2.1

1. Unterteilen Sie die Wirtschaftssubjekte nach Art der Trägerschaft und Art der Bedarfsdeckung.
2. Worin liegt der Unterschied zwischen dem, was ein Betrieb und dem, was ein Unternehmen genannt wird?
3. Worin unterscheiden sich privat-kommerzielle und öffentlich-rechtlichen Betriebe?
4. Benennen Sie die wesentlichen Charakteristika eines Unternehmens aus Sicht der Managementlehre.
5. Was versteht die Ökonomie unter dem ökonomischen Prinzip und welche Ausprägungen kann dieses annehmen?
6. Bilden Sie bitte jeweils ein Beispiel für eine Handlungsanweisung nach dem Minimum- sowie dem Maximumprinzip, wenn in einem Call-Center Kunden kontaktiert werden sollen.
7. Nennen Sie bitte drei grundsätzliche Unterscheidungsmerkmale für Unternehmen und zeigen Sie auf, welche Kriterien innerhalb der von Ihnen genannten Unterscheidungsmerkmale beispielhaft herangezogen werden können.
8. Was versteht die Ökonomie unter wirtschaftlichem Handeln?
9. Erläutern Sie kurz das ökonomische Problem der Knappheitsbewältigung.

Lösungshinweise finden Sie im achten Kapitel „Lösungsskizzen".

2.2 Bedürfnisse, Bedarf, Nachfrage und Wirtschaftsgüter

Unternehmen produzieren für den Fremdbedarf. Wie aber entstehen diese Bedarfe und woher weiß ein Unternehmen, welche Güter gebraucht werden? Die von der ökonomischen Modellwelt gegebene Antwort zeigt dieses Kapitel. Darüber hinaus wird auch ausdifferenziert, wie vielfältig der Begriff Wirtschaftsgüter in der Betriebswirtschaftslehre interpretiert und benutzt wird.

2.2.1 Vom Bedürfnis zur Nachfrage

Betriebe produzieren Güter, die menschliche Bedürfnisse befriedigen und von Wirtschaftssubjekten nachgefragt werden. Als **Bedürfnisse** werden in der Ökonomie Mangelzustände verstanden, die mit dem Wunsch verbunden sind, den Mangel zu überwinden. Solche Bedürfnisse sind höchst unterschiedlicher Art. Zum einen gibt es sehr existenzielle Bedürfnisse, wie beispielsweise Hunger und Durst, zum anderen aber auch Luxusbedürfnisse, wie der Wunsch nach einer Segeljacht oder der Wunsch nach individueller Talententfaltung. Maslow (vgl. hier und folgend Maslow 1954: 80 ff.) hat im Umfeld der Erforschung von Mitarbeiterinteressen eine fünfstufige Bedürfnispyramide entwickelt, die ein vermutetes hierarchisches Verhältnis unterschiedlicher Bedürfnisqualitäten aufzeigt (vgl. Abb. 2.3).

Die Annahmen, die diesem Modell zugrunde liegen und in Abb. 2.3 dargestellt werden, lauten wie folgt:

Bedürfnis-stufen	Bedürfnisse
5	**Bedürfnis nach Selbstverwirklichung** Individualität, Talententfaltung, Kunst, Sinnfindung etc.
4	**Bedürfnis nach Wertschätzung** Status, Wohlstand, Macht, Karriere, Geld, Auszeichnungen etc.
3	**Soziale Bedürfnisse** Partnerschaft, Liebe, Kommunikation, Freundeskreis, Geborgenheit etc.
2	**Sicherheitsbedürfnisse** Schutz, Wohnung, Gesundheit, Lebensplanung, Ordnung, Job, Religion etc.
1	**Physiologische Grundbedürfnisse** Atmen, Essen, Schlafen, Trinken, Sexualität, Wärme etc.

Abb. 2.3: Bedürfnispyramide nach Maslow.

1. Die Befriedigung physiologischer Grundbedürfnisse (z. B. ausreichend zu essen und zu trinken zu bekommen), bildet die Basis der existenziellen Grundsicherung. Ohne sie ist keine Existenzsicherung gewährleistet.
2. Ist die reine Existenzsicherung gesichert, folgt das Bedürfnis zur Abdeckung zukünftiger Lebensrisiken (z. B. Obdach, Gesundheitsvorsorge, Schutz, Gesetze, Ordnung).
3. Ist auch das Schutzbedürfnis weitgehend befriedigt, treten soziale Bedürfnisse in den Vordergrund. Diese werden vornehmlich in Kleingruppen erfüllt (z. B. Partnerschaft, Liebe, Geborgenheit).

Diese drei Bedürfnisebenen beschreiben sogenannte **Defizitbedürfnisse**. Sie zeichnen sich dadurch aus, dass die Bedürfnisdringlichkeit bei Befriedigung abnimmt. Die motivierende Wirkung lässt mit zunehmender Befriedigung nach. Die nach Maslow auf die Defizitbedürfnisse folgenden beiden Bedürfnisebenen zählen zu den Wachstumsbedürfnissen. **Wachstumsbedürfnisse** sind unendlich präsent.

4. Das Bedürfnis nach Wertschätzung wird vor allem angetrieben durch den Wunsch nach Anerkennung mit den dazu gehörenden Ausstattungsmerkmalen und Verwirklichungsvarianten (z. B. Wohlstand, Karriere, Ansehen).
5. Die oberste Motivationsklasse bilden die Bedürfnisse nach Selbstverwirklichung. Aus rein existenzieller Sicht handelt es sich hier um Luxusbedürfnisse; beispielsweise tun und lassen zu können, was man will oder Bedürfnisse nach Information, Wissen und Sinnfindung zu stillen.

Natürlich vereinfacht die Pyramide stark und wahrscheinlich gilt sie auch nicht universell für alle Menschen in allen Kulturkreisen, aber sie schematisiert eine naheliegende Infrastruktur der Bedürfnisbefriedigung und hat ihren Verdienst darin, dass sie verdeutlicht, wann, warum und in welcher Intensität bzw. mit welcher Preisbereitschaft Menschen motiviert werden, Güter nachzufragen. Die unerfüllten Wünsche der Menschen können somit als Motor der Güterproduktion angesehen werden.

Wenn Bedürfnisse, also Zustände, die auf einen Mangel fixiert sind, auf ein Objekt gerichtet werden, spricht die Ökonomie von **Bedarf**. Durst beispielsweise ist Ausdruck eines Bedürfnisses. Eine Flasche Wasser wäre als das Benötigte oder Gewünschte, das zur Bedürfnisbefriedigung geeignet wäre; in diesem Fall der Bedarf. Der Bedarf ist demnach immer das auf ein Objekt ausgerichtete Notwendige, mit dem ein Bedürfnis befriedigt werden kann. Aber erst, wenn der Bedarf mit Kaufkraft ausgestattet und angezeigt wird, wird der Bedarf zur Nachfrage. **Nachfrage** entsteht im ökonomischen Sinne also erst dann, wenn einem Anbieter eine Kaufabsicht angezeigt wird und die Kaufabsicht mit einer Zahlungsbereitschaft unterlegt ist.

> **!** **Merke:**
> **Bedürfnisse** sind (aus ökonomischer Sicht) Mangelzustände, die mit dem Wunsch verbunden sind, den Mangel zu überwinden.
>
> **Bedarf** ist das auf ein Objekt (Wirtschaftsgut) ausgerichtete Verlangen, das der Bedürfnisbefriedigung dient.
>
> **Nachfrage** entsteht, wenn der Bedarf als Kaufabsicht angezeigt und mit Zahlungsbereitschaft untermauert wird.

Ob sich Unternehmen an den Bedürfnissen oder der Nachfrage orientieren, um ihr Angebot bereitzustellen, ist eine Frage, die das Marketing (vgl. Band 3 dieser Publikationsreihe) beantwortet. An dieser Stelle sei aber schon einmal darauf hingewiesen, dass ein Unternehmen Gewinne erwirtschaften will. Das heißt, dass Bedürfnis allein wird wohl eher nicht ausschlaggebend für die Produktion von Gütern sein. Denn ein Bedürfnis zu haben, bedeutet noch lange nicht, auch für die Güter, die der Bedürfnisbefriedigung dienen, bezahlen zu können oder zu wollen. Bedürftigen vorhandene Güter zu verwehren, kann als höchst unmoralisch gewertet werden. Aber diese Moralperspektive ist nicht Gegenstand ökonomischer Wissenschaften, deren Aufgabe darin liegt, Phänomene zu beschreiben (nicht sie zu bewerten).

Wenn sich andererseits Unternehmen nur an der Nachfrage ausrichten, kann es nicht zu Innovationen kommen. Innovationen sind neue Problemlösungen. Für die gibt es möglicherweise noch gar keine Nachfrage, weil diese Problemlösungen im Vorfeld der Markteinführung noch nicht bekannt sind. Da es aber permanent Innovationen auf den Märkten gibt, muss es hier eine Lösung geben. Welche das ist, wird im Umfeld der Erläuterungen zum Marketing in Band 3 dieser Publikationsreihe gegeben.

2.2.2 Die Ausdifferenzierung des Wirtschaftsgüterbegriffs

Bedürfnisse werden mit Gütern befriedigt, die entweder von der Natur bereitgestellt oder von Unternehmen hergestellt werden müssen. Güter, die die Natur nicht in ausreichender Menge bereitstellt, werden Wirtschaftsgüter genannt. In der Ökonomie werden diese Güter als „knappe Güter" bezeichnet. Güter, die die Natur in ausreichender Menge bereitstellt, müssen hingegen nicht bewirtschaftet werden. Sie sind aus ökonomischer Sicht nicht von Interesse. In der Ökonomie heißen diese Güter „freie Güter".

> **Merke:**
> **Wirtschaftsgüter** sind Leistungsergebnisse von Produktions- und Dienstleistungsbetrieben und bilden den Oberbegriff für **materielle Produkte, Dienstleistungen und Rechte**, die in den Produktionsprozess eingebracht werden oder aus ihm hervorgehen. Zu den generellen Eigenschaften von Wirtschaftsgütern zählen, dass sie der **Bedürfnisbefriedigung** dienen, nicht zu jeder Zeit und an jedem gewünschten Ort in der gewünschten Qualität und Menge zur Verfügung stehen und auf Märkten gehandelt werden.

Wirtschaftsgüter können nach ganz unterschiedlichen Merkmalen systematisiert werden (vgl. Schierenbeck und Wöhle 2012: 4 sowie Thommen et al. 2017: 37 f.). Tab. 2.2 zeigt eine Übersicht über die Güterarten und deren Merkmale, die in der ökonomischen Literatur unterschieden werden.

Tab. 2.2: Gütermerkmale und Güterarten.

Gütermerkmale	Güterart
1. Verfügbarkeit	**Freie und knappe Güter**
	– Freie Güter stehen im Prinzip unbegrenzt von der Natur bereitgestellt zur Verfügung, verursachen keine Kosten und müssen nicht bewirtschaftet werden (z. B. Luft, Meerwasser, Sonnenschein etc.). Folgerichtig werden sie als „freie Güter" bezeichnet.
	– Knappe Güter sind endlich vorhanden und müssen deswegen bewirtschaftet werden. Sie werden auch „Wirtschaftsgüter" genannt.
2. Abstraktionsgrad	**Real- und Nominalgüter**
	– Realgüter sind Ergebnisse eines Produktions- oder Dienstleistungsprozesses.
	– Nominalgüter sind Geld oder stellen einen in Geld ausgedrückten Nennwert (z. B. Forderungen oder Wertpapiere) dar.

Tab. 2.2 (fortgesetzt)

Gütermerkmale	Güterart
3. Beschaffenheit	**Materielle und immaterielle Güter**
	– Materielle Güter haben physikalische Substanz und werden auch Sachgüter oder Inspektionsgüter genannt. – Immaterielle Güter haben keine physikalische Substanz. Zu ihnen zählen Informationen, Dienstleistungen und Rechte (z. B. Lizenzen) sowie alle sonstigen digitalen Güter.
4. Stellung im Transformationsprozess	**Input- und Outputgüter**
	– Inputgüter gehen in den Produktionsprozess ein und dienen der Produktion von Outputgütern. Sie werden auch Produktionsfaktoren genannt. – Outputgüter stellen das Endergebnis eines Produktionsprozesses dar.
5. Nutzungszweck	**Produktions- und Konsumgüter**
	– Produktionsgüter sind Outputgüter, die zugleich Inputgüter (Produktionsfaktoren) für nachgelagerte Prozesse darstellen (z. B. Maschinen, Werkzeuge) und dazu führen, dass Konsumgüter produziert werden können. Der Nutzen von Produktionsgütern ist derivativer Natur, d. h. sie sind nicht direkt an der Bedürfnisbefriedigung von Haushalten beteiligt. Ihr Nutzen ist aus dem Nutzen der Konsumgüter, deren Herstellung sie unterstützen, abgeleitet. – Konsumgüter sind Outputgüter, die produziert werden, weil sie direkt dazu beitragen, menschliche Bedürfnisse befriedigen zu können. Sie werden von Endverwendern konsumiert.
6. Verwendungsart/ Nutzungsdauer (Produktion)	**Repetierfaktoren und Potenzialfaktoren**
	– Repetierfaktoren werden auch als Werkstoffe bezeichnet und stellen produktive Wirtschaftsgüter dar, die sich mit ihrem Einsatz im Produktionsprozess verbrauchen oder in das herzustellende Produkt eingehen. Ihre Beschaffung muss „repetiert" (wiederholt) werden. Repetierfaktoren werden in Roh-, Hilfs- und Betriebsstoffe differenziert. a. Rohstoffe bilden die Grundlage für ein Produkt und gehen in den Produktionsprozess ein (z. B. Metall, Plastik, Holz etc.). Sie werden zu einem Bestandteil des Produktes. b. Hilfsstoffe gehen ebenfalls in das Produkt mit ein, sind aber kein wesentlicher Bestandteil des Produktes (z. B. Klebstoffe, Farbstoffe, Schrauben, Nägel, Additive etc.) und spielen wert- und mengenmäßig nur eine untergeordnete Rolle. c. Betriebsstoffe gehen nicht in das Produkt ein, sondern werden bei der Fertigung verbraucht (z. B. Energieträger, Schmiermittel, Kühlmittel etc.).

Tab. 2.2 (fortgesetzt)

Gütermerkmale	Güterart
	– Potenzialfaktoren (auch Betriebsmittel oder Investitionsgüter genannt) sind materielle oder immaterielle Elementarfaktoren, die über einen längeren Zeitraum für die Leistungserstellung gebraucht werden (z. B. Maschinen, Produktionsanlagen, Gebäude, Rechte, Patente, Wissen).
7. Verwendungsart/ Nutzungsdauer (Konsumtion)	**Verbrauchs- und Gebrauchsgüter**
	– Verbrauchsgüter sind Konsumgüter (konsumtive Wirtschaftsgüter), die sich mit ihrer Nutzung (durch ihren Einsatz) im Konsumprozess verbrauchen (z. B. Nahrungsmittel, Reinigungsmittel etc.). – Gebrauchsgüter sind Konsumgüter, die eine längerfristige Nutzung erlauben (z. B. TV-Gerät, Kleidung, Staubsauger, Auto).
8. Verbundenheit	**Substitutions- und Komplementärgüter**
	Stehen Güter mit anderen Gütern in einer Beziehung, kann diese ersetzender oder ergänzender Natur sein. – Substitutionsgüter sind Güter, die sich gegenseitig ersetzen. In diesem Fall befriedigt der Güternutzen der Produkte aufgrund ähnlicher Funktionen das gleiche Bedürfnis. Die Güter konkurrieren miteinander hinsichtlich ihres Nutzens (z. B. Streichhölzer und Feuerzeuge, Nachrichtenportale im Internet und Nachrichtensendungen im Fernsehen). Das eine Produkt kann das andere Produkt ersetzen (substituieren). – Komplementärgüter sind Güter, die sich im Güternutzen ergänzen und erst durch ihren kombinierten Einsatz einen Sinn bekommen. So macht eine TV-Übertragung erst dann Sinn, wenn es TV-Empfangsgeräte und Bildschirme gibt. Auch eine PC-Tastatur oder ein Kugelschreibergehäuse allein stiftet keinen Nutzen. Erst durch den kombinierten Einsatz von Gütern entsteht eine bestimmte Bedürfnisbefriedigung. Dementsprechend bedingt auch der Besitz eines Komplementärgutes die Nachfrage nach einem passenden Komplementärgut: Der Besitz eines PCs führt beispielsweise zur Nachfrage nach Tastatur, Maus und Monitor.

Im folgenden Kapitel sollen gängige Entscheidungsprobleme, unterschiedliche Ziele und Zielbeziehungen, die im Unternehmensalltag vorkommen sowie für alle Betriebe gültige Maßstäbe beschrieben werden, mit denen Handlungsalternativen und Zielerreichungsgrade bewertet werden können.

? **Fragen/Aufgaben zu Kapitel 2.2**
1. Definieren Sie die Begriffe Bedürfnis und Wirtschaftsgüter.
2. Welche Arten von Bedürfnissen können nach Maslow grundsätzlich unterschieden werden?
3. Grenzen Sie die Begriffe Bedürfnis, Bedarf und Nachfrage voneinander ab.
4. Nennen Sie vier unterschiedliche Güterarten und die jeweils dazu gehörenden Gütermerkmale.

Lösungsvorschläge finden Sie im achten Kapitel „Lösungsskizzen".

2.3 Entscheidungen, Strategien und die Schwierigkeit der Zielformulierung

Wird die Medienbetriebslehre als angewandte BWL verstanden, muss sie Lösungen für praktische Entscheidungsprobleme liefern. Entscheidungen prägen den Erfolg und den Misserfolg von Unternehmen. Eine Entscheidung ist ganz allgemein „die Wahl zwischen mindestens zwei Alternativen, von denen eine die sogenannte Unterlassungsalternative sein kann" (Vahs und Schäfer-Kunz 2012: 51). Entscheidungen wiederum werden an Zielen ausgerichtet. Es zeigt sich im Betriebsalltag aber sehr schnell, dass Ziele zu formulieren nicht immer einfach ist.

2.3.1 Entscheidungen und ihre betrieblichen Auswirkungen

Entscheidungen können strategischer oder auch taktischer bzw. operativer Art sein. Strategische Entscheidungen sind grundlegender Art. Sie wirken langfristig und sind nur schwer zu korrigieren. Überdies ist das Problemfeld sehr komplex, da bis weit in die Zukunft geplant wird, aber es besteht immer eine echte Wahlmöglichkeit, da nur wenige Bedingungen, die Wahlalternativen prädisponieren. Wenn ein Unternehmen beispielsweise gegründet wird, muss eine Rechtsform gewählt werden. Hier stehen sehr unterschiedliche Möglichkeiten zur Verfügung. Welche schlussendlich gewählt wird, ist im Rahmen der gesetzlichen Bestimmungen aber völlig freigestellt. Die Unternehmensgründer haben eine echte Wahlmöglichkeit.

Taktische Entscheidungen und operative Entscheidungen werden hingegen mittel- bzw. kurzfristig umgesetzt, wirken zeitnah bzw. sofort und können relativ schnell korrigiert werden. Sie ordnen sich aber strategischen Entscheidungen unter und sind damit von Nebenbedingungen abhängig. Andererseits sind die Folgerisiken von Entscheidungen nicht so unsicher wie bei den strategischen Problemfeldern. Wenn sich also nun die Unternehmensgründer entschieden haben, eine GmbH zu gründen, dann sind sie bspw. frei in der Entscheidung, welcher Person sie die Geschäftsführung übertragen, aber nicht frei in der Entscheidung, ob sie einen Geschäftsführer installieren. Dass eine Person bestimmt werden muss, liegt in der strategischen Entscheidung, eine GmbH zu gründen, begründet.

Eine stringente Unterscheidung von strategischen und taktischen bzw. taktischen und operativen Entscheidungen ist im Betriebsalltag nicht immer möglich. Die Übergänge sind fließend. Grundsätzliche Unterscheidungskriterien stellt Tab. 2.3 heraus. Da taktische und operative Entscheidungen im Betriebsalltag häufig ineinander übergehen, werden sie hier zusammengefasst.

Tab. 2.3: Strategische und taktisch/operative Entscheidungsqualitäten.

Merkmale	strategische Entscheidungen	taktische bzw. operative Entscheidungen
Ausrichtung	Effektivität, bzw. „zielführendes Handeln"	Effizienz, bzw. „zielführendes Handeln optimieren"
Eigenschaften	– strukturbestimmend, konstitutiv – frei wählbare Alternativen – langfristig orientiert – verzögert wirksam – schwierig zu korrigieren	– ablaufbestimmend, situativ – Alternativen von Nebenbedingungen abhängig – mittel- und kurzfristig orientiert – weitgehend sofort wirksam – leicht und schnell zu korrigieren
Situationsbedingungen	– komplexes Problemfeld – hohe Unsicherheit – ganzheitliches Denken gefordert	– überschaubares Problemfeld – weitgehend einschätzbares Risiko – partikulares Denken dominiert
Beispiele	– konstitutive Entscheidungen über die Rechtsform, den Standort etc. – Wettbewerbsstrategien – Wachstumsstrategien – Marktsegmentierungsstrategien – Absatzraumstrategien – Markteintrittsstrategien	– eher taktisch ausgerichtet: – Personalplanung – Finanzplanung – Planung des Marketingmixes – eher operativ ausgerichtet: – Alltagsentscheidungen in allen betrieblichen Funktionsbereichen

Strategische Entscheidungen sind Entscheidungen darüber, wie sich das Unternehmen dem Wettbewerb stellen will (wollen wir Qualitäts- oder Massenware produzieren?), wie es wachsen will (wollen wir unser Produktportfolio ausbauen oder die Vertriebswege ausweiten?) oder wie es den Markt, auf dem es tätig ist, bearbeiten will (wollen wir Massenmärkte bearbeiten oder Märkte in Teilmärkte differenzieren?), sind strategischer Art. Das Gleiche gilt für Fragestellungen des Internationalisierungsgrades (wollen wir uns national ausrichten oder global agieren?) oder des Markteintritts (wollen wir Pionier sein oder als Folger auf bestehende Märkte gehen?). Auf der Hand liegt, dass auch alle konstitutiven Entscheidungen (Rechtsformwahl, Standortwahl etc.) strategisch sind.

Taktische Entscheidungen basieren auf strategischen und werden aus ihnen abgeleitet (vgl. Olfert 2005: 116). Werden beispielsweise qualitativ hochwertige Informationsprodukte hergestellt, werden fachlich besser ausgebildete Redakteure benötigt, als wenn Boulevardthemen verarbeitet werden. Wenn nun also die Personalabteilung geeignete Mitarbeiter bereitstellen soll, muss sie ein Programm aufsetzen, das geeignete Mitarbeiter ausbildet, weiterbildet oder neu einstellt. Solche Programme wirken nun aber nicht unmittelbar auf die Produktqualität, sondern zeitlich leicht versetzt. Auch der Marketingmix (Gesamtheit der Produkt-, Preis-, Kommunikations- und Vertriebsentscheidungen) wird abhängig von strategischen Entscheidungen unterschiedlich gestaltet).

Eher **operativ ausgerichtete Entscheidungen** fallen im Tagesgeschäft an. Die Hauptaufgabe operativer Entscheidungen liegt in der Ausgestaltung des Betriebsalltags und stellt damit die konkreteste Form der Betriebsführung dar. Hier werden detaillierte Einzelziele verfolgt (Entscheidungen über konkretes Tun). Ob nun diese oder jene Headline den Titel einer Sendung oder eines Berichtes ziert, welche Beiträge in eine Sendung kommen, welche Maschine genutzt wird oder welche konkrete Aufgabe von welchem Mitarbeiter erledigt wird, sind Beispiele für operative Entscheidungen. Operative Entscheidungen sind kurzfristig umgesetzt, wirken sofort und können schnell korrigiert werden. Allerdings müssen auch zahlreiche Nebenbedingungen bei der Entscheidungsfindung berücksichtigt werden. Dafür sind aber die Folgerisiken der Entscheidungen nicht so unsicher wie bei den strategischen und taktischen Problemfeldern.

Da sich operative Entscheidungen den taktischen unterordnen und diese wiederum den strategischen, muss ein Entscheidungssystem aufgebaut werden, das in sich widerspruchsfrei ist. Die Logik, der dieses Entscheidungssystem folgt, ist in den Zielen verankert, die durch die Entscheidungen umgesetzt werden sollen.

2.3.2 Ziele beschreiben, was und wie etwas erreicht werden soll

Im Zusammenhang mit Entscheidungen rücken also die Ziele der unternehmerischen Tätigkeit in den Vordergrund der Betrachtung. Aber auch Ziele „schweben nicht frei im Wunschraum" der betrieblichen Entscheidungsträger. Oft werden sie begleitet von Nebenbedingungen, die zu berücksichtigen sind. Nebenbedingungen können unterschiedliches Gewicht haben und bewegen sich zwischen „muss unbedingt gewährleistet sein" und „sollte realisiert werden". Zu den letzteren Bedingungen gehören all die Festlegungen, die für das Überleben des Unternehmens nicht direkt zwingend sind (z. B. Arbeitsplatzzufriedenheit, gerechte Gehälterstruktur, korrektes Verhalten gegenüber unternehmensexternen Personen oder Gruppen etc.).

Unbedingt gewährleistet sein muss hingegen die langfristige Existenzsicherung des Betriebes. Diese Mindestbedingung fordert, dass die Vermögensauszehrung durch Dauerverluste vermieden und die Zahlungsfähigkeit des Unternehmens gewahrt bleiben muss (vgl. Wöhe und Döring 2013: 38). Für private Unternehmen gilt diese Mindestbedingung auch als formales Oberziel, denn ein Unternehmen, das zahlungsunfähig wird, muss Insolvenz anmelden und das Insolvenzverfahren endet in der Mehrzahl der Fälle mit der Einstellung der unternehmerischen Tätigkeit. Unternehmen, die dem Wettbewerb nicht ausgesetzt sind, wie beispielsweise die öffentlich-rechtlichen Rundfunkanstalten, sind in ihrer Existenz gesichert. Das vergleichsweise geltende Oberziel wäre hier, dass die Kosten der Medienproduktion und der Medienbereitstellung das über die Haushaltsabgaben bereitgestellte Budget nicht überschreiten dürfen.

Eine zweite allgemeine Zielbedingung bzw. das zweite formale Oberziel privatwirtschaftlicher Unternehmen fordert, dass Gewinne erwirtschaftet werden müssen. Im Hinblick auf die Gewinnerwirtschaftung gilt allgemein, dass ein Mehr an Gewinn einem Weniger vorzuziehen ist. Für öffentlich-rechtliche Rundfunkanstalten gilt dieses Ziel ebenfalls nicht. Das vergleichsweise geltende Oberziel wäre hier, dass möglichst viele Bürger mit hochwertigen Informationen und wertevermittelnder Unterhaltung versorgt werden. Der gesellschaftliche Funktionsauftrag soll bestmöglich erfüllt werden.

Ziele beschreiben entweder **was** (formal) erreicht werden soll oder **wie** das (formal) Festgelegte erreicht werden soll. Dementsprechend werden Ziele grundsätzlich in Formalziele und Sachziele differenziert (vgl. Thommen et al. 2017: 114):

- **Sachziele** beziehen sich auf das konkrete Handeln eines Unternehmens innerhalb der einzelnen betrieblichen Funktionen (z. B. Management, Beschaffung, Produktion, Absatz) und somit auf die konkrete Steuerung des Unternehmens. Sachziele (z. B. Verkauf einer bestimmten Menge von Produkten) richten sich nach den Formalzielen.
- **Formalziele** stellen übergeordnete Ziele dar und geben den Sachzielen Orientierung. Formalziele werden auch Erfolgsziele genannt, weil in ihnen der Erfolg des Unternehmens ausgedrückt wird. Sie sind immer direkt messbar.

Werden Sachziele und Formalziele nach den Handlungsbereichen, auf die sie wirken, differenziert, ergeben sich vielfältige und höchst unterschiedliche Zielarten, die in Betrieben (in der Regel gleichzeitig) realisiert werden müssen.

Tab. 2.4 zeigt eine Übersicht der unterschiedlichen Zielarten und nennt jeweils exemplarische Anwendungsbereiche und Zielparameter (vgl. neben Thommen et al. 2017: 115 ff. auch Vahs und Schäfer-Kunz 2012: 29 ff., Wöhe und Döring 2013: 38 ff. und Heinhold 2010: 11 ff.). In Anschluss an die tabellarische Zusammenstellung werden die Erläuterungen angeboten.

1. **Ausgewählte Sachzielbereiche:**
- **Leistungsziele** beziehen sich auf den Prozess der Leistungserstellung und Leistungsverwertung. Im Vordergrund stehen produkt- und marktorientierte Ziele, die das Leistungsprogramm und den Absatzbereich des Unternehmens betreffen. Unternehmen entscheiden im Sachzielbereich unter anderem über die Menge, Art und Qualität der Leistungen (z. B. Information oder Unterhaltung), die hergestellt und verbreitet werden sollen, welche Ressourcen eingesetzt und vorgehalten werden, welches Qualitätsniveau zu erreichen ist oder auf welchen Märkten bzw. für welche Zielgruppen das Unternehmen aktiv sein soll.

Tab. 2.4: Zielarten und beispielhafte Anwendungsbereiche/Zielparameter.

Zielarten	Anwendungsbereiche
1. Sachziele	
Leistungsziele	Güterprogramm, Ressourcenqualität, Marktstellung etc.
Finanzziele	Zahlungsfähigkeit, Kreditfähigkeit, Unternehmenswert etc.
Führungs- und Organisationsziele	Führungsstil, Entscheidungsfindung, Arbeitsteilung etc.
Macht- und Prestigeziele	politischer Einfluss, Unabhängigkeit, Unternehmensimage etc.
soziale Ziele	Arbeitszufriedenheit, Personalentwicklung, Einkommen etc.
ökologische Ziele	Umweltschutz, Ressourcenschonung, Risikominimierung etc.
2. Formalziele	
absolute Erfolgsziele	Gewinn, Erlös, Kosten, Deckungsbeitrag etc.
relative Erfolgsziele	Produktivität: Arbeits-, Maschinen-, Kapitalproduktivität etc.
	Wirtschaftlichkeit: Effizienzfeststellung; Effizienzvergleiche
	Rentabilität: EK-, FK- und Gesamtkapitalrentabilität, Umsatz- rentabilität etc.
	Liquidität: Zeitpunktbezogene Zahlungsfähigkeit
	... und andere mehr

- **Finanzziele** lassen sich aus dem finanzwirtschaftlichen Leistungsprozess ableiten. Im Vordergrund der Formulierung von Finanzzielen stehen daher Entscheidungen über die Versorgung des Unternehmens mit Kapital, die Aufrechterhaltung der Liquidität und Kreditwürdigkeit, die Optimierung der Kapital- und Vermögensstruktur sowie die Steigerung des Unternehmenswertes.
- **Führungs- und Organisationsziele** prägen die Gestaltung und Steuerung des Unternehmens. Im Vordergrund stehen Entscheidungen über den Führungsstil, also die Art und Weise der Mitarbeiterführung und den Prozess der Entscheidungsfindung sowie über die Art und Weise, wie die einzelnen Leistungsstellen zusammenarbeiten oder das Unternehmen aufgebaut wird. So werden beispielsweise Internetagenturen völlig anders geführt und aufgebaut als klassische Medienunternehmen.
- **Macht- und Prestigeziele** betreffen den gewünschten Grad an Unabhängigkeit des Unternehmens sowie Einflüsse, die das Unternehmen auf Beziehungsgruppen (Stakeholder) geltend machen kann. Auch das Unternehmensimage oder die Weiterführung der Unternehmenstradition stehen im Fokus dieser Zielsetzungen. So wollen Verlage häufig meinungsbildend wirken und streben eine möglichst hohe Reputation an.

– **Soziale Ziele** stellen einerseits darauf ab, die Zufriedenheit und die Weiterentwicklung der Mitarbeiter zu optimieren, Arbeitsplätze zu sichern und Gehaltsgefüge gerecht zu gestalten. Andererseits werden auch gesellschaftsgezogene Ziele, die Einfluss auf den eigenen Unternehmenserfolg haben können, verfolgt. Gesellschaftsbezogene Ziele können auch rein auf ethischen oder publizistischen Überlegungen basieren; z. B. Beiträge zur Lösung gesellschaftlicher Probleme zu leisten, Transparenz herzustellen oder Hilfe zur Alltagsbewältigung bereitzustellen. Solche Ziele dienen unter anderem der Aufrechterhaltung demokratischer Prinzipien. Im Umfeld von Medienunternehmen stehen die internen sozialen Ziele auf dem gleichen Bedeutungsniveau, wie in jedem anderen Unternehmen auch. Die Relevanz der externen sozialen Ziele wird von den einzelnen Marktteilnehmern allerdings höchst unterschiedlich eingeschätzt; z. B. im Pressewesen höher als in der digitalen Spieleindustrie.
– **Ökologische Ziele** zielen darauf ab, Umweltstandards zu sichern oder zu erhöhen. Im Vordergrund steht hier der schonende Umgang mit natürlichen Ressourcen, belastende Emissionen und Abfälle zu vermeiden, zu vermindern oder zu verwerten und Gefahrenpotenziale für die Umwelt zu reduzieren. Ökologische Ziele gewinnen auch für Medienunternehmen immer mehr an Bedeutung, weil die Gesellschaft z. B. CO_2-neutral hergestellte Medienprodukte verlangt.

2. **Ausgewählte Formalzielbereiche:**
– **Absolute Erfolgsziele** werden als eine direkt messbare Größe (z. B. in Euro oder Stück) ausgewiesen. Sie sind einfach und schnell zu überprüfen und weisen den Erfolg des betrieblichen Handelns aus. Zu den Erfolgszielgrößen gehören Parameter wie beispielsweise der Umsatz, die Kosten, der Gewinn und andere mehr.
– **Relative Erfolgsziele** verbinden zwei Erfolgsfaktoren zu Quotienten. Durch die Verbindung kann verdeutlicht werden, nach welchen Regeln gehandelt werden soll, da der Quotient sinnvolle Aussagen oder Handlungsanweisungen ableitbar macht. Wichtige Basiskennziffern sind die Produktivität, die Wirtschaftlichkeit, die Rentabilität, die Liquidität und andere mehr:
– Die **Produktivität** gibt Auskunft darüber, wie ergiebig die Einsatzfaktoren arbeiten bzw. eingesetzt werden und misst dies am Mengenverhältnis zwischen Output und Input des Produktionsprozesses. Dadurch können höchst unterschiedliche Produktivitäten berechnet werden. Solche werden auch Teilproduktivitäten genannt, weil sie die Produktivität des Gesamtunternehmens nach spezifischen Produktionsfaktoren gliedern. Solche Teilproduktivitäten sind beispielsweise die Arbeitsproduktivität, die Maschinenproduktivität oder die Verkaufsflächenproduktivität.
– Die **Wirtschaftlichkeit** vergleicht im Unterschied zur Produktivität nicht Mengenverhältnisse, die Wirtschaftlichkeit bringt das *wertmäßige* Verhältnis von Ertrag und Aufwand im Sinne einer Nutzen-Kosten-Relation zum Ausdruck. Da beide Größen in Geldeinheiten dargestellt werden, ergibt sich mathematisch eine

dimensionslose Kennzahl. Diese dimensionslose Kennzahl gibt Auskunft darüber, ob der betriebene Aufwand lohnenswert ist oder nicht. Um tatsächlich wirtschaftlich zu arbeiten, muss dieser Quotient größer als eins sein. Ist er genau eins, so liegt lediglich eine Kostendeckung vor. Ist er kleiner als eins, wird Verlust gemacht, da in diesem Fall der Aufwand größer ist als der Ertrag.

– **Rentabilität** ist eine finale Zielgröße erwerbswirtschaftlich tätiger Unternehmen. Die Rentabilität drückt aus, in welchem Verhältnis der Gewinn zu dem für die Erwirtschaftung dieses Gewinns durchschnittlich eingesetzten Kapitals steht. Rentabilitätskennzahlen setzen immer eine Ergebnisgröße (Gewinn, Jahresüberschuss, Cash-Flow oder Bruttogewinn etc.) ins Verhältnis zu einer Kapital- oder Vermögensgröße (z. B. Eigenkapital, Gesamtkapital etc.) (vgl. Wöhe und Döring 2013: 861). Solche Kennzahlen machen Unternehmensvergleiche möglich, die aufgrund absoluter Kennzahlen nicht sinnvoll sind. Es würde z. B. wenig Sinn machen, den Gewinn zweier sehr unterschiedlich großer Unternehmen zu vergleichen, da das jeweils eingesetzte Kapital ebenfalls höchst unterschiedlich sein kann. Als Rendite (Gewinn in Prozent) ausgedrückt, wird der Vergleich hingegen sinnvoll. So können z. B. die Eigenkapitalrentabilität, die Gesamtkapitalrentabilität oder die Umsatzrentabilität berechnet werden.

– **Liquidität** ist eine Kennziffer, die auf einen bestimmten Zeitpunkt bezogen Auskunft über die Zahlungsfähigkeit eines Unternehmens zur Abdeckung der kurzfristigen Verbindlichkeiten gibt. Die Liquidität wird in drei unterschiedlichen Graden berechnet, da die kurzfristigen Verbindlichkeiten in Bezug zu unterschiedlichen Vermögensgegenständen (z. B. liquide Mittel, Forderungen, Vorräte etc.) gesetzt werden können. Illiquidität (Zahlungsunfähigkeit) ist eine der häufigsten Gründe für Insolvenzverfahren. Hingegen ist auch eine sehr hohe Liquidität nicht sinnvoll, denn sie bewirkt Rentabilitätseinbußen. Wer Zahlungsmittel hortet, kann zwar alle Zahlungsverpflichtungen leicht erfüllen, verzichtet aber zumindest auf die übliche Verzinsung des Kapitals und verliert durch Inflation einen Teil seines Vermögens (vgl. Wöhe und Döring 2013: 538).

Zu diesen Kennzahlen führen die Bände 2 und 3 dieser Publikationsreihe noch ausführlich aus.

2.3.3 Zielbildung und Zielkonkretisierung als Herausforderung im Betriebsalltag

Ziele dienen als Maßstäbe, an denen unternehmerischer Handlungserfolg gemessen wird. Daher sind die Zielbildung und die Zielkonkretisierung eine unverzichtbare Aufgabe des Managements. Das bedeutet, dass es Aufgabe des Managements ist, dafür Sorge zu tragen, dass die von ihm definierten Ziele bestimmte Eigenschaften haben. Diese Eigenschaften werden mit dem Akronym SMART beschrieben. SMART steht für spezifisch, messbar, anspruchsvoll (bzw. attraktiv oder akzeptiert), realistisch und terminiert. Nur ein durch SMART-Faktoren formuliertes Ziel ist ein im Sinne der Unternehmenssteuerung brauchbares Ziel, weil nur dann konkrete Handlungsoptionen abgeleitet und der Zielerreichungsgrad gemessen werden kann (vgl. Tab. 2.5).

Tab. 2.5: SMART-Faktoren der Zieldefinition.

Zielfaktor	Ausprägung
Spezifisch	Die Zielsetzung muss konkret sein.
Messbar	Die Zielsetzung muss messbar (operationalisiert) sein, damit sie kontrollierbar ist.
Anspruchsvoll	Die Zielsetzung muss den Beteiligten einen Impuls zur Verbesserung der Ausgangssituation liefern.
Realistisch	Die Zielsetzung muss erreichbar sein.
Terminiert	Die Zielsetzung muss eine Zeitangabe beinhalten, bis zu der das Ziel erreicht sein soll.

Damit wird deutlich, dass die im Unternehmensalltag häufig formulierten Ziele wie bspw. „Wir müssen unser Image verbessern", „Das Produkt muss deutlich attraktiver für den Konsumenten werden", „Wir müssen die Mitarbeiterzufriedenheit erhöhen" oder „Wir müssen neue Kunden gewinnen" alles andere als brauchbar sind. Sie lassen im engeren Sinne offen, was konkret verlangt wird, wann das Ziel erreicht sein soll oder wie das Ziel bzw. der Zielerreichungsgrad überprüft werden kann.

Ziele, denen es an Genauigkeit fehlt, weil sich das, was sie anvisieren, mehrdimensional zusammensetzt (ein Image setzt sich aus vielen Faktoren zusammen), werden qualitative (oder auch marktpsychologische) Ziele genannt. Sie drücken nicht konkret aus, was genau durch was erreicht werden soll. Ziel, die eindeutig und direkt messbar sind, heißen quantitative Ziele.

Qualitative Ziele müssen operationalisiert werden.

Qualitative Ziele sind Ziele, die nicht direkt messbar sind. Um messen zu können, müssen Stellvertretergrößen gefunden werden, die hilfsweise messen können, was direkt nicht gemessen werden kann. Soll beispielsweise gemessen werden, ob die Kundenzufriedenheit hoch ist, kann nicht einfach eine Messlatte oder ein Maßstab angelegt werden, die bzw. der Auskunft darüber gibt, ob Kundenzufriedenheit gegeben ist oder wie hoch sie ist. Hier muss ein Ergebnis über „Umwege" ermittelt werden. Es müssen Parameter gefunden werden, die direkt messbar sind und in einem ursächlichen Zusammenhang mit dem „eigentlich" zu messenden Phänomen stehen. Es könnte im Zusammenhang mit der Kundenzufriedenheit beispielsweise überprüft werden, wie hoch die Beschwerdequote (in Prozent) ist und wie viele (die Anzahl) Beschwerdegespräche positiv enden etc. Die Ergebnisse solcher Stellvertretermessungen geben dann bestenfalls Hinweise auf die Qualität der Kundenzufriedenheit. Deswegen reicht auch die Stellvertretermessung anhand eines einzigen oder zweier Ersatzgrößen in der Regel nicht aus, um valide darüber Auskunft zu geben, ob oder wie stark das Ziel erreicht ist. Das Messbarmachen von nicht direkt messbaren Phänomenen wird Operationalisierung genannt. Die **Operationalisierung** von komplexen Phänomenen, wie beispielsweise das Image, die Attraktivität, die Zufriedenheit oder Glück, ist in der Regel kein einfaches Unterfangen.

> **!** **Merke:**
>
> **Qualitative Ziele** beschreiben einen Zustand, der nicht direkt messbar ist, weil sich der Zielzustand aus mehreren Facetten zusammensetzt. Diese Mehrdimensionalität führt dazu, dass sie nicht konkret ausdrücken, was erreicht werden soll und dass der Zielerreichungsgrad nur durch geeignete Stellvertretergrößen operationalisiert werden können. Allerdings muss darauf geachtet werden, dass die Stellvertretergrößen SMART formuliert werden können.
>
> **Quantitative Ziele** beschreiben einen Zustand, der immer direkt messbar ist und in konkreten Maßeinheiten (Stück, Geldeinheiten, Länge, Gewicht etc.) dargestellt werden kann. Diese Ziele SMART zu formulieren, stellt keine Schwierigkeit dar.

Quantitative Ziele sind immer direkt messbar.

Quantitative Ziele sind Ziele, die direkt messbar sind und in konkreten, festdefinierten Maßeinheiten darstellbar sind. Die Messgrößen sind Geld, Gewicht, Temperatur, Länge, Prozent etc. Konkrete Handlungsziele wären beispielsweise: „Die Reichweite des Verlagsproduktes X bis zum Ende des kommenden Quartals um 15 Prozent zu erhöhen" oder „die Kosten für die Produktion von Auslandsreportagen ab sofort um zehn Prozent zu senken". Beide Ziele sind konkret, messbar und terminiert. Solche Ziele werden quantitative Ziele genannt.

Beispiele: Das Gewinnziel der privat-kommerziellen Medienunternehmen ist beispielsweise eindeutig und direkt (z. B. in Euro) messbar. Das Ziel öffentlich-rechtlicher Rundfunkanstalten, die Bevölkerung bestmöglich mit brauchbaren Informationen zu versorgen, kann hingegen nicht direkt gemessen werden. Es bedarf der Interpretation. Denn ohne weitere Erklärungen ist weder zu entscheiden, was unter einer „bestmöglichen" Erfüllung des Funktionsauftrags zu verstehen ist noch, was eine brauchbare Information ist. Dies kann beispielsweise bedeuten, dass einfach möglichst viele Bürger erreicht und mit Alltagsinformationen versorgt werden sollen. Es kann aber auch bedeuten, dass eine höchstmögliche Güterqualität angeboten werden soll oder, dass auch Randgruppen mit ausschließlich sie interessierenden Inhalten versorgt werden.

Die Definition eines Ziels bedarf immer der Operationalisierung, um rationale Handlungsalternativen entwickeln und auswählen zu können. Des Weiteren wäre ohne Operationalisierung auch die Messbarkeit des Zielerreichungsgrades nicht möglich.

Welche Maßnahmen das Management nach der Zieldefinition einleitet, um die Ziele zu realisieren, ist im Anschluss zu klären und nicht in der Zieldefinition enthalten. Aber bei der Auswahl der Maßnahmen muss zum einen darauf geachtet werden, dass untergeordnete Ziele den Zielerreichungsgrad übergeordneter Ziele nicht negativ beeinflussen. Es würde beispielsweise wenig Sinn machen, die Reisekosten für die Auslandsreportagen zu senken, wenn dadurch die Produktionszeiten wesentlich verlängert würden und sich dadurch die Kapitalumschlagshäufigkeit verringert. Zum anderen muss darauf geachtet werden, dass, wenn mehrere Maßnahmen ergriffen werden, diese nicht in ihrer Wirkung konkurrieren. Sowohl eine Senkung des Preises für das Verlagsprodukt X als auch eine Erhöhung seiner inhaltlichen Qualität können zur Ausweitung der Reichweite (Menge an Leserkontakten) führen, aber beide Maßnahmen gleichzeitig umzusetzen, würde zu erheblichen Problemen führen.

Zieldimensionen und Zielausprägungen

Ziele lassen sich auch hinsichtlich ihrer grundsätzlichen Klassifikationsmerkmale, die aus der Zieldimension und der Zielausprägung bestehen, unterscheiden. Wie, das zeigt Tab. 2.6 (in Anlehnung an Wöhe und Döring 2013: 69 f.) und wird anschließend erläutert.

Tab. 2.6: Zieldimensionen und Zielausprägungen.

Zieldimensionen	Zielausprägungen
1. Zielsetzungsinstanz	individuell, institutionell
2. Zielinhalt	quantitativ (ökonomisch), qualitativ (vor-ökonomisch)
3. Zielausmaß	begrenzt, unbegrenzt
4. Zeitbezug	kurzfristig, langfristig (jeweils zeitpunkt- oder zeitraumbezogen)
5. Zielbeziehung	komplementär, konkurrierend, indifferent
6. Rangordnung	übergeordnet, untergeordnet (Ober-, Zwischen-, Unterziele)

1. Die **Zielsetzungsinstanz** ist diejenige, die das Ziel formuliert. Eine solche Instanz kann eine Person sein oder eine Organisation. Da Zielformulierungen immer interessengesteuert sind, können sich sowohl an individuellen als auch an institutionellen (organisationalen) Interessen orientieren. Dementsprechend können sich Teilziele deutlich unterscheiden, obwohl das finale Ziel identisch ist. Ein Redakteur könnte daran interessiert sein, ein möglichst hohes Gehalt zu bekommen. Das Interesse des Verlages liegt hingegen eher in der Reduktion der Personalkosten. Beide hingegen wollen Arbeitsplätze im Verlag sichern und Gewinn erwirtschaften.

2. Der **Zielinhalt**, der festlegt, was erreicht werden soll, kann konkret in Mengen-, Zeit- oder Geldeinheiten etc. beziffert oder als allgemeine Richtschnur formuliert werden. Direkt messbar sind alle Ziele, die als absolute Größen (z. B. Produktionsmenge, Umsatz) oder als relative Größen (z. B. Arbeitsproduktivität, Umsatzrentabilität) formuliert werden. Solche Ziele werden quantitative Ziele bzw. ökonomische Ziele genannt. Ziele können auch definiert werden, indem sie „prinzipiell" verdeutlichen, was erreicht werden soll. Diese Ziele werden den qualitativen (vor-ökonomischen) Zielen zugeordnet und müssen noch operationalisiert (messbar gemacht) werden, bevor sie konkret handhabbar werden. Solche Ziele sind beispielsweise die Bekanntheit, die Zufriedenheit, die Reputation, das Image etc. zu erhöhen. „Vor-ökonomisch" werden diese Ziele genannt, weil sie in der Regel erreicht werden müssen, bevor die im enge-

ren Sinne ökonomischen Ziele erreicht werden können. Ein hier grundlegender Gedanke lautet exemplarisch: Erst wenn ein Produkt bekannt ist, wird es gekauft.

3. Das **Zielausmaß** definiert, ob es sich um endliche bzw. abzählbare Ziele handelt (z. B. drei Mio. Euro Umsatz) oder ob das Ziel im Ausmaß offen ist (z. B. Existenzsicherung, Wachstum, Gewinne erwirtschaften).

4. Der **Zeitbezug** eines Ziels definiert einerseits die Fristigkeit des Ziels (langfristig oder kurzfristig) oder andererseits, ob das Ziel zu einem bestimmten Zeitpunkt bzw. in einem bestimmten Zeitraum erreicht werden soll.

5. Die **Zielbeziehung** gibt Auskunft darüber, ob sich die gesetzten Ziele gegenseitig unterstützen, behindern oder ob sie neutral zueinanderstehen. Komplementär werden zwei Ziele genannt, wenn der Zielerreichungsgrad des einen Ziels den Zielerreichungsgrad des anderen Ziels unterstützt (z. B. Erhöhung des Gewinns und Reduktion der Fehlerquote). Konkurrierend sind Ziele dann, wenn der Zielerreichungsgrad des einen Ziels durch den Zielerreichungsgrad des anderen Ziels negativ beeinträchtigt wird (z. B. Produktqualität erhöhen und Produktionskosten senken). Indifferent sind Ziele dann, wenn die Ausmaße der einzelnen Zielerreichungen keinen gegenseitigen Einfluss haben (z. B. Erweiterung des Fuhrparks und Anschaffung einer neuen Abrechnungssoftware).

6. Die **Rangordnung** von Zielen definiert die hierarchische Ordnung in einem System von Zielen. Der Betriebsalltag wird von der Verfolgung konkreter (operationalisierter) Ziele bestimmt. So bekommt beispielsweise der Grafiker die Anweisung, eine bestimmte Menge an Bildern pro Zeiteinheit zu bearbeiten. Dieses Ziel ist dem Ziel der Redaktion, die Layoutkosten für ein Magazin zu reduzieren, untergeordnet. Und dieses Ziel wiederum ist dem Oberziel des Verlages untergeordnet, die Gewinne aus dem Printsektor zu erhöhen. Unternehmerische Oberziele sind in der Regel nicht geeignet, als Richtschnur für konkretes Handeln zu gelten. Sie können aber den Zwischen- und Unterzielen eine „Richtung" geben. Daher werden Unternehmensziele hierarchisch geordnet. Oberziele geben die Richtung vor, Zwischenziele werden hauptsächlich für einzelne Geschäftsfelder oder Unternehmensabteilungen definiert, Unterziele lenken das Handeln innerhalb der einzelnen Funktionsbereiche (Marketing, Vertrieb, Rechnungswesen, Controlling etc.).

> **!** **Merke:**
> **Ziele** sind Soll-Zustände, die durch Tun oder Unterlassen angestrebt werden. Sie beschreiben entweder, was erreicht werden soll (**Formalziele** bzw. Erfolgsziele) oder wie etwas erreicht werden soll (**Sachziele**). Liegen mehrere Ziel vor, entsteht ein Zielsystem, das hierarchisch geordnet ist. Ziele können direkt messbar (**quantitative Ziele**) oder nur indirekt mittels geeigneter Parameter messbar gemacht werden (**qualitative Ziele**). Ziele sind, um ökonomische Entscheidungen sinnvoll daran ausrichten zu können, zu operationalisieren (**SMART** zu definieren).

Während die bisherigen Ausführungen in dieser Publikation unabhängig von der Branchenzugehörigkeit für alle Betriebe gelten, sollen im folgenden Kapitel die spezifischen Erkenntnisgegenstände für die Medienbetriebslehre definiert und dargestellt werden. Die besonderen Erkenntnisgegenstände sind die Güter, die innerhalb der Medienbranchen oder durch die Medienakteure hergestellt werden, die Märkte, auf denen Güter bereitgestellt und getauscht werden und die Akteure, die als Teilnehmer auf den Märkten aktiv sind.

Fragen/Aufgaben zu Kapitel 2.3

1. Was ist eine Entscheidung und worin liegt der Unterschied zwischen strategischen und operativen Entscheidungen?
2. Worin besteht der Unterschied zwischen einem Sach- und einem Formalziel? Nennen Sie im Anschluss jeweils zwei Beispiele je Zielbereich nebst konkretem Anwendungsbereich.
3. Nennen Sie bitte drei Arten von Zielbeziehungen und geben Sie für jede Art der Zielbeziehung ein Beispiel an.
4. Erläutern Sie kurz, welche Anforderungen Ziele erfüllen müssen, damit sie führungstechnisch sinnvoll formuliert sind.
5. Was versteht die Ökonomie unter der Operationalisierung qualitativer Ziele und warum ist sie wichtig?

Lösungshinweise finden Sie im achten Kapitel „Lösungsskizzen".

3 Der spezielle Gegenstandsbereich der Medienbetriebslehre

Der spezielle Gegenstandsbereich der Medien-BWL wird durch medienspezifische Erkenntnisgegenstände gebildet. Zunächst ist zu klären, wie der Medienbegriff in der betrieblichen Praxis von anderen Begriffsverständnissen abzugrenzen ist. Danach konzentrieren sich die Ausführungen auf Güterbegriff. Es wird geklärt, was Mediengüter sind und welche allgemeinen Eigenschaften sie haben. Im Anschluss wird die Betrachtungsperspektive erweitert und definiert, was Medienunternehmen sind und wie sie von anderen Unternehmen abgegrenzt werden können. Abschließend wird die Perspektive noch einmal erweitert und geklärt, welche Branchen, Gattungen und Märkte durch die Güter und die produzierenden Unternehmen gebildet werden. Das Ergebnis dieser Ausführungen liegt in der Abgrenzung der Medienwirtschaft von anderen Industrien in der Volkswirtschaft und in der Erläuterung der medienwirtschaftlichen Spezifika. Die Themenübersicht im speziellen Bereich der Medien-BWL von Kap. 1.6 sieht wie folgt aus:

Inhalte von Kap. 3: Mediengüter, Medienunternehmen und die Segmentierung der Medienwirtschaft

Dimensionen des modernen Medienverständnisses
Die ökonomische Interpretation des Medienbegriffs ist nur eine von vielen.

Medienprodukte und Mediendienstleistungen
Mediengüter entfalten ihren Nutzen als Vorleistungen oder Endprodukte. Der Kern der Unternehmensleistung besteht aber darin, Dienstleistungsangebote zu unterbreiten.

Medienunternehmen und Unternehmen der Medienindustrie
Nicht alle Unternehmen, die sich mit Medien beschäftigen, sind Medienunternehmen.

Medienwirtschaf, Medienbranchen, Mediengattungen und Medienmärkte
Die Branchenkonvergenz und die Folgen der Digitalisierung erschweren die Segmentierung des Wirtschaftszweiges.

3.1 Dimensionen und Facetten des modernen Medienverständnisses

Es gibt kaum einen Begriff, der mehrdimensionaler diskutiert wird als der Medienbegriff. Dementsprechend befassen sich viele unterschiedliche Wissenschaftsdisziplinen und Forschungsprojekte mit den Medien. Etliche Sozialwissenschaften, Ingenieurswissenschaften oder philosophische Disziplinen (z. B. die Ethik) sowie interdisziplinäre und industrielle Forschungen bemühen sich um grundsätzliche Erkenntnisse oder konkrete Anwendungen mit dem Phänomen Medien (vertiefend zu diesem Thema vgl. Dreiskämper 2013).

https://doi.org/10.1515/9783111548999-003

Die Mehrdimensionalität und die damit verbundene Facettenvielfalt des Medienbegriffs unterstreicht deutlich, dass die ökonomische Dimension der Medienwirtschaft nur einen Teilbereich des Gesamtspektrums abdeckt.[2] Insgesamt ergeben sich neun Dimensionen, hinsichtlich derer der Medienbegriff konkretisiert werden könnte (vgl. Tab. 3.1).

Das Alltagsverständnis über den Medienbegriff reduziert diese neun Dimensionen auf **vier grundsätzliche Perspektiven**: Es wird von den Medien gesprochen,

Tab. 3.1: Mehrdimensionalität des Medienbegriffs.

Dimension	Themenfeld und Ausprägung
wirtschaftliche Dimension	Medien befriedigen Bedürfnisse nach Information und Unterhaltung, müssen aber produziert werden und verbrauchen Ressourcen im Wertschöpfungsprozess, die anderen Produktionsprozessen nicht mehr zur Verfügung stehen. Sie aktivieren den Güter-Geld-Umlauf, beschleunigen den Warenumschlag und dynamisieren den Wirtschaftskreislauf.
publizistische Dimension	Medieninhalte werden in verschiedenen Formen (Genres, journalistische Darstellungsformen etc.) mit unterschiedlichen Medienträgern (z. B. Zeitung, Rundfunk, Internet) für kleine oder große Öffentlichkeiten verfügbar gemacht. Der journalistische Bereich nimmt hier eine besondere und grundgesetzlich geschützte gesellschaftliche Stellung ein (vgl. Pressefreiheit; Art. 5 GG).
ethische Dimension	Inhalteschaffende tragen ethische Verantwortung hinsichtlich der Auswirkungen medialer Berichterstattungen. Diese Stellung macht eine Analyse von Motiven und Umständen, die zu Fehlverhalten in den Medien führen, notwendig. Als Gegenleistung für den grundgesetzlichen Schutz wird von der Presse insbesondere die Wahrhaftigkeit in der Berichterstattung gefordert (vgl. Pressekodex des Deutschen Presserates).
kulturelle Dimension	Medien ermöglichen Wissens- und Wertepräsenz und helfen der Gesellschaft, ihre kulturellen Errungenschaften an nachfolgende Generationen weiterzugeben. Medien verkörpern und dokumentieren quasi den Entwicklungsprozess einer Gesellschaft.
logistische Dimension	Medien transportieren Symbole und Bedeutungsinhalte auf unterschiedlichen Kanälen und unterschiedliche Art. Hier kommt der Digitalisierung eine besondere Bedeutung zu, da sie die Medienwirtschaft grundsätzlich revolutioniert hat.
technologische Dimension	Medien verbinden die Systeme Gesellschaft, Wirtschaft und Politik zu einem Netzwerk, dessen Entwicklung sie stimulieren. Netzwerke öffnen Systeme und ermöglichen die Globalisierung. Medientechnologie instabilisiert die Systeme durch ihr Sprungpotenzial und hält es für Veränderungen offen.

---

2 Zu den kommunikationswissenschaftlichen Funktionen der Medien nehmen u. a. Burkart 2002: 278-413 und Kiefer 2005: 378-382 Stellung. Zur Wertedimension (ethische Dimension) führen u. a. Funiok (2002: 37 -58), Bohlken (2003: 35–49) sowie Schicha und Brosda (Hrsg) (2000) aus. Zur Medienpolitik publizieren Hachmeister (Hrsg.) (2008) und Puppis (2007). Und zum Medienrecht erschien ein Handbuch von Fechner (2021).

Tab. 3.1 (fortgesetzt)

Dimension	Themenfeld und Ausprägung
politische Dimension	Medien bilden das Spannungsverhältnis zwischen Subjekt und Gesellschaft ab, indem sowohl die Erwartungen der Bürger als auch die Entscheidungen des politischen Systems thematisiert werden. Über die Herstellung von Öffentlichkeit wird die Teilnahme an der politischen Willensbildung ermöglicht.
soziale Dimension	Medien üben soziale Funktionen aus. Sie bauen soziale Strukturen auf und bilden sie ab. Sie vermitteln Normen und Werte und damit Handlungsmuster für Rollenverhalten. Sie erleichtern die soziale Orientierung in großen Systemen (Gesellschaften) und helfen, Alltagsprobleme zu bewältigen. Sie wirken sozial integrierend, indem sie Massenloyalität in Bezug auf geltende Normen herstellen.
rechtliche Dimension	Aufgrund der überragenden Bedeutung der Medien für den Einzelnen und die Entwicklung der Gesellschaft regelt das Medienrecht die Nutzung und Nutzbarkeit medial übertragener Inhalte. Dazu gehören die Gewährleistung einer allgemein zugänglichen Kommunikationsinfrastruktur, die Sicherung der Meinungsvielfalt, der Schutz der Mediennutzer, der Datenschutz, aber auch der Schutz geistigen Eigentums. Klassische Gegenstände des Medienrechts sind Presse, Rundfunk und Film sowie der Multimediabereich und das Internet. Darüber hinaus regelt das Telekommunikationsrecht die technische Seite der Übermittlung von Inhalten.

wenn auf die Presse oder die Rundfunkanstalten mit ihren aktuellen Berichterstattungen abgehoben wird. Gemeint ist dann der Journalismus. Es wird von Medien gesprochen, wenn die Übertragungswege und Transportmittel wie Plattformen und Netzwerke gemeint sind. Es wird von den Medien gesprochen, wenn Organisationen, wie z. B. der WDR, der De Gruyter-Verlag oder der Bertelsmann-Konzern gemeint sind. Und es werden schließlich auch die informierenden oder unterhaltenden Inhalteträger, die auf Märkten bereitgestellt werden, als Medien bezeichnet. Gemeint sind dann Filme, Musik-Downloads, Berichte oder Nachrichten etc.

Der Medienbegriff wird dann entweder aufgabenspezifisch, technisch, organisational oder güterspezifisch interpretiert. Tab. 3.2 zeigt eine Übersicht über die Facetten des Medienbegriffs und deren Ausprägungen (vgl. auch Dreiskämper 2013: 15–25).

1. Die **funktionale Facette** eröffnet eher normativ-pragmatische Diskussionen und entzieht sich damit dem direkten Zugriff der Medienbetriebslehre. Im normativen Verständnis – also in Bezug auf die Fragestellung, was sollen Medien leisten – besteht der Anspruch darin, einerseits individuelle Bedürfnisse nach Information und Unterhaltung effektiv und effizient zu befriedigen und andererseits gesellschaftsrelevante Funktionen auszuüben. Hinsichtlich der gesellschaftsrelevanten Funktionen wird der Journalismus beispielsweise oft als vierte Gewalt im Staat bezeichnet (vgl. Fabris 1981), da er zur öffentlichen Meinungsbildung beiträgt und die anderen Staatsgewalten (Exekutive, Legislative und Judikative) kritisch reflektieren soll. Dass Medien, Medienunternehmen und Medienmärkte beide Funktio-

Tab. 3.2: Die vier betriebswirtschaftlich relevanten Perspektiven des Medienverständnisses.

Facetten des Medienbegriffs	Ausprägung
1. funktional	Die funktionale Facette des Medienbegriffs zielt darauf ab, Medien als Funktionsträger zu charakterisieren, denen bestimmte Aufgaben zugeordnet werden. Als Funktionsträger sollen Mediengüter, Medienunternehmen und Medienmärkte sowohl individuelle als auch gesellschaftliche Aufgaben erfüllen.
2. technisch	Die technische bzw. technologische Facette des Medienbegriffs zielt darauf ab, Medien als Speicherorte oder Transporteure von Inhalten zu charakterisieren und erforscht bzw. realisiert die Bereitstellung und Verknüpfung von Inhalten und Plattformen. Die Technologie erforscht, was machbar ist und bildet den Motor medialer Entwicklungen. Die Technik realisiert, was im Sinne der Nützlichkeit brauchbar ist.
3. organisational	Die organisationale Facette des Medienbegriffs zielt darauf ab, Medien als betriebliche Systeme (Organisationen) zu charakterisieren, die Medienprodukte produzieren oder Mediendienstleistungen bereitstellen. Die Größe, die Rechtsform und die Zielausrichtung der Organisation spielen dabei zunächst keine Rolle. Im Allgemeinen kann auch von güterproduzierenden und dienstleistungsanbietenden Medienakteuren gesprochen werden.
4. gütertypologisch	Die gütertypologische Facette des Medienbegriffs zielt darauf ab, Medien als materielle oder immaterielle Leistungsträger zu charakterisieren, die individuelle und gesellschaftliche Mehrwerte (Nutzen) bieten.

nen erfüllen, liegt auf der Hand, welche der Funktionen aber Priorität genießen soll, ist allerdings nur normativ zu beantworten.[3] Weil die Medienbetriebslehre aber eine beschreibende Wissenschaft ist und keine bewertende, kann sie hier

---

3 Da eine effiziente Versorgung der Konsumenten mit Medieninhalten nicht zwingend mit einer adäquaten Versorgung der Gesellschaft mit Medieninhalten gleichzusetzen ist, sondern hier sogar deutliche Widersprüche gegeben sein können, kann von einer Dissoziativität in Bezug auf die Funktionsträgerschaft der Medien, Medienunternehmen und Medienmärkte gesprochen werden (vgl. Dreiskämper 2013: 22–24). Dissoziativität bedeutet, dass eine Funktionsstörung vorliegt. Diese Funktionsstörung existiert sowohl auf der Ebene der Medien als auch auf der Ebene der Medienunternehmen und der Medienmärkte: Mediengüter dienen einerseits der Befriedigung individueller Informations- und Unterhaltungsbedürfnisse, andererseits dienen sie als Instrument zur Abbildung, Stabilisierung und Veränderung sozialer, kultureller und politischer Systembedingungen. Medienunternehmen sind einerseits privat beauftragte Angebotsoptimierer, andererseits aber auch öffentlich beauftragte Hilfedienstleister (vgl. Rau 2007: 28 und Röpke 1979: 171 ff.). Medienmärkte sind einerseits Handlungsorte eigennützig konkurrierender Akteure, andererseits aber auch sanktionsfreie Orte publizistischer Vielfalt. Die Ökonomie kann und will aber keine Aussagen über die gesellschaftlichen Wirkungen von Medieninhalten machen oder darüber, ob und wie das Mediensystem durch nicht-ökonomische Handlungen beeinflusst werden soll (vgl. Dreiskämper 2013: 24).

nicht weiterhelfen. Sie kann allenfalls pragmatische Lösungskonzepte anbieten, wie das vorgegebene Ziel erreicht werden kann.

2. Die **technische Facette** dient zwar der Ausgestaltung betrieblicher Entscheidungen, weil sie Geschäftsmodelle ermöglicht, aber die Medienbetriebslehre nutzt lediglich die von der Technologie oder der Informatik bereitgestellten Möglichkeiten. Daher gehört auch diese Facette nicht zu den originären Gegenständen medienbetrieblicher Fragestellungen. Technologie und Technik als deren Anwendungsfeld liefern lediglich Rahmenbedingungen des technologisch-technischen Status Quo im Betriebsalltag und werden als externes (nicht vom Betrieb beeinflussbares, gegebenes) Faktum angenommen und in die betrieblichen Entscheidungen eingebunden.

3./4. Die **organisationale** und die **gütertypologische Facette** gehören hingegen zu den ganz zentralen Erkenntnisgegenständen der Medienbetriebslehre. Einerseits werden hier die unterschiedlichen Organisationsformen von Medienunternehmen sowie deren Geschäftsmodelle analysiert und andererseits die verschiedenen Leistungsangebote sowie deren Wertschöpfungs- und Vermarktungsumfelder untersucht.

Insofern orientieren sich Medieninhalte und Medienbetriebe an vier unterschiedlichen Säulen, die in zwei Haupthemisphären differenziert werden können (vgl. Abb. 3.1). Die zwei Hemisphären sind die ökonomische und die publizistisch-politische. Die publizistisch-politische Hemisphäre gewinnt ihre Relevanz durch den Journalismus, die ökonomische Relevanz ist grundlegend.

Innerhalb der **ökonomischen Hemisphäre** greift die Inhalte- und die Marktorientierung (vgl. oberer Teil der Darstellung in Abb. 3.1).

– Im Umfeld der **Inhalteorientierung** herrscht Wettbewerb um den Abverkauf. Aus diesem Grunde sind die Medieninhalte an den Präferenzen der Kunden (Konsumenten bzw. Rezipienten) ausgerichtet, denn nur was gewünscht ist, wird auch verkauft. Auf der Unternehmensebene zählt die Rentabilität der Leistungen und das Wachstum des Unternehmens. Aus diesem Grunde wird das Kosten-Umsatz-Verhältnis optimiert. Das Wachstumsmotiv entspringt dem Ziel der Unternehmenssicherung. Große, kapitalstarke Unternehmen haben eine deutlich höhere Überlebenswahrscheinlichkeit als kleine.

– Im Umfeld der **Marktorientierung** herrscht Wettbewerb um Finanzierungsmittel. Gütertechnisch muss die Wertschöpfungskette optimiert werden, um die Finanzbasis gesund zu halten. Mit anderen Worten: Die Produktionsmittel müssen so eingesetzt (alloziert) werden, dass der Markt die Leistungsergebnisse aufnimmt. Auf der Unternehmensebene zählt der Erhalt der Wettbewerbsfähigkeit und damit das Ziel, eine möglichst vorteilhafte Positionierung am Markt zu generieren.

Innerhalb der **polit-publizistischen Hemisphäre** greift die Struktur- und die Werteorientierung (vgl. unterer Teil der Darstellung in Abb. 3.1). Dieser Hemisphärenteil ist

Ökonomische Hemisphäre

Marktorientierung
(Wettbewerb um
Finanzierungmittel)

Inhalteorientierung
(Wettbewerb um
Vertriebserfolg)

Wirtschaftsunternehmensebene
Rentabilität / Wachstum

Wirtschaftsgüterebene
Kundenorientierung

Wettbewerb / Positionierung

Wertschöpfungsorientierung

Rezipientenorientierung

Kosten / Umsatz

**Medien als
ökonomische Leistungsträger**
(individuelle Bedürfnisbefriedigung)

Medien

Willensbildung / Wertetransfer

Kollektivorientierung

**Medien als
publizistische Leistungsträger**
und g**esellschaftspolitische
Funktionsträger**
(Herstellung von Öffentlichkeit)

Systemorientierung

Meinungsbildung / Transparenz

Kulturgüterebene
Inhalteorientierung

Kulturbetriebsebene
Alltagsproblemorientierung

Strukturorientierung
(Wettbewerb um
soziale Akzeptanz)

Werteorientierung
(Wettbewerb um
politische Akzeptanz)

Publizistisch-politische Hemisphäre

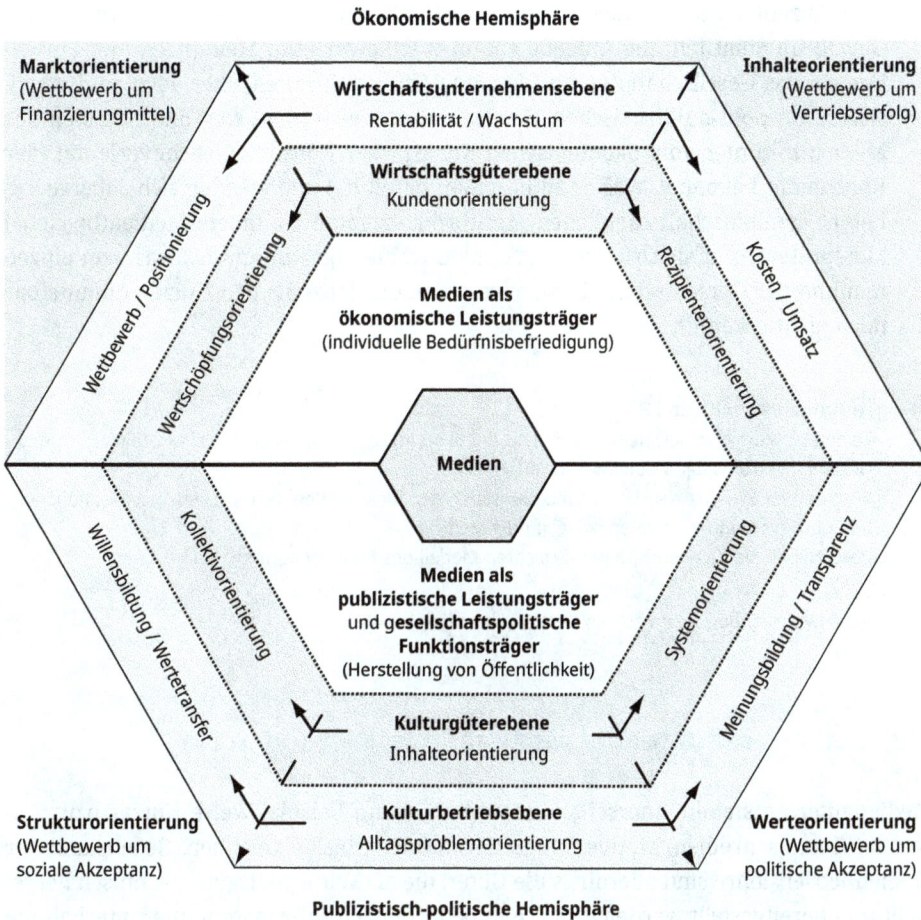

Abb. 3.1: Hemisphären-Schichtenmodell des Medienbegriffs.

betriebswirtschaftlich uninteressant, gesellschaftspolitisch aber von überragender Bedeutung und soll aus diesem Grunde hier vervollständigend angesprochen werden.

– Im Umfeld der **Strukturorientierung** von Medieninhalten verdeutlicht sich der gesellschaftliche Anspruch, dass insbesondere Presseerzeugnissen die Aufgabe zufällt, die Gesellschaft zu stabilisieren bzw. zu einen. Das bedeutet, dass die publizierten Inhalte nicht nur den individuellen Bedürfnissen der Bürger entsprechen sollen, sondern dass ihnen auch die gelebten Regeln und Ziele der Gesellschaft vermittelt werden müssen. Als Kulturbetriebe helfen die Medienunternehmen den Bürgern, dass sie ihren Alltag bewältigen können. Sie bieten Orientierung. Dies allerdings im freien Meinungswettbewerb um unterschiedliche soziale Lebenskonzepte.

– Ähnlich greift auch die **Werteorientierung** als zweite Säule in der polit-publizistischen Hemisphäre. Hier konkurrieren die Publizisten um die gesellschaftliche Akzeptanz unterschiedlicher politischer Wertevorstellungen. Der Presse als 4. Gewalt im Staat fällt die Aufgabe zu, im Wettbewerb um Meinungen und Einstellungen, das Gesellschaftssystem (den Staat) zu stabilisieren, aber auch zu dynamisieren. Im polit-publizistischen Hemisphärenbereich lösen sich die Aufgaben der Medien mitunter vom ökonomischen Konzept der Konsumentensouveränität (der Konsument bekommt, was er zu bezahlen bereit ist) und wenden sich „übergeordneten", gemeinschaftsdienlichen Meritorikkonzepten zu, indem Medien(betriebe) Metapräferenzen als Orientierungspunkte wählen (gewünscht ist, was dem einzelnen und der Gemeinschaft dient, auch wenn der Einzelne den Nutzen unmittelbar noch nicht erkennt).

? **Fragen/Aufgaben zu Kapitel 3.1**
1. Zeigen Sie kurz und beispielhaft auf, dass die ökonomische Dimension nur einen Teilbereich des Gesamtspektrums der Medienwirtschaft abdeckt.
2. Beschreiben Sie kurz den Unterschied zwischen der funktionalen, technischen, organisationalen und gütertypologischen Perspektive auf die Medien.
3. Beschreiben Sie das Hemisphären-Schichten-Modell des Medienbegriffs

Lösungshinweise finden Sie im achten Kapitel „Lösungsskizzen".

3.2 Medienprodukte und Mediendienstleistungen

Mediengüter entstehen einerseits automatisch, wenn beispielsweise Nutzer bzw. Anwender Texte schreiben, Motive fotografieren oder Objekte zeichnen. Gegenstand der Medienbetriebslehre sind allerdings die Güter, die als Wirtschaftsgüter technisch hergestellt und bereitgestellt werden, um Fremdbedarfe nach Information und Unterhaltung zu befriedigen. Daher sind **Medien** im Sinne der ökonomischen Gütertypologie **Leistungsergebnisse** von Produktions- und/oder Dienstleistungsbetrieben, die Kommunikationsinhalte kreieren, sammeln und bündeln, Kommunikationsmittel produzieren und Kommunikationsträger bereitstellen:

! **Merke:**
Medien sind Leistungsergebnisse von Produktions- und/oder Dienstleistungsbetrieben, die Kommunikationsinhalte kreieren, sammeln und bündeln, Kommunikationsmittel produzieren und Kommunikationsträger bereitstellen.

Kommunikationsinhalte (Contents) sind Informationen (Wissenseinheiten), Informationsbündel (z. B. journalistische Darstellungen oder Werbebotschaften) und Kommunikationselemente, die der Unterhaltung dienen (z. B. Kurzweiliges, Witziges, Spannendes). Diese Inhalte bilden den zentralen Kern (Bedürfnisbefriedigung) der Medienleistung.

Kommunikationsmittel machen die inhaltliche Botschaft sinnlich wahrnehmbar (z. B. Texte, Grafiken, Filme, Zeitungsberichte, Werbeanzeigen, Werbebanner).

Kommunikationsträger speichern und transportieren (übertragen) die in den Kommunikationsmitteln dargestellten Medieninhalte (z. B. Bücher, Zeitungen, Rundfunk, DVD, Online-Medien) an die Empfänger.

Bezogen auf die **Kernleistung der Medien**, Informationen, Bildung, Unterhaltung und Werbebotschaften bereitzustellen, können Mediengüter auch (verkürzt) definiert werden als Inhalte (Contents), die bei einem bestimmten Kreis von Rezipienten einen bestimmten Nutzen generieren und aus verschiedenen Kommunikationsmitteln (Assets) zusammengesetzt werden. Welche Assets (Elemente) dies sind, verdeutlicht Abb. 3.2 (als Erweiterung von Gläser 2014: 102) wie folgt: Text als semantische Zeichen bzw. Bedeutungsvermittler, Fotos als reale unbewegliche Bilder, Grafiken als unbewegliche künstliche Darstellungen, Töne als akustische Signale oder Klangereignisse, Filme und Videos als zusammenhängende reale Bewegtbilder, Animationen als bewegte zusammenhängende künstliche Bilder und letztlich Daten als digitale Informationen, zur Steuerung von Betriebssystemen und sonstigen digitalen Anwendungen.

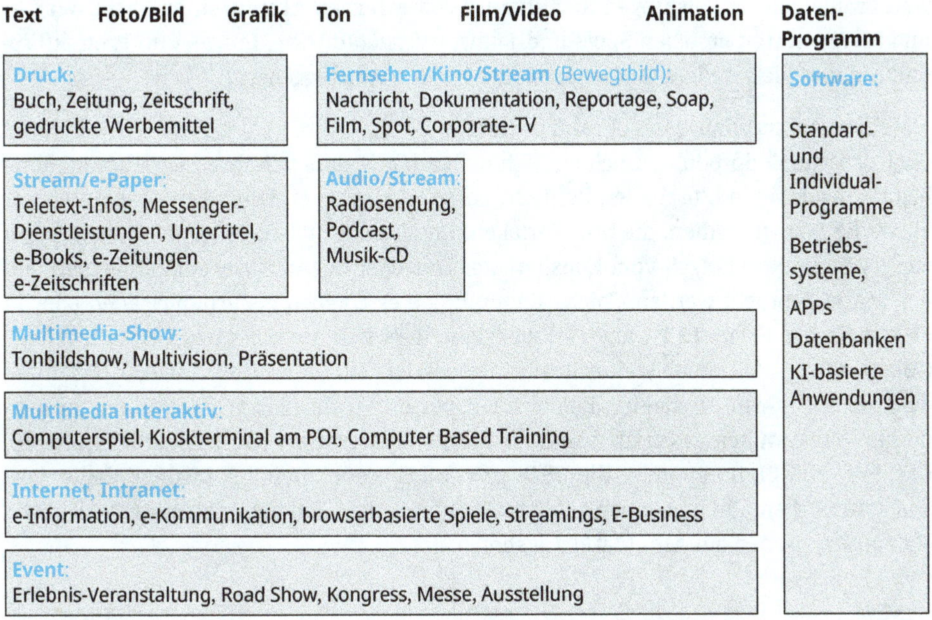

Text	Foto/Bild	Grafik	Ton	Film/Video	Animation	Daten-Programm
Druck: Buch, Zeitung, Zeitschrift, gedruckte Werbemittel			**Fernsehen/Kino/Stream** (Bewegtbild): Nachricht, Dokumentation, Reportage, Soap, Film, Spot, Corporate-TV			**Software:** Standard- und Individual-Programme
Stream/e-Paper: Teletext-Infos, Messenger-Dienstleistungen, Untertitel, e-Books, e-Zeitungen e-Zeitschriften			**Audio/Stream:** Radiosendung, Podcast, Musik-CD			Betriebs-systeme, APPs Datenbanken KI-basierte Anwendungen
Multimedia-Show: Tonbildshow, Multivision, Präsentation						
Multimedia interaktiv: Computerspiel, Kioskterminal am POI, Computer Based Training						
Internet, Intranet: e-Information, e-Kommunikation, browserbasierte Spiele, Streamings, E-Business						
Event: Erlebnis-Veranstaltung, Road Show, Kongress, Messe, Ausstellung						

Abb. 3.2: Kommunikationsträger und Kommunikationsmittel als Medienbestandteile.

Hinsichtlich der Zielgruppen und der spezifischen Leistungsfunktion der Medien können zwei Medienproduktgruppen unterschieden werden (vgl. Gläser 2014: 104 ff. und 130 ff.):

– Medien als Vorleistungen für Unternehmen

Als Vorleistungen für Unternehmen zeichnen sich Medien dadurch aus, dass sie die Geschäftsprozesse der nachfragenden Unternehmen fördern. Sie unterstützen den Wertschöpfungsprozess von Wirtschaftsunternehmen und werden in allen Teilbereichen des Wertschöpfungsprozesses eingesetzt; insbesondere in der (internen) Kommunikation, im Marketing und im Vertrieb (vgl. Gläser 2014: 130–132). Das Intranet beispielsweise gilt heute nicht nur als moderne Variante der klassischen Mitarbeiterzeitung, das Mitteilungen des Unternehmens an die Mitarbeiter transportiert, sondern auch als Weiterbildungskanal sowie als Speicherort für die Inhalte des unternehmensinternen Wissensmanagements. Das Internet wiederum fördert den Informationstransfer an und von den Kunden, wird aber auch als aktiver Vertriebsweg genutzt. Software stützt die Kommunikation, aber auch das Beschaffungs- und Absatzmanagement der Betriebe. Datenbanken verwalten das Wissen der Unternehmung, unterstützen aber auch alle anderen Unternehmensbereiche. Letztlich spielen Medienprodukte vor allem in der Außenkommunikation mit den Stakeholdern (Beziehungsgruppen eines Betriebes) eine bedeutende Rolle; insbesondere in der Werbung und der Öffentlichkeitsarbeit. Neben vielen eigenerstellten Produkten wie etwa eine Präsentation, eine Multimediavision für Messen und ähnliche Veranstaltungen oder eine Gebrauchsanweisung für Produkte, werden mediale Vorleistungen auch häufig von externen Agenturen erbracht. Werbe- und PR-Agenturen erstellen Spots und Filme, Internetauftritte, Image- und Produktbroschüren und viele andere Medienprodukte für ihre Auftraggeber.

– Medien als publizistische Endprodukte.

Publizistische Endprodukte zeichnen sich dadurch aus, dass sich ihre Zweckbestimmung beim Konsumenten (Zuschauer, Zuhörer, Leser oder User) entfaltet. Hierzu gehören vor allem die Massenmedien, die von Verlagen, Rundfunkanstalten, Internet-Dienstleistern etc. gegen direktes Entgelt vom Konsumenten und/oder über die Werbung finanziert, auf den Markt gebracht werden. Solche Endprodukte erscheinen als Printausgaben oder in elektronischer Form. Es ist aber festzustellen, dass sich diese beiden „Produktwelten" (Gläser 2014: 104) immer weiter ausdifferenzieren. Zusätzlich zum Buch, zur Zeitung oder zur Zeitschrift erscheinen E-Books, E-Paper und Online-Magazine. Außerdem werden Produktfamilien geschaffen und als Markenkonzepte vereint (z. B. SPIEGEL, SPIEGEL-TV, SPIEGEL-Online oder die GEO- bzw. BILD-Produktfamilie). Medieninhalte werden sowohl thematisch als auch zeitlich ausdifferenziert und damit als unterschiedliche Nutzungsversionen auf dem Markt angeboten.

> **!** **Merke:**
> **Medienleistungen** generieren bei einem bestimmten Kreis von Rezipienten einen informativen, bildenden und/oder unterhaltenden Nutzen **(publizistische Endprodukte)** oder dienen Unternehmen als **Produktionsvorleistung**. Sie setzen sich aus verschiedenen Kommunikationsmitteln (Assets) zusammen, können über unterschiedliche Kanäle bzw. Träger distribuiert werden können und werden auf Märkten gehandelt oder bereitgestellt.

Weitere Unterscheidungsmerkmale zeigen sich inhaltlich im Nutzen. Aber im Kern sind sie immer Dienstleistungsangebote. Beide Eigenschaften haben ökonomische Auswirkungen.

– Mediengüter sind Nutzenbündel

Ausschlaggebend für den Erwerb eines Mediengutes ist sein **Nutzen** (vgl. „Uses and Gratifications-Ansatz" in Katz et al. 1974 sowie in Bonfadelli und Friemel 2015: Kap. 2.5). Der Erwerber (Rezipient oder Unternehmen) entscheidet aus seiner spezifischen Bedürfnis- und Interessenlage heraus, ob und was für ein Medienangebot er nutzt. Das aktuelle Bedürfnis eines Konsumenten könnte beispielsweise darin bestehen, der Wirklichkeit zu entfliehen (Stichwort Eskapismus), Informationen zu sammeln, sich weiterzubilden oder unterhalten zu werden. Sein Interesse könnte sich dabei auf bestimmte Inhalte oder auf bestimmte Formate konzentrieren. Die Nutzung eines Mediums richtet sich also nach der Nutzenerwartung und der Art der Bedürfnisbefriedigung des Medienangebots. Vermarktet werden können nur Produkte, Dienstleistungen oder Rechte, die den Käufer einen Gebrauchswert (Nutzen) liefern, der von ihnen größer eingeschätzt wird als der Wert der Gegenleistung, die für das Gut verlangt wird (vgl. Meffert et al. 2015: 16). Solche Gegenleistungen können z. B. Aufmerksamkeit, Zeit und/oder Entgelt der Nutzer sein.

Die überwiegende Mehrzahl der Güter werden als **Nutzenbündel** vermarktet (vgl. Kotler et al. 2015: 35); beispielsweise, indem sie Mehrfachnutzen entfalten (Stichwort Infotainment) oder das Produkt mit Beratungs- und Garantieleistungen ausgestattet oder eine Hotline-Betreuung zugeschaltet wird etc. Das Marketing (vgl. Band 3) unterscheidet zudem unterschiedliche Nutzenfacetten. Ein Gut befriedigt einen primären Nutzen (**Grundnutzen**), der technisch-funktional bestimmt wird sowie einen psycho-sozialen **Zusatznutzen**. Der psycho-soziale Zusatznutzen wird in zwei Sphären wirksam: Als **Erbauungsnutzen** in der persönlichen Sphäre des Nutzers und als **Geltungsnutzen** in der Sozialsphäre des Nutzers (vgl. Vershofen 1940). Diese Nutzenfacetten können an folgendem Beispiel verdeutlicht werden: Wenn sich jemand ein TV-Empfangsgerät kauft, soll dieses natürlich Rundfunksignale empfangen und wiedergeben können (technisch-funktionaler Nutzen). Darüber hinaus werden die zur Verfügung stehenden Geräte auch hinsichtlich ihrer äußeren Ästhetik vom potenziellen Käufer bewertet (Erbauungsnutzen). Nicht zuletzt wird auch die Geräte-Marke und das damit verbundene Prestige beurteilt (Geltungsnutzen).

Werden Medieninhalte als ökonomische Güter verstanden, müssen diese drei Facetten auch bei ihnen erfüllt sein. Dass dies so ist, lässt sich leicht belegen: Wenn jemand die Nachrichten liest oder sich einen Spielfilm anschaut, wird der Nachrichtenkonsum dazu führen, dass der Leser informiert wird. Der Filmkonsum führt dazu, dass der Zuschauer unterhalten wird. Beide Nutzen gehören zum funktionalen Grundnutzen. Der Erbauungsnutzen wirkt insofern in die persönliche Sphäre, als dass sich der Leser besser fühlt, wenn er aktuell informiert ist und der Zuschauer sich wohl fühlt, wenn er einen aufregenden Film sieht. Der in die soziale Sphäre wirkende Geltungsnutzen könnte beispielsweise dadurch realisiert werden, dass sowohl der Leser als auch der Zuschauer „mitreden" können, wenn die einschlägigen Themen in seinem Freundeskreis angesprochen werden.

– Der Leistungskern von Medien ist ein immaterielles Dienstleistungsangebote
Alles in allem besteht der Leistungskern der Mediengüter, obwohl sie häufig auch als materialisierte Produkte auf den Markt gebracht werden, aus Informationen bzw. gebündelten (redaktionell oder künstlerisch bearbeiteten) Inhalten. Diese Leistungsergebnisse sind immaterieller Natur. In den Fällen, in denen Informationen und andere Assets kombiniert und/oder bereitgestellt werden, ist das Ergebnis der Arbeitsleistung Inhalteschaffender ein Dienstleistungsangebot.

> **!** **Merke:**
> Eine **Dienstleistung** ist eine selbstständige, marktfähige Leistung, die mit der Bereitstellung und/oder dem Einsatz von Leistungspotenzialen interne und externe Faktoren kombiniert. Sie wird mit dem Ziel erbracht, an Menschen oder Objekten durch Menschen oder Maschinen nutzenstiftende Wirkungen zu erzielen.

Dienstleistungen haben ganz spezielle Eigenschaften, die sie deutlich von materiellen Gütern unterscheiden. Dienstleistungen sind anders als materielle Güter nicht nur ergebnisorientiert, sondern ganz deutlich auch potenzial- und prozessorientiert (vgl. Hilke 1984: 17 ff. sowie Meffert et al. 2015: 13, Knoblich und Oppermann 1996: 17). Der Charakter von Dienstleistungen wird am **3-P-Konzept** deutlich:
- **potenzialorientiert** sind Dienstleistungen, weil sowohl Anbieter als auch Nachfrager bestimmte Fähigkeiten und Bereitschaften benötigen, um ein gewünschtes Austauschergebnis erzielen zu können;
- **prozessorientiert** sind Dienstleistungen, weil die Beziehung der Beteiligten von der Kontaktqualität der Beteiligten und der Qualität der jeweiligen Inputfaktoren (z. B. Know-how, Engagement, Rahmenbedingungen etc.) abhängt;
- **ergebnisorientiert** sind Dienstleistungen, weil das Ergebnis der Dienstleistung am Markt gehandelt und über Marktpreise bewertet wird. Im Unterschied zu Waren steht nicht die materielle Produktion oder der materielle Wert eines Endproduktes im Vordergrund, sondern die zu einem Zeitpunkt oder in einem Zeitrahmen erbrachte Tätigkeit zur Deckung eines Bedarfs.

So braucht ein Journalist, der einen Artikel schreibt, Wissen über Zusammenhänge und die Fähigkeit, diese deutlich zu machen. Der Leser wiederum benötigt mehr oder weniger Vorkenntnisse, um den Artikel verstehen zu können (Potenzialorientierung). Das Ergebnis des Schreibens/Lesens besteht darin, Zusammenhänge zu vermitteln/erkennen (Ergebnisorientierung) und dieses Ergebnis ist mit davon abhängig, welches Engagement und sonstige Faktorqualitäten beide aufbringen und zusammenführen (Prozessorientierung). Ob eine Dienstleistung eher prozessorientiert oder ergebnisorientiert ist, muss im Einzelfall geprüft werden. Das Vergnügen einen Kinofilm zu betrachten, ist eher prozessorientiert, das Informiertwerden ist eher ergebnisorientiert.

Dienstleistungen werden entweder an Objekten oder an Menschen erbracht und sind im Ergebnis materiell oder immateriell:

- **an Objekten orientiert** ist eine Dienstleistung, wenn „Gegenstände" bearbeitet werden (z. B. Zeitungs- oder Filmproduktion, Autoreparatur);
- **an Menschen orientiert** ist eine Dienstleistung, wenn der Nutzen einer Person oder einer Personengruppe zugutekommt (Unternehmensberatung, Vorlesung, Haarschnitt);
- **im Ergebnis materiell** sind Dienstleistungen, wenn die am Markt platzierte Leistung gegenständlicher Natur ist (z. B. Zeitung, Zeitschrift oder Buch);
- **im Ergebnis immateriell** sind Dienstleistungen, wenn die am Markt platzierte Leistung nicht gegenständlich ist (z. B. journalistischer Bericht, Kinovorführung, Online-Game oder Datenbank).

Es gibt noch eine Reihe anderer Kriterien, die von Bedeutung sind, wenn die Art des Absatzgutes genauer bestimmt werden soll, um sie besser vermarkten zu können; z. B. anhand des Interaktions- bzw. Integrationsgrads und Individualisierungsgrades (vgl. Engelhardt et al. 1992: 35 sowie Corsten und Gössinger 2009 und Meffert 1994: 524 ff.). Auch die die Kontaktintervalle sowie der Originalitätsgrad können Dienstleistungen unterscheiden. Insofern können mediale Dienstleistungen wie in Tab. 3.3 dargestellt, differenziert werden:

Tab. 3.3: Mediale Dienstleistungsqualitäten.

Differenzierungskriterium	Ausprägung	Beispiel
1. Interaktions- bzw. Integrationsgrad	autonom	eigenständig erstelltes Ergebnis (z. B. Zeitung, Film, Standardsoftware);
	integrativ	Ergebnis kommt nur bei Interaktion zustande (z. B. Seminar/Präsentation, Rezeption von Medieninhalten, Spezialsoftware)
2. Individualisierungsgrad	standardisiert	standardisierte Leistungserstellung (Seminar, Zeitungsartikel, Film etc.) für fiktiven, durchschnittlichen Leistungsempfänger;
	individualisiert	kundenbezogene Durchführung von Leistungen (Beratung, Werbemittelerstellung etc.) für einen konkreten Leistungsempfänger

Tab. 3.3 (fortgesetzt)

Differenzierungskriterium	Ausprägung	Beispiel
3. Nutzungsintervall	diskret	auf direkte Anfrage oder nach einem konkreten Zeitplan bzw. innerhalb eines konkreten Zeitintervalls entstehende Leistungen (z. B. Beratung, Filmvorführung, TV- oder Radioprogramm);
	kontinuierlich	Leistungsergebnis kann dauerhaft genutzt werden (z. B. Telefonverbindungen, Zeitungsausgabe, frei zugängliche Internetinhalte etc.)
4. Originalitätsgrad	kreativ	Ergebnisse sind intellektueller oder emotionaler Natur und lösen kognitive bzw. affektive Prozesse aus (z. B. journalistische oder unterhaltende Produkte);
	repetitiv	Wiederholungscharakter der Leistung steht im Vordergrund (z. B. die Leistung einer Datenbank oder die von Software etc.)

1. Der **Interaktionsgrad** (**Integrationsgrad**) führt zu einer Differenzierung zwischen quasi-industriellen und interaktionsorientierten Leistungen. So können eine Zeitung, ein Film oder eine Standardsoftware etc. weitgehend **autonom**, d. h. ohne den externen Faktor (Rezipient oder Nutzer) aktiv einzubinden, erstellt werden. Der Konsum des Medieninhalts ist allerdings ohne die Integration des externen Faktors (des Rezipienten) nicht möglich. Der Rezipient muss zumindest ein gewisses Maß an Aufmerksamkeit einbringen, um Wissenstransfer oder Unterhaltung entstehen zu lassen.

    Eine Maßanfertigung, eine Beratung oder ein Seminar ist hochgradig **integrativ** angelegt. Sie können nur mit von Beginn an integriertem externen Faktor durchgeführt werden, d. h. die Beteiligten müssen zeitlich und räumlich gleichzeitig anwesend und aktiv beteiligt sein, um die Dienstleistung entstehen zu lassen **(Uno-actu-Prinzip)**. Die Synchronizität von Produktion und Konsum ist beispielsweise auch bei der Übertragung einer Fernseh- oder Hörfunksendung gegeben.

    Der synchrone Kontakt kann allerdings auch hier durch Träger- bzw. Speichermedien ausgehebelt werden. Dann beispielsweise, wenn virtuelle Kontakte zwischen dem Leistungsanbieter und dem Leistungsempfänger hergestellt werden. Dies ist beispielsweise der Fall, wenn das Dienstleistungsergebnis „Informationsvermittlung" oder „Unterhaltung" durch den Gebrauch von Trägermedien (DVD, Satelliten- oder Kabelverbindung) entsteht. Während die Arbeitsleistung des Medienschaffenden auch ohne den Auftraggeber erbracht werden kann, entsteht die finale Dienstleistung erst durch die Integration des externen Faktors.

2. Der **Individualisierungsgrad** führt zu einer Differenzierung zwischen einer eher **individuellen**, kundenbezogenen Bereitstellung und Durchführung von Leistungen (Beratung, Schulung, Werbemittelerstellung etc.) und einer eher **standardi-**

sierten Leistungserstellung (Seminar, Zeitungsartikel, Film etc.). Während die Customized-Variante für ein konkretes Individuum erstellt wird, ist das Merkmal von standardisierten Dienstleistungen, dass sie für einen fiktiven Durchschnittskunden erbracht werden.

3. Das Merkmal **Nutzungsintervall** unterscheidet als diskret oder kontinuierlich. **Diskret** sind Dienstleistungen dann, wenn sie auf direkte Anfrage oder nach einem konkreten Zeitplan bzw. innerhalb eines konkreten Zeitintervalls entstehen (z. B. Beratung, Filmvorführung, TV- oder Radioprogramm). **Kontinuierlich** sind sie dann, wenn das Leistungsergebnis dauerhaft genutzt werden kann (z. B. Telefonverbindungen, Zeitungsausgabe, frei zugängliche Internetinhalte etc.).

4. Der **Originalitätsgrad** differenziert Dienstleistungen in eher kreative oder eher repetitive Arbeit (vgl. Meffert und Bruhn 2015: 47 f.). Eher **kreativ** sind Dienstleistungen dann, wenn die Ergebnisse intellektueller oder emotionaler Natur sind und kognitive bzw. affektive Prozesse auslösen und beanspruchen (z. B. journalistische oder unterhaltende Produkte). **Repetitiv** sind Dienstleistungen, wenn der Wiederholungscharakter im Vordergrund steht (z. B. die Leistung einer Datenbank oder die von Software etc.).

Im ökonomischen Alltag und hier insbesondere im Marketing werden Produkte deutlich von Dienstleistungen unterschieden. Dies deshalb, weil Dienstleistungen spezifische Eigenschaften haben, die Produkte nicht aufweisen (vgl. Tab. 3.4 und ausführlich in Kap. 5.2). Da Medien nicht wegen ihrer Trägerprodukte (Papier, DVD etc.), sondern wegen der aus dem Inhaltekonsum entstehenden Medienwirkungen gekauft werden, ist diese Unterscheidung essenziell. Die Unterschiede resultieren aus der Beschaffenheit der Güter.

Tab. 3.4: Vergleich der Charakteristika von Produkten und Dienstleistungen.

Differenzierungskriterium	Produkte (Sachgüter)	Dienstleistungen
1. Beschaffenheit	materiell	immateriell
2. betriebstechnische Folgen der Beschaffenheit	lagerfähig, transportierbar und weiterveräußerbar	weder lagerfähig noch transportierbar oder weiterveräußerbar
3. produktionstechnische Folgen der Beschaffenheit	autonom und auf Vorrat produzierbar, keine Qualitätsschwankungen, leicht standardisierbar; schwierig zu individualisieren	Produktion im Uno-Actu-Prinzip, Integration des externen Faktors zwingend notwendig, hohe Qualitätsschwankungen, begrenzt standardisierbar, leicht individualisierbar

Tab. 3.4 (fortgesetzt)

Differenzierungskriterium	Produkte (Sachgüter)	Dienstleistungen
4. konsumtechnische Folgen der Beschaffenheit	mit Suchmerkmalen ausgestattet, ex ante bzw. spätestens beim Konsum bewertbar; weitgehende Entscheidungssicherheit	mit Leistungsversprechen ausgestattet, aus faktischer Sicht kaum, im besten Fall subjektiv bewertbar, weitgehend Entscheidungsunsicherheit

Zu 1: Die **Beschaffenheit** von Produkten ist immer materiell, die von Dienstleistungen nie (auch wenn Dienstleistungsergebnisse durchaus materielle Substanz haben können).

Zu 2: Die **betriebstechnischen Folgen** der Sachgüterproduktion liegen darin, dass materielle Güter eingelagert, transportiert und jederzeit weiterveräußerbar sind (z. B. durch den Handel). Dienstleistungen haben diese Eigenschaften nicht.

Zu 3: Die **produktionstechnischen Folgen** der Sachgüterproduktion liegen darin, dass jedes Sachgut ohne Mitwirken des Kunden, in jeder Menge weitgehend ohne Qualitätsschwankungen auf Vorrat produziert werden kann. Die Produktionsprozesse sind i. d. R. standardisiert, können mit (mehr oder weniger) Aufwand auch individualisiert werden. Dienstleistungen hingegen entstehen in der Interaktion des Leistungserbringers mit des Leistungsempfänger (externer Faktor), sind wegen der unterschiedlichen Bedingungen im Leistungsprozess nur in engeren Grenzen zu standardisieren, hingegen aber leicht zu individualisieren. Aufgrund der unterschiedlichen Mitwirkungsbedingungen (situative Qualität der Beteiligten, Prozesse und Umfeldbedingungen) können die Qualitäten der Prozesse und Ergebnisse deutlich schwanken. Letztlich sind Dienstleistungen auch dadurch gekennzeichnet, dass sie in dem Augenblick, in dem sie entstehen auch verbraucht werden (Uno-Actu-Prinzip).

Zu 4: Die **konsumtechnischen Folgen** der Sachgüterproduktion liegen darin, dass materielle Güter nach ihren faktischen Eigenschaften gesucht werden können (Maße eines TV-Empfangsgerätes, Seitenumfang eines Buches, Geschwindigkeit eines Prozessors etc.). Eine Qualitätsbeurteilung ist daher ohne Weiteres schon vor dem Kauf (ex ante) möglich; spätestens, wenn das Produkt genutzt wird. Kaufentscheidungen leiden daher nicht unter Unsicherheit.

Dienstleistungen hingegen stellen lediglich Leistungsversprechen dar, indem angekündigt wird, was die Leistung umfassen wird (hochwertige Informationen, spannende Unterhaltung, sichere Problemanalyse etc.). Ob diese Leistungen auch geliefert werden, ist vor der Inanspruchnahme überhaupt nicht und nach der Inanspruchnahme allenfalls subjektiv zu beantworten. Salopp gesagt, der Kunde kauft „die Katze im Sack". Wenn beispielsweise ein journalistischer Bericht gelesen oder eine anwaltliche Beratung wahrgenommen bzw. eine ärztliche Diagnose empfangen wurde, ist es dem Leistungsempfänger, der über viel weniger Wissen verfügt als der Leistungserbringer, faktisch nicht möglich, die tatsächliche Qualität beurteilen zu können. Allenfalls kann der Leistungsempfänger Vermutungen über die Qualität anstellen. Aus diesem Grunde gehört die konkrete Dienstleistung auch in den Bereich der „Vertrauensgüter".

Insbesondere für die originären Leistungen von Medienbetrieben (Content zu kreieren) spielen die Dienstleistungseigenschaften eine herausragende Rolle. Das gilt in ganz besonderem Maße für journalistische Medien. Deswegen gilt der sog. Pressekodex (Sammlung journalistisch-ethischer Grundregeln) als normative Leitlinie für den Journalismus. Aber auch Unterhaltungsmedien tragen Qualitätsbewertungsschwächen, denn objektive Kriterien für die Unterhaltungsqualität gibt es nur wenige. Die Mehrzahl der Kriterien ist eher subjektiv. „Qualität ist damit nur begrenzt planbar und als Aktionsparameter für den Kommunikator verwendbar" (Gläser 2014: 139). Das heißt, dass der Kommunikator, wenn er das will, auch die Unwissenheit des Konsumenten ausnutzen kann, um geringe statt hohe Qualität anzubieten (vgl. zu den ökonomischen Konsequenzen der Mediengütereigenschaften, Kapitel 5).

Solche Probleme, die mit der asymmetrischen Informationsverteilung zwischen Anbieter (Agent) und Nachfrager bzw. Auftraggeber (Prinzipal) verbunden sind, werden in der sog. **Informationsökonomik** analysiert. Insofern soll hier abschließend im Sinne der Informationsökonomik eine Visualisierung (in Anlehnung an Woratschek 2001: 265) angeboten werden, die den Zusammenhang der drei wesentlichen Dienstleistungseckpunkte Bewertungsunsicherheit, Individualität und Integrativität auf mediale bzw. mediengetragene Leistungsangebote überträgt (vgl. Abb. 3.3).

Zwar werden auch auf diesem Wege Sachgüter immer noch nicht eindeutig von immateriellen Gütern trennbar (vgl. analoge oder digitale Zeitungsausgabe), aber die Systematisierung im Würfel verdeutlicht die Besonderheiten, die für die Produktion und die Vermarktung von Medienleistungen gelten.

Merke:
Der Kern medialer Angebote hat einen Dienstleistungscharakter. Die Möglichkeit der Leistungsbewertung ist für den Konsumenten mehrheitlich sehr schwierig (vgl. journalistische Produkte) oder zumindest dominant von subjektiven Kriterien bestimmt (vgl. unterhaltende Produkte). Mediendienstleistungsangebote sind in der Mehrzahl autonom und standardisiert produzierbar (vgl. Filme, Zeitungen etc.), können aber auch in hohem Maße integrativ und individuell erstellt werden (z. B. Schulungen, Play-List-Konfigurationen etc.). Das Übertragen von Leistungspotenzialen auf einen stofflichen Träger macht Medienangebote zu Sachgütern, ändert aber nichts daran, dass das mediale Angebot immaterieller Natur bleibt.

Aus diesen Eigenschaften ergeben sich sehr spezifische, aber auch sehr weitreichenden Konsequenzen für die Handhabung dieser Güter. Diese Konsequenzen wirken sowohl auf Seiten der Nutzer als auch auf Seiten der Anbieter, wie in Kapitel 5 gezeigt wird.

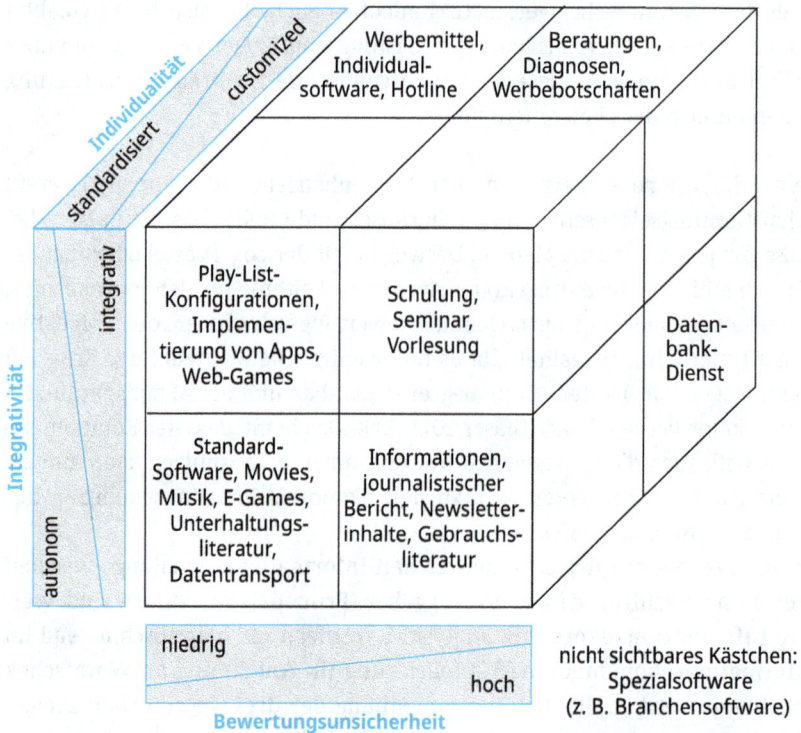

Abb. 3.3: Informationsökonomische Typologie mediengetragener Dienstleistungspotenziale.

Fragen/Aufgaben zu Kapitel 3.2

1. Unterscheiden Sie Kommunikationsinhalte von Kommunikationsmitteln und Kommunikationsträgern.
2. Definieren Sie den gütertypologischen Medienbegriff.
3. Definieren Sie, was eine Dienstleistung ist.
4. Erläutern Sie kurz, was es bedeutet, dass Dienstleistungen potenzial-, prozess- und ergebnisorientiert sind.
5. Erläutern Sie kurz, warum die dominante Leistung der Mediengüter aus Dienstleistungsbestandteilen besteht und welche ökonomischen Folgen dies hat.
6. Unterscheiden Sie Medien als Vorleistungen für Unternehmen und Medien als publizistische Endprodukte.
7. Welche Nutzenfacetten hat ein Mediengut? Beschreiben Sie kurz.
8. Geben Sie jeweils ein Beispiel für Medienleistungen, die
   a. autonom bzw. integrativ,
   b. standardisiert bzw. individualisiert,
   c. diskret bzw. kontinuierlich sowie
   d. kreativ bzw. repetitiv
   erstellt werden.

9. Worin besteht der Unterschied in der Qualitätsbewertung von Sachleistungen und Dienstleistungen für den Leistungsempfänger und wie kann der Leistungsanbieter diesen Unterschied ausnutzen? Erläutern Sie und untermauern Sie Ihre Erläuterung mit einem Beispiel.

Lösungshinweise finden Sie im achten Kapitel „Lösungsskizzen".

3.3 Medienunternehmen und Unternehmen der Medienindustrie

Wie jedes andere Unternehmen auch, ist ein Medienunternehmen zunächst eine rechtliche Einheit, die als soziotechnisches System (vgl. Ulrich 1970: 112) definiert wird. Als ein System sind Medienunternehmen komplex, selbstorganisiert, soziotechnisch, offen, dynamisch und ziel- und marktgerichtet in ein jeweils allgemeines und ein jeweils spezifisches Umfeld eingebettet (vgl. Thommen et al. 2023: 8).

– **Rechtlich** sind Medienunternehmen als Einzelunternehmen, als Personengesellschaft, als Kapitalgesellschaft oder als öffentlich-rechtliche Anstalt am Markt tätig (vgl. Kapitel 6).
– **Soziotechnisch** als Systeme aufzufassen sind Unternehmen, weil Menschen und Maschinen interagieren und dabei arbeitsteilig und organisiert auf gemeinsame Ziele hin ausgerichtet zusammenarbeiten.
– Der **Komplexitätsgrad** eines Unternehmens ist abhängig von seiner Größe. Diese wird wiederum definiert durch die Menge der miteinander verbundenen Elemente und Prozesse sowie durch die Vielschichtigkeit, d. h. die hierarchische Tiefe der Organisation. Eine kleine Autorengemeinschaft ist dementsprechend weniger komplex aufgebaut als beispielsweise ein Zeitschriftenverlag.
– **Selbstorganisiertheit** zeigen Unternehmen darin, dass sie ihre Strukturen und Prozessabläufe autonom bilden. Niederschlag findet diese Eigenschaft darin, dass Unternehmen unterschiedlich aufgebaut sind und Arbeitsabläufe unternehmensspezifisch definiert werden.
– Die **Offenheit** des Systems zeigt sich darin, dass Unternehmen Beziehungen zu ihrem Umfeld eingehen. Das Umfeld wiederum besteht aus verschiedenen Märkten, aber auch aus der sonstigen Umwelt, die beispielsweise durch die gesamtgesellschaftlichen Rahmenbedingungen gebildet werden.
– Die **Dynamik** von Unternehmen äußert sich darin, dass sie lernfähig sind und sich verändern. Diese Veränderungen werden durch das Umfeld, das auf das Unternehmen einwirkt, aber auch durch autonome Entscheidungen bewirkt.
– **Zielgerichtet** ist das System, weil es an Zielen ausgerichtet wird.
– Die **Marktgerichtetheit** schließlich äußert sich darin, dass Unternehmen im Wettbewerb mit anderen Unternehmen stehen, also auch deren Aktivitäten in ihren Planungen und Entscheidungen berücksichtigen müssen und nur dann

überleben können, wenn sie Leistungen herstellen, die am Absatzmarkt nachgefragt werden (vgl. zum systemtheoretischen Ansatz: Ulrich 1970: 112 f.). Alle inneren Bedingungen des Unternehmens können als interne Umwelt zusammengefasst werden (vgl. Stapleton 2000).

– Die **Leistung** (Output) erbringen Medienunternehmen dadurch, dass sie in nennenswertem Ausmaß an der Wertschöpfungskette von Medienprodukten bzw. Contents beteiligt sind (Konzeption, Redaktion, Bündelung, Produktion und/oder Distribution). Nennenswert ist das Ausmaß, wenn der gewöhnliche Betrieb des Unternehmens eine kaufmännische Buchführung notwendig macht. Solche Unternehmen werden auch als „Player auf den Medienmärkten" bezeichnet (vgl. Weber und Rager 2006).

Wenig Einigkeit herrscht in der Literatur allerdings, wenn es um die konkrete Bestimmung des Kreises der Unternehmen geht, die zu den Medienunternehmen zu zählen sind. Hier stehen sich zwei grundlegend verschiedene Verständnisse gegenüber (vgl. hier und folgend Weber und Rager 2006: 120 und Dreiskämper 2013: 55 ff.): Auf der einen Seite die eher ökonomisch geprägte Philosophie mit ihrer weiten Definition über das, was zum Kreis der Medienunternehmen zu zählen sei (der auch der Autor dieser Publikation anhängt). Auf der anderen Seite die vornehmlich publizistisch geprägte Sichtweise, mit ihrem wesentlich engeren Verständnis (die viele Publizistikwissenschaftler vertreten).

Die aktuell **weiteste Perspektive** definieren Schumann et al. (2014: 9), indem sie zwischen „Medienunternehmen 1.0" (Publisher und Broadcaster) und „Medienunternehmen 2.0" (Plattformbetreiber) unterscheiden und damit die gesamte Palette von Medienleistungen in das Aktionsfeld von Medienunternehmen verankern: von Buchverlagen, Content-Providern und Content-Brokern, Druckereien, Plattenlabel, Rundfunkveranstalter sowie Speichermedienhersteller, Service-Provider, Suchmaschinenbetreiber und soziale Netzwerke bis hin zu Zeitungs- und Zeitschriftenverlagen.

Die **engste Perspektive** definieren Heinrich, Sjurts oder Kiefer, indem sie konstatieren, dass zu den Medienunternehmen nur die Unternehmen zu zählen seien, die ihren wirtschaftlichen Schwerpunkt in der aktuellen journalistischen Produktion von Informationen haben. Dies sind vor allem Zeitungs- und Zeitschriftenverlage sowie Rundfunkveranstalter (vgl. Heinrich 2010: 28).

! **Merke:**
Ein **Medienunternehmen** ist eine Institution, die journalistische und nicht-journalistische bzw. unterhaltende und/oder werbliche Produkte und Dienstleistungen kreiert, redaktionell bearbeitet, bündelt, produziert und/oder Dritten zur Verfügung stellt; also jedweder Betrieb, der sich entlang der medialen Wertschöpfungskette bewegt. Das Ziel liegt in der Herstellung von Originalen (First Copies) und/oder Verfügbarmachung von Kopien (Herstellung von Öffentlichkeit).

Beide Perspektiven – sowohl die enge als auch die breite – **sind nicht unumstritten.** Die weite Perspektive zählt auch Hersteller von Komplementärgütern und Komplementärdienstleistungen zum Kreis der Medienunternehmen; also Hersteller von Unterhaltungselektronik oder Speichermedien sowie Datenlogistiker, Druckereien, Pressegrossisten und reine Netzbetreiber. Diese Marktakteure produzieren aber keine Inhalte, sondern nur technische Güter oder Anschlussdienstleistungen, die der Verteilung und Speicherung von Medieninhalten dienen. Diese Zugehörigkeit kann ebenso diskutiert werden, wie andererseits der Ausschluss der Buch-, Film-, Musik- und Game-Industrie sowie der der selbstständigen Autoren und Reporter, Rechtehändler und der Werbe- und PR-Agenturen, wie sie die enge Perspektive der journalistisch getragenen Definition fordert. Sjurts unterscheidet wegen dieser Abgrenzungsprobleme konsequent zwischen „Medienunternehmen" und „Unternehmen der Medienwirtschaft" (Sjurts 2011: 400). Programm-Input-Produzenten sowie Nachrichten- und Pressebüros etc. zählen demensprechend zur letztgenannten Kategorie. Ganz glücklich erscheint diese Differenzierung jedoch nicht, denn Medienunternehmen sind letztendlich auch Unternehmen der Medienwirtschaft.

Die Problematik dieser Abgrenzung: Eine Reduktion des Kreises der Medienunternehmen auf aktuelle journalistische Produktionseinheiten greift aus Sicht der Ökonomie ganz sicherlich zu kurz. Sie kann allenfalls mit der besonderen gesellschaftlichen Relevanz journalistischer Produkte begründet werden. Dies stellt aber eine ökonomisch unzulässige Wertung dar. Welchen Wert ein produziertes Gut hat, ist betriebswirtschaftlich völlig irrelevant. Andererseits würde der Einbezug von reinen Netzwerkbetreibern und Plattformanbietern, Hardwareherstellern und Gebrauchssoftwareherstellern in den Kreis der Medienunternehmen die Grenzen beliebig machen. Allerdings muss auch konstatiert werden, dass die technische Entwicklung – insbesondere die Digitalisierung – die Abgrenzungen verschwimmen lassen und dafür sorgen, dass unterschiedliche **Branchen konvergieren** (vgl. Kap. 3.4.2). So ist das Telekommunikationsunternehmen T-Online mittlerweile sowohl in der Telekommunikationsindustrie als auch in der Medienwirtschaft aktiv. Apple ist einerseits Hersteller von Software und Unterhaltungselektronik, andererseits auch Distributor von Unterhaltungsmedien. Amazon ist ein Online-Händler, stellt aber über Amazon Prime auch eine gewaltige Menge an Medienangeboten zur Verfügung. Google ist ein Suchmaschinenbetreiber, aber auch Intermediär für die werbetreibende Wirtschaft. Spotify ist ein Audio- bzw. Streaming-Dienst, der neben Musik auch Hörbücher und Podcasts anbietet, keine Inhalte produziert, aber z. T. werbefinanziert ist. Und Netflix hat sich vom DVD-Verleiher zum Film- und Serienproduzenten und Streaming-Dienst weiterentwickelt. Darüber hinaus transportiert Netflix Werbung und will künftig in die Gaming-Branche einsteigen und (zunächst) werbefreie Mobile Games anbieten. Zu welchen Industrien diese beispielhaft genannten Unternehmen zu zählen sind, kann heute nur noch geschäftsfeldbezogen beantwortet werden.

Wenn einerseits der besonderen Stellung journalistischer Inhalteproduzenten Rechnung getragen und andererseits auch die Konvergenzentwicklungen und die unterstützenden Dienstleistungen in der Medienindustrie berücksichtigt werden sollen, ergibt sich folgerichtig eine dreistufige Einteilung von Medienunternehmen. Tab. 3.5 (in Anlehnung an Schumann et al. 2014: 9 sowie Sjurts 2011: 400) zeigt eine Systematik, die diese Vielfalt an unterschiedlichen Leistungserbringern im Umfeld der Medienwirtschaft abbildet.

Tab. 3.5: Klassifizierung von Medienunternehmen aus gütertyplogischer Sicht.

Abgrenzungskriterien	Medienunternehmen im engeren Sinne	Medienunternehmen im weiteren Sinne	Unternehmen der erweiterten Medienindustrie (Verbund-Industrie)
Leistungsangebote	journalistische Inhalte (analog/elektronisch)	nicht-journalistische, künstlerisch/ unterhaltende Produkte	Vervielfältigung, Transport, Vernetzung
Kompetenzschwerpunkte	Kreation, Redaktion, Bündelung informativer, unterhaltender und/oder werblicher Inhalte, Produktion der First Copy		technologische und/ oder Netzwerkkompetenzen
Beispiele	Journalisten, Reporter, Mediengestalter, Zeitungs-/ Zeitschriftenverlage, Rundfunkveranstalter, Online-Plattformenbetreiber mit Eigenproduktionen, Nachrichtenagenturen	Nicht-journalistische Autoren, Lektoren, Buchverlage, Film-Produzenten, Musikverlage, Game-Entwickler, Publisher, produzierende Streaming-Dienste, PR- und Werbe-Agenturen	Meinungsplattformenbetreiber, Suchmaschinen, Netzwerkbetreiber (Social Media), Druckereien, Grossisten, Medien-Stores, Filmverleiher; Streaming-Dienste ohne Eigenproduktionen

Insbesondere die Fortschritte in der Digitalisierung und der Datenübertragung (Qualität, Bandbreite und Geschwindigkeit) haben den Kreis und die Möglichkeiten der Medienunternehmen deutlich ausgeweitet. Der Kreis der Medienunternehmen wurde um die sog. **Plattformbetreiber** („neue Medienunternehmen"; vgl. Gläser 2023: 69) erweitert und die Möglichkeiten der Digitalisierung haben den **klassischen Medienunternehmen** die Chance eröffnet, ihr Produktportfolio um digitale Produktvarianten zu erweitern. Mitunter wurden die Grenzen auch überwunden, indem klassische Medienunternehmen in Teilen auch zu Plattformbetreibern wurden. So pflegen heute z. B. Verlagsproduktanbieter wie DER SPIEGEL ein eigenes Online-Portal oder die öffentlich-rechtlichen Rundfunkanstalten eigene Mediatheken.

> **Merke:**
>
> Als **Plattform** wird eine Institution bezeichnet, die Marktteilnehmer (Anbietergruppen und Nachfrager) zusammenbringt und diese frei miteinander interagieren lässt, ohne selbst an der Interaktion teilzunehmen. Eine Plattform ist i. d. R. ein Intermediär. Plattformen können elektronisch oder in der realen Erlebniswelt verankert sein (z. B. Streaming-Dienste, Social Media und e-Marketplace vs. Kreditkartensysteme, Dating-Cafés oder Einkaufszentren).

Aus der Definition des Plattformbegriffs wird deutlich, dass **digitale Institutionen** in der ökonomischen Realität keinesfalls auf die Medienindustrie beschränkt sind. Um einordnen zu können, welche Plattformen bzw. Plattformbetreiber der Medienbranche zugeordnet werden können, bietet sich das 4C-Net-Modell der Geschäftsfeldplanung von Wirtz (vgl. 2018: 309 ff.) als Orientierungshilfe an (vgl. Tab. 3.6 in Anlehnung an die Ausführungen von Wirtz und Becker 2002: 85 ff. sowie Wirtz: 2016: 758–773 und Gläser 2023: 73 ff. und 2014: 123–127).

Tab. 3.6: 4C-Net-Modell der Geschäftsfeldplanung im Internet.

Content	Commerce	Context	Connection
Bündelung (Packaging), Darstellung von Inhalten Bereitstellung von Inhalten	Anbahnung und/ oderAbwicklung von Geschäftstransaktionen	Klassifikation und Systematisierung von im Internet verfügbaren Informationen	Herstellung der Möglichkeiten eines Informationsaustausches in Netzwerken

Die vier Basisgeschäftsmodelle im Kontext des konsumentengerichteten e-Business beschreiben (in Reinform, ohne hybride Konstellationen auszuweisen) die generischen Geschäftsaktivitäten von Unternehmen, die im Internet B2C-Geschäfte betreiben (vgl. Wirtz 2018: Kap. 3). Dabei wird deutlich, dass vor allem das Geschäftsmodell Content als Plattformkonzept ein originäres Geschäftsfeld der Medienwirtschaft darstellt.

- **Content-Plattformen** spielen klassische Medienangebote aus. Entweder als originäre Publikationen der Verlage (e-Zeitungen/e-Zeitschriften, Bücher, (on Demand-)Rundfunkangebote, Filme, Musik etc.) oder als Einzelprodukte über Drittanbieter: So bspw. als Instant Articles bei Facebook[4] oder über einen Zugriff via Online-Kioske wie Pocketstory, Readly oder Blendle bis hin zu TV-Aggregatoren wie Zattoo oder Waipu-TV sowie über Videoportale wie YouTube. Die Bandbreite an Content-basierten Anbietern (Content-Plattformen) ist sehr ausgeprägt und umfasst Informations-, Entertainment-, Education- und Infotainmentplattformen.

---

4 Instant Articles sind eine Publikationsform auf Facebook, mit der Betreiber einer Facebook-Seite eigene redaktionelle Inhalte direkt auf dem sozialen Netzwerk veröffentlichen können. Die Artikel unterstützen interaktive Inhalte wie Kommentarfunktionen, Karten und Videos innerhalb der Facebook-App.

- **Commerce-Plattformen** sind dadurch gekennzeichnet, dass der Transaktionsnutzen im Vordergrund der Aktivitäten steht. Commerce-Plattformen sind Onlinemärkte, auf denen Produkte gehandelt werden. Sogenannte e-Marketplaces (z. B. Amazon, Zalando oder E-Bay), die Anbietergruppen und Nachfrager matchen, sind hier die dominante Form und fallen insofern aus dem Kreis der gesuchten Unternehmen heraus.
- **Context-Plattformen** zeichnen sich aus durch ihre Orientierungsfunktion, die sie im Internet Suchenden anbieten. Zu den Context-Plattformen gehören alle Suchmaschinen (bspw. Google, Yahoo, Bing, Connection-Plattformen etc.). Hier stehen nicht die Kreation oder die Veröffentlichung von Inhalten im Vordergrund, sondern lediglich die Auflistung von Existierendem. Insofern sind Context-Plattformen nicht der Medienbranche zugehörig.
- **Connection-Plattformen** fokussieren sich auf die Realisierung von Informationsaustauschmöglichkeiten. Zu den Connection-Plattformen zählen allen voran die sozialen Netzwerkdienste wie Facebook, Instagram, TikTok oder internetbasierte Instand-Messaging-Dienste wie WhatsApp oder Telegram etc. Sie schaffen öffentliche oder teilöffentlich zugängliche Kommunikationsräume, in denen sich die Teilnehmer austauschen können. Zwar bieten die Betreiber keine eigenen Inhalte an, ermöglichen es aber durch die Verbindung der Teilnehmer und den Darstellungsmöglichkeiten, Inhalte und Interaktion generieren zu lassen (User generated Content; Instant Articles). Auch die Verbreitungsmöglichkeiten, die sich hier ergeben, sprechen für eine Zuordnung zumindest in den erweiterten Kreis der Medienunternehmen.

In dieser Publikation wird ein Medienunternehmen umfassend als jedweder Betrieb verstanden, der sich entlang der medialen Wertschöpfungskette bewegt. Im Fokus stehen dabei – mit ausdrücklichem Verweis auf ihre publizistische Verantwortung – Medienunternehmen, die als bivalente Organisationen verstanden werden müssen. Deren strategische Kernkompetenz liegt in der Kreation und Redaktion, der Bündelung, Produktion oder der Verteilung (bzw. dem öffentlichen Zugänglichmachen) von journalistischen, bildenden, unterhaltenden und werblichen Inhalten in den Branchen Print, Rundfunk, Film, Game oder Internet. Das **Sachziel journalistischer Medienunternehmen** besteht in der Herstellung von Öffentlichkeit bzw. der Produktion und Bereitstellung von Gütern und Dienstleistungen, die der Öffentlichkeit zugeführt werden sollen.

Die Bivalenz (Doppelwertigkeit) bezieht sich auf die publizistische und die ökonomische Dimension des Tätigkeitsumfeldes, einerseits gesellschaftliche Verantwortung zu tragen und andererseits Wertschöpfung zu betreiben. Aus der **Bivalenz der Medienunternehmen** folgt, dass sie sowohl publizistische als auch ökonomische Ziele verfolgen (vgl. Bentele und Brosius 2012: 372 und 123 sowie Dreiskämper 2013: 58 ff.). Die publizistischen Ziele unterscheiden sich im unterschiedlichen Anspruch an die Bereitstellung von Kulturgütern (z. B. Boulevardthemen versus „Qualitätsthemen"). Die ökonomischen Ziele unterscheiden sich hinsichtlich der grundsätzlichen Gewinnerzielungsabsicht (Non-Profit- versus For-Profit-Unternehmen), bzw. der Höhe der Rendite-erwartung („Gewinnmaximimum" versus „kapitalmarktorientierte Rendite"). Weitere Ausführungen zur Zielausrichtung von Medienunternehmen finden sich in Kapitel 4.6.

Merke: **!**

Werden Medienunternehmen ausdifferenziert, ergeben sich drei Klassen von Medienunternehmen:

- **Medienunternehmen** (im engeren Sinne: **aus gesellschaftlicher und politischer Sicht**) sind bi-valente Organisationen, deren strategischer Fokus auf der Kreation, Redaktion, Bündelung und/oder Produktion sowie ggfs. der Verteilung von journalistischen, bildenden, unterhaltenden und werblichen Inhalten, die der breiten Öffentlichkeit zugänglich gemacht werden sollen, liegt.
- **Medienunternehmen** (im weiten Sinne: **aus betriebswirtschaftlicher Sicht**) sind alle Einzelwirt-schaften, die sich auf kaufmännischer Basis direkt mit der Kreation oder Bündelung oder der Pro-duktion von Inhalten beschäftigen. Dabei ist es irrelevant, ob der Content ein marketingtechni-sches mediales Vorprodukt (Werbung, PR) oder ein publizistisches Endprodukt ist.
- **Keine Medienunternehmen** sind die Unternehmen, die lediglich Content-basierte Komplemen-tärgüter herstellen (Hardwareindustrie, Apps), die, die nur produktionstechnisch vervielfältigen (Druckereien, Kopierwerke), Netzwerkbetreiber (Mobilfunk- und Kabelnetzbetreiber) oder Han-delsmarktplätze (Amazon etc.) sowie reine Context-Plattformen (google, Bing etc.) und reine Dis-tributoren (Film-Verleiher, Grossisten, Buchhandlungen etc.) oder Mediaagenturen, die lediglich Werbeplätze buchen. Solche Unternehmen können in Einzelfällen der erweiterten Medienwirt-schaft zugeordnet werden. Auch die Unternehmen, die lediglich Produktionsergebnisse von Medi-enbetrieben (Vorprodukte) zu Kommunikationszwecken einsetzen, gehören nicht zu den Medien-unternehmen (werbungtreibende Unternehmen).

Die betriebswirtschaftliche Sicht ist hier weniger einengend als die gesellschaftspo-litische. Aus rein betriebswirtschaftlicher Sicht müsste nicht einmal zwischen dem engen und dem weiten Verständnis unterschieden werden. Dieser Differenzierungs-grad ist ausschließlich dann begründbar, wenn der innerbetriebliche Leistungspro-zess aufgrund gesellschaftlicher Ansprüche an das Endprodukt ökonomische Effizi-enzgebote relativiert. In solchen Fällen kann akzeptiert werden, dass die Produktion beispielsweise eines journalistischen Berichtes gegen das Sparprinzip verstößt. Hier könnte angeführt werden, dass die besondere gesellschaftliche Bedeutung einer Publi-kation Mehrausgaben rechtfertigt, um der journalistischen Sorgfaltspflicht nachkom-men zu können.

Komplementärgüterhersteller (z. B. Hardwareindustriebetriebe), lediglich pro-duktionstechnische Vervielfältiger (z. B. Druckereien, Kopieranstalten etc.), Infrastruk-turanbieter bzw. Netzwerkbetreiber (Connection-Plattformanbieter, Telefon- und Kabel-netzbetreiber etc.) oder reine Distributoren (Film-Verleiher, Grossisten, Einzelhändler etc.) sind keine Medienunternehmen, sondern gehören allenfalls zu den „Unternehmen der erweiterten Medienindustrie".

Die Distributionsform der Inhalte ist kein K.o.-Kriterium für die definitorische Ab-grenzung. Sie kann durch Medienunternehmen selbst organisiert sein (direkte Übermitt-lung z. B. über Verlage, Rundfunksender oder Inhalteplattformen) oder durch Absatz-mittler erfolgen (indirekt Übermittlung z. B. über Händler, Druckereien, Satelliten- oder

Netzwerk-/Plattformbetreiber etc.). Deutlich machen die angebotenen Merksätze aber auch, dass aus Sicht der Medienbetriebslehre alle Einzelwirtschaften, die sich auf kaufmännischer Basis direkt mit der Erstellung, Bündelung oder der Produktion von Inhalten beschäftigen, direkt zum Kreis der Medienunternehmen zu zählen sind.

Ein Standpunkt der Medienmanagementliteratur wird damit aufgehoben: Die herrschende Medienmanagement-Literatur grenzt bezogen auf Unternehmen, die originären Content produzieren und verteilen, immer noch eine Gruppe von Unternehmen als nicht zur Medienwirtschaft gehörend aus: Alle **Werbe- und PR-Agenturen** (vgl. Kiefer/ Steininger 2013, Gläser 2021: 75 und Wirtz 2023). Aus Sicht der Managementperspektive (Stichwort: Normativer Anspruch einer Organisation), der Gesellschaft (Stichwort: 4. Gewalt) und der Politik (Stichwort: Medienregulierung) ergibt der Ausschluss Sinn, aus Sicht der Betriebswirtschaftslehre nicht! Betriebswirtschaftlich ist es völlig belanglos, ob ein Medium oder ein Content als Endzweck publizistischen Handelns angesehen wird oder als im Sinne eines Vorproduktes ein Instrument, das für Marketingzwecke eingesetzt wird, darstellt. Die Medien-BWL urteilt weder über Ziele noch über Zwecke von Produkten. Damit ist auch die Stellung eines Gutes in der Supply Chain (Vorprodukt oder publizistisches Endprodukt; vgl. Kap. 3.3) oder die Komplexität des betrieblichen Tuns nicht relevant für die innerbetriebliche Perspektive eines Contentproduzenten. Dieses **aktuell weiteste Definitionsverständnis** weist auch die Produzenten von medialen Vorleistungen (alle Kreativagenturen und unternehmerisch aktiven Freelancer der Medienlandschaft, die Content herstellen) zum Kreis der Medienunternehmen zugehörend aus.

Betriebswirtschaftlich definiert sich ein Medienunternehmen über seine konkrete Aktivität, über seine Wertschöpfungskette (Value Chain; vgl. Porter 2014: 64). Die Wertschöpfungskette zeigt sich als stufenweise geordneter Prozess von Tätigkeiten, in dem Ressourcen verbraucht werden, um Güter höheren Wertes zu schaffen. Tab. 3.7 verdeutlicht (als Abwandlung von Wirtz 2023: 17), welche konstitutiven Merkmale Medienunternehmen in Anlehnung an ihre Wertschöpfungskette erfüllen.

Dieser Und/oder-Abgrenzung in der Definition bezogen auf die Tätigkeitsfelder folgend zeigt Tab. 3.8 Beispiele für Unternehmen, die aus betriebswirtschaftlicher Sicht zu den Medienunternehmen gezählt werden bzw. ausgeschlossen sind.

Der spezifische Wertschöpfungsprozess von Medienunternehmen zeigt, dass zunächst Ideen und Konzepte entwickelt und autorenschaftlich umgesetzt werden müssen, dann gebündelt werden, um schließlich auf ein trägerfähiges Speichermedium aufgesetzt und den Adressaten zur Verfügung gestellt werden. Die einzelnen Prozessschritte können autonom oder integriert durchgeführt werden. Im Detail wird der Wertschöpfungsprozess bzw. die Wertschöpfungsprozesse in unterschiedlichen Branchen in Band 2 dieser Publikationsreihe dargestellt und erläutert.

Tab. 3.7: Konstitutive Merkmale von Medienunternehmen.

Medienunternehmen aus Sicht der Medienbetriebslehre			
Medienunternehmen sind planvoll organisierte Wirtschaftseinheiten, deren strategischer Fokus (Sachziel) auf der autonomen oder integrierten urheberschaftlichen Erstellung von informativen, unterhaltenden oder werblichen Inhalten und/oder Bündelung eigen- oder fremderstellter Inhalte **und/oder** Transformation der Inhalte auf ein speicherfähiges Medium, das der Verbreitung von Inhalten dient, liegt. Dabei können die Inhalte direkt oder indirekt distribuiert werden. Die eigene Herstellung von Öffentlichkeit ist optional.			
1. Kreation und Produktion informativen, unterhaltenden und/oder werblichen Contents	2. Bündelung eigen- oder fremderstellten Contents	3. Transformation des Contents auf speicherfähige Trägermedium	4. Vertrieb des Contents bzw. Trägermediums an Nutzer
– Autorenschaft – Sonstige Kreativleistungen (Konzeptionen, Kompositionen, Inszenierungen etc.) – Produktion (Herstellung von Vorprodukten, Produktbestandteilen oder publizistischen Endprodukten)	– Zusammenstellung (Packaging) redaktioneller und/oder werblicher Inhalte – Bereitstellung von beschafften oder erstellten Inhalten als nutzbares Produkt	– Aufbringung bzw. Abspeicherung der Inhalte auf ein Trägermedium, das dem Inhaltetransport dient	– Direkte oder indirekte Übermittlung der Inhalte an Rezipienten, Intermediäre, vertriebsunterstützende Organisationen oder gewerbliche Nutzer – Ggfs. Herstellung von Öffentlichkeit
Texte, Fotos, Drehbücher, Animationen, Sprach-, Film-, Musikproduktionen etc.	Zusammenfügung der Produktionsbestandteile zu einem Ganzen (Zeitung, TV-Format, Plattformangebot etc.)	Inhalte können auf physische Medienträger gespeichert werden (z. B. Papier, DVD) oder digital hinterlegt werden (z. B. in einer Cloud)	Materielle (physische) oder immaterielle Auslieferung (via Kabel, Satellit etc.) der Produkte durch Hersteller oder Absatzmittler bzw. Absatzhelfer

Tab. 3.8: Beispiele für Medienunternehmen und Nicht-Medienunternehmen.

Medienunternehmen (Beispiele)	Keine Medienunternehmen (Beispiele)
– Selbstständige Journalisten, Autoren, Reporter	– Reine Händler von Medienprodukten
– Rundfunksender (Fernseh- und Radiosender)	– Reine Netzbetreiber
– Filmstudios	– Suchmaschinenanbieter
– Musikverlage, Tonträgerhersteller	– Rechteagenturen
– Video- und Computerspielehersteller	– Filmverleiher
– Streaming-Plattformen mit Eigenproduktionen	– Mediaagenturen
(Internet-Content-Provider)	– Druckereien
– Zeitungs- und Zeitschriftenverlage	– Logistik-Dienstleister
– Buchverlage	– Speichermedienhersteller
– Presse-, Werbe- und PR-Agenturen	– Anbieter von Unterhaltungselektronik
...	...

? **Fragen/Aufgaben zu Kapitel 3.3**
1. Erläutern Sie, welche e-Plattformen zum Kreis der Medienunternehmen gezählt werden.
2. Definieren Sie die Begriffe „Medienunternehmen" und „Unternehmen der erweiterten Medienindustrie".
3. Was bedeutet es, dass Medienunternehmen bivalente Unternehmen sein können?
4. Beschreiben Sie, welche konstitutiven Eigenschaften ein Medienunternehmen hat.
5. Führen Sie kurz aus, worin der Unterschied zwischen der betriebswirtschaftlichen Definition eines Medienunternehmens und der Definition aus Sicht der gesellschaftspolitischen Perspektive liegt.
6. Begründen Sie, warum ein Filmverleiher oder eine Druckerei nicht den Medienunternehmen zugeordnet wird.

Lösungshinweise finden Sie im achten Kapitel „Lösungsskizzen".

3.4 Die Segmentierung des Wirtschaftszweigs Medienwirtschaft

Ebenso schwierig wie die Abgrenzung der Medienunternehmen, gestaltet sich die Definition der Medienwirtschaft mit den hier angesiedelten Begriffen und Abgrenzungen. Diese Schwäche ist störend, denn nur, wenn Sektoren, Branchen oder Märkte klar abgegrenzt sind, können sie auch spezifisch analysiert werden. Je verschwommener die Grenzen sind, desto unschärfer und damit unbrauchbarer werden die Analyseergebnisse.

3.4.1 Die Medienwirtschaft im Kontext von VWL und BWL

Die Abgrenzungen des Wirtschaftszweiges Medien können aus volkswirtschaftlicher oder aus betriebswirtschaftlicher Sicht erfolgen.

Aus volkswirtschaftlicher Sicht sind exakte Analysen notwendig, weil die Bereitstellung von Daten hilft, wirtschaftspolitische Entscheidungen treffen zu können. Solche wirtschaftspolitischen Entscheidungen sind beispielsweise im Umfeld der Wettbewerbspolitik zu treffen. Um aber Marktdaten zusammentragen zu können, müssen Märkte – und damit auch Marktgrenzen bzw. -zugehörigkeiten – definiert werden.

Um beispielsweise den Beitrag und damit die Leistungskraft der Medienwirtschaft in der Volkswirtschaft angeben zu können, muss definiert sein, welche Unternehmen zur Medienwirtschaft gehören. Da dies bisher nicht abschließend geklärt ist und die Medienwirtschaft volkswirtschaftlich von untergeordneter Bedeutung ist, gibt es auch keinen separaten Wirtschaftszweig Medien in der Volkswirtschaftlichen Gesamtrechnung (Entstehungsrechnung des Bruttoinlandproduktes (BIP) der VGR). Wer hier Daten braucht, muss Einzelstatistiken durcharbeiten und Daten aufaddieren.[5]

Um andererseits entscheiden zu können, ob der Wettbewerb funktioniert oder die Wettbewerbspolitik regulierend eingreifen sollte, muss wiederum klar herausgestellt werden können, welche Unternehmen miteinander in Wettbewerb stehen (vgl. Knieps 2008). Hier hilft vor allem die industrieökonomische bzw. branchenökonomische Analyse (vgl. Bester 2012) weiter. Sie beschäftigt sich mit einzelnen Märkten und versucht die Strukturen und Funktionsweisen von Märkten zu erklären. Um diese Strukturen fassen zu können, müssen wiederum zunächst die Märkte abgegrenzt werden (vgl. Bain 1956 und 1968).

Aus betriebswirtschaftlicher Sicht ist es wichtig zu wissen, welche Einzelwirtschaften miteinander interagieren oder in Konkurrenz stehen, also auf dem gleichen Markt aktiv sind und Substitute (ähnliche Produkte und Dienstleistungen) anbieten. Dieses Wissen ist essenziell für alle Managemententscheidungen. Es bildet die Basis für das gesamte Marketing eines Unternehmens. Ein Bewegtbildanbieter muss sich weniger um die Aktivitäten der Anbieter von Audio- oder Printprodukten kümmern, aber ganz dezidiert über das Leistungsangebot und die Wertschöpfung von TV-

---

5 So lag das BIP in Deutschland im Jahre 2023 bei 4.122 Mrd. Euro. Nach eigenen Recherchen des Autors könnte der Anteil der Medienwirtschaft (Verlagswesen, Rundfunk, Werbung und Anteil des verarbeitenden Gewerbes im Bereich der Vervielfältigung von Medien) hier bei ca. 50 – 90 Mrd. Euro liegen (dies ist eine zahlenbasierte, aber dennoch völlig unsichere Berechnung, da die VGR keine dezidiert der Medienwirtschaft zugeordneten Daten aufweist und die Größenordnung davon abhängig ist, welche Bereiche aufaddiert werden). Der Anteil der Medienwirtschaft am BIP beträgt damit knapp 1,2 bis 2,2 Prozent. Das ist kein sehr bedeutender Anteil. Aus der Perspektive des Wertschöpfungsbeitrag zur Volkswirtschaftlichen Gesamtrechnung ist die Medienwirtschaft von untergeordneter Bedeutung.

Veranstaltern oder Video-Streaming-Plattformen Bescheid wissen. In diesem Sinn ist es wichtig, die Märkte voneinander abzugrenzen.

Wird ein Gesamtmarkt in Teilmärkte differenziert, spricht die Ökonomie von **Marktsegmentierung.** Marktsegmentierung bedeutet die Einteilung eines heterogenen Gesamtmarktes in spezielle, homogene Einzelmärkte, um diese spezifisch bearbeiten zu können (vgl. Becker 2009). Der Zeitschriftenmarkt ist beispielsweise ein heterogener Gesamtmarkt. Zu diesem Markt gehören alle Unternehmen und Produkte, die dem Zeitschriftenwesen angehören. Aber es macht einen großen Unterschied, ob ein Unternehmen z. B. eine Fachzeitschrift herausgibt, die Computerthemen publiziert oder eine sogenannte General-Interest-Zeitschrift, die sich mit allgemeinen Themen aus Politik und Zeitgeschehen etc. beschäftigt. Obwohl es sich also volkswirtschaftlich um einen Gesamtmarkt handelt, bilden sich aus der betriebswirtschaftlichen Sicht des Marketings hier sehr unterschiedliche Teilmärkte.

Strukturell-inhaltliche Annäherung an das Konstrukt Medienwirtschaft.
Im globalen, gesellschaftsökonomischen Sinne (vgl. Abb. 3.4, die folgend erläutert wird) ist die Medienwirtschaft ein Teilbereich der Volkswirtschaft und gehört zum sogenannten Dienstleistungssektor. Dieser Sektor wird auch als tertiärer Sektor der Wirtschaft bezeichnet und stellt im Gegensatz zu den Bereichen Land- und Forstwirtschaft (primärer Sektor) und produzierendes Gewerbe (sekundärer Sektor) keine Sachgüter her. Zumindest sind die Sachgüter nicht wesentlicher Bestandteil der Wertschöpfung. Innerhalb des Tertiärsektors (Banken, Handel, Verkehrs- und Gesundheitsbetriebe etc.) gehört die Medienwirtschaft in den Kreis der **Kulturbetriebe.** Aber diese Eingrenzung ist viel zu weit gefasst, als dass sie hilfreich bei der Analyse der Medienwirtschaft sein könnte. Zu den Kulturbetrieben gehören beispielsweise auch die Oper, das Theater, der Tanz, das Kunsthandwerk etc. Diese immer noch sehr umfassende Marktabgrenzung ist also kaum geeignet, einen Wirtschaftsraum zu definieren, der aus Teilnehmern besteht, die redaktionelle und werbliche Medieninhalte kreieren, produzieren, absetzen und/oder konsumieren.

Nicht zuletzt greift auch die von der Wirtschaftsministerkonferenz (WMK) im Jahre 2009 definierte **Kultur- und Kreativwirtschaft,** die ein komplexes Konstrukt spezifisch erwerbswirtschaftlich tätiger Unternehmen und Selbstständige umfasst (vgl. Deutscher Bundestag 2007: 340 ff., 348), zu weit. Zum einen zählen zur Kultur- und Kreativwirtschaft auch Architekturleistungen, das Kunsthandwerk und die darstellende Kunst als einschlägige Teilmärkte, andererseits werden aber nur Einzelwirtschaften zum Kreis der Marktakteure gezählt, die mit ihren Leistungen Einkommen erzielen wollen. Letzteres hat zur Folge, dass beispielsweise die öffentlich-rechtlichen Rundfunkanstalten nicht erfasst werden.

Auch die Umschreibung der Medienwirtschaft als **Unterhaltungs- und Informationswirtschaft** ist immer noch zu diffus. Das wird schnell deutlich, wenn berücksichtigt wird, dass zur Unterhaltungswirtschaft beispielsweise auch Sport- und Wettveranstaltungen zählen. Zur Informationswirtschaft wiederum zählen auch beispielsweise das

Volkswirtschaft

Primärsektor
(Urproduktion von
Sachgütern aus der Natur)

Sekundärsektor
(Industrieelle Produktion, Bauge-
werbe, produzierendes Handwerk
etc.)

Terziärsektor
(Dienstleistungen
und Verwaltungen)

Banken, Versicherungen,
Verkehrs-, Gesundheits- und Kulturbetriebe etc.

Kultur- und Kreativwirtschaft

Unterhaltungs-, Informationswirtschaft

Medienwirtschaft
mit Einzelbranchen
(Zeitungen, Zeitschriften, Bücher,
Film, Fernsehen, Video, Radio, Musik, Games,
contentproduzierende Plattformen, Werbung & PR)

kreativ erstellte Produkte und Dienstleistungen
(Information, Unterhaltung und Werbebotschaften)

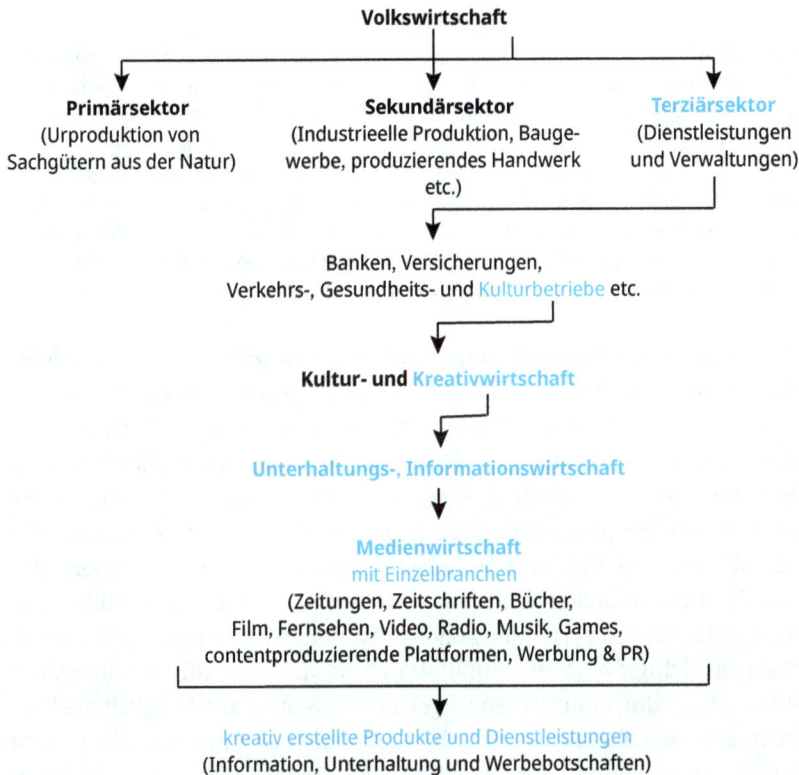

Abb. 3.4: Sektoren der Volkswirtschaft und ihr Bezug zur Medienwirtschaft.

Bibliothekswesen und Unternehmen der Nachrichtentechnik. Letztendlich speist sich Medienwirtschaft aber wohl am ehesten aus diesem Wirtschaftsbereich.

Ausgehend davon, dass Industrien durch einen Zusammenschluss von miteinander verbundenen Märkten und Märkte durch die Aggregation von Unternehmen, die ähnliche Güter anbieten, gebildet werden und weiter unterstellend, dass Unternehmen wiederum durch ihre Marktleistungen systematisiert werden, kann die Medienwirtschaft (Medienindustrie) als Zusammenschluss von Branchen definiert werden, in denen Mediengüter hergestellt und gehandelt werden.[6]

---

6 Ein solch spezifisches Verständnis über die Medienwirtschaft kennt weder die „Volkswirtschaftliche Gesamtrechnung" (VGR) des statistischen Bundesamtes noch die ISIC („International Standard Industrial Classification") des Departments of Economic and Social Affairs der UNO (United Nations Organization, deutsch: Die Vereinten Nationen), das für die Förderung der internationalen Zusammenarbeit der 193 Mitgliedsstaaten zuständig ist und eine ähnliche Klassifizierung der Wirtschaftszweige vornimmt, wie das deutsche statistische Bundesamt. Für Medienökonomen bedeutet dies, wer Informationen aus dem originären Bereich der Medienwirtschaft benötigt, muss in mühseliger Einzelrecherche suchen, was er an Informationen finden möchte.

> **!** **Merke:**
> Die **Medienwirtschaft** ist ein volkswirtschaftlicher Teilbereich, der aus Märkten bzw. Branchen und Einzelwirtschaften (Unternehmen) besteht, deren strategischer Fokus auf der Kreation oder Redaktion, der Produktion und/oder der Verteilung von journalistischen, bildenden, unterhaltenden und werblichen Inhalten in den Branchen Print, Rundfunk, Film, Musik, Digital Games oder Internet liegt.
> Innerhalb dieser Grenzen werden Güter (Produkte oder Dienstleistungen) von Einzelwirtschaften für (Medien-) Unternehmen oder eine breite Öffentlichkeit kreiert, produziert und entsprechenden Distributionskanälen oder Intermediären zugänglich gemacht. Vervollständigt wird dieser Wirtschaftssektor durch seine spezifischen Rahmenbedingungen und Institutionen. Eine sektorale Abgrenzung über die Zuordnung von Unternehmen ist nicht möglich.

Die Aus- und Eingrenzungsproblematiken im Kontext des Begriffs Medienwirtschaft
Nun aber davon auszugehen, dass mit der angebotenen Definition das Abgrenzungsproblem der Medienwirtschaft eindeutig gelöst ist, erweist sich schnell als Irrtum. **Geklärt ist**, dass alle Einzelwirtschaften, die keine Informations- oder Unterhaltungsdienstleistungen (inklusive Werbebotschaften) bzw. entsprechende Nutzungsrechte herstellen oder anbieten, ausgeschlossen sind. Es ist ebenfalls geklärt, dass auch alle Anbieter ausgeschlossen sind, die keine technischen Hilfsmittel zur Produktion oder zur Distribution der Inhalte benötigen. Denn werden keine technischen Hilfsmittel für die Produktion oder für die Verteilung benötigt, ist in der Regel auch keine Fremdbedarfsdeckung beabsichtigt oder das Publikum ist unmittelbar (direkt) adressiert und überschaubar groß.[7] Und zum Dritten ist geklärt, dass auch alle lediglich mediennahen Industrien, die ausschließlich technische Komplementärgüter herstellen, nicht zur Medienwirtschaft im engeren Sinne zu zählen sind. Damit gehören ausschließlich transportierende Inhaltedistributoren, wie Telekommunikations- und Infrastrukturanbieter, Kabelnetz-, Satellitenbetreiber oder Online-Provider zu den Anbietern von Komplementärgütern und nicht zur Medienwirtschaft. Eine ähnliche Einschätzung gilt für die reinen Vervielfältiger wie Druckereien oder Kopierwerke.

Im Umfeld der **Komplementärgüteranbieter**[8] ist – wie schon im Umfeld der Definitionen von Medienunternehmen angeraten –, lediglich von einer „mediennahen" oder einer „**Verbund-Industrie**" zu sprechen. Das Gleiche gilt für Gebrauchssoftwareanbieter, wie Microsoft oder für Google, soweit nur das Suchmaschinensegment betrachtet wird. Bildet die an Inhalten orientierte Kreativarbeit, die Inhalteproduktion

---

7 Eventveranstalter, deren Darstellungen und Inszenierungen den Live-Charakter betonen und für ein raumzeitlich präsentes und überschaubar großes Publikum gedacht sind, werden hier ebenfalls zur Kulturindustrie, nicht aber zur Medienindustrie gezählt: so z. B. Theater- und Tanzaufführungen, Konzerte etc.

8 Komplementär sind Güter, die gemeinsam nachgefragt werden, weil sie sich in ihrem Nutzen ergänzen (vgl. Goolsbee, Levitt und Syverson 2014: 19). Solche Komplemente sind z. B. TV-Programm und TV-Empfangsgeräte, Zeitungsinhalte und Papier, Musikdateien und MP3-Player oder PC-Spiele und Konsolen.

oder die Kompilierung (Bündelung von Bestehendem zu Neuem) von Inhalten nicht das Kerngeschäft eines Unternehmens, muss also jeweils konkret abgeprüft werden, inwiefern der Bezug zur Medienindustrie gegeben ist.

Problematisch erscheint allerdings immer noch, ob oder inwieweit die **Musikindustrie** und Unternehmen, die Internetdienstleistungen anbieten, zur Medienwirtschaft zu zählen sind. Im Hinblick auf die Musikindustrie ist die Abgrenzung noch relativ einfach: Da sich Fragestellungen der Ökonomie weniger mit Darstellungs- und Kunstformen (z. B. akustischen Ausdrucksformen) beschäftigen, soll der zur Medienwirtschaft zu zählende Bereich des Musikmarktes hier eingeschränkt werden auf technische Produktionsteilnehmer; also auf Teilnehmer, die mit der Erstellung des Musikmasters, der Vervielfältigung sowie der Verwertung und Distribution befasst ist (vgl. Wirtz 2023: 594). Dieses eingeengte Verständnis verortet die Produzenten und Verlage zur Medienwirtschaft im engeren Sinne gehörend und die Tonträgerhersteller und vor allem die Distributoren zur Medienwirtschaft im weiteren Sinne (mediennahe Industrie bzw. Verbund-Industrie) zugehörig. Der Bereich Interpretation (Künstler), Instrumentenbau (Handwerk) und Kreation (Urheber) verbleibt in der Kulturindustrie.

Im Umfeld der **Internetdienstleistungen** besteht ein ähnliches **Abgrenzungsproblem**. Soweit originäre Leistungen der Medienwirtschaft erstellt werden, wie z. B. im Fall eines E-Papers oder eines Content-Creation-Portals, ist die Zugehörigkeit zur Medienbranche unstrittig. Soweit lediglich Komplementärdienste, wie beispielsweise der reine Transport medialer Inhalte durch Internet Service Provider angeboten werden, also lediglich Internet-Konnektivität bereitgestellt wird und Datenpakete transportiert werden, ist die Zuordnung zur Telekommunikation oder die Bezeichnungen „Unternehmen der Medienindustrie" oder „Verbund-Industrie" (vgl. Kapitel 3.3) die logischere Variante.

Grenzwertig erscheinen aber Leistungsangebote, die Inhalte nicht kreieren, sondern lediglich klassifizieren und systematisiert bündeln (Context-Geschäftsmodelle). Solche Anbieter monitoren von beliebigen Kommunikatoren veröffentlichten Content und konfektionieren diesen beispielsweise in Form von nach Themen geordneten, verlinkten Ausschnitten. Die Anbieterleistung besteht hier in der (automatisierten) Kontextuierung von Inhalten (z. B. google News). Wenn dieses eher formale Leistungsangebot als eigenständige publizistische Leistung interpretiert wird, dann wäre es als ein medienwirtschaftliches Angebot einzuordnen. Zwar wird hier keine Urheberschaft an Inhalten begründet und auch nicht redaktionell eingegriffen, aber ein Anzeigenblatt aus der Printindustrie zeigt ähnliche Produktionsbedingungen. Aus ökonomischer Sicht spricht also zunächst nichts dagegen, diese Leistung als medienwirtschaftliche einzuordnen. Werden ausschließlich Suchfunktionen realisiert, wäre diese Leistung hingegen nicht als medienwirtschaftlich einzustufen.

Aus Sicht der Ökonomie hat sich in Bezug auf die Beschreibung von Internet-Märkten ein geschäftsmodellbezogener Ansatz als sinnvoll erwiesen (vgl. Tab. 3.6 aus Kap. 3.3). Dieser Ansatz scheint das immer noch einzig umfassend brauchbare Konzept zu sein, da es die Digital-Märkte ausschließlich über die Marktleistung abgrenzt und nicht über die inhaltliche Ausdrucksform oder die Gattungszugehörigkeit definiert. Wirtz und Becker (2002: 85 ff.) sehen vier unterschiedliche Basisklassifikationen für **internetgetragene Geschäftsmodelle** (4C-Net-Business-Modelle):

– Das Segment **Content** umfasst das Angebot digitaler Inhalte (Stichwort: Online-Nachrichten, Musik-Downloads etc.). Hier angesiedelte Unternehmen kreieren und/oder kompilieren Inhalte, stellen sie dar und machen sie einer breiten Öffentlichkeit zugänglich. Dieser Bereich ist definitiv der Medienwirtschaft zuzuordnen.

– Das Segment **Context** beinhaltet die Angebote, die Inhalte klassifizieren und systematisieren. Dazu gehören auch Suchmaschinen, die ausschließlich Dokumente nach Stichworten durchsuchen und bereitstellen. Dieser Bereich ist als mediennah einzuordnen.

– Im Bereich **Connection** werden Möglichkeiten des Zugangs, der Kontaktaufnahme und des Informationsaustausches zur Verfügung gestellt. Hier sind alle Social Media-Plattformanbieter angesiedelt. Eine eindeutige Zuordnung zur Medienindustrie ist nur bedingt möglich, da im Umfeld dieses Leistungsbereiches viele hybride Geschäftsmodelle umgesetzt werden, die zum Teil deutlich medienwirtschaftliche Berührungspunkte haben; zum Teil aber auch als reine Netz- bzw. Plattformanbieter fungieren. Letztere bieten lediglich öffentlichen Raum an und gehören nicht zur Medienwirtschaft.

– Im Bereich **Commerce** stehen die Anbahnung, die Aushandlung und/oder die Abwicklung von Internet-Transaktionen im Mittelpunkt (Stichwort: Auktionsplätze (z. B. eBay), Malls (z. B. Amazon) sowie Hersteller-Shopsysteme). Die Leistungen in diesem Bereich sind mediengetragen, gehören aber nicht zur Medienwirtschaft, sondern zum elektronischen Handel (E-Commerce).

3.4.2 Medienbranchen sind tätigkeitsorientiert

Die Medienwirtschaft – als allgemeiner Oberbegriff – besteht auf den ersten Blick ganz eindeutig aus unterschiedlichen Medienbranchen. Branchen wiederum bilden sich durch eine Aggregation von Unternehmen, die nah verwandte Substitute herstellen (vgl. Porter 2013: 39). Muss es dann nicht auch möglich sein, die Medienwirtschaft über Unternehmen, die die Güter herstellen, abzugrenzen?

Lange (vgl. 2008: 63) führt aus, dass Unternehmen dann zu einer Branche gehören, wenn sie Wettbewerber sind. Und Wettbewerber sind sie dann, wenn sie die gleichen Zielen verfolgen, die jeweiligen Ziele aber in einer konfliktären Beziehung stehen. Sind nun aber beispielsweise die Telekom, Apple, der Springer Verlag, RTL und Sony Wettbewerber? Auf den ersten Blick lautet die Antwort eher „Nein". Die Telekom bietet z. B. Datenübertragungen an, Apple vor allem PC-Hard- und Software, der Springer Verlag veröffentlicht u. a. journalistische Print-Produkte und Sony beispielsweise TV-Empfangsgeräte und Konsolen.

> **Merke:**
> **Medienbranchen** (auch **Medienindustrien** genannt) umfassen Wirtschaftsunternehmen, die gleiche Medienprodukte herstellen oder distribuieren: journalistische bzw. informierende oder unterhaltende Inhalte (Filmproduzenten, Rundfunkveranstalter (TV und Radio), Verlage (Zeitungen, Zeitschriften, Bücher, Musik), Games Publisher, Content-Provider etc.). Die Gesamtheit der Medienbranchen bilden die Medienwirtschaft. Hersteller und Vertreiber von Endgeräten oder reine Bereitsteller von Infrastrukturen (z. B. Plattformen) gehören nicht dazu.
> Eine Branchenabgrenzung über Zuordnung von Unternehmen ist nicht mehr eindeutig möglich. Viele Unternehmen betreiben Geschäftsfelder, die unterschiedlichen Branchen zugeordnet werden können.

Etwas genauer hingeschaut, ergeben sich jedoch Zweifel an der vermeintlich strikten Abgrenzungsmöglichkeit: Alle Marktteilnehmer bieten u. a. mediale Informations- und Unterhaltungsangebote in mannigfaltiger Form an (Nachrichten, Filme, Apps etc.). Sie konkurrieren um die Aufmerksamkeit der Konsumenten, um die Nachfrage der Werbetreibenden und um die Kooperationsintensität mit Komplementärgüterherstellern. Weder eine Abgrenzung der Medienwirtschaft noch eine der Medienbranchen ist über die Zuordnung von Unternehmen, die die Leistungen erstellen, heute wohl eindeutig möglich. Dies, weil immer mehr Unternehmen gerade aus den extramedialen Bereichen (den Komplementärgüterindustrien) über separate Geschäftsfelder auf die originären Medienmärkte drängen. Diese Unternehmen gehören zur **TIME-Industrie**.

Diese **neueren Abgrenzungsprobleme** resultieren aus den strategischen Geschäftsfelderweiterungen der Unternehmen, die sich aufgrund der Veränderung von politischen Rahmenbedingungen und technischen Möglichkeiten anbieten. Andererseits passen sich die Unternehmen auch sich veränderndem Mediennutzungsverhalten an, das die Ausweitung und die Individualisierung des Leistungsspektrums sinnvoll macht.

Die Änderungen im globalen Umfeld der Medienwirtschaft, die durch die Digitalisierung, die Vernetzungsmöglichkeiten und die durch die mobile Datenverfügbarkeit generierten Änderungen im Mediennutzungsverhalten, führen dazu, dass Unternehmen aus der Telekommunikationsbranche, der Informationstechnologie und der Unterhaltungselektronik großes Interesse an der Medienwirtschaft entwickelten. Mit relativ geringem Kapitalaufwand können die ehemals medienfremden Industrieunternehmen zentrale Geschäftsfelder der Medienindustrie besetzen. Dieses **Konvergenzstreben** hat die TIME-Industrie entstehen lassen (vgl. Gläser 2021: 167 ff.). Das Akronym TIME, das im Zuge der Konvergenz von Medienindustrien und mediennahen bzw. komplementären Branchen gebildet wurde, steht für die Teilmärkte:

– Telekommunikation (Netzbranche),
– Informationstechnik (Computerbranche),
– Medien (Contentbranche) und
– Entertainment-Electronics (Branche der Unterhaltungselektronik).

Abb. 3.5 (in Anlehnung an Gläser 2014: 71) zeigt die TIME-Branche als Konzept einerseits separater und spezifischer Industrieunternehmen, andererseits als sich zunehmend wettbewerblich nicht mehr nur ergänzender, sondern auch substituierender Leistungsanbieter. Die Sektoren konvergieren über ihr Leistungsangebot, und zwar intersektoral; d. h. über die Grenzen der einzelnen Industrien hinweg. Das Konvergenzstreben geht zulasten der originär zur Medienwirtschaft gehörenden Unternehmen.

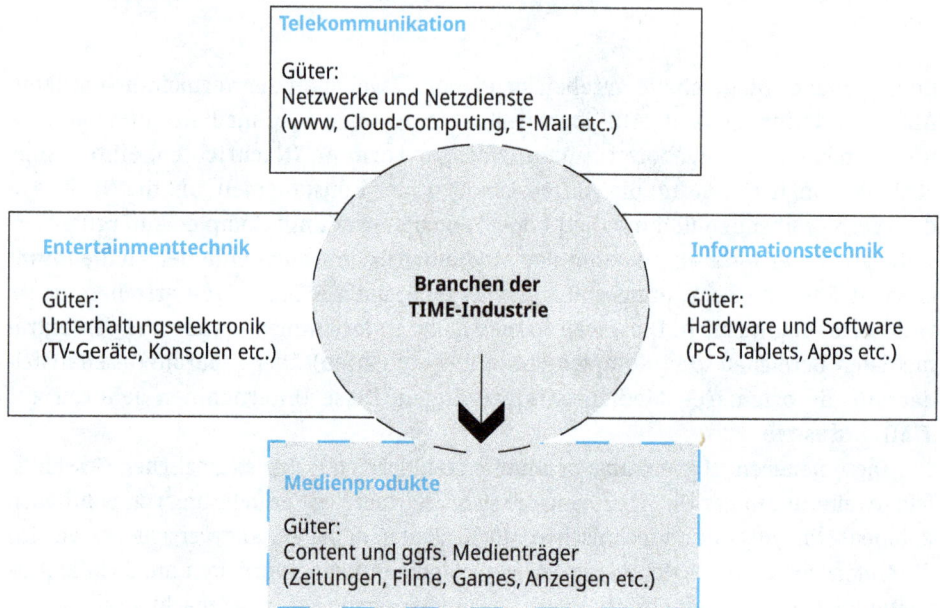

Telekommunikation

Güter:
Netzwerke und Netzdienste
(www, Cloud-Computing, E-Mail etc.)

Entertainmenttechnik

Güter:
Unterhaltungselektronik
(TV-Geräte, Konsolen etc.)

**Branchen der
TIME-Industrie**

Informationstechnik

Güter:
Hardware und Software
(PCs, Tablets, Apps etc.)

Medienprodukte

Güter:
Content und ggfs. Medienträger
(Zeitungen, Filme, Games, Anzeigen etc.)

Abb. 3.5: Konvergenz der TIME-Branchen in die Medienindustrieen.

Dieses Konvergenzstreben geht nicht von den Unternehmen der Medienwirtschaft aus, sondern von den drei anderen Industriezweigen in Richtung Medienwirtschaft. D. h., ein Fernsehsender beginnt nicht, PCs zu konstruieren oder leitungsgebundene Datentransportnetze aufzubauen. Das Know-how ist völlig anders ausgerichtet und die notwendigen Investitionen wären gigantisch. Das Mittel der Kooperation erscheint hier strategisch viel sinnvoller. Anders verhält es sich umgekehrt. Wenn die Hardware existiert oder Netzwerke aufgebaut sind, ist es relativ leicht möglich, digitale Inhalte selbst zu produzieren, zu vervielfältigen und zu vermarkten. Die Auswirkungen dieser Konvergenz auf die etablierten Medienunternehmen sind gewaltig. Alle klassischen Medienunternehmen sind heute gezwungen, „das gesamte Produktportfolio in digitaler Form bereitzustellen und es im Sinne eines strategisch abgestimmten Crossmedia-Angebots zu distribuieren." (Wirtz 2023: 942) Medienunternehmen müssen sich aus ihrer angestammten Produktpalette lösen, digitale Varianten anbieten, diese den

Wünschen der Rezipienten entsprechend individualisieren und personalisieren und „die einmal produzierten beziehungsweise gebündelten Inhalte über vielfältige Absatzkanäle den Rezipienten offerieren" (Wirtz 2023: 942).

Dass sich die TIME-Industrie als Branchenverbund ursprünglich separat funktionierender Teilmärkte gebildet hat und die Medienwirtschaft bzw. die Leistungsangebotsmöglichkeiten der Unternehmen bereichert, ist aber nicht nur auf technologische Aspekte (d. h., die Digitalisierung der Leistungen) zurückzuführen, sondern auch auf die Deregulierung der Märkte und auf die durch die Änderung des Mediennuzterverhaltens angepasste Fragmentierung der Medienangebote (vgl. hier und folgend Wirtz 2016: 61 ff. sowie Wirtz und Pelz 2006: 275):

- Die **Digitalisierung** hat zunächst neue Möglichkeiten der Produktion und Distribution von Inhalten geschaffen. Diese technologische Entwicklung bildet die Basis der Konvergenz (vgl. Rayport und Jaworski 2001: 366). Sie hat dazu geführt, dass sich originäre Inhalteanbieter wie z. B. Zeitungsredaktionen oder Rundfunksender zunehmend der Dienste von Technologieanbietern bedienen. Umgekehrt sehen nun aber auch Technologieanbieter wie z. B. Telekommunikationsunternehmen, oder Unternehmen aus der Unterhaltungselektronik und der Informationstechnik eine Chance darin, neben den Netzzugängen, Übertragungskanälen und Kommunikationsplattformen sowie sonstigen medienbezogenen Komplementärgütern (z. B. Konsolen, Smartphones etc.), auch Inhalte bereitstellen zu können.

- Die **Deregulierung** der Märkte ist die politische Antwort auf die Möglichkeiten, die durch die Digitalisierung geschaffen wurden. Es wurden neue ordnungspolitische Rahmenbedingungen erforderlich. Da es beispielsweise keine Frequenzknappheit mehr gab, war es auch nicht mehr nötig, den Rundfunk auf öffentlich-rechtliche Anbieter zu beschränken. Das politische Ergebnis liegt im Abbau oder in der Vereinfachung von staatlichen Normen und Vorschriften. Diese Deregulierung – auch Liberalisierung genannt – hat die Märkte (insbesondere die Telekommunikationsbranche, den Rundfunk, den schienengebundenen Verkehr und die Stromversorgung) dynamisiert und Markteintrittsbarrieren abgebaut. Nun ist es z. B. Unternehmen der Kommunikations-, Informations- und Medienindustrie möglich, marktübergreifende Geschäftsmodelle umzusetzen. Eigene Kernkompetenzen werden durch komplementäre Dienstleistungen ergänzt.

- Mit der Deregulierung nahm das Angebot an mediengetragenen Leistungen sprunghaft zu und führt bis heute zu einer **zunehmenden Fragmentierung** (Zergliederung) des Medienangebotes. Die ökonomischen Folgen der Deregulierung zeigen sich in einem auf der Digitalisierung basierendem cross-sektoralen Wettbewerb.

- Die **Änderung des Mediennuzterverhaltens** ist eine Folge der durch die Digitalisierung der Medienleistungen ermöglichten Individualisierung des Medienkonsums. Die technische Machbarkeit und die nutzenbezogene Brauchbarkeit von Teilleistungen führte schnell zu einer an die Wünsche der Konsumenten angepasste Fragmentierung der Medienangebote. Der Wunsch der Nachfrager nach bedarfsorientierten

Angeboten wurde schnell von den Leistungserstellern aufgegriffen und in konkrete Angebote umgewandelt. So ermöglichen Netzdienste die bedürfnisorientierte Zusammenstellung und den Abruf von digitalem Content, Mobilfunkdienste bieten Apps im Umfeld des 4C-Net-Business an, klassische TV-Programmanbieter ermöglichen On-demand-Angebote im Internet und Zeitungen werden als Online-Varianten zugänglich. Mit anderen Worten: Mediendienstleistungen werden zunehmend individualisiert und personalisiert. Die Fragmentierung des Angebotes wiederum führt zu einer „Fragmentierung des Medienkonsums" (Wirtz 2023: 71), da sie dem Wunsch der Konsumenten entspricht. Schlussendlich schaffen die zunehmenden Nutzungsmöglichkeiten neue Nutzerpräferenzen. D. h. der multifunktionale Einsatz von Informations- und Computertechnologien verändern die Mediennutzungsgewohnheiten nachhaltig (vgl. Gläser 2014: 71). Damit ist der Konvergenzprozess der Industrien nicht mehr aufzuhalten.

> **! Merke:**
>
> Als **TIME-Industrie** wird ein Branchenverbund ursprünglich separat funktionierender Teilmärkte bezeichnet, der aus Unternehmen der Telekommunikation (Netzbranche), der Informationstechnik (Computerbranche), der Medien (Contentbranche) und der Entertainmenthardware (Branche der Unterhaltungselektronik) gebildet wird.
>
> Als **medienwirtschaftliche Branchenkonvergenz** wird der Prozess verstanden, dass Unternehmen der einzelnen TIME-Branchen hinsichtlich ihrer Medienmarktleistungen zusammenwachsen. Die Branchenabgrenzungen werden durchlässig oder lösen sich ganz auf. Gründe dafür sind die **Digitalisierung** der Produkte, die **Deregulierung** der Märkte und die **Fragmentierung** der Angebotsleistungen aufgrund der veränderten Nutzungspräferenzen der Nachfrager.

Das Ergebnis besteht darin, dass die einzelnen Branchen hinsichtlich ihrer Marktleistungen zusammenwachsen. So wurde beispielsweise die Telekom als Netzbetreiber auch zum Contentanbieter, indem sie ihr auf technische Möglichkeiten beruhendes Geschäftsmodell um redaktionelle Dienstleistungen erweiterte. Die Apple Computer Inc. nutzt die Möglichkeit, über den 2001 auf den Markt gebrachten portablen MP3-Player iPod in den Musik-, Video- und Büchermarkt einzutreten und installiert ab 2003 entsprechende Stores als Online-Dienste. So z. B. die iTunes-, App- oder iBook Stores. Die Entwicklung von Softwareanwendungen, wie beispielsweise sogenannte Content Management Systeme, ermöglicht die stark vereinfachte Verarbeitung und Mehrfachverwertung von Inhalten in verschiedenen Medien, weil der Content medienneutral gespeichert wird. Damit werden Texte, Bilder etc. universell verwendbar und können von jedem Unternehmen praktisch auf allen Medienträgern veröffentlicht werden. Die Grenzen in der Medienwirtschaft verschwimmen gänzlich und die vereinfachte Logistik von Content bietet auch allen Herstellern oder Bereitstellern von Komplementärgütern ein großes Einfallstor in die Medienbranchen.

Tab. 3.9 (in Anlehnung an Wirtz 2023: 74) zeigt das Konvergenzstreben; also wie von konkreten Produktkonvergenzen (z. B. Leistungsbündelungen) ausgehend sukzessive auch die übergeordneten Instanzen konvergieren und ihren Schlusspunkt im Zusammenwachsen ganzer Branchen finden können.

Tab. 3.9: Ebenen des Konvergenzstrebens.

Technologiebasierte Leistungsbündelung führt zum Konvergenzstreben		
1. Ebene	Produkt-konvergenz	– Konvergenz von Inhalten durch Standardisierung von Formaten – Konvergenz von Distributionskanälen – Konvergenz von Endgeräten durch Integration von Funktionalitäten
2. Ebene	Geschäftsfeld-konvergenz	– Konvergenz ursprünglich separater Business Units eines Unternehmens – Konvergenz von ursprünglich autonomen Business Units verschiedener Unternehmen – Chancennutzung/Risikoabwehr durch Koordination und Kooperation
3. Ebene	Unternehmens-konvergenz	– Konvergenz zwingt Unternehmen ihre Position innerhalb der Wertschöpfungskette zu verändern – Rekonfiguration der Wertschöpfungskette führt zur Anpassung der Unternehmensgrenzen
4. Ebene	Branchen-konvergenz	– Konvergenz einer wachsenden Zahl von Unternehmen innerhalb beteiligter Branchen führt final zur Konvergenz dieser Branchen.

Produktinhalte und Services (analoge und digitale), technische Komplementärprodukte (TV-Gerät und Smartphone) und Distributionskanäle (analoge, digitale und mobile Vertriebsaktivitäten) konvergieren. So können Unternehmen der Telekommunikation neben Internetzugängen und Telefonie heute ohne Weiteres auch Inhalte anbieten (z. B. IP-TV oder Informationswebsites). Auf dieser Basis konvergieren im nächsten Schritt die Geschäftsfelder von Unternehmen (z. B. klassische Redaktionen und Online-Redaktionen) oder sie konvergieren über Gemeinschaftsangebote unterschiedlicher Unternehmen (z. B. durch Kooperationen, Fusionen oder die Zusammenlegung von Produktion oder Distribution), indem die einzelnen Sparten enger aufeinander abgestimmt werden. Diese Geschäftsfeldkonvergenzen führen zum Zusammenwachsen ehemals unterschiedlicher oder fragmentierter Wertschöpfungsketten bzw. zur Erweiterung gegebener Wertschöpfungsketten.

Auch integrieren erfolgreiche Hersteller oder Distributoren vor- und nachgelagerte Betriebe sowie Unternehmen auf der gleichen Marktstufe. Letztendlich steigt die Anzahl der Unternehmen, die in mehreren Branchen gleichzeitig aktiv sind. „Diese Form der Konvergenz ist als finale Stufe im Konvergenzprozess anzusehen und führt schließlich zur allmählichen Auflösung ehemaliger Branchengrenzen"

(Wirtz 2023: 73). So konkurrieren heute ganz selbstverständlich Kabelnetzbetreiber, Internet- und Telekommunikationsunternehmen aus dem Festnetz- und Mobilbereich bis hin zu Satellitenbetreibern und Bewegtbildplattformen mit traditionellen TV-Programm-Veranstaltern um die Aufmerksamkeit der Rezipienten.

3.4.3 Mediengattungen sind güterorientiert

Trotz der zunehmenden Branchenkonvergenz ist es immer noch – mehr oder weniger überzeugend – möglich, die Medienindustrie in einzelne Gattungen auszudifferenzieren. Im Wesentlichen sollen solche Ausdifferenzierungen Klarheit über die Zugehörigkeit oder Einordnung von Unternehmen in marktliche Kontexte schaffen. Sie ermöglichen die Definition von Wirtschaftszweigen, indem sie eine Gesamtheit von (verschiedenen) Merkmalen beschreiben, daraus Einheiten bilden und die Unternehmen, die den Merkmalen bestimmter Einheiten entsprechen, zuordnen (vgl. Tatievskaya 2003: 56).

> **!** **Merke:**
> **Mediengattungen** sind Gesamteinheiten von i. d. R. technisch gleichen Medienträgern, die hinsichtlich ihrer Reichweite oder Leistung weiter ausdifferenziert werden können. Dazu gehören die Gattungen Print, Fernsehen, Film, Radio, Musik, Games und Internet.
> In der Werbebranche werden diese Gattungen noch weiter unterteilt in Zeitungen, Fach- und Publikumszeitschriften, Anzeigenblätter, Fernsehen, Radio, Film/Kino, Plakate, Online-Angebote und mobile Medien (z. B. Smartphone, Tablet-PC).

Die Ausdifferenzierung kann anhand vieler unterschiedlicher **Abgrenzungskriterien** geschehen. Die überzeugendste Systematik ergibt sich, wenn Mediengattungen anhand
– der Technizität,
– der Reichweite oder
– der Leistung der Medienträger

ausdifferenziert werden. Eine solche Ausdifferenzierung wird in der BWL **Segmentierung** genannt. Die Abgrenzung im vorstehenden Sinne wird wie folgt begründet:
– Der **Grad der Technisierung** des Produktions- und Empfangsprozesses segmentiert die Mediengattungen in die Märkte von Druckerzeugnissen und elektronischen Medien.
  – **Gedruckte Medien** umfassen alle Medien, die Papier als Trägermedium für Inhalte nutzen. Beispielsweise Bücher, Zeitungen, Zeitschriften, Plakate etc. Diese Medien bedürfen der Drucktechnik, um hergestellt zu werden, sind aber ohne technische Hilfestellung rezipierbar.

- **Elektronische Medien** hingegen umfassen alle auditiven und audiovisuellen Medien, die Töne und Bewegtbilder über elektromagnetische Wellen transportieren; beispielsweise Tonträger oder Rundfunkübertragungen. Soweit die elektronischen Medien mit digitalen Codes arbeiten, handelt es sich um digitale Medienträger; beispielsweise internetbasierte Medien (Websites, E-Mails etc.) oder computerbasierte Medien (DVD, USB-Sticks etc.). Digitale Medien ermöglichen Multifunktionalität sowie eine Vielzahl an Interaktionen. Elektronische Medien können nur mithilfe technischer Geräte produziert und genutzt werden (vgl. Pross 1979 und Faßler 1997).
- Die **Reichweite** (die Anzahl der Kommunikatoren, die an einem Kommunikationsprozess beteiligt sind) segmentiert die Mediengattungen in Individual-, Gruppen- und Massenmedien (vgl. Wersig 1985). Die Gruppenmedien werden heute eher als Netzwerkmedien bezeichnet.
  - **Individualmedien** dienen der 1:1-Kommunikation (das Telefonat, der Brief, die persönliche SMS oder E-Mail etc.). Individualmedien werden – wenn sie über den persönlichen Gebrauch hinaus produziert und bereitgestellt werden – insbesondere im Umfeld des Direktmarketings eingesetzt.
  - **Massenmedien** dienen der 1:n-Kommunikation und bilden die Basis der Print- und Rundfunkmedien, die zusammengefasst auch als „klassische Medien" bezeichnet werden. Massenmedien sind auch dadurch gekennzeichnet, dass sie keinen Rückkanal für die Rezipienten bereitstellen.
  - **Netzwerkmedien** können der 1:1, der 1:n und der n:n-Kommunikation zugeordnet werden. Typisch für den Einsatz von Netzwerkmedien sind die sozialen Netzwerke oder beispielsweise die Gruppenfunktion beliebiger Diskussionsforen. Netzwerkmedien können Verbindungen im persönlich-privaten Bereich ermöglichen, Gruppen umschließen oder völlig offene Kommunikation zulassen.

Die computertechnologisch getragene Kommunikation kann also sowohl der Individual- als auch der Massenkommunikation zugerechnet werden. Letzteres immer dann, wenn die Inhalte im Internet öffentlich zugänglich sind und kein Rückkanal vom Rezipienten zum Absender existiert. Deswegen spricht die Literatur (vgl. Hickethier 2010: 318 ff.) im Kontext des Internets auch von einem Hybridmedium bzw. Integrationsmedium, da je nach Anwendung sowohl Massen-, als auch Individual- und Mischformkommunikationen möglich sind.

In Anlehnung an die ursprüngliche Darstellung des European Communication Council Reports (vgl. Feldmann und Zerdick 2004: 24) sowie der (erklärungsfreien) Aktualisierung durch Friedrichsen, Grüblbauer und Haric 2015:17) können die Medien reichweitenorientiert abbildet und nach Mikro-, Meso- und Makromedien, wie in Abb. 3.6 dargestellt, unterschieden werden. Abb. 3.6 zeigt die bedeutendsten Medien nach ihrer Reichweite geordnet, verzichtet aber auf eine deutlichere Ausdifferenzierung der Mikromedien.

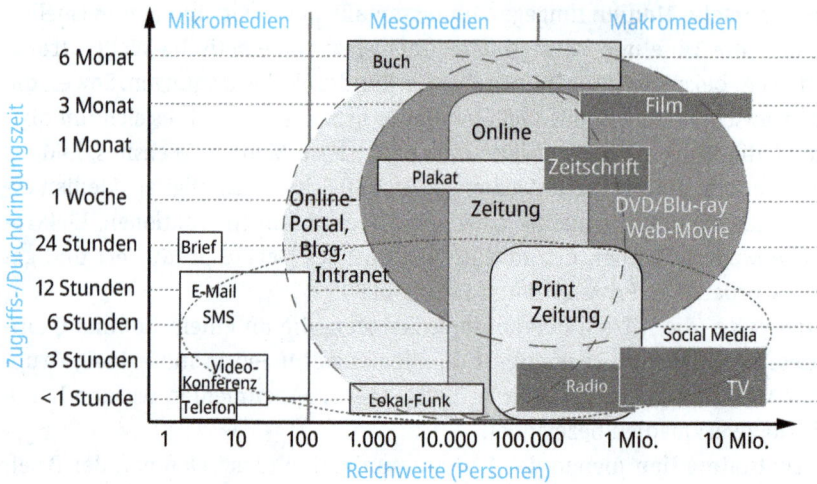

Abb. 3.6: Mikro-, Meso- und Makromedien.

Wird die **Leistung der Medienträger** als Abgrenzungsparameter gewählt, so gewinnt die betriebswirtschaftliche Sicht deutlich an Relevanz. Aus dieser Sicht spielt aber die Branchenzugehörigkeit kaum noch eine Rolle. Entscheidend ist, welchen Leistungsnutzen die Medien für die Empfänger erbringen. Insofern verschwimmen beispielsweise die Gattungsgrenzen zwischen Printprodukten und elektronischen Angeboten. Dies ist beispielsweise dann der Fall, wenn ein Konsument die Zeitungsausgabe am Kiosk mit der Online-Ausgabe im Internet oder den Kinobesuch mit einem Netflix-Abend zuhause als vom Nutzen für ihn gleich bewertet. Leistungsbezogene Marktabgrenzungen spielen im Marketing eine herausragende Rolle, wie noch ausführlich ausgeführt wird.

Abb. 3.7 zeigt eine Möglichkeit, Mediengattungen hinsichtlich ihrer technischen Ausprägungen, Kommunikationsformen und Vermittlungsleistungen auszudifferenzieren.

Auffällig ist, dass die Mediengattungsbegriffe nicht sehr trennscharf sind. Das macht eine Systematisierung nicht unbedingt einfacher. Die Differenzierung in „gedruckte" und „elektronische" Medien ist dem Übertragungsweg geschuldet. Während gedruckte Medien physisch verteilt werden, werden elektronische Medien immateriell verteilt. Die elektronische Übertragung ist dabei die Basis der digitalen. Das Begriffspaar „klassische" und „neue" Medien ist einem (heute nicht mehr gültigen) Zeitbezug entlehnt. Niemand wird heute ernsthaft behaupten, dass das Internet oder ein mobiles Abrufgerät ein neuer Transportkanal ist. Hingegen ist der Begriff „klassische Medien" z. B. in der Werbewirtschaft noch eine gängige Bezeichnung für die Einsatzfelder Print, Rundfunk, Kino und Außenwerbeformen (Plakat). Die Begrifflichkeit „neue Medien" könnte spezifischer in die Bezeichnung „computergestützte" bzw. „Online-Medien" umgewandelt werden. Obwohl auch diese Differenzierung nicht beson-

Medienträger	Mediengattungen	technische Ausprägung	Kommunikationsform	Leistungsangebot (Fokussierungs- und Zerstreuungsmedien)	Leistungsnutzen (Fokussierungs- und Zerstreuungsmedien)
gedruckte Medienträger	Print-Medien (klassische Medien z.T. Presse-Medien)	Bücher		Journalismus und Bildung: – Information – Meinungsbildung – Transparenz etc. – Wissen – Kritikfähigkeit etc.	Konsumenten: – Zerstreuung – Entspannung – Erbauung – Wissen – Orientierung
		Zeitungen, Zeitschriften, Supplements und Anzeigenblätter			
elektronische (digitale) Medienträger	auditive Medien (klassische Medien z.T. Presse-Medien)	Radio	1:n		
		Musik			
	audio-visuelle Medien	TV		Unterhaltung und Bildung: – Kurzweil – Entspannung – Entertainment – Infotainment etc.	Gesellschaft: – Thematisierung – Werte- und Normenvermittlung – Integration – Stabilität
		Film			
	multifunktionale Medien (computergestützte und Online-Medien ehemals Neue Medien)	auditive/audio-visuelle Podcasts, Streamings und Plattformen			
		E-Book, E-Paper, Multimedia, IPTV Offline Singleplayer Games	1:1		
		Internet (Websites etc.) Multiplayer-Games	1:n	Medien der Absatzförderung: – Marktstimulation – Entscheidungshilfe etc.	Werbewirtschaft: – Aufmerksamkeit – Reichweite – Kundenbindung – Abverkauf
	interaktive Medien	Interaktive Echtzeit-Medien (z. B. MMOGs, MORPG)[1]	n:n		
		Soziale Medien (z. B. Facebook, TikTok, YouTube, LinkedIn, wikis etc.)			

1 = MMOG: Massively Multiplayer Online Game; MMORPG: Massively Multiplayer Online Role-Playing Game

Abb. 3.7: Typologie zur Bildung von Mediengattungen anhand der Gütereigenschaften.

ders trennscharf ist, könnten hier Medienträger ohne oder mit Feedbackmöglichkeiten bzw. soziale Interaktion unterschieden werden. Insofern können Gattungen bzw. Medienträgersysteme auch als mediale Produktwelten (vgl. Gläser 2021: 127 ff.) bezeichnet werden, obwohl aufgrund der zunehmenden Medienkonvergenz bspw. auch eine Differenzierung zwischen analogen und digitalen Produkten nicht immer Sinn macht. Sie können inhaltlich identisch sein. Dann unterscheiden sie sich zwar aus technischer Sicht, aber nicht aus inhaltlicher.

Weitgehend unabhängig von der technischen Ausprägung sind die medial getragenen Leistungsangebote und Leistungsnutzen der Medienträgersysteme.

Das **Leistungsangebot** der Medienunternehmen umfasst den großen Bereich des **Journalismus**, der zuständig dafür ist, die Leistungsempfänger mit Informationen zu versorgen, zur Meinungsbildung beizutragen und Anliegen transparent zu machen. Darüber hinaus werden **Unterhaltungselemente** geliefert, die Entspannung liefern und Eskapismus ermöglichen, aber auch unterhaltend informieren. Das dritte Standbein des Leistungsangebotes umfasst die **Werbung**. Sie dient den Leistungsempfängern als Entscheidungshilfe, stimuliert Märkte und sorgt dafür, das Waren zirkulieren.

Der **Leistungsnutzen**, der durch das Angebot generiert wird, fokussiert drei Adressaten: den **Konsumenten**, der die Inhalte nutzt, um informiert oder unterhalten zu werden und um sich in der komplexen Welt orientieren zu können. Der zweite Adressat ist die **Gesellschaft**. Medien thematisieren Angelegenheiten, vermitteln Normen und Werte der Gesellschaft, versuchen Mitglieder zu integrieren und bieten Stabilität durch Teilhabemöglichkeiten. Der dritte Adressat ist die **Werbewirtschaft**. Werbetreibende Unternehmen können über Medien Aufmerksamkeit und Reichweite generieren und den Abverkauf fördern.

Reale Gattungsabgrenzungen werden häufig aber durch eine Kombination der Konzepte definiert. So entstehen aktuelle bzw. nicht-aktuelle Printmedien und elektronische Medien, informierende oder unterhaltende Medien bzw. gesellschaftsrelevante und weniger gesellschaftsrelevante Medienmärkte. Wie weit auszudifferenzieren notwendig oder sinnvoll ist, orientiert sich an der der Fragestellung, die beantwortet werden soll.

Die größte Herausforderung im Umfeld sektoralökonomischer Abgrenzungen in der Medienwirtschaft stellt heute die Einordnung der **Online-Medien** und deren Produzenten dar. Eine formale räumliche, sachliche und zeitliche Abgrenzung macht bei Online-Medien selten Sinn. Das Internet ist räumlich nicht begrenzt. Sachlich ist es in Bezug auf Mediendienstleistungen ebenfalls nicht beschränkt, da diese multimedial vorliegen und insofern die meisten Medien potenziell substituieren können. Auch zeitlich sind die Güter kaum trennscharf einzuordnen, da die Inhalte sowohl aktuell als auch archiviert vorliegen (vgl. Rimscha und Siegert 2015: 47). Selbst die technische Abgrenzung ist nicht immer zwingend und eindeutig möglich. So können beispielsweise die Interaktionsmöglichkeiten im Internet höchst unterschiedlich ausgeprägt sein. Erst in Verbindung mit dem Zielgruppennutzen der Güter können solche Abgrenzungen sinnvoll werden.

Abschließend soll an dieser Stelle noch eine **neue Abgrenzungstypologie** angeboten werden. Diese bezieht sich auf eine Kombination des klassischen sektoralen
Segmentierungsansatzes, wie oben beschrieben, und den Wertschöpfungsaktivitäten
von Medienunternehmen. Im Wertschöpfungsprozess von Medienunternehmen zeigen sich vier mögliche Tätigkeitsschwerpunkte, innerhalb derer Unternehmen spezifisch oder kombiniert (integriert) tätig sind:
– der Kreativprozess (Creative Media) und
– der Redaktionsprozess (Editorial Media)
sowie
– der Produktionsprozess (Production Media) und
– (ergänzend) der Distributionsprozess (Distribution Media).

Wird das klassische Gattungssystem, das schon in Abb. 3.7 dargestellt ist, auf diesen
Ansatz übertragen, ergibt sich die in Abb. 3.8 dargestellte neue Typologie als Matrix,
die den Mediengattungsansatz und die Wertschöpfungsaktivitäten kombiniert.

Creative Media	Autoren, Regisseure, Designer, Entwickler, sonstige Kreative und Spezialagenturen etc.				
Editorial Media	Redakteure, Lektoren, Programmverantwortliche, Layouter, Art-Direktoren etc.				
Production Media	mobile Produktionseinheiten, Studios für Film, Rundfunk und Musik, Print-, Internet-, Game-Produzenten, Werbeagenturen				
(Distribution Media)	*Filmverleiher, Publisher, Presse-Grosso, Verlage, Content-Broker, Direct-Online-Stores, Nutzer-Plattformen etc.*				
	Print-Medien	**auditive Medien**	**audio-visuelle Medien**	**multi-funktionale Medien**	**interaktive Medien**

Abb. 3.8: Mediengattung-Wertschöpfungsaktivitäten-Matrix.

Dieser **Perspektivenwechsel** und die damit verbundenen Abgrenzungen generieren
nicht zwingend mehr Trennschärfe gegenüber den gattungsspezifischen Abgren-
zungsparametern, aber die Abgrenzungen verlieren an Komplexität und gewinnen
damit deutlich an unternehmenspraktischer und medienökonomischer Relevanz für
die Unternehmensführung. Dies deshalb, weil der Integrationsgrad eines Unterneh-

mens eine **produkt- oder gattungsersetzende Zuordnung** erlaubt und sowohl den Spezialisten (z. B. die Autorengemeinschaft, die Produktionsfirma etc.) als auch den integrierten Medienkonzern (Großverlage und Konzerne) systematisch erfasst.

Dieses hier neu entwickelte, kombinierte **tätigkeits- und güterorientierte Modell** basiert auf dem Postulat von Friedrichsen, Grübelbauer und Haric, dass die Bildung von Gattungsmodellen nur dann einen Sinn hat, wenn sie dem Management hilft, Medienorganisationen effektiver und effizienter leiten zu können. Dies unterstellt und gefordert, verlieren die klassischen Systematiken ihren Sinn, weil Medienunternehmen zunehmend nicht mehr in einzelnen Gattungen operieren, sondern **Leistungsportfolios** schaffen und steuern (vgl. Friedrichsen et al. 2015: 20).

Portfolios bestehen aus Marken und eine Marke kann in verschiedenen Gattungen beheimatet sein. Die Marken BILD (Springer-Verlag) oder DER SPIEGEL (Spiegel-Verlag) beispielsweise sind, wie viele andere Printmedien-Marken, sowohl in den klassischen Medien (Print/Tageszeitung/Zeitschrift) vertreten als auch in den elektronischen Medien (Internet/E-Paper bzw. App-basierte elektronische Zeitung/Zeitschrift). Es sind Familienmarken, die etliche Einzelmarken in unterschiedlichen Mediengattungen führt. Für das Management der Verlage ist aber nicht die Gattungszugehörigkeit einer Marke bzw. eines Produktes entscheidend, sondern – genau im Gegenteil – dass die im Produkt gebündelten Inhalte möglichst gattungsübergreifend (intermedial) vermarktet und möglichst crossmedial verknüpft werden können.

Solche Vermarktungsmodelle ermöglichen Synergieeffekte, die sich sowohl auf der Kosten- als auch auf der Erlösseite positiv auswirken können. Sie führen beispielsweise zu Kosteneinsparungen im redaktionellen Herstellungsprozess und gleichzeitig zu einer höheren Reichweite am Rezipientenmarkt. Die höhere Reichweite wiederum führt zu höheren Werbe- und ggfs. auch höheren Vertriebseinnahmen. Damit wird das Geschäftsmodell – bzw. der Dreiklang aus Beschaffungs-, Herstellungs- und Vermarktungspolitik – zum zentralen Anker für die Charakterisierung eines Medienunternehmens und nicht mehr nur der Output oder der Ressourceneinsatz.

3.4.4 Medienmärkte sind transaktionsorientiert

Neben der Unterscheidung der verschiedenen Mediengattungen in der Medienwirtschaft, muss abschließend noch kurz ausgearbeitet werden, welches Denksystem hinter dem Begriff der Medienmärkte steht. Da sich Band 2 dieser Publikationsreihe ausführlich mit den einzelnen Medienmärkten beschäftigt, soll hier lediglich die Abgrenzungsproblematik angesprochen werden.

> **Merke:** ❗
> **Medienmärkte** sind reale oder virtuelle Plätze, auf denen Mediengüter (Unterhaltungs- und Informationsprodukte sowie medial getragene Dienstleistungen und Rechte) als Handelsobjekte getauscht werden. Es sind Gesamteinheiten von i. d. R. technisch gleichen Medienträgern, die hinsichtlich ihrer Reichweite oder Leistung weiter ausdifferenziert werden können. Medienmärkte können produkttypisch (Text-Bild-Märkte, Audiomärkte, Bewegtbildmärkte und Interaktionsmärkte), inhaltespezifisch (Märkte der Information, Unterhaltung, soziale Nutzung), räumlich (lokale bis globale Märkte) oder zielgruppentechnisch (Rezipienten-, Werbe- und Verwertungsmärkte) abgegrenzt werden.
>
> Medienmärkte, die Endverbraucher befriedigen, werden allgemein **Rezipientenmärkte** genannt (Leser-, Zuschauer-, Zuhörermärkte etc.). Medienmärkte, die die werbetreibende Wirtschaft bedienen, werden **Werbemärkte** genannt. Darüber hinaus existieren auch Lizenzmärkte und ähnliche Verwertungsmärkte von Vorleistungen, die als Beschaffungsmärkte bezeichnet werden. Diese Märkte gehören zu den **Absatzmärkten.**
>
> **Beschaffungsmärkte** unterscheiden sich von Absatzmärkten durch die Stellung der gehandelten Güter im Wertschöpfungsprozess der Unternehmen. Medienunternehmen können sowohl als Anbieter von Medienleistungen (Content oder Werbeplätze) als auch als Nachfrager von medialen (Vor-)Leistungen auf den Märkten auftreten.

Märkte vereinen Branchen (Industrien) und definieren damit auch die Zugehörigkeit von Unternehmen. So ist es relativ einfach einen Lebensmittelhersteller von einem Anlagebauer oder einer Bildungseinrichtung zu unterscheiden. Eine auf den Gegenstand abstellende Kategorienbildung ist aber nur dann möglich, wenn die Merkmale, die gebündelt werden, durchgängig für alle Güter oder Güterleistungen auf einem Markt gültig sind. Wie schwierig das ist, ist schon weiter oben deutlich geworden. Es hat sich gezeigt, dass Märkte über die Zugehörigkeit von Unternehmen, die über ihre Tätigkeit definiert werden, nicht mehr abgegrenzt werden können. Aber auch, wenn Kategorien über Medieninhalte- und Medienträgereigenschaften gebildet werden sollten, zeigt sich schnell, dass so gut wie keine überschneidungsfreien Gruppen von Merkmalsausprägungen gebildet werden können. Und wenn sie es ermöglichen, sind die Kategorien wenig aussagekräftig. Zwar ist es möglich, gedruckte von elektronischen Medien zu unterscheiden, aber der Sinn dieser Differenzierung wird schon dadurch obsolet, weil heute so gut wie jedes Printprodukt auch elektronisch produziert wird und im Nutzen nahezu gleich ist. Auch die weitgehend übliche Unterscheidung zwischen klassischen Medien und neuen Medien macht heute überhaupt keinen Sinn mehr. Zumal dann nicht, wenn unter dem Begriff „neue Medien" alles Digitale oder Internetgetragene subsummiert wird. Für einen heute 20- bis 30-Jährigen sind solche Medien Alltag. Für die noch jüngeren Zielgruppen gilt dies sogar uneingeschränkt. Selbst für eine engere Differenzierung über die konkrete technische Ausprägung (Erscheinungsweise) gilt diese Nichteignung ähnlich.

Nicht einmal die Kommunikationsform, die über viele Jahrzehnte als Abgrenzungskriterium herangezogen wurde, indem zwischen Individual-, Gruppen und Massenmedien unterschieden wurde, bietet heute noch Differenzierungssicherheit. Allenfalls können Märkte noch über Kundengruppen, Leistungsangebote oder Kundenbedürfnisse (Leistungsnutzen) segmentiert werden. Aber auch diese Marktgrenzen sind durchlässig.

Nach Leistungsangeboten oder Leistungsnutzen differenziert, ergeben sich journalistische, unterhaltende, bildende oder werbliche Märkte. Dennoch gibt es zahlreiche Angebote, die diese Leistungsangebote oder Nutzungsmotive zusammenführen. Allenfalls könnte eine Aufteilung in publizistische Endprodukte und mediale Vorleistungen Märkte abgrenzen, weil so Konsumer- von Business-Märkten abgegrenzt werden können. Aber leistungsstark im Sinne einer Kategorisierung der gesamten Medienwirtschaft wäre eine solche Differenzierung nicht.

So hat Abb. 3.7 deutlich gezeigt, dass es zwar eine vielperspektivische Auswahl möglicher Bezugspunkte zur Definition der Medienwirtschaft gibt, aber auch, dass jede Klassifikation insofern auf ihre Grenzen stößt, als dass in keinem Fall eine ausnahmslose branchen- oder gattungsspezifische Zugehörigkeit jeder einzelnen Ausprägung der unterschiedlichen Mediengüter bestimmt werden kann. Gleichgültig, welcher Ansatz gewählt wird, kein einziger ist universell brauchbar. Sie liefern nur eine „im Prinzip" gültige Kategorisierung und müssten durch weitere Parameter spezifiziert werden. Im wissenschaftlichen Sinne sind die Ergebnisse solcher Marktabgrenzungsversuche alles andere als befriedigend.

? **Fragen/Aufgaben zu Kapitel 3.4**

1. Erläutern Sie, worin der Unterschied zwischen dem volkswirtschaftlichen und dem betriebswirtschaftlichen Blick auf die Medienwirtschaft liegt.
2. Grenzen Sie die Medienwirtschaft ab von der Unterhaltungs- und Informationswirtschaft sowie von der Kultur- und Kreativwirtschaft.
3. Welche Unternehmen sind als zur Medienwirtschaft und welche als zur mediennahen Industrie gehörend einzuordnen?
4. Begründen Sie, welche Teile der Musikindustrie und welche Internetdienstleistungen zur Medienwirtschaft zu zählen sind.
5. Welche Branchen gehören zur TIME-Industrie und was ist in diesem Zusammenhang unter dem Begriff Konvergenzstreben zu verstehen?
6. Welche drei Hauptgründen führten dazu, dass die TIME-Branchen konvergieren, und wie funktioniert der Konvergenzprozess?
7. Grenzen Sie die Medienbranchen anhand von drei unterschiedlichen Parametern ab.

Lösungshinweise finden Sie im achten Kapitel „Lösungsskizzen".

4 Zentrale Paradigmen der Ökonomie auf dem medienwirtschaftlichen Prüfstand

Jede Wissenschaftsdisziplin ist in ein Denksystem eingefasst, das von bestimmten Annahmen ausgeht, die als allgemein gültig anerkannt gelten. Solche Denksysteme werden **Paradigmen**[9] genannt. Sie vereinfachen, weil sie eine bestimmte Modellvorstellung oder Weltsicht postulieren, über die nicht weiter diskutiert werden muss, da sie als gültig angesehen wird. Es besteht Einvernehmen über bestimmte Annahmen.

Um mit wirtschaftswissenschaftlichen Fragestellungen – und damit auch mit Fragen der Medienbetriebslehre – richtig umgehen zu können, müssen diese Konzepte, vor allem, die, die sich mit dem Verhalten von Nachfragern, Anbietern und Märkten beschäftigen, verstanden sein.

So vertritt die wirtschaftswissenschaftliche **Dogmatik**[10] in weiten Teilen z. B. die Auffassung, dass freie Märkte (z. B. Märkte, auf die der Staat nicht einwirkt) Angebot und Nachfrage über den Güterpreis ins Gleichgewicht bringen. Um diese Vorstellung modelltheoretisch nachvollziehen zu können, müssen die konstitutiven Merkmale der Marktwirtschaft verstanden sein (vgl. Kap. 4.1). Dass diese Modellwelt auf Dauer Bestand hat, liegt daran, dass Menschen immer mit ganz spezifischen Motiven und nach ganz bestimmten Entscheidungs- und Verhaltensregeln auf Märkten agieren. Mit anderen Worten Verhalten ist kein Zufall, sondern folgt bestimmten Gesetzmäßigkeiten (vgl. Kap. 4.2).

Die **ökonomische Theorie** nimmt dabei nicht für sich in Anspruch, jedes menschliche Verhalten in jeder Situation vollständig erklären zu können, aber sie liefert Modelle, die plausibel erklären, wie sich Menschen grundsätzlich in wirtschaftlichen Situationen verhalten (vgl. Dreiskämper 2013: Kap. III.2 sowie Kiefer 2005: 225 ff. und Homann und Suchanek 2005). Dabei ist es völlig gleichgültig, ob Nachfrager oder Anbieter, Unternehmen oder Haushalte betrachtet werden. Jedes Verhalten ist „im Prinzip" – wenn auch nicht im Detail oder immer vollständig – prognostizierbar. Gälte diese Annahme nicht, würde eine wissenschaftliche Analyse von Verhalten schwierig bis unmöglich.

Insbesondere das ökonomische Verhaltensmodell (der Homo Oeconomicus[11]) besticht vor allem durch seine Einfachheit. Diese Einfachheit wiederum stattet den Erklärungsan-

---

9 Ein Paradigma (pl. Paradigmen) bezeichnet eine grundsätzliche Haltung zu Sachverhalten oder die Zusammenfassung einer bestimmten Menge grundsätzlicher Annahmen, die im Zusammenhang einer Theorie von Bedeutung sind (z. B. bestimmte Denkmuster).

10 Unter einem Dogma (Meinung, Lehrsatz) wird eine grundlegende (Lehr-)Meinung verstanden, deren Wahrheitsanspruch als unumstößlich gilt.

11 Der Homo Oeconomicus (Wirtschaftsmensch) ist in den Wirtschaftswissenschaften das theoretische Modell eines rationalen Nutzenmaximierers (Nutzen-Kosten-Kalkulators), dessen Entscheidung als Maximierung einer ordinalen Nutzenfunktion dargestellt werden kann.

https://doi.org/10.1515/9783111548999-004

satz mit nahezu universeller Erklärungskraft aus.[12] Der zentrale Kern besteht darin, den **Egoismus als verlässliches Motiv für Handlungen** (Eigennutz als Antriebskraft) und das **Optimierungsanliegen als verlässliches Motiv für Entscheidungen** (die bestmögliche Variante zu wählen) einzuordnen. Diese beiden Modellbestandteile (Egoismus und das Optimierungsanliegen) bilden die zentrale Erklärungseinheit für ökonomisch orientierte Entscheidungsmodelle und bilden den Grundstein der ökonomischen Theorie. Problemkreise, die in diesem Kapitel erläutert werden, zeigt der Themenkasten:

Inhalte von Kap. 4: Die ökonomischen Paradigmen müssen hinterfragt werden

Die freie Marktwirtschaft reguliert sich selbst
Das Modell der freien Marktwirtschaft ist ein sich selbst regulierendes Wirtschaftssystem, dessen Logik in der Medienwirtschaft aber nur bedingt greift bzw. greifen soll.

Menschliches Verhalten ist bedingt vorhersehbar
Das Entscheidungsverhalten der Marktteilnehmenden wird angetrieben durch eigennützige rationale Nutzen-Kosten-Kalküle, mit Hilfe derer ein Nutzenmaximum erreicht werden soll. Im Weg steht die Irrationalität des Menschen.

Die Optimalitätsforderung wird ausgehebelt
Das Optimalitätsprinzip im Entscheidungsmodell ist ein weitestgehend theoretisches Konstrukt.

Der Preis als Marktkoordinator verliert auf einzelnen Märkten seine Lenkungsfunktion
Der Preis koordiniert den Markt nur, wenn die Nachfragenden ihre Zahlungsbereitschaft signalisieren.

Die zentralen Zielsetzungen der Leistungserbringenden sind unterschiedlich
Werden Medien zur Ware, entstehen Gewinne, aber ggfs. auch gesellschaftliche Schäden.

Widersprüche in der Leistungserwartung führen zu Problemen
Funktions- und Leistungserwartungen an journalistische Medien sind teilweise widersprüchlich.

Im Folgenden soll zunächst untersucht werden, wie die Marktwirtschaft funktioniert und ob dieses Modell auch uneingeschränkt auf die Medienwirtschaft übertragen werden kann, wie sich Marktteilnehmer in ökonomischen Situationen grundsätzlich verhalten und wie weit das Optimierungsgebot auf Medienmarktteilnehmer übertragen werden kann. Im Anschluss wird der Begriff der Ökonomisierung von dem der Kommerzialisierung abgegrenzt und Shareholderansprüche von Stakeholderansprüchen unterschieden. Letztlich soll analysiert werden, welche Störungen der Vergleich zwischen betrieblicher Leistung der Medienunternehmen und den gesellschaftlichen Ansprüchen an ihre Aufgabe offenbart.

---

12 Gerade dieser Anspruch führt in interdisziplinären Diskussionen nicht selten zum Vorwurf des Erklärungsimperialismus der Ökonomie (vgl. Dreiskämper 2013: 363). Jedoch kann dieser Vorwurf insofern als unbegründet abgewehrt werden, als dass die Ökonomie nur Situationen und Entscheidungsverhalten zu erklären versucht, die von wirtschaftlichen Motiven geleitet werden.

4.1 Die konstitutiven Merkmale der freien Marktwirtschaft

Da sich dieses Werk ausschließlich mit Bedingungen beschäftigt, die in marktwirtschaftlichen Systemen vorherrschen und damit planwirtschaftliche Rahmenbedingungen außer Acht lässt, soll in aller Kürze das System „Marktwirtschaft" und seine konstitutiven (grundlegenden) Merkmale vorgestellt und in Bezug zur Medienwirtschaft reflektiert werden. Themenfelder, die in diesem Kapitel erläutert werden, zeigt der nachfolgende Themenkasten:

Themen von Kap. 4.1: Die Marktwirtschaft als Mechanismus gerechter Verteilungen
Der Markt ist ein Ort frei entscheidender Akteure
Nachfrager formulieren ihre Wünsche, Anbieter ihre Möglichkeiten, die Wünsche zu befriedigen. Jeder entscheidet frei und autonom.

Am Markt entstehen Gleichgewichte
Am Markt wird nur das und in der Menge angeboten, was und wie häufig Nachfragende etwas wollen.

Der Wettbewerb sorgt für eine optimale Produktion und eine Verteilung nach dem Leistungsprinzip.
Der treibende Faktor auf Märkten ist der Wettbewerb. Im Widerstreit der Interessen kommt es zu optimalen Ergebnissen.

Auf etlichen Medienmärkten werden die notwendigen Marktmechanismen ausgehebelt.
Ein Transfer der idealisierten Marktlogik auf die Medienwirtschaft ist nur bedingt möglich. Die Nachfrage wird politisch beeinflusst, die Preis- und die Mengenfunktion sind nicht eindeutig verbunden.

Abb. 4.1 stellt vereinfacht dar, aus welchen Grundelementen und Wirkungsketten sich die Marktwirtschaft konstituiert. Es zeigt sich, dass die Marktwirtschaft ein Wirtschaftssystem ist, in dem die Verteilung der Entscheidungs- und Handlungsrechte durch das Rechtsinstitut des privaten Eigentums und den damit verbundenen Verfügungsrechten erfolgt, dass es dezentral organisiert ist, auf der Handlungs- und Entscheidungsfreiheit der Wirtschaftssubjekte basiert sowie auf die Bedürfnisbefriedigung über Märkte setzt.[13] Der Aufbau und die Funktionsweise sind erstaunlich simpel: Nachfragende betreten den Markt (als Ort des Handels), weil sie Bedürfnisse haben, die mit Gütern befriedigt werden können, die sie selbst nicht herstellen und hier gegen Entgelt erworben werden können. Anbietende betreten den Markt, weil sie

---

[13] Es sei an dieser Stelle aber darauf hingewiesen, dass diese Darstellung eine Modellierung aus theoretischer Sicht ist und die realen Märkte mitunter deutlich von dieser idealisierten Modellvorstellung abweichen können. Zudem ist aus Gründen der Vereinfachung das Modell der freien Marktwirtschaft gewählt worden (vgl. Hensel: 1978). Dem gegenüber abgegrenzt wird die soziale Marktwirtschaft (Deutschland), in der der Staat als eingreifender Akteur zum Wohle der sozialen Absicherung der Bürger agiert, um die Ideale der Gerechtigkeit, der Freiheit und des wirtschaftlichen Wachstums und Wohlstands in ein vernünftiges Gleichgewicht zu bringen und in diesem Sinne Fehlentwicklungen zu verhindern (vgl. Müller-Armack: 1981 und Heinrich: 1994).

Güter produziert haben, die sie anderen, die sie haben möchten, gegen Entgelt zur Verfügung stellen wollen. Wer was nachfragt bzw. anbietet und wieviel er dafür von seinem Eigentum einsetzen will, entscheidet jeder für sich selbst. Jeder Konsumierende und Produzierende entscheidet also souverän über das, was er tut. Dabei orientieren sich die Nachfragenden an der Nutzenerwartung gegenüber den Gütern und ihren ihnen zur Verfügung stehenden Budgets. Die Anbietenden orientieren sich an der Gewinnerwartung durch den Tausch und ihren ihnen zur Verfügung stehenden Ressourcen. Beide Parteien wollen den größtmöglichen Vorteil für sich generieren. Daraus ergeben sich Zahlungsbereitschaften (abhängig vom Nutzen eines Gutes oder der Dringlichkeit, etwas haben zu wollen) und Angebotsforderungen (abhängig von den Produktionskosten und gewünschten Gewinnmargen). Der Wettbewerb zwischen den Marktparteien (Anbietende gegen Anbietende, Nachfragende gegen Nachfragende und Nachfragende gegen Anbietende) ist begründet und wird letztlich über den Preis ausgefochten.

Die Zahlungsbereitschaften für ein Gut definieren die Nachfragemengen nach diesem Gut: Je höher die Zahlungsbereitschaft, desto wahrscheinlicher ist es, dass das Gut erworben werden kann. Je niedriger der Preis angesetzt ist, desto mehr Marktteilnehmende fragen das Gut nach.

Die Gewinnerwartungen der Anbietenden (Rendite auf das eingesetzte Kapital) definieren die Angebotsmenge: Je höher der durchsetzbare Preis ist, desto mehr Anbietende sind bereit, in die Produktion einzusteigen und Güter anzubieten. Je niedriger der Preis angesetzt ist, desto weniger Marktteilnehmer bieten das Gut an. Die Gewinnaussichten wären nicht akzeptabel.

Alle einzelnen Nachfrage- und Angebotsmengen zu bestimmten Preisen werden nun aufaddiert. So bilden sich die Gesamtnachfrage- und Gesamtangebotsmengen auf dem gesamten Markt (vgl. Kap. 4.4). Stimmen die Vorstellungen hinsichtlich des Preises von Anbietenden und Nachfragenden überein, entsteht ein Gleichgewichtspreis, zu dem alle Nachfragenden, die bereit sind, den Preis zu zahlen, befriedigt werden und alle Anbietenden, die bereit sind zu diesem Preis anzubieten, werden ihre Güter verkaufen. Damit definiert der Marktpreis die Gütermenge am Markt, die gehandelt wird. Der Preis wird von beiden Marktparteien so lange angeglichen (verändert), bis Übereinstimmung hergestellt ist. Jetzt ist der Markt im Gleichgewicht. D. h., es wird genau das und genau so viel produziert, wie der Markt über die Nachfrage aufnimmt. Einer Verschwendung von Ressourcen (Produktion von Fehlproduktionsmengen oder Überzahlung von Gütern) ist vorgebeugt und jeder, der die Kosten der Produktion zu zahlen bereit ist, wird befriedigt.

```
            ┌─────────────────────────────────────────────┐
            │ Konstitutive Merkmale der Marktwirtschaft   │
            └─────────────────────────────────────────────┘

┌──────────────────┐   ┌──────────────────────┐   ┌──────────────────┐
│ Nachfragende     │→  │ Markt als Ort des    │ ←│ Anbietende       │
│ (z.B. Haushalte) │   │ freien Gütertauschs  │   │ (z.B. Unternehmen)│
└──────────────────┘   └──────────────────────┘   └──────────────────┘
  Wunsch, Bedürfnisse                                Fähigkeit, Bedürfnisse
  befriedigen zu wollen                              befriedigen zu können
```

```
        ┌────────────────────────────────────────────┐
        │ Privateigentum        Privatautonomie      │
        │ (Verfügungsrechte)    (Entscheidungsfreiheit)│
        └────────────────────────────────────────────┘
```

Nutzenerwartung,   Gewinnerwartung,
knappe Budgets   knappe Ressourcen

```
┌──────────────────────────┐        ┌──────────────────────────────┐
│ Nutzenoptimierung        │        │ Gewinnoptimierung            │
│ gem. Präferenzen und     │        │ gem. Unternehmensziel und    │
│ Budget                   │        │ Ressourcen                   │
└──────────────────────────┘        └──────────────────────────────┘
```

```
┌──────────────────────────┐  ┌──────────┐  ┌──────────────────────────┐
│ Nachfragebereitschaft    │  │ Freier   │  │ Angebotsbereitschaft     │
│ der einzelnen Haushalte  │→ │ Informa- │ ←│ der einzelnen Unternehmen│
│ (Konsumentensouveränität)│  │ tions-   │  │ (Anbietersouveränität)   │
│                          │  │ austausch│  │                          │
└──────────────────────────┘  └──────────┘  └──────────────────────────┘
```

```
┌──────────────────────────┐ ┌──────────────┐ ┌──────────────────────────┐
│ Gesamtnachfrage zu unter-│ │ freier       │ │ Gesamtangebot zu unter-  │
│ schiedlichen Preisen     │ │ Wettbewerb   │ │ schiedlichen Preisen     │
│ auf dem Markt            │ │ zwischen allen│ │ auf dem Markt            │
│                          │ │ Marktteilnehmern│ │                        │
└──────────────────────────┘ └──────────────┘ └──────────────────────────┘
```

```
                  ┌──────────────────────┐
                  │ Gleichgewichtspreis  │
                  └──────────────────────┘

                  ┌──────────────────────┐
                  │ Gleichgewichtsmenge  │
                  └──────────────────────┘
```

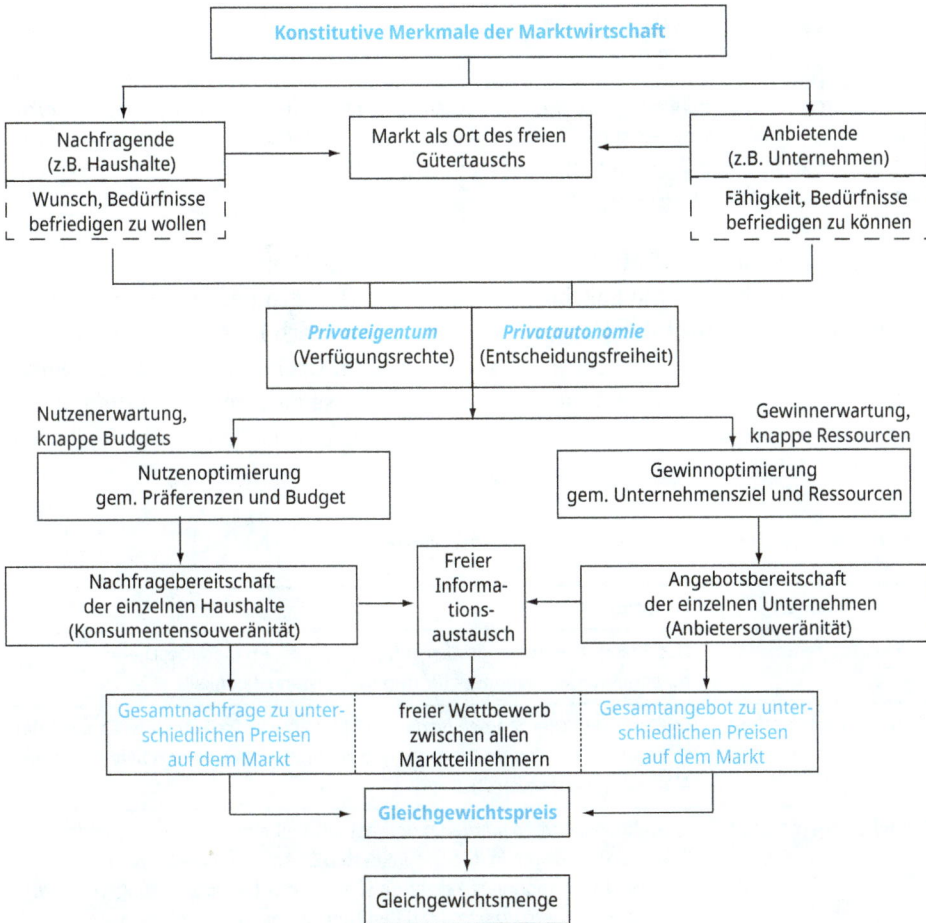

Abb. 4.1: Die konstitutiven Merkmale der Marktwirtschaft.

Merke:

Ein **Markt** ist ein Ort, an dem die Marktteilnehmenden Waren gegen Geld oder andere Waren tauschen. Dieser Ort kann real existieren (Wochenmarkt, Geschäft etc.) oder virtuell konzipiert sein (e-Business). Reale Ort sind i. d. R. Präsenzmärkte und geografisch verortbar. Bei virtuellen Märkten entfällt die persönliche Anwesenheit der Teilnehmenden und auch die reale Existenz. Immer ist ein Markt ein Konstrukt, auf dem Angebot und Nachfrage nach einem ökonomischen Gut (z. B. einer Ware oder Dienstleistung) zusammentreffen.

Als **Preis** wird die sich aus Angebot und Nachfrage auf einem Markt ergebende und in Geldeinheiten gezahlte Gegenleistung für eine bestimmte Mengeneinheit von erworbenen Gütern (Produkte, Dienstleistungen oder Rechte) bezeichnet. Auf Seiten der Nachfragenden spiegelt der Preis die Wertschätzung wider, die einem Gut zugestanden wird. Insofern ist er die monetarisierte (in Geld ausgedrückte) Begehrtheit eines Gutes. Aus Anbietendensicht ist er die in Geldeinheiten ausgedrückte Forderung gegenüber dem Erwerbenden und setzt sich aus den Produktionskosten und einem Gewinnaufschlag zusammen.

Unter **Wettbewerb** versteht die Wirtschaftswissenschaft ein antagonistisches Marktverhalten, bei dem sich mindestens zwei Marktteilnehmende mit konkurrierenden Zielen (Zielerreichungsgrad des einen beeinträchtigt den Zielerreichungsgrad des anderen) gegenüberstehen und ihre Ziele zu Lasten des anderen durchzusetzen versuchen.

Der treibende Faktor auf Märkten ist der Wettbewerb. Wettbewerb herrscht unter den Nachfragenden um die angebotenen Güter. Wettbewerb herrscht unter den Anbietenden um die Gunst der Konsumierenden. Wettbewerb herrscht auch zwischen den Anbietenden und den Nachfragenden. Aus diesem Grunde ist ein funktionierender Wettbewerb zwischen den Marktteilnehmenden essenziell für das System Marktwirtschaft. In diesem Sinne übernimmt der Wettbewerb sechs Funktionen (vgl. Bretthauer 2022, Lux 2006: 15 sowie Tab. 4.1):

Tab. 4.1: Die sechs Funktionen des Wettbewerbs in der Marktwirtschaft.

Marktfunktionen	Erläuterung
1. Verteilungsfunktion	Das Einkommen wird nach Leistung verteilt, die im Marktgeschehen durchgesetzt werden muss (Prinzip der Leistungsfähigkeit).
2. Steuerungsfunktion	Erfolgreiche Unternehmen gewinnen Marktanteile, weil ihr Güterangebot den Präferenzen der Güternachfrager entspricht. Grenzanbieter scheiden aus dem Markt aus (Marktaustritt).
3. Allokationsfunktion	Produktionsfaktoren werden möglichst effizient eingesetzt. Lenkung der Produktionsfaktoren in ihre produktivsten Einsatzmöglichkeiten, um bei gegebenen Bedingungen Kosten zu senken oder Outputs zu steigern. Es wird nur das produziert, was am Markt gefragt ist; und das so effizient wie möglich.
4. Innovationsfunktion	Technischer Fortschritt wird für kostengünstige Produktinnovationen und verbesserte Produktqualität genutzt. Daraus resultiert ein hohes Interesse, innovativ zu sein.
5. Anreizfunktion	Permanente und flexible Anpassung von Produkten und Produktionskapazitäten an sich ständig ändernde interne und externe Bedingungen (z. B. Produktionstechnik und Nachfragestrukturen). Antrieb für ständige Leistungsverbesserungen (Marktpreis, Produktqualität).
6. Anpassungsfunktion	Auf Angebots- oder Bedarfsverschiebungen wird durch flexible Anpassung der Produktionsprogramme, Produktionstechnik, Produktionsverfahren und Kapazitäten reagiert. Die Steuerung der Zusammensetzung des Warenangebots erfolgt gemäß den Käuferpräferenzen.

Vorausgesetzt, es entstehen keine Fehlentwicklungen (z. B. durch die Ausnutzung von Marktmacht), funktioniert das marktwirtschaftliche System (theoretisch), ohne dass es einer Lenkungsinstanz bedarf. In diesem idealtypischen System dürfte sich auch der Staat als Lenkungs- oder Schutzinstanz nicht in Marktprozesse einmischen (z. B. durch Subventionen, Sondersteuern oder Preisbarrieren etc.). Solche Eingriffe stören die „natürliche" Tendenz zum Marktgleichgewicht in diesem Modell-System.

Ein Transfer dieser idealisierten Marktlogik auf die **Medienwirtschaft** ist allerdings nur bedingt möglich. Dies ist insbesondere drei **irritierenden Umständen** geschuldet:

1. Innerhalb der Medienwirtschaft werden auch gesellschaftlich hoch relevante Güter gehandelt (auf die besonderen Gütereigenschaften von Medien geht Kap. 5 ausführlich ein). Diese Güter gilt es – so die politische Forderung – zu schützen und den Konsum zu fördern. Hier soll sogar die Marktlogik ausgehebelt werden.
2. Der Preis ist nicht auf allen Märkten Spiegel des Güternutzens und damit auf diesen Märkten nicht mengenrelevant. Marktgleichgewichte im Sinne des marktwirtschaftlichen Modellsystems (der Preis spiegelt Nachfrage- und Angebotsbereitschaft wider) kommen in solchen Fällen nicht zustande.
3. Es gibt keine wirklich greifende Logik zwischen der Menge an Ressourcenopferung (Input) und der Ausbringungsmenge bzw. der Qualität des Outputs. Das heißt, die Produktionsfunktion zeigt keinen realen Zusammenhang zwischen Input und Output. Das macht es für anbietende Unternehmen schwierig, ein qualitativ und mengenorientiert marktgerechtes Angebot auf den Markt zu bringen.

Alle drei Effekte führen dazu, dass ökonomisch gesehen, Fehlallokationen Raum greifen. Es wird eben nicht mehr eine Gleichgewichtsmenge an Gütern hergestellt, deren Umfang am Preis austariert wird.

Zu 1. Aufgrund des meritorischen Charakters zumindest der Qualitätspresseprodukte (vgl. Kap. 4.6.1) werden Presseprodukte (z. B. Zeitungen), aber auch Bücher mehrwertsteuerbegünstigt. Darüber hinaus sind Bücher sowie E-Books preisgebunden. Das Buchpreisbindungsgesetz verpflichtet Verlage, für ihre Neuerscheinungen verbindliche Ladenpreise festzusetzen. Damit wird Wettbewerb ausgehebelt, denn wenn Waren überall zum festgelegten Preis angeboten werden, besteht nicht nur kein Anreiz, Möglichkeiten zu suchen, den Preis attraktiver zu machen, es ist sogar verboten. Der reduzierte Mehrwertsteuersatz andererseits erhöht die Attraktivität der betroffenen Medien und wirkt absatzfördernd. Auch im Bildungsbereich wird staatlicherseits in die Marktfunktion eingegriffen. In etlichen Bundesländern herrscht Lernmittelfreiheit (§ 96 SchG). Das bedeutet, Bildungsmedien müssen nicht zwingend von den Nutzern gekauft werden. Sie werden auch von den Schulen an sie ausgeliehen. In Bundesländern ohne Lernmittelfreiheit hat das Jobcenter die Kosten für Schulbücher als Mehrbedarf zu übernehmen.

Den aber vielleicht bedeutendsten **Eingriff in den Markt** stellt **die Etablierung des öffentl.-rechtl. Rundfunks** dar. Diese Institution agiert parallel zum Marktgeschehen (Wettbewerb existiert nur auf der journalistischen Ebene mit anderen Medienunternehmen, nicht auf der ökonomischen), ist existenzgesichert (gleichgültig, welcher Output produziert wird, die Finanzierung der Anstalten ist auf Basis ihrer Bedarfe gesichert) und autonom (staatsferne Berichterstattung nach „Gutdünken"). All dies ist politisch gewollt (und sicherlich auch wichtig und wahrscheinlich auch richtig), aber ökonomisch eine Todsünde.

Zu 2. Der zweite Umstand, der marktwirtschaftliche Prinzipien aushebelt, ist gegeben, wenn **keine Preise existieren** oder Konsumenten ihre Präferenzen (Wertschätzungen) für Mediengüter nicht offenlegen müssen. Die Offenlegung ist ja gerade die Grundbedingung für das Zustandekommen eines im ökonomischen Sinne „fairen" Preises. Und nur über den Preis kann die „richtige" Angebotsmenge bestimmt werden. Ein solcher **Missstand** liegt bspw. bei allen frei zugänglichen Medienprodukten (Free-TV, Internetdienste ohne Zugangsbeschränkung etc.) vor. Niemand weiß, welchen Wert eine Magazin-Sendung, ein Bericht oder eine frei zugängliche Information (Stichwort Wikipedia) für einen Nachfragenden hat. Der Nachfragende wiederum wird seine potenzielle Zahlungsbereitschaft nicht offenlegen und auch kein Entgelt zahlen, wenn er das Gut kostenlos nutzen kann. In solchen Fällen existiert auch keine valide ermittelte Preis-Absatz-Funktion, an der sich die Anbietenden ausrichten können.

Auch bei **Medieninhalten, die nicht-rival konsumiert** werden können (vgl. Kap. 5.5), gibt es Probleme. Dies ist nicht ausschließlich, aber grundsätzlich bei **digitalen Gütern** der Fall. Wenn jemand ein Netflix-Abo, ein Spotify-Abo o. ä. hat, dann könnten nahezu beliebig viele Freunde, Haushaltsmitglieder etc. gemeinsam schauen oder hören, ohne ein Entgelt an die Bereitsteller (Netflix, Spotify, Amazon und andere Plattformbetreiber) zu zahlen. Diese Möglichkeit gibt es in der idealisierten Modellwelt der Ökonomie nicht. Hier heißt es: wer nutzen will, muss einen Gegenwert leisten. Diese aus ökonomischer Sicht negative Eigenschaft haben alle sog. Clubgüter (vgl. Kap. 5.5.5) und davon gibt es in den Medienbranchen eine Menge. Letztendlich wirkt auch die Verbundproduktion im Medienbereich wertschätzungsverzerrend. Wenn Medien durch Werbung querfinanziert oder gänzlich durch Werbung finanziert werden und die Werbung wiederum über die Reichweite (Gütermenge) eingepreist wird, dann ist die Überproduktion (in der materiellen Variante des Mediums) die logische Folge, denn eine höhere Auflage (Zeitung, Zeitschrift etc.) bspw. führt zu höheren Werbepreisen. Überproduktion bedeutet aber Ressourcenverschwendung. Diese wiederum ist auf lange Sicht im Modell der freien Marktwirtschaft, ohne dass es automatisch bestraft wird (Insolvenzgefahr), nicht möglich. Insofern müssen die Medienmärkte hinsichtlich ihrer Aufgaben und Funktionsweisen sowohl allgemein als auch einzeln und konkret untersucht werden, um feststellen zu können, welche Märkte aus welchen Gründen gegebenenfalls gestört sind.

Zu 3. In weiten Teilen der materiellen Industrie können die Produktionsbedingungen durch eine Produktionsfunktion abgebildet werden (vgl. Wöhe, Döring und Brösel 2023: 278 ff.). Diese stellt mathematisch dar, wie sich Mengenentwicklungen (Ausbringungsmenge) verhalten, wenn die eingebrachten Produktionsfaktoren geändert werden. Damit geben sie Auskunft über den Zusammenhang zwischen mengenmäßigem Ertrag und den für ihn notwendigen Faktoreinsatzmengen. Die Aufwand-Ertragsbetrachtung ist für Unternehmen wichtig, um den Einsatz ihrer Produktionsfaktoren ertragsbezogen steuern zu können.

Auf die Medienwirtschaft übertragen, macht diese Herangehensweise an die Einsatzplanung von Produktionsfaktoren bei der originären Inhalteproduktion aber wenig Sinn. So lassen sich bspw. mit 30 Mio. Euro p. a. ein 24 h Fernsehprogramm ebenso füllen, wie mit sechs Milliarden Euro. Auch der zusätzliche Einsatz mehrerer Kameras erhöht die Qualität des Films nicht zwingend und Einfluss auf die Länge des Films hat er ebenfalls nicht. Und die Produktion von DVDs verlangt völlig andere Einsatzkalkulationen als die Bereitstellung eines Downloads. Damit ist aber auch die Realisierung einer Minimal-Kosten-Kombination in der Produktion eines Ur-Masters bezüglich eines bestimmten Umfangs nicht berechenbar. Anhand der Produktionskosten kann also weder die herstellbare Menge noch die realisierbare Qualität gemessen werden. Dieser Umstand macht das Management von Medienoutput nicht gerade leichter. Zumal kein Beteiligter im Vorfeld abschätzen kann, wie sich die Preisbereitschaft der Nachfragenden aufgrund vermuteter Qualitäten oder tatsächlich auf den Markt geworfener Mengen auswirkt.

Fragen/Aufgaben zu Kapitel 4.1 `?`

1. Erläutern Sie, wie das Modell der freien Marktwirtschaft funktioniert.
2. Erläutern Sie kurz, wie der Preis eines Gutes als Koordinierungsinstrument für den Markt fungiert.
3. Erläutern Sie kurz, in welchen Teilen bzw. auf welchen Märkten in der Medienwirtschaft Marktversagen ein Normalzustand ist.
4. Beschreiben Sie die sechs Grundfunktionen des Wettbewerbs.
5. Erläutern Sie kurz, warum die Produktionsbedingungen in der Inhalteproduktion nicht durch Produktionsfunktionen abgebildet werden können.

Lösungshinweise finden Sie im achten Kapitel „Lösungsskizzen".

4.2 Menschliches Verhalten (Entscheidungskalküle) in ökonomischen Situationen

Um menschliches Verhalten – und damit auch die zugrundeliegenden Entscheidungskalküle – in ökonomischen Situationen erklären zu können, müssen zunächst die Begriffe „Verhalten", „Kalkül" und „ökonomische Situation" geklärt werden.

> **!**
>
> **Merke:**
>
> **Verhalten** ist beobachtbares Tun, Dulden oder Unterlassen. Es kann zweckorientiert, affektgesteuert oder habituell sein, ist auf Menschen oder Objekte ausgerichtet und zielt in sozialen Kontexten auf Aktionen oder Reaktionen anderer ab.
>
> Ein **Kalkül** ist ein formales System von Regeln, das angewendet wird, um Ergebnisse oder Entscheidungen herzuleiten.
>
> **Ökonomische Situationen** können als die Gesamtheit von Bedingungen verstanden werden, die im Kontext einer Mangelsituation, die jemand zum eigenen Vorteil überwinden will, vorherrschen.

Verhalten ist in ökonomischen Situationen in der Mehrzahl der Fälle zweckorientiert (rational), kann aber auch affektgesteuert (durch äußere Reize hervorgerufene, emotionale Handlungen) oder habituell begründet (auf Gewohnheit beruhend) sein. Eine ökonomische Situation (Mangelsituation) ruft dann Verhalten hervor, wenn der Mangel als störend empfunden wird und überwunden werden soll. Im Mittelpunkt dieses Verhaltens steht das Individuum, das ein Bedürfnis hat und dieses ausgleichen will (vgl. Kapitel 1.4.2). Das Verhalten ist in diesen Fällen darauf ausgerichtet, das Bedürfnis auszugleichen. Themenfelder, die in diesem Kapitel erläutert werden, zeigt der nachfolgende Themenkasten:

> **Themen von Kap. 4.2: Das Entscheidungsverhalten im Widerstreit zwischen Rationalität und Irrationalität**
>
> **Nur prognostizierbares Verhalten ist antizipierbar**
> Um Entscheidungen sinnvoll treffen zu können, muss das Verhalten anderer vorhersehbar sein.
>
> **Eigennutzen und Vorteilnahme sind Grundsätze der Verhaltensausrichtung**
> Alle Marktteilnehmer entscheiden sich prinzipiell nach Kosten-Nutzen-Abwägungen und gemäß einer für sie bestmöglichen Ergebniserzielung.
>
> **Akteure entscheiden auch unter Biases-Bedingungen.**
> Aus kognitionspsychologischer Perspektive ist belegt, dass Entscheidungen oft durch Wahrnehmungsverzerrungen irrational getroffen werden. Sie bleiben aber am Eigennutzen und dem prinzipiellen Vorteilsnahmeprinzip ausgerichtet.

Die Frage, die sich stellt ist, gibt es grundsätzliche Einstellungen, Verhaltens- und Entscheidungsregeln, nach denen das Akteursverhalten modelliert, d. h. beschrieben, erklärt und prognostiziert werden kann? Soweit dies möglich ist, würde das Modell helfen, Verhalten nachvollziehbar und vorhersagbar machen zu können. Und dies würde wiederum dazu beitragen, verlässliche Anreize schaffen zu können, die Verhalten zu steuern in der Lage sind. Damit wäre es schließlich auch möglich, gebotenes, erlaubtes oder verbotenes Handeln zweckorientiert zu sanktionieren, d. h. dienliches Verhalten zu fördern oder Fehlverhalten zu unterbinden.

Die Ökonomie unterstellt grundsätzlich den **Eigennutzen**. Eigennutzen bedeutet, dass Individuen egoistisch eigene Interessen verfolgen, wenn sie handeln (vgl. Kiefer 2005: 225). Das heißt, die ökonomische Theorie unterstellt den Egoisten, der auf sich selbst bezogen autonom entscheidet und dabei seinen Vorteil sucht. Dabei wird mitunter auch in Kauf genommen, dass der eigene Vorteil zum Nachteil anderer verfolgt wird. Der Volksmund übersetzt dieses Prinzip mit dem Bonmot: „Jeder ist sich selbst der Nächste". Die Vorstellung, „anderen etwas Gutes zu tun" ist im Entscheidungskalkül der Ökonomie nur existent, wenn damit auch eigene Vorteile verbunden sind (z. B. als Win-Win-Situation). Diese Modellvorstellung macht Akteure berechenbar, da ihre Motive verständlich, nachvollziehbar und glaubhaft sind. Egoismus ist ein plausibles Motiv (vgl. hierzu vertiefend Dreiskämper 2013: Kap. II.2.5 und III.1).

Neben dem Eigennutzen als Handlungsmotiv wird des Weiteren unterstellt, dass der Einzelne seine Wahlentscheidungen so ausrichtet, dass er im Rahmen der ihm zur Verfügung stehenden Alternativen genau die wählt, die ihm den **höchsten Nutzen** generiert. Welcher Nutzen als der höchste angesehen wird, ist von Individuum zu Individuum, mitunter auch von Situation zu Situation unterschiedlich. Das heißt, dass ökonomische Nutzenkonzept geht davon aus, dass der Wert eines Gutes subjektiv davon abhängt, welches Bedürfnis vorherrscht, wie dringend das Bedürfnis ist und welchen Beitrag das Gut zur Bedürfnisbefriedigung beiträgt. Wenn jemand Entspannung sucht, wird er Musik oder einen Film als nützlicher empfinden als ein Fachbuch. Insofern kann „Nutzen" auch mit „subjektivem Gebrauchswert" übersetzt werden (vgl. Zydorek 2013: 27). Wenn anderseits ein Produzent mit der Produktion von Unterhaltungsmedien mehr Gewinn erzielen kann als mit der Produktion von Informationsmedien, wird er prinzipiell lieber unterhaltende Medieninhalte herstellen.

Das bedeutet andererseits aber auch, dass die Marktteilnehmer permanent versuchen, den Nutzen aus dem Einsatz ihrer Ressourcen zu optimieren. Da Güter, die wirtschaftliche Bedürfnisse befriedigen, i. d. R. ebenso knapp sind, wie die Budgets oder Ressourcen, die aufgewendet werden müssen, um diese Güter zu erwerben oder herzustellen, handeln die Marktteilnehmer in dem Sinne rational (vgl. Wirtschaftlichkeitsprinzip in Kapitel 2.1.2), als dass sie ihre Entscheidungen davon abhängig machen, welches Verhältnis von Input oder Aufwand gegenüber dem erwarteten Output oder Ertrag größer ist. Damit besteht das **Entscheidungskalkül** grundsätzlich in einer Nutzen-Kosten-Abwägung durch den Betroffenen.

> **Merke:**
> **Antrieb für ökonomisches Verhalten** ist die egoistische Bedürfnisbefriedigung (Eigennutzen).
>
> Das **Entscheidungskalkül** in ökonomischen Situationen besteht in einer Nutzen-Kosten-Abwägung. Ein höherer Ertrag wird einen geringeren Ertrag und ein geringerer Aufwand einem höheren Aufwand vorgezogen. Die Differenz zwischen Ertrag und Aufwand wird als Nettonutzen bzw. Nettogewinn bezeichnet. Um Nettonutzen bzw. -gewinn zu maximieren, wird nach dem ökonomischen Prinzip gehandelt.

Das Entscheidungskalkül erklärt beispielsweise den negativen Verlauf der Nachfrage- und den positiven Verlauf der Angebotsfunktion. Das heißt, Konsumenten neigen dazu, weniger von einer Ware zu kaufen, wenn der Preis dieser Ware hoch ist. Steigt der Preis bei sonst gleichen Bedingungen, sinkt der Nettonutzen der Konsumenten. Vielleicht wird er sogar negativ. Das wäre dann der Fall, wenn der Preis höher wäre als der Nutzen, der aus dem Konsum gezogen werden kann. Anbieter wiederum sind bei steigenden Preisen bereit, mehr Waren anzubieten (vgl. Samuelson und Nordhaus 1998: 69), da ihre Aussicht auf Rendite wächst. Umgekehrt gilt die analoge Reaktion der Marktteilnehmer bei niedrigen Preisen: Werden Waren billiger, sind weniger Anbieter bereit, sie zu produzieren, aber mehr Nachfrager bereit, sie zu kaufen.

Auch die Höhe des Einkommens bestimmt die die Nachfrage. Steht mehr Einkommen zur Verfügung, können mehr Güter nachgefragt werden. Sind weniger Ressourcen vorhanden, sinkt die Nachfrage.

Nicht zuletzt ist die Nachfrageänderung bei sich verändernden Preisen auch davon abhängig, wie stark die Güter substituiert werden können. Ist es eher leicht, ein bestimmtes Bedürfnis durch mehrere (funktional) gleiche Produkte zu befriedigen, würden Nachfrager bei Preiserhöhungen abwandern und ein preiswerteres Substitut nutzen. Schlussendlich werden die Marktteilnehmer auch die Nachfrage- und Angebotsmenge, die auf dem Markt gegeben ist, in ihr Entscheidungskalkül einbeziehen. Je höher der Konkurrenzdruck auf einer Marktseite, desto deutlicher wird die Auswirkung auf der anderen Marktseite Niederschlag finden. Bei hohem Angebotsdruck wird der Preis sinken, da ein Überangebot vorliegt. Bei hohem Nachfragedruck werden die Preise steigen, da sich tendenziell ein Nachfrageüberhang bildet (vgl. Varian 2011: Kap. 5 und 6 sowie Pinkdyck und Rubinfeld 2005: Kap. 2).

Wenn beispielsweise die Preise für eine TV-Programmzeitschrift angehoben werden oder Einkommen real sinken, werden einige Nutzer zu den kostenlosen Online-Angeboten abwandern, weitere Nutzer werden auf andere, preiswertere TV-Programmzeitschriften zurückgreifen. Wie stark die Fluktuationsbewegungen sind, hängt aber auch davon ab, wie stark die Bindungen zwischen dem jeweiligen Medium und den Nutzern ist. Sowohl die Nachfrage als auch das Angebot unterliegen also nicht nur einer generellen Bedürfnissituation, sondern auch Preis-, Mengen-, Einkommens- und Substitutionseffekten.

Das Verhalten der Marktteilnehmer kann damit grundsätzlich als ökonomisches Optimierungsmodell dargestellt werden. Abb. 4.2 zeigt den schrittweisen Prozess, wie das **Kaufverhalten der Nachfrager** modelliert werden kann und erläutert dabei die Vorgänge und Beschaffungsschritte.

Das Prozessmodell der Nachfrage- bzw. Kaufentscheidung zeigt, dass, wenn ein Mensch einen Mangel verspürt, den er ausgleichen möchte, er die Suche nach Gütern beginnt, die helfen, das **Bedürfnis** zu stillen. Diese Suche ist abhängig von den eigenen Ressourcen, die für die Beschaffung und für die Bedürfnisbefriedigung eingesetzt werden können (z. B. Budget, Zeit, Interesse etc.). Die Aufmerksamkeit richtet sich auf das Güterangebot auf dem Markt, das bezahlt werden könnte. Die Objektausrichtung wird von eigenen Erfahrungen und von Erfahrungen anderer Personen mit dem Güterangebot beeinflusst. Das mit Kaufkraft ausgestattete Bedürfnis, das auf ein Objekt ausgerichtet ist, nennt der Ökonom **Bedarf**. Nun beginnt der Suchende mit dem Alternativenvergleich, wenn verschiedene Güter das Bedürfnis befriedigen können. Indem

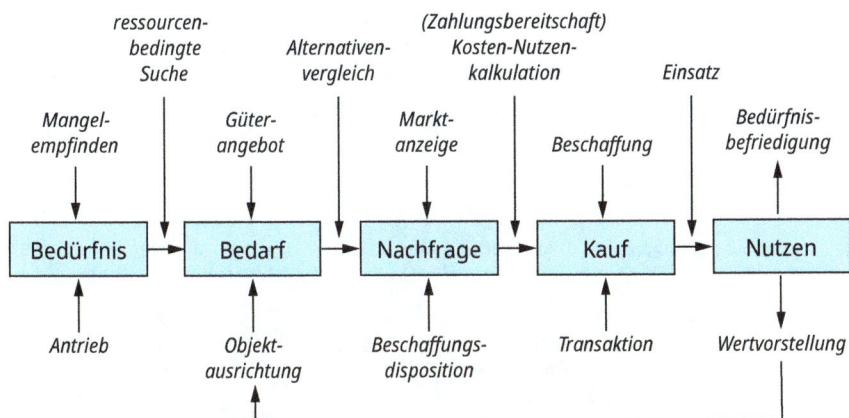

Abb. 4.2: Modell der Kaufentscheidung als Optimierungsprozess.

der Suchende beispielsweise in Geschäfte geht oder sich Online erkundigt, wird die Suche marktrelevant. Marktrelevanten Bedarf nennt der Ökonom **Nachfrage**. Die Nachfrage ist am Markt angezeigter Bedarf und wird den Anbietern sichtbar.

Abhängig von den Alternativen, die der Nachfrager gefunden hat und abhängig von den sonstigen Beschaffungsdispositionen (Zeit, Budget, Verfügbarkeit etc.), führt der Betroffene Nutzen-Kosten-Kalkulationen durch, d. h., er überlegt, mit welchem Gut er bei gegebenem Budget die höchstmögliche Bedürfnisbefriedigung erreicht, bzw. mit welchem Gut er ein bestimmtes Bedürfnisbefriedigungsniveau unter Einsatz geringstmöglicher Geldmittel realisiert. Er entscheidet nach dem Wirtschaftlichkeitsprinzip. Das ausschlaggebende Element für die Nachfrage ist die **Zahlungsbereitschaft**, die der Nachfrager für ein bestimmtes Gut hat. Und dieses wiederum ist abhängig von der Dringlichkeit des Bedürfnisses und dem unterstellten Nutzen, den sich der Nachfrager vom Gut erhofft. Wenn sich der Nachfrager entschieden hat, findet die Transaktion (der Tausch, **Kauf**) statt. Abgeschlossen wird der gesamte Prozess durch die persönliche Nützlichkeitsbewertung. Das hieraus resultierende Werturteil findet Niederschlag in der nächsten Objektbeurteilung, da sich der Erfahrungsschatz des Nachfragers erweitert.

Während sich die Suche nach dem Optimum im Bereich der Konsumenten (Haushalte) darauf konzentriert, welche Budgetverwendung in Bezug auf einen bestimmten Warenkorb die nutzenmaximale ist, suchen Produzenten in der Regel nach der Minimalkostenkombination in der Herstellung einer definierten Output-Menge und am Markt nach dem bestmöglichen Preis für ihr Produkt.

Wird das **Angebotsverhalten als Optimierungsprozess** gezeichnet, zeigt sich ein ähnliches Bild wie bei den Nachfragern, da das Entscheidungskalkül (die Nutzen-Kosten-Abwägung) bei allen Marktteilnehmern grundsätzlich identisch ist (vgl. Abb. 4.3).

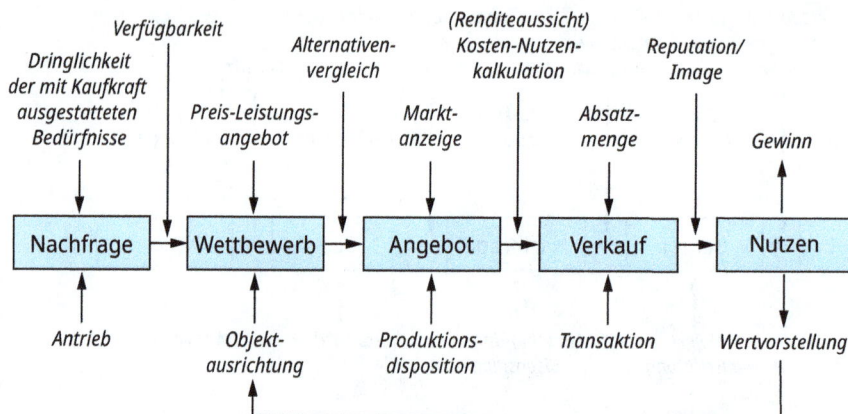

Abb. 4.3: Modell der Angebotsentscheidung als Optimierungsprozess.

Abb. 4.3 zeigt, dass wenn der Nachfrager am Markt anzeigt, dass er bestimmte Produkte haben möchte oder im Vorfeld die Marktforschung von Unternehmen belegt, dass bestimmte Bedürfnisse von Personen mit Kaufkraft ausgestattet würden, dies den potenziellen Anbietern deutlich macht, dass sie mit einer entsprechenden Angebotsleistung Geld verdienen bzw. Gewinne erzielen könnten. Unternehmen werden nun recherchieren, ob diese Marktleistungen schon existieren und welche Anbieter diese Güter mit welchem Preis-Leistungs-Verhältnis anbieten. Die existierenden Alternativen werden verglichen und infolgedessen entschieden, ob das eigene Unternehmen ähnliche, bessere oder günstigere Problemlösungen herstellen könnte. Wird die Frage positiv beantwortet, bleibt zu kalkulieren, ob mit der eigenen Variante Gewinn erzielt werden könnte. Je höher die Renditeaussicht für das Unternehmen ist, desto stärker wird es auf den Markt drängen und die erforderliche Menge produzieren (vgl. Pinkdyck und Rubinfeld 2005: Kap. 2). Die produzierte Menge wird mit dem höchstmöglichen marktgängigen Preis ausgezeichnet und verkauft. Die dokumentierte Zufriedenheit der Nachfrager (Mund-zu-Mund-Propaganda, Rezensionen etc.) wirkt sich auf die Reputation bzw. das Image des Anbieters bzw. des Produktes aus. Das Marktergebnis (der Gewinn) wiederum beeinflusst die künftigen Entscheidungen hinsichtlich der Weiterentwicklung des eigenen Angebotes im Verhältnis zu den Angeboten der Wettbewerber.

Zusammenfassend kann festgehalten werden, dass das auf Eigennutz ausgerichtete Rationalitätsprinzip die natürliche Grundorientierung der Akteure beschreibt und die Ausrichtung der individuellen Handlungsbasis bildet. Ziel des ökonomischen Handelns ist in der Regel die Nutzenmaximierung. Als Analyseinstrument für die Suche nach der effizientesten Lösung dient der Nutzen-Kosten-Vergleich. Als Koordinationsmechanismus auf den Märkten dient der Preis. Die Nachfrager zeigen an, welchen Preis sie bereit sind zu zahlen und die Anbieter zeigen an, welchen Preis sie fordern. Bei Übereinstimmung beider Vorstellungen kommt es zum Kauf. Die VWL spricht von Markträumung bei Gleichgewichtspreisen (vgl. Mankiw und Taylor 2012: 93).

Nun gibt es aber auch eine große Anzahl an wissenschaftlichen Untersuchungen, die sich aus kognitionspsychologischer oder verhaltensökonomischer Sicht mit menschlichem Entscheidungsverhalten beschäftigen (vgl. z. B. Daniel Kahnemann 2012 oder Richard Thaler 2010). Hier wird eindeutig belegt, dass Menschen extrem häufig Entscheidungen unter Einflüssen kognitiver Biases (Verzerrungen) treffen und diese damit irrational werden. Das ist unbestritten korrekt und führt auch zu entsprechenden Fehlentscheidungen.[14] Dies ändert aber zunächst nichts daran, dass auch die (Fehl-)Entscheidenden daran interessiert sind, ihren Vorteil zu erzielen und subjektiv meinen, ihn mit der entsprechenden Entscheidung zu erzielen. Die Absicht der Vorteilnahme bleibt also bestehen.

Merke:
Kognitive Verzerrungen (Biases) führen im Wahrnehmen, Erinnern, Denken und Urteilen zu einer systematisch verankerten Neigung, Entscheidungen fehlerhaft (objektiv falsch) zu treffen. Der Grundgedanke, den eigenen Vorteil erzielen zu wollen, bleibt hingegen bestehen.

Formalanalytisch betrachtet, sind alle Marktteilnehmer auf der Suche nach „Optima unter der Nebenbedingung beschränkter Ressourcen" (Dreiskämper 2013: 131). Das Effizienzkriterium ist aber nur dann erfüllt, wenn keine Ressourcen verschwendet werden, da eingesetzte Mittel immer auch alternativen Verwendungsmöglichkeiten entzogen werden. Dafür ist es nötig, dass den Entscheidern alle notwendigen Informationen zur Verfügung stehen, dass sie alle Informationen auch objektiv bewerten können und dass sie rational handeln.

Ob diese Modellvorstellungen realistisch sind und auch uneingeschränkt auf die Medienmärkte übertragen werden können, soll nun im folgenden Kapitel überprüft werden.

Fragen/Aufgaben zu Kapitel 4.2
1. Erläutern Sie, welche grundsätzliche Einstellung das Verhalten von Marktteilnehmern nach der ökonomischen Theorie antreibt und welches Entscheidungskalkül die Marktteilnehmer zugrunde legen.
2. Stellen Sie den Kaufentscheidungsprozess dar und erläutern Sie ihn.
3. Stellen Sie das Angebotsverhalten von Marktteilnehmern dar und erläutern Sie den Prozess.

Lösungshinweise finden Sie im achten Kapitel „Lösungsskizzen".

---

14 So wird bspw. unterstellt, dass wenn viele Menschen in eine Kinovorstellung gehen, der Film gut sein müsse oder dass Aussagen, die bereits wiederholt gehört wurden, ein höherer Wahrheitsgehalt zugesprochen wird als solchen, die zum ersten Mal gehört werden.
Zusammenfassende Übersichten für Einsteiger finden sich im Internet auf https://yourbias.is/ und unter https://de.wikipedia.org/wiki/Liste_kognitiver_Verzerrungen

4.3 Die Relativierung des Optimalitätsgebotes der ökonomischen Theorie

Es wurde bereits festgestellt, dass menschliche Bedürfnisse im Prinzip unbegrenzt vorhanden, jedoch Güter, die Bedürfnisse befriedigen können, knapp sind. Diese Knappheit soll bestmöglich überwunden werden. Dies ist nur möglich, wenn die Ressourcen, die zur Erstellung der Güter notwendig sind, optimal eingesetzt werden. Je bedachter die Unternehmen mit ihren Produktionsmitteln und die Haushalte mit ihren Budgets umgehen, desto mehr kann produziert werden bzw., desto mehr Waren können erworben werden. „Aufgrund dieser Logik beschränkt sich nahezu die gesamte ökonomische Modellwelt auf Effizienzüberlegungen bzw. die Suche nach optimalen Einsatzverhältnissen" (Dreiskämper 2013: 130). Ziele aller ökonomischen Überlegungen ordnen sich der Suche nach Optimalität unter. Dieses Prinzip wird hier Optimalitätsgebot genannt. Den Bewertungsmaßstab für Optimalität liefert das ökonomische Eigennutzaxiom[15], d. h. optimal ist das, was für den Entscheider optimal ist.

Die in diesem Kapitel relevanten Themenfelder, die im Zusammenhang mit dem marktwirtschaftlichen Optimalitätsgebotes diskutiert werden, zeigt der nachfolgende Themenkasten:

Themen von Kap. 4.3: Optimalität zu realisieren, ist eine Illusion
Die Bedingungen, bestmögliche betriebswirtschaftliche Marktentscheidungen zu treffen, sind nicht gegeben
Der Wert von Medieninhalten kann im Vorfeld des Kaufes nicht eingeschätzt werden.
Auf (teilweise) werbefinanzierten Medienmärkten signalisiert der Preis nicht die Wertschätzung der Nachfragenden.
Es existieren keine Produktionsfunktionen, an denen ein optimaler Ressourceneinsatz ausgerichtet werden kann.

Optimalität ist nicht eindeutig messbar
Es gibt keine eindeutige Messvorschrift für die Bewertung von Medieninhalten.

Nutzen kann i. d. R. nur ordinal gemessen werden.
Eine genaue Optimalitätsberechnung kann nur in kardinalen Messsystemen erfolgen. Bei ordinaler Messung helfen allenfalls die Gossen'schen Gesetze zur Einordnung der Präferenzen in ein Rangsystem.

Einen optimalen Zustand erreichen zu wollen oder eine optimale Entscheidung zu fordern, ist eine Sache. Ihn erreichen oder sie finden zu können und auch sicher bewerten zu können, ob der erreichte Zustand optimal ist, eine ganz andere. Der Maßstab „besser als" ist noch relativ einfach anzuwenden, aber entscheiden zu können, ob „die beste" Lösung erreicht wurde, ist alles andere als trivial. Wenn die Optimierung aber die zent-

---

[15] Ein Axiom ist eine Aussage, die nicht in der Theorie bewiesen werden soll, sondern für wahr gehalten und beweislos vorausgesetzt wird (vgl. Prechtl 2016: 81).

rale Philosophie der BWL darstellt, dann muss sie auch messbar gemacht werden können, sonst macht die Forderung keinen Sinn.

Um **optimale** (rationale) **betriebswirtschaftliche Entscheidungen** zwischen ökonomischen Alternativen treffen zu können, müssen sechs Bedingungen erfüllt sein:

1. **Markttransparenz**: Dem Entscheider müssen alle entscheidungsrelevanten Informationen vorliegen.
2. **Bewertungssicherheit**: Der Entscheider muss die Konsequenzen seiner Entscheidung abschätzen können.
3. **Werteklarheit**: Damit der Entscheider Reaktionen der Marktpartner einschätzen kann, müssen die Transaktionspartner ihre Nachfragequalität (Wertschätzung gegenüber dem Angebot) offenlegen.
4. **Preiswettbewerb**: Knappheit bestimmt den Wert. Der Preis regelt Angebot und Nachfrage, bringt Märkte in Einklang.
5. **Input-Output-Relation**: Es müssen Produktionsfunktionen abbildbar sein, um Aufwand und Ergebnis steuern zu können
6. **Messbarkeit**: Optimalität muss messbar (operationalisierbar, quantifizierbar) sein, um bestimmbar zu werden.

Diese sechs Bedingungsbereiche beeinflussen die Möglichkeit der Optimierung. Im Folgenden wird aufgezeigt, dass diese Anforderungen im Umfeld der Medienwirtschaft erheblich störanfällig sind und zwangsläufig hinterfragt werden müssen. Daraus ergibt sich die Frage: **Gibt es in der Medienwirtschaft den Umstand der ökonomischen Optimalität überhaupt?** Um diese Frage annähernd beantworten zu können, seien hier die sechs Bedingungen näher problematisiert:

1. Problembereich: Die mangelhafte Markttransparenz
Um eine optimale Entscheidung unabhängig von Zufällen treffen zu können, muss der Entscheider rational zwischen Alternativen auswählen können. Um rational auswählen zu können, müssen alle zur Verfügung stehenden Alternativen bekannt sein. Wie sonst soll bewertet werden können, welche Alternative unter gegebenen Bedingungen optimal ist?

Diese Transparenzforderung ist jedoch in der Realität nicht umzusetzen. Niemand wird vor einer Entscheidung alle Informationen recherchieren (können), die hilfreich sind, eine rationale Entscheidung zu treffen. Die Zeit, die hier aufzuwenden wäre, würde eine Entscheidung ins Unendliche hinauszögern. Insofern muss diese klassische Modellvorstellung relativiert werden: Wirtschaftsakteure fällen ihre Entscheidungen nicht absolut rational, sondern nur **bedingt rational**. Wenn sie meinen, genug Informationen gesammelt zu haben, beenden sie ihre Suchaktivitäten. Genug Informationen sind immer dann vorhanden, wenn der Aufwand der weiteren Suche nach weiteren Informationen größer ist als der daraus zu ziehende Nutzen (vgl. Frey 1990).[16]

Heinrich spricht aufgrund dessen, dass abgewogen wird, ob es sich noch lohnt, weitere Informationen zu suchen oder auf weitere zu verzichten, von der „Entscheidung unter rationaler Ignoranz" (Heinrich 2010: 68). Optimalität im Sinne der modernen Ökonomie ist dann erreicht, wenn der zusätzliche Nutzen (Grenznutzen), der durch eine weitere Informationseinheit generiert werden kann, genauso hoch ist, wie der Aufwand, den die Beschaffung der weiteren Informationseinheit (Grenzkosten) verursacht. Wird der zusätzliche Aufwand höher als der dadurch gewonnene zusätzliche Nutzen, wäre das Optimum überschritten.

2. Problembereich: Die Bewertungsunsicherheit
Um beurteilen zu können, ob eine Entscheidung optimal ist, muss der Entscheider die Alternativen auch hinsichtlich ihrer Entscheidungswirkung einordnen bzw. bewerten können. Was hilft es beispielsweise einem Konsumenten, wenn er weiß, dass aktuell bestimmte Kinofilme laufen oder bestimmte Zeitungen am Kiosk liegen, wenn er entscheiden soll, welcher der Filme oder welche der Zeitungen ihm den größten Nutzen bringen wird? Auch in diesem Punkt muss die vereinfachte Modellwelt der Ökonomie relativiert werden. Entscheider haben nicht die Möglichkeit, alle vorhandenen Informationen entscheidungsrelevant bewerten zu können. Dies gilt für die Nutzeneinschätzung von Medieninhalten in ganz besonderem Maße.

Medieninhalte sind keine Sachgüter, deren Nutzen relativ klar definiert werden kann, sondern Dienstleistungsangebote, die vor dem Konsum nicht oder nur sehr bedingt bewertet werden können. Ob der Kinofilm gefallen wird oder die Zeitung informativ ist, weiß der Nutzer erst nach dem Konsum. Dann aber ist es für eine Entscheidung, ob das eigene Budget investiert werden soll oder nicht, zu spät. Hier helfen allemal vielleicht Erfahrungen. Der Nachfrager kann z. B. die Reputation einer Zeitung oder Erfahrungen mit dem Filmgenre, den Schauspielern und dem Regisseur heranziehen oder gegebenenfalls Filmtrailer anschauen bzw. den Cover-Text eines Buches lesen, um Entscheidungshilfen zu bekommen, aber die **Entscheidungssicherheit**, die Konsumenten bei Sachgütern (z. B. Autos, Computer oder Möbel etc.) haben, **gibt es auf Medienmärkten nicht**. Ganz im Gegenteil: Da auch die Medieninhalteanbieter als egoistische Nutzenmaximierer am Markt agieren, werden sie alle In-

---

16 Die Einwände haben dazu geführt, dass das neoklassische Erklärungskonzept des Homo Oeconomicus (vgl. Dahrendorf 2010 oder Starbatty 1999) heute weitgehend durch das um sozialpsychologische Kriterien erweiterte RREEMM-Konzept abgelöst wurde. Das RREEMM-Modell wurde von Lindenberg (vgl. 1985) entwickelt und steht für „Resourceful Restricted Evaluating Expecting Maximizing Man" (dt.: Mit Ressourcen ausgestatteter, Einschränkungen unterworfener, hinsichtlich der eigenen Ziele bewertender, wegen nicht ausreichender Informationen auf subjektive Einschätzungen angewiesener Nutzenmaximierer). Das Ergebnis dieser Einschränkungen ist der Homo Oeconomicus als Satisficer statt Maximizer (vgl. Kiefer 2005: 231).

formationen, die verkaufsschädlich sein könnten, verschweigen. Sie geben im Vorfeld der Leistungserbringung lediglich ein Leistungsversprechen ab. Tatsächlich herrscht eine hohe Informationsasymmetrie zwischen Anbietern und Nachfragern vor und diese Informationsasymmetrie verhindert einen optimalen Ressourceneinsatz und damit auch eine optimale Budgetverwendung. Denn kein Marktteilnehmer wird freiwillig Informationen preisgeben, die ihm zum Nachteil geraten.

3. Problembereich: Die Nichtoffenlegung der Wertschätzung
Während die Anbietenden Gütereigenschaften verschweigen oder vorhandene Eigenschaften werblich „aufwerten", nutzen die Nachfragenden die Informationsasymmetrie aus, indem sie ihre tatsächliche Zahlungsbereitschaft (bzw. die Dringlichkeit des Bedarfes) für die angebotenen Güter nur bedingt oder gar nicht offenlegen.

Die ökonomische Theorie interpretiert den Konsumenten als Marktsouverän, d. h. Produzenten stellen nur die Güter her oder bereit, die Konsumenten nachfragen. Der Ökonom spricht vom Theorem[17] der **Konsumentensouveränität**. Konsumentensouveränität bedeutet: Es wird nur das produziert, was der Konsument nachfragt. Verweigern die Nachfragenden die Finanzierung von bestimmten Gütern auf Dauer, weil sie nicht ihren Präferenzen entsprechen, sanktioniert dieser Marktmechanismus die Produzenten. Sie verschwinden vom Markt. Wer Gewinne erzielen will, produziert das, was Konsumenten wünschen und bezahlen.

Wie stark das Interesse der Hersteller anzubieten ist, ist abhängig von der Dringlichkeit des Bedarfes bzw. von der Wertschätzung des Gutes und des Einkommens seitens der Nachfrager. Die Wertschätzung und das Einkommen bestimmen die Preisbereitschaft. Die Preisbereitschaft wiederum signalisiert den Produzenten, welche Renditeaussichten sie haben. Je höher die Gewinnerwartung, desto größer ist die Bereitschaft, die geforderten Güter anzubieten und das für die Bereitstellung der Güter erforderliche Kapital zu investieren.

Dieses System funktioniert aber nur so gut, wie der **Preis als Informationsmechanismus** tatsächlich widerspiegelt, welchen Wert ein Gut für den jeweiligen Marktteilnehmer hat. Da das Optimalitätsgebot aber auf dem Eigennutzaxiom basiert (optimal für den Entscheider ist das, was für ihn selbst optimal ist), wird weder der Produzent seine tatsächlichen Kosten offenlegen noch der Haushalt seine tatsächliche Zahlungsbereitschaft kommunizieren. Die Anbieter werden durch Marketingmaßnahmen den subjektiven Wert ihrer Güter zu steigern versuchen und die Nachfrager werden versuchen, ihre tatsächliche Zahlungsbereitschaft (und damit die Dringlichkeit des Bedürfnisses, die Wertschätzung und den Nutzen der Leistung für sie) zu verbergen. Wenn es faktisch möglich ist oder durch die Anbieter nicht verhindert werden

---

17 Ein Theorem ist ein Lehrsatz oder eine Aussage innerhalb einer Theorie, die aus den Grundannahmen der Theorie hergeleitet wird.

kann, werden Konsumenten die Angebotsleistungen auch unentgeltlich nutzen. Dieser Umstand trifft gerade die Medienunternehmen ganz deutlich.

Während jemand, der ein Auto, einen PC oder eine Pizza haben möchte, den dafür ausgezeichneten Preis bezahlen muss, können beispielsweise digitale Produkte leicht kopiert und ohne dass der Hersteller dies verhindern oder ein Nutzer einen Gebrauchsnachteil davon hätte, mehrfach genutzt und anderen überlassen werden. Den monetären Schaden oder Nachteil trägt immer der Hersteller. So werden Musikstücke millionenfach raubkopiert, in der Straßenbahn liegen gebliebene Zeitungen von Dritten gelesen und das Programm von Rundfunkanbietern kostenlos von Zuschauern genutzt.

Mediengüter werden in der überwiegenden Mehrzahl nicht ihrem Nutzen (Wert) für den Konsumenten entsprechend von ihm bezahlt. Sie werden sehr häufig sogar unentgeltlich konsumiert. Dieses sogenannte **Trittbrettfahrer-Verhalten** (vgl. Kiefer 2005: 152) verzerrt den Markt gewaltig. Trittbrettfahrer-Verhalten tritt dann automatisch auf, wenn Hersteller ihre Eigentumsrechte nicht durchsetzen können, wie es bei Sachgütern (materiellen Gütern) der Fall ist. Wer einen Fernseher haben möchte, muss ihn bezahlen oder er bekommt ihn nicht. In diesem Fall hat der Hersteller also die Möglichkeit, seine Eigentumsrechte durchzusetzen. Ein Streamingangebot auf dem TV-Gerät kann aber von vielen gleichzeitig genutzt werden, ohne dass der Anbieter dies verhindern kann. Die Mitnutzer werden sicherlich keine freiwillige Entgeltleistung erbringen (diese und weitere Eigenschaften von Mediengütern werden in Kapitel 5 vertieft). Der Medienmarkt ist demnach weit davon entfernt, optimal zu funktionieren. Denn Optimalität im Sinne der ökonomischen Theorie bedeutet klassischerweise, dass der, der etwas nutzen will, dafür ein angemessenes Entgelt zu zahlen hat.

4. Problembereich: Die Aushebelung des Preissystems

Das vierte Problem bei der Suche nach und der Bestimmung von optimalen Entscheidungen besteht darin, dass die Austauschbeziehungen zwischen Produzent und Konsument auf Medienmärkten nicht immer direkt über das Preissystem gesteuert werden (vgl. Kiefer 2005: 228). Dieses Problem herrscht auf allen Medienmärkten vor, die werbefinanzierte Medieninhalte anbieten.

Üblicherweise verfügen Anbieter zumindest über eine Vermutung, wie ihre Preis-Absatzfunktion verläuft. Also über grundsätzliches Wissen, welcher Zusammenhang zwischen nachgefragter Menge und dem Angebotspreis besteht. Das mag bei Büchern, Musiktiteln oder transaktionsbasierten On-Demand-Angeboten (z. B. gebührenspezifische Nutzung von Inhalten) auch noch annähernd der Fall sein. Hier könnten historische Daten zusammengetragen werden, die Erfahrungswerte in eine Funktion transformieren. Bei teilweise oder gänzlich werbefinanzierten Medienleistungen (Rundfunkangebote im Free-TV etc.) ist das nicht der Fall. Hier liegen ja nicht einmal historischen Daten vor. Der **Preis ist hier kein Aktionsparameter** für die nachgefragte Menge mehr. Nicht einmal der ökonomische Leitsatz, dass Knappheit den Wert eines Gutes bestimmt, gilt in der Medienwirtschaft, sondern genau das Gegenteil ist der Fall: Der Wert einer Software, eines Games oder der Wert von Reichweite (oder Meinungsmacht) generiert sich aus der Verteilung. Nicht die geringe, sondern die größtmögliche Auflage einer Zeitung bestimmt z. B. den hohen Werbepreis.

Auf werbefinanzierten Märkten wird automatisch ein Überangebot an Medien produziert, da das Angebot von der Zahlungsbereitschaft der Konsumenten entkoppelt wird, die quantitative Nutzung der Medien durch die Konsumenten andererseits aber den Preis für die Werbetreibenden bestimmt. Der Medienkonsum wird damit zu einem erheblichen Teil aus den monetär bestimmten Optimalitätsüberlegungen der Haushalte herausgelöst. Dies muss zu einer (zumindest volkswirtschaftlichen) Fehlallokation der Ressourcen führen. An die Stelle des finanziellen Budgets tritt das Zeitbudget bzw. die von den Werbungstreibenden erhoffte Aufmerksamkeit der Verbraucher als einzusetzende Ressource.

Den Unternehmen, die Medien bereitstellen, mag es egal sein, wer die Produktionskosten bezahlt und den Gewinn finanziert, volkswirtschaftlich bedeutet ein Überangebot aber immer die Verschwendung von Ressourcen. Ressourcen, die für die Produktion „überflüssiger" Medien eingesetzt werden, stehen der Herstellung „sinnvollerer" Güter nicht mehr zur Verfügung.

5. Problembereich: Es existieren keine brauchbaren Input-Output-Relationen
Will ein Wirtschaftsbetrieb berechnen, welche Menge und Nutzungsintensität einzusetzender Ressourcen zu einer optimalen Produktion führt, werden in der Industrie **Produktionsfunktionen** aufgestellt. Sie definieren, geben zumindest deutliche Hinweise auf den Zusammenhang von Input und Output. Im Bereich der technisch-kreativen Inhalteproduktion gibt es einen solch deterministischen Zusammenhang zwischen Faktoreinsatz und Produktionsertrag nicht. Es existiert nicht einmal ein eindeutiger Zusammenhang zwischen der Menge an Einsatzfaktoren oder dessen Einsatzintensität und dem Produktionsergebnis. Eine Printprodukt, ein Film, eine Musikproduktion etc. kann in kurzer Zeit und mit wenig Kapitaleinsatz entstehen oder ein gewaltiges Budget verschlingen und Ergebnis eines langwierigen Produktionsprozesses sein. Auch die Qualität des Produktes ist nicht eindeutig mit dem Ressourceneinsatz verbunden. **Menge und Qualität sind produktionstechnisch nicht eindeutig mit dem Faktoreinsatz verbunden.** So kann das Jahresprogramm eines TV-Veranstalters von 8.760 Sendestunden mit einigen Hundert Millionen, aber auch mit mehreren Milliarden Euro produziert werden. Steigender Input führt also nicht zu höherem Output. Er kann auch gleichbleiben oder sogar sinken. Produktionskosten und Produktionsmenge sind auch nicht zwingend mit der Reichweite oder der Wertschätzung, die realisiert wird, verbunden. Damit ist ein „optimales Verhältnis" nicht bestimmbar.

6. Problembereich: Die mangelhafte Messbarkeit von Optimalität
Um beurteilen zu können, ob eine Entscheidung optimal ist, muss es letztlich auch eine Messvorschrift und einen Maßstab geben, der das Ergebnis der Entscheidung auf einer Mess-Skala genau einordnen kann. Die Messvorschrift kann darin bestehen,

dass z. B. Temperaturen, Längen oder Geschwindigkeiten festgestellt, Mengen oder Werte gezählt oder Gegenstände gewogen werden. In solchen Fällen werden physische Zustände, Veränderungen oder Objekte klassifiziert. Die Messung und die Einordnung der Messwerte machen in der Regel wenig Schwierigkeiten. Wenn beispielsweise Gewinne verglichen werden, dann gelten 500 Geldeinheiten (GE) als mehr als 300 GE. Sollen aber theoretische Konstrukte einer Messung unterzogen werden, sieht die Sache ganz anders aus. Ein solches theoretisches Konstrukt ist beispielsweise der „unternehmerische Erfolg" oder der „Nutzen" für einen Konsumenten. Ein Konstrukt ist immer mehrdimensional – besteht also aus mehreren Facetten – und deswegen nicht direkt messbar. So tragen viele Parameter dazu bei, dass ein Unternehmen als erfolgreich angesehen werden kann und auch viele unterschiedliche Parameter bestimmen den Nutzen eines Gutes oder Güterbündels für den Konsumenten. Dazu kommt, dass die Bewertung schwierig zu fassen und der Bewertungsmaßstab fast unmöglich zu objektivieren ist.

Damit sind die beiden größten Probleme im Zusammenhang mit der Beurteilung von theoretischen Konstrukten die **Findung geeigneter Messparameter** und die **Skalierung der Messwerte**. Ohne eindeutige und vergleichbare Werte können aber keine objektiven[18], reliablen[19] und validen[20] Ergebnisse erzielt werden.

Wie kann beispielsweise der Unternehmenserfolg festgestellt werden und wann ist er höher als der von anderen Unternehmen? Wenn ein Verlag 50 Mio. Euro Gewinn gemacht und dazu beigetragen hat, dass er zwei Mio. Menschen gut (was auch immer das ist) unterhalten hat, ist er dann erfolgreicher als ein Verlag, der 30 Mio. Gewinn gemacht, 10 Mio. Euro karitativ gespendet, einen Skandal aufgedeckt und drei Mio. Menschen geholfen hat, an der politischen Willensbildung teilnehmen zu können? Welcher Verlag war erfolgreicher? Kann Unternehmenserfolg überhaupt durch die gewählten Parameter ausgedrückt werden? Und welche der gewählten Parameter sind wie zu gewichten? Was wiegt stärker: der Gewinn, das Spendenengagement oder der produzierte Unterhaltungs- oder Informationswert? Die Wahl und die Gewichtung der Messparameter unterliegen sehr häufig subjektiven Wertvorstellungen!

Im Umfeld der Konsumenten und Haushalte sieht die Problemlage nicht anders aus: Während der eine lieber in die Oper statt ins Kino geht, liest der andere lieber eine

---

18 Objektiv (unabhängig) ist ein Messergebnis, wenn es unabhängig vom Untersuchungsleiter ist; wenn die Messung auch bei unterschiedlichen Untersuchungsleitern das gleiche Ergebnis ausweist.
19 Reliabel (zuverlässig) ist ein Messergebnis, wenn es keine Messfehler gibt; wenn auch eine wiederholte Messung zum gleichen Ergebnis kommt.
20 Valide (gültig) ist ein Messergebnis, wenn die erhobenen Werte geeignete Kennzahlen für die zu untersuchende Fragestellung liefern; wenn das gemessen wurde, was gemessen werden sollte; wenn das Ergebnis verallgemeinerungsfähig ist.

Abenteuergeschichte anstatt ein Sachbuch über Forellen, wenn er sich unterhalten lassen will.

Kann der Erfolg oder der Nutzen denn wenigstens genau gemessen werden, wenn Einigkeit über die Parameterauswahl besteht; wenn also eindeutig definiert ist, was gemessen werden soll? Nein, auch hier kann es erhebliche Schwierigkeiten geben. Zwar ist es einfach, direkt messbare Parameter (Gewinn, Deckungsbeitrag, Umsatz, Absatz etc.) exakt auszudrücken und in eine klar skalierte Rangfolge[21] zu bringen. Anders verhält es sich, wenn wiederum mehrdimensionale Konstrukte bewertet werden sollen: Niemand ist in der Lage, genau bewerten zu können, wie viel mehr oder weniger ihm eine Pizza gegenüber einer Portion Spagetti wert ist. Der Nutzen ist individuell und nur ordinal zu messen; also hierarchisch in eine Reihenfolge zu bringen („lieber als, weniger lieb als" oder Ausprägungen zwischen „langweilig" und „spannend" etc.). Wer würde schon wahrhaftig behaupten können, dass ihm die Star-Wars-Episode „Die dunkle Bedrohung" 2,342-mal besser gefallen hat als die Episode „Angriff der Klonkrieger" und 1,019-mal schlechter als „Die Rache der Sith"?

Dieser Mangel ist allerdings aus Sicht des Marketings von eher untergeordneter Bedeutung. Es reicht zunächst für alle Marktteilnehmer aus, zu wissen, was von ihnen selbst oder von anderen als mehr und was als weniger nutzenstiftend (gewinnbringend) interpretiert wird, um Alternativen vergleichen zu können.

Was **prinzipiell in der Ökonomie als sicher angenommen** wird ist, dass Menschen ein Mehr von einem bedürfnisbefriedigenden Gut einem Weniger von diesem Gut vorziehen. Umgekehrt gilt, dass ein Weniger an Aufwand bei gleichem Zielerreichungsgrad einem Mehr an Aufwand vorgezogen wird. Aber auch diese Annahmen gelten nicht uneingeschränkt. Wer sich entscheiden soll, ob er lieber wenig Geld oder viel haben will, wird sich für viel entscheiden; je mehr, desto besser. Wer sich hingegen entscheiden soll, ob er ein bisschen lernen will oder viel, wird sich für weniger entscheiden; je weniger, desto besser.

Allerdings muss auch hier wieder relativiert werden: Wer mit Heißhunger ein Stück Sahnetorte isst, wird das zweite, dritte, vierte etc. wahrscheinlich mit abnehmenden Genuss zu sich nehmen. Wenn sich Übelkeit einstellt, wird gar nicht mehr von Nutzen die Rede sein. Auch wer einen Führerschein hat, wird nicht aufgrund der Freude über die Fahrerlebnisse noch einen Führerschein machen wollen. Und wer sich gerade die Nachrichten angeschaut hat, wird sich die Sendung nicht gleich noch einmal anschauen wollen. D. h. mit **zunehmendem Konsum eines Gutes nimmt der Nutzen des zusätzlich konsumierten (identischen) Gutes ab**. So ist auch die Freude über die erste geschenkte Million Euro wesentlich höher als die über die nachfolgenden. Dennoch müssen Marktteilnehmer in der Regel entscheiden, wie viel eines bestimmten Gutes sie erwerben oder herstellen wollen; d. h., wie viel von einem Gut

---

21 Die Statistik spricht hier von einer kardinalen oder metrischen Messung.

ausreicht, um ein bestimmtes Bedürfnis als befriedigt zu empfinden. Sie müssen ihr Konsumniveau bzw. ihr Produktionsniveau bestimmen.

Den **Nutzenzuwachs**, den ein Wirtschaftssubjekt beim Konsum eines Gutes durch den Konsum einer zusätzlichen Einheit dieses Gutes erfährt, nennt die Ökonomie **Grenznutzen**. Der Grenznutzen gibt an, um wieviel sich der Nutzen verändert, wenn die Gütermenge x_i um eine (marginale) Einheit verändert wird. Dieser Grenznutzen nimmt mit jeder weiteren Konsumeinheit ab.

Dass dies prinzipiell so ist, hat Hermann Gossen schon Mitte des 19. Jahrhunderts (vgl. Gossen 1854) mit dem „Gesetz vom abnehmenden Grenznutzen" (**1. Gossen'sches Gesetz**) formuliert. Das 1. Gossen'sche Gesetz sagt aus, dass der Nutzen zusätzlicher Konsumeinheiten unterproportional wächst. Es kann Sättigung eintreten (der Grenznutzen wird null). Es kann sogar Negativnutzen eintreten (Grenznutzen ist kleiner als null). Stiftet eine weitere Gütereinheit keinen zusätzlichen Nutzen mehr (ein zweiter Führerschein, eine weitere Ausgabe dieser Publikation) ist die Sättigung erreicht. Stiftet eine weitere Gütereinheit Schaden (ein Übel), liegt Negativnutzen vor (Alkoholvergiftung, Übelkeit, Gewinnreduktion etc.).

Hermann Gossen ist darüber hinaus aufgefallen, dass Menschen ihr Budget auf viele bedürfnisbefriedigende Güter verteilen müssen und deswegen versuchen, ihre Ressourcen so einzusetzen bzw. zu verteilen, dass ein möglichst großes Gesamtbefriedigungsniveau (**optimales Güterbündel**) erreicht wird.

Da in der Regel Haushalte nicht alle Bedürfnisse befriedigen können, versuchen Menschen ihre Ressourcen so zu verteilen, dass sie bei jedem einzelnen Bedürfnis den gleichen Grenznutzen erreichen (vgl. Herdzina und Seiter 2009: 77). Dieses Verhalten ist als **2. Gossen´sches Gesetz** festgehalten: Ein Haushalt befindet sich dann in einem Haushaltsoptimum, wenn seine Grenznutzen für alle Güter, jeweils geteilt durch den Preis des Gutes, übereinstimmen.

Andernfalls könnte er seinen Nutzen steigern, da sich eine Umstrukturierung des Konsums in der Form vornehmen ließe, dass eine Ausgabenreduzierung bei einem Gut weniger Nutzeneinbuße nach sich zieht als eine entsprechende Ausgabenerhöhung bei einem anderen Gut an Nutzenzuwachs bringt.

An dieser Stelle sei kritisch angemerkt, dass es möglicherweise interessant ist zu wissen, wie sich der Nutzen für den Konsumenten ändert, wenn er eine infinitesimal kleine Menge mehr von dem einen oder anderen Gut bekäme, aber wer kennt schon seine Nutzenfunktionen in Bezug auf alle möglichen Haushaltspläne und wer würde eine infinitesimale Mengenänderung erwägen, wenn sie denn überhaupt möglich wäre? Ein Kinobesuch ist, genau wie ein Buch zu kaufen oder einen Film auszuleihen, beispielsweise immer ein ganzzahliges Erlebnis. Und selbst wenn marginale Änderungen praktisch möglich sind, wie z. B. im Fall der Investition von Zeit, wen würde es interessieren oder für wen würde es einen praktischen Nutzen haben, wenn er wüsste, wie sich eine minimale Änderung seines Zeitinvests in seinen Werbefilmkonsum auf seine sonstigen Aktivitäten auswirken? Zudem würde die Berechnung voraussetzen, dass er ihr eine Nutzenfunktion zugrunde legen kann. Diese müsste aber erst einmal (mathematisch) exakt und realitätsgetreu formuliert werden.

So soll vereinfacht festgehalten werden, dass jeder Haushalt – wenn auch in der Regel nur intuitiv und nicht rational – sein Nutzenmaximum sucht und er immer das Güterbündel auswählt, dessen Wert er am höchsten schätzt. Da ein zur Verfügung stehendes Budget restringierende Wirkung hat, wird der Haushalt immer den Konsumplan verwirklichen, der budgettechnisch gerade noch realisierbar ist. Im Umfeld produktions- und kostentheoretischer Analysen (vgl. Band 3 dieser Publikationsreihe) wird gezeigt, dass Unternehmen hier in einigen Fällen (z. B. bei der Vervielfältigung von Medieninhalten) exaktere Entscheidungsmöglichkeiten haben bzw. nutzen und sich in diesem Punkt im Alltag von Haushalten unterscheiden können.

Nicht verschwiegen werden soll an dieser Stelle aber auch, dass Konsumentennutzen keinesfalls immer finanziell bewertet oder auf finanzielle Budgets hin maximiert werden soll oder kann. **Werte können und werden häufig auch nicht-monetär ausgedrückt.** Das kann am Beispiel der Beteiligung von Nutzern an der Content-Produktion in den sozialen Medien verdeutlicht werden (vgl. Zydorek 2013: 30 ff.): User Generated Content (UGC) auf sozialen Medien, vor allem, wenn die Inhalte von Unternehmen kommerziell genutzt werden, kostenlos beizusteuern, macht ökonomisch augenscheinlich für den privaten Leistungserbringer keinen Sinn. Diese Einschätzung ändert sich aber, wenn vor Augen geführt wird, dass der individuelle Nutzen durchaus in der Teilhabe am Netzgeschehen und in der öffentlichen Selbstdarstellung gesehen werden kann. Der Aufwand würde nun in Form von Zeitinvest gerechnet. Damit wäre sowohl der Nutzen als auch der Aufwand von der monetären Ebene entkoppelt, aber das Motiv der Mitwirkung immer noch mit den Modellvorstellungen des Homo Oeconomicus vereinbar. Mathematisch quantifizierbar wäre das Fallbeispiel jedoch nicht.

Zusammenfassend kann festgehalten werden, dass die sechs genannten und erläuterten Problembereiche, die von der Ökonomie als **Anomalien** diskutiert werden, deutlich zeigen, dass das Modell des rational nach individuellen Präferenzen und zeit- bzw. budgettechnischen Nebenbedingungen entscheidenden Nutzenmaximierers nicht ohne Einschränkungen funktioniert (vgl. Kiefer 2005: 225–247). Für die Medien- und Informationsgütermärkte sind diese Abweichungen von besonderer Bedeutung, wie im weiteren Verlauf dieser Publikation noch ausführlich gezeigt wird. Spezifische Anomalien, die Mediengüter aufweisen und damit Modelle der orthodoxen[22] ökonomischen Theorie auf den Prüfstand stellen, werden in Kapitel 5 behandelt.

---

22 Orthodox werden Theorien dann genannt, wenn sie die vorherrschende Lehrmeinung wiedergeben. Allerdings betrachtet sich jede Lehrmeinung selbst als orthodox, sodass die Beurteilung bzw. Zuschreibung der Orthodoxie eine Frage des persönlichen Standpunktes ist.

> **!**
>
> **Merke:**
> Das **Verhalten der Marktteilnehmer** ist gemäß der ökonomischen Theorie (Modell des **Homo Oeco-nomicus**) prinzipiell (wenn auch nicht ausschließlich):
> – egoistisch motiviert und ausgerichtet,
> – ausgestaltet nach dem ökonomischen Prinzip,
> – beruht auf (bedingt) rationalen Entscheidungen,
> – orientiert sich autonom an individuellen Nutzen-Kosten-Erwägungen,
> – strebt danach, (langfristig) den eigenen Nutzen zu maximieren.
>
> Das **Nutzenmaximum** ist dann erreicht, wenn der Nutzen einer zusätzlichen Gütereinheit genauso hoch ist, wie die Kosten, die eine zusätzliche Einheit zu bekommen, verursacht. Der Nachfrager hört also auf zu konsumieren und der Anbieter hört auf zu produzieren, wenn die jeweiligen Grenzkosten gleich dem jeweiligen Grenznutzen (Grenzgewinn) einer zusätzlichen Einheit sind.

> **?**
>
> **Fragen/Aufgaben zu Kapitel 4.3**
> 1. Erläutern Sie die Aussagen im vorstehenden Merksatz zum Modell des Homo Oeconomicus.
> 2. Warum muss im Umfeld der Medienwirtschaft das Optimalitätsgebot der Ökonomie hinterfragt werden?
>
> Lösungshinweise finden Sie im achten Kapitel „Lösungsskizzen".

4.4 Die Relativierung der zentralen Stellung des Preises als Marktkoordinator

Auf Märkten werden Güter angeboten, die von Nachfragenden als nutzenstiftend ein-geschätzt und nachgefragt und von den Anbietenden als renditewirksam bewertet werden.[23] Damit sind Märkte zentrale und entscheidende Institutionen der Marktwirt-schaft. Sie regulieren die Zuteilung der Ressourcen (Allokation) und die Verteilung der Güter (Distribution) aufgrund freier Entscheidungen der beteiligten Wirtschafts-subjekte, ohne dass es einer übergeordneten Instanz bedarf.

Die in diesem Kapitel relevanten Themenfelder, die im Zusammenhang mit der Bedeutung des Preises als zentraler Marktkoordinator diskutiert werden, zeigt der nachfolgende Themenkasten:

---

[23] Obwohl Medienmärkte aus publizistischer und ökonomischer Sicht betrachtet werden können (und müssen), soll hier und folgend wegen der BWL-Orientierung dieses Werkes ausschließlich der ökonomische Aspekt berücksichtigt werden.

Themen von Kap. 4.4: Der Preis verliert auf werbefinanzierten Absatzmärkten seine Koordinierungskraft

Der Preis ist unverzichtbar für funktionierende Märkte

Der Preis, mit dem ein Gut am Markt gehandelt wird, ist der entscheidende Faktor für die Marktteilnehmer, ob und wie viel sie produzieren bzw. nachfragen. Anbietende werden am Markt aktiv, wenn sie sich Gewinner versprechen; Nachfragende, wenn ihre Bedürfnisse innerhalb ihres Budgets befriedigt werden.

Der Preis koordiniert Angebot und Nachfrage und die Renten der Teilnehmer

Überangebote oder Nachfrageüberschüsse sowie steigende oder sinkende Angebote/Nachfragen werden über Preisänderungen ausgeglichen. Renten erzielen nur die, effizienter produzieren als es notwendig ist und die, deren Zahlungsbereitschaft über dem Marktpreis liegt.

Auf werbefinanzierten Rezipientenmärkten bilden sich keine marktgerechten Preise.

Muss die Zahlungsbereitschaft der Nachfragenden nicht offengelegt werden, gibt es keinen Maßstab, an dem sich Preise ausrichten können. Der natürliche Preismechanismus versagt.

4.4.1 Das Prinzip des Preismechanismus' und der Anreiz von Renten

Das in Abb. 4.1 bereits vorgestellte Modell der freien Marktwirtschaft verdeutlicht die in den Wirtschaftswissenschaften vorherrschende (idealtypische, vereinfachte) Vorstellung, dass sich Märkte als freie Orte des Tausches quasi selbst regulieren. Nachfragende (z. B. Mediennutzer) benötigen Güter (Informationen, Werbeplätze etc.), die von Anbietenden (Medienunternehmen) bereitgestellt werden können. Welche Güter von wem benötigt oder bereitgestellt werden und welche Ressourcen sie einsetzen wollen, entscheidet jeder Marktteilnehmer autonom für sich (Prinzip der Privatautonomie). Dies können sie, weil jeder über die Verwendung seines Eigentums aufgrund der jeweiligen Verfügungsrechte frei entscheiden kann. Die Nachfragenden versuchen ihre Bedürfnisse im Rahmen ihrer ihnen zur Verfügung stehenden Budgets bestmöglich zu befriedigen. Die Anbietenden wiederum versuchen ebenfalls ihre Ressourcen (Material, Kapital etc.) so einzusetzen, dass nichts verschwendet wird. So streben die Nachfragende nach Nutzenoptimierung im Sinne der Bedürfnisbefriedigung und die Anbietenden nach Gewinnoptimierung im Sinne der Ressourcenverwendung. Da sowohl die Bedürfnisse als auch die bereitgestellten Güter am Markt angezeigt werden und sich jeder Marktteilnehmer frei über einerseits die Nachfrage und das Angebot und andererseits über Zahlungsbereitschaften und Preisforderungen informieren kann, entsteht Wettbewerb unter den Marktteilnehmern. Die Nachfragenden zeigen an, wie viele Güter sie aufgrund der von Anbietern geforderten Güterpreise erwerben wollen. Je niedriger der Preis, desto höher die Nachfragemenge Die Anbietenden entscheiden aufgrund der Preisbereitschaft der Nachfragenden, ob und wieviel Güter sie auf den Markt bringen wollen. Denn ein Angebot entsteht nur dann, wenn die Nachfrager mindestens bereit sind, die Produktionskosten zu bezahlen. Je höher der Preis ist, den zu zahlen die Nachfragenden bereit sind, desto mehr Anbietende werden den Markt betreten, weil sie Gewinne erwarten.

Der Preis für ein Gut wirkt also auf beide Tauschpartner hinsichtlich der Attraktivität des Gutes.[24] Insofern erfüllt der Preis in der Marktwirtschaft mindestens vier Funktionen (vgl. Tab. 4.2)

Tab. 4.2: Die vier Funktionen des Preises in der Marktwirtschaft.

Preisfunktion	Fragestellung/Erläuterung
1. Allokationsfunktion	*Was wird hergestellt?*
	Angebot und Nachfrage sind vom Preis abhängig. Der Preis bestimmt, was produziert wird (ob Unternehmen ihr Kapital zur Produktion einsetzen) bzw. wofür Nachfragende ihr Budget opfern.
2. Koordinationsfunktion	*Wie viel wird zu welchem Preis nachgefragt bzw. angeboten?*
	Alle Marktteilnehmenden stellen für sich einen Plan auf, wie viel sie zu welchem Preis kaufen bzw. verkaufen wollen. Ändert sich der Preis, werden sich auch die Mengen ändern, die gehandelt werden. Der Preismechanismus koordiniert die einzelnen Pläne der Teilnehmenden so, dass Angebot und Nachfrage genau übereinstimmen.
3. Signalfunktion	**Wie wertvoll ist das Gut?**
	Der Preis informiert über den Wert eines Gutes. Werden Güter knapper oder steigt die Nachfrage bei gleichbleibendem Angebot, steigt der Preis. Steigt das Angebot bei gleichbleibender Nachfrage oder sinkt die Nachfrage, bei gleichbleibendem Angebot, sinkt der Preis.
4. Selektionsfunktion	**Wer kann zu gegebenen Preisen am Marktgeschehen teilnehmen?**
	Nur wirtschaftlich arbeitende Unternehmen bleiben auf dem Markt. Liegen die Produktionskosten eines Unternehmens dauerhaft über dem Marktpreis, kann das Unternehmen keine Gewinne erzielen. Es muss also effizienter werden oder es kann sich nicht auf dem Markt halten. Nachfragende, die den gegebenen Preis nicht zahlen wollen (können) werden nicht bedient.

Um die Nachfrage- und die Angebotsmenge eines gesamten Marktes zu einem bestimmten Zeitpunkt bestimmen zu können, müssen die Präferenzen der einzelnen Marktteilnehmer (Einzelangebote und Einzelnachfragen) aufaddiert werden. D. h., es könnten bspw. repräsentativ viele Haushalte gefragt werden, zu welchem Preis sie ein bestimmtes Buch oder eine Film-DVD kaufen würden. Die Einzelergebnisse würden dann zu einer Gesamtnachfrage aufaddiert. Die Aufaddierung zeigt dann auf, wie viele Bücher oder DVDs von den Hauhalten zum Preis von x Euro oder y Euro etc. gekauft würden. Andererseits würden Unternehmen gefragt, bei welchem Preis sie das Objekt produzieren und anbieten würden. Je höher der Preis der Nachfragenden

---

24 Preise und Budgets müssen dabei nicht monetär festgeschrieben sein. Sie können auch in Form von Aufmerksamkeit (= Preis) und Zeit (= Budget) von Nachfragern investiert werden.

angenommen wird, desto mehr Unternehmen würden sich bereiterklären. Die Aufaddierung der Mengen zu einem bestimmten Preis zeigt dann auf, wie viel Menge jeweils am Markt angeboten würde. Tab. 4.3 und Tab. 4.4 zeigen fiktive Nachfrage- und Angebotsentwicklungen für eine Film-DVD.

Tab. 4.3: Nachfrageentwicklung in Abhängigkeit vom Preis für eine aktuelle Film-DVD.

Produktpreis P	Zusätzliche Nachfragemenge zum Preis von P	Aufaddierte Nachfragemenge zum Preis von P
22 €	0	0
20 €	2.000	2.000
18 €	2.000	4.000
16 €	4.000	8.000
14 €	4.000	12.000
12 €	5.000	17.000
10 €	5.000	22.000

Die erste Spalte aus Tab. 4.3 dokumentiert die maximale Preisbereitschaft der Nachfrager. Sie zeigt auf, dass zum Preis von 22 € kein Nachfrager bereit ist, die DVD zu kaufen. Dieser Preis wird Prohibitivpreis genannt. Die 2. Spalte zeigt, wie viele DVDs bei dem gegebenen Preis mehr verkauft werden, wenn der Preis sinkt. Daraus ergibt sich das Gefälle (= Negativ-Steigung) der Funktion in Abb. 4.4). In der 3. Spalte ist die Gesamtnachfrage auf dem Markt zu dem jeweiligen Preis ausgewiesen.

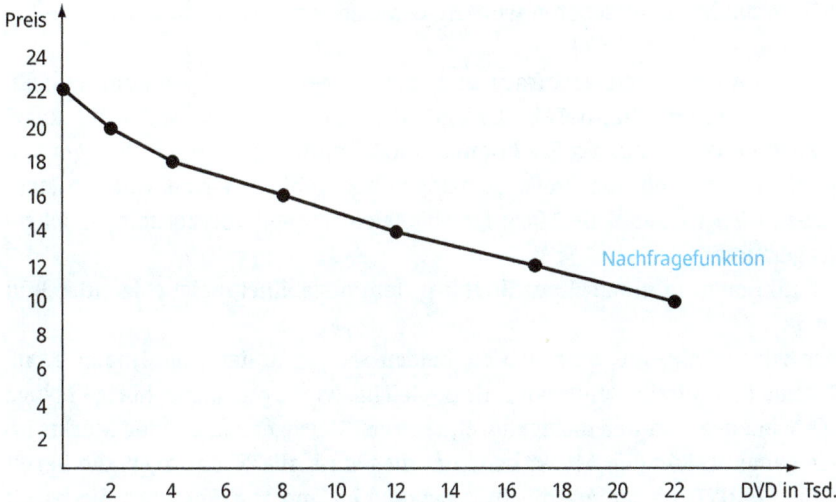

Abb. 4.4: Nachfragefunktion des DVD-Beispiels.

Auf der Anbieterseite ergibt sich die in Tab. 4.4 und Abb. 4.5 dargestellte preisabhängige Angebotssituation. Die erste Spalte zeigt den Preis, der am Markt realisierbar ist. Zu einem Preis von 10 € ist kein Produzent bereit, die DVD auf den Markt zu bringen. Mit steigender Preisakzeptanz seitens der Nachfrager erhöht sich die Bereitschaft der Anbieter, tätig zu werden. Erste Anbieter erscheinen am Markt. Mit steigendem Preis erhöht sich auch die Angebotsmenge, da es sich mehr lohnt, die Ware auf den Markt zu bringen. Die 2. Spalte zeigt, um wie viele DVDs bei dem gegebenen Preis das Angebot steigt, wenn der Preis steigt (= Steigung der Funktion in Abb. 4.5). In der 3. Spalte ist das Gesamtangebot auf dem Markt zu dem jeweiligen Preis ausgewiesen. Je höher der Preis ist, der realisiert werden kann, desto größer wird die Bereitschaft sein, das Gut anzubieten.

Tab. 4.4: Angebotsentwicklung in Abhängigkeit vom Preis für eine aktuelle Film-DVD.

Produktpreis P	Zusätzliche Angebotsmenge zum Preis von P	Aufaddierte Angebotsmenge zum Preis von P
10 €	0	0
12 €	2.000	2.000
14 €	2.000	4.000
16 €	4.000	8.000
18 €	6.000	14.000
20 €	6.000	20.000
22 €	2.000	22.000

Die Angebotsfunktion weist aus, wie viele DVDs zu welchem Preis produziert und von den Herstellern am Markt angeboten werden. Grafisch ergibt sich damit folgende Lösung (vgl. Abb. 4.5):

Werden nun Angebot und Nachfrage zu den jeweiligen Preisen gegenübergestellt, ergibt sich die Situation, die in Tab. 4.5 und Abb. 4.6 dargestellt ist. In der Regel schneiden sich die gegenläufigen Funktionen. Im Schnittpunkt sind die Preisvorstellungen der Nachfrager mit den Preisforderungen der Anbieter gleich. Auf der Mengenachse abzulesen ist dann die Marktgleichgewichtsmenge, die zu dem Gleichgewichtspreis getauscht wird.

Beide Funktionen in einem Koordinatensystem abgebildet, zeigt folgendes Bild (vgl. Abb. 4.6):

Deutlich wird in Abb. 4.6, dass sich die beiden Kurven in den Koordinaten 8.000 Stck.|16 € schneiden. Dieser Punkt wird Marktgleichgewicht, die dazugehörige Menge Gleichgewichtsmenge und der dazugehörende Preis Gleichgewichts- oder Markträumungspreis genannt. Für den Markt bedeutet dies, dass alle Nachfrager, die bereit sind, 16 € für die DVD zu zahlen, die DVD bekommen und alle Anbieter, die bereit sind, zum Preis von 16 € anzubieten, ihre DVDs verkauft bekommen. Nachfrager, die nur weniger bezahlen möchten, bleiben unbefriedigt. Nachfragende, die auch mehr bezahlen würden, sparen Geld. Diese Ersparnis wird **Konsumentenrente** genannt

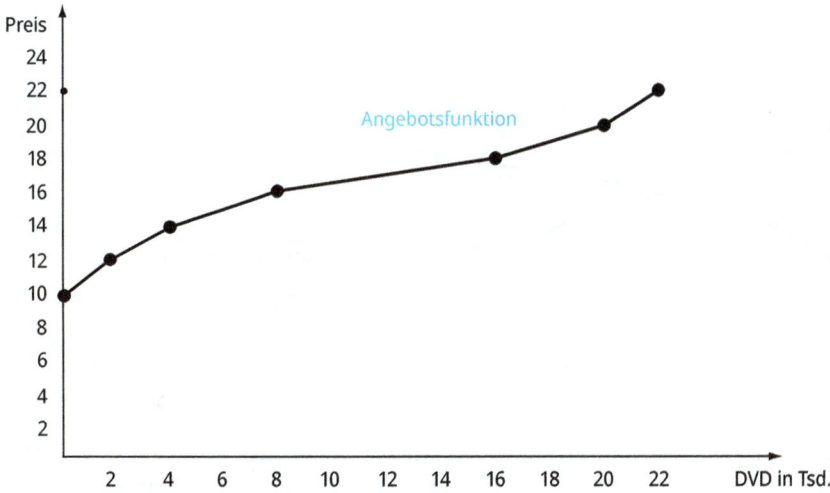

Preis

Abb. 4.5: Angebotsfunktion des DVD-Beispiels.

Tab. 4.5: Mengenentwicklungen auf dem Markt für eine aktuelle Film-DVD.

Produktpreis P	Gesamtnachfragemenge für die DVD zum Preis von P	Gesamtangebotsmenge für die DVD zum Preis von P
10 €	22.000	0
12 €	17.000	2.000
14 €	12.000	4.000
16 €	8.000	8.000
18 €	4.000	14.000
20 €	2.000	20.000
22 €	0	22.000

(vgl. Abb. 4.7). Das heißt Nachfragende, die bspw. bereit wären, auch 18 € oder 20 € zu bezahlen, werden die DVD für 16 € am Markt erhalten.

Anbieter, die zum Gleichgewichtspreis nicht anbieten möchten oder (aus Kostengründen) nicht anbieten können, verlassen den Markt oder betreten ihn nicht. Auf die Grafik bezogen, liegen diese Anbieter auf der Angebotskurve, aber oberhalb des Gleichgewichtspreises. Anbieter, die auch zu einem geringeren Preis anbieten könnten (sie liegen auf der Angebotsfunktion, aber unterhalb des Gleichgewichtspreises), machen zusätzlichen Gewinn. Dieser zusätzliche Gewinn wird **Produzentenrente** genannt (vgl. Abb. 4.8). Das heißt, alle Anbieter, die zum Preis unterhalb von 16 € anbieten könnten, werden natürlich trotzdem zum Marktpreis von 16 € anbieten.

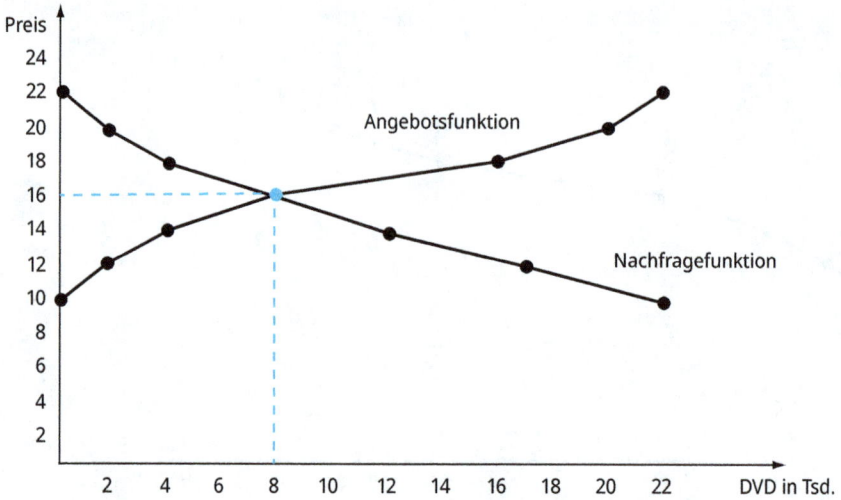

Abb. 4.6: Marktgleichgewicht im DVD-Beispiel.

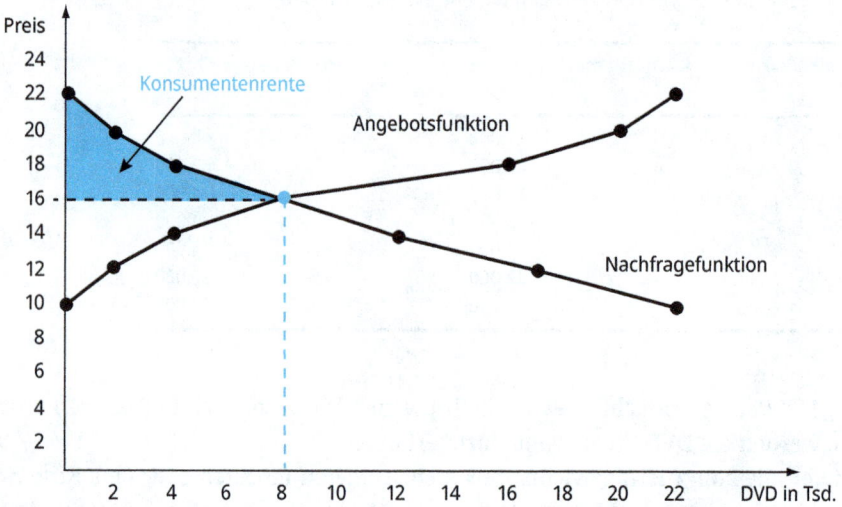

Abb. 4.7: Konsumentenrente im DVD-Beispiel.

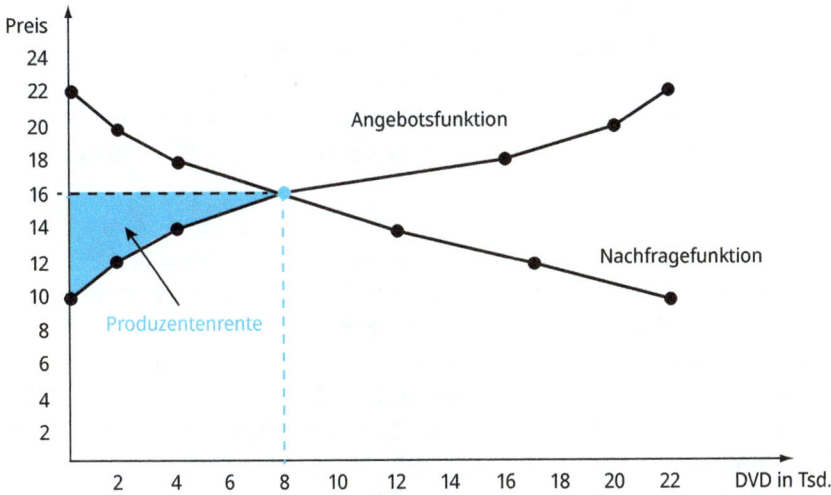

Abb. 4.8: Produzentenrente im DVD-Beispiel.

> **Merke:**
> **Marktgleichgewicht** wird ein Zustand genannt, der sich dann ergibt, wenn Angebot und Nachfrage übereinstimmen. Das Regulativ ist der Preis. Stimmen Zahlungsbereitschaft der Nachfrager und Preisforderung der Anbieter überein, spricht die ökonomische Theorie vom Gleichgewichtspreis. Diesem Gleichgewichtspreis ist eine Gleichgewichtsmenge zugeordnet. Jeder der bereit ist, den Gleichgewichtspreis zu zahlen, bekommt das Gut. Jeder der bereit ist, zum Gleichgewichtspreis anzubieten, verkauft seine Ware.
>
> **Konsumentenrente** ist die Differenz zwischen der maximalen Zahlungsbereitschaft eines Konsumenten für ein Gut und dem Marktpreis, den er zahlen muss, um das Gut zu erhalten.
>
> **Produzentenrente** ist die Differenz aus dem Gleichgewichtspreis, den der Produzent aufgrund der Marktverhältnisse tatsächlich erhält (Marktpreis) und dem Preis, den er mindestens benötigt oder will.

4.4.2 Der Preis als Aktionsparameter auf sich ändernden Märkten

Die ökonomische Theorie unterstellt, dass ausschließlich marktwirtschaftlich organisierte Märkte (ohne Eingriffe des Staates und ohne Ausnutzung von ungleich verteilter Marktmacht), die sich im Ungleichgewicht befinden, immer eine **Tendenz zum Gleichgewicht** haben; dass sich also Angebot und Nachfrage so lange austarieren, bis ein Gleichgewicht (automatisch) entsteht, das dauerhaft bestehen bleibt (vgl. Varian und Buchegger 2007, S. 52 ff.; Gahlen et al. 1981, S. 30 ff.).

Wie sich **Veränderungen auf Märkten** auf das Marktgleichgewicht auswirken, soll nun schematisch dargestellt werden. Existiert am Markt ein Gleichgewicht, kann dieses durch Fehleinschätzungen der Anbietenden oder durch Veränderungen am Markt gestört werden. Fehleinschätzungen auf Seiten der Anbietenden können bezüglich der vermuteten Preisbereitschaft der Nachfragenden entstehen. Dadurch ergeben sich **Angebots- oder Nachfrageüberschüsse** bei gegebenen Preisen. Störungen des aktuellen Gleichgewichts können aber auch durch **Markteintritte zusätzlicher Nachfrager oder Anbieter** zustande kommen. Damit vergrößert sich Menge der Anbietenden/Nachfragenden oder es werden bei gegebenen Preisen größere Mengen angeboten/nachgefragt.

1. Fall: Marktungleichgewichte durch Fehleinschätzungen der Anbieter
Es kann sein, dass aufgrund von Verkaufserwartungen Anbieter eine Menge produzieren und auf den Markt platzieren, die sich als zu groß erweist. In diesem Fall würde ein **Angebotsüberschuss** am Markt existieren, da die Anbieter die Preisakzeptanz der Nachfrager als zu hoch angenommen haben. In Abb. 4.9 (linke Seite) haben die Anbieter einen Preis in Höhe von P_A erwartet und daraufhin eine Menge in Höhe von X_1 produziert. Zu diesem Angebotspreis wird aber nur die Menge X_2 nachgefragt. Es herrscht ein Marktungleichgewicht vor. Die tatsächliche Nachfrage wäre um ΔX geringer als das Angebot. Da die Anbieter aber ihre Ware verkaufen wollen, würden sie den Preis so lange reduzieren (und natürlich die Produktion herunterfahren), bis der Angebotsüberhang nach einer gewissen Anpassungszeit abgebaut ist. Dann käme der Markt wieder ins Gleichgewicht ($X_0 \mid P_0$). Anbieter, die zum Gleichgewichtspreis nicht anbieten wollen oder können, werden keine Angebote bereit stellen.

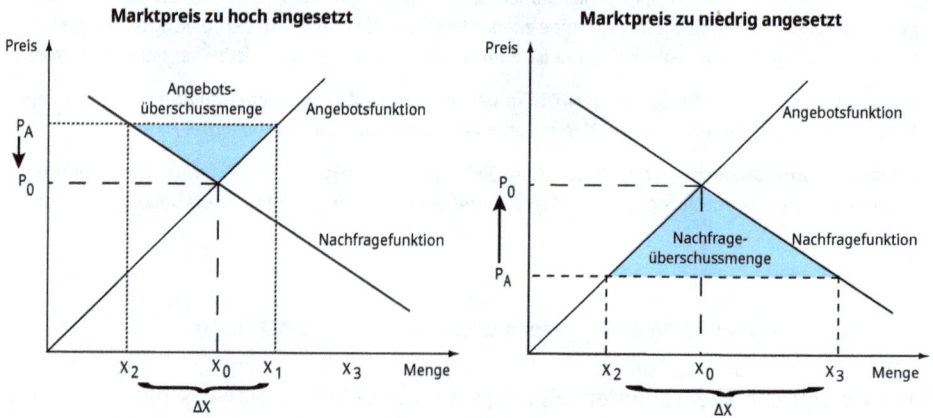

Abb. 4.9: Angebots- und Nachfrageüberhänge bei falschen Preissignalen.

Es kann auch sein, dass der Markt noch nicht gesättigt ist und die aktuellen Anbieter den Güterpreis (P_A) zu gering ansetzen (vgl. Abb. 4.9 **rechte Seite**). In solchen Fällen entsteht ein **Nachfrageüberschuss** (ΔX), da die Nachfragemenge (X_3) größer ist als die Angebotsmenge (X_2). Ist der Wunsch, ein Gut zu bekommen, ausreichend stark ausgeprägt, werden die Nachfrager ihre Preisbereitschaft nach oben korrigieren. Steigende Preise wiederum locken neue Anbieter auf den Markt. Das Angebot wird sich sukzessive ausweiten und die Nachfrageüberschussmenge abbauen, bis wieder das Marktgleichgewicht ($X_0 \mid P_0$) erreicht wird.[25]

2. Fall: Die Ausweitung des Marktvolumens

Ein anderer Fall stellt sich ein, wenn sich die Menge an Marktteilnehmern oder die nachgefragte/angebotene Menge bei gleichbleibender Preis- bzw. Angebotsbereitschaft verändert. Die ist der Fall, wenn sich Märkte öffnen (z. B. internationalisieren) oder wenn Unternehmen ihre Geschäftsfelder ausweiten (Verlag launcht eine Plattform mit Inhalten wie im klassischen Geschäft). Von besonderer Bedeutung in der Medienwirtschaft ist die Ausweitung des Medienangebotes durch die Digitalisierung. Das Problem dabei ist, dass die Menge der Nachfragenden – und damit z. B. die Mediennutzungszeit – insgesamt relativ gleich geblieben ist. Aber auch die Nachfrage kann temporär deutlich volatieren (schwanken); dies z. B. in nachrichtlichen Krisenzeiten oder zu besonderen Anlässen.

2.a. Die Angebotsmenge am Markt erhöht sich:

Zunächst sei klargestellt, dass eine (Koordinaten-)Bewegung auf einer Funktion im Mengen-Preis-Diagramm anzeigt, wieviel Menge bei einem bestimmten Preis angeboten oder nachgefragt wird.[26] Wenn sich die Mengenvolumen am Markt ändern, die zu gegebenen Preisen gehandelt werden, kann dieser Fall nicht mehr durch eine Bewegung auf einer Funktion, sondern nur durch die Verschiebung der Funktion abgebildet werden. Sie wird nach rechts verschoben, wenn die Mengen, die zu einem bestimmten Preis gehandelt werden, zunimmt. Sie wird nach links verschoben, wenn die Mengen, die zu bestimmten Preisen gehandelt werden, abnehmen. Es handelt sich also um eine Horizontalaggregation der Mengen zu gleichen Preisen. Durch die Addition der Mengen bei gleichen Preisen verschiebt sich die aufaddierte Funktion nach rechts. Umgekehrt würde eine Reduktion der Mengen ausgehend von der aktuellen Gesamtmenge zu einer Verschiebung der Kurve nach links führen (vgl. Abb. 4.10)

Abb. 4.10 zeigt das Werbezeitenangebot eines Marktes, der mit dem TV-Sender 1 besetzt ist. Dieser bietet eine dreisekündige Werbeschaltung zum Preis von p_1 an. Ein

---

25 Nachfrageüberschüsse können auch entstehen, wenn der Staat beispielsweise Höchstpreise für Güter festlegt und diese Höchstpreise unterhalb des Gleichgewichtspreises liegen. Dies liegt an der Reaktion der Anbieter, die sich aus dem Markt zurückziehen.

26 Ausgehend von der in der Volkswirtschaftslehre vorherrschen Interpretation, dass der Preis die Menge bestimmt, müssten die Koordinatensysteme richtigerweise auf der X-Achse den Preis und auf der Y-Achse die Menge abbilden. Sonst würde die Logik lauten: Die Menge bestimmt den Preis, da immer die unabhängige Variable auf der Abszisse abgetragen wird. In den Wirtschaftswissenschaften haben sich dennoch die Mengen-Preis-Koordinatensysteme durchgesetzt. Da es sich um eine inverse Funktion handelt, bleiben die einzelnen Koordinatenpunkte in beiden Systemen gleich. Aus diesem Grunde sind aus pragmatischer Sicht beide Varianten durchaus gleichwertig. Aus akademischer Sicht (modelltheoretische Aussage) hingegen nicht.

Marktangebot als Summe der Einzelangebotsmengen

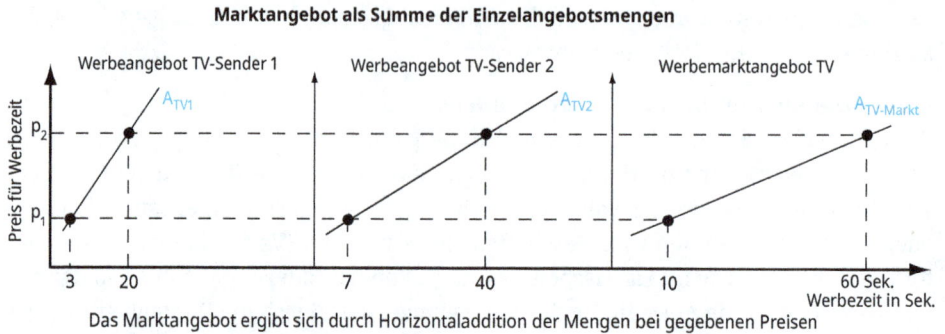

Das Marktangebot ergibt sich durch Horizontaladdition der Mengen bei gegebenen Preisen

Abb. 4.10: Angebotsausweitungen durch Markteintritte neuer Marktanbietende.

20-Sekünder kostet p_2. Nun betritt eine zweite Sendeanstalt (TV-Sender 2), die einen 7-Sekünder für p_1 anbietet und für 20 Sekunden Werbezeit p_2 berechnet, den Markt. Insgesamt können auf dem Gesamtmarkt nun 10 Sekunden Werbung für p_1 und 60 Sekunden für p_2 gebucht werden. Die Konkurrenz hat zugenommen (die Möglichkeiten, Werbezeiten anzubieten, hat sich erhöht).

> **!**
>
> **Merke:**
> **Angebotsausweitungen oder -reduktionen** können durch verschiedene Einwirkungen auf den Markt oder die anbietenden Unternehmen ausgelöst werden:
> – Die Wettbewerbssituation ändert sich: neue Teilnehmer betreten oder alte Teilnehmer verlassen den Markt.
> – Die Technologie ändert sich: technologische Entwicklungen führen zu effizienteren Produktionsbedingungen.
> – Erwartungen ändern sich: Nachfrageerwartungen steigen oder sinken.
> – Kosten der Produktionsfaktoren ändern sich: Die Produktion wird günstiger oder teurer.
>
> Grafisch werden Mengenzunahmen oder -abnahmen durch Horizontaladdition bzw. -subtraktion der Funktionen ermittelt.

2.b Die Nachfragemenge am Markt erhöht sich:

Auch die Nachfrageentwicklung bei Markterweiterung kann durch Horizontaladdition der Funktionen (hier Nachfragefunktionen) verdeutlicht werden. Abb. 4.11 zeigt den Fall, dass eine DVD produziert wurde und auf Markt 1 (z. B. Deutschland) angeboten wird. Auf diesem Markt sind die Nachfragenden bereit zum Preis von p_1 10.000 Stück und zum Preis von p_2 25.000 Stück zu kaufen. Die gleiche DVD wird in den Benelux-Ländern (Markt 2) angeboten. Hier werden zum Preis von p_1 20.000 Stück und zum Preis von p_2 40.000 Stück nachgefragt.

Da moderne DVD mehrsprachig abgemischt werden und technische Beschränkungen kaum noch existieren, können nun alle Interessierten aus Deutschland (Markt 1) und den Benelux-Ländern (Markt 2) die DVD kaufen, wo auch immer sie wollen. Dadurch bildet sich ein Gesamtmarkt. Die Nachfragemenge bei den gegebenen Preisen erhöht sich auf dem Gesamtmarkt gewaltig. Es findet eine Nachfrageausweitung statt. Nunmehr sind 30.000 Nachfragende bereit, die DVD zum Preis von p_1 und 65.000 Nachfragende zum Preis von p_2 zu kaufen.

Marktnachfrage als Summe der Einzelnachfragemengen

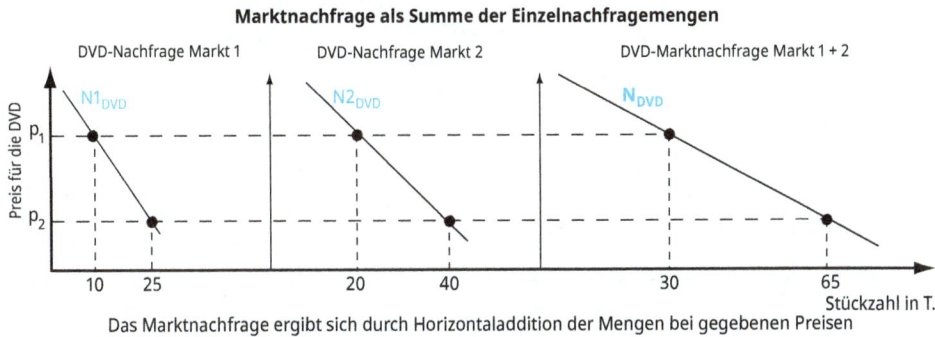

Das Marktnachfrage ergibt sich durch Horizontaladdition der Mengen bei gegebenen Preisen

Abb. 4.11: Nachfragemengenausweitungen durch Markteintritte neuer Nachfragende.

Welche **Auswirkungen einseitige Marktänderungen auf das Marktgleichgewicht** haben, soll nun analysiert werden. Das heißt, es wird hinterfragt, was am Markt geschieht, wenn sich das Angebot ändert, nicht aber die Nachfrage bzw., wenn sich die Nachfrage ändert, nicht aber das Angebot.

2.c Das Angebot wird ausgeweitet, die Nachfrage ändert sich nicht

So zeigt Abb. 4.12 am Beispiel der zunehmenden Werberaumangebote durch die **Geschäftsfelderweiterungen** der Medienbetriebe (Ausweitung des Produktangebotes und damit Ausweitung der Werbemöglichkeiten von A_1 auf A_2) oder den **Markteintritt neuer Anbietender** (Anzahl der Medien erhöht sich ebenfalls), dass bei gleichbleibender Nachfragebereitschaft ein temporäres Überangebot an Werbefläche entsteht ($x_2 | p_1$) und dazu führt, dass der Gleichgewichtspreis auf p_G sinkt. Denn werbetreibende Unternehmen können sich aus einer größeren Auswahl an Anbietenden die Flächenbereitsteller aussuchen, die die günstigsten Preise anbieten. Da auch die teurer Anbietenden ihre Werbeflächen vermarkten wollen, müssen sie ihren Preis senken. Dies geschieht so lange, bis der Markt bei einem insgesamt niedrigeren Preis, aber einer höheren Menge x_G (aber gegenüber x_2 einer geringeren Menge) wieder im Gleichgewicht ist. Das Überangebot wird abgebaut.

Eine **Besonderheit der Medienwirtschaft** ist, dass die Produktion zusätzlicher Einheiten oder die Vervielfältigung der Produkte extrem preiswert ist. So sind bspw. die Produktionskosten einer Werbeschaltung für das Medienunternehmen nahezu zu vernachlässigen, da die gelieferten Vorlagen nur in das Layout eingearbeitet und anschließend gedruckt bzw. in Netz gestellt werden müssen. Da die Angebotsfunktion die Kostenfunktion widerspiegelt, könnte sie also sehr flach verlaufen. Das würde

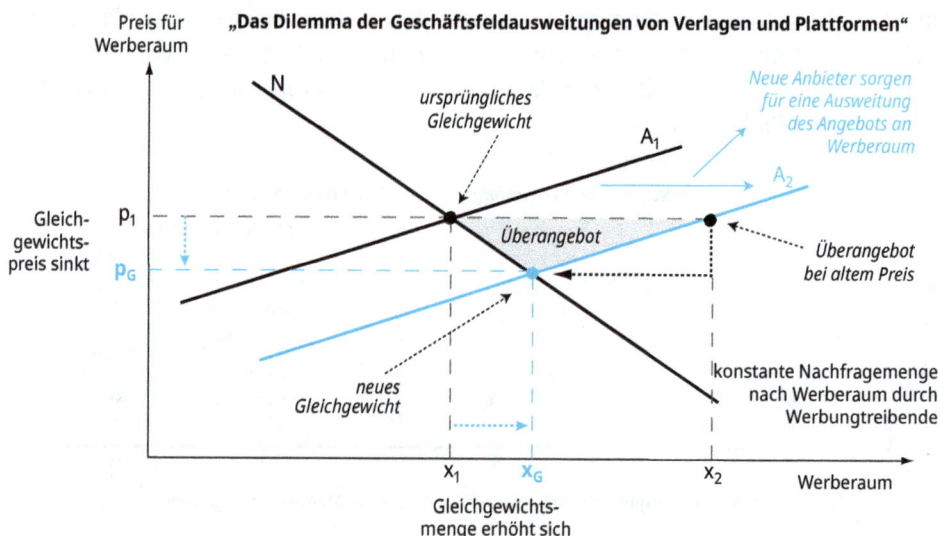

Abb. 4.12: Gleichgewichtsverschiebung bei Erweiterung der Angebotsmengen.

dazu führen, dass jede Nachfrageerhöhung deutliche Angebotsmengenausweitungen nach sich ziehen würde, ohne das nennenswerte Kostenzunahmen (und damit höhere Preisforderungen) zu erwarten sind. Im Extremfall könnte die Angebotsfunktion sogar waagerecht zur X-Achse angenommen werden, da insbesondere im **Digitalbereich** „überhaupt keine" Zusatzkosten für erhöhte Werbeflächennutzungen entstehen (im analogen Geschäft fallen minimal erhöhte Papierkosten an).[27]

Damit drängt sich die Frage auf, warum die Angebotsfunktion überhaupt so relativ stark steigt. An den zusätzlichen Kosten für die Bereitstellung von Werberaum in den Printmedien und schon gar nicht auf den digitalen Plattformen, kann es nicht liegen.[28] Aber die Antwort ist relativ einfach: Eine Werbeflächenausweitung muss verlagsseitig durch eine Erhöhung der Informationsanteile kompensiert werden, um das Verhältnis zwischen redaktionellen Inhalten und Werbeflächen nicht ins Ungleichgewicht zu bringen. Die Lese- bzw. Nutzerschaft erwartet ein ausgewogenes Verhältnis. Ansonsten leidet der Qualitätseindruck und dies könnte zu einer sinkenden Zahlungsbereitschaft oder einen Nachfragerückgang auf der Nachfragendenseite

---

27 Die Fixkosten im z. B. Personalbereich müssen hier nicht berücksichtigt werden, da sie kurzfristig nicht relevant sind.

28 Im TV-Bereich ist es ein ganz anderer Fall. Hier ist Werberaum wegen der gesetzlichen Werbezeitbegrenzungen knapp. Hier entscheidet der Wettbewerb um die Werbezeiten über die Schaltkosten. Kosten für die Platzierung spielen „überhaupt" keine Rolle. Allein die Attraktivität des Sendeplatzes ist ausschlaggebend.

führen. Aus diesem Grund steigt die Angebotsfunktion stärker als es kostentechnisch nötig wäre.

Unter diesen Umständen wird auch nicht die gesamte Nachfrage nach Werbeflächen bedient, die aus Kostensicht bedient werden könnte, sondern nur ein redaktionell „verträglicher" Teil. Und diese Ausweitung lässt sich der Verlag bzw. die Plattform gut bezahlen. Die Gleichgewichtsmenge erhöht sich und der Gleichgewichtspreis ebenso. Wie stark die Mengenausweitung greift, hängt ab vom Qualitätsanspruch des Mediums. Je größer dieser ist, desto steiler verläuft die Angebotskurve. Je steiler die Angebotskurve, desto größer der Preiszuwachs und desto kleiner die Mengenausweitung.

Um Missverständnissen vorzubeugen: In Abb. 4.12 ist der Fall dargestellt, dass nicht eine gegebene Menge an Werbeflächenangebot zu gegebenen Preisen am Markt angeboten wird (das wäre die Darstellung mit EINER Angebotsfunktion). Hier zeigt die Abbildung, dass mehr Werberaum (A_2) am Markt angeboten wird als vorher (A_1). Da die Preisvorstellungen der Anbieter temporär gleichbleiben, erhöht sich die Angebotsmenge. Diese Menge wird zu der „alten" Preisvorstellung aber nicht abgenommen. Deswegen greift jetzt der Wettbewerbsmechanismus und der, der bereit ist, den Preis so lange zu senken, bis das Gleichgewicht wieder hergestellt ist, wird seine Werbeflächen auch verkaufen.

2.d Die Nachfrage wird ausgeweitet, das Angebot aber nicht:

Was hingegen passiert, wenn nicht das Angebot, sondern die Nachfrage ausgeweitet wird (Stichwort Weihnachtsgeschäft), zeigt Abb. 4.13 am Beispiel des Zeitungsverlagsgeschäftes bzw. von Plattformbetreibern. Nun liegt der Vorteil auf Seiten der Anbietenden. Durch die Ausweitung der Nachfrage entsteht zunächst ein Nachfrageüberhang. Zum Preis von p_1 würden x_2 viele Werbeplätze eingekauft. Die Anbietenden werden bereit sein, ihre zur Verfügung gestellten Anzeigenflächen zu erhöhen, wenn die Nachfragenden einen höheren Preis zahlen (Bewegung auf der Angebotsfunktion nach oben rechts). Nun könnte ein Gleichgewichtspreis bei $x_3|p_2$ entstehen. Den Vorteil, den die Anbieter haben, da im Weihnachtsgeschäft die Werbeplätze knapp werden, werden sie aber weiter ausnutzen. Sie werden den Werberaum noch einmal teurer machen, um die notwendige Ausweitung des redaktionellen Teils zu kompensieren. In diesem Fall verändert sich durch die Marktmacht der Anbietenden auch die Steigung der Angebotsfunktion. Damit wird jede (über der Mindestverkaufsmenge an Werbeflächen) angebotene Menge teurer als vorher (die Angebotsfunktion wird steiler). Das Marktgleichgewicht stellt sich auf einen Preis ein, der höher ist als er wäre, wenn die Anbietenden ihre Marktmacht nicht ausgenutzt hätten. Und die Gleichgewichtsmenge wird etwas geringer als sie bei ursprünglicher Preisforderung ($x_3|p_2$) gewesen wäre. Das neue Gleichgewicht liegt nun bei $x_G|p_G$.

Eine noch wesentlich **stärkere Marktreaktion** zeigt sich, wenn das **Angebot limitiert** ist. Dies ist bspw. im Bereich der **Außenwerbung** der Fall. Aus vielerlei Gründen können die Außenwerbeflächen kurzfristig nicht ausgeweitet werden. Dieser Um-

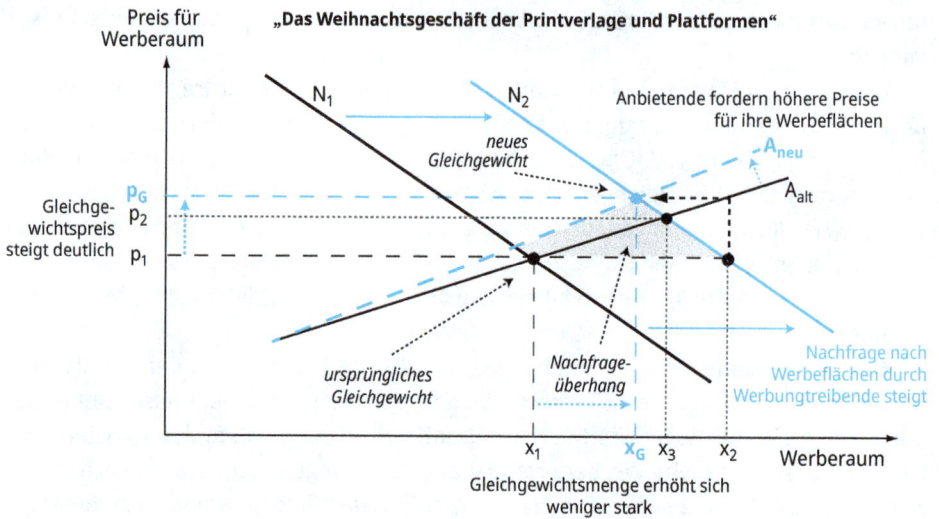

Abb. 4.13: Nachfrageerhöhung bei gegebener Angebotsbereitschaft.

stand führt zu einer senkrechten Angebotsfunktion (vgl. Abb. 4.14). Ein solcher Verlauf kennzeichnet, dass nur eine bestimmte Menge (x_G) bereitgestellt werden kann, unabhängig davon, welcher Preis am Markt existiert. Wenn nun das Angebot nicht ausgeweitet werden kann, die werbetreibende Wirtschaft aber in der Weihnachtszeit einen deutlich höheren Bedarf an Werbeflächen hat, führt der zunehmende Wettbewerb um die Werbeflächen zu drastisch höheren Preisen. Es entsteht ein deutlicher Nachfrageüberschuss (x_1). Um diesen abzubauen, müssen die Nachfragenden ihre Preisbereitschaft erhöhen, denn alle Flächennachfragen, die nicht durch Anbietende befriedigt werden können, werden dadurch abgebaut, dass die Anbietenden ihre Schaltpreise so austarieren (erhöhen), dass alle Stellflächen vermietet werden können. Wenn bspw. mehrere Nachfrager eine bestimmte Fläche belegen wollen, wird der sie bekommen, der den höchsten Preis zahlt. Die anderen gehen leer aus oder müssen eine anderen Fläche anmieten.

Das Problem der Medienmärkte hinsichtlich des Preises als Koordinationsinstanz zeigt sich also nicht auf den Werbemärkten (vgl. Kap. 4.4.3) und auch nicht auf den Märkten, auf denen Medien gehandelt werden, die sich selbst finanzieren (Bücher, Musik-CDs oder Film-DVDs). Diese Märkte funktionieren, wie alle anderen Gütermärkte auch. **Probleme zeigen sich auf den Inhaltemärkten**, auf denen keine Preisbereitschaften der Nachfragenden offengelegt werden müssen; und dann allerdings gewaltig.

„Das Weihnachtsgeschäft der Außenwerbeflächenvermarkter"

Preis für
Werberaum

A   Angebot von
Werbeflächen bleibt
unverändert

N_1 N_2

p_G

Gleich-
gewichts-
preis steigt
drastisch

*neues
Gleichgewicht*

*Nachfrage-
überhang*

p_1

*ursprüngliches
Gleichgewicht*

Nachfrage nach
Werbeflächen durch
Werbungtreibende steigt

x_G x_1 Werberaum

Gleichgewichtsmenge bleibt konstant

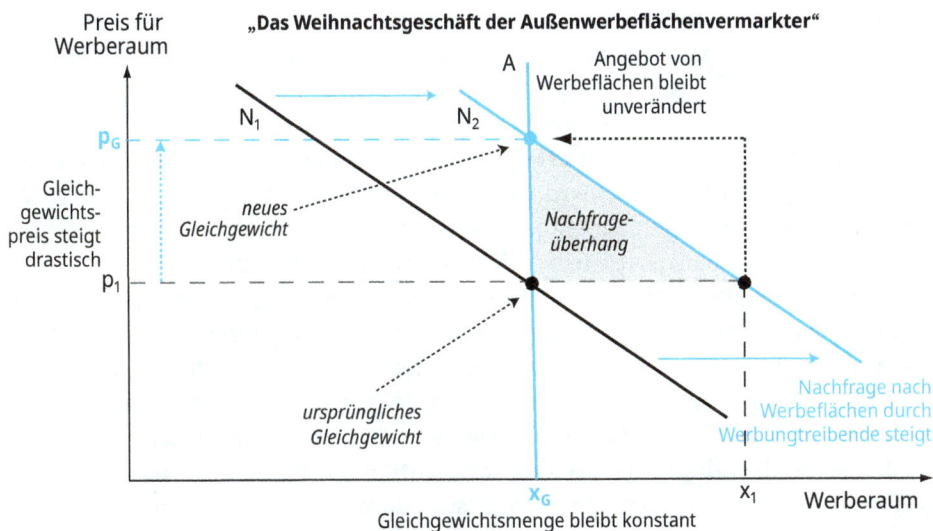

Abb. 4.14: Nachfrageerhöhung bei gleichbleibendem, begrenztem Angebot.

4.4.3 Der Preismechanismus auf werbefinanzierten Rezipientenmärkten

Einleitend zu Kapitel 4.4 wurde festgestellt, dass der Preis am Markt vier Funktionen hat. Die Allokationsfunktion führt dazu, dass das hergestellt wird, was die Nachfragenden wünschen. Die Koordinationsfunktion führt dazu, dass die Angebotsmengen den Nachfragemengen entsprechen. Die Signalfunktion führt dazu, dass der Wert eines Gutes (die Knappheit, die Begehrlichkeit) durch seinen Preis ausgedrückt wird. Und die Selektionsfunktion führt dazu, dass Anbietende, die nicht in der Lage oder willens sind, zu Marktpreisen anzubieten und Nachfragende, die nicht in der Lage oder willens sind, den Marktpreis zu zahlen, nicht am Markt teilnehmen können. Das und wie das funktioniert ist vorstehend beschreiben worden.

Was aber passiert, wenn Inhaltemärkte und Werbemärkte verbunden werden, wenn **Kuppelprodukte** entstehen, wie beispielsweise im Zeitungs- und Zeitschriftenmarkt, im RF-Markt oder im e-Games-Markt? Kein Zuschauer oder Zuhörer, der die Programme frei empfangen kann, wird seine Wertschätzung für die Programme in Geld ausdrücken und durch seine Nachfrage eine bestimmte Preisbereitschaft signalisieren. Hier kommt kein Empfängerpreis zustande.

Abgeschwächt, aber ähnlich liegt das Problem auf den Märkten, die teilweise durch Werbung mit finanzierte Produkte handeln; z. B. der Zeitungs-, der Zeitschriften-, der e-Games-Markt und viele Plattformangebote. Der Preis für diese Güter wird mischkalkuliert: ein Teil wird auf die Werbepartner, ein anderer Teil auf die Konsumierenden umgerechnet.

Auf den z. T. werbefinanzierten Märkten könnte (anders als auf den Märkten, die Content kostenlos anbieten und sich voll über Werbung finanzieren) der Einwand eingebracht werden, dass sich der Gesamtpreis und damit auch die Gesamtmenge durch die Koordination der Preisbereitschaften auf den Einzelmärkten berechnet. Das stimmt so aber nicht. Die **Werbepreise basieren auf der Reichweite** der Medien, d. h. darauf, wie viele Zielgruppenmitglieder der Werbungtreibenden mit der Werbung in Kontakt kommen können. Mehr ist hier besser als weniger. Das führt dazu, dass werbefinanzierte Medien in höchstmöglicher (kostentechnisch gerade noch sinnvoller) Menge auf den Markt gebracht werden. Selbst wenn diese Menge dafür nur kostendeckend oder sogar unterhalb der Produktionskosten bereitgestellt oder gar verschenkt werden muss. Da die Rezipienten (Konsumenten) den Abnehmerkreis bilden, von denen aus der stärkere Markteffekt ausgeht, werden sie auch am stärksten promotet. Denn die Reichweite definiert den Preis für die Werbeplätze.

Damit **verliert der Preis auf den Rezipientenmärkten aber seine vier Eigenschaften**, die er haben muss, um ökonomisch sinnvolle Marktgleichgewichte entstehen zu lassen:
– Die **Allokationsfunktion** wird ausgehebelt, weil nicht zwingend das hergestellt wird, was die Rezipienten wünschen.
– Die **Koordinationsfunktion** wird ausgehebelt, weil Angebotsmengen nicht den tatsächlichen Nachfragemengen entsprechen.
– Die **Signalfunktion** wird ausgehebelt, weil der Preis eines Gutes nicht seinem Wert entspricht.[29]
– Die **Selektionsfunktion** wird ausgehebelt, weil auch nicht (ausreichend) zahlungsbereite Konsumenten Güter nutzen können.

? **Fragen/Aufgaben zu Kapitel 4.4**
1. Erläutern Sie, wie ein Marktgleichgewicht entsteht und was der Begriff umschreibt.
2. Beschreiben Sie die vier Funktionen des Preises in der Marktwirtschaft.
3. Erläutern Sie, wie die Nachfrage- und die Angebotsfunktion entstehen
4. Erläutern Sie den Unterschied zwischen einer Bewegung auf einer Angebots- oder Nachfragefunktion und der Verschiebung dieser Funktionen.
5. Erläutern Sie, wie Konsumentenrenten und Produzentenrenten am Markt entstehen.
6. Erläutern Sie kurz, wie sich Nachfrage- und Angebotsüberhänge auf den Preis auswirken.
7. Erläutern Sie kurz, warum der Preismechanismus auf werbefinanzierten Medienmärkten nicht funktioniert.

Lösungshinweise finden Sie im achten Kapitel „Lösungsskizzen".

---

[29] Auf dem Werbemarkt wird auch das Prinzip, dass der Wert eines Gutes durch seine Knappheit bestimmt wird, ins Gegenteil verkehrt: Die Reichweite (Menge) eines Gutes wird zur Messlatte des Wertes.

4.5 Die Problematisierung zentraler formaler Zielsetzungen

Eine zentrale Frage für das Management eines Medienunternehmens ist, welches formale Ziel dem Unternehmen durch die Eigentümer vorgegeben wurde und wem gegenüber sich das Management verantwortlich zeigt, d. h. welche Interesse es prioritär zu befriedigen gilt. Welche Themen in diesem Kapitel im Zusammenhang mit dieser Problematik stehen, zeigt der folgende Themenkasten.

> **Themen von Kap. 4.5: Formale Zielsetzungen bestimmen den Betriebsalltag und seine Ausrichtung**
> **Die formalen Zielsetzungen von Managern lauten Existenzsicherung und Gewinnerwirtschaftung**
> Manager haben darauf zu achten, dass das Unternehmen überlebensfähig bleibt und nachhaltig Gewinne erwirtschaftet.
>
> **Ökonomisierung ist Pflicht, Kommerzialisierung spiegelt den kapitalistischen Anspruch**
> Das wirtschaftliche Umgehen mit den Unternehmensressourcen ist eine Selbstverständlichkeit. Die Kommerzialisierung der Medienwirtschaft generiert Gewinne und lässt auch Wissen zur Ware werden.
>
> **Verantwortlichkeitskonzepte zwischen Gewinnmaximierung und Allgemeinwohlverpflichtung**
> Der Schutz des Eigentums ist ein hohes Gut, aber Eigentum verpflichtet auch.

Das formale Ziel von Medienunternehmen kann darin bestehen, bestmögliche journalistische Qualität zu vertretbaren Kosten zu liefern, aber auch darin, möglichst viel Gewinn zu erwirtschaften. Gemessen daran, dass nur ein relativ kleiner Teil der Medienunternehmen journalistische Qualitätsprodukte herstellt, ist zu vermuten, dass die **Mehrzahl der Medienmunternehmen gewinnorientiert** aufgestellt sind. D. h., sie bieten das an, was Nachfragende wünschen, und zwar in einem auf Gewinne austarierten Output-Input-Verhältnis.

Im nicht-journalistischen Medienbereich dürfte diese Unterstellung kaum auf Staunen treffen. Im Umfeld gesellschaftsrelevanter Produkte oder Dienstleistungen sprechen Kritiker in diesem Zusammenhang allerdings vom Kommerzialisierungseffekt (vgl. Hirsch 1980), den sie zutiefst ablehnen, da eine Kommodifizierung (das Zur-Ware-Werden) von meritorischen Leistungen (Journalismus, Bildung, Medizin etc.) zur **Ökonomisierung des Sozialen** führe. Die Kommerzialisierung (bzw. Kommodifizierung) würde, so die Kritik, zur Ablösung humaner Werte durch einen materialistischen Individualismus führen (vgl. Helbling 2011: 186 und Polanyi 1978).

Übertragen auf die Medienwirtschaft bedeutet dies, dass ein **Zur-Ware-Werden von Informationsprodukten gesellschaftlich Schaden anrichtet**, da zum einen Informationen und Wissen privatisiert werden (vgl. Kuhlen 2002) und zum anderen, weil die intrinsische Motivation auch von Pressemanagern durch extrinsische Motivationsanreize, Gewinne und Prämien einzufahren, abgelöst werden könnte. Zudem sei zu erwarten, dass, wenn die Rezipienten verinnerlichen, dass Medienunternehmen (insb. Presseverlage und RF-Veranstalter) „nur" Geld verdienen wollen, die Qualität und die Akzeptanz der Anbietendenleistungen in den Augen der Rezipienten abnimmt (sinkendes Vertrauen in die Publikationen; zu welchen gravierenden Folgen dies führen kann, wird in Kap. 5.3 erörtert).

Das zweite Problem für das Medienmanagement liegt in der Interpretation, wem gegenüber das Management verantwortlich ist. Und dabei ist nicht das Mögliche oder das Wollen, sondern das Ergebnis entscheidend.

Nicht problematisch ist die **Managementfunktion aus ökonomischer Sicht**: Zu managen heißt, Menschen, die zusammen etwas planvoll und organisiert erledigen sollen, zu führen. Das Formalziel des Managements ist die **effiziente Steuerung eines Systems zur Erreichung vorgegebener Sachziele**. Das Sachziel des Managements ist aufgabenabhängig. Im betriebswirtschaftlichen Sinne sind Manager notwendigerweise Führungskräfte mit Verantwortung für soziale und wirtschaftliche Einheiten; für Mitarbeiter, für Prozesse, Produkte oder Dienstleistungen und Ergebnisse (vgl. Band 2 und 3 dieser Publikationsreihe).

Der klassische Managementprozess gibt dabei Auskunft über das Tätigkeitsspektrum eines Managers: Er plant, organisiert, entscheidet und kontrolliert. Das Management hat Verantwortung für etwas oder jemanden, verantwortet sich selbst (sein Tun und Unterlassen) aber auch vor jemanden, bspw. den Eigentümern. Betriebliche Verantwortung ist also auch mit Rechenschaftspflichten verbunden (vgl. Dreiskämper 2008 und Band 2 dieser Publikationsreihe).

Hier aber setzt auch das Problem ein: Wem gegenüber ist ein Medienmanager in letzter Instanz verantwortlich? Selbst aus ökonomischer Sicht zu antworten: „Den Eigentümer, für die er tätig ist und von denen er bezahlt wird", ist zu kurzsichtig. Er muss alle Beziehungsgruppenmitglieder im Auge behalten, die Einfluss auf das Unternehmensergebnis nehmen können. Diese Gruppen werden unter dem Begriff **Stakeholder** subsummiert. Die konkrete Frage muss also lauten: Welche konkrete Gruppen aus dem Gesamtverbund sind prioritär zu befriedigen? Im Umfeld ökonomischer Diskussionen ist die Antwort schnell gefunden: den Shareholdern (Anteilseignern: Gesellschafter oder Aktionäre). Im Umfeld konkreter medienwirtschaftlicher Diskussionen, insb., wenn es um journalistisch tätige Medienmanager geht, ist die Antwort nicht ganz so leicht formuliert.

Im Fokus der Publizistik steht die verfassungsrechtliche Sonderstellung der Medien, die davon ausgeht, dass den Medien in demokratischen Gesellschaften nicht primär eine ökonomische Aufgabenstellung zugewiesen ist, sondern dass sie für den **Fortbestand des demokratischen Gesellschaftssystems** Sorge zu tragen haben. Dies, indem sie sowohl soziale als auch politische Funktionen haben, die allenfalls ökonomisch orientiert umgesetzt werden müssen, um keine wertvollen Ressourcen zu verschwenden (vgl. Dreiskämper 2008). Diesem Gedanken folgend ist sorgsam zu diskutieren, ob der Shareholder- oder der Stakeholder-Ansatz in der Medienwirtschaft Priorität genießen soll.

Allerdings ist diese Diskussion aus betriebswirtschaftlicher Sicht nur bedingt zu führen, da welche Forderung auch immer erfüllt wird, die Forderungen selbst sind normativ begründet. Aus diesem Grunde kann nur diskutiert werden, wie die jeweilige Forderung effizient umgesetzt werden kann; nicht, ob es gut oder schlecht ist, die ausgewählte zu verfolgen. Die grundsätzlichen Diskussionen bzw. Sichtweisen werden in den beiden Folgekapiteln erläutert.

4.5.1 Ökonomisierung versus Kommerzialisierung

Aus managementorientierter Sicht ist ein Unternehmen „ein offenes, dynamisches, komplexes, autonomes, marktgerichtetes, produktives soziales System" (Thommen et al. 2017: 43). Dieses System hat nach dem Wirtschaftlichkeitsprinzip zu agieren, damit keine Ressourcen verschwendet werden und es wird in der Regel Profite erzielen wollen. Während jedoch der ökonomische Umgang mit dem eigenen Kapital eine Selbstverständlichkeit ist (ein Zuwiderhandeln wäre nicht rational), ist die Renditeerwirtschaftung nur eine von mehreren Normen, denen sich ein Unternehmen unterordnen kann.

Unternehmen unterscheiden sich unter anderem in ihren **Betriebszielen**: Entweder sind sie erwerbswirtschaftlich ausgerichtet und stehen im marktwirtschaftlichen Wettbewerb oder sie haben einen eher öffentlichen bzw. gesellschaftlichen Versorgungsauftrag und sind den Gesetzen des Wettbewerbs (in Teilen) enthoben. Sind sie mit privatem Kapital ausgestattet und erwerbswirtschaftlich ausgerichtet, ist die Forderung der Kapitalgeber, Gewinne zu erwirtschaften, eine logische Konsequenz. Warum sonst sollte sie ihr Kapital dem Unternehmen zur Verfügung stellen? Das Unternehmen und die von ihm angebotenen Marktleistungen dienen den Eigentümern als Mittel zum Zweck, Gewinne zu erzielen. Die Rendite gilt als Entgelt für das Unternehmerrisiko. Im schlimmsten anzunehmenden Fall wird aber nicht nur keine Rendite erzielt, sondern das investierte Kapital geht verloren.

Betriebe, die keine oder nur eine sozial verträgliche (was auch immer das sein mag) Gewinnerzielungsabsicht haben, verfolgen soziale, kulturelle, karitative, politische oder ökologische Ziele. Sie werden öffentlich gefördert, weil sie einen „dienenden Zweck" verfolgen. Zu dieser Unternehmensgruppe zählen in der Medienwirtschaft z. B. die öffentlich-rechtlichen Anstalten. In diesen Unternehmen werden Fremdgelder (Beiträge der Bürger) verwaltet. Das Ziel besteht in der optimalen Verwendung der Fremdgelder. Nicht Rendite, sondern das höchstmögliche Ausmaß an individueller oder gesellschaftlicher Hilfeleistung zu generieren, ist definiertes Ziel dieser Unternehmen. Insofern unterliegen erwerbswirtschaftliche Betriebe i. d. R. dem Maximierungsgebot (mit gegebenen Mitteln so viel Rendite, wie möglich zu erwirtschaften). Non-Profit-Unternehmen, insbesondere die öffentlich-rechtlichen Rundfunkanstalten, verfolgen eher das Minimumprinzip (ein bestimmtes Ziel ressourcenschonend zu erreichen).

Beide Ziele setzen voraus, dass die Regeln des wirtschaftlichen Handelns eingehalten werden. Bis zu dieser Stelle besteht in der öffentlichen Diskussion Einigkeit.

Heftig geführt wird die Diskussion aber, wenn die Ziele selbst hinterfragt oder die Umstände der Zielerreichung, die Rahmenbedingungen der Medienproduktion, debattiert werden. Die beiden hier im Zentrum der Streitgespräche stehenden Begrifflichkeiten lauten Ökonomisierung und Kommerzialisierung.

Ökonomisierung bedeutet ganz allgemein das bewusste Berücksichtigen von Wirtschaftlichkeitsprinzipien in der Produktion und der Verteilung von Gütern, um Ressourcenverschwendungen vorzubeugen. In diesem Sinne ist Ökonomisierung als Prozess zu verstehen, der dazu beiträgt, Verschwendungssituationen zu beseitigen oder zu verhindern. Die Berücksichtigung von Wirtschaftlichkeitsprinzipien ist dabei keinesfalls zwangsläufig mit dem Ziel der Gewinnmaximierung verbunden; nicht einmal zwingend mit dem Ziel der Gewinnerwirtschaftung. Ökonomisierung stellt ausschließlich darauf ab, Input- und Outputverhältnisse – und damit Effizienz – zu optimieren. Und auch der Optimierungsbegriff ist nicht zwingend gewinnbelastet: Das, was optimal ist, ist immer abhängig vom definierten Ziel und das Ziel kann viele unterschiedliche ökonomische und nichtökonomische Ausprägungen haben (vgl. Dreiskämper 2013: 64).

Wenn das Ziel erwerbswirtschaftliche Motive hat, wird aus der Forderung nach Ökonomisierung die Forderung nach Kommerzialisierung. Der Kommerzbegriff kommt aus dem Bereich des Warenhandels und wird heute in Kontexten verwendet, in denen der Handel auf Gewinnerzielungsinteressen basiert. Damit ist die **Kommerzialisierung** ein Prozess, der renditeorientierte Absichten verstärkt berücksichtigt.

Kommerzialisierung ist also eine Teilmenge der Ökonomisierung, nicht aber eine zwingende Folge oder gar identisch. In diesem Sinne ist die Ökonomisierung eine Art Minimalbedingung, dass eben Fehlverteilungen (Fehlallokationen) von Ressourcen zwingend zu vermeiden sind (vgl. Dreiskämper 2013: 64 f.). Kommerz ist ohne Berücksichtigung ökonomischer Prinzipien nicht möglich. Ökonomische Prinzipien können hingegen ohne Gewinnerzielungsabsicht eingehalten werden. Die Kommerzialisierung ist die privatwirtschaftliche Variante der Ökonomisierung. Ihr Ziel besteht in der langfristigen Gewinnmaximierung.

Abb. 4.15 stellt heraus, dass die Kommerzialisierung als ein Teilsystem der Ökonomisierung zu verstehen ist: Medien sind aus Sicht der Produktion Ressourcenverbraucher, aus Sicht der Konsumierenden sind es Nutzenstifter, die den Wohlstand der Gesellschaft mehren sollen, aber auch der individualisierten Bedürfnisbefriedigung dienen. Damit ist der Ansatz für Diskussionen um journalistische Qualitätsprodukte offensichtlich. Soweit Medien der privaten Bedürfnisbefriedigung dienen, spricht wenig dagegen, sie als kommerzialisierte Dienstleistungsangebote über den Markt anzubieten. Nicht so einfach ist (möglicherweise) die gesellschaftliche Facette der informierenden Presseprodukte zu betrachten. Hier könnte die Auffassung vertreten werden, dass solche Medienprodukte einfach als Kostenträger betrachtet werden, die allgemeinen Nutzen stiften und daher dem Wettbewerb um die Marktakzeptanz entzogen werden. Das ändert nichts daran, dass die Produktion und Verteilung ökonomisch sinnvoll durchgeführt wird, aber sie wären durch die öffentliche Hand zu finanzieren. Dieser Ansatz würde allerdings die Medienwirtschaft revolutionieren und neben dem öffentl.-rechtl. Rundfunk auch die Installation eines öffentl.-rechtlichen Verlagswesens erfordern.

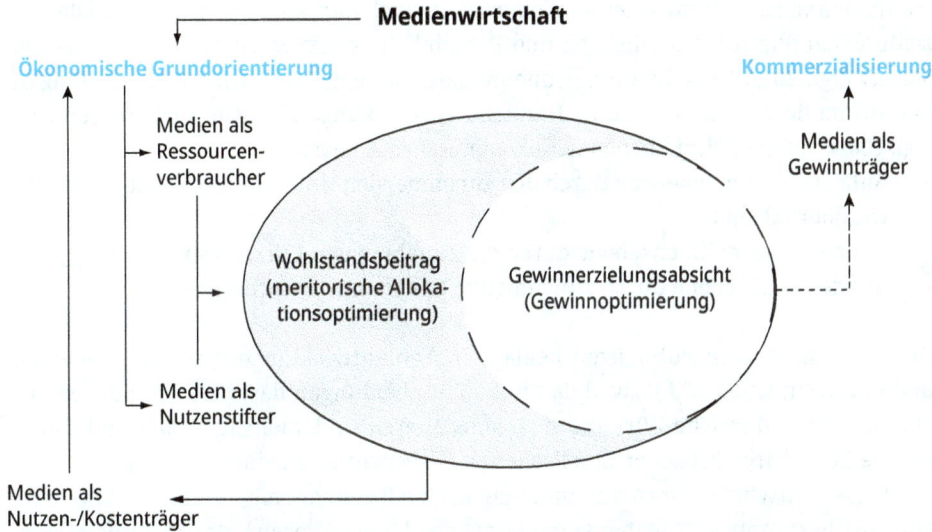

Abb. 4.15: Ökonomisierung vs. Kommerzialisierung von Medienbetrieben.

> **Merke:**
> **Ökonomisierung** bedeutet das bewusste, geplante und rückhaltlose Berücksichtigen von Wirtschaftlichkeitsprinzipien in der Produktion und der Verteilung von Gütern, um Ressourcenverschwendungen vorzubeugen. Ökonomische Prinzipien müssen auch ohne Gewinnerzielungsabsicht eingehalten werden.
>
> Die **Kommerzialisierung** ist die privatwirtschaftliche Instrumentalisierung der Ökonomisierung. Ihr Ziel besteht in der langfristigen Gewinnmaximierung. Sie orientiert sich an renditespezifischen Effizienzkriterien.

In Bezug auf Medienunternehmen unterstreicht die Begriffsdifferenzierung zwischen der Ökonomisierung und der Kommerzialisierung also ein sehr bedeutendes Problemfeld. Da Medien heute in der überwiegenden Anzahl durch erwerbswirtschaftlich organisierte Unternehmen produziert werden, liegt die Vermutung nahe, dass Medienproduktionen mehrheitlich an renditeorientierten Effizienzkriterien ausgerichtet werden.

Hier setzt aber die oben angesprochene **Kritik der Publizisten** ein. So wird gefordert, dass Medienleistungen nicht zum Zweck rein wirtschaftlicher Erfolgsvorstellungen instrumentalisiert werden dürften (vgl. Rühl 1998: 178, Kiefer 2005: 42 ff., Meier und Trappel 2001: 164 sowie Karmasin und Winter 2000: 30). Es müsse verhindert werden, dass die Kommerzialisierung der Medien dazu führe, sie von ihrem öffentlichen Auftrag zu lösen (vgl. Dreiskämper 2013: 198 ff.). Kiefer und Steiniger (vgl. 2014: 25) befürchten die Entmeritorisierung der Medienprodukte (vgl. Kap. 4.6), bei der die soziale Nutzenfunktion durch Verkäuflichkeit und Rentabilität ersetzt würden. Von Rimscha und Siegert (vgl. 2015: 59) sehen eine zunehmende Ausrichtung der Medienerstellung an marktorientiertem Denken und Handeln. Auswirkungen zeigen sich, so Heinrich (vgl. 2001), auf allen drei Ebenen der ökonomischen Analyse:

– Auf der Rezipientenebene durch den zunehmenden Unterhaltungs- und Gebrauchswertjournalismus.
– Auf der Unternehmensebene durch die Zunahme von Effizienzstrategien.
– Auf der Marktebene durch zunehmende Konzentrationsprozesse.

Ursprung dieser von Publizisten beklagten „Fehlentwicklungen" sei, so Altmeppen und Karmasin (2003: 22 f.), „weil damit die Entscheidungen darüber, was Medien veröffentlichen und welche Wirkungen zu konstatieren sind, mehr und mehr auf ökonomische Reize kapitalistischer Gesellschaften zurückzuführen sind".

Dieser Vorwurf ist normativ und mag nachvollziehbar sein, setzt dann aber auch ein ganz bestimmtes Aufgabenverständnis der Medien voraus, das nicht dem allgemeinen ökonomischen und schon gar nicht dem speziellen betriebswirtschaftlichen Denksystem entspringt und kann auch als **Fehlinterpretation des Ökonomisierungsbegriffs** gewertet werden. Die Vorwürfe entlehnen sich eher der Diskussion um die Kommerzialisierung.

Aus ökonomischer Sicht ist der Konsument ein Souverän. Niemand hat ihm vorzuschreiben, was er zu konsumieren hat. Wünscht er Unterhaltungs- und Gebrauchswertjournalismus, wird der Markt ihn bereitstellen. Diese Perspektive fordert auch von den Unternehmen, dass Effizienzüberlegungen im Mittelpunkt der betrieblichen Ausrichtung stehen. Nur über diese beiden Mechanismen kann ein Markt funktionieren und Fehlallokationen vermeiden. Die marktlichen Konzentrationstendenzen sind lediglich eine Folge der Effizienzstrategien und führen wiederum zu einer höheren Effizienz und damit zu ressourcenschonenderen Produktionsprozessen. Mit anderen Worten: Die strikte Berücksichtigung ökonomischer Grundprinzipien führt zu mehr ökonomischem Wohlstand.

Der mögliche **Streit zwischen Publizisten und Ökonomen** rührt aber aus einem ganz anderen Denksystem heraus.

1. Normativ wird den Medien – und hier insbesondere dem Journalismus – abverlangt, bestimmte Aufgaben zu erfüllen: Der Journalismus hat aufzuklären, zu hinterfragen, zu kritisieren, Orientierung zu geben und zu kontrollieren. Diese Aufgabe sei ökonomischen Überlegungen überzuordnen, vielleicht sogar von kommerziellen Interessen zu entkoppeln.

2. Es wird unterstellt, dass der Konsument (Rezipient, Bürger) gar nicht immer in der Lage sei, zu beurteilen, was gut für ihn und notwendig ist: Diese paternalistische Sichtweise fordert geradezu eine Instanz, die insbesondere gesellschaftlich relevante Konsumangebote lenkt. Paternalismus (Fürsorglichkeit) sieht Eingriffe zum Wohl der Bürger auch gegen ihren autonomen Willen als legitim an und vor (Beispiele: Schulpflicht, Vorsorgeuntersuchungen, Suizidprävention, journalistisches Angebot der öffentlich-rechtlichen RF-Anstalten).

Diese Einwände sind mit den Mitteln der Betriebswirtschaftslehre nicht zu diskutieren. Sie haben normativen Charakter und beruhen auf Bewertungen. Dies macht folgende Frage deutlich: „Wenn ein bestimmtes Tun oder Unterlassen sinnvoll für den Einzelnen, aber nachteilig für die Gesellschaft ist (et vice versa), welche Wertereferenz hat Vorrang: die individualistische oder die kollektivistische?" (Dreiskämper 2013: 113).

So wird seit Jahrzehnten heftig zwischen Ökonomen und Publizistikwissenschaftlern gestritten, ob es legitim sein könnte, die Konsumentensouveränität – und damit das Selbstbestimmungsrecht des Einzelnen – auszuhöhlen. Bis heute beantworten orthodoxe Ökonomen die Frage mit einem entschiedenen „Nein", weil der Hinweis auf irrationales Konsumentenverhalten in Bezug auf die Nachfrage meritorischer Güter nicht ausreicht, um einen Eingriff in die Privatautonomie in Form von bedingter Entmündigung des Individuums rechtzufertigen. Auch der weiterführende Einwand, der Konsument zeige verzerrte Präferenzen, die infolge von Informationsmängeln, begrenzter Informationsverarbeitungskapazitäten, mangelnder Erfahrung und Beurteilungsfähigkeit entstehen (vgl. Erlei 1992), besitzt keine ausreichende Überzeugungskraft, denn diese Restriktionen gelten heute nahezu als Normalzustand (vgl. Heinrich 2002: 42). Kiefer spricht von „Entscheidungsdefekten" (Kiefer 2003:37). Aber solche Defekte können allenfalls Inkompetenz belegen. Sie legitimieren hingegen nicht automatisch Eingriffsmittel oder Eingriffsträger. Wer könnte legitimer als Referenz für ureigene Entscheidungen des Individuums herangezogen werden als der Einzelne selbst (vgl. Heinrich 2002: 42)? Möglicherweise wäre es angeratener, anstatt den Konsumenten zu entmündigen, ihn zu befähigen, bessere (oder gemeinwohlorientiertere) Entscheidungen zu treffen (Stichwort Bildung).

Nachvollziehbar wird die Auseinandersetzung zumindest dann, wenn vor Augen geführt wird, dass sich die Publizistikwissenschaft in ihren Analysen auf die journalistischen Massenmedien fokussiert, die Medienbetriebslehre aber auf alle Betriebe der Medienwirtschaft angewendet wird. Und dieser Kreis ist deutlich größer als der journalistische. Außerdem ist zwar der Journalismus, sicherlich aber nicht die breite Palette an Unterhaltungsmedien als meritorisch (der Gesellschaft dienlich) anzusehen.

Es wäre also dringend geraten, zwischen einer Medienbetriebslehre und einer **Ökonomie des Journalismus** als Teildisziplin der Medienökonomie zu unterscheiden.[30]

Dies unterstellt, bekommt die Diskussion eine neue Qualität. Nicht hinsichtlich der Fragestellung, ob ökonomische Grundprinzipien außer Kraft gesetzt werden sollen oder dürfen, dies ist zu verneinen, aber hinsichtlich der Fragestellung, welchen Stellenwert der Kommerzialisierung eingeräumt werden sollte.

Die **Kommerzialisierung** scheint tatsächlich eine **deutliche Gefahr** für die Unabhängigkeit des aktuellen Journalismus zu sein. Einerseits könnte (und wird) das Gebot der Gründlichkeit dem der Geschwindigkeit untergeordnet werden, andererseits existiert eine besondere Abhängigkeit zu werbetreibenden Unternehmen, und nicht zuletzt werden Mainstream-Inhalte aus absatzpolitischen Gründen Nischenthemen vorgezogen. Eine betriebswirtschaftlich auf Rendite hin ausgerichtete Wertschöpfungsstrategie muss auf kosteneffiziente und reichweitenoptimierte Mainstream-Programme abstellen (vgl. zu diesem Aspekt auch Band 2 dieser Publikationsreihe).

Fazit: Für alle Wirtschaftsteilnehmer gilt das Gebot des wirtschaftlichen Umgangs mit den vorhandenen Ressourcen, d. h. sie unterliegen ohne Einschränkung den Forderungen der Ökonomisierung. Unabhängig vom eigenen inhaltlichen Anspruch der Medienproduzenten sind Mediengüter aber immer Wirtschaftsgüter und immer auch Kulturgüter. Sie sind bivalent. Die Kulturgütereigenschaft ist gegeben, weil sie „Funktionen von Information und Unterhaltung erfüllen mit herausragender Bedeutung für den Zusammenhalt der Gesellschaft und die Demokratie" sind (Bentele 2013: 372, 123). Die Wirtschaftsgütereigenschaft ist gegeben, weil sie Bedürfnisse befriedigen und Ressourcen bei der Herstellung verbrauchen, die alternativen Verwendungsmöglichkeiten nicht mehr zur Verfügung stehen. Dass sie auch Erlösträger sein können, ist in diesem Zusammenhang weniger relevant. Je deutlicher aber die Wirtschaftsguteigenschaft im Vordergrund der Renditeerwirtschaftung (Stichwort Kommerzialisierung) steht, desto nebensächlicher wird die Kulturguteigenschaft. Und das kann fatale Folgen für die Informiertheit der Rezipienten, für ihre Teilnahmemöglichkeit an der gesellschaftlichen Willensbildung und damit für die Demokratie haben.

4.5.2 Shareholder- versus Stakeholderansatz

Der Grad der Kommerzialisierung von Medienunternehmen ist mit einem zweiten Problemkomplex behaftet; nämlich der Antwort auf die Frage, wer am Unterneh-

---

30 Eine ausführliche Auseinandersetzung mit den wissenschaftstheoretischen Dilemmata einer **Ökonomie der Medien** findet sich in Dreiskämper 2013 Kap. II (S. 98–120). In diesem Sinne könnte auch gefordert werden, eine **Ökonomie der Werbewirtschaft** als weitere Teildisziplin der Medienökonomie zu begründen. Dieser Bereich ist zwar durchgehend kommerzialisiert und sicherlich auch nicht meritorisch beeinflusst, aber viele Bedingungen der Medienwirtschaft, die in der traditionellen BWL nicht gelten, gelten auch hier.

menserfolg partizipieren soll. Je nachdem, ob wirtschaftswissenschaftlich oder sozial-wissenschaftlich orientierte Fachvertreter die Frage beantworten, fällt das Urteil sehr unterschiedlich aus. Klassische Betriebswirtschaftler vertreten den sogenannten Shareholderansatz; sozialwissenschaftlich orientierte Betriebswirte präferieren den sogenannten Stakeholderansatz (vgl. hier und folgend Wöhe und Döring 2013: 49–54).

> **Merke:**
> **Shareholder** sind Personen, die Anteilseigner (Inhaber) einer Organisation sind (z. B. Gesellschafter oder Aktionäre). Das primäre Interesse der Shareholder liegt darin, dass ihr investiertes Kapital Rendite erwirtschaftet.
>
> **Stakeholder** sind Personen, für die es aufgrund ihrer Interessenslage relevant ist, wie sich eine Organisation verhält (sie sind in irgendeiner Art mit einer Organisation verbunden, haben irgendein Interesse an einer Organisation) und Einfluss auf den Unternehmenserfolg nehmen können (z. B. Shareholder, Mitarbeiter, Lieferanten, Kunden, Medienvertreter, Politiker etc.).

„Nach dem **Shareholder-Konzept** hat die Unternehmensleitung die Aufgabe, unternehmerische Entscheidungen so zu treffen, dass die Einkommens- und Vermögensposition der Shareholder (= Eigenkapitalgeber) verbessert wird." (Wöhe und Döring 2013: 50)

Dieser Ansatz geht davon aus, dass sowohl der Unternehmenserfolg (Gewinn) als auch das Unternehmensrisiko (Verlust) in vollem Umfang die Eigentümer trifft. Deswegen sei es folgerichtig, dass die Eigentümer bzw. ihre Vertreter (Manager) das Unternehmen so führen, wie sie es für richtig halten und dass ihre Ziele Priorität haben. Indem also die Shareholder privates Kapital zur Verfügung stellen, anstatt es anderweitig zu verwenden, stehe ihnen auch die unternehmerische Entscheidungsgewalt über die Ausrichtung des Unternehmens zu. Das im Shareholder-Konzept ausgegebene Ziel lautet in der Regel dem wirtschaftswissenschaftlichen Ansatz des egoistischen Optimierungsgebots folgend, die Gewinne zu maximieren. Gestützt wird das Shareholder-Konzept durch das Eigentumsrecht (in Deutschland: § 903 BGB). Das Bürgerliche Gesetzbuch bestimmt, dass der Eigentümer einer Sache mit ihr nach Belieben verfahren und andere von jedweder Einwirkung ausschließen kann, soweit nicht das Gesetz oder Rechte Dritter entgegenstehen. Im Grundgesetz (GG) ist das Eigentumsrecht sogar in Art. 14 als Grundrecht ausgewiesen. Als Eigentum gelten hier alle vermögenswerten Positionen, die die Rechtsordnung einer Person zuordnet. Anderseits schränkt das Grundgesetz die Verwendung aber auch insofern ein, als dass Eigentum verpflichtet und sein Gebrauch dem Wohle der Allgemeinheit zu dienen hat (Art. 14 Abs. 2 GG). Was genau darunter zu verstehen ist, wird nicht geregelt.

„Nach dem **Stakeholder-Konzept** (Harmoniemodell) hat die Unternehmensleitung die Aufgabe, die Interessen der Anspruchsgruppen im Verhandlungsweg zusammenzuführen und alle Stakeholder in angemessener Weise am Unternehmenshandeln und am Unternehmenserfolg teilhaben zu lassen." (Wöhe und Döring 2013: 51)

Dieser Ansatz geht davon aus, dass ein Unternehmen als eine Koalition verschiedener Anspruchsgruppen zu interpretieren sei, da alle Stakeholder (Kapitalgeber, Mitarbeiter, Kunden, Lieferanten, allgemeine Öffentlichkeit etc.) einen Beitrag zum Unternehmen beisteuern. Folgerichtig dürfe auch nicht die Gewinnmaximierung der Eigentümer, sondern die Steigerung des Allgemeinwohls oberstes Ziel des Unternehmens sein. Dieses Allgemeinwohl entstünde durch einvernehmliche Verhandlungen hinsichtlich der Zielsetzungen zwischen den Anspruchsberechtigten.

So gut gemeint dieser Ansatz aber auch ist, er ist schwierig zu realisieren, d. h. ohne Effizienzeinbußen kaum umzusetzen, da er permanent an unüberbrückbaren Interessensgegensätzen zu scheitern droht (vgl. Döring 2004: 119 ff.). Effizienzeinbußen wiederum führen zu Nachteilen im Wettbewerb. Nachteile im Wettbewerb gefährden die Existenz des Unternehmens und damit auch den Erfolg der Stakeholder. Damit wäre es kontraproduktiv, Koalitionäre, die nicht direkt am unternehmerischen Risiko beteiligt sind, an Unternehmensentscheidungen teilhaben zu lassen. Stakeholder sind durch gesetzliche Rahmenbedingungen angemessen abzusichern. Solche Schutzmechanismen bieten z. B. der Gläubigerschutz, die Mitbestimmungsgesetze, Arbeitsschutzvorschriften sowie der Verbraucher- und der Umweltschutz etc.

Damit auch große Unternehmen, die managergeführt sind, effizient im Sinne des gesamten Unternehmens geführt werden, gewinnt ein Instrument, das **Corporate Governance** genannt wird, zu nehmend an Bedeutung. Als Corporate Governance wird der „rechtliche und faktische Ordnungsrahmen bezeichnet, der die Unternehmensleitung veranlassen soll, ihre Gestaltungsmacht uneigennützig zum Wohl des gesamten Unternehmens einzusetzen." (Wöhe und Döring 2013: 63) Ein sehr großes Problem managementgeführter Unternehmen besteht nämlich darin, dass die Manager neben den Zielen der Eigentümer und des Unternehmens immer auch eigene Ziele verfolgen. Sie haben die Leitungsbefugnis, tragen aber nicht das unternehmerische Risiko. Das verbleibt bei den Eigentümern. Hier ergeben sich schnell Interessenskonflikte.[31] Diese Konflikte sollen durch einen Ordnungsrahmen abgemildert werden, der für Transparenz sorgt, der Kontrolle ermöglicht, die Gewaltenteilung sicherstellt und ein Nachhaltigkeit sicherndes Anreizsystem installiert. Der Ordnungsrahmen besteht aus gesetzlichen Vorschriften (müssen befolgt werden), Empfehlungen (sollen befolgt werden) und Anregungen (können befolgt werden) (vgl. Bruton 2016, Schoppen 2015, Schewe 2015 oder Welge und Eulerich 2014).

Insbesondere im Umfeld journalistisch aktiver Marktteilnehmer – bekommt das Stakeholder-Konzept natürlich eine herausragende Bedeutung und es gilt abzuwägen, welchem Konzept der Vorrang einzuräumen ist. Allein durch die gesellschaftspolitische Funktion der Massenmedien liegt die Relevanz auf der Hand. Karmasin und Winter (vgl. 2002:63) fordern, dass die aktuelle und zukünftige Rolle der journalistisch

---

31 Solche Konflikte werden z. B. in der Institutionenökonomik innerhalb der Prinzipal-Agent-Theorie untersucht (vgl. Dreiskämper 2013: 168 ff., Döbler 2007: 59 sowie Richter und Furubotn 2003).

ausgerichteten Medienunternehmungen nicht nur gegenüber den Eigenkapitalgebern sowie Finanz- und Börsenanalysten, sondern auch gegenüber allen anderen Anspruchsgruppen zu rechtfertigen sei. Denn es gehe nicht allein um die wirtschaftlichen Aspekte der Leistungserstellung, sondern auch um die Übernahme von Verantwortung als publizistischer Akteur in der Gesellschaft. Letztendlich handle es sich aus normativer Sicht um eine Ökonomie mit gesellschaftlicher Verantwortung, die sich aus dem besonderen Charakter von Mediengütern begründet (vgl. Dreiskämper 2008; Kiefer 2005; Breyer-Mayländer 2003).

Aber auch die medienwirtschaftlich aktiven Unternehmen der Unterhaltungsindustrie (Filmproduktion, Games-Publisher, Content-Producer im Social Media-Sektor etc.) stehen hier in der Verantwortung. Doch solange das Eigentumsrecht privater Investoren das Autonomiekonzept der Unternehmen stützt, so lange wird auch hier das Shareholder-Konzept maßgeblich realisiert.

Ein gutes Beispiel für **bedenkliche gesellschaftspolitische Folgen** zeigt die Übernahme der Plattform twitter (heute: X) im Jahre 2022 durch Elon Musk. Durch die Aufhebung der Kennzeichnung wahrheitswidriger Aussagen populärer Benutzer und die Reaktivierung wegen der Verbreitung von Falschinformationen gesperrter Nutzerkonten, hat der Anteil an Falschinformationen und Desinformation deutlich zugenommen (vgl. die Zunahme der Tweets, die den Klimawandel leugnen). Begründet hat Elon Musk diesen Schritt damit, die Plattform X (vormals twitter) zu einer Plattform der Redefreiheit zu machen. Redefreiheit genießen aber nur Nutzer, die Elon Musk's Ansichten teilen oder nicht in Frage stellen. So ließ er nach der Übernahme eine Reihe von Benutzerkonten löschen, die ihn kritisierten oder parodierten (vgl. Böhm und Kleinz 2023). Das Auswärtige Amt deckte überdies auf, dass zwischen 20. Dezember 2023 und 20. Januar 2024 von Russland gesteuert auf X mehr als 50.000 gefälschte Nutzerkonten mehr als eine Million Tweets gegen die deutsche Bundesregierung und deren Unterstützung für die Ukraine verbreitet haben (vgl. Schult und Rosenbach 2024). Solche Ausuferungen sind mit einem Stakeholder-Konzept unvereinbar.

Fragen/Aufgaben zu Kapitel 4.5 ?

1. Erläutern Sie, was unter Ökonomisierung und was unter Kommerzialisierung verstanden wird und worin sich beide Konzepte unterscheiden.
2. Problematisieren Sie kurz, warum die Kommerzialisierung im Umfeld der journalistischen Medienproduktion kritisch gesehen werden kann.
3. Warum könnte es politisch angezeigt sein, zwischen der Medienbetriebslehre und der Ökonomie des Journalismus zu unterscheiden?
4. Erläutern Sie, warum der Shareholderansatz gegenüber dem Stakeholderansatz im Verständnis um die Teilhabe an Unternehmensentscheidungen und Unternehmenserfolgen in der „westlichen Welt" Priorität genießt.

Lösungshinweise finden Sie im achten Kapitel „Lösungsskizzen".

4.6 Leistungs- und Funktionsparadoxien in der Medienindustrie

Wenn es darum geht, die Anforderungen an Mediengüter, Medienunternehmen und Medienmärkte zu definieren, ist die Antwort auf den ersten Blick einfach zu geben:
– Medieninhalte sollen informieren, bilden oder unterhalten.
– Medienunternehmen sollen Mediengüter bedarfsgerecht produzieren und bereitstellen.
– Medienmärkte sollen Güter erreichbar machen und nachfragegerecht verteilen.

Welche Problemfelder sich hinsichtlich der Interpretation der Leistungs- und Funktionserwartungen an die Medien öffnen und in diesem Kapitel erläutert werden, zeigt der folgende Themenkasten.

Themen von Kap. 4.6: Irritationen um die Leistungserwartungen und Funktionen im Medienkontext
Mediengüter, Medienunternehmen und Medienmärkte sind Diener zweier Werte
Die Bivalenz, gleichzeitig ökonomische und kulturelle Bedeutung zu haben, führt zur Diskussion um Prioritäten.

Die unterschiedlichen Leistungsansprüche an das Mediensystem eröffnen normative Widersprüche
Gefordert wird Effizienz, diskutiert wird, was unter welchen Umständen als effizient gelten soll.

Die verschiedenen Auffassungen über die Aufgaben des Mediensystems führen zur Dissoziativität von Erwartungen
Die Diskussion um die Kernaufgaben des journalistischen Systems unterliegen zwei unterschiedlichen normativen Anspruchskonzepten.

Wenn die Verantwortung von Medienmanagern für die Folgen ihres Entscheidens und Tuns ins Zentrum der Betrachtung rückt (vgl. Dreiskämper 2008), zeigt sich aber schnell, dass die Anforderungen an die Medienwirtschaft ganz so einfach nicht zu beschreiben sind. Alle drei wissenschaftlichen Erkenntnisobjekte (Mediengüter, Medienunternehmen und Medienmärkte) sind immer mit einer **Bivalenz** (Zweiwertigkeit) behaftet. Bivalenz bedeutet, dass die Güter, Unternehmen und Märkte der Medienindustrie immer einen kostengetragenen ökonomischen und einen informations- bzw. unterhaltungsgetragenen kulturellen Wert haben. Diese Zweiwertigkeit im Sein ist untrennbar und hat deutliche Auswirkungen auf die Einstufung der Relevanz beider Wertedimensionen.

Des Weiteren erfüllen alle drei Objekte auch zweifach ausdifferenzierbare Anforderungen: Sie sind immer Funktionsträger und Leistungsträger gleichzeitig. Der Funktionsbegriff umschreibt die Aufgabe, die ein Objekt erfüllt bzw. erfüllen soll oder die Aufgabe, die einem Objekt zugeordnet wird. Leistung ist hingegen das Ergebnis einer zweckorientierten Handlung und wird anhand der gesetzten Ziele bewertet.

Während nun die Funktion und die Leistung beispielsweise eines Musikstückes oder eines Bildes kaum große Interpretationsdiskussionen eröffnet, sind vor allem die Ansprüche an die aktuelle Berichterstattung (Pressewesen und Teile des Rundfunks) sehr ambivalent (in sich widersprüchlich). Der Journalismus, aber auch Teile der Unterhaltungsindustrie haben individuelle und gesellschaftliche Funktionen zu erfüllen und ebenso differenziert werden deren Leistungserwartungen formuliert (vgl. hier und fortfolgend Dreiskämper 2013: Kap. I.2 und I.3).

> **Merke:**
> Die **Leistungsträgereigenschaft** von Mediengütern, Medienunternehmen und Medienmärkten umschreibt das Ergebnis, das sie liefern bzw. liefern sollen; also inwiefern sie ihre Funktionen erfüllen. Die erwarteten Leistungen oder die Maßstäbe, an denen die Leistungen gemessen werden, unterscheiden sich z. T. elementar; je nachdem, ob sie durch die Politik, die Publizistik oder die Ökonomie formuliert werden.
>
> Die **Funktionsträgereigenschaft** von Mediengütern, Medienunternehmen und Medienmärkten umschreibt die Aufgaben, die sie erfüllen bzw. die ihnen zugeordnet werden. Die zugewiesenen Funktionen können völlig unterschiedlich interpretiert werden; je nachdem, ob sie durch die Politik, die Publizistik oder die Ökonomie formuliert werden.

Die **Funktion** vieler Unterhaltungsmedien liegt einfach nur darin, Entspannung zu ermöglichen, den Bedarf nach Ablenkung und Entlastung vom Alltag zu ermöglichen. Ihre **Leistung** wird daran gemessen, in welchem Maße sie dieser Funktion entsprechen. Bewertungsmaßstab ist das subjektive Gefallen oder Nicht-Gefallen. Aber auch hier „schleichen" sich schon gesellschaftliche Ansprüche und Bewertungsmaßstäbe ein. **Unterhaltungsmedien** sollen ihrer Rekreationsfunktion (Erholungsfunktion) entsprechend auch zur Stabilisierung der Gesellschaft beitragen, indem sie zur Rückgewinnung verbrauchter Kräfte und dem Wiederherstellen der Leistungsfähigkeit der Menschen beitragen (vgl. Burkart 2002: 378).

Probleme beginnen dann aufzutreten, wenn die individuellen Maßstäbe nicht mit den gesellschaftlichen übereinstimmen. So könnte stundenlanges Gaming oder der Konsum gehörschädigender lauter Musik dem Einzelnen gefallen und Alltagsentlastung bieten. Die Gesellschaft würde möglicherweise anders urteilen. Welche Ansprüche aber hätten Priorität?

Noch deutlicher werden die unterschiedlichen Ansprüche, wenn es um die aktuelle bzw. informative Berichterstattung (den **Journalismus**) in den Medien geht. Die Presse soll informieren und den Einzelnen auf „Geschehnisse außerhalb des direkt zugänglichen persönlichen Erlebnisfelds" (Burkart 2002: 403 f.) aufmerksam machen. Sie soll Werte der Gesellschaft vermitteln. Sie soll kritisieren, kontrollieren, Integration ermöglichen (vgl. Burkart 2002: 378 ff.). Sie soll staatsbürgerliche Handlungskompetenzen fördern (vgl. Kiefer 2005: 141). Diese Medienfunktionen sind der Grund dafür, dass die Verfassung der Bundesrepublik Deutschland die Pressefreiheit schützt und Zensur nicht stattfindet (vgl. Art. 5 GG). Die Meinungsfreiheit und das Recht, sich aus allgemein zugänglichen Quellen ungehindert unterrichten zu können, werden ebenfalls in Art. 5 des Grundgesetzes (GG) gewährleistet.

Was aber ist, wenn Konsumenten keine Lust haben, sich zu informieren und leichten Unterhaltungsmedien inhaltlich hochwertigen Medieninhalten den Vorrang geben? Diese Konsumenten werden dadurch geschützt, dass Medienkonsum im Alltag nicht verordnet werden kann (Ausnahme: Schulpflicht). Und was ist, wenn ein Medienunternehmen das gesellschaftliche Verantwortungskonzept zwar kennt, aber mehr daran interessiert ist, mit wenig aufwendigen Produkten hohe Gewinne zu erzielen? Diese Medienunternehmen werden geschützt durch das Prinzip der Privatautonomie: Kein privates Unternehmen kann gezwungen werden, Güter herzustellen, die es nicht anbieten will.

Auch hier stellt sich die Frage, welche Ansprüche, Forderungen und Konzepte Vorrang genießen sollen. Solche Fragen kann die BWL nicht beantworten. Hier ist die Politik gefragt. Aufgabe der BWL ist es aber, im Umfeld der Managementausbildung auf die Herausforderungen aufmerksam zu machen, damit sich Manager im Bedarfsfall bewusst mit der Problematik auseinandersetzen. Welche Schlüsse die Beteiligten dann aus der Diskussion ziehen, ist individuell höchst unterschiedlich.

Um diesem **ethischen Problemfeld** des Medienmanagements Rechnung zu tragen, soll die Bivalenz der Leistungs- und Funktionsträgerschaft sowie die Dissoziativität (Aufgabenstörung) der Funktionsträgerschaft in allen drei Erkenntnisobjekten der Medienwirtschaft (Güter, Unternehmen und Märkte) in den Folgekapiteln deutlich thematisiert werden.

4.6.1 Herausforderungen aufgrund der Bivalenz von Medienleistungen

Leistungen, definiert als das Ergebnis zweckorientierter Handlungen oder Einrichtungen, werden anhand ihres Zielerreichungsgrades bewertet. In diesem Sinne erbringen sowohl Güter als auch Unternehmen und Märkte spezifische Leistungen. In der Medienwirtschaft (wie beispielsweise auch im Gesundheits- oder im Bildungswesen) werden diese Leistungen aber nicht an einfachen Zielerreichungsgraden, sondern anhand eines doppelten Zielekanons (Bivalenz) gemessen und bewertet.

– Die **Bivalenz der Leistungsträgerschaft von Mediengüter**n liegt darin begründet, dass sie einerseits Inhalte (Bedeutungen, Wissen etc.) transportieren und andererseits durch ihre Herstellung Kosten verursachen. Ob die Inhalte redaktionell oder werblich ausformuliert sind, ob sie hochwertig oder trivial sind oder ob mit ihnen gegebenenfalls auch Erlöse erwirtschaftet werden können, spielt auf dieser Betrachtungsebene keine Rolle. Altmeppen und Karmasin sprechen in diesem Zusammenhang von der „Janusgesichtigkeit der Medien" (Altmeppen und Karmasin 2003: 22). In der Eigenschaft, publizistisches Redaktionsprodukt zu sein, kommt die **Kulturguteigenschaft** zum Ausdruck. In der Eigenschaft Kosten zu verursachen, kommt die **Wirtschaftsguteigenschaft** zum Ausdruck (vgl. Tab. 4.6).

- Die **Bivalenz der Leistungsträgerschaft von Medienunternehmen** wird dadurch deutlich, dass sie einerseits Öffentlichkeit herstellen und die Inhalte zugänglich machen (publizistische Dimension) – also **Kulturbetriebe** darstellen –, gleichzeitig aber auch als Wertschöpfer tätig sind. Sie kombinieren Ressourcen und transformieren sie zu Gütern höheren Wertes (ökonomische Dimension). Die Eigenschaft, dass Gewinne erzielt werden können oder sollen, ist in diesem Zusammenhang nicht relevant. Ein Medienbetrieb ist also nicht dadurch ein **Wirtschaftsunternehmen**, weil er Gewinnerzielungsabsichten verfolgt, sondern weil er Ressourcen einsetzt und verbraucht, um Werte zu generieren. Aus publizistischer Sicht hingegen sind Kostenbetrachtungen sekundär und aus politischer Sicht ist die Entwicklung von Erlösmodellen mitunter nicht einmal gewünscht. Die Verbreitung von (gesellschaftlich nützlichen) Inhalten steht hier im Vordergrund (vgl. Tab. 4.6).
- Die **Bivalenz der Leistungsträgerschaft von Medienmärkten** ist dadurch geprägt, dass Medienmärkte gleichzeitig **Kulturplattformen** und **Transaktionsplattformen** bzw. Kooperationsräume sind. Sie sind reale oder virtuelle Orte, auf denen Inhalte bereitgestellt, also öffentlich zugänglich gemacht werden. Bezogen auf die Medienmärkte bedeutet Bivalenz, dass sie öffentliche Transparenz für Themen herstellen und als Diskussionsplattformen dienen (publizistische Dimension). Die ökonomische Dimension der Medienmärkte liegt hingegen in ihrer Leistung, Orte des Tausches zu sein sowie Preisforderungen, Preisbereitschaften und Mengenbereitstellungen effizient nach dem Gebot der Konsumentensouveränität aufeinander abzustimmen. Der Konsument signalisiert, dass er bereit wäre, ein bestimmtes Mediengut zu kaufen und Produzenten reagieren auf diese Nachfrage mit der Herstellung und Bereitstellung. Durch diese Art der Organisation soll eine effiziente Allokation der vorhandenen Ressourcen (Produktionsmittel oder Haushaltsbudgets) sichergestellt werden, da nur produziert wird, was nachgefragt wird. Welches Gut dringlicher produziert wird als andere, hängt von der Nachfragestärke und der Preisbereitschaft der Konsumenten ab (vgl. Tab. 4.6).

Sich selbst überlassene, freie Märkte gelten in der ökonomischen Theorie als optimal für eine effiziente Ressourcenallokation und als Garant für das permanente Streben nach höchstmöglicher Produktionseffizienz. Strittig ist allerdings, was unter welchen Bedingungen als effizient gelten kann. Denn eine ökonomische Betrachtung kommt in diesem Zusammenhang zu völlig anderen Ergebnissen als eine politisch-publizistische. Diese Diskussion lässt sich am Vielfaltsbegriff darstellen: Ein ökonomisch organisierter und funktionierender Markt bringt der Theorie folgend exakt die Gütervielfalt hervor, die der Konsumierende wünscht (vgl. Heinrich 2010: 105 ff.). Dies deswegen, weil ja gerade der Konsumierende durch seine Nachfrage signalisiert, was er haben möchte und was nicht. Zeigen beispielsweise die Einschaltquoten im TV-Sektor, dass Daily Soaps sehr hohe Nachfrage auf sich ziehen und Nachrichtensendungen eher geringe Quoten verzeichnen, wäre dies ein eindeutiges Indiz dafür, dass mehr Soaps als Nachrichten-

Tab. 4.6: Die Medienwirtschaft als bivalenter Leistungsträger.

Leistungen der Medienwirtschaft	Mediengüter	Medienunternehmen	Medienmärkte
aus ökonomischer Sicht	Kostenträger und Erlöspotenzialträger	Wertschöpfer	effiziente Allokations- und Tauschinstanzen
aus publizistischer Sicht	redaktionelle, künstlerische und werbliche Inhalteträger	Hersteller von Öffentlichkeit	Instanz zur Inhaltebereitstellung

sendungen produziert werden sollten. Nur dann würden die vorhandenen Produktions-ressourcen im ökonomischen Sinne richtig eingesetzt (d. h., effizient allokiert).

Dieser liberal-ökonomischen Schlussfolgerung bzw. Wertung widersprechen etli-che Sozialwissenschaftler vehement. Die Publizistik oder die Politologie beispielsweise weisen darauf hin, dass ein solch autonomes Ressourcenverteilungsprinzip extrem gesellschaftsschädigend sein kann. Wenn Bürger gut unterhalten verblöden oder un-informiert sind, geraten schließlich auch viele Werte demokratischer Gesellschaften in Gefahr; so z. B. die Freiheit und die Möglichkeit der Mitwirkung an demokratischen Willensbildungsprozessen. Deswegen sollte, so meinen viele Kritiker, durch höhere Instanzen (beispielsweise den Staat) in den Markt eingegriffen werden. Der Markt dürfe nicht sich selbst überlassen bleiben, wenn unliebsame Zustände vermieden werden sollen.

Folgerichtig prallen in der Diskussion um die Bivalenz der medienwirtschaftli-chen Leistungsträgereigenschaften zwei normative Anspruchskonzepte aufeinander, die schwierig miteinander in Einklang zu bringen sind. Welches Konzept – das ökono-mische oder das publizistische – höherwertig eingeordnet wird, kann nur jeder Dis-kussionsteilnehmer individuell für sich beantworten.

4.6.2 Herausforderungen aufgrund der Dissoziativität von Medienfunktionen

Ebenso, wie die Leistungsansprüche an die Medien unterschiedlich bewertet werden können, können auch die Ansprüche an die Funktionen – verstanden als die Aufgabe, die ein Objekt erfüllen soll –, unterschiedlich priorisiert werden. Dies gilt ganz beson-ders für die aktuell berichterstattenden Massenmedien. Diese Funktions-, Identitäts- oder Aufgabendefinitionsstörung wird hier **Dissoziativität** genannt. Rau (2007: 28) spricht im Zusammenhang mit der Dissoziativität von „Schizoidität in der Rollen- und Funktionsstruktur der Presseorgane".

– Die **Dissoziativität von Mediengütern** besteht darin, dass Mediengüter einerseits individuelle Bedürfnisse nach Information und Unterhaltung effektiv befriedigen sollen, andererseits aber auch gesellschaftsrelevante Funktionen, wie beispiels-weise die Abbildung, Stabilisierung oder Weiterentwicklung der demokratisch organisierten Gesellschaft zu erfüllen haben (vgl. Tab. 4.7). Aus ökonomischer Sicht werden die Medienschaffenden von den Nachfragern beauftragt, Güter zu produzieren, die ihre persönlichen Bedürfnisse befriedigen. Was nicht ausreichend nachgefragt wird bzw. bei nicht mindestens kostendeckender Preisbereitschaft, wird nicht produziert. Würde der Staat hier nicht eingreifen, wäre das wahrscheinlich das Aus vieler Schulbücher.

Auch ein weit verbreitetes Verlagsverhalten, Mainstream-Literatur künstlich zu verteuern, um mit den zusätzlichen Überschüssen Nischen-Literatur zu finanzieren (preiswerter anbieten zu können), verbietet sich aus Sicht des ökonomischen Wohlfahrtsgedankens. Hier wird der Bücherabsatz von Trivialliteratur gegenüber der Marktgleichgewichtsmenge künstlich verringert. Der Preis wird verlagsseitig erhöht, um die Preisbereitschaft der Konsumenten abzuschöpfen. Das hat zur Folge, dass weniger Bücher zu höheren Preisen verkauft werden und dass der Umsatz aufgrund der relativ unelastischen Nachfrage[32] steigt. Der Mehrumsatz wird dann genutzt, um weniger stark nachgefragte Nischen-Literatur zu drucken und zu einem künstlich reduzierten Preis anzubieten. Im Endeffekt heißt dies aber, dass die eher einkommensschwächeren Taschenbuchleser z. B. den teuren Bildband, den sich eher Besserverdienende leisten, subventionieren. Dies führt zur Fehlallokation von Ressourcen. Ein solches Angebotsverhalten der Verlage mag gesellschaftlich gewünscht sein und hat auch sicherlich große bildungspolitische Vorteile. Aus Sicht der ökonomischen Theorie handelt es sich aber schlicht um Ressourcenverschwendung zu Lasten der Mainstream-Literaturleser und um eine sozial ungerechte Bevorteilung der Nischen-Literatur-Leser.

– Die **Dissoziativität von Medienunternehmen** besteht darin, dass sie einerseits ein auf die Nachfrage ausgerichtetes Angebot bereitstellen (sollen) und andererseits verpflichtet sind oder sich verpflichtet fühlen (sollen), Hilfestellungen zur Alltagsbewältigung anzubieten bzw. bereitzustellen (vgl. Tab. 4.7). Diese Hilfestellungen erfolgen in Form von Wissens-, Werte- und Normenvermittlungen etc. Die privatwirtschaftliche Beauftragung ist an der Konsumentensouveränität ausgerichtet, die öffentliche Beauftragung ist hingegen an einem Konstrukt der Fremdverantwortung ausgerichtet, das Gesellschaftsvertrag genannt wird (vgl. Dreiskämper 2013).

– Die **Dissoziativität von Medienmärkten** besteht darin, dass es jedem Teilnehmer möglich sein soll, nach eigenen Vorstellungen und im Wettbewerb mit anderen eigennützige Ziele zu verfolgen. Im Sinne der darwin'schen Evolutionstheorie überlebt der, bzw. erzielt der die besten Ergebnisse, der am besten an die Marktbedingungen angepasst ist. Das Zusammenspiel eigennützig agierender Individuen führt der ökonomischen Theorie zufolge zu den besten Ergebnissen hinsichtlich der Angebote,

---

32 Liegt eine unelastische Nachfrage vor, bedeutet dies, dass eine höhere Preisforderung zu einem nicht sehr starken Absatzmengenrückgang führt. Im Resultat steigen die Umsätze des Verlages, weil eine immer noch große Menge an Lesern den Roman auch zu höheren Preisen kauft.

Angebotsmengen und der entsprechenden Preis-Leistungs-Verhältnisse. Im Spannungsverhältnis zu den ökonomischen Postulaten steht die politisch-publizistische Forderung, Medien innerhalb geschützter Räume produzieren und handeln zu können (vgl. Tab. 4.7).

Diese Schutzräume werden abgesichert durch die Pressefreiheit und den Wunsch nach Sanktionsfreiheit für gesellschaftsrelevante Medienangebote (öffentlich-rechtlicher Rundfunk); insbesondere Minderheitenangebote (z. B. das Angebot der Fernsehsender ARTE oder PHOENIX). Dieser Ansatz sagt aus, dass wenn Wissen, Bildung, Normen und Werte etc. nachhaltig vermittelt werden sollen, nicht das Prinzip "Survival of the Fittest" gelten kann. Es muss dann vielmehr darauf geachtet werden, dass auch meritorische Bedürfnisse befriedigt werden. Meritorisch werden Bedürfnisse dann genannt, wenn die Gemeinschaft einen höheren Konsumbedarf fordert, als der Einzelne zu konsumieren bereit ist.[33]

In der Diskussion um die Dissoziativität in der Medienindustrie prallen ebenfalls zwei normative Anspruchskonzepte aufeinander, die ebenfalls in reiner Form nicht miteinander zu vereinbaren sind (vgl. Tab. 4.7). Welches Konzept – das ökonomische oder das publizistische – höherwertig eingeordnet werden soll, kann auch hier jeder Diskussionsteilnehmer nur individuell für sich beantworten. Eine beschreibende Wissenschaft wie die BWL kann hier nicht weiterhelfen.

In den folgenden Kapiteln werden alle weiteren Themenfelder ausschließlich aus der ökonomischen Sicht der Betriebswirtschaft diskutiert. Dies stellt keine Wertung dar, sondern ist der Notwendigkeit geschuldet, die Themenabarbeitung in dieser Publikation überschaubar zu halten. Leser, die sich für den medienwirtschaftlichen Spa-

Tab. 4.7: Die Medienwirtschaft als dissoziativer Funktionsträger.

Funktionen der Medienwirtschaft	Mediengüter	Medienunternehmen	Medienmärkte
aus ökonomischer Sicht	Konsumgüter zur Befriedigung individueller Informations- und Unterhaltungsbedürfnisse	privat beauftragte Angebots-optimierer	Handlungsorte eigennützig konkurrierender Akteure
aus publizistischer Sicht	Instrument zur Abbildung, Stabilisierung und Veränderung sozialer, kultureller und politischer Systembedingungen	gesellschaftlich beauftragte Hilfedienstleister	sanktionsfreie Orte publizistischer Vielfalt

---

33 Dies ist z. B. auch im Bereich der Bildung gegeben. Bildung ist ein Gut, das vom Einzelnen im geringeren Maße konsumiert wird, als es die Gesellschaft für wünschenswert hält.

gat zwischen ökonomischen und publizistischen Forderungen interessieren, seien insbesondere auf die Werke von Dreiskämper (2013), Kiefer und Steininger (2013), Lobigs (2005) oder Karmasin und Winter (vgl. 2000) sowie die jeweils dort angegebenen Literaturhinweise verwiesen.

Fragen/Aufgaben zu Kapitel 4.6

1. Was bedeuten die Begriffe Bivalenz, Funktionsträgereigenschaft und Leistungsträgereigenschaft im Zusammenhang mit der Medienwirtschaft?
2. Warum ist die Auseinandersetzung mit den Funktionen und Leistungen von medienwirtschaftlichen Analysen wichtig?
3. Worin liegt die Bivalenz der Leistungsträgerschaft von Medien, Medienunternehmen und Medienmärkten begründet?
4. Erläutern Sie bitte, welche Leistungen Mediengüter, Medienunternehmen und Medienmärkte in modernen Gesellschaften erfüllen können und warum diese Leistungen bivalent sind.
5. Erläutern Sie bitte, was grundsätzlich unter der Dissoziativität von medienwirtschaftlichen Funktionen verstanden wird.
6. Klären Sie für sich selbst, ob oder inwieweit ökonomische oder publizistische Anforderungen an die Medienwirtschaft für Sie Priorität haben.

Lösungshinweise finden Sie im achten Kapitel „Lösungsskizzen".

Teil II: **Medienwirtschaftliche Besonderheiten auf der Güter- und Unternehmensebene**

5 Zentrale Charakteristika von Mediengütern

Ökonomische Güter (Produkte, Dienstleistungen oder Rechte) sind bereits in Kapitel 2.2 insofern definiert worden, als dass sie ein Bedürfnis befriedigen (also einen Nutzen stiften), dass sie knapp sind (also nicht unbegrenzt zur Verfügung stehen), dass sie am Markt gehandelt werden (also auf Nachfrage treffen) und dass sie einen Preis erzielen können (also nicht kostenlos von jemandem genutzt werden können, wenn der Hersteller dies nicht will). Für ökonomische Güter gilt vor allem das Knappheitsgebot: Je knapper ein Gut ist, desto höher ist sein Wert.

In Kapitel 3.2 sind Mediengüter als Inhalte spezifiziert worden, die bei einem bestimmten Kreis von Rezipienten einen informativen, bildenden oder unterhaltenden Nutzen generieren und als publizistische Endprodukte oder Vorleistungen für Unternehmen auf Märkten gehandelt werden.

Insofern sind viele ökonomische Eigenschaften von Wirtschaftsgütern auch bei Mediengütern ganz offensichtlich erfüllt. Sie befriedigen ein Bedürfnis, sie werden nachgefragt und sie können am Markt gehandelt werden. Was aber ist beispielsweise mit dem Knappheitsgebot, das Güter teuer werden lässt? Und was ist mit der Durchsetzung von Preisforderungen seitens der Eigentümer? In diesen beiden Eigenschaftsbereichen werden die ökonomischen Basiskonzepte

– Knappheit bestimmt den Wert eines Gutes und
– ein Gut nutzen zu dürfen, setzt Entgeltzahlung voraus

mitunter völlig ausgehebelt (vgl. Kap. 4). Dies führt mitunter zu Chancen, aber auch zu Problemen für Mediengüteranbieter, die aus betriebswirtschaftlicher Sicht dramatisch sein können.

In diesem fünften Kapitel werden die Besonderheiten von Mediengütern intensiv behandelt und aufgezeigt, dass Mediengüter tatsächlich ganz spezielle Eigenschaften haben, die eine besondere Beachtung deutlich nötig macht. Was speziell in diesem Kapitel abgearbeitet wird, zeigt der folgende Themenkasten in einer Übersicht.

Themen von Kap. 5: Mediengüter zeigen neun Spezifika, die aus ökonomischer Sicht besonderer Beachtung bedürfen

Mediengüter sind auf vielfältige Weise mit anderen Gütern verbunden
Die Verbundenheit von Mediengütern verbindet Märkte auf vielfältige Weise.

Mediengüter sind im Kern Dienstleistungsangebote
Dienstleistungsangebote brauchen den Dienstleistungsempfänger, um wirksam zu werden.

Mediengüter leiden unter Informationsasymmetrie
Die ungleich verteile Information über potenzielle Medienleistungen führt zu schlechter Qualität.

Mediengüter sind Ver- und Gebrauchsgüter
Medieninhalte büßen ihren Wert mit Veröffentlichung ein, können aber auch zum Klassiker werden.

---

https://doi.org/10.1515/9783111548999-005

Mediengüter sind in großer Anzahl marktunfähig
Die Vermarktung von Mediengütern funktioniert nur im Werbereich uneingeschränkt marktwirtschaftlich.

Mediengüter verursachen externe Effekte
Kein Medienkonsum ohne positive oder negative externe Effekte.

Mediengüter sind produktionstechnisch Unikate und werden zu Massenprodukten
Die Unikatsproduktion verursacht hohe, die Vervielfältigung geringe Stückkosten und Risiken.

Mediengüter verursachen Monopolisierungstendenzen
Ein sich selbst überlassener Netzwerkmarkt tendiert zum Monopol.

Mediengüter sind rechtlich schwierig zu schützen
Die Produktpiraterie und das Freerider-Verhalten verursachen Milliardenverluste.

Zum Einstieg in dieses Kapitel soll zunächst auf zwei grundsätzliche Besonderheiten eingegangen werden. Diese beiden Besonderheiten, die in einigen Mediengütern zum Ausdruck kommen, brechen mit klassischen Paradigmen der ökonomischen Theorie (Paradigmenbrüche).

1. Paradigmenbruch: Massenmedien generieren ihren Wert nicht aus der Knappheit, sondern aus der verbreiteten Absatzmenge

Gold ist begehrt und knapp und deswegen teuer. Eine Spielfilmlizenz für einen Blockbuster oder ein Exklusivinterview mit einem Star ist ebenfalls begehrt, knapp und deswegen teuer. Aber es gibt auch digitale Mediengüter, die begehrt, aber nicht knapp und trotzdem teuer sind (z. B. E-Book-Content, Musikdateien oder digitale Games). Hier bestimmt nicht mehr die Knappheit den Wert eines Gutes, sondern es gilt genau das Gegenteil: Der Preis des Produktes wird durch die Benutzerhäufigkeit in die Höhe getrieben. Dies ist beispielsweise in besonderem Maße bei Softwareprodukten oder Werbebotschaften der Fall. Eine Software, die kaum jemand nutzt, kostet nicht viel, da die Daten nur zwischen wenigen Usern ausgetauscht werden können. Eine Software, die von Millionen Menschen eingesetzt wird, gewinnt hingegen deutlich an Wert. Insofern lohnt es sich auch für die Hersteller, die Software zu Beginn ihrer Markteroberung zu verschenken und erst später, wenn viele das Produkt nutzen, einen hohen Preis von allen Neunutzern zu fordern. Auch ein Werbeplatz oder eine Netzwerkplattform steigt in seinem Wert, wenn er bzw. sie eine hohe Reichweite hat. Werbebotschaften, die kaum zur Kenntnis genommen werden können, sind eher preiswert zu platzieren und Plattformen mit geringer Reichweite, sind weitgehend wertlos.

Anders als in der materiellen Industrie, in der die Knappheit eines Gutes den Wert bestimmt, finden sich in der Medienwirtschaft viele Güter (Massenmedien), deren Wert mit der verteilten Menge positiv korrespondiert. Dies gilt sowohl für den ökonomischen als auch für den publizistischen Wert der Medieninhalte. Ökonomisch, weil mit der Verbreitung der Produkte der Werbepreis der Umgebungsflächen steigt und publizistisch, weil mit der Reichweite der Inhalte auch die Meinungsmacht der Kommunikatoren steigt.

2. Paradigmenbruch: Nicht jeder, der konsumiert, zahlt

Eine zweite besondere Eigenheit von Medienprodukten liegt in der oft mangelhaften Durchsetzung von Eigentumsrechten. Wer ein Brot möchte, muss nicht so viel bezahlen, wie jemand, der Gold möchte, aber er muss, wenn er es konsumieren möchte, dem Hersteller bzw. dem Händler zumindest ein Entgelt zahlen. Wer nicht bezahlen will, bekommt kein Brot. Der Eigentümer kann seine Eigentumsrechte faktisch durchsetzen.

Wenn nun aber jemand einen Home-Video-Abend organisiert und zehn Freunde einlädt, wird er Filme abspielen, die beispielsweise über Netflix angeboten werden. Es könnte auch ein Fußballspiel über DAZN oder Sky gestreamt und als Gemeinschaftsevent genossen werden. Oder es läuft einfach Hintergrundmusik, die von Spotify geliefert wird. Die zehn Freunde werden jedoch in jedem Fall aus Sicht des Anbieters zum Nulltarif unterhalten, da nur der Abonnent für den Konsum bezahlt. Noch schlimmer für den Produzenten wäre es, wenn der Gastgeber Raubkopien abspielt. In diesem Fall erhält er überhaupt kein Entgelt; nicht einmal von einem einzigen Nutzer.

Das gleiche Schicksal ereilt einen Verlag, der eine Nachricht oder eine Story über seine Medien (Zeitung, Onlineportal etc.) verteilt. Ist der Inhalt erst einmal veröffentlicht bzw. gelesen worden, kann die Geschichte von jedem Leser weitererzählt werden, ohne dass der Verlag entgolten wird. Nicht ohne Grund hängt der Kioskbesitzer oder der Zeitungsstandinhaber am Bahnhof Schilder auf, die darauf hinweisen, dass die Zeitungen und Zeitschriften nicht vor Ort gelesen, sondern gekauft werden sollen. Aber was soll er machen, wenn jemand einen Artikel bereits gelesen hat? Zurückfordern kann er das Wissen um den Inhalt nicht. Auch die technische Verhinderung von Zugriffen (eingeschweißte Zeitungen; codierte TV-Übertragungen, logingeschützte Webinhalte etc.) schützt nicht vor Mehrfachnutzungen durch Nichtzahler nach dem Erwerb durch einen Konsumenten.

Natürlich könnten unerlaubte Nutzungen juristisch verfolgt werden. Wenn aber der Aufwand für die Strafverfolgung oder die Verhinderung unberechtigter Nutzung größer ist als der Schaden, der verhindert wird, wären die Maßnahmen betriebswirtschaftlich kontraproduktiv.

Das einzige Wertäquivalent, das Produzenten oder Plattformbetreiber von den Konsumenten immer bekommen, ist Konsumzeit oder Aufmerksamkeit. Aber auch die Aufmerksamkeit ist mal stärker und mal weniger stark ausgeprägt und damit kein sehr sicheres oder kalkulierbares Entgelt. Abb. 5.1 (als Weiterentwicklung von Friedrichsen et al. 2015: 6) fasst die ökonomischen Eigenschaften von Mediengütern, die in Teilen von der allgemeinen Güterdefinition abweichen, zusammen.

Mediengüter aus rein ökonomischer Sicht ...

befriedigen Bedürfnisse und stiften Nutzen	sind knapp oder im Überfluss vorhanden	sind in einer Vielzahl nur bedingt oder nicht marktfähig	unterliegen Eigentumsrechten, die juristisch durchsetzbar sind, häufig aber aus Kostengründen nicht durchgesetzt werden
werden deshalb nachgefragt und am Markt angeboten	sind leicht reproduzierbar	werden durch ein Wertäquivalent entgolten	

Abb. 5.1: Medien als Wirtschaftsgüter.

Die Medienlandschaft ist voll von Leistungsbeispielen, die sich von üblichen Sachgütereigenschaften „normaler" Produkte unterscheiden. Diese Unterscheidungen bergen Unannehmlichkeiten oder Risiken für den Anbieter, aber auch Chancen. So ist z. B. die leichte und hinsichtlich der Qualität verlustfreie Herstellung von Kopien nicht nur ein Fluch, sondern auch ein Segen für Produzenten. In Form der Produktpiraterie kann sie zur Existenzbedrohung werden (vgl. die Krise in der Musikindustrie Anfang der 2000er Jahre). In Form eines Downloadangebots, das einmal erstellt und millionenfach vermarktet werden kann, wird die leichte Reproduzierbarkeit wiederum zur gewinnmaximierenden Eigenschaft. Gerade bei **digitalen Medien** ergeben sich ständig neue Verwertungsmöglichkeiten, die erfolgreich von findigen Unternehmern genutzt werden können.

So begründen Gütereigenschaften den Entscheidungsspielraum und die Handlungsmöglichkeiten der Anbieter und Nachfrager. Die Eigenschaften bestimmen, was zu tun möglich oder angeraten ist und was nicht. Aus der Gütereigenschaft, dass Informationen beispielsweise mündlich, gedruckt oder digital verbreitet werden können, folgt unter anderem, dass die Informationsanbieter Wahlmöglichkeiten hinsichtlich der Aufbereitung, der Verteilung, der zeitlichen Zurverfügungstellung etc. nutzen können. Und die Konsumenten wiederum können entscheiden, wie und wann sie die Informationen rezipieren wollen. Die Konsumentenwünsche und die Herstellermöglichkeiten werden in Einklang gebracht. Irgendeine Verhaltenskombination wird sich für den Produzenten als die ökonomisch erfolgreichste herauskristallisieren und die „Gewinner" von den „Verlierern" separieren. Wenn etwa Verlage den wachsenden Wunsch nach digitalem Content ihrer Leser ignorieren und weiterhin ausschließlich analoge Printprodukte produzieren, werden sie am Markt abgestraft, da die Nachfrage sinkt. Eine sinkende Nachfrage führt i. d. R. zu Umsatzrückgang. Umsatzrückgang führt zu Gewinneinbußen oder zur Insolvenz. Die **Gütereigenschaften bestimmen** also **die Verhaltensoptionen** und Entscheidungsalternativen der beteiligten Akteure maßgeblich mit. Das Ergebnis der Entscheidungen und Handlungen der Akteure beeinflusst das Marktergebnis. Richtiges Verhalten wird belohnt, falsches Verhalten wird bestraft.

Tab. 5.1 zeigt neun spezifische Charakteristika mediengetragener Marktleistungen, die Auswirkungen auf das unternehmerische Verhalten der Anbieter und das Konsumverhalten von Nachfragern haben. In den Folgekapiteln wird dann explizit erklärend auf diese Mediengüter-Charakteristika eingegangen.

Tab. 5.1: Elementare Charakteristika von Mediengüter.

Besonderheiten von Mediengütern	Ausprägung und ökonomische Folgen
1. Verbundenheit	Mediengüter sind auf unterschiedliche Arten miteinander verbunden: a) Bivalenz: Sie befriedigen individuelle Bedürfnisse nach Unterhaltung und Information und können gleichzeitig auch gesellschaftliche Funktionen erfüllen. Insofern tragen insbesondere aktuell berichterstattende Medienunternehmen große Verantwortung. b) Substitutionalität: Medieninhalte können miteinander in Konkurrenzbeziehung stehen. Güter, die dieselben oder ähnliche Bedürfnisse stillen, werden vom Konsumenten als austauschbar betrachtet. Dies legt nahe, dass der Anbieter seine Produkte differenziert. c) Komplementarität: Medieninhalte sind an einen Medienträger gekoppelt. Sie bedürfen häufig technischer Geräte, um rezipiert werden zu können. Die Medienträgerbindung macht es möglich, Medieninhalte auf unterschiedliche Arten bereitzustellen (analog, elektronisch). d) Kuppelproduktion: Medieninhalte können aus redaktionellen und werblichen Botschaften bestehen. Insofern haben Mediengüter einen Doppelnutzen und Medienunternehmen können unterschiedliche Finanzierungsquellen nutzen. Diese Verbundenheitsausprägungen können von den Anbietern strategisch genutzt werden.
2. Dienstleistungscharakter	Medienleistungen entstehen durch Dienstleistungen (DL) oder sind Dienstleistungsangebote. Der Kern von Medienleistungen (Generierung und/oder Bündelung von Inhalten) ist immateriell. Dies hat deutliche Auswirkungen auf den Produktionsprozess. a) Uno-Actu-Prinzip: DL sind nicht lagerfähig, nicht transportierbar, nicht auf Vorrat bereitzustellen und nicht weiterveräußerbar. b) Externer Faktor: DL entstehen nur mithilfe externer Faktoren. c) Qualitätsschwankungen: DL sind mit starken Qualitätsschwankungen behaftet. Es ergibt sich aber die Möglichkeit der Serienfertigung. Das heißt, für eine ausgewählte Gruppe ist die Anbieterqualität als relativ gleich einzuordnen; nicht aber das Ergebnis der DL. d) Materialisierung/Digitalisierung: Werden die Dienstleistungspotenziale der Medienunternehmen materialisiert oder digitalisiert, entstehen Sachgüter oder immaterielle Produkte. Diese sind marktfähig und können eigenständig vermarktet werden.

Besonderheiten von Mediengütern	Ausprägung und ökonomische Folgen
3. Informationsasymmetrie/ Qualitätsunsicherheit	Mediengüterleistungen sind Leistungsversprechen und leiden unter einer hohen Informationsasymmetrie. a) Güterkategorie: Medienleistungen stellen Vertrauens- und Erfahrungsgüter dar. Diese Eigenschaft kann zum Vorteil der Anbieter ausgenutzt werden, da der Nutzer im Vorfeld nicht weiß, was er bekommt. b) Informationsparadoxon: Es entsteht ein Informationsparadoxon zu Lasten der Anbieter. Je mehr er über sein Produkt preisgibt, desto weiter sinkt die Bereitschaft der Nutzer, für das Produkt zu zahlen. c) Qualitätsmanagement: Die mangelhafte Möglichkeit der Qualitätsbewertung geht zu Lasten der Nachfrager und macht eine permanente Überprüfung der Qualität durch den Konsumenten notwendig. Viele Anbieter werden die Qualität kosteninduziert minimieren, weil der Nutzer den Qualitätsverlust nicht bemerkt. d) Lemon-Markets: Es können „Lemon-Markets" entstehen mit viel Raum für Signaling- und Screening-Aktivitäten. Gute Produkte werden schlechteren Platz machen. Anbieter müssen Imagepflege betreiben, um diesen Trend zu verhindern.
4. Wertstabilität/ Zeitelastizität	Medieninhalte sind unterschiedlich wertstabil. a) Geringe Zeitelastizität: Informationsgüter verlieren sehr schnell ihren Wert und haben nur einen Begrenzten wirtschaftlichen Wert. Es entsteht Geschwindigkeitswettbewerb. b) Hohe Zeitelastizität: Unterhaltungsgüter haben eine hohe Zeitelastizität (Stichwort Klassiker). Hohe Zeitelastizitäten ermöglichen unterschiedliche Vermarktungsmöglichkeiten.
5. Markt(un)fähigkeit	Mediengüter sind unterschiedlich marktfähig. Es gibt nicht marktfähige, bedingt Marktfähige und voll marktfähige Mediengüter. a) Marktunfähigkeit: Öffentliche und Quasi-öffentliche Güter (Allmendegüter) sind nicht marktfähig. Kein privater Produzent würde solche Güter herstellen. Marktunfähige Mediengüter können nur über Werbung oder Marktersatzlösungen (Eingriffe des Staates) finanziert werden. b) Marktfähigkeit: Clubgüter sind bedingt marktfähig, es fehlt aber die Konsumrivalität. Nur Werbeplätze erfüllen alle an die Marktfähigkeit von Gütern gekoppelten Eigenschaften.

Tab. 5.1 (fortgesetzt)

Besonderheiten von Mediengütern	Ausprägung und ökonomische Folgen
6. externe Effekte/ Netzeffektgüter	Kein Medienkonsum ohne externen Effekt. Medieninhalte können gesellschaftsrelevante (meritorische oder demeritorische) Wirkungen haben. Als Netzwerkgüter zeigen Medien positive oder negative, direkte oder indirekte Netzeffekte. a) Gesellschaftsrelevante Effekte: Meritorisch wirkende Medieninhalte werden durch den Staat gefördert, demeritorische indiziert oder verboten. Marktersatzlösungen können Medienwirkungen abfedern. b) Strategische Effekte: Netzwerkeffekte können strategisch genutzt werden, um den Wert von Netzwerken zu erhöhen und um Komplementärgüter zu vermarkten. Soziale Kosten oder Nutzen der Effekte werden nicht berücksichtigt.
7. Produktionsbedingungen	Die dominanten Produktionsbedingungen bei der Herstellung von Mediengütern (Einzel- und Serienfertigung) zeichnen sich durch zwei gegensätzliche Risikosituationen aus. a) Die hohen First-Copy-Cost der Unikate (das Ur-Master ist immer ein Unikat) bedeuten ein extrem hohes Risiko für die Anbietenden (Absatzrisiko und Totalausfallrisiko (Stichwort sunk costs)). b) Die Kosten der Produktion von Kopien (Vervielfältigung, Ausstrahlung oder Upload) steigen aber entweder gar nicht oder nur unterproportional mit der Ausbringungsmenge (durchgehende Kostendegression ad infinitum). Daraus resultieren extrem hohe Economics of Scale. Auch Economics of Scope verursachen Kostendegressionseffekte. Diese beiden Effekte führen zu höheren Gewinnen bei Anbietenden.
8. Subadditivität der Kosten	Die Subadditivität (Zustand, in dem ein Gut durch ein einziges Unternehmen kostengünstiger als durch mehrere Unternehmen gemeinsam produziert werden kann) führt zu starken Konzentrationstendenzen am Anbietermarkt (Stichwort Natürliches Monopol).
9. Urheberschaft/ Nutzungsrechte	Medieninhalte entstehen durch Urheber. Das Urheberrecht ist nicht übertragbar, es können anderen lediglich Nutzungsrechte eingeräumt werden. Die Digitalisierung erleichtert Urheberrechtsverletzungen. Der unerlaubten Reproduktion (Herstellung von Raubkopien) steht wenig entgegen.

Diese Eigenschaften, ihre Ausprägungen und betriebswirtschaftlichen Folgen werden in den folgenden Kapiteln beschrieben, analysiert und problematisiert.

5.1 Eigenschaft und Folgen der Verbundenheit

Güter können miteinander verbunden sein, d. h. die Leistungen von Gütern können miteinander in Verbindung stehen. Sie können aber auch nicht verbunden sein. So hat eine Pizza mit einem Notizblock genau so wenig zu tun, wie ein Pferd mit einem Pantoffel. Sind Güter hingegen miteinander verbunden, können sie dies auf unterschiedliche Arten sein (vgl. hier und folgend Dreiskämper 2013: 12 ff.; Gläser 2014: 147 f.; Zydorek 2013: 136 ff.; Friedrichsen et al. 2015: 10 f.; Beyer und Carl 2012: 11 f.; Kiefer 2005: 134; Sjurts 2004: 162, 2005: 8 ff.; Karmasin und Winter 2000: 29 ff.). Der folgende Themenkasten gibt die Facetten der Verbundenheit wieder.

Themen von Kap. 5.1: Die Eigenschaftsausprägungen der Verbundenheit von Mediengütern
Bivalenz begründet die Notwendigkeit normativer Festlegungen
Mediengüter sind immer gleichzeitig Wirtschafts- und Kulturgüter. Welche Sichtweise Priorität genießen soll, kann nur normativ entschieden werden.

Substitutionalität begründet Wettbewerb
Nutzenbezogene, zeitliche und technische Konkurrenzbeziehungen zwischen Mediengütern beleben die Innovationsdynamik.

Komplementarität begründet Abhängigkeiten
Die Medienrezeption erfordert häufig technische Hilfsmittel. Diese Nutzungssituation fördert strategische Möglichkeiten der Anbietenden.

Kuppelproduktionen begründen einen Doppelnutzen
Die Produktion von werbefinanzierten Medieninhalten öffnen unterschiedliche Verwertungsmöglichkeiten.

5.1.1 Die Bivalenz als doppelte Leistungsverbundenheit

Die Verbundenheit, gleichzeitig Wirtschafts- und Kulturgut zu sein, ist bereits ausführlich in Kapitel 4.6 thematisiert worden. Besondere Bedeutung erhält die Bivalenz im Umfeld der publizistischen Massenmedien: Sie sollen **individuelle Bedürfnisse nach Unterhaltung und Information** befriedigen und gleichzeitig die gesellschaftlichen Funktionen erfüllen, Integration, Meinungs- und Willensbildung, Kritik und Kontrolle zu ermöglichen. Insofern sind sie einerseits ganz normale, an Angebot und Nachfrage ausgerichtete Konsumgüter, andererseits aber auch journalistische Informationsprodukte, die einen besonderen Schutz genießen (vgl. Art. 5 GG, Pressefreiheit). Der gesellschaftlich bedeutendste Auftrag von Presse und Rundfunk ist es, durch Berichterstattung und öffentliche Diskussion das politische Geschehen transparent zu machen. Im politischen System der Gewaltenteilung sollen die **journalistischen Medien** Machtmissbrauch verhindern oder aufdecken und bilden neben Exekutive, Legislative und Judikative die sogenannte **Vierte Gewalt** im Staat.

Insofern kommt dem Management von Medienunternehmen, die Presseprodukte herstellen eine besondere Verantwortung zu, derer es sich jederzeit bewusst sein sollte (aber wohl bei weitem nicht immer ist). Bei Unternehmen, die Unterhaltungswerte herstellen (Musikverlage, Publisher, Filmproduzenten etc.) oder lediglich Kommunikationsplattformen betreiben (Streamingplattformen, Social Media-Plattformen) spielt die Bivalenz kaum eine Rolle. Allerdings werden hier insbesondere die Plattformbetreiber immer deutlicher und nachdrücklicher in die Pflicht genommen. So zielt bspw. das Gesetz zur Verbesserung der Rechtsdurchsetzung in sozialen Netzwerken (geändertes Netzwerkdurchsetzungsgesetz – NetzDG) darauf ab, Persönlichkeitsverletzungen, Hasskriminalität, strafbare Falschnachrichten und andere strafbare Inhalte auf den Plattformen sozialer Netzwerke wirksamer zu bekämpfen.

5.1.2 Die Substitutionalität als Wettbewerbstreiber

Können Güter durch andere Güter ersetzt werden, liegt eine substitutionale Beziehung vor. Die Güter werden **Substitute** genannt. Dieses Substitutionsverhältnis kann unterschiedliche Gründe haben.

Mediengüter können sich gegenseitig im Nutzen ersetzen (z. B. verschiedene Nachrichtenmagazine, Unterhaltungssendungen oder E-Games). In diesem Fall sind sie aus Sicht der Nachfrage **nutzentechnisch Konkurrenzprodukte**. Als Substitute werden aber nicht nur identische Güter betrachtet (z. B. ein und derselbe Film auf Blu-Ray und als Streaming-Angebot). Es reicht aus, wenn das Produkt aus Sicht eines Konsumenten bzw. Nachfragers den gleichen Nutzen stiftet. So können beispielsweise zwei ganz unterschiedliche Movies, die zur Wahl stehen, den gleichen Unterhaltungswert haben oder zwei unterschiedliche Werbeträger eine gleichhohe Kontaktleistung bieten. Die Medienvielfalt und die Verbreitungstechnologien führen zu einem hohen Substitutionsgrad der Medienangebote.

Die **Substitutionskonkurrenz** kann aber auch **zeitlicher Natur** sein. Kurzfristig stehen z. B. Medienprodukte im Nachfragewettbewerb, die zur gleichen Zeit angeboten werden (beispielsweise gleichzeitig ausgestrahlte Rundfunkprogramme). Hier muss sich der Konsument entscheiden, welches Angebot er innerhalb eines bestimmten Zeitkorridors nutzen will. Und selbst, wenn es technisch möglich ist, mehrere Produkte gleichzeitig zu nutzen, bleiben Zeit und Aufmerksamkeit knappe Ressourcen, die nur mit abnehmender Qualität gleichzeitig mehrfach verwendet werden können. Dieses Substitutionsverhältnis steigert ebenfalls den Angebotswettbewerb und fordert von den Anbietern, dass sie ihre Produkte so entwickeln und positionieren, dass möglichst viele Konsumenten eine Präferenz für das angebotene Produkt generieren. Die Lösung wird in einer differenzierten Marktbearbeitung gesucht. Hier stehen sich Reichweite (viele Konsumenten zu erreichen) und Personalisierung (möglichst hochwertige Kontakte und Kundenbindungen zu erreichen) als bipolare Lösungskonzepte gegenüber.

Langfristig stehen auch Medienträger in Substitutionskonkurrenz, wenn sie **technologisch abgelöst** werden können (z. B. Audiokassette durch CD oder VHS durch DVD oder Blu-Ray und diese wiederum durch Online-Versionen der Inhalte). Hier finden Medienunternehmen Herausforderungen, die ihr langfristiges Überleben betreffen.

Letztendlich stehen alle Produkte auch in einem **budgettechnischen Konkurrenzverhältnis**, da der Nachfrager sein begrenztes Budget auf viele Angebotsleistungen verteilen kann.

5.1.3 Die Komplementarität als Bedingungsgefüge

Während die Substitutionalität die Überlebensfähigkeit eines Unternehmens herausfordert bzw. den Wettbewerb um Nachfrager steigert, ist die Komplementarität im ökonomischen Sinn eine Eigenschaft, die Unternehmen nutzen, ihre Position am Markt zu stärken. Komplementäre Güter werden häufig auch kurz als **Komplemente** bezeichnet. Ist das Beziehungsverhältnis von Gütern komplementär, so ergänzen sie sich oder sind zur Nutzung aufeinander angewiesen und werden deswegen häufig auch zusammen nachgefragt. Perfekte Komplemente sind beispielsweise PC, Tastatur, Maus, Monitor und Drucker oder Konsole, Controller und e-Games. Ziel der Unternehmen ist es, Produkte und Leistungen eng aneinander zu binden, damit sich höhere Gewinnpotenziale ergeben und die Abhängigkeit der Nachfrager stärker ausgebaut wird. Ein sehr breites Angebot von Komplementärprodukten bildet beispielsweise die Apple-Produktfamilie inklusive der hier bereitgestellten Zusatzprodukte (Apps und Store-Inhalte sowie Kopfhörer und Schutztaschen bis hin zu speziellen Systemanschlüssen in der Automobilindustrie etc.). Solche Komplementaritätsbeziehungen können auch zu **Log-in-Effekten** (Gefangennahmeeffekte) führen; dann nämlich, wenn bestimmte Nutzen nur mit bestimmten Instrumenten erreicht werden können (Apple-Software und Apple-Hardware; spezielle Games und spezifische Konsolen etc.).

Komplementarität ist vor allem technisch basiert. Eine grundlegende Verbundenheit zeigt sich darin, dass Medieninhalte, verstanden als sinnhafte Zusammenstellungen von bedeutungstragenden Assets (Zeichen, Bilder, Töne, Avatare etc.), immer an einen materiellen oder immateriellen Medienträger gekoppelt sind (Papier, Rundfunkwellen, Zelluloid, Datenspeicher etc.). Medien sind Güter, deren immaterielle Leistung nur konsumiert werden kann, wenn komplementäre Güter den Konsum möglich machen. Abgesehen von den menschlichen Elementarmedien (Sprache, Mimik, Gestik), benötigt jeder Medieninhalt nicht nur einen Träger, um transportiert werden zu können, sondern auch technische Hilfsmittel, um sie produzieren oder rezipieren zu können (vgl. Pross 1970: 129; Faßler 1997: 147): Ohne Papier, keine Zeitung; ohne Monitor, kein Film- oder Datenkonsum etc.

Die **Medienträgerbindung** macht es den Anbietern möglich, Medieninhalte auf unterschiedliche Arten bereitzustellen und Nachfragern möglich, Medieninhalte auf unterschiedliche Arten zu konsumieren. Ein Bericht kann gleichzeitig (und identisch) als analoge Ausgabe in mehreren Printmedien, als Rundfunkübertragung oder als Downloadangebot auf verschiedenen Online-Portalen in unterschiedlichen Formaten und mit unterschiedlicher Verfügbarkeit auf den Markt gebracht werden. Das Trägermedium bzw. die Übertragungstechnik definiert die Vermarktungsqualität und die Verwertungsformen der Medieninhalte.

Komplementaritätsverhältnisse werden anbieterseits genutzt, um strategische Vorteile auf Absatzmärkten zu generieren (vgl. hierzu die Ausführungen zum Marketing von Medienunternehmen in Band 3). Dies ist insbesondere bei digitalen Medienprodukten, die immer eines Komplementärgutes bedürfen, der Fall.

Doch obwohl es die Kommunikationspolitik der Gerätehersteller in der Unterhaltungselektronik mittlerweile geschafft hat, dass die Nutzer den Transport-, Abruf- oder Abspielgeräten (Smartphones, Tablets, Flat Screens, PCs oder MP3-Playern) eine hohe Bedeutung zumessen, ist es dennoch nicht der Medienträger, die Technik oder der ästhetische Wert der Gebrauchsgüter, sondern immer der Inhalt, der den maßgeblichen Wert eines Mediums ausmacht.

Komplementarität kann auch inhaltlich begründet sein. Dies ist dann der Fall, wenn sich Inhalte ergänzen. Genutzt wird diese Möglichkeit von den Anbietern, wenn z. B. Themenabende im Fernsehen konzipiert werden. Hier wird ein Grundthema, z. B. inspiriert durch ein aktuelles Ereignis (Jahrestag einer Besonderheit, Tod einer bekannten Person, Naturereignis, Trendbewegung etc.) konzeptionell ausgebaut, um Zuschauerbindung zu erreichen. Beispielsweise führte der Ausbruch des Vulkans Eyjafjallajökull (Island) im Jahr 2010 dazu, dass die Programmveranstalter nicht nur über das Ereignis selbst berichteten, sondern ebenfalls Dokumentationen, Reportagen und sonstige „Vulkan-Themen" bündelten und als Themenabend ausstrahlten. Auch der 75-jährige Geburtstag des Grundgesetzes am 23.05.24 oder die vorgezogene Bundestagswahl 2025 führte zu einer massiven, sich inhaltlich ergänzenden Medienpräsenz dieser bedeutungsvollen Themen. Letztlich sind auch alle thematisch bestimmten e-Communities (virtuelle Gemeinschaften wie hobby- oder karrierebezogene, politische oder lokale Online-Gemeinschaften mit ihren Boards, Chats, Foren etc.) inhaltlich durch ihre Komplementarität bestimmt.

5.1.4 Die Kuppelproduktion als Basis zweiseitiger Märkte

Güter können auch durch den Produktionsprozess miteinander verbunden sein. Solche durch die Produktion verbundenen Güter werden auch **Kuppelprodukte** genannt. Kuppelprodukte fallen in der Verbundproduktion an. Dies ist ein Fertigungstyp, bei dem zusätzlich zum Hauptprodukt (gewollt oder ungewollt) automatisch Nebenprodukte anfallen (vgl. Kloock 1983: 696 f.).

Ungewollte Nebenprodukte werden häufig mit der Vorsilbe „Ab-" versehen (Abfall, Abwasser, Abwärme etc.). Mitunter können diese Nebenprodukte aber auch verwertet bzw. vermarktet werden. Dies ist beispielsweise im Fall der Fleischproduktion der Fall. Die zusätzlich anfallende Haut der Tiere wird als Leder vermarktet. Auch die heute als Holzpellets für die Heizung verkauften Sägewerkabfälle wären ein Beispiel.

Kuppelprodukte können aber auch **gezielt hergestellte Produktionsergebnisse** darstellen. Dies ist insbesondere bei publizistischen Medienerzeugnissen der Fall. Sie können bewusst aus redaktionellen bzw. bildenden oder unterhaltenden und aus werblichen Botschaften zusammengestellt werden. Dies gilt natürlich nur für mindestens teilweise werbefinanzierte publizistische Medienprodukte. Das gleiche Vermarktungsprinzip existiert in der Gaming-Industrie. Auch hier werden Spielkomponenten mit Werbeflächen verbunden (z. B. Fußballstadien mit Bandenwerbung) Diese gezielte Verkopplung dient der Refinanzierung der nicht-werblichen Inhalte durch die werbungtreibende Wirtschaft oder erhöht das Gewinnpotenzial der Medienunternehmen, da die Inhalte gleichzeitig auf zwei unterschiedlichen Märkten gehandelt werden (Konsumentenmarkt und Werbemarkt).

Durch die Verkopplung entstehen „zweiseitige Märkte", auf denen die Anbieter zum Intermediär werden. Ein **Intermediär** ist ein Vermittler. Auf den Medienmärkten vermittelt das Medienunternehmen zwischen den werbetreibenden Unternehmen bzw. dem Werbemarkt und den Konsumierenden bzw. den Rezipientenmarkt. Ein **zweiseitiger Markt** ist deswegen gegeben, weil sich Änderungen auf einem Markt auf den anderen Markt auswirken. Konkret: Auf zweiseitigen Medienmärkten sind Reichweite und Werbepreise positiv sowie Reichweite und Copypreise zum Teil negativ verbunden (ausführlich zu diesem Thema vgl. Band 2 dieser Publikationsreihe).

Aus dieser Sicht haben mindestens zum Teil werbefinanzierte Medieninhalte einen **Doppelnutzen**: Sie befriedigen in der Regel Bedürfnisse zweier Kundengruppen gleichzeitig. Bedarfsorientierte Medieninhalte richten sich direkt an die Konsumierenden in ihrem privaten Kontext, indem sie Informationen und Unterhaltungselemente bieten. Die über die Inhalte generierte Aufmerksamkeit bei den Konsumierenden wird aber auch genutzt, um Werbebotschaften zielgerichtet zu transportieren. Dieser Medienwert kommt den werbetreibenden Wirtschaftsunternehmen zugute, die den Medienträger nutzen, um die Konsumenten preiswerter zu erreichen, als es ihnen über Direktkontakte möglich wäre.

> **!**
>
> **Merke:**
> **Die Verbundenheit von Mediengütern** kann sich
> – auf ihren Funktions- und Leistungsanspruch beziehen, individuelle und gesellschaftliche Bedürfnisse gleichzeitig befriedigen zu sollen. In diesem Fall wird von **Bivalenz** gesprochen;
> – darauf beziehen, dass sie im Wettbewerb mit anderen Mediengütern stehen. In diesem Fall wird von **Substitutionalität** gesprochen;

- auf ihre nutzungs- bzw. transporttechnische Trägerbindung beziehen. In diesem Fall wird von **Komplementarität** gesprochen;
- auf ihre produktionstechnische Kontiguität (Gleichzeitigkeit) von werblichen und redaktionellen Inhalten beziehen. In diesem Fall wird von einem **Kuppelprodukt** gesprochen.

Fragen/Aufgaben zu Kapitel 5.1

1. Erläutern Sie das Phänomen der Verbundenheit von Mediengütern.
2. Welche Auswirkungen hat die nutzenbezogene, zeitliche und technische Substitutionalität von Mediengütern auf die Angebotsleistungen von Medienunternehmen?
3. Welche Auswirkungen hat die inhaltliche und technische Komplementarität von Mediengütern auf die Angebotsleistungen von Medienunternehmen?
4. Was sind Kuppelprodukte und welcher Doppelnutzen ist hier im Umfeld von Mediengütern zu beobachten?
5. Was ist ein Intermediär im Umfeld der Medienwirtschaft?
6. Definieren Sie das Konstrukt zweiseitiger Markt.

Lösungshinweise finden Sie im achten Kapitel „Lösungsskizzen".

5.2 Eigenschaft und Folgen des Dienstleistungscharakters

Der Kern von Medienleistungen, also das Anbieten von Informationen oder Unterhaltung, ist immateriell. Es sind Informationen oder die durch eine kreative Arbeitsleistung vorgenommene Bündelung (auch Kompilierung oder Packaging genannt) von Medienelementen, die den Wert von Medieninhalten ausmachen. Das heißt, die Kommunikationsinhalte sind entscheidend für die Konsumierenden, nicht der Kommunikationsträger. Die materielle Komponente ist i. d. R. nur der Transportfähigkeit geschuldet. Eine DVD speichert und transportiert lediglich Daten. Gekauft wird die DVD oder ein E-Book aber nicht um ihrer oder seiner selbst willen, sondern wegen der Inhalte, die genutzt werden können. Auch kauft niemand eine Zeitung, weil er am Papier interessiert ist (vgl. Dreiskämper 2013: 54 f.; Kiefer und Steiniger 2013: 16). Mit dieser Feststellung verbunden sind Folgen verbunden, die im Umfeld von Dienstleistungen diskutiert werden. Dies ist insofern relevant, weil die Nutzung von Medieninhalten eine Dienstleistung darstellt und Dienstleistungen andere Eigenschaften haben als Sachgüter, wie im Folgenden aufgezeigt wird. Der nachfolgende Themenkasten zeigt die Zusammenfassung der Inhalte aus diesem Kapitel als Übersicht.

Themen von Kap. 5.2: Die Eigenschaftsausprägungen der Mediengüter als Dienstleistung
Das Uno-Actu-Prinzip schränkt die Vermarktung ein
Dienstleistungen sind nicht lagerfähig, nicht transportierbar, nicht auf Vorrat zu erstellen und nicht weiterveräußerbar.

Der Externer Faktor beeinträchtigt den Prozess und das Ergebnis
Die Einbindung der Leistungsempfangenen als Koproduzierende in den Produktionsprozess ist zwingend notwendig.

Qualitätsschwankungen sind unumgänglich
Die mangelhafte Standardisierung der Produktionsfaktoren führt zu Qualitätsschwankungen.

Materialisierung/Digitalisierung ermöglicht die Vermarktung
Technische Medienträger wandeln das Anbietendenpotenzial in marktfähige Sachgüter um.

Die Medieninhalte, also die Kernleistungen eines Mediengutes, sind Ergebnisse eines Dienstleistungsprozesses. Es gibt unterschiedliche Arten von Dienstleistungen (vgl. Meffert, Bruhn, Hadwich 2015 sowie Kap. 3.2 in dieser Publikation):

- **personenbezogene Dienstleistungen**: Dienstleistungen, die an oder mit Personen vollzogen werden (Seminarveranstaltung, anwaltliche Beratung, ärztliche Untersuchung etc.);
- **sachbezogene Dienstleistungen**: Dienstleistungen, die für Personen erbracht werden (Autoreparatur, Geldauszahlung, Lieferdienst etc.);
- **produktbegleitende Dienstleistungen**: Dienstleistungen, die ergänzend zu materiellen Gütern (Produkten) angeboten werden (Produktberatungen, After-Sales-Services etc.).

! **Merke:**
Dienstleistungen sind marktfähige Verrichtungen an Personen oder Objekten, die von Personen oder Maschinen erbracht werden.

Tab. 5.2 zeigt die Variantenmöglichkeiten von Dienstleistungen:

Tab. 5.2: Dienstleistungsvarianten (Beziehungsgefüge).

DL-Anbieter / DL-Empfänger	Mensch	Maschine
Mensch	Persönliches Interview, anwaltliche Beratung, ärztliche Untersuchung, Haarschnitt etc.	Chatbot-Konversation, Warenautomatenausgabe, Ticketausdruck, Leistung einer Herz-Lungen-Maschine etc.
Objekt	Designerstellung, Filmschnitt, Speditionsleistung, Autoreparatur, Reinigung etc.	Kommunikationsleistung im Umfeld des Internet of Things, automatisierte Autowäsche, automatisierte Produktionen etc.

Dabei sind Dienstleistungen phasenorientierte Güter, mit jeweils unterschiedlichen Zielsetzungsmöglichkeiten.

Sie sind

- **potenzialorientiert**, weil die Leistungserbringenden die Leistungsfähigkeit und die Leistungsbereitschaft, die die Leistungsfordernden abfordern, vorhalten müssen. Die Dienstleistungsanbietenden müssen die sie befähigenden Produktionsfaktoren (interne Faktoren) bereitstellen und ihr Potenzial als Marktleistung anbieten;
- **prozessorientiert**, weil die Kontaktqualität zwischen den Leistungserbringenden mit den von ihren eingebrachten internen Faktoren und die Leistungsempfangenen mit den von ihnen eingebrachten externen Faktoren das Ergebnis maßgeblich beeinflussen. Innerhalb der Prozessorientierung ist das Wollen und das Können sowie das Erleben der Beteiligten vorrangig von Bedeutung (z. B. durch einen Film unterhalten zu werden);
- **ergebnisorientiert**, weil das erwünschte Resultat durch die Dienstleistung erwirkt werden soll (z. B. etwas wissen, können, haben oder erreichen wollen). Innerhalb der Ergebnisorientierung zählt das Resultat, das erreicht wird, am stärksten.

Medienwirtschaftlich gesehen befriedigen die anbietenden Medienunternehmen die Artikulationsbedürfnisse von Kommunikatoren (Journalisten, sonstige Organisationen oder speziell Werbungtreibenden etc.) sowie die Informations- bzw. Unterhaltungsbedürfnisse von Rezipienten (vgl. Weigand 2003: 269 f.). Medienunternehmen übernehmen Inhalte (kaufen Rechte ein) oder kreieren sie, dann bündeln sie die Inhalte und schlussendlich stellen sie sie bereit. Diese Leistungen beinhalten die (Be-)Schaffung und Platzierung von Inhalten sowie den Inhaltetransport und ggfs. die Herstellung von Öffentlichkeit (Potenzialorientierung).

Im Umfeld der Werbewirtschaft handelt es sich eindeutig um potenzial- und ergebnisorientierte Dienstleistungen (Services) für die werbetreibenden Unternehmen. Einerseits halten die Medienunternehmen ihre Leistungsfähigkeit vor, andererseits ist das Ergebnis des Tuns (die Platzierung und Veröffentlichung der Werbebotschaften) die für die Auftraggebenden entscheidende Facette. Die Produktion, Einbettung und die Distribution der Werbebotschaften sind eindeutig Teildienstleistungen, die zusammen mit der und für die Werbewirtschaft erbracht werden.

Wie der dienstleistungsgetragene **Drei-Phasen-Prozess** (vgl. Haller 2012) im **Umfeld der Rezipientenmärkte** ausgestaltet ist, soll am Beispiel des Mediums Zeitung erläutert werden (vgl. Kiefer 2017: 685):

1. Phase: Vorkombination der für die Produktion erforderlichen Produktionsfaktoren seitens der Dienstleistungsanbietenden nebst Produktion.

In dieser **Potenzialphase** sorgen die Dienstleistungsanbietenden dafür, dass sie die Fähigkeiten und Möglichkeiten (interne Faktoren) haben, die erforderliche Dienstleistung zu erbringen. Ausschließlich in dieser Phase agieren Anbietende autonom. Ein Verlag kauft Rechte ein oder lässt Artikel schreiben, die in Summe eine Zeitungsausgabe ergeben, die dann veröffentlich werden kann.

2. **Phase:** Endkombination der erforderlichen Produktionsfaktoren durch das zusätzliche Einbringen der Produktionsfaktoren, die die Dienstleistungsnehmenden beisteuern müssen (externe Faktoren).

In dieser **Prozessphase** werden die internen und die externen Produktionsfaktoren kombiniert. Es findet durch die Zusammenführung der Produktionsfaktoren eine dienstleistungsprozessbezogene Koproduktion statt. Der Zeitungsrezipient kauft die Tageszeitung, überfliegt die Schlagzeilen und liest die ihn interessierenden Teile mit mehr oder weniger hoher Aufmerksamkeit.

3. **Phase:** Entstehung der Wirkung beim Dienstleistungsnehmenden durch die Interaktion/Koproduktion der Dienstleistungsteilnehmer.

In dieser **Ergebnisphase** transformiert sich der Wissensstand des Rezipierenden bestenfalls auf ein höheres Niveau. Der mit mehr oder weniger Interesse/Aufmerksamkeit gelesene Artikel führt je nach Vorwissen und Verständnis der Rezipierenden (Dienstleistungsnehmenden) zu einem höheren Wissensstand.

Insbesondere durch die notwendige Interaktion der von beiden Vertragsparteien eingebrachten Produktionsfaktoren zeigt sich, dass eine Analyse des Dienstleistungsprozesses allein durch die Analyse aus der Produzierendensicht nicht wirklich zielführend ist. „Auch ein qualitativ hochwertiges Leistungsangebot kann keinen oder wenig Nutzen stiften, wenn Kooperation nicht stattfindet oder die externen Produktionsfaktoren des Nachfragers von geringer Qualität sind. [..] Kontraktgegenstand zwischen Anbietern und Nachfragern von Dienstleistungen kann daher auch nicht das Leistungsergebnis sein, es ist der Leistungsprozess." (Kiefer 2017: 685)

Wenn der Leistungsprozess das maßgebliche Leistungsspektrum der Dienstleistung ist, bedeutet dies aber auch, dass der Wert eines Dienstleistungsergebnisses immer ganz maßgeblich durch den Empfangenden bestimmt wird (vgl. Lusch/Vargo 2014: 15). Damit kann deutlich in Frage gestellt werden, ob die typische Rollenzuweisungen (Produzierende und Konsumierende) im Dienstleistungsbereich des Medienkonsums überhaupt haltbar ist (vgl. Lusch/Vargo 2014: 158). Beide Vertragsparteien sind schließlich gleichzeitig maßgebliche Ressourcenanbietende und -nachfragende. Und weiter: Der **Wert einer Dienstleistung** entfaltet sich nicht durch den Wertvorschlag (das Potenzialangebot) des Anbietenden, sondern erst in der Nutzung durch den Nachfragenden; zeitverzögert und individuell.

Damit kann der Wert des Ergebnisses weder objektiv noch absolut als operative Größe (z. B. in Euro) festgestellt werden, sondern ausschließlich subjektiv und damit u. U. sehr heterogen: einige Rezipierende fühlen sich nach Lektüre eines Artikels bestens informiert, andere überfordert und unzufrieden (vgl. Kiefer 2014: 688). Abb. 5.2 zeigt den Unterschied des Phasendesigns (Prozessdesigns) zwischen der Sachgüterproduktion und der Dienstleistungsproduktion (als Weiterentwicklung von Maleri 1998: 131).

Sachgüterangebot

Dienstleistungsangebot

```
┌─────────────┐                    ┌─────────────────────┐
│   Planung   │                    │      Planung        │
└─────────────┘                    └─────────────────────┘
       │                                     │
       ▼                                     ▼
┌─────────────┐                    ┌─────────────────────┐
│ Bereitstellung aller │           │  Bereitstellung aller │
│ Produktionsfaktoren  │           │ internen Produktionsfaktoren │
└─────────────┘                    └─────────────────────┘
       │                                     │
       ▼                                     ▼
┌─────────────┐                    ┌─────────────────────┐
│ Faktorkombination │              │  Kombination der    │
│  (Produktion)    │              │ internen Produktionsfaktoren │
└─────────────┘                    └─────────────────────┘
```

Potenzialphase

```
                                   ┌─────────────────────┐
                                   │ Leistungsbereitschaft │
                                   └─────────────────────┘
```

| *zeitlich ggfs. räumliche* | *zeitlich und räumliche* |
| *Synchronität des Medienkonsums* | *Asynchronität des Medienkonsums* |

Rundfunkleistungen, Kinovorführungen etc.

```
┌─────────────┐                              ┌─────────────────────┐
│  Endprodukt │                              │ materialisiertes oder │
└─────────────┘                              │ On-demand-Endprodukt │
       │                                     └─────────────────────┘
       ▼                                              │
┌─────────────┐                                       ▼
│ Warenlagerung/ │                          ┌─────────────────────┐
│ Vertriebslogistik │                       │  Warenlagerung/     │
└─────────────┘                              │  Vertriebslogistik  │
       │                                     └─────────────────────┘
       ▼                                              │
┌─────────────┐                                       ▼
│   Absatz    │                              ┌─────────────────────┐
└─────────────┘                              │      Absatz         │
                                             └─────────────────────┘
```

Prozessphase

```
                                   ┌─────────────────────┐
                                   │   Integration der   │
                                   │ externen Produktionsfaktoren │
                                   └─────────────────────┘
                                              │
                                              ▼
                                   ┌─────────────────────┐
                                   │ Faktorendkombination │
                                   │ (Interaktion/Koproduktion) │
                                   └─────────────────────┘
                                              │
                                              ▼
                                   ┌─────────────────────┐
                                   │ Dienstleistungsergebnis │
                                   │     (Wirkung)       │
                                   └─────────────────────┘
```

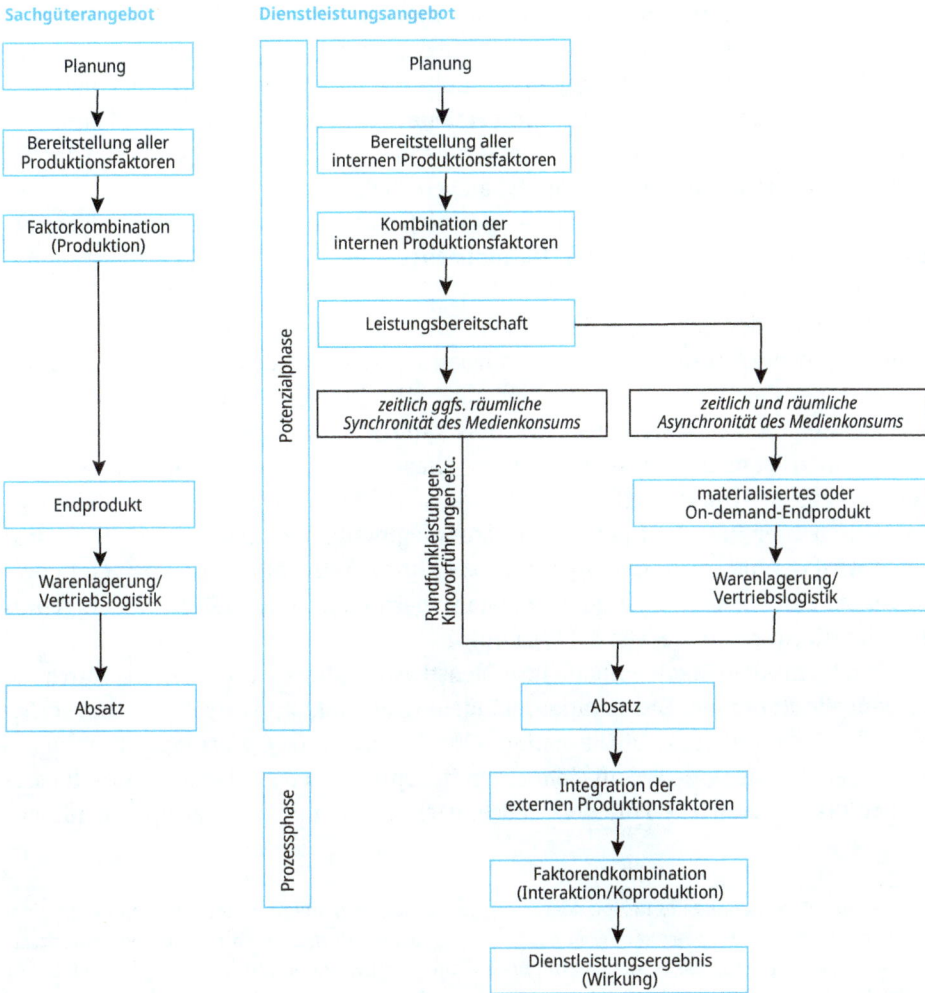

Abb. 5.2: Prozessdesign der Sach- und Dienstleistungsproduktion.

Das Prozessdesign in Abb. 5.2 zeigt, dass die Sachgüterproduktion eigenständig und autonom vom Anbietenden abgewickelt wird und spätestens mit der absatztechnischen Bereitstellung endet. Der Nutzer spielt in diesem Prozess keine Rolle. Im Umfeld von Dienstleistungen gehören alle Tätigkeiten des Anbietenden bis zur Bereitstellung der Leistung (Endprodukt Zeitung, Film etc.) hingegen zur (vorbereitenden) Potenzialphase. Die Leistungsbereitschaft wird erzeugt, indem alle internen Produktionsfaktoren (Autoren, Grafiker, Redakteure, Producer, aber auch technisches Gerät etc.) vorgehalten werden und spezifisch eingesetzt werden, um eine Zeitung, einen Film, einen Hörfunkbeitrag oder einen Podcast etc. entstehen zu lassen. Dies erfolgt durch die Kombination der internen Produktionsfaktoren.

Das **mediale Leistungsangebot** kann nun **zeitsynchron** übermittelt werden (z. B. Rundfunkausstrahlung, Datendienstangebot); ggfs. sogar auch **ortssynchron** (Live-Konzert, Theateraufführung oder Publikum im Studio, Kinovorführung). Das Leistungsangebot kann aber auch **materialisiert** werden (Zeitung, DVD, Platte etc.) oder **elektronisch gespeichert** werden (On-demand-Medien). In diesem Fall wird die zeitliche und ortsbezogene Synchronität aufgehoben.

Mit der Transformation des Leistungsbereitschaftsangebotes auf ein Speichermedium, entsteht eine **marktfähige Handelsware** (aber noch kein Dienstleistungsergebnis).

Erst wenn der Rezipierende das Potenzialergebnis des Anbietenden nutzt, beginnt die zweite Phase des Dienstleistungsprozesses. Nun bringt der Nutzende (als sog. externer Faktor aus Sicht des Anbietenden) seine eigenen Potenzialfaktoren in den Prozess ein (vgl. Maleri 1994: 121). Das kann Vorwissen, technisches Gerät, Zeit oder Aufmerksamkeit etc. sein. In dieser Phase beginnt die Interaktion zwischen den Beteiligten – im dienstleistungstheoretischen Sinne Koproduktion genannt –, um Wissen oder Unterhaltung beim Leistungsempfänger zu produzieren. In diesem Sinne wird der als Leistungsempfänger bezeichnete Teilnehmer zum aktiven Koproduzenten. Erst, wenn das geschieht, entsteht (bestenfalls) das beabsichtigte Ergebnis des Dienstleistungsprozesses: die Wirkung.

Damit entfalten Medieninhalte ihre Dienstleistungsfunktion immer erst durch die individuelle Rezeption. Die Kreation, Bündelung der Inhalte etc. gehören zur vorbereitenden Potenzialphase. Die Rezeption selbst kennzeichnet die Prozessphase.[34]

Ungeachtet der gesellschaftspolitischen Interpretation oder dienstleistungstheoretischen Diskussion (siehe Fußnote), konzentriert sich ein Ökonom aus pragmatischer

---

[34] Die besondere Stellung des Rezipienten in diesem Prozess, d. h. die Uminterpretation des Rezipienten vom Leistungsempfänger zum dominanten Koproduzenten hinsichtlich der Rezeptionswirkung, hat deutliche Folgen für die Diskussion um die Stellung der Institution Journalismus als Machtfaktor in der Gesellschaft. Denn in diesem Sinne verliert der Dienstleistungsanbietende (z. B. der Journalist, der Blogger, der Prosument) seine ihm häufig zugeordnete Machtposition (und in diesem Sinne auch die Position des gesellschaftspolitischen Verantwortungsträgers), denn der Rezipierende entscheidet, was er will und was nicht. Und der Rezipierende verantwortet letztendlich auch, was er versteht und was nicht (Stichwort Bildung, Aufmerksamkeit). Der Medieninhalteanbietende (z. B. der Verlag, TV-Anstalt etc.) verantwortet seine Themenauswahl, seine Vermittlungskompetenz und die Reichweite seines Angebotes (durch die Rezeptionsakzeptanz). Gleiches gilt auch für Inhalteanbietende im Umfeld der Internetkommunikation (z. B. Social Media).

Allerdings scheiden sich wieder einmal die Geister in der Interpretation dessen, welche Auswirkungen diese Feststellungen auf die medienwirtschaftlichen Anbietenden haben. Für Kommunikationswissenschaftler, aber auch Verfassungsrechtler produziert der Journalismus „keine ökonomischen Werte [..], sondern Leistungsbereitschaft gemäß der ihm zugewiesenen und institutionalisierten gesellschaftlichen Aufgabe" (Kiefer 2014: 694). Das bedeutet, Journalismus dient, so Altmeppen (vgl. 2007: 286), der Schaffung von Public Value: der Herstellung von Öffentlichkeit zur „Ermöglichung und Sicherung von Informations- und Meinungsbildungsfreiheit für alle Bürger einer demokratischen Gesellschaft" (Kiefer 2014: 695). Dies unterstellt, bedeutet die Produktion von Public Value für den nachfragenden Kunden,

Sicht auf die Aufgabe der Bedürfnisbefriedigung des Konsumierenden durch die Leistungsangebote der Medienunternehmen und auf die Frage, wie mit diesen Leistungsangeboten umgegangen werden kann, um Ressourcenverschwendung zu vermeiden bzw. das Leistungsangebot in Hinsicht auf das Ziel, Gewinne erwirtschaften zu wollen, optimieren zu können.

Zusammenfassung der bisherigen Ergebnisse: Medienleistungen werden in Form von Dienstleistungsergebnissen wirksam, sie sind immateriell, werden für den fremden Bedarf produziert, aber nicht eigenständig (allein) durch den Leistungsanbietenden erbracht. Sie erfordern neben den anbieterseitigen Potenzialfaktoren (Können, Wissen, Wollen, technische Ausstattung etc.) die Integration des externen Faktors. Der externe Faktor ist entweder der Kunde selbst oder ein von ihm eingebrachtes Objekt, an dem etwas „gemacht" werden soll (vgl. Pepels 2009: 1073). Weitere Besonderheiten liegen darin begründet, dass die Erzeugung und der Verbrauch der Dienstleistung zeitlich zusammenfallen (Uno Actu-Prinzip) und dass das Dienstleistungsergebnis (die Wirkung des Medienkonsums) nicht lagerfähig oder übertragbar ist (vgl. Kiefer und Steiniger 2014: 148 ff.). Allerdings kann das Leistungsangebot z. T. materialisiert oder digitalisiert werden (auf stoffliche oder elektronische Datenträger übertragen werden). Dadurch wird das Leistungspotenzialangebot zu einem marktfähigen Produkt.

Diese spezifischen, absatztechnisch relevanten Eigenschaften sollen im Folgenden hinsichtlich ihrer Auswirkungen auf das medienwirtschaftliche Angebot untersucht werden.

5.2.1 Das Uno-Actu-Prinzip und die Folgen der Flüchtigkeit

Das Uno-Actu-Prinzip besagt, dass **Leistungserbringung und Konsum** (Verbrauch) **im selben Augenblick** stattfinden, d. h. Leistung und Inanspruchnahme erfolgen im gleichen Moment (vgl. Corsten 2009: S. 19). Diese Eigenschaft hat Folgen: Eine Dienstleistung ist damit weder transportierbar noch lagerfähig, weder auf Vorrat bereitzustellen noch weiterveräußerbar. So kann eine Friseurin, eine Therapeutin oder eine Unternehmensberaterin ihre Leistung weder transportieren noch auf Lager vorrätig

---

dass nicht primär ein Service zur individuellen Bedürfnisbefriedigung bereitgestellt wird, sondern dass auch eine Verpflichtung existiert, an dieser gesellschaftlichen Wertentwicklung mitzuwirken. Dem Journalismus wird seine verpflichtende und verpflichtete gesellschaftliche Stellung zugewiesen durch die Annahme, es gäbe (gibt) einen öffentlichen Wert, der sich von der einfachen Summierung individueller Befriedigungen unterscheidet (vgl. Wensley/Moore 2011: 132). Wird dies akzeptiert, so wäre der Journalismus der ökonomischen Logik zu entziehen, denn er hätte nicht nur (ebenso wie sein Publikum) die Verpflichtung auch dem Gemeinwohl entsprechend zu liefern, sondern auch die Verpflichtung, die Mitarbeit und Kooperationsbereitschaft der Rezipienten zu suchen und zu fördern. Dies funktioniert nicht innerhalb der marktwirtschaftlichen Wettbewerbslogik. Öffentlich-rechtliche Rundfunkanstalten, aber auch ein Angebot an öffentlich-rechtlichen Zeitungsverlagen zu etablieren, wären die logische Antwort.

halten oder nach Ausführung einlagern und auch nicht an jemand anderen weiterveräußern.

Im Fall von medialen Dienstleistungen kann das Leistungsangebot aus der Potenzialphase ein Film, eine Internetpräsenz, ein Musikstück o. ä. sein. Und jeder kann sich leicht vorstellen, alle drei Medien sowohl zu lagern (speichern), zu transportieren (technisch zu übertragen) und weiter zu veräußern. Um diese Irritation aus der Welt zu schaffen, müssen zwei Sachverhalte auseinander gehalten werden. Zum einen ist nicht der fertige Film, die Homepage oder das Musikstück die Dienstleistung, sondern die Produktion dieser Medien erfolgt als Dienstleistung der Filmemacher für den Produzenten, des Designers für den Auftraggeber und bspw. des Tonstudios für den Verlag. Das daraus entstehende Ergebnis ist ein Produkt. Dieses Produkt stellt im weiteren Prozess das Potenzial des Anbietenden dar, das der Rezipient nutzen kann, um für sich selbst bspw. Wissenszunahme oder Unterhaltung zu produzieren. Wenn der Film auf eine DVD, das Musikstück auf eine CD gepresst oder die Autorenleistung auf Papier gedruckt wird, liegt ein Sachgut vor. Und bei Sachgütern wird nicht nur die „Synchronizität von Produktion und Konsum" (Gläser 2014: 138) ausgehebelt, durch das Trägermedium wird das Arbeitsergebnis auch lagerfähig und übertragbar.

Zum zweiten zielt bspw. das Angebot des Filmemachers oder des Designers darauf ab, Unterhaltung oder Nutzen zu generieren. Diese Unterhaltung bzw. die Nutzung geschieht aber erst, wenn der Film angeschaut oder die Homepage genutzt wird. Erst in diesem Moment erfolgt die unterhaltungsorientierte bzw. nutzungsorientierte Dienstleistung. Insofern produziert sich der Zuschauer oder Nutzer im Sinne der Becker'schen Konsumtheorie (vgl. Becker 1965) seine Unterhaltung oder seinen Nutzungserfolg selbst. Der z. B. auf DVD kopierte oder von einer Plattform gestreamte Film wird als Produktionsfaktor des Anbietenden (DVD-Produzent oder Plattform) in den Prozess eingebracht und zusammen mit den aus Sicht des Anbietenden externen Produktionsfaktoren des Nutzenden (Equipment, Sofa, Chips, Humankapital, Zeit und Aufmerksamkeit) gebündelt. Erst jetzt wird das immaterielle Gut „Unterhaltung" entstehen (vgl. Maleri 1994: 83 ff.). Aus diesem Grund bildet der **Konsument** auch die **letzte Stufe im Wertschöpfungsprozess** für Unterhaltung. Der Konsumierende ist integraler Bestandteil des Wertschöpfungsprozesses. Die Sachgüterproduktion hingegen endet mit der Fertigstellung des Produktes.

! **Merke:**
Das **Uno-Actu-Prinzip** umschreibt den Umstand, dass Produktion und Verbrauch in einem Akt stattfinden. Eine Dienstleistung ist damit weder transportierbar noch lagerfähig, weder auf Vorrat bereitzustellen noch weiterveräußerbar. Es findet auch keine Eigentumsübertragung statt.

Das Uno-actu-Prinzip greift jedoch unmittelbar, wenn z. B. ein Fernsehsender ein Live-Programm ausstrahlt. Lediglich der Ort der Erbringung und der Ort der Nutzung fallen auseinander (dies ist in allen e-Business-basierten Dienstleistungen der Fall).

Das Uno-Actu-Prinzip macht auch deutlich, dass die Nutznießenden **kein Eigentum** an „etwas" erlangen. Anders als bei Sachgütern, die nach Zahlung des Entgeltes in das Eigentum des Erwerbenden übergehen (es liegt ein **Kaufvertrag** zugrunde), bekommt der Dienstleistungsempfänger eine Tätigkeit (ein Potenzial) angeboten (es liegt ein **Dienstleistungsvertrag** zugrunde). Dienstleistungen schulden auch keinen Erfolg. Ob das Musikstück, das e-Game oder der journalistische Beitrag gefällt bzw. den Erkenntnishorizont erweitert, ist nicht relevant. Auch die Durchführung eines akademischen Seminars, ist vertragstechnisch nicht darauf ausgerichtet, dass die Studierenden den diskutierten Lehrstoff verstehen, sondern darauf, das vereinbarte Thema anzubieten bzw. eine Arbeitsleistung (eine Bemühung) zur Verfügung zu stellen. Dienstleistungsverträge (BGB § 611) basieren auf einem Leistungsversprechen (vgl. Kap. 5.2). Sachleistungen hingegen basieren auf Werkverträgen; hier gilt die Erfolgsgarantie. Ein Werkvertrag (gem. § 631 BGB) verpflichtet einen Hersteller zur Bereitstellung eines Werkes (z. B. Stuhl, Bett, Laptop, CD), das die vereinbarten, gegenständlich fassbaren Eigenschaften hat.

5.2.2 Der Externe Faktor und seine Wirkung auf das Leistungsergebnis

Anbietende und Nachfragende müssen in der Prozessphase des Dienstleistungsprozesse zusammenarbeiten (vgl. Schulenburg vor der/Greiner 2007: 153). Das unterscheidet den Dienstleistungssektor von der Produktionswirtschaft (vgl. Strauss/Bruhn 2003: 46). Damit können die Produktionsfaktorpotenziale, die in die zweite Phase des Dienstleistungsprozesses (vgl. Abb. 5.2) eingebracht werden, in zwei Bereiche ausdifferenziert werden: in die internen und in die externen Produktionsfaktoren.

Zu den **internen Produktionsfaktoren** gehören alle materiellen und immateriellen Güter des Leistungsanbietenden (Personal, Roh-, Hilfs- und Betriebsstoffe, Werkstoffe, Betriebsmittel etc.). Zu den **externen Produktionsfaktoren** gehören alle materiellen und immateriellen Güter des Kunden inkl. dessen Arbeitsleistungen innerhalb des Dienstleistungsprozesses und der eingebrachten Zeit (vgl. Frietzsche 2001: 72 ff.) und Abb. 5.3.

Abb. 5.3 zeigt deutlich, dass nur durch die Form der **Koproduktion**, also durch das beiderseitige Einbringen erforderlicher Kompetenzen und Assets, ein mediengetragenes Dienstleistungsergebnis produziert werden kann. Nur wenn beide Vertragspartner den notwendigen Sachverstand und die notwendigen Fähigkeiten (Kompetenzen) sowie die erforderlichen materiellen, wie immateriellen Objekte und Zustände (Assets) einbringen, entsteht ein gewünschtes Ergebnis. Das Potenzialangebot kann jede Partei autonom ausgestalten, den Prozess und das Ergebnis nicht. Hier wird noch einmal ganz deutlich, dass jedes Medienangebot an den Interessen, Erwartungen und Möglichkeiten der Nachfragenden ausgerichtet werden muss, soll es nicht ins Leere laufen. Zuständig für die Ausgestaltung ist das Marketing (vgl. Band 3) des Medienunternehmens.

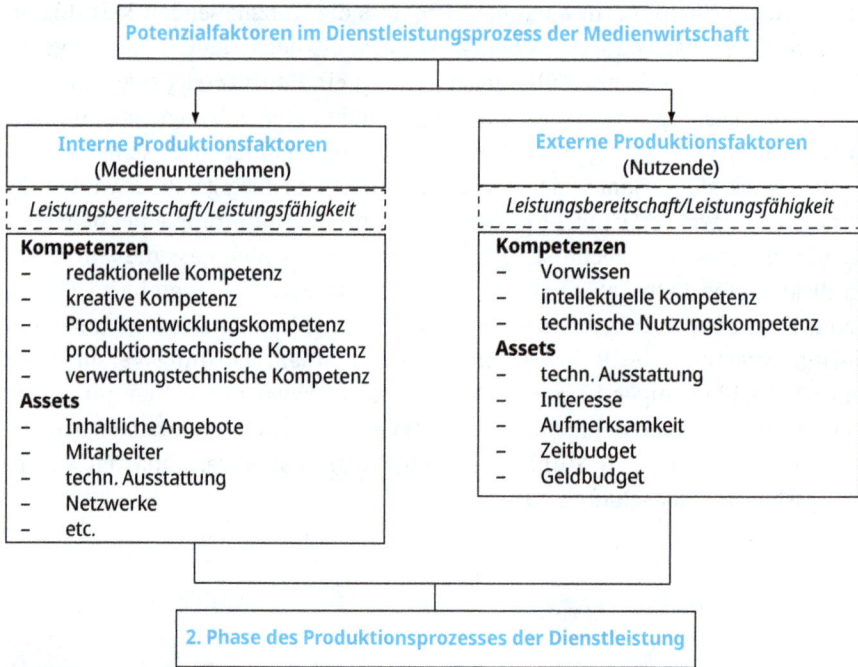

Abb. 5.3: Potenzialfaktoren im Dienstleistungsprozess der Medienwirtschaft.

> **Merke:**
> Als **externe Faktoren** werden alle Potenzialfaktoren bezeichnet, die in den Dienstleistungsprozess eingebracht werden, aber nicht durch den Anbietenden kontrolliert werden können. Der wichtigste externe Faktor ist der, für den die Dienstleistung durchgeführt wird. Wichtig ist er, weil er im Dienstleistungsprozess als Koproduzent auftritt.

5.2.3 Die Qualitätsschwankungen als Folge der mangelhaften Standardisierbarkeit

Dienstleistungen sind im Grunde **Individualleistungen** für spezifische Nutzer und weisen aufgrund des Uno-actu-Prinzips oft nur eine **geringe Rationalisierbarkeit** sowie eine **mangelhafte Elastizität der Kapazitäten** auf: Eine Umstrukturierung im Leistungsprozess führt nicht zwingend zu höherem Output und auch ein Mehr an Inputfaktoren erhöht nicht zwingend den Output). Aufgrund dessen, dass eine Dienstleistung lediglich ein mehr oder weniger spezifisch formuliertes Leistungsversprechen ist, leiden sie aus marktwirtschaftlicher Perspektive auch unter **fehlender Transparenz**, denn der Kunde weiß nicht, was er bekommt (vgl. Herder-Dorneich 1996: 442).

Die ersten beiden Faktoren gelten aber tatsächlich nur für individuell adressierte Dienstleistungen (persönliche Beratung, Wissensvermittlung oder Unterhaltung). Die fehlende Transparenz der Leistungspotenziale gilt immer. Niemand weiß im Vorfeld (ex ante) der Leistungsprozesse, wie die Dienstleistung ablaufen wird und wie die Qualitäten faktisch eingeordnet werden können.

Obwohl Dienstleistungen in der Mehrzahl Individualleistungen sind, besteht dennoch die Möglichkeit einer kleinmengenausgerichteten Serienfertigung. Dann nämlich, wenn eine relativ homogene Zielgruppe einer gemeinsamen Durchlaufzeit unterzogen werden kann wie bei Bildung (Schulklassen, Seminargruppen) oder Unterhaltung (Kino, Home Entertainment, Events), aber auch im Bereich des Tourismus (Massentourismus, Pauschalreiseangebote) und dem Transportwesen (Gütertransport, Personentransport) (vgl. Simons/Russel (1999: 1).

Serienfertigung beinhaltet, dass ähnliche Leistungen in größeren, aber begrenzten Stückzahlen hergestellt werden (vgl. Häberle 2008: 442). Hier geht die Individualität der Einzelfertigung (persönliche Dienstleistung als Unikat) bezogen auf den Dienstleistungsprozess verloren. Der Zugewinn auf der Anbietendenseite liegt darin, dass die eingebrachten Potenzialfaktoren (gleichzeitig) mehrfach durch Nachfragende genutzt werden können. Insofern steigt zumindest auf Anbieterseite die Produktivität (Input-Output-Verhältnis). Auf Seiten der Nachfragenden ändert sich hingegen nichts. Jeder Einzelne bringt seine individuellen Leistungsfaktoren (Kompetenzen und Assets) in den Prozess ein und realisiert sein eigenes, individuelles Dienstleistungsergebnis.

Das gleiche gilt produktionstechnisch auch für die Bereitstellung von Potenzialfaktoren. Auch hier ist eine teilweise **Standardisierung** möglich. So bietet das Layout einer Zeitung oder eines Newsletters Standardisierungsmöglichkeiten und erleichtert die Planung einer Ausgabe. Auch die Aufbereitung eines Artikels erfolgt nach journalistischen Grundsätzen. Aber die Inhalte sind nicht standardisierungsfähig.

> **Merke:**
> **Standardisierung** bedeutet, dass Prozesse, Fertigungsmodule etc. vereinheitlicht werden, um Ergebnisse reproduzierbar zu machen. Dies verbessert die den Ablauf, verschnellert die Leistungskette und verringert den Aufwand.
>
> **Qualitätsschwankungen** sind eine allen Dienstleistungen immanente Eigenschaft, da die zugrundeliegenden Prozesse und die situativen Bedingungen nur sehr begrenzt standardisiert werden können.

Der **Standardisierung sind relativ enge Grenzen gesetzt**. Wenn Standardisierung möglich ist, bezieht sie sich auf die Potenzialfaktoren der Dienstleistungserbringenden (z. B. Kinosaal und Film, Hörsaal und Präsentation oder Zeitung und Layout etc.) und teilweise bzw. bedingt auch auf die Dienstleistungsprozesse (Filmvorführung, Vorlesung oder Zeitungsrezeption). Aber hier greifen schon engere Grenzen, da die Prozesse auch erheblich abhängig sind von den Produktionsfaktoren, die die Zielgruppenmitglieder einbringen (Interesse, Engagement, technische Nutzungskompetenzen etc.). Auch die situativen Bedingungen begrenzen die Standardisierungsmöglichkeiten und haben damit ebenso großen Einfluss auf die Qualität des Dienstleistungsprozesses und -ergebnisses.

Da jede Dienstleistung immer auch die individuellen Komponenten aller Beteiligten und die situativen Umstände umfasst, ist das Ergebnis zwangsläufig in seiner **Qualität schwankend**. So kann die Wiederholung einer Dienstleistung zu völlig anderen Ergebnissen führen als die vorausgegangene. Prozesse und Ergebnisse sind nie wirklich identisch. Das Ergebnis (z. B. Kinoerlebnis, Wissenserwerb) ergibt sich immer aus einer individuellen Kombination der Potenzialfaktoren aller Beteiligten.

Ignoriert der Anbietende die Rezeptionsfähigkeiten oder Mediennutzungsgewohnheiten des Nachfragenden oder die situativen Bedingungen während des Dienstleistungsprozesses, so kommt es auch leicht zu unterschiedlichen Bewertungen der Beteiligten bezüglich der Qualität und des Nutzens der Mediendienstleistung (vgl. Weigand 2003: 280). Das allgemeine Feedback erhält der Medieninhalteanbieter über die Reichweite und die Reputation seiner Angebote; ein spezielles Feedback möglicherweise über die Interaktionsinhalte in Chats, Foren oder sonstigen Communities.

5.2.4 Die Materialität/Digitalität als Fluch und Segen in der Vermarktung

Werden die Dienstleistungspotenziale der Medienunternehmen materialisiert oder digitalisiert, entstehen **Sachgüter** oder **immaterielle Produkte**. Die Sachguteigenschaft sowie die digitale Produkteigenschaft unterstützen die Verbreitung und die Verfügbarkeit von Medieninhalten und damit die Umwandlung von Unikaten zu Massenwaren (Serienprodukten). Zur Verbreitung ist eine Materialisierung nicht zwingend notwendig. Das zeigt die elektronische Distribution von TV-, Hörfunk- oder Internet-Inhalten über Funk, Kabel oder Satellit. Dennoch spielt der Medienträger eine bedeutsame Rolle für die Verwertungsmöglichkeit der Inhalte (vgl. Zydorek 2013: 17). Werden aus Inhalten Produkte, entstehen automatisch marktfähige Güter. Diese lassen sich wie alle anderen Produkte vermarkten.

> **!** **Merke:**
> Die **Materialisierung oder Digitalisierung** von Medieninhalten generieren vermarktbare Sachgüter bzw. immaterielle Produkte. Diese sind kostengünstig zu vervielfältigen, bergen aber auch die Gefahr der illegalen Nutzung ohne Qualitätsverlust.

Mediale Sachgüter oder digitalisierte Medieninhalte haben produktions- und vermarktungstechnisch Vor- und Nachteile. Durch die Sachguteigenschaft (Zeitung, DVD, Spielmodule im e-Game-Segment etc.) oder noch stärker durch die immateriellen Produkte der Medienwirtschaft (z. B. Download-Angebote) sind die Medienleistungen leicht zu reproduzieren, verbrauchen nur wenige Ressourcen in der Vervielfältigung, leiden aber aus Sicht der Anbieter auch darunter, dass sie als Produzenten ihre Eigentumsrechte („property rights") nach Veröffentlichung nur schwer durchzusetzen können (vgl. Dreiskämper 2013: 14). Wenn Informationen erst einmal veröffentlicht sind, sind sie auch gegen Nicht-Zahlungswillige nicht mehr zu verteidigen, d. h. der Produzent verliert seinen Zugriff und kann keinen Preis mehr durchsetzen bzw. Nutzer nicht vom Konsum ausschließen. Und jeder Konsument, der eine Leistung nutzen kann, ohne dafür bezahlen zu müssen, wird diese Chance wahrnehmen. Die Gefahr der unerlaubten Verwertung und Verbreitung ist enorm.

Das Stichwort hier heißt **Produktpiraterie**. Produktpiraterie ist Resultat der leichten Reproduzierbarkeit und kann Unternehmen schnell an den Rand des Ruins bringen. Während die Urheber viel Geld in die Entwicklung ihrer Produkte investieren, müssen die Produktpiraten nur das Endergebnis vervielfältigen. Im Sachgüterbereich (z. B. Uhren, Textilien, Medikamente oder Autoteile) müssen sich Produktpiraten (bzw. Markenpiraten) noch die Mühe machen, die einzelnen Gegenstände herzustellen. Immaterielle Leistungen (z. B. Software, Games, Filme, Musik oder Texte) können sie einfach kopieren oder zum Download bereitstellen. Die Kopierverfahren sind preisgünstig, schnell und ohne Qualitätsverlust möglich. Ein Downloadangebot weiter zu vermarkten, verursacht sogar keinerlei Produktions- und nur sehr geringe Distributionskosten.

Dem illegal Nutzenden ist es hingegen (abgesehen von vielleicht moralischen Erwägungen) bei vielen Mediengütern nahezu gleichgültig, ob er eine Raubkopie, ein File-Sharing-Angebot oder ein Original nutzt, da die Qualität und Funktionalität identisch sind. Der Unterschied ob legal oder illegal genutzt wird, liegt häufig ausschließlich im Preis und der Verfügbarkeit begründet.

Der Schaden, der den Urhebern oder Lizenzinhabern allein in Deutschland durch illegale Nutzungen entsteht, ist immens. Beispielsweise beläuft sich die Menge eindeutig illegal bezogener Musik, also exklusive Streamrippings[35], im Jahre 2010 auf 2,315 Mio. Musiktracks. „Multipliziert man die Anzahl entgangener Käufe mit dem Durchschnittspreis für Musiktitel, so beläuft sich der Gesamtschaden der Musikumsätze durch Piraterie auf 524 Mio. Euro, das entspricht 35 Prozent der Musikverkäufe im Jahr 2010 in Deutschland" (vgl. Martens et al. 2012: 21). Der in Deutschland im Jahr 2010 durch Film-Piraterie entstandene wirtschaftliche Schaden für Kino, DVD-Verkauf und DVD-Verleih beträgt ca. 156 Mio. Euro. Dies entspricht sechs Prozent der Umsätze in 2010 (vgl. Martens et al. 2012: 31). Auch im Games- und Software-Bereich richten illegale Kopien enormen Schaden für die Rechteinhaber an. Untersuchungen zeigen, dass nur 34 Prozent aller Webaktiven ausschließlich legal erworbene Games besitzen (Wöbken et al. 2010: 4) und dass lediglich Zweidrittel der auf privaten Computern installierten Softwareeinheiten in Deutschland legal beschafft sind (Business Software Alliance (BSA) 2011: 9). Durch die Möglichkeiten des legalen Streamens über Plattformen wie Netflix, Spotify o. a. dürften sich die Aktivitäten im kriminellen Bereich reduziert haben, da der legale Zugriff kostengünstig möglich ist und Anreize für kriminelles Fehlverhalten dadurch gesenkt wurden.

---

35 Streamripping: Mit spezieller Software wird eine als kontinuierlicher Datenstrom heruntergeladene Mediendatei dauerhaft als Datei gespeichert. So kann z. B. mit einem kostenlosen Programm ein Musikvideo auf YouTube „gestreamt" und dabei als Musikdatei im MP3-Format oder als Video im MP4-Datei gespeichert werden (vgl. Martens et al. 2012: III).

Die **Auswirkungen der Produktpiraterie** auf Seiten der Produzenten liegen auf der Hand: Ein produzierendes Unternehmen, das seine Eigentumsrechte nicht durchsetzen kann und nicht angemessen für seinen Ressourceneinsatz entlohnt wird, fehlt die Motivation, Güter zu produzieren. Dieses Motivationsdefizit kann nur durch Ersatzfinanzierungen ausgeglichen werden, wie sie beispielsweise die Werbung innerhalb publizistischer Medien oder die Haushaltsabgabe darstellen.

Insofern bieten vor allem immaterielle Güter produktions- und kostentechnisch enorme Gewinnpotenziale für die Anbietenden. Sie bergen aber auch das Risiko, das nach der Veröffentlichung der Produkte der Einfluss auf die Nutzung der Verfügungsrechte ausgehebelt wird. Aber auch wenn Eigentumsrechte verletzt werden, macht es aus betriebswirtschaftlicher Sicht nicht immer Sinn, die Vergehen zu verfolgen. Das ist dann der Fall, wenn die Strafverfolgung mehr Aufwand oder Kosten verursacht als die durch die Strafverfolgung zusätzlich erzielbaren Umsätze.

> **?** **Fragen/Aufgaben zu Kapitel 5.2**
> 1. Begründen Sie, dass die Kernleistungen der Mediengüter immateriell sind.
> 2. Erläutern Sie, welche Eigenschaften Dienstleistungen von Produkten unterscheiden.
> 3. Stellen Sie kurz dar, warum sich der Konsument mediale Leistungsergebnisse selbst produzieren muss.
>
> Lösungsvorschläge finden Sie im achten Kapitel „Lösungsskizzen".

5.3 Eigenschaft und Folgen der Informationsasymmetrie

Der Herstellungs- oder Entstehungsprozess einer Dienstleistung unterscheidet sich ganz grundsätzlich vom Sachgüterproduktionsprozess. Dienstleister bieten kein fertiges Produkt an, sondern lediglich ein Leistungsversprechen (vgl. Kiefer 2005: 132). Während ein Konsument relativ leicht vor dem Kauf entscheiden kann, ob das von ihm ausgewählte Auto, Kleidungsstück oder TV-Gerät die Leistungen erbringen wird, die er sucht, ist es schon wesentlich schwieriger vor dem Kauf bzw. der Nutzung zu bewerten, ob eine Pizza schmecken wird oder ein Urlaubsort die Erholung bietet, die gesucht wird. Noch schwieriger ist die Einschätzung einer reinen Dienstleistung: Ob die Diagnose des Arztes, die Beratung des Anwalts, die Reparatur eines Smartphones oder der journalistische Bericht korrekt, wahr oder gut sein wird, kann vom Auftraggeber vor der Durchführung der Dienstleistung überhaupt nicht bewertet werden. In der Regel kann nicht einmal nach einer Diagnose, Beratung oder dem Lesen des Berichtes eingeschätzt werden, ob die Leistung optimal war. Das liegt daran, dass die Anbietenden und Nachfragenden unterschiedliche Wissensstände über die Güterleistungen haben. Es liegt eine **Informationsasymmetrie** zwischen den Marktteilnehmern vor. Der Umstand der Informationsasymmetrie hat deutliche Auswirkung auf die Produktionsausrichtung und die Verwertungsmöglichkeiten der Leistungen. Der folgende Themenkasten zeigt eine Übersicht der Folgen dieser Informationsasymmetrie, die im Einzelnen nachfolgend erläutert werden.

Themen von Kap. 5.3: Die Eigenschaftsausprägungen der Informationsasymmetrie bei Mediengütern
Bewertungsmöglichkeiten schränken Entscheidungen ein
Medieninhalte sind Vertrauensgüter. Medienmarken sind Erfahrungsgüter.

Das Informationsparadoxon wird zur Absatzbremse
Je höher die Transparenz bei Informationsmedien, desto geringer ist die Kaufbereitschaft.

Kosteninduziertes Qualitätsmanagement führt zu Reichweitenprogrammen
Mangelhafte Qualitätsbewertungsmöglichkeiten führen zur kostenbestimmten Produktion.

Lemon-Markets sondern Qualitätsmedien aus
Ohne Imagepflege werden hochwertige Medienprodukte vom Markt verschwinden.

5.3.1 Der Einfluss der Überprüfbarkeit auf die Bewertungsmöglichkeit

Abhängig vom Ausmaß der Informationsasymmetrie werden drei unterschiedliche Güterkategorien unterschieden. Dabei muss allerdings einschränkend festgestellt werden, dass eine eindeutige Zuordnung der Güter zu einer der drei Kategorien nur selten hundertprozentig möglich ist. So ist es beispielsweise leicht zu prüfen, ob ein Tisch aus einem bestimmten Holz besteht, aber ob dieses Holz nun wirklich nachhaltig abgebaut wurde, ist für den Nachfrager nicht so einfach festzustellen (vgl. Zydorek 2013: 146 und Kiefer 2005: 132 f.). Hinsichtlich der Güterkategorien wird wie folgt unterschieden:

- **Inspektionsgüter** (auch Sach- oder Suchgüter genannt) sind Güter, bei denen die Beschaffenheit oder Qualität ohne oder mit nur geringem Aufwand an Transaktionskosten[36] vom Käufer vor (ex ante) dem Kauf erkannt oder überprüft werden kann. Da der Informationsstand der Tauschpartner weitgehend gleich ist, liegt bei Inspektionsgütern keine oder nur eine geringe Informationsasymmetrie vor. Der Käufer kann seine Entscheidung für oder gegen den Kauf mit weitgehender Sicherheit hinsichtlich des Güternutzen treffen, da er Gütermerkmale „suchen" und vergleichen kann. Ein Sonderfall der Inspektionsgüter sind die sogenannten neoklassischen Güter. Hier sind alle Merkmale normiert, d. h. jeder Tauschpartner hat zu jeder Zeit die gleichen Informationen über das Gut. Dies ist beispielsweise bei Edelmetallen und DIN-normierten Gütern der Fall.

---

36 Transaktionskosten sind Kosten der Marktbenutzung bzw. Tauschkosten. Verkürzt ausgedrückt sind es Kosten, die mit der Anbahnung (Suche, Informationsbeschaffung etc.), der Abwicklung (z. B. Vertragsgestaltung, Transport) sowie der Kontrolle (z. B. Warenprüfung) etc. verbunden sind und zum Preis des Gutes bei der Übertragung von Eigentumsrechten (Tausch) hinzugerechnet werden müssen (vgl. Williamson 1990).

- **Erfahrungsgüter** sind Güter, die vom Käufer nicht vor, aber nach (ex post) dem Kauf bzw. dem Verbrauch oder Gebrauch hinsichtlich ihrer Eigenschaften bewertet werden können. Hier entscheidet der potenzielle Käufer mit relativer Unkenntnis. Vor dem Kauf von Erfahrungsgütern muss er hoffen, die richtige Entscheidung zu treffen, nach dem Gebrauch oder Verbrauch, kann er hingegen einschätzen, ob die Gütereigenschaften vorlagen, die versprochen wurden. Niemand weiß beispielsweise vor seinem Restaurantbesuch, vor seinem Urlaub, vor dem Nachhilfeunterricht, dem Friseurbesuch oder dem Kinobesuch, ob er im Nachhinein zufrieden sein wird. Diese Unkenntnis kann der Anbietende zu seinem Vorteil ausnutzen. Die Gütermerkmale hinsichtlich der Qualität eines Gutes ergeben sich aus Erfahrungswerten des Nutzers mit diesem Gut. Deswegen werden solche Güter Erfahrungsgüter genannt. In der Regel sind dies Güter, die eine Mischung aus materiellen Bestandteilen und Dienstleistungen darstellen. Übertragen auf die Medienwirtschaft reihen sich hier die publizistischen Marken ein (Tagesschau, Tatort, BILD, FAZ etc.). Kein Rezipient weiß, ob die nächste Ausgabe eines Mediums seinen Erwartungen entspricht, aber er kann die Reputation der Marke und seine eigenen Erfahrungen als Anhaltspunkte für seine Erwartung nehmen.
- **Vertrauensgüter** sind Güter, die vom Nutzer weder vor noch nach dem Kauf bzw. der Nutzung faktisch bewertet werden können. Die Überprüfung würde so hohe Transaktionskosten verursachen, dass sie sich nicht lohnt oder gar ökonomisch verbietet. Wer eine medizinische Diagnose, eine anwaltliche Beratung oder einen journalistischen Bericht faktisch überprüfen wollte, müsste ein entsprechendes Studium absolvieren oder im Falle einer Nachricht vor Ort fahren, um die Sachlage zu überprüfen. Auf die zugesicherten Eigenschaften von Vertrauensgütern kann der Nutzer eben nur vertrauen. Allenfalls bleibt dem Nachfrager die Möglichkeit, sich seinem subjektiven Gefühl hinzugeben. Bei Vertrauensgütern zeigt sich die größte Informationsasymmetrie zwischen Anbietenden und Nachfragern. Diese Informationsasymmetrie wird insbesondere in den Medien und der Bewerbung von Dienstleistungen anbieterseits ausgenutzt, um Vorteile zu generieren. Jeder Film-Trailer verspricht ein fantastisches Filmerlebnis, jede Zeitungsankündigung verspricht die besten Informationen zu aktuellen Themen; jede Dienstleistung gehört zu den besten der Branche – zumindest steht es so in den jeweiligen Prospekten. Dass die Güter anders gestaltet werden könnte, ist leicht zu bewerten, ob sie aber auch besser gestaltet werden könnten, die besten Themen gewählt, die richtige Szenenauswahl und Dramaturgie getroffen wurde, die Darstellungen korrekt und wahrhaftig sind, entzieht sich in der konkreten Konsumsituation einer objektiven Bewertung. Es fehlt dem Bewertenden an Wissen über die Umstände oder Themenhintergründe. Hier greift allenfalls ein subjektives Empfinden.

Eine Übersicht über die Gütereigenschaften und deren Bewertungsmöglichkeiten durch den Konsumierende aufgrund der Informationsasymmetrie zeigt Abb. 5.4. Die Asymmetrie ist bei genormten Gütern null, steigt dann aber von links nach rechts an.

Güterart	neo-klassische Güter	Inspektionsgüter	Erfahrungsgüter	Vertrauensgüter
Güter-Qualität/-Nutzen	ex ante bewertbar	ex ante bzw. beim Konsum bewertbar	ex post bewertbar	aus faktischer Sicht kaum, aber subjektiv bewertbar
Entscheidungsbasis	Sicherheit	weitgehende Sicherheit	relative Unkenntnis	Unkenntnis und Unsicherheit
Güter-Merkmale	Such-merkmale	Suchmerkmale	vorwiegend Erfahrungsmerkmale	vorwiegend Vertrauensmerkmale
Güter-beispiele	normierte Güter	Computer, Kleidung, Maschinen etc.	Nahrungsmittel, Touristikleistungen, Medienmarken etc.	journalistischer Bericht, anwaltliche Beratung, medizinische Diagnose etc.

hoch — Informations-asymmetrie — *Null*

Abb. 5.4: Güterkategorien nach Bewertungsmöglichkeiten.

Merke:

Neoklassische Güter (genormte materielle Güter) können jederzeit exakt durch Nachfragende bewertet werden. Die Asymmetrie in der Informationsverteilung zwischen Anbietenden und Nachfragenden über die Eigenschaften der Güter ist null.

Inspektionsgüter (materielle Güter) können ex ante und ex post gut durch Nachfragende bewertet werden. Die Asymmetrie in der Informationsverteilung zwischen Anbietenden und Nachfragenden über die Eigenschaften der Güter ist relativ gering.

Erfahrungsgüter (z. B. Medieninhalte, die unter einer Marke veröffentlicht werden) zeichnen sich dadurch aus, dass sie bei wiederholter Inanspruchnahme „mit der Zeit" zumindest in ihrem durchschnittlichen Wert für die Nachfragenden eingeschätzt werden können.

Vertrauensgüter (aktuelle journalistische Beiträge) sind weder ex ante noch ex post objektiv bewertbar. Hier herrscht die größte Informationsasymmetrie.

5.3.2 Das Informationsparadoxon als Absatzbremse

Medienprodukte haben also in hohem Maße Vertrauensgüter-, im besten Fall bei Medienmarken Erfahrungsgütereigenschaften. Dadurch fehlt die Transparenz im Hinblick auf die Qualität im Stadium der Wahlentscheidung der Konsumenten. Das wiederum führt zur paradoxen Konsequenz, dass der Medieninhalt erst konsumiert werden muss, bevor ihn der Nutzer bewerten kann. Erst wenn ein Buch oder ein Zeitungsartikel gelesen wurde, weiß der Rezipient, wie er das Produkt aus seiner persönlichen Sicht heraus bewertet. Sollte ihm nun aber das Buch oder die Zeitung zum Kauf angeboten werden, wird er ablehnen. Er braucht den Medieninhalt nicht mehr zu kaufen, da er ihn ja schon kennt. Die ökonomische Theorie spricht hier vom sogenannten **Informationsparadoxon**. Dieses absatzbremsende Informationsparadoxon existiert in der Sachgüterindustrie nicht. Viele positive Informationen über ein Auto zu haben, ersetzt nicht den Kauf des Autos, wenn es genutzt werden soll.

Während die Informationsasymmetrie in der Medienwirtschaft häufig zum Vorteil der Anbieter genutzt werden kann, indem Produzenten Spannung, Information etc. versprechen (aber nicht unbedingt liefern) und über dramatische Headlines inhaltsschwache Zeitungen oder über actionbetonte Trailer langweilige B-Movies vermarkten, führt das Informationsparadoxon eher zu Nachteilen für den Anbietenden.

Werbetechnisch wirken (positive) Informationen über ein Produkt absatzfördernd. Ohne Informationen über ein Produkt, wird dieses nicht gekauft. Je besser diese Informationen formuliert sind oder je reichhaltiger sie ausführen, desto attraktiver kann das Produkt in den Augen der potenziellen Käufern werden und desto stärker wird der Wunsch, das Produkt zu erwerben. Dies ist bei Medienprodukten eben häufig nicht der Fall. Wird ein informationsgetragener Medieninhalt explizit erläutert, sinkt die Kaufbereitschaft. Hier ein informationstechnisches Gleichgewicht zu finden, ist für die Anbietenden nicht einfach. Bei unterhaltenden Medieninhalten, die ihren Wert über das Prozesserleben generieren, kann dieser Effekte ausbleiben. Ein e-Game bspw. muss gespielt werden, um ein Erlebnis zu entfalten; hier hilft die reine Erläuterung nicht.

> **!** **Merke:**
> Das **Informationsparadoxon** bezeichnet die Situation, dass angebotene Informationen, wie eine Inhaltebeschreibung oder eine Beratungsleistung, erst dann wirtschaftlich bewertet werden kann, wenn sie bekannt ist. Ist sie jedoch bekannt, so besteht kein Anreiz mehr, für ihren Erwerb eine Gegenleistung zu entrichten. Der Anbieter wiederum kann die Informationen nicht zurückverlangen.

5.3.3 Kosteninduziertes Qualitätsmanagement als Folge der Bewertungsproblematik

Gerade die Eigenschaft der schwierigen bis mangelhaften Qualitätsbeurteilung von Vertrauensgütern ist deutlich marktrelevant für den Mediensektor. Einen objektiven Qualitätsmaßstab für Medienprodukte zu definieren, ist nur in engen Grenzen möglich; beispielsweise für journalistische Inhalte (Stil, Struktur, Sprache, Relevanz, Wahrheitsgehalt etc.). Abgesehen von der rein technischen Aufbereitung, wird der Unterhaltungswert von Medieninhalten hingegen wohl überwiegend subjektiv gemessen. Inhalte, die den einen begeistern, langweilen andere. Dies liegt vor allem darin begründet, dass jeder einzelne Rezipient als externer Produktionsfaktor im Leistungsprozess andere Potenzialfaktoren mitbringt: Rezipienten haben unterschiedliche Einstellungen und Interessen, unterschiedliches Vorwissen, unterschiedliche Gemütslagen zum Zeitpunkt des Konsums etc. Insofern ist es auch müßig, einen einheitlichen Qualitätsmaßstab für Unterhaltungsinhalte zu suchen. Sie ließen sich zwar hinsichtlich der technischen Aufbereitung bewerten, nicht aber hinsichtlich ihres subjektiven Unterhaltungswertes. Da das Angebot der Medienschaffenden immer ein Spiegel der Nachfrage ist, hat der ökonomischen Theorie folgend jeder Markt genau das Angebot, das der Nachfrager verlangt (vgl. Heinrich 2010).

Die mangelhafte Möglichkeit der Qualitätsbewertung macht aber eine permanente Überprüfung der Qualität durch den Konsumenten notwendig. Nur so kann er auf Dauer überprüfen, ob die angebotenen Inhalte noch den eigenen Ansprüchen oder den Qualitätsversprechen der Anbietenden genügen.

Insbesondere die negativen Erfahrungen der Nutzer führen dazu, dass die Zuschauer, Leser, Hörer etc. dem Medienangebot eher skeptisch gegenüberstehen. Diese Skepsis kann nur ausgeräumt werden, wenn die Anbietenden große Teile ihrer Medieninhalte transparent machen. Damit erhöht sich möglicherweise die Konsumbereitschaft, es sinkt gleichzeitig aber auch die Zahlungs- und Preisbereitschaft. Das heißt, Inhalteanbietende müssen ausgeklügelte Angebote konstruieren, damit die Konsumenten bereit sind, Entgelte für die Inhalte zu entrichten. Drei bewährte Methoden sind hier der Aufbau von Medienmarken, personalisierte und differenzierte Medienangebote sowie die Etablierung zielgruppenspezifischer, wiedererkennbarer Medienformate (vgl. Swoboda et al. 2006, S. 789–813 sowie Kap. 16).

Für nicht zahlungswillige Rezipienten hingegen oder für mit eher wenig spezifischem Humankapital ausgestattete Nachfrager, die große Schwierigkeiten haben, Qualität zu beurteilen, wird in der Regel ein gerade noch akzeptables Qualitätsniveau bereitgestellt, das über seinen Unterhaltungswert eine hohe Reichweite erzielt (z. B. Programm der frei empfangbaren privaten Rundfunkveranstalter). Der Betriebswirt spricht hier von **kosteninduziertem** (kostengesteuertem) **Qualitätsmanagement**. Warum sollte ein Anbieter auch hohe Qualität anbieten, wenn diese nicht erkannt oder entlohnt wird? Dieser Gedankengang wiederum führt dazu, dass Anbieter die Informationsasymmetrie ausnutzen, um die niedrigste (gerade noch akzeptierte) Qualität anzubieten. Damit wird das Qualitätsmanagement kosteninduziert ausgerichtet.

> **Merke:**
> **Kosteninduziertes Qualitätsmanagement** bedeutet, dass aufgrund der Tatsache, dass die Rezipierenden die Qualität der Medieninhalte nicht wirklich bewerten können, kein Anreiz besteht, in besonderem Maße auf die Qualität als Wettbewerbsfaktor zu setzen. Insofern werden die Medienangebote eher aus Sicht der Kostenperspektive geplant.

5.3.4 Lemon-Markets vernichten Qualitätsmedien

Die größte Gefahr für ein auf breiter Ebene und dauerhaftes Absinken des Qualitätsniveaus liegt im Enttäuschungspotenzial der Konsumenten und ihrer damit einhergehenden, verschärft sinkenden Zahlungsbereitschaft. In der Volkswirtschaft wird dieses Problem unter dem Stichwort „Lemon-Market" („Markt für Zitronen"; im Sinne eines Marktes für zunehmend minderwertige Produkte) diskutiert (vgl. Akerlof 1970: 489).

Akerlof hat festgestellt, dass wenn Käufer vor Vertragsabschluss die Qualität des angebotenen Produktes nicht beurteilen können (Stichwort Informationsasymmetrie), sie auch keine optimalen Kaufentscheidungen fällen können und den Markt eher mit Skepsis betrachten. Sie berücksichtigen beim Kauf und in ihrer Zahlungsbereitschaft das Risiko, eine „Zitrone" (schlechte Qualität) zu erwischen. Sie bilden **Erwartungswerte** über die wahrscheinliche Produktqualität und knüpfen ihre Zahlungsbereitschaft an diesen Erwartungswert.

Liegen die Erwartungswerte unter den Preisforderungen der Qualitätsanbietenden, entstehen Probleme am Markt. Die Anbieter minderer Qualität werden nun verstärkt anbieten, weil sie eine hohe Produzentenrente realisieren können (vgl. Kap. 4.4.1). Die Anbieter von hochwertigen Produkten werden weniger anbieten, weil ihre Erwartung auf Produzentenrente gering ist oder gar keine Gewinne erwirtschaftet werden können. Durch die sinkende Zahlungsbereitschaft werden Anbieter hoher Produktqualitäten immer weiter vom Markt verdrängt.

Bemerken die Nachfragenden, dass die durchschnittliche Qualität der Angebote aufgrund des Marktaustritts von hochwertig Anbietenden noch weiter sinkt, sinkt wiederum auch die Zahlungsbereitschaft noch weiter, weil die Chance ein qualitativ hochwertiges Produkt zu erwischen, noch kleiner geworden ist. Dieser Prozess kann so lange laufen, bis kaum noch hochwertige Produkte am Markt angeboten werden[37].

Für die verbleibenden Anbietenden von Produkten mit hoher Qualität bleibt nur die Möglichkeit, ihre Qualitätsansprüche zu senken und auch geringerwertige (kostengünstigere) Güter zu produzieren, um nicht in die Insolvenz zu schlittern, weil sie ihre Preise nicht mehr durchsetzen können. Möglicherweise wird nur eine Handvoll Markenprodukte mit einer kleinen Abnehmerschaft übrigbleiben. Das restliche **Qualitätsangebot sinkt auf ein Mindestniveau** für spezielle Zielgruppenmitglieder. So kämpfen heute alle Qualitätspresseproduktanbieter ums Überleben.

Die Beseitigung oder Abmilderung der Informationsasymmetrie durch beide Marktparteien wäre (und ist) eine Lösung. Diese ist aber mit zusätzlichen Kosten verbunden. Es bedarf großer Marketingetats, um am Markt wahrgenommen zu werden.

---

37 Dieses Phänomen wird in der Neuen Institutionenökonomik unter dem Begriff „**Adverse Selektion**" diskutiert. Adverse Selektion (Negativauslese) bedeutet, dass auf dem Markt ein Prozess abläuft, der aufgrund von Informationsasymmetrie bzw. durch das Vorhandensein von verborgenen (Produkt)Eigenschaften (engl. hidden characteristics) systematisch zu dem Ergebnis führt, dass die eher minderwertigen Produkte bevorzugt ausgewählt werden (vgl. Erlei et al. 2007, Jost (Hrsg.) 2001).

Diese Etats fehlen. Dennoch wird ständig auf Seiten der Qualitätsmedienanbietenden „signalisiert", gute Produkte anzubieten (Reputationsmanagement). Auf Seiten der interessierten Nachfrager wird „gescreent" (vgl. Gläser 2014: 139 f.), wer welche Qualität anbietet.

Unter dem Begriff des **Signaling** wird der Versuch verstanden, positive Signale an die schlechter informierte Marktseite auszusenden, um das Angebot attraktiver zu machen. Es werden Referenzen angegeben, Reputation aufgebaut, Marken gebildet, Garantieversprechen formuliert oder prominente Akteure eingebunden, die eine hohe Glaubwürdigkeit transportieren.

Unter dem Begriff **Screening** wird der Versuch verstanden, Informationsdefizite seitens der schlechter informierten Marktseite durch Informationsbeschaffungsaktivitäten abzubauen. Hier können auch spezialisierte Dritte unterstützend eingeschaltet werden (Informanten, Kritiker, Suchmaschinen, Berater, Verbraucherzentralen etc.). Ausschlaggebend ist in beiden Aktionsbereichen die Höhe der für die aktive Marktseite entstehenden Kosten.

Merke:
Lemon-Markets entstehen, wenn Nachfragende den Wert/Nutzen von Güterangeboten (z. B. Medieninhalte) aufgrund der „verdeckten Eigenschaften" (hidden characteristics) nicht einschätzen können. Sie bilden daraufhin einen das Nutzenniveau betreffenden Erwartungswert. Liegt dieser unter der durchschnittlichen Angebotsqualität, kommt es zu (sinkenden) Preisbereitschaften auf Seiten der Nachfragenden, zu denen Qualitätsanbieter nicht liefern wollen/können. Sie verlassen den Markt oder bieten geringwertigere Waren an. Eine Spirale der adversen Selektion (Negativauslese) beginnt und führt zum Zusammenbruch des Qualitätsmarktes.

Fragen/Aufgaben zu Kapitel 5.3
1. Erläutern Sie, was unter Informationsasymmetrie zu verstehen ist.
2. Charakterisieren Sie Inspektions-, Erfahrungs- und Vertrauensgüter.
3. Erklären Sie kurz, warum ein journalistischer Bericht ein Vertrauensgut, eine Zeitungsausgabe aber eher ein Erfahrungsgut ist?
4. Was versteht die ökonomische Theorie unter einem Informationsparadoxon im Zusammenhang mit Medieninhalten und welche Auswirkungen hat dieser Umstand auf die Vermarktung von Medienprodukten?
5. Was versteht ein Medienmanager unter „kosteninduziertem Qualitätsmanagement"?
6. Begründen Sie kurz, warum die mangelhafte Möglichkeit der Qualitätsbewertung bei Medienprodukten eine permanente Überprüfung der Qualität durch den Konsumenten notwendig macht.
7. Wozu dienen das Signaling und das Screening im Zusammenhang mit dem Thema Informationssymmetrie?

Lösungsvorschläge finden Sie im achten Kapitel „Lösungsskizzen".

5.4 Eigenschaft und Folgen der Wertstabilität (Zeitelastizität)

Güter unterliegen unterschiedlichen Verwendungsarten und Nutzungsdauern. Als Maß für die Eigenschaft, unterschiedlich lang gebräuchlich (von Wert) zu sein, kann der Begriff der Wertstabilität in Bezug auf die fortschreitende Zeit zur Abgrenzung von Mediengütern benutzt werden. In diesem Sinne ist der Wert eines Medieninhaltes entweder abhängig von seiner Aktualität oder er behält seinen Wert dauerhaft. Die Veränderung des Güterwertes in Bezug auf die Veränderung des Zeitfaktors wird als **Zeitelastizität** bezeichnet.[38] Ändert sich der Güterwert im Zeitverlauf nur gering, so handelt es sich um ein zeitelastisches Gut. Das heißt, die Zeitelastizität des Gutes ist hoch. Ändert sich der Güterwert im Zeitverlauf stark bzw. schnell, so handelt es sich um ein zeitunelastisches Gut. Das heißt, die Zeitelastizität des Gutes ist gering. Ein zeitelastisches Gut ist demnach ein weitgehend wertstabiles Gut, ein zeitunelastisches Gut ein wertinstabiles, ein flüchtiges Gut.

In diesem Sinne kann sowohl die Wertstabilität und die ihr zugrunde liegende Zeitelastizität als Kriterium zur Gütersystematisierung eingesetzt werden. Wird einer der Parameter benutzt, so können **Verbrauchsgüter** von **Gebrauchsgütern** differenziert werden.

Die Frage, die sich stellt ist, gilt die Unterscheidung in Verbrauchs- und Gebrauchsgüter auch für Medieninhalte bzw. Medienleistungen? Letztendlich kann sich doch eine Information gar nicht verbrauchen. Sie ist einfach vorhanden, unabhängig davon, ob sie zur Kenntnis genommen wurde oder nicht.

Der Logik folgend kann sich eine Information also nicht verbrauchen, nur weil sie zur Kenntnis genommen wurde. Medieninhalte können beliebig lang gespeichert und beliebig häufig in Originalqualität genutzt werden. In diesem Sinne würden Mediengüter (Medienträger und Medieninhalte) ausschließlich Gebrauchsgüter sein. Bei näherer Betrachtung macht es allerdings Sinn, sich von dieser Einschätzung zu trennen. Ein Inhalt unterliegt keiner Abnutzung. Ihren Wert können Inhalte, insbesondere Informationen, jedoch durchaus verlieren; dann nämlich, wenn sie ihren Wert aus der Aktualität schöpfen (vgl. hier und folgend Zydorek 2013: 156 f.). Es macht schließlich keinen Sinn, einen Börsenkurs, eine Nachricht oder ein Fußballergebnis ein zweites Mal zu erfahren. Das heißt, der Wert eines Medieninhaltes kann durchaus „untergehen". Der nachfolgende Themenkasten zeigt beide Eigenschaftsausprägungen der Wertstabilität, die ein Mediengut annehmen kann, in einer Übersicht. Sie werden im Nachfolgenden erläutert.

---

38 Die Elastizität ist in der Ökonomie ein Maß für die relative Änderung einer abhängigen Variablen aufgrund der relativen Änderung der sie bewirkenden unabhängigen Variablen (vgl. Frantzke 1999: 80). In Bezug auf die Größen Zeit und Güterwert ist die Zeit die unabhängige Variable und der Güterwert die von der Zeit abhängige Variable.

Themen von Kap. 5.4: Die Wertstabilität von Mediengütern im Zeitverlauf
Flüchtige Medienleistungen haben eine schnelle Verfallszeit
Zeitunelastische Medienleistungen führen zu hohem Geschwindigkeitswettbewerb.

Wertstabile Medienleistungen haben lange Nutzungszeiten
Zeitelastische Medienleistungen ermöglichen unterschiedliche Verwertungsmöglichkeiten.

5.4.1 Zeitunelastische Medienleistungen leiden unter hohem Wertverlust

Wenn der Medieninhalt seinen Wert verloren hat, ist das Gut (als Nutzenobjekt) gewissermaßen verbraucht. Deswegen kann hier in Anlehnung an materielle Güter von einem **Verbrauchsgut** gesprochen werden. Der Wert sinkt rapide mit zunehmender Verbreitung bzw. fortlaufender Zeit; mitunter sogar völlig. Das Gut wird wertlos. Mediale Verbrauchsgüter sind zeitunelastisch, d. h., der Wert dieser Güter reagiert sehr stark auf den Zeitverlauf, wenn sie von ihrer Aktualität leben. Solche Güter finden sich vor allem in der aktuellen Berichterstattung oder der Informationswirtschaft. Hier ist Aktualität gefordert. Jeder Verlag weiß, dass „nichts so alt ist, wie die Zeitung von gestern". Der **Werteverfallsdruck** von Informationen **ist hoch**. Einmal veröffentlicht, haben Informationen ihren Wert, etwas Neues zu kommunizieren, verloren. Auch ökonomisch sind sie nichts mehr wert, da sie nun allen Interessierten zur Verfügung stehen. Der Werteverfall muss aber nicht immer augenblicklich eintreten, etliche Informationen (z. B. Marktforschungsdaten o. ä.) können auch über einen etwas längeren Zeitraum relevant bleiben.

Die Eigenschaft des hohen Wertverlustes führt zu einem enormen Geschwindigkeitswettbewerb. Und dieser wird noch weiter angeheizt durch die Vielzahl an Informationsquellen, die sich durch die digitalen Netzwerke ergeben haben. Dieser **Geschwindigkeitswettbewerb** ist allerdings für die Redaktionen (insbesondere für Nachrichtenredaktionen) sehr belastend und geht häufig zulasten der Arbeitsatmosphäre und der Arbeitsqualität. Das zeigt auch ein Beispiel aus dem Jahre 2012 als im Juni der US-amerikanische Supreme Court sein Urteil zu Präsident Obamas Gesundheitsreform fällte und CNN (fälschlicherweise) zunächst die Niederlage Obamas verkündete.[39] Was war passiert? Da während der Urteilsverkündung keine Kameras zugelassen waren, nahmen die Reporter die schriftliche Begründung des Supreme Courts und überflogen die ersten Seiten des Urteils, die die Gesundheitsreform sehr kritisch reflektierten. Eile war geboten, um Einschaltquoten zu sichern und als erster mit der Nachricht auf Sendung gehen zu können. „Das Herzstück der Gesundheitsreform verstößt gegen die Verfassung", berichtete der Sender und die Moderatoren diskutierten minutenlang den „schweren Schlag gegen Präsident Obama".

---

39 Das Beispiel ist Zydorek: 2013: 145 entnommen und geht auf die Berichterstattung der SZ vom 20.06./01.07.2012, S. 21 zurück.

Daraufhin feierten die republikanischen Abgeordneten sofort auf Twitter den „großen Sieg für die Freiheit und die Verfassung". „Die Nachrichtenlage änderte sich, als die Fernsehleute bis zur vierten Seite des Urteils vorgelesen hatten. Dort stand die eigentliche Nachricht: Die Gesundheitsreform von Präsident Obama ist im Kern verfassungsgemäß" (Zydorek 2013: 145).

5.4.2 Zeitelastische Medienleistungen sind relativ wertstabil

Andererseits gibt es auch Medieninhalte, die dauerhaft oder immer wieder genutzt werden (z. B. Kultfilme, Musik- und Buchklassiker oder Software). Der Wert dieser Inhalte ist wesentlich zeitelastischer. Das heißt, diese Güter reagieren wesentlich weniger heftig auf den Zeitverlauf. Insofern können derartige Produkte auch als Gebrauchsgüter eingeordnet werden, da sie ihren Wert nicht mit der einmaligen Verwendung verlieren, sondern über einen längeren Zeitraum bzw. mehrmals genutzt werden (vgl. Sjurts 2005: 11 f.).

Zeitelastische Medieninhalte stehen weniger deutlich im Geschwindigkeitswettbewerb. Ihr **Werteverfallsdruck ist relativ niedrig**. So werden literarische Werke, Filme oder Musikstücke nicht nur intensiver „auf Herz und Nieren geprüft", bevor sie auf den Markt gebracht werden, sondern auch differenzierter vermarktet bzw. verwertet. Ein Buch erscheint z. B. als Hardcover, Taschenbuch, E-Book und möglicherweise auch als Hörbuch. Ein Film wird im Original, in unterschiedlichen Sprachversionen, als Directors Cut, auf DVD, Blu-Ray oder als Download bzw. Streamingangebot auf den Markt gebracht. Auch Musikstücke werden höchst unterschiedlich vermarktet, bis sie schließlich auf verschiedenen Compilations als Zweitverwertung gepresst werden (Best of, Greatest Hits etc.).

Solchen Versionen können zeitliche, inhaltliche oder qualitative Differenzierungen zugrunde liegen. **Zeitliche Differenzierungen** setzen auf unterschiedliche Dringlichkeiten. Die Verlängerung der Wertschöpfungskette ist eine in der Digitalindustrie häufig umgesetzte Vermarktungsmethode; insbesondere im Filmsektor. Diese Methode wird **Windowing** genannt. Windowing bedeutet, dass Produkte in nacheinander folgenden Zeitfenstern vermarktet werden, um die Erlöspotenziale zu maximieren. Hier werden unterschiedliche Preisbereitschaften der Käufer ausgenutzt. So wird ein Film in der Regel zunächst im Kino, dann über Pay-per-View, Video, Pay-TV und schließlich im Free-TV ausgestrahlt. Der einmal produzierte Film wird letztendlich fünfmal verkauft (vgl. Gläser 2014: 361).

Inhaltliche Differenzierung zeigen Produkte mit unterschiedlichem Leistungsumfang. **Qualitative Differenzierungen** beruhen in der Regel auf unterschiedlichen Präsentationsformen (verschiedene Auflösungen, unterschiedliche Layouts etc.). Immer sind solche Vermarktungen mit unterschiedlichen Preisen ausgestattet (vgl. Gläser 2014: 153). Diese Art der Verwertung wird **Versioning** bezeichnet. Versioning bedeutet, dass vorhandene Medieninhalte (oder Software) in unterschiedlichen Versionen mehrfach verwertet werden (vgl. Sjurts 2011: 636).

Sowohl das Versioning als auch das Windowing wird im Umfeld des Produktmarketings noch einmal ausführlich aufgegriffen (vgl. Kapitel 16). Tab. 5.3 (in Anlehnung an Linde 2005: 10) gibt einen Überblick über die unterschiedliche Zeitelastizität bzw. Wertstabilität verschiedener Mediengüter.

Tab. 5.3: Zeitelastizität/Wertstabilität unterschiedlicher Mediengüter.

zeitunelastische Mediengüter (Verbrauchsgüter)	zeitelastische Mediengüter (Gebrauchsgüter)
– aktuelle Informationen (Nachrichten, Ankündigungen etc.) – Marktinformationen (Kurse, Preise, Produktinformationen, sonstige Analyse- und MaFo-Daten) – Werbeplätze	– Medienträger – Spiele, Musik, Filme, Literatur – Betriebssysteme – Anwendungssoftware – Datenbanken – Lizenzen, Rechte – werbliche Informationen
Zeitelastizität und Wertstabilität niedrig	Zeitelastizität und Wertstabilität hoch

Unterschiedliche Zeitelastizitäten bzw. Wertstabilitäten im Zeitverlauf schlagen sich also deutlich in der Vermarktungsstrategie der Güter nieder und bedingen auch den Produktionsprozess. Je schneller der Werteverfall der Inhalte, desto schneller muss auch die Produktion und die Bereitstellung (Distribution) der Medien abgewickelt werden. Je wertstabiler das Produktionsergebnis ist, desto aufwendiger kann produziert und desto vielfältiger kann vermarktet werden.

Etwas differenzierter muss das Produkt **Werbung** betrachtet werden (vgl. Tab. 5.3). Entscheidend ist, aus welcher Perspektive die Werbung betrachtet wird. Aus Sicht der Verlage oder der RF-Veranstalter ist die Werbung ein Verbrauchsgut, da der Werbeplatz, den sie vermarkten, mit der Buchung durch die werbungtreibenden Unternehmen belegt (verbraucht) ist. Er steht keinem anderen Unternehmen zur Verfügung (vgl. Sjurts 2004: 166). Der Werbeinhalt jedoch steht nicht nur vielen verschiedenen Rezipienten zur Verfügung, sondern kann seine Leistung (Aufmerksamkeit erzeugen) auch bei Mehrfachkontakten mit ein und demselben Rezipienten erbringen (vgl. Zydorek 2013: 157). Aus Sicht der Rezipienten wird die Werbung (konkret: der Werbeinhalt) damit zu einem Gebrauchsgut.

Zusammengefasst: Die grafische Darstellung in Abb. 5.5 verdeutlicht noch einmal den Zusammenhang zwischen der Zeit und dem Werteverfall. Die **zeitabhängigen Werteverfallfunktionen** in einem Zeit-Wert-Koordinatensystem abgebildet, zeigen deutlich, dass zeitelastische Güter über längere Perioden (ΔZ) nur relativ wenig an Wert verlieren (ΔW). Zeitunelastische Güter hingegen büßen ihren ökonomischen Wert (W) schon nach wenigen Minuten, Stunden oder ggfs. Tagen (Z) ein.

Unterschiedliche Wertstabilitäten von Medieninhalten

zeitelastische Gebrauchsgüter

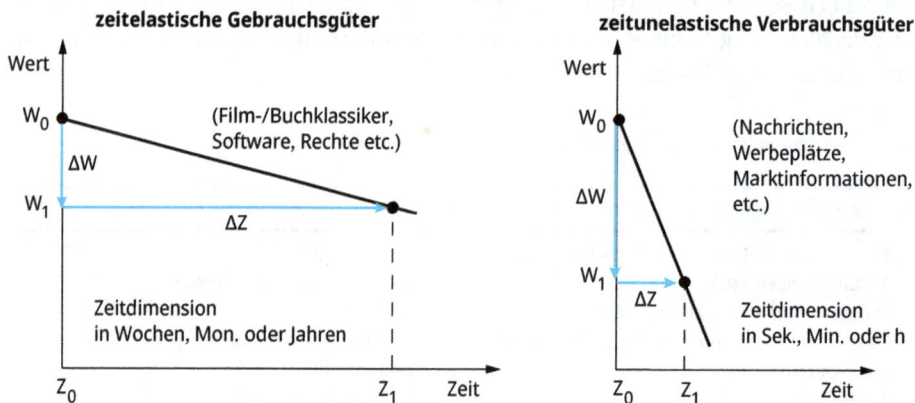

Wert

W_0

ΔW

(Film-/Buchklassiker, Software, Rechte etc.)

W_1

ΔZ

Zeitdimension in Wochen, Mon. oder Jahren

Z_0 Z_1 Zeit

zeitunelastische Verbrauchsgüter

Wert

W_0

ΔW

(Nachrichten, Werbeplätze, Marktinformationen, etc.)

W_1

ΔZ

Zeitdimension in Sek., Min. oder h

Z_0 Z_1 Zeit

Abb. 5.5: Zeitelastizität der Werte von Mediengütern.

> **Merke:**
> **Zeitelastische Güter** zeigen eine hohe Wertstabilität, da sie ihren Wert im Zeitverlauf nur langsam verlieren. Sie werden (nicht nur im Medienbereich) Gebrauchsgüter genannt.
>
> **Zeitunelastische Güter** zeigen eine geringe Wertstabilität, da sie ihren Wert im Zeitverlauf sehr schnell verlieren. Sie werden (nicht nur im Medienbereich) Verbrauchsgüter genannt.

> **Fragen/Aufgaben zu Kapitel 5.4**
> 1. Erläutern Sie den Begriff der Zeitelastizität und zeigen Sie kurz auf, welche Auswirkungen sie auf die Wertstabilität der medialen Leistungsangebote hat.
> 2. Was bedeutet Versioning in der Produktpolitik von Medienunternehmen?
> 3. Was bedeutet Windowing in der Produktpolitik von Medienunternehmen?
> 4. Warum muss hinsichtlich der Wertstabilität von Werbung zwischen Werbeplatz und Werbewirkung unterschieden werden?
>
> Lösungshinweise finden Sie im achten Kapitel „Lösungsskizzen".

5.5 Eigenschaft und Folgen der Markt(un)fähigkeit

Als Marktfähigkeit bezeichnet die Ökonomie die Eigenschaft von Gütern, am Markt gehandelt werden zu können. Im Umfeld der Marktwirtschaft gilt das Prinzip der Zahlungswilligkeit und der Zahlungsfähigkeit: Nur derjenige erhält ein Gut, der bereit und in der Lage ist, den für das Gut geforderten Preis zu zahlen. Käufer zeigen durch ihre Zahlungsbereitschaft an, welchen Wert ein Gut für sie hat (Präferenzen werden offengelegt). Damit ein Wirtschaftsgut in diesem Umfeld optimal vermarktet werden kann, müssen zwei Bedingungen unbedingt erfüllt sein: Es muss Ausschlussfähigkeit vom Nutzen möglich sein und bestenfalls Nutzenrivalität gegeben sein. Der folgende Themenkasten zeigt, welche Problemfelder in diesem Kapitel abgearbeitet werden.

Themen von Kap. 5.5: Die Eigenschaftsausprägungen der Markt(un)fähigkeit von Mediengütern
Ausschlussfähigkeit von Marktteilnehmenden muss zwingend gegeben sein
Der Herstellende muss die Möglichkeit haben, bestimmen zu können, wer das produzierte Gut bekommt.

Nutzenrivalität zwischen Marktteilnehmenden ist wünschenswert
Bestenfalls sollte jeder, der ein Gut nutzen will, dieses auch erwerben müssen.

Die Möglichkeiten des Ausschlusses und der Rivalität bestimmen die Markt(un)fähigkeit
Aus der Kombination der beiden Eigenschaften ergeben sich vier unterschiedlich marktfähige Mediengüterkategorien.

5.5.1 Ausschlussfähigkeit setzt die Durchsetzbarkeit von Eigentumsrechten voraus

Dass der Eigentümer seine Eigentumsrechte durchsetzen kann, wenn er das will, bedeutet, dass er Konsumenten, die die geforderte Gegenleistung nicht erbringen wollen, vom Nutzen ausschließen kann. Diese Eigenschaft wird **Ausschlussfähigkeit** (vom Nutzen, Eigentumserwerb oder Besitz) genannt.

Durchsetzen kann ein Eigentümer seine Rechte, wenn er einen Gegenwert (z. B. einen Preis oder Aufmerksamkeit bzw. Zeit) für sein Gut bekommt und der, der den Gegenwert nicht zahlen möchte, das Gut auch nicht nutzen kann. Ist die Ausschlussfähigkeit nicht oder nur eingeschränkt gegeben, ergeben sich Probleme. Diese Probleme kommen auf, wenn der Eigentümer nicht die notwendige Verfügungsgewalt hat oder durchsetzen kann. Mit anderen Worten: Wenn ein Gut frei verfügbar ist, wird kein Mensch für die Nutzung zahlen. Für die sogenannten freien Güter (Sauerstoff in der Luft, Wind, Meerwasser, Sand in der Wüste oder Fische in der Hochsee etc.) liegt es auf der Hand, dass niemand dafür zahlen würde (vgl. Homo Oeconomicus in Kap. 4). Nun sei der Fall angenommen, ein Waldbesitzer würde an den Wegerändern Lampen installieren, damit er, wenn er abends spazieren geht, beleuchtete Wege nutzen kann (ob dies aufgrund rechtlicher Normen erlaubt oder aufgrund des technischen Aufwands sinnvoll ist, sei hier ungeprüft). Nun gehen abends aber auch andere Spaziergänger durch den Wald. Er ist ja wunderbar beleuchtet. Wie würde der Waldbesitzer verhindern können, dass die nichtzahlenden Spaziergänger das Licht nutzen? Ein Eintrittsgeld kann er nicht erheben, weil jeder zum Zwecke der Erholung ein Wegerecht hat (vgl. § 14 Bundeswaldgesetz). Und weil die Lampen, die für den Eigentümer leuchten, auch für alle anderen den Weg erhellen, würde niemand einen Grund haben, Geld dafür zu zahlen.

Märkte, die frei nutzbare Güter handeln wollten, würden versagen. Aber auch Märkte, die nicht freie Güter handeln, können durch die Eigenschaft der Nichtausschlussfähigkeit vom Güternutzen gestört werden. Dies könnte bspw. der Fall sein, wenn ein Sicherheitsunternehmen ein Objekt in der Innenstadt während einer Großveranstaltung schützen soll. Der Eigentümer des schutzbedürftigen Objekts spricht den Eigentümer des nebenliegenden Objektes an, ob er sich nicht an den Kosten der Sicherheitsmaßnahme beteiligen möchte, da indirekt ja auch das Nachbarobjekt von der Präsenz des Sicherheitspersonals profitiert. Der Nachbar lehnt ab. Warum? Weil er auch als Nichtzahler von der Aktion profitieren wird. Der Auftraggeber muss allein für den vollen Preis aufkommen. Das ist nicht im Sinne der marktwirtschaftlichen Logik, die darauf setzt, dass gerechte Preise nur dann zustande kommen, wenn jeder, der nutzt, auch zahlt. In diesem konkreten Fall liegt genau genommen nicht nur keine Ausschlussfähigkeit vor, sondern auch keine Nutzenrivalität, wie im folgenden Kapitel erläutert wird.

> **❗ Merke:**
> **Ausschlussfähigkeit vom Güternutzen** bedeutet, verhindern zu können, dass Zahlungsunwillige ein Gut nutzen können. Der Exklusionsgrad hat mathematisch ausgedrückt immer einen Wert von null oder eins (nicht möglich oder möglich). „Schattierungen" im Exklusionsgrad gibt es nicht.

5.5.2 Nutzenrivalität setzt Materialität voraus

Optimalerweise soll ein Wirtschaftsgut aus Sicht der Herstellenden, wenn es von jemandem genutzt wird, anderen nicht zur Verfügung stehen. Diese Eigenschaft wird **Nutzenrivalität** genannt. Das ist beispielsweise bei allen Gütern der Fall, die zu den Verbrauchsgütern zählen. Nutzt jemand ein Putzmittel, um seine Fenster in der Wohnung zu reinigen, verbraucht er es. Der verbrauchte Teil steht niemandem mehr zur Verfügung.

Hilfsweise reicht es aber auch aus, wenn der Nutzen des Gutes durch weitere Nutzer eingeschränkt ist oder abnimmt.

Das ist bspw. der Fall, wenn jemand, während der Partner die Fenster putzt, Staub in der Wohnung saugt. Der Staubsauger kann während des Reinigungsvorgangs von keinem anderen genutzt werden. Auch hier herrscht, wenn auch nur temporär während der Einsätze, Nutzenrivalität vor. Möchte jemand unabhängig von der Nutzung des Staubsaugers durch andere Staubsaugen, wann immer er will, muss er sich einen eigenen Staubsauger kaufen.

Ist die Nutzenrivalität nicht oder nur eingeschränkt gegeben, ergeben sich ebenfalls Probleme. Auch dann droht der Markt zu versagen. Er ist zumindest deutlich gestört. Möglicherweise entsteht der Markt auch erst gar nicht, weil die Anbietenden auf eine Teilnahme verzichten.

Das im vorstehenden Kapitel beschriebene Beispiel der Objektsicherung zeigt auch diese Schwäche. Der Eigentümer des Nachbarobjektes nutzt indirekt die Anwesenheit des Sicherheitspersonals, weil die Abschreckung auf Hooligans auch hinsichtlich eines Objektes wirkt. Die Nutzenrivalität würde nur aufgehoben, wenn Hooligans trotz der Präsenz des Sicherheitspersonals das Nachbarobjekt beschädigen und die Schutzmannschaft einfach zuguckt. Eine eingeschränkte Nutzenrivalität kann sich auch in Nachtclubs zeigen. Der Raum und die aufgelegte Musik können von allen, die im Club sind, genutzt werden. Insofern ist die Nutzenrivalität gleich null. Wenn der Club aber abends immer stärker frequentiert wird, setzt langsam Nutzenrivalität ein (außer für die, die es lieben, in sehr vollen Clubs zu tanzen). Spätestens, wenn der Club überfüllt ist, greift die Nutzenrivalität. Das Gleiche gilt für Veranstaltungen im öffentlichen oder privaten Raum. Keine Nutzenrivalität liegt z. B. bei freien Down-loadangeboten (z. B. Youtube-Videos) vor. Abstrahierend kann festgestellt werden, dass bei materiellen Gütern Nutzenrivalität in der Regel vorliegt. Bei vielen immateri-ellen Gütern (vor allem bei digitalen Gütern) eher nicht.

> **Merke:**
> **Nutzenrivalität** bedeutet, dass die Nutzung eines Gutes durch eine Person, die gleichzeitige Nutzung durch eine andere Person ausschließt. Mathematisch liegt der Rivalitätsgrad in einem Kontinuum zwi-schen 0 und ≤ 1; also zwischen überhaupt nicht gegeben und vollends gegeben. **!**

5.5.3 Ausschlussfähigkeit und Nutzenrivalität bestimmen die Markt(un)fähigkeit

Die Eigenschaften der Ausschlussfähigkeit und Nutzenrivalität treten in Gütern kombi-niert auf. Und die Kombinationsausprägungen geben Auskunft darüber, ob sie Märkte funktionieren lassen oder Marktversagen begründen. Es sei aber darauf hingewiesen, dass die Einteilung idealisiert ist, da vor allem die Nutzenrivalität auf einem Kontinuum zwischen „nicht erfüllt" und „voll erfüllt" eingeordnet werden können (vgl. Ausführun-gen zum Nachtclub im vorstehenden Kapitel). Die Ausschlussfähigkeit ist hingegen prin-zipiell gegeben oder nicht. Sie kann aber auch erwünscht oder unerwünscht sein. Er-wünscht ist sie, wenn der Eigentümer seine Eigentumsrechte auch durchsetzen will. Unerwünscht ist sie, wenn er seine Eigentumsrechte durchsetzen könnte, dies aber nicht tut, weil er möchte, dass möglichst viele das Produkt nutzen.

Diese Möglichkeiten können eine eindeutige Zuordnung von Gütern und Leistun-gen in eine bestimmte Kategorie schwierig machen. Durch die Abgrenzung ergeben sich aber prinzipiell **vier verschiedene Güterklassen**, die sich im Grad ihrer Aus-schlussfähigkeit und Nutzenrivalität und damit auch im Grad der Marktfähigkeit un-terscheiden (sie werden in den folgenden Kapiteln einzeln erläutert). Anders als im sonstigen Güterbereich, sind Medienleistungen in der Mehrzahl mit Marktdefekten ausgestattet und damit zu großen Teilen marktunfähig. Dies gilt sowohl für medienge-tragene Gebrauchs- als auch für mediengetragene Verbrauchsgüter. Tab. 5.4 (als Wei-terentwicklung von Blankart 1994: 64) gibt Auskunft, wie die beiden Ausprägungen zusammenhängen und welche Eigenschaftenkombinationen Märkte funktionieren lassen bzw. Marktversagen begründen.

Tab. 5.4: Mediengütereigenschaften und Marktfähigkeit.

Gütereigenschaften		Nutzenrivalität gegeben	Nutzenrivalität nicht gegeben
Ausschluss vom Konsum gegeben oder erwünscht		*private Güter* (voll marktfähig)	Clubgüter (bedingt marktfähig)
	Medien-Güter	Werbezeit, Werberaum, Bücher, Zeitungen, Zeitschriften und sonstige Printprodukte, Social-Media-Konten, Mail-Adressen, exklusive Nutzungsrechte	Pay-TV-Programme, private, technisch abgeschirmte Rundfunkprogramme, login-geschützte Internet-/Intranet-Inhalte, Kinofilm-Vorführungen E-Book-/E-Paper-Inhalte nicht exklusive Nutzungsrechte etc.
	sonstige Güter	Technische Komplementärgüter zum Medienkonsum, Kleidung, Nahrungsmittel, Fahrzeuge, Maschinen etc.	Vereinsleistungen, Seminar-, Fitness-Studio- oder Golf-Club-Angebote etc.
Ausschluss vom Konsum nicht gegeben oder nicht erwünscht		Allmendegüter (nicht marktfähig)	öffentliche Güter (nicht marktfähig)
	Medien-Güter	frei zugängliche Büchereiangebote und Bücherschränke im öffentlichen Raum, Public Viewing, technische Senderfrequenzen	Öffentl.-rechtliche Rundfunkprogramme, über Satellit, via einzelner Apps ausgestrahlte private RF-Programme in minderer Qualität, frei zugängliche Internetinhalte, Plakatinhalte, frei zugängliches Wissen und frei zugängliche Werbebotschaften.
	sonstige Güter	Öffentliche Parkanlagen und Sitzbänke, Straßen, Wälder und Wiesen, Spielplätze, Fischbestände im offenen Meer, Atemluft in engen Räumen etc.	Schutz durch Deichanlagen oder Landesverteidigung, Leuchtturmfeuer, Polizeidienste, Menschenrechte etc.

!

Merke:
Voll marktfähig sind Güter, die die Eigenschaft der Ausschlussfähigkeit und die der Nutzenrivalität haben.

Bedingt marktfähig sind Güter, die die Eigenschaft der Ausschlussfähigkeit haben, aber nicht-rival im Nutzen sind.

Nicht marktfähig sind Güter, die keine Ausschlussfähigkeit zulassen.

Die Markt(un)fähigkeit der in **Tab. 5.4** aufgelisteten Güterkategorien (private Güter, Clubgüter, Allmendegüter und öffentliche Güter) wird im Folgenden ausführlich begründet.

5.5.4 Private Güter (Individualgüter) sind voll marktfähig

Private Güter sind dadurch gekennzeichnet, dass **Ausschlussfähigkeit und Nutzenrivalität gegeben** sind. Wer beispielsweise eine Blu-Ray oder eine Hose haben möchte, muss sich eine Blu-Ray oder eine Hose kaufen. Der Hersteller bzw. Eigentümer kann Einfluss darauf nehmen, wer sein Produkt bekommt. Allgemein: Er kann seine Eigentumsrechte durchsetzen. Wer den geforderten Gegenwert nicht aufbringen will oder kann, wird vom Konsum ausgeschlossen.

Wird die Blu-Ray von jemandem mit nach Hause genommen oder die Hose von Käufer getragen, kann sie kein anderer benutzen. Verleiht er sie, kann er sie selbst nicht nutzen bzw. tragen. Das heißt, auch die **Nutzenrivalität greift**.

Im Fall von Verbrauchsgütern ist der Fall noch klarer: Wer Brötchen möchte, muss sie kaufen. Und wenn er eines der Brötchen gegessen hat, steht es keinem anderen mehr zur Verfügung. Gleiches gilt für den Werberaum: Wenn ein Verlag Fläche oder Zeit an ein werbungtreibendes Unternehmen verkauft hat, steht dieser Platz oder diese Zeit anderen Werbern nicht mehr zur Verfügung.

Private Güter sind demnach **voll marktfähig**, weil das ökonomische Konzept, dass Anbietende für Ihre Leistungen von denen bezahlt werden, die die Leistung nutzen, unter legalen Umständen nicht umgangen werden kann. Alle materiellen Güter besitzen diese Eigenschaften: Kleiderschränke, Autos, TV-Geräte, Radios, DVDs etc. Im engeren Sinne der Medienleistungen ist allerdings nur die Platzierung von **Werbung** (die Nachfrage der werbungtreibenden Unternehmen) ein durchgängig privates Gut: Wer Werbeplätze schalten will, muss dafür zahlen und wenn Werbung geschaltet ist, passt auf diesen Platz oder in dieses Zeitfenster keine andere Werbung.

Güter können aber nicht immer eindeutig zugeordnet werden. So kann beispielsweise ein **Printprodukt** (Buch, Zeitung, Zeitschrift etc.) durchaus den privaten Gütern zugeordnet werden: Steht das Printprodukt im Regal eines Händlers, besteht sowohl Ausschlussfähigkeit als auch Rivalität. Das Printprodukt bzw. sein Inhalt kann später aber auch von mehreren Nutzern gleichzeitig rezipiert werden, ohne dass der Nutzen der nachfolgenden Leser eingeschränkt würde. Dies ist dann der Fall, wenn jemand anderen den Inhalt vorliest oder der Inhalt von mehreren Nutzern gleichzeitig gelesen wird. In diesem Fall würde das private Gut zu einem Clubgut. Lässt jemand sein Printprodukt im Zug liegen, würde es sogar zu einem öffentlichen Gut für den Finder, da der ursprüngliche Eigentümer seine Eigentumsrechte nicht mehr durchsetzen will (oder aufgegeben hat) und der Finder keinen Nachteil dadurch hat, dass die Zeitung schon gelesen wurde.

> **Merke:**
> **Private Güter sind voll marktfähig,** weil sie die Eigenschaft der Ausschlussfähigkeit und die der Nutzenrivalität haben. Alle materiellen Güter besitzen diese Eigenschaften; auch Träger von Medieninhalten sowie Werbeplätze, Werbezeiten und exklusive Nutzungsrechte gehören in diese Kategorie. **!**

5.5.5 Clubgüter (Quasi-private Güter) sind bedingt marktfähig

Güter, die zwar über die Ausschlussfähigkeit verfügen, nicht aber rival im Konsum sind, sind nur bedingt marktfähig. Solche Güter werden Clubgüter genannt. **Clubgüter sind** also nur **bedingt marktfähig**, weil sie zwar Umsatzpotenzial in sich tragen, da sie nur dem zugutekommen, der bereit ist, ein Entgelt zu zahlen. Aber **es fehlt die Eigenschaft der Nutzenrivalität**. Das Produkt verbraucht sich nicht und steht mehreren Nutzern gleichzeitig zur Verfügung, ohne dass die Beteiligten einen (wesentlichen) Nachteil durch die Mitnutzung haben.

Damit verringert sich das Umsatzpotenzial der Anbietenden, das bei Rivalität gegeben wäre. So kann das Pay-TV-Angebot zwar nur von Zuschauern empfangen werden, wenn die notwendigen technischen und vertraglichen Voraussetzungen erfüllt sind, aber die vom Anbietenden freigeschaltete Sendung kann dann leicht von vielen (auch nichtzahlenden) Zuschauern gleichzeitig angeschaut werden (gemeinschaftlicher Fernsehabend). Konsumrivalität liegt nicht vor. Die Ausschlussfähigkeit von Konsum hingegen ist (zumindest für einen der Nutzer) gegeben.

Im Medien- und im Bildungsbereich finden sich viele Güter, die die Clubgut-Eigenschaften voll erfüllen. Es gibt aber auch viele Clubgüter, deren Clubgut-Eigenschaft, nicht-rival zu sein leidet, wenn zu viele Nutzer gleichzeitig aktiv werden wollen. Wenn der Kino-Saal beispielsweise voll ist, ist es auch mit der Nichtrivalität vorbei.

Die Eigenschaft von Clubgütern kann aber auch aus Kostensicht zum Vorteil von Anbietenden interpretiert werden: Er muss ein Gut nur einmal produzieren und kann es gleichzeitig von mehreren Nachfragenden nutzen lassen.

> **!**
>
> **Merke:**
> **Clubgüter (quasi private Güter) sind bedingt marktfähig**, weil sie die Eigenschaft der Ausschluss-fähigkeit, nicht aber die der Nutzenrivalität haben. Interessierte Nutzer können von der Nutzung ausgeschlossen werden, der Nutzen durch einen schränkt aber die gleichzeitige Nutzung von anderen nicht oder nur unwesentlich ein. Eine Großzahl der angebotenen Medieninhalte werden in Form von Clubgütern angeboten. Solche sind vor allem die Bezahlangebote im Internet.

5.5.6 Allmendegüter (Quasi-öffentliche Güter) sind nicht marktfähig

Güter, die zwar die Konsumrivalität besitzen, nicht aber die Ausschlussfähigkeit, werden Allmendegüter oder quasi-öffentliche Güter genannt. Quasi-öffentliche Güter sind **nicht marktfähig**, weil der Eigentümer seine **Eigentumsrechte nicht durchsetzen** kann. Der Leistungsempfänger ist nicht gezwungen, ein Entgelt zu zahlen, wenn er die Leistung nutzen will.

Im Umfeld der Medienleistungen greift hier das durch Städte und Gemeinden organisierte Public Viewing. Es ist ein quasi-öffentliches Gut, weil jedermann freien Zugang zu den Aufführungsflächen hat. Aber je mehr Besucher die Darbietung frequentieren, desto schlechter wird die Sicht auf die Leinwand. Es besteht Nutzenrivalität zwischen denen, die früh und denen, die später kommen. Gleiches gilt für frei zugängliche öffentliche Büchereiangebote oder für die Bücherschränke, die vereinzelt in Städten stehen und dazu dienen, Bücher frei zugänglich, kostenlos, anonym und ohne jegliche Formalitäten zum Tausch oder zur Mitnahme anzubieten. Auch die Rundfunkfrequenzen sind physikalisch frei zugänglich, aber rival in der Nutzung. Wenn zwei Akteure die gleiche Frequenz nutzen würden, käme es zu Kommunikationsstörungen. Niemand könnte es jedoch verhindern, eine Frequenz technisch zu nutzen. Viele Frequenzen sind allerdings aus rechtlicher Perspektive nutzungstechnisch zugeordnet. Damit wird eine Frequenz tatsächlich zu einem privaten Gut. Der Staat hat sich „einfach" zum Eigentümer erklärt und besitzt nun die Verfügungsgewalt über die Nutzungszulassung (Stichwort: Frequenzversteigerung).

Mit Allmendegütern kann (oder soll) kein Umsatz erzielt werden, da niemand ausgeschlossen wird; auch dann nicht, wenn keine Zahlungsbereitschaft vorliegt. Wenn keine Gegenleistung von den Nutzern verlangt werden kann oder soll, sind die Güter nicht marktfähig. Es werden keine Märkte entstehen, weil kein privates Unternehmen diese Güter produzieren und anbieten würde. Warum sollte ein Unternehmen eigenes Kapital einsetzen, um Güter herzustellen, wenn das Kapital nicht refinanziert wird und verloren wäre? Die fehlende (oder nicht gewollte) Ausschlussmöglichkeit führt zur Verhinderung von Märkten. Dass dennoch öffentliche Parkanlagen, Straßen und Spielplätze existieren, ist dem Umstand zu verdanken, dass der Staat diese Güter bereitstellt oder in Auftrag gibt.

Wenn hingegen Parkplätze oder Straßen von Privaten bewirtschaftet und gebührenpflichtig werden, heißt dies, dass die Leistungsangebote „umdefiniert" werden. Über die Parkgebühr oder die Mautgebühr wird Ausschlussfähigkeit geschaffen. Da Konsumrivalität schon besteht, wird das Allmende-Gut nun zum privaten Gut.

> **Merke:**
> **Allmendegüter (quasi-öffentliche Güter) sind nicht marktfähig**, weil sie nicht die Eigenschaft der Ausschlussfähigkeit haben. Die Nutzenrivalität ist nicht ausschlaggebend für das Erzielen von Entgelten. Die Nutzenrivalität führt lediglich dazu, dass der Nutzen für jeden zusätzlichen Anwender (möglicherweise) abnimmt. Solche Güter werden nicht von privaten Investoren bereitgestellt; außer im Umfeld des Sponsorings o. ä.

5.5.7 Öffentliche Güter (Kollektiv-Güter) sind nicht marktfähig

Güter, die **weder** über **Konsumrivalität noch** über **Ausschlussfähigkeit** verfügen, werden öffentliche Güter genannt. Auch öffentliche Güter sind **nicht marktfähig**. Musterbeispiele für öffentliche Güter sind das Leuchtturmfeuer oder die Deichanlage sowie der frei empfangbare Rundfunk und frei zugängliche Internetinhalte.

Niemand würde für Güter, die er unentgeltlich nutzen kann, ein Entgelt zahlen. Dieses Verhalten wird Free-Rider-Verhalten oder Trittbrettfahrer-Verhalten genannt (vgl. Kiefer und Steiniger 2013; Heinrich 2010). Auch solche Güter würden nicht von privaten Unternehmen hergestellt, da auch hier das investierte bzw. gebundene Kapital nicht wieder über Umsätze zurückfließen würde.

Dass frei empfangbare Rundfunkprogramme oder Internetinhalte von privaten Unternehmen angeboten werden, liegt daran, dass die Werbeplatzvermarktung als privates Gut alle Leistungen und Kosten der Programmveranstalter refinanziert. Öffentlich-rechtliche Rundfunkangebote werden über die Haushaltsabgaben und Wissensportale wie Wikipedia über Spenden finanziert. Diese Finanzierungformen stellen Marktersatzlösungen dar.

> **!** **Merke:**
> **Öffentliche Güter (Kollektivgüter) sind nicht marktfähig,** weil die weder die Eigenschaften der Ausschlussfähigkeit noch die der Nutzenrivalität besitzen: Die Güter sind frei zugänglich und können von vielen gleichzeitig uneingeschränkt genutzt werden. Hier braucht es staatliche Marktersatzleistungen. Ein privatwirtschaftlicher Markt entsteht nicht.

Fazit: Die ökonomischen Folgen nicht marktfähiger Mediengüter sind dramatisch

Da viele Medieninhalte öffentliche Güter darstellen oder nach dem Kauf (als privates Gut) zu Allmendegütern werden, sind hier deutliche ökonomische Folgen zu erkennen (vgl. Gläser 2021: 118):

- Konsumenten werden auf keinen Fall für z. B. frei-empfangbaren Rundfunk zahlen. Hier muss eine Ersatzlösung für den Rezipientenmarkt herangezogen werden, wenn der Rundfunk weiterhin frei empfangbar ausgestrahlt werden soll. Diese Marktersatzlösung stellt der Verkauf von Werbung dar (= privates Gut) oder durch Haushaltsabgaben finanzierte öffentlich-rechtliche Angebot (der Staat darf hier nicht als Finanzier herangezogen werden, da der Rundfunk staatsfern organisiert sein muss; vgl. GG Art. 5 Abs. 1 Satz 2).
- Die Nichttrivialität im Nutzen führt dazu, dass sich Mehrfachverwertungen deutlich anbieten. Das Gut verbraucht sich ja nicht und kann beliebig kombiniert eingesetzt werden.
- Die Nichttrivialität im Nutzen führt weiterhin bezogenen auf die erhöhte Reichweite (Menge an Personen) zu einer sehr starken und weit anhaltenden Fixkostendegression. Im digitalen Güterbereich kommt noch hinzu, dass die Grenzkosten bei jeder Reichweite null sind (jeder hinzukommende Rezipierende oder jeder zusätzliche Download verursacht keine Kosten). Dies spricht klar dafür, so viele Kopien wie möglich auf den Markt zu bringen (Massenmedien).
- Anbietende werden zulasten von Minderheitenprogrammen vermehrt Mainstream-Programme anbieten, da sich die Kosten der beiden Programme nicht wesentlich unterscheiden, aber über Mainstreamprogramme höhere Werbeeinnah-

men generiert werden können. Wenn aber Nischenprogramme vom Markt verschwinden, leidet die Medienqualität auf dem Markt.

Fragen/Aufgaben zu Kapitel 5.5

1. Erläutern Sie den Begriff Marktfähigkeit und welche Voraussetzungen gegeben sein müssen, damit Güter marktfähig sind.
2. Erläutern Sie die Begriffe private Güter, Clubgüter, Allmendegüter und öffentliche Güter und problematisieren Sie sie hinsichtlich ihrer Eigenschaften aus Anbietendensicht.

Lösungshinweise finden Sie im achten Kapitel „Lösungsskizzen".

5.6 Eigenschaften und Folgen der Externen Effekte

Der Konsum von oder die Investition in Güter entfaltet Wirkungen. Diese Wirkungen beeinflussen den Zustand des Verursachers, weil seine Bedürfnisse befriedigt werden. Die Produktion oder der Konsum von Gütern kann aber auch Auswirkungen auf jene haben, die die Güter weder produzieren noch konsumieren (Unbeteiligte). Die Umweltverschmutzung oder Überfischung der Weltmeere sind typische Beispiele für negative Auswirkungen ökonomischer Handlungen auf unbeteiligte Dritte. Die Zunahme des allgemeinen Bildungsniveaus durch die zunehmende Anzahl an Studierenden und die damit verbundene Steigerung des gesellschaftlichen Wohlstands wäre ein Beispiel für positive Auswirkungen der Handlungen einzelner auf unbeteiligte Dritte. Solche indirekten Wirkungen stellen Effekte dar, die nach „außen" auf Unbeteiligte wirken und werden Externe Effekte genannt (vgl. Kiefer und Steiniger 2013: 137 f.; Heinrich 2010: 95 f.; Fritsch 2014, Dreiskämper 2010). Ausprägungen von Externen Effekten, die im Folgenden erläutert werden, zeigt der folgende Themenkasten:

Themen von Kap. 5.6: Die Eigenschaftsausprägungen der Externen Effekte von Mediengütern
Positive und negative Externe Effekte verursachen Fehlallokationen
Jeder Medienkonsum verursacht soziale Kosten oder Nutzen auf der gesellschaftlichen Ebene.

Direkte und indirekte Externe Effekte haben strategisches Potenzial
Netzwerkgüter beeinflussen den Wert von Netzwerken und Komplementärgütern.

Treten Externe Effekte auf, fallen aus ökonomischer Sicht die privaten und die sozialen Kosten auseinander. **Private Kosten** entstehen, wenn ein Konsument ein Gut nutzt oder wenn ein Unternehmen produziert. **Soziale Kosten** entstehen außerhalb dieses Nutzungsumfeldes (bei anderen). Wenn bspw. eine Musikliebhaberin zuhause ein Musikstück streamt und die Lautsprecher „richtig aufdreht", um die Musik genießen zu können, könnte dies die Nachbarn stören. Solche Störungen stellen sozialen Kosten dar. Wenn andererseits ein Nachbar im Garten eine große Leinwand aufgestellt hat, auf der ein Fußballspiel übertragen wird und Passanten auf dem Bürgersteig dieses Ereignis mitverfolgen können, entstehen für die Passanten soziale Nutzen.

Marktwirtschaftlich sind solche Externen Effekte **nicht unproblematisch**, denn die sozialen Kosten gehen in der Regel nicht in die Kalkulation der Verursacher ein. Das heißt, ein Teil der Gesamtkosten oder Gesamtnutzen, die verursacht werden, bleiben ökonomisch unberücksichtigt. Damit kommt es volkswirtschaftlich zu Fehlallokationen, da die Preise nicht wirklich verursachergerecht kalkuliert werden. In Folge sind die Güter am Markt zu preiswert oder zu teuer und damit die Gleichgewichtsmenge zu hoch oder zu niedrig. Das können zwei einfache Beispiele verdeutlichen:

–   **Güter sind zu preiswert**: Die Produktion von Atomstrom verursacht nicht nur direkte Produktionskosten, sondern auch Kosten der Aufbewahrung von Brennstäben für die nächsten 40.000 Generationen. Würden diese Folgekosten für die Menschen (soziale Kosten) in die Strompreiskalkulation einbezogen, wäre Atomstrom unbezahlbar. Werden sie nicht internalisiert, wird Atomstrom sehr preiswert. Dadurch wird diese Art der Stromproduktion zu häufig angewendet, als es marktgerecht wäre, weil der Folgeschaden nicht eingepreist wird. Das ist eine Fehlallokation von Produktionsressourcen, da bezogen auf den Gleichgewichtspreis ein zu niedriger Preis entsteht und die nachgefragte Gütermenge zu hoch ist.

–   **Güter sind zu teuer**: Ein Imker züchtet auf seinem Grundstück, das nahe einer Obstplantage liegt, Bienen. Der gesamte Aufwand, den der Imker für seine Bienenzucht einsetzt, wird auf die produzierte Honigmenge umgerechnet. So entsteht der Preis für seinen Honig. Da die Bienen aber während der Blütezeit auf der Obstplantage fleißig die Blüten bestäuben (und damit kostenlose Arbeit für den Obstzüchter verrichten), müssten diese Arbeit aus marktwirtschaftlicher Sicht vom Plantagenbesitzer entlohnt werden (der Plantagenbesitzer nutzt ja die Bienen). Würde dies geschehen, könnte dieser Ertrag in die Honigpreiskalkulation eingehen (internalisiert werden) und der Honig könnte preiswerter angeboten werden oder bei gleichgehaltenem Preis höhere Gewinne abwerfen.

Beide Effekte können grafisch verdeutlicht werden (vgl. Abb. 5.6 und Abb. 5.7).

Abb. 5.6 zeigt deutlich, dass die Internalisierung sozialer Kosten zu einer Preiserhöhung und damit Mengenreduzierung führt. Auf ein konkretes Beispiel übertragen, könnte die Situation wie folgt interpretiert werden: Ein Unternehmen produziert Papier. Im Produktionsprozess werden große Mengen Wasser benötigt. Dies entnimmt die Papierfabrik einem nahegelegenen Fluss. Das Wasser wird nach der Nutzung, nun leider stark verschmutzt, wieder zurück in den Fluss geleitet. Die hier verursachten Umweltschäden werden vom Hersteller nicht in seiner Preiskalkulation für das vertriebsfertige Papier berücksichtigt, weil er für die Wasserverschmutzung und deren Folgen nicht haftbar gemacht wird. Die am Markt gehandelte Gleichgewichtsmenge x_0 wird zum Preis von p_0 gehandelt. Da es jetzt zu massiven Bürgerprotesten kommt und die Politik ein Gesetz zum Wasserschutz erlässt, muss der Papierhersteller Filteranlagen einbauen, die das benutzte Wasser vor der Einleitung in den Fluss reinigt.

Internalisierung negativer externer Effekte und Preis-Mengenauswirkung

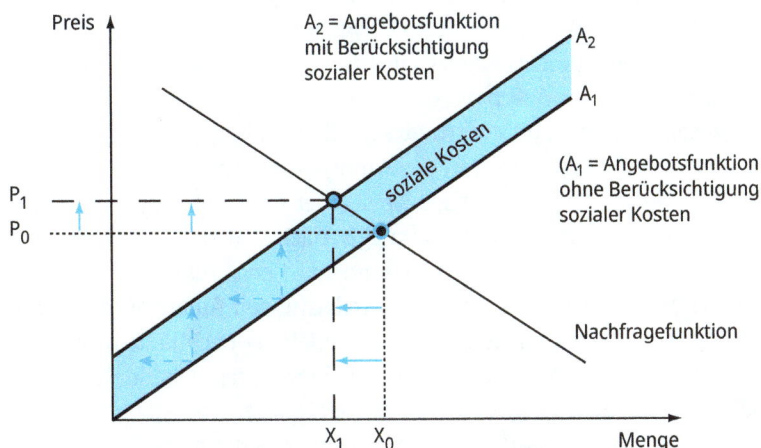

Abb. 5.6: Kalkulatorischer Ausgleich negativer externer Effekte.

Diese Investitionskosten legt der Hersteller natürlich auf das Papier um. Die Angebotspreise bei gleicher Menge steigen (die Angebotsfunktion verschiebt sich nach links bzw. oben). Durch die Internalisierung der Umweltschutzkosten verringert sich bei gleichbleibenden Zahlungsbereitschaften der Papiernachfragenden die gehandelte Menge am Markt, weil der Preis steigt. Der neue Gleichgewichtspunkt auf dem Markt liegt nun bei $x_1 \mid p_1$, wäre aber verursachergerecht.

Der gesamte Umweltschutz ist geprägt von staatlichen Eingriffen. Das ist deshalb notwendig, weil es an der Umwelt keine Eigentumsrechte gibt und damit niemand einen Schaden geltend machen kann. So versucht der Staat bspw. durch Umweltschutzauflagen (Investitionen auf Seiten der Produzierenden) soziale Kosten der Produktion abzufedern. Die Logik dahinter: Unternehmen investieren in den Umweltschutz und geben diese Investitionen an die Verbraucher weiter. Dadurch wird das Produkt teuer (der Preis wird volkswirtschaftlich gesehen angemessener) und die am Markt gehandelte Menge entsprechend niedriger. Der Endverbraucher zahlt einen volkswirtschaftlich vernünftigen Preis und die Unternehmen allozieren ihre Produktionsfaktoren gem. den Zahlungsbereitschaften der Endabnehmer. Sind Verbraucher nicht willig, den „gerechten" (verursachergemäßen, höheren) Preis zu zahlen, werden Unternehmen keine Angebote bereitstellen. Der Staat hebelt damit die Automatismen der Marktwirtschaft bewusst und gezielt aus. Ob und wie stark der Staat eingreift ist allerdings abhängig von politischen Einschätzungen und Machtverhältnissen und damit alles andere als zuverlässig.

Abb. 5.6. soll abschließend noch einmal genutzt werden, um anhand eines Medienbeispiels die Wirkung negativer Externer Effekte herauszustellen: Die Angebotsfunktion A_1 soll nun das Angebotsverhalten eines e-Game-Herausgebers, der ein potenziell spielsuchtförderndes Spiel auf den Markt bringt, visualisieren. Die Nachfragefunktion zeigt die Preisbereitschaft der interessierten Spieler. Im Punkt $x_0 \mid p_0$ kommt der Markt zum Gleichgewicht. Es werden also x_0 Mengen zum Preis von p_0 am Markt nachgefragt und angeboten. Nun wird unterstellt, dass es Spieler gibt, die dermaßen fasziniert von dem Spiel sind, dass sie extrem intensiv und häufig spielen. Es sei unterstellt, dass sie ihre sozialen Kontakte vernachlässigen und aufgrund von Übermüdung auch am Arbeitsplatz nachlässig werden. Geschädigt wird nun nicht nur der Spieler, sondern auch der Arbeitgeber des Spielers. Könnte nun der Arbeitgeber (oder die Krankenkasse, die die Therapiekosten, die der pathologische Spielkonsum ggfs. nach sich zieht) den ihm (ihr) entstehenden Schaden beim Spielerhersteller geltend machen, müsste dieser seine Preise für das Spiel erhöhen, um diese Schadensersatzleistungen finanzieren zu können. Dies würde ebenfalls zu einer Angebotskurvenverschiebung nach links bzw. oben führen, da die gleiche Menge an Spielen nur zu einem höheren Preis gehandelt werden könnte bzw. bei gleichbleibendem Preis nur eine geringere Menge angeboten würde. Bei unveränderter Zahlungsbereitschaft der Nachfragenden führt diese Reaktion zu einer Verlagerung des Marktgleichgewichtes auf den Punkt $x_1 \mid p_1$.

Abb. 5.7 hingegen visualisiert, dass wenn ein sozialer Nutzen entsteht und kompensiert würde, dies zu einer Preissenkung und damit Mengenausweitung am Markt führt. Dieser Effekt kann durch die hypothetische Erweiterung des obigen Papierherstellerbeispiels verdeutlicht werden: Nachdem die Filteranlage installiert wurde, wird ausschließlich sauberes Wasser in den Fluss zurückgeleitet. Dieses Wasser sei nun aber nicht nur ökologisch unbedenklich, sondern in einem Zustand, dass es extrem positive Auswirkungen auf Fauna und Flora der hinter der Fabrik liegenden Flusslandschaft hat. Nutznießer sind die Natur und die Spaziergänger am Fluss, die hier einen Erholungswert finden, den es vorher nicht gab. Ausgehend von einer gegebenen Angebots- und Nachfragefunktion nach dem Papier des Herstellers und dem aktuellen Marktgleichgewicht von $x_0 \mid p_0$ in Abb. 5.7, das die Umweltschutzmaßnahmen im Papierpreis berücksichtigt, müssten nun gerechterweise vom Staat oder den Spaziergängern Kompensationszahlungen, die den positiven Effekt auf die Umwelt entgelten, gezahlt werden. Wenn der Papierhersteller nun diese Zusatzeinnahmen in seiner Papierkalkulation berücksichtigt, kommt zu höheren Mengenangeboten bei gleichbleibenden Preisen. Der Angebotsüberschuss, der bei p_0 entstünde, würde durch sinkende Preise abgebaut. Das neue Gleichgewicht würde sich bei $x_1 \mid p_1$ einpendeln.

Da es solche positiven Effekte auch in der Medienwelt gibt, sollen auch sie hier exemplarisch an der Games-Wirtschaft und Abb. 5.7 erläutert werden: Nun launcht der e-Game-Hersteller ein Lernspiel für Studierende. In diesem Strategiespiel, das auch von berufsbegleitend Studierenden gespielt wird, lernen die Spieler Probleme zu lösen. Dies wiederum kommt ihren Arbeitgebern zugute, da sich die Problemlösungskompetenz der (spielenden) Mitarbeitenden verbessert. Das Unternehmen kommt also in den Genuss nicht honorierter Vorteile. Müsste nun der Arbeitgeber diesen Nutzen durch Zahlungen an die Spielehersteller ausgleichen, könnte der e-Game-Hersteller durch die Co-Finanzierung seine Spiele preiswerter anbieten. Modelltheoretisch würde sich die Angebotskurve nach unten bzw. rechts verschieben und bei gleichbleibenden Zahlungsbereitschaften der Nachfragenden zu einem Marktgleichgewicht führen, dass mehr Spiele zu einem niedrigeren Preis absetzt.

Kompensation positiver externer Effekte und Preis-Mengen-Auswirkung

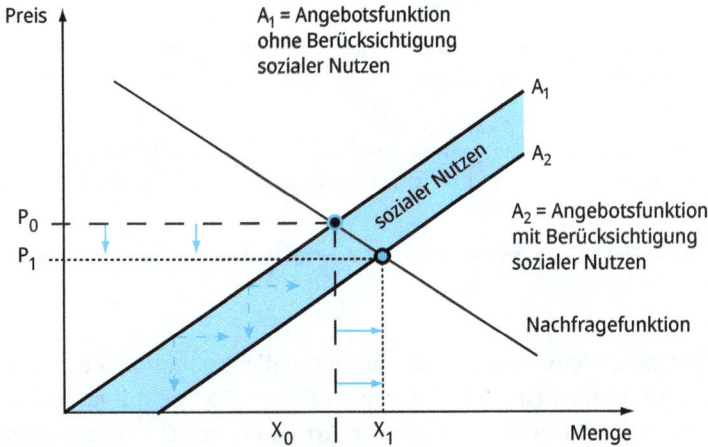

Abb. 5.7: Kalkulatorischer Ausgleich positiver externer Effekte.

Das Problem hier ist allerdings, dass der Papierhersteller, der Bienenzüchter oder der e-Game-Hersteller gar nicht verhindern können, dass die beschriebenen indirekten Vorteile für unbeteiligte Dritte entstehen. Warum sollten also die Nutznießer für eine Leistung zahlen, die sie kostenlos nutzen können? Da sie das nicht tun werden, könnte hier der Staat Subventionen an den Papierhersteller, den Bienenzüchter oder den e-Game-Hersteller auszahlen, um Anreize zu schaffen, die Produkte preiswerter auf den Markt zu bringen (die Stärkung positiver Externer Effekte liegt allen Subventionen zugrunde).

In allen beschriebenen negativen und positiven Fällen zeigen die neuen Marktgleichgewichte eine marktgerechte Allokation der Produktionsfaktoren. Durch die nun aus ökonomischer Sicht gerechten Preise, die am Markt erzielt werden, werden alle Effekte (und damit auch die sozialen) in der Preiskalkulation berücksichtigt und genau die Mengen hergestellt, die der Markt nun einfordert. Interessant ist, dass Ronald Coase schon sehr früh (vgl. Coase 1937 und 1950) im Zusammenhang mit staatlichen Interventionen als Lösung, die Idee eingebracht hat, dass Externe Effekte in Fällen kleiner Gruppen von Beteiligten auch über Verhandlungen der Beteiligten ausgeglichen werden können (vgl. Coase Theorem in Dreiskämper 2013: 98, 286 f., 332). Es wird einfach so lange zwischen den indirekt Beteiligten verhandelt, bis Kosten und

Nutzen verursachergerecht verteilt sind. Dann bedarf es keiner staatlichen Eingriffe und es entsteht trotzdem ein aus ökonomischer Sicht gerechter Preis.

Wenn solche Ausgleiche nicht zustande kommen, d. h. **Externe Effekte nicht verrechnet werden**, spricht die Ökonomie von **Externalitäten**. Damit werden betriebliche/nutzertechnische Kosten oder Nutzen sozialisiert.

> **❗ Merke:**
>
> **Externe Effekte** liegen vor, wenn sich individuelle Aktivitäten auf die Wohlfahrt unbeteiligter Dritter positiv oder negativ auswirken. Wenn also durch die Nutzung oder Produktion soziale Kosten oder soziale Nutzen entstehen.
>
> Als **Externalitäten** werden Externe Effekte genannt, wenn die Auswirkungen der Externen Effekte nicht als Kosten oder Erlöse bzw. Nachteile oder Vorteile in die Wirtschaftsrechnungen der Akteure eingehen.
>
> Externe Effekte und Externalitäten werden immer bei erst einer gesamtwirtschaftlichen Betrachtung sichtbar.

Da es auch Güter gibt, deren Nutzen sich nicht nur durch die Produktion oder die Nutzung des Gutes, sondern zusätzlich auch dadurch entfalten, dass sie mit anderen Gütern verbunden sind, entsteht noch eine weitere Art externer Effekte: sogenannte Netzeffekte. Solche **Netzwerkeffekte** kennt jeder, der gerne ein Influencer sein/ werden möchte. Hat er keine Follower, wird er keine Bekanntheit erreichen. Mit jedem dazugewonnenen Follower gewinnt sein Netzwerk (und er selbst) an Wert. Wer andererseits jemandem bspw. zum Jahreswechsel ein frohes neues Jahr wünschen will und keine Verbindung bekommt, weil das Netz überlastet ist, bemerkt die negativen Auswirkung von Netzwerkeffekten.

Externe Effekte – sowohl die der sozialen Kosten als auch die der sozialen Nutzen sowie die der direkten und indirekten bzw. positiven und negativen Netzwerkeeffekte – stellen im Umfeld von Medienleistungen bedeutende Einflussgrößen dar. Dies wird im Folgenden weiter thematisiert.

5.6.1 Gesellschaftsrelevante Externe Effekte des Medienkonsums

Es gibt keinen Medienkonsum ohne externe Effekte. Medienträger transportieren Leistungen, die ihre Wirkung in zwei unterschiedlichen sozialen Sphären entfalten: Zunächst dienen Mediengüter der Befriedigung individueller Konsumentenbedürfnisse und ggfs. den Bedürfnissen werbetreibender Unternehmen. Darüber hinaus wirkt das individuell Konsumierte aber immer auch über den Erlebnishorizont oder den Nutzenbereich des Konsumierenden hinaus. Das heißt, Medienkonsum führt immer zu **direkten** und gleichzeitig auch zu **indirekten Wirkungen**. Und diese Wirkungen können positiv oder negativ sein.

Jede politische Nachricht, jede Wirtschaftsinformation über Unternehmen etc. hat Auswirkungen auf weitere Zustände. Sie können unternehmerische Strategieänderungen bewirken, Wählerverhalten oder Börsenkurse beeinflussen etc. Medienthemen beeinflussen auch die Art und Weise und die Intensität, mit der über gesellschaftliche Anliegen Gesellschaft diskutiert wird. Dies verändert Einstellungen der Menschen (vgl. Heinrich 2001: 96). Das bedeutet, individuell konsumierte Medieninhalte wirken immer auch auf gesellschaftliche Bereiche ein, indem sie beispielsweise zur Meinungsbildung in der Bevölkerung beitragen, Werte transportieren oder integrativ wirken (vgl. Dreiskämper 2013: Kap. 1). Insbesondere massenmedial wirkende Medien (z. B. Zeitungsberichte, TV-Sendungen, Plattformveröffentlichung) haben immer dann gesellschaftliche Relevanz, wenn sie einen bedeutenden Beitrag zur Alltagsbewältigung der Menschen und zur Zukunftssicherung der Gesellschaft leisten und damit einen wichtigen gesellschaftlichen Funktionsauftrag erfüllen (thematisieren, aufklären, kritisieren etc.).

Medieninhalte mit einer solchen besonderen gesellschaftlichen Relevanz werden **meritorische Güter** genannt. Meritorik bedeutet gesellschaftliche Erwünschtheit bzw. ein im gesellschaftlichen Sinne Verdienstvollsein von etwas (vgl. Musgrave 1957; Dreiskämper 2013: 111 ff.; Piper 2007). Meritorisch sind Güter dann, wenn der Einzelne sie weniger nutzt als von der Gesellschaft gewünscht. Dies ist z. B. bei Bildungsgütern der Fall. Wegen der Erwünschtheit wird Bildung staatlich gefördert. Das bedeutet, dass der Staat bewusst die Konsumentensouveränität ignoriert und in das Marktgeschehen eingreift. Aus marktwirtschaftlicher Sicht soll jeder selbst bestimmen, wie viel Bildungsgüter er konsumiert. Da der Konsumierende aber den Aufwand (zu lesen, lernen etc.) hat, ist der freiwillige Einsatz, Zeit auf Bildungsgüterkonsum zu verwenden, möglicherweise sehr überschaubar. Da aber nicht nur der Konsumierende selbst, sondern auch die Gesellschaft deutliche Vorteile genießt, wenn sich viele Bürger – so weit wie ihnen möglich – bilden, hebelt der Staat die Entscheidungssouveränität des Einzelnen aus und verpflichtet diesen schlimmstenfalls, Bildungsgüter zu konsumieren (Stichwort: Schulbücher). Eine weniger zwangsbezogene Maßnahme des Staates ist das Vergünstigen von Bildungsgüterpreisen (z. B. der reduzierte Mehrwertsteuersatz auf Bücher). In beiden Fällen werden positive direkte und indirekte Effekte generiert.

Medieninhalte können aber auch statt eines positiven den gegenteiligen Effekt produzieren. Güter, die solche negativen Effekte auf die Gesellschaft haben, werden **demeritorische Güter** genannt. Demeritorisch sind Güter dann, wenn der Einzelne sie häufiger nutzt als von der Gesellschaft gewünscht (vgl. Musgrave 1957; Dreiskämper 2013: 111 ff.; Piper 2007). Dies ist im Medienbereich tatsächlich insbesondere bei übertriebenem Gaming der Fall, aber auch jede Art strafrechtlich relevanter Pornografie, die Darstellung von Gewalt oder die Diskriminierung von Gesellschaftsgruppen etc. gehören dazu (ebenso wie alle suchterzeugenden Güter: Tabak, Alkohol, Drogen). Wegen der Unerwünschtheit solcher Medieninhalte werden sie indiziert (z. B. als jugendgefährdende Medien gekennzeichnet; vgl. JuSchG) und ggfs. die Herstellung oder der Konsum strafrechtlich sanktioniert.

Sowohl die Eigenschaft der Meritorik als auch die der Demeritorik führt also zu Externen Effekten. Wie oben beschrieben, sind externe Effekte „aus ökonomischer Sicht ein Störfaktor für die Wirksamkeit des Marktmechanismus, da nicht alle relevanten positiven und negativen Wirkungen im Preismechanismus und im Austausch von Angebot und Nachfrage zum Ausdruck kommen" (Gläser 2014: 141). Hier wird das **Verursacherprinzip** ausgehebelt. Externe Effekte führen dazu, dass eine optimale Güterverteilung be- oder verhindert wird, da Kosten auf die Gemeinschaft abgewälzt werden können oder es kommen ihr ungerechtfertigt Erlöse zugute.

Fazit: Produktionen, die mit negativen externen Effekten behaftet sind, werden dadurch, dass in der Kalkulation nicht alle Kosten berücksichtigt werden, zu preiswert bzw. mengentechnisch in zu großer Anzahl am Markt angeboten. Würden beispielsweise auch alle möglichen therapeutischen Folgekosten der Gamingindustrie in die Produktpreise internalisiert, wären etliche Spiele mit Suchtfaktor sicherlich um einiges teurer. Andererseits müsste der Staat beruflich erfolgreichen Absolventen privater Hochschulen wegen der Meritorik ihrer Leistungen einen Großteil der Ausbildungskosten zurückzahlen, da sie mit ihrem Lebenseinkommen zu deutlich höheren Steuereinnahmen beitragen und anders als die Studierenden öffentlicher Hochschulen und Universitäten nicht während ihrer Ausbildung durch die Bereitstellung kostenloser Bildungsangebote gefördert wurden.

> **!**
>
> **Merke:**
> **Kein Medienkonsum ohne externe Effekte.** Medienträger transportieren Leistungen, die ihre Wirkung in zwei unterschiedlichen sozialen Sphären entfalten. Zunächst dienen Mediengüter der Befriedigung individueller Konsumentenbedürfnisse und ggfs. den Bedürfnissen werbetreibender Unternehmen. Darüber hinaus wirkt das individuell Konsumierte aber immer auch über den Erlebnishorizont oder den Nutzenbereich des Konsumierenden hinaus auf die Gesellschaft.
>
> **Meritorisch** (gesellschaftlich erwünscht) wirkt der Medienkonsum, wenn der Einzelne bestimmte Medien weniger nutzt als von der Gesellschaft gewünscht (vgl. Bildungsgüter). Der Einzelne hat hier den Aufwand zutragen (kann aber auch die Vorteile nutzen), aber die Erträge wirken auch zugunsten der Gesellschaft (Bildungsniveau wächst).
>
> **Demeritorisch** (gesellschaftlich unerwünscht) wirkt der Medienkonsum, wenn der Einzelne bestimmte Medien häufiger nutzt als von der Gesellschaft gewünscht (vgl. pathologisches Gaming). Der Einzelne genießt hier die Vorteile (Spaß, Eskapismus), die möglichen sozialen Folgekosten gehen aber zulasten der Gesellschaft (psycho-soziale Betreuung).

5.6.2 Strategische Externe Effekte von Netzwerkgütern

Externe Effekte treten auch in Netzwerken auf und können hier gewaltige Folgen auslösen. **Netzwerke** sind „raumgreifende, komplex verzweigte Transport- und Logistiksysteme für Güter, Personen oder Informationen (v. Weizsäcker 1997: 572). Sie können materiell, also physisch verbunden sein. Dies ist beispielsweise bei Straßennetzen,

Wasserversorgungsnetzen oder leitungsgebundenen Telefon- oder Stromverteilungs-
netzen der Fall. Netze können aber auch immateriell sein. In diesem Fall sind sie virtuell oder potenziell verbunden. Solche Netzwerke bilden z. B. Datenbanken- oder Bu-
chungssysteme oder werden durch Konsolenbesitzer oder Betriebssystemanwender
gebildet. Sie sind nicht direkt verbunden, können aber zusammenarbeiten, wenn sie
dies wollen oder stellen zumindest stellen eine virtuelle Gemeinschaft dar.

Güter, die ihren Nutzen in Netzwerken entfalten (Netzwerkeffekte verursachen),
werden Netzwerkgüter genannt (vgl. Wiedemer 2007: 7). **Netzwerkgüter** generieren
nicht nur einen Nutzen aus ihren Eigenschaften (Basisnutzen) heraus, sondern stiften
dem einzelnen Konsumenten auch einen darüberhinausgehenden zusätzlichen Nutzen, der aufgrund der Gesamtzahl der anderen Nutzer entsteht. Dieser Nutzen wird
Netzeffektnutzen bzw. wertneutral **Netzwerkeffekt** (engl. Economies of Networks)
genannt. Dabei gilt allgemein, dass das Netz bzw. Gut mit der größeren Teilnehmerzahl einen größeren Nutzen stiftet als ein kleineres. Je größer die Nutzerzahl eines
Netzwerkgutes ist, desto größer der Nutzen für alle, sowohl für diejenigen, die neu
hinzukommen als auch für die, die bereits dabei sind.

Netzwerkeffekte entstehen grundsätzlich dann, wenn der Wert eines Gutes für den
Einzelnen mit zunehmender Verbreitung (mit jedem weiteren Nutzer) steigt (et vice
versa). Die Anzahl von Teilnehmern an einem Netzwerk ist die entscheidende Größe.
Solche Netzeffekte können positiv oder negativ, direkt oder indirekt sein (vgl. hier und
folgend Zerdick et al. 2001: 157 f.; Zydorek 2013: 157 und Dewenter 2015: 43 f.):

- **Positive Netzwerkeffekte** entstehen dann, wenn der Nutzen des Produktes für
  einen Teilnehmer steigt, sobald ein zusätzlicher Teilnehmer hinzukommt. Typische Beispiele sind im Telekommunikationsnetz, in sozialen Netzen oder bei werbefinanzierten Medien zu finden.
- **Negative Netzwerkeffekte** entstehen dann, wenn ein System begrenzte Kapazitäten hat und zusätzliche Nutzer den Wert des Netzwerkes für die bereits involvierten Teilnehmer absenken. Typische Beispiele sind überlastete Mobilfunknetze
  bzw. Internet- oder Serverkapazitäten oder das Störempfinden bei übertriebener
  Werbeplatzierung.
- **Direkte Netzwerkeffekte** liegen dann vor, wenn die Teilnehmer- oder Güteranzahl den Wert eines Netzwerkes unmittelbar beeinflusst. Profitieren Konsumenten davon, dass andere Konsumenten ebenfalls das gleiche Produkt verwenden,
  entstehen positive direkte Netzeffekte; sinkt der Nutzen mit der Anzahl der Konsumenten, die das gleiche Produkt benutzen, liegt ein negativer direkter Netzeffekt vor. Der Zugang zum Netzwerk erhält einen eigenen Wert. So ist der Käufer
  eines Telefons oder eines internetfähigen Endgeräts nicht primär am Produkt interessiert, sondern eher am Zugang zum jeweiligen Teilnehmernetz.
- **Indirekte Netzwerkeffekte** entstehen vornehmlich bei Systemprodukten, denn
  die Nutzungsmöglichkeit bzw. der Wert des Produkts hängt hier ab von der Verfügbarkeit von Komplementärgütern und damit von der Größe eines zweiten Netzwerkes. Auch hier ist der Nutzen nicht direkt auf das Produkt zurückzuführen, sondern

auf die Nutzung darauf basierender Anwendungen und Produkte. Vergrößert sich z. B. das Netzwerk der Nutzer eines bestimmten Computersystems, so steigt damit auch die Zahl der zur Verfügung stehenden Hard- und Software-Angebote, die mit diesem System kompatibel sind (z. B. Peripheriegeräte, Plug-ins oder Apps etc.).

Eine spezielle Form indirekter Netzeffekte liegt vor, wenn zwei Netzwerke über indirekte Effekte verbunden sind und diese durch einen Intermediär miteinander verbunden sind. Ein solcher Intermediär kann z. B. ein Verlag sein, der den Rezipienten- mit dem Werbemarkt verbindet oder auch ein Plattformbetreiber, der unterschiedliche Zielgruppen zusammenbringt (z. B. Dating-Börsen oder e-Marketplaces). Intermediäre bedienen zweiseitige Märkte.

Direkte Netzwerkeffekte verursachen immer Externalitäten, da Kosten- oder Nutzenbelastungen wirtschaftlich Unbeteiligter nicht im Güterpreis internalisiert werden (können). Indirekte Netzwerkeffekte können Externalitäten verursachen, müssen es aber nicht (vgl. Tab. 5.5 in Anlehnung an Linde 2000: 25).

Tab. 5.5: Netzwerkgüter und Netzwerkeffekte.

Art des Effektes	direkte Netzwerkeffekte (immer Externalitäten)		indirekte Netzwerkeffekte (nicht immer Externalitäten)
Art des Netzwerkgut	positive	negative	positive/negative
reales Netzwerkgut (z. B. Telefon, PC)	Kommunikationsvorteile (z. B. Anzahl der Telefonverbindungen)	Kommunikationsnachteile (z. B. Überlastung von Internet-Servern)	Angebot an Komplementärprodukten und -leistungen
virtuelles Netzwerkgut (z. B. Plattformen, Software)	Vorteile bei Kooperationen und Austausch (z. B. Standardbildungen)	Nachteile bei Kooperationen und Austausch (z. B. Sicherheitsdefizite)	

Im Umfeld von indirekten Netzwerkeffekten können, müssen aber keine Externalitäten existieren: Wenn die Preise von Komplementärprodukten (Apps, Druckerpatronen etc.) beispielsweise durch die veränderte Nachfrage nach dem Primärprodukt (z. B. Betriebssystemen, Drucker) sinken oder steigen, liegen zwar sogenannte pekuniäre (monetäre) externe Effekte vor, aber es werden keine Externalitäten verursacht, weil der Effekt über Marktreaktionen (Preisanpassungen) „bezahlt" wird. Je mehr Werbung beispielsweise in einem Verlagsprodukt abgebildet wird, desto stärker kann der Copy-Preis für die Konsumenten gesenkt werden. Und je billiger Drucker vermarktet werden, desto höher wird der Preis für Druckerpatronen gesetzt. Der Markt leidet in solchen Fällen nicht. Es ist eher unwahrscheinlich, dass es zu Marktversagen kommt.

Hingegen entstehen sehr wohl Externalitäten, wenn ein steigender oder sinkender Teilnehmernutzen im Netzwerk für einzelne nicht über den Markt ausgeglichen wird. So profitieren bereits aktive iPhone-Nutzer z. B. von zusätzlichen iOS-basierten Hardwarekäufern stärker als die neuen Käufer, weil jeder zusätzliche Käufer den Anreiz der Softwareindustrie verstärkt, ein umfangreicheres Angebot an Programmen und Zubehör bereitzustellen. Der neue Käufer wird dabei für den zusätzlichen Nutzen, den er den alten Netzwerkteilnehmern stiftet, nicht entgolten.

Merke:
Netzwerkgüter sind Waren und Dienstleistungen, die Interaktion mit anderen Anwendern ermöglichen.

Netzwerkeffekte generieren nicht nur einen Nutzen aus ihren Eigenschaften (Basisnutzen) heraus, sondern stiften dem einzelnen Konsumenten auch einen darüberhinausgehenden zusätzlichen Nutzen, der aufgrund der Gesamtzahl der anderen Nutzer entsteht.

Positive Netzwerkeffekte entstehen daraus, dass der Nutzen des Produktes für einen Teilnehmer steigt, sobald ein zusätzlicher Teilnehmer hinzukommt.

Negative Netzwerkeffekte entstehen dann, wenn ein System begrenzte Kapazitäten hat und zusätzliche Nutzer den Wert des Netzwerkes für die bereits involvierten Teilnehmer absenken.

Direkte Netzwerkeffekte liegen dann vor, wenn die Teilnehmer- oder Güteranzahl den Wert eines Netzwerkes unmittelbar beeinflusst.

Indirekte Netzwerkeffekte entstehen dann, wenn die Nutzungsmöglichkeit bzw. der Wert des Produkts von der Verfügbarkeit von Komplementärgütern und damit von der Größe eines zweiten Netzwerkes abhängt.

Konsequenzen für die Medienwirtschaft: Für das Management von Medienunternehmen oder Anbietern mediennaher Unternehmensleistungen werden damit die Größe des Netzwerkes, Kooperationen mit anderen Anbietenden, die Konnektivität (Vernetzungsfähigkeit) der Güter und einschlägige Wechselbarrieren, mit denen Kunden gehalten werden können, zu veritablen Wettbewerbstreibern. Für das Netzwerkunternehmen bedeutet dies wiederum, dass es zunächst ein Netzwerk aufbauen muss, das genügend Teilnehmende einbindet, um ausreichend große Netzeffekte zu ermöglichen. Eines der Hauptziele besteht hier darin, Standards zu schaffen, an denen sich eine wachsende Anzahl an Nutzern orientieren. Ist die sogenannte **kritische Masse** an Teilnehmern erreicht, steigt die Nutzerzahl exponentiell an und der Erfolg wird zum Selbstläufer. Wird die kritische Masse nicht erreicht, so wird das Netzwerk auf Sicht immer mehr an Masse verlieren und schließlich vom Markt verschwinden (vgl. die Entwicklung von Facebook zum Marktführer und StudiVZ zum Insolvenzprojekt[40]).

Wie stark Netzwerke im Wert (Kommunikationsmöglichkeiten) wachsen können, zeigen Tab. 5.6 und die Abbildungen Abb. 5.8, Abb. 5.9 sowie Abb. 5.10. Hier wird auch deutlich, warum so exorbitant hohe Zahlungen bei Aufkäufen von Netzwerken entstehen[41], und dass hier darauf geachtet werden muss, potenzielle Akquisitionsmaßnahmen so früh wie möglich durchzuführen (vgl. folgend Clement und Schreiber 2016 und Dewenter und Haucap 2008).

Tab. 5.6: Wertentwicklung von unterschiedlichen Netzwerktypen (n = Teilnehmende).

Gesetz von	Netzwerk	Wertent-wicklung	Teilnehmende							Beispiele
			1	2	4	5	10	100	1.000	
Sarnoff	1:n	n	1	2	4	5	10	100	1.000	Radio, Fernsehen, Plakate
Metcalfe	1:1	$n\,(n-1)$	1	2	15	20	90	9.900	1.000.000	Telefonnetz, persönl. E-Mailverteiler
Reed	n:n	$2^n - n - 1$	0	1	11	26	1.013	$1{,}267 * 10^{30}$	$1{,}071 * 10^{301}$	Soziale Netzwerke, Foren

Tab. 5.6 und Abb. 5.8 zeigen, dass bei **One-to-Many-Netzwerken** (Rundfunknetzwerke mit Einwegkommunikation) das Wachstum nach dem Gesetz von Sarnoff linear mit der Anzahl der Empfänger wächst.

Metcalfe (vgl. 2013) beobachtete Netzwerke, die zweiseitige Einzelverbindungen möglich machen (Telefonnetz, persönlicher E-Mailaustausch zwischen einzelnen Teilnehmern). Diese Netzwerke werden **One-to-One-Netzwerke** genannt. Mit jedem weiteren Gerät (Teilnehmer) im Netzwerk steigen die Möglichkeiten der Interaktion (Fax-, Telefon-, Computernetz etc.) und damit der Wert des Netzwerks. Die Berechnungsweise nach dem Gesetz von Metcalfe „n(n – 1)" ergibt sich aus der Logik, dass jeder mit jedem außer mit sich selbst sinnvoll kommunizieren kann (vgl. Tab. 5.6 und Abb. 5.9).

---

40 Ab 2012 firmierten die vom Holtzbrinck-Verlag an die Investmentgesellschaft Vert Capital verkauften VZ-Netzwerke unter dem Namen poolworks (Germany). Am 7. September 2017 meldete Poolworks Insolvenz an.
41 Im Facebook hat 2012 über eine Milliarde US-Dollar für Instagram bezahlt. Elon Musk zahlt 2022 rund 44 Milliarden US-Dollar für Twitter und bot (vergeblich) 2025 fast 100 Mrd. US-Dollar für das Unternehmen OpenAI.

On-to-Many-Netzwerk
(Gesetz von Sarnoff)

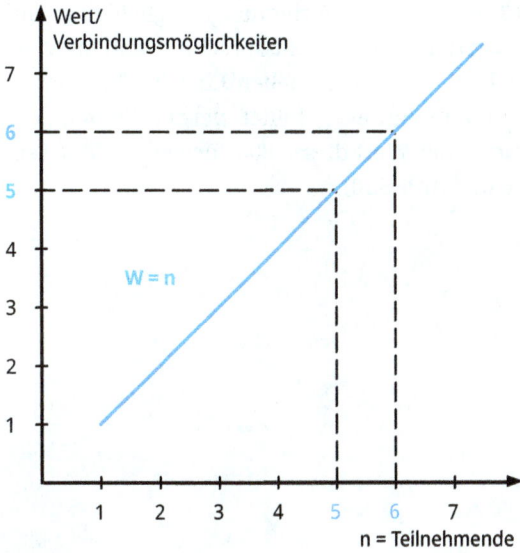

Abb. 5.8: Wertentwicklung bei One-to-Many-Netzwerken.

One-to-One-Netzwerk
(Gesetz von Mecalfe)

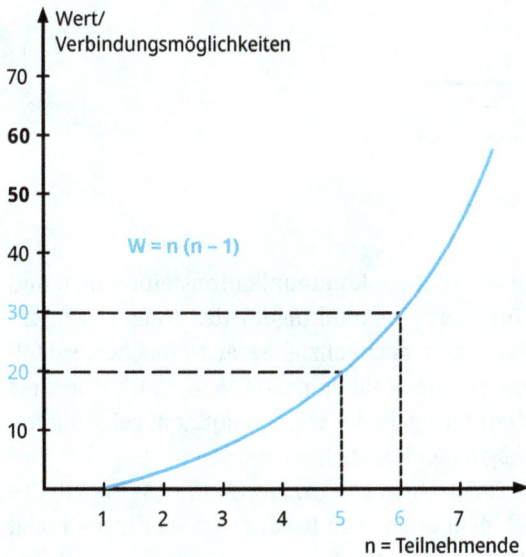

Abb. 5.9: Wertentwicklung bei One-to-One-Netzwerken.

Bei **Many-to-Many-Netzwerken** (soziale Netzwerke) werden eine schnell wachsende Menge an Einzel- und Mehrwegverbindungen möglich. Nach dem Gesetz von Reed (vgl. Reed 1999: 1 ff.) wachsen bei 1.000 Teilnehmer die Verbindungsmöglichkeiten auf die unglaubliche Zahl von einer Quinquagintillion (kaum aussprechbar und als Wert sicherlich nicht mehr vorstellbar). Das liegt daran, dass neben Einzelverbindungen auch Untergruppen (Chats, Foren, Teil-Communities) gebildet werden können, die miteinander kommunizieren. Damit wächst der Wert dieser Plattformen ab fünf Teilnehmern überproportional (vgl. Tab. 5.6 und Abb. 5.10).

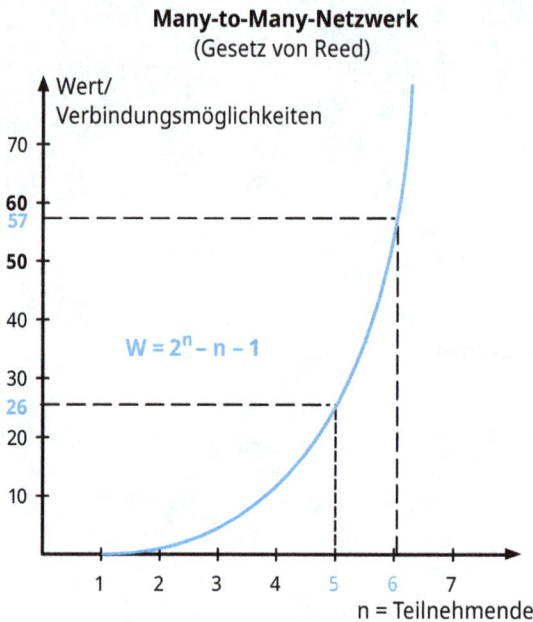

Abb. 5.10: Wertentwicklung bei Many-to-Many-Netzwerken.

Um die Berechnungsformel $W = 2^n - n - 1$ (mit n = Kommunikationsteilnehmer und W = Kommunikationsgruppen bzw. Nutzwert (Verbindungen) des Netzes) für die Wertentwicklung von Many-to-Many-Netzwerke nachvollziehbarer zu machen, sei folgendes Beispiel angeführt: Ein Netzwerk hat vier Teilnehmende (A, B, C, D). Wie viele Gruppen (Kommunikationsmöglichkeiten) hier gebildet werden können, zeigt die folgende aufzählende Beschreibung der möglichen Konstellationen:

(A, B, C, D) + (A, B, C) + (A, C, D) + (B, C, D) + (C, A, D) + (A, B) + (A, C) + (A, D) + (B, C) + (B, D) + (C, D). Das sind elf Gruppen. Nach dem Gesetz von Reed: $2^n - n - 1$ für n = 4 folgt rechnerisch: $2^4 - 4 - 1 = 11$ (vgl. Tab. 5.6)

Die Kostenentwicklung in wachsenden virtuellen Netzwerken

Im Gegensatz zur Wertentwicklung von Netzwerken, die mit Ausweitung steigt, steht die Kostenentwicklung der Netzwerkausweitung, die mit Ausweitung sinkt. Sind die Rahmenbedingungen geschaffen (das System ist fertiggestellt), verursacht die Aufnahme von neuen Netzwerkteilnehmern so gut wie keine zusätzlichen Kosten (Grenzkosten sind niedrig oder sogar null). Das führt zu einer bis zur Kapazitätsgrenze (bei digitalen Mediengütern ad infinitum) laufenden Kostendegression. Kostengünstiger kann Massenproduktion nicht stattfinden.

Die Verhinderung von Abwanderungen in Netzwerken

Um die Abwanderung von Netzwerkmitgliedern zu verhindern, setzen die Netzwerkgüteranbietenden auf Lock-in Effekte (Gefangennahmeeffekte bzw. Wechselbarrieren). Ein Kunde wird so lange nicht wechseln, bis die voraussichtlichen Wechselkosten durch den entstehenden Nutzen beim neuen Produkt ausgeglichen oder vielleicht sogar überkompensiert werden. Lock-in Maßnahmen und ihre Einordnung zeigt Tab. 5.7.

Tab. 5.7: Lock-in-Effekte (Wechselbarrieren) in der Netzwerkwirtschaft.

Grundlage	Lock-in-Effekte und -Maßnahmen	Art der Bindung im Zeitverlauf	Kategorie des Lock-in-Effekts
ökonomisch	Es entstehen Suchkosten, wenn Alternativen gefunden werden sollen, möglw. Auch Investitionsaufwand für neues Equipment oder neue Software, Verfall von angesammelten Incentives (Punkte, Service-Niveaus etc.).	freiwillig	faktisch
technisch	Proprietäre Systeme können die Angebotsnutzung anderer Anbieter ausschließen oder gebührenbasiert zulassen (z. B. Gefangennahme innerhalb des IOS- oder Android-Systems).	unfreiwillig	faktisch
vertraglich	Durch Verträge entstehen zeitliche Bindungen.	vereinbart	faktisch
servicebasiert	Verfall/Verlust von Servicepotenzialen für Bestandskunden (Hotline, Garantien oder Datenbanken etc.)	freiwillig	faktisch
habituell	Aufgabe von Gelerntem/Gewohntem (Verlust von Routinen), Lernkosten für die Handhabung des neuen Produkts.	freiwillig	konativ
psychologisch	Erlebnisbasierte, emotionale Bindungen an das alte Produkt können Trennung erschweren (Verlust von Kontakten, Kundenclub-Mitgliedschaften, Gemeinschaftsaktivitäten etc.)	freiwillig	emotional

Lock-in-Maßnahmen stellen den Versuch einer technisch-funktionalen, rechtlichen und emotionalen Kundenbindung dar. Das Netzwerk (oder die Komplementärprodukt) wird so gestaltet. Dass ein Ausbrechen für Mitglieder (Kunden) von größtmöglichen Verlusten oder höchstmöglichem Aufwand (monetärer und nicht-monetärer Art) begleitet wird.

> **!** **Merke:**
>
> **Netzwerke wachsen/schrumpfen** je nach Kommunikationsmöglichkeiten innerhalb des Netzwerkes linear oder progressiv (Gesetze von Sarnoff, Metcalfe oder Reed).
>
> Die **Kostenentwicklung** der Ausweitung von virtuellen Netzwerken zeigt gewaltige Skaleneffekte. Die Grenzkosten sind gering oder gar null.
>
> **Lock-in-Effekte** sind Wechselbarrieren, die den Austritt aus einer Gemeinschaft verhindern, zumindest erschweren sollen.

> **?** **Fragen/Aufgaben zu Kapitel 5.6**
> 1. Erläutern Sie bitte den Begriff „Externer Effekt" und grenzen Sie ihn von dem der „Externalität" ab.
> 2. Unterscheiden Sie die verschiedenen Ausprägungen von Externen Effekten (Netzwerkeffekten).
> 3. Welche Bedeutungen haben Netzwerkeffekte für das Management von Netzwerkunternehmen?
> 4. Erläutern Sie den Begriff Lock-in-Effekt, den Sinn solcher Effekte und deren Ausprägungen.
>
> Lösungshinweise finden Sie im achten Kapitel „Lösungsskizzen".

5.7 Eigenschaften und Folgen der Produktionsbedingungen

Unter dem Begriff Produktion verstehen Ökonomen die Herstellung, Bearbeitung oder Verarbeitung von Produkten. Dies geschieht aus der Perspektive der Wertschöpfung durch die Kombination von Produktionsfaktoren (Inputs) und den dadurch initiierten Transformationsprozess. Unter Einbezug der Dienstleistungswirtschaft (zu der ja die Medienwirtschaft zu zählen ist) sollte vielleicht besser statt von Produktion, eher von **Leistungserstellung** gesprochen werden. Dies würde eindeutiger darauf hinweisen, dass mit Produktion sowohl die Entstehung von materiellen und immateriellen Produkten als auch die von Dienstleistungen gemeint ist (vgl. Zäpfel 1982: 1) und sich keinesfalls auf die industrielle Fertigungswirtschaft diskreter (einzelner, abzählbarer) Sachgüter reduziert (vgl. Corsten und Gössinger 2009: 22).

Welche Inhalte in diesem Kapitel diskutiert werden, zeigt der folgende Themenkasten:

> **Themen von Kap. 5.7: Die Charakteristika und Folgen der Produktionsbedingungen bei Mediengütern**
> **Fertigungstypen und -verfahren**
> Die Produktion unterschiedlicher Mengen werden unterschiedlich organisiert.

Einzelfertigung verursacht hohen Aufwand
Jedes Medium wird als Unikat (First Copy) einzeln produziert.

Serienfertigung generiert Massenmedien
Massenmedien (Unikate-Vervielfältigung) werden in Serienproduktion hergestellt.

Hohes Risiko durch hohe Fixkosten
Die Unikatsproduktion verursacht hohe Fixkosten (First-Copy-Costs).

Geringe Vervielfältigungskosten relativieren das Investitionsrisiko
Die Serienproduktion verursacht geringe und dabei noch sinkende Stückkosten.

Zunächst werden die Fertigungstypen und die Fertigungsverfahren vorgestellt, danach erfolgt der Problematisierung der Thematik für die Medienwirtschaft.

5.7.1 Fertigungstypen definieren die Mengen, die in einem Produktionsgang erstellt werden

Allgemein werden in der Betriebswirtschaftslehre unterschiedliche **Fertigungstypen** und **Fertigungsverfahren** unterschieden. „Bei der Festlegung des Fertigungstyps geht es um die Bestimmung der Fertigungseinheiten, d. h. die Aufteilung der gesamten Produktionsmenge in einzelne Mengeneinheiten, die in einem nicht unterbrochenen Produktionsprozess gefertigt werden" (Thommen et al. 2017: 180). Abgrenzungskriterium ist die Häufigkeit der Wiederholung eines Fertigungsvorgangs. „Bei der Festlegung des Fertigungsverfahrens geht es um die innerbetriebliche Standortwahl. Es handelt sich um die organisatorische Gestaltung der Bearbeitungsreihenfolge der Erzeugnisse und die Zuordnung der Aufgaben zu den Arbeitsplätzen" (Thommen et al. 2017: 181). Grundsätzlich werden hier neben der Werkstattfertigung, die Gruppenfertigung und die Fließfertigung unterschieden.

Hinsichtlich der Fertigungstypen (vgl. Abb. 5.11 und Tab. 5.8) wird grundsätzlich zwischen der Einzelfertigung und der Mehrfachfertigung unterschieden.

– Die **Einzelfertigung** ist das in der Inhalte-Industrie vorherrschende Fertigungsverfahren. Jeder Artikel, jede Filmszene, jedes Foto, jeder Fernseh- und Radiobeitrag und jedes Game wird als Unikat angefertigt. Auch jede Zeitung, jede Rundfunksendung, jeder Film und jeder Web-Auftritt ist als Gesamtprodukt ein Unikat. Unikate sind Produkte, die eindeutig identifizierbar sind und als einzige Einheit angefertigt werden. Der in Abb. 5.11 dargestellte Appendix, der die dienstleistungsgetragene Klein-Serienfertigung anzeigt, soll darauf hinweisen, dass bspw. medial getragene Dienstleistungen – obwohl sie in der Leistungserbringung Unikate darstellen – auch mehreren Personen gleichzeitig zugutekommen können (z. B. eine Vorlesung). Da die Wirkung der Vorlesung in jedem einzelnen Teilnehmer individuell entsteht, entstehen auch gleichzeitig unterschiedliche Nutzen (Güter).

– Die **Mehrfachfertigung** zeichnet sich dadurch aus, dass Produkte nicht einmalig, sondern eben mehrfach hergestellt werden. Wenn der Produktionsprozess über eine längere Zeit ununterbrochen wiederholt wird, ohne dass ein Ende absehbar ist, handelt es sich um die sogenannte Massenfertigung.

  – Die **Massenfertigung** wird auf Produktionsanlagen durchgeführt, die speziell für diesen Prozess angeschafft und eingerichtet werden. Umrüstungen sind in der Regel kaum notwendig. Eine Massenfertigung in diesem unbeschränkten Mengenverständnis gibt es in der medienwirtschaftlichen Inhalte-Produktion eher nicht. Sie greift eher in der Verbrauchsgüterindustrie, in der Konsumwaren des täglichen Bedarfs hergestellt werden.

Fertigungstypen
(Häufigkeit des Fertigungsvorgangs)

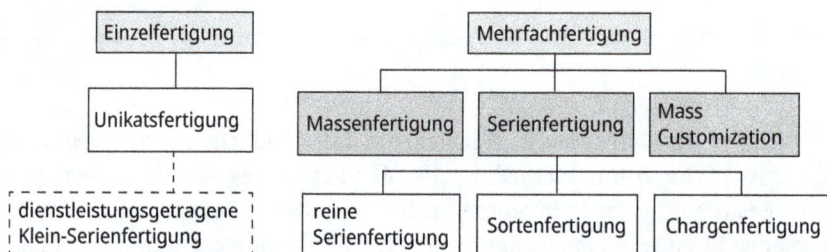

Abb. 5.11: Fertigungstypen aus Sicht der Betriebswirtschaftslehre.

An der Menge des Outputs orientiert zur Mehrfachfertigung gehörend, aber keine Massenproduktion im engeren Sinne darstellend, liegt die Serienfertigung mit ihren unterschiedlichen Facetten.

– In der **Serienfertigung** werden meistens mehrere Produkte hintereinander in einer begrenzten Stückzahl hergestellt. Es handelt sich um eine Kleinserienproduktion, wenn nur wenige gleiche Produkte hergestellt werden (z. B. Möbel oder Einfamilienhäuser, kleinere Datenträger-Auflagen). Von einer Großserie wird gesprochen, wenn die Produktion über einen längeren Zeitraum läuft und/oder der Output hohe Stückzahlen umfasst (Zeitungen, Zeitschriften, Autos, Pharmaprodukte etc.). Die Sortenfertigung und die Chargenfertigung sind weitere Spielarten der Serienfertigung. Die Abgrenzung von der reinen Serienfertigung ist allerdings nicht eindeutig definiert. Während die Sortenfertigung eher mehrere unterschiedliche Einheiten von einem Produkt hergestellt (z. B. Visitenkarten eines Unternehmens, die für mehrere Personen angefertigt werden oder verschiedene Fruchtjoghurts), liegt Chargenfertigung vor, wenn begrenzte Produktionskapazitäten (z. B. ein Keramikbrennofen oder ein Weinfass) oder leicht unterschiedliche Rohstoffbeschaffenheiten (z. B. Mineralien, Weintrauben etc.) dafür verantwortlich sind, dass die Produkte leicht unterschiedliche Beschaffenheiten aufweisen.

– Die **Mass Customization** unterscheidet sich als Produktionstyp von der Massenproduktion und der Serienproduktion, indem sie – als eine moderne Form der individualisierten Massenproduktion – die Vorteile der Massenproduktion (hohe Stückzahlen, vereinheitlichter Produktionsprozess) mit der Individualität besonderer Kundenanforderungen (spezifische Wünsche) verbindet. Der Produktionstyp Mass Customization ermöglicht es Kunden, sich über einen sogenannten Produktkonfigurator ebenso einen Neuwagen als auch ein spezielles Müsli oder einen Newsletter zusammenstellen bzw. individuelle Fotobücher herstellen lassen. Tab. 5.8 fasst das Beschriebene zusammen.

Tab. 5.8: Charakteristika der Fertigungstypen.

Fertigungstypen	Charakteristika	Beispiele
Einzelfertigung	einzelne Stücke oder Aufträge	Medieninhalte (Urmaster), Maßanzug, Schiffbau und Brückenbau
Massenfertigung	unbegrenzt viele Produkte über längere Zeit auf gleicher Anlage	Jogurt, Zement, Gummibärchen, Zigaretten
(reine) Serienfertigung	mehrere Einheiten verschiedener Produkte in begrenzter Stückzahl auf gleichen Anlagen (mit höherem Umrüstungsaufwand) oder auf unterschiedlichen Anlagen	Druckerzeugnisse der tagesaktuellen Massenmedien, PKW, LKW, Elektrogeräte, Wohnungsbau, Pharmaprodukte
Sortenfertigung	mehrere Einheiten verschiedener (verwandter) Produkte in begrenzter Stückzahl auf gleichen Anlagen und mit einheitlichem Ausgangsmaterial	Visitenkarten, DVD-Produktion, Buchproduktion, Textil-Kollektionen (Herrenanzüge, Wintermäntel etc.), Schrauben, verschiedene Schuhe, Fruchtjoghurts, Gartenzwerge
Chargenfertigung	ähnlich der Massenfertigung, aber Maschinen können nicht endlos verarbeiten. Produkte können sich leicht unterscheiden, da produktionstechnisch oder ausgehend von der Rohstoffbeschaffenheit Unterschiede entstehen können	chemische Prozesse, Bier, Wein
Mass Customization	kundenspezifische Produktion aus der individuellen Zusammenstellung massen- oder serientechnisch hergestellter Produkte	individualisierte Newsletter, Fotobücher, Müsli, oder Automobile

> **!** **Merke:**
> **Fertigungstypen** werden durch die Mengeneinheiten definiert, die in einem nicht unterbrochenen Produktionsprozess gefertigt werden. Unterschieden werden die Einzelfertigung von der Mehrfachfertigung, die wiederum in Massen- und Serienfertigung sowie der Mass Customization eingeteilt wird.

5.7.2 Fertigungsverfahren definieren die Organisation der Herstellungsprozesse

Die Produktion muss aber nicht nur in Abhängigkeit von der Wiederholunganzahl eines Fertigungsvorgangs optimiert werden, sondern auch hinsichtlich der Gestaltung der Fertigungsverfahren. Dies betrifft die organisatorische Gestaltung der Bearbeitungsreihenfolge und die Zuordnung zu den betrieblichen Einsatzorten (Arbeitsplätzen). Betriebswirtschaftlich unterschieden wird hier die Werkstattfertigung von der Gruppenfertigung und der Fließfertigung unterschieden (vgl. Abb. 5.12).

Fertigungsverfahren
(Organisationstypen der Fertigung und Zuordnung)

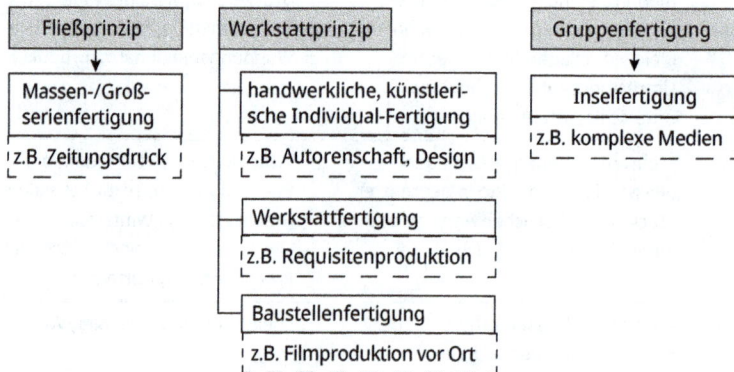

Abb. 5.12: Fertigungsverfahren aus Sicht der Betriebswirtschaftslehre.

– Das **Fließprinzip** wird in der Regel bei größeren Serien- und Massenproduktionen eingesetzt. Fließfertigungsverfahren sind dadurch gekennzeichnet, „dass die Anordnung der Arbeitsplätze und Anlagen der am Produkt durchzuführenden Arbeiten entspricht" (Thommen et al. 2017: 182). Um die Vorteile des Fließprinzips vollständig auszunutzen, wird der Fertigungsprozess in zeitlich gleiche Arbeitszeittakte eingeteilt. Ein Arbeitsgang entspricht genau einer Taktzeit bzw. einem Vielfachen davon. Ein typisches Beispiel ist die Fließbandfertigung in der Automobilindustrie. In der Druckindustrie wird die Fließbandfertigung sogar zur vollautomatischen Fertigung. Die Produktivität dieser Verfahren ist hoch, außerdem werden Zwischenlager weitgehend ausgeschaltet. Nachteile sind die Störungsanfälligkeit und die Monotonie der Arbeit für die Ausführenden bzw. Prozessüberwachenden (vgl. Paul 2015: 510). Für die Medienindustrie sind Fließfertigungsverfahren immer dann interessant, wenn materielle Medienträger in größerer Zahl hergestellt werden.

– Das **Werkstattprinzip** fasst drei unterschiedliche Organisationsformen zusammen. Allen gemeinsam ist, dass die Betriebsmittel und die Arbeitsplätze räumlich nah beieinander zusammengefasst sind:

  – Bei der rein **handwerklichen Fertigung** (auch künstlerischen, autorenschaftlichen) wird ein Produkt vollständig von einer Person an einem Arbeitsplatz hergestellt. Diese Organisationsform findet sich heute nur noch in Kleinbetrieben oder beispielsweise Ein-Personen-Agenturen oder bei Freiberuflern. Skaleneffekte (Effizienzgewinne durch Wiederholungen) werden hier nicht oder nur in geringem Maße entstehen.

  – Die **Werkstattfertigung** wird ebenfalls häufig in der kundenauftragsbezogenen Einzel- oder Kleinserienfertigung eingesetzt. Sie ist dadurch charakterisiert, dass „Maschinen und Arbeitsplätze mit gleichartigen Arbeitsverrichtungen zu einer fertigungstechnischen Einheit, einer Werkstatt, zusammengefasst werden" (Thommen et al. 2017: 181). Solche Werkstattorganisationen sind beispielsweise im Bereich der Requisitenproduktion angesiedelt; insbesondere dann, wenn aufwendige Masken, Bühnenbilder, Vorrichtungen oder reale Spezialeffekte etc. produziert werden müssen. Der Vorteil liegt in der Flexibilität sowohl der Arbeitsorganisation als auch der qualitativen Anpassungsfähigkeit der Herstellung an Kundenanforderungen. Nachteile liegen in der Überbrückung notwendiger Transportwege zwischen den Werkstätten, dem möglicherweise Anlegen von Zwischenlagern und den entstehenden Leerkosten. Logistische Nachteile und Lagerkosten sind allerdings in der Digitalindustrie zu vernachlässigen.

  – Die **Baustellenfertigung** ist das dritte Fertigungsverfahren des Werkstattprinzips. Hier werden alle Produktionsmittel an einen festen Produktionsstandort verbracht (Platzprinzip). Dies ist beispielsweise der Fall, wenn Filme (allgemein: Einzelfertigungsobjekte) vor Ort produziert werden.

– Das **Gruppenfertigungsverfahren** wird für die Herstellung von komplexen Medieninhalten (Filme, Zeitungen, Games etc.) genutzt. Im Falle von Gruppenfertigungsverfahren werden Funktionsgruppen nach Aufgabenstellungen zusammengestellt und in fertigungstechnische Einheiten aufgeteilt. So entstehen Fertigungsinseln, die nach dem Baukastenprinzip zusammengesetzt werden können (Recherche, Redaktion, Layout etc.).

> **!** **Merke:**
> **Fertigungsverfahren** definieren die organisatorische Gestaltung der Bearbeitungsreihenfolge der Erzeugnisse und die Zuordnung der Aufgaben zu den Arbeitsplätzen. Unterschieden werden das Fließprinzip, das Werkstattprinzip und das Gruppenprinzip.

Zwischenfazit: Sowohl Fertigungstypen als auch Fertigungsverfahren haben deutliche Auswirkungen auf die konkrete Kostensituation während der Produktion und die Kostensituation zwischen den Produktionsphasen. Während die Massenproduktion den Vorteil hat, dass durch die identische und automatisierte Wiederholung gleicher Produktionsschritte Produkte pro Stück sehr kostengünstig hergestellt werden können, sind die Anschaffungskosten der Produktionsmaschinen enorm hoch. Auch ein Stillstand der Maschinen wirkt betriebswirtschaftlich verheerend. Andererseits entstehen bspw. dem Freiberufler keine Produktionskosten, wenn er nichts tut, aber wenn er aktiv ist, werden alle Kosten auf das eine Produkt, dass er gerade entstehen lässt, abgewälzt. Damit wird das Unikat gemessen an den Stückkosten der vervielfältigten Produkte mit hohen Entstehungskosten belastet.

Wie gesehen, haben die Produktionsbedingungen, d. h., die Art und Weise, wie produziert wird, deutliche Auswirkungen auf das Ausbringungsmengenpotenzial, die Herstellungskosten, das Ziel der Produktion und das Herstellungsrisiko für den Produzenten. Auch in diesen Punkten zeigen die Medien Besonderheiten gegenüber den Produktionssituationen, in denen sich viele Produzenten anderer Güter befinden. Dieser Aspekt wird in den folgenden beiden Abschnitten erläutert.

5.7.3 Einzelfertigung mit hohen Risiken durch First Copy Costs

Medieninhalte werden grundsätzlich nach dem Einzelfertigungsprinzip hergestellt. Das macht die Produktion des Ursprungsproduktes teuer. Erst durch die Vervielfältigung werden Medien zu Serienprodukten (Massenmedien). Diese Herstellungsbedingungen machen Medien ökonomisch gesehen zu etwas Besonderem. Die Entstehung eines Medieninhaltes ist mit hohen Kosten behaftet. Die Entstehungskosten des Urmasters, der ersten Ausgabe, – im englischen Sprachgebrauch wird von der First Copy oder dem Masterpiece gesprochen –, von der später die Kopien im sog. Blaupausenverfahren gezogen werden, können gewaltig sein. Ein Blockbuster-Kinofilm kostet heute viele Millionen Euro. Ebenfalls in die Millionen gehen die erforderlichen Investitionen in die Entwicklung von e-Games. Nicht so teuer sind Corporate-Videos (Imagefilme von Unternehmen) oder TV-Soap-Folgen, aber mit Beträgen von 20.000 bis 100.000 Euro muss auch hier gerechnet werden. Die Produktion von Internetauftritten haben eine breite Range. Je nach Umfang und Aufwand können hier ein paar Hundert, ein paar Tausend, aber auch mehrere Hunderttausend Euro fällig werden. Für Audio- und Video-Werbespots gilt das Gleiche.

Das Problem, das Produzenten mit den Herstellungskosten des Urmasters (First Copy Costs) haben, ist aber nicht nur darin zu sehen, dass sie enorm hoch sind, sondern sie gelten auch als **versunkene Kosten** (Sunk Costs). Als versunken gelten Kosten, wenn sie im Falle eines Misserfolges nicht zurückgewonnen werden können. Sie sind verloren. Während der Wert einer Maschine zwar gebrauchstechnisch sinkt, kann in der Regel beim Verkauf immer noch ein Restwert erzielt werden. Hier ist nicht die gesamte Investition verloren. Wenn aber ein produzierter Kinofilm am Markt floppt, bleibt kein vermarktbarer Restwert, der noch monetarisiert werden kann. Die Investition ist irreversibel verloren.

First Copy Costs zu finanzieren, ist für jeden Produzenten eine enorme Herausforderung. Deswegen wirken sie auch als Markteintrittsbarriere. Potenziell neue Player am Markt sind selten in der Lage, die gewaltigen Budgets aufzubringen. Dass es nicht einfach ist, Finanziers zu finden, liegt aber nicht nur an der Höhe der erforderlichen Geldsummen, sondern vor allem auch daran, dass die Gelder im Misserfolgsfall eben unwiederbringlich verloren sind. Verkauft sich die Zeitungsausgabe am Kiosk nicht, gehen die Zuschauer für einen Film nicht ins Kino oder nehmen Spieler ein bestimmtes Game nicht an, dann gibt es keine Möglichkeiten, die Herstellungskosten irgendwie zurückzugewinnen oder das Produkt zum halben Preis oder in einzelnen Teilen zu vermarkten.

> **Merke:**
> **First Copy Costs** sind die Kosten, die aufgewendet werden müssen, um die Produktion des Urmasters (die First Copy) eines Mediums zu finanzieren.
>
> **Sunk Costs** sind Kosten, die bereits entstanden sind (oder noch entstehen werden) und nicht zurückgewonnen werden können. Sie sind irreversibel (unwiederbringlich) verloren.

Das Risiko, dass sich Investitionen nicht refinanzieren, können nur finanzstarke Marktteilnehmer eingehen. Und dies wiederum führt dazu, dass die starken Marktteilnehmer, wenn sie Erfolg haben, weiter an Stärke gewinnen und die Teilnehmerzahl am Markt begrenzt bleibt; in der Regel sogar schrumpft. Der Markt konzentriert sich und die Machtkonzentration im Mediensektor nimmt zu (vgl. Gläser 2021: 106). Eine Konzentrationszunahme bedeutet, dass die Anzahl an Anbietern (oder die der Nachfragenden) sinkt.

Das Problem der Sunk Costs ist auch dafür verantwortlich, dass im Medienbereich nur eine geringe Bereitschaft existiert, innovative Konzepte umzusetzen. Sie sind erfolgstechnisch nur schwer einzuschätzen. Ist der Erfolg bzw. Misserfolg absehbar, ist es für eine Korrektur zu spät. Da erscheint es sicherer bzw. risikoärmer, gewohnte Erfolgsrezepte weiter zu pflegen, anstatt Neues auszuprobieren. Das Ergebnis liegt darin, dass Themen, Filme, Spiele etc. immer nach dem gleichen Muster „gestrickt" werden und dass alle Produzenten mehr oder weniger „das Gleiche" produzieren.

Die hohen Herstellungskosten des Urmasters sind aber nur die eine Seite „der Medaille"; die „dunkle". Die Einschätzung der ökonomischen Situation ändert sich sofort, wenn es in die Vervielfältigungsphase geht. Während die First Copy Costs unabhängig von der Zahl der Rezipienten – also fix – sind (die Produktionskosten des Urmasters sind unabhängig davon, wie viele Rezipienten im Anschluss das Werk nutzen), sind die Vervielfältigungskosten mengenabhängig – und damit variabel. Dieser bedeutende Umstand soll im nachfolgenden Kapitelabschnitt thematisiert werden.

5.7.4 Serienfertigung mit geringen Risiken durch sinkende Durchschnittskosten

Die Medienbetriebslehre beschäftigt sich intensiv mit den Kosten, die in einem Medienunternehmen entstehen. Kosten sind die in Geld ausgedrückten Werteinsätze, die benötigt werden, um eine bestimmte Produktionsmenge herzustellen. Im Allgemeinen gilt: Die Gesamtkosten (K) steigen, wenn die Produktionsmenge (x) steigt.

In Abhängigkeit von der Produktionsmenge, setzen sich die Gesamtkosten aus zwei verschiedenen Kostenbestandteilen zusammen. Einer der Kostenbestandteile ist dadurch charakterisiert, dass er sich nicht ändert, wenn sich die Ausbringungsmenge ändert. Er ist produktionsmengenunabhängig. Diese Kosten werden **fixe Kosten** oder Fixkosten genannt. Allgemein: „Fixe Kosten ändern sich innerhalb eines bestimmten Beschäftigungsintervalls nicht, wenn sich die Beschäftigung ändert" (Vahs und Schäfer-Kunz 2012: 470). Der andere Kostenbestandteil ist dadurch charakterisiert, dass er sich ändert, wenn sich die Ausbringungsmenge ändert. Er ist produktionsmengenabhängig. Diese Kosten werden **variable Kosten** genannt. Es gilt also: „Variable Kosten ändern sich innerhalb eines bestimmten Beschäftigungsintervalls, wenn sich die Beschäftigung ändert" (Vahs und Schäfer-Kunz 2012: 471).

> **Merke:**
>
> **Fixkosten** (FK oder K_f) sind ausbringungsmengenunabhängige Kosten, die innerhalb einer Periode gleichbleiben.
>
> **Variable Kosten** (VK oder K_v) sind einsatz- und ausbringungsmengenabhängige Kosten. Sie steigen oder sinken in Abhängigkeit von der Produktionsmenge (bzw. dem Beschäftigungsgrad).

Fixkosten (FK oder K_f) belasten Betriebe in besonderer Weise, weil sie eben beschäftigungs- bzw. auslastungsunabhängig anfallen; also auch dann, wenn nichts im Betrieb getan wird. Fixe Kosten sind unter anderem die Gehälter für Festangestellte, die Mieten für Räumlichkeiten oder die Abschreibungen (Wertminderungen) auf Anlagevermögen (z. B. Maschinen oder Equipment). So hat es beispielsweise keine Auswirkungen auf die Gehaltsüberweisung am Ende des Monats, ob ein Redakteur fleißig, faul, im Urlaub oder krank war. Auch wird die Miete für etwas fällig, unabhängig davon, ob die Sache genutzt wurde oder nicht. Und schließlich verlieren auch Maschinen und andere Sachanlagen mit der Zeit an Wert, gleichwohl, ob auf ihnen produziert wurde oder nicht. Bedeutende Fixkosten im Alltag medienproduzierender Unternehmen sind vor allem die First Copy Costs. Ist das Urmaster (Masterpiece) eines Films, einer Zeitung, eines Games oder Musikstücks fertig produziert, stehen die Kosten für die Herstellung dieses Objektes fest. Sie ändern sich nicht mehr. Ob das Werk kein einziges Mal oder millionenfach kopiert wird, hat keinen Einfluss auf die First Copy Costs.

Fixkosten sind allerdings nur bis zur Kapazitätsgrenze unveränderlich. Wird die Kapazitätsgrenze überschritten, erhöhen sie sich schlagartig. Das heißt genau betrachtet sind Fixkosten nur intervallfix. Müssen beispielsweise neue Büroräume angemietet werden, weil alle vorhandenen Arbeitsplätze genutzt werden, oder muss eine zusätzliche Maschine angeschafft werden, weil die vorhandene an ihre Beschäftigungsgrenze stößt, steigen die Kosten sprunghaft an. In diesen Fällen spricht die BWL von sprungfixen Kosten. Solche Kosten können auch „nach unten springen". Dies ist das bspw. der Fall, wenn festangestellte Mitarbeitende freigesetzt (ein Euphemismus für gekündigt) und deren Gehälter damit eingespart werden.

> **Merke:**
> **Sprungfixe Kosten** sind Kosten, die innerhalb eines Mengenintervalls gleich hoch bleiben, zwischen den Intervallen aber sprunghaft ansteigen oder abfallen.

Variable Kosten (VK oder K_v) sind beispielsweise Materialkosten, Energiekosten oder die Kosten (Honorare) für freie Mitarbeiter. Sie fallen nur an, wenn Beschäftigung stattfindet; also produziert wird bzw. Produktionsfaktoren eingesetzt werden. Die variablen Kosten können sich im Verlauf der Produktion proportional (linear), degressiv oder progressiv entwickeln.

– Ein **linearer Verlauf** liegt dann vor, wenn jede weitere Ausbringungseinheit gleich viele Produktionskosten verursacht. Die Kostenfunktion hat hier eine lineare Steigung, weil der Kostenzuwachs je Outputeinheit gleichbleibt.

– Ein **degressiver Verlauf** zeigt sich dann, wenn jede weitere Ausbringungsmengeneinheit weniger Kosten verursacht, als die zuvor produzierte. Dies kann z. B. durch Mengenrabatte bei den Materialkosten oder Honorarnachlässe bei längerer Beschäftigung verursacht werden. Der Kostenzuwachs sinkt.

– Ein **progressiver Verlauf** ist dann gegeben, wenn jede weitere Produktionseinheit mehr Kosten verursacht als die zuvor produzierte. Dieser Umstand liegt dann vor, wenn beispielsweise Löhne durch Zuschläge steigen. Der Kostenzuwachs steigt.

Die **Gesamtkosten** (GK oder K) ergeben sich durch die Aufaddierung der fixen Kosten und der variablen Kosten. Grafisch dargestellt am Beispiel einer linearen Kostenentwicklung bei der Kopienherstellung ergibt sich Abb. 5.13. Die Funktionen werden einfach vertikal addiert.

Fixkostenfunktion

$(K_f = c)$

z.B. First-Copy-Costs (FCC)

K_f

Variable Gesamtkostenfunktion

$(K_v = k_v \cdot x)$

z.B. mengenabhängige Druckkostenentwicklung

K_v

Die Steigung ist abhängig von den Kosten je Stück (k_v)

Gesamtkostenfunktion

$(K = K_f + K_v)$

FCC + Druckkosten

K

Gesamtkostenfunktion ergibt sich durch die Vertikaladdition der Funktionen

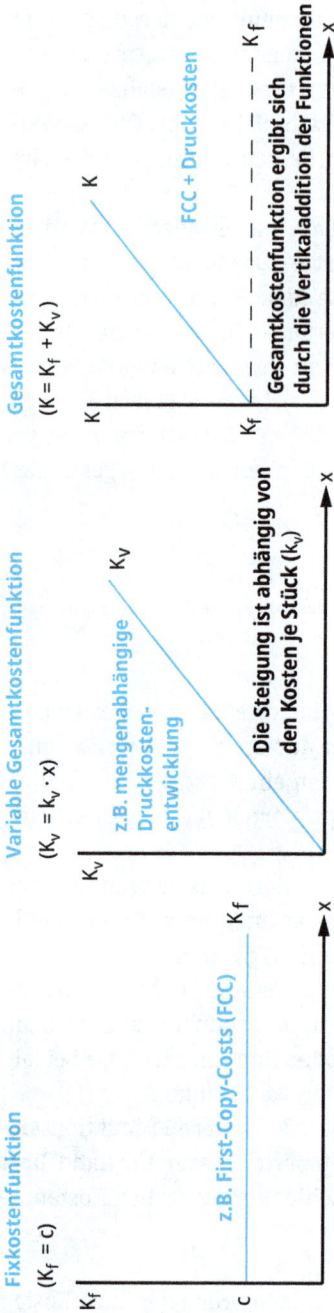

Abb. 5.13: Fixkosten-, variable Gesamtkosten- und Gesamtkostenfunktion.

Im Umfeld der Massenmedien sind die variablen Kosten für die Vervielfältigung der First Copy von enormer Bedeutung, denn die Kopienherstellung verursacht nur geringe Kosten je Produktionseinheit. Das heißt, eine DVD, eine Zeitungskopie etc. kann sehr kostengünstig hergestellt werden, weil u. a. der Materialeinsatz kaum ins Gewicht fällt.

Mitunter fallen auch gar keine **Vervielfältigungskosten** an. Dies ist z. B. in der Rundfunkwirtschaft oder der Digitalindustrie der Fall. Es macht innerhalb eines bestehenden Sendegebietes kostentechnisch keinen Unterschied, ob eine Rundfunksendung einen Menschen oder ein millionenfaches Publikum erreicht. Und ein Downloadangebot kann ebenfalls von beliebig vielen Konsumierenden genutzt werden, ohne dass weitere Kosten für die Verteilung entstehen.

Ausgehend von den Kostenzuwächsen in der Produktion oder der Verteilung (Distribution) definiert die BWL die sogenannten **Grenzkosten** (GK oder K'). Grenzkosten sind die Kosten, die eine zusätzliche Produktionseinheit zusätzlich verursacht. Anders ausgedrückt: Grenzkosten sind die Kosten, um die die Gesamtkosten ansteigen, wenn eine weitere Ausbringungseinheit produziert wird. Sie charakterisieren die Steigung der Kostenfunktion (vgl. Abb. 5.14).

Die Grenzkosten bei linearer Kostenfunktion

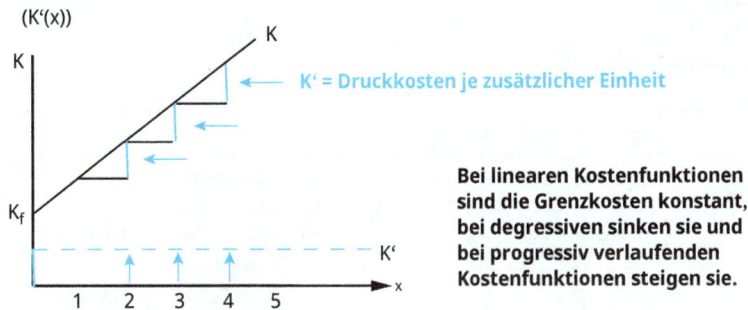

K' = Druckkosten je zusätzlicher Einheit

Bei linearen Kostenfunktionen sind die Grenzkosten konstant, bei degressiven sinken sie und bei progressiv verlaufenden Kostenfunktionen steigen sie.

Abb. 5.14: Entstehung von Grenzkosten.

Das Wissen um den Verlauf der Grenzkostenkurve (algebraisch: 1. Ableitung der Kostenfunktion nach der Menge; oder kurz: K') ist wichtig für das Management, um festlegen zu können, ob aus Sicht der Produktionskostenentwicklung eher mehr oder eher weniger Menge produziert werden sollte.

> **Merke:**
> **Grenzkosten** (GK bzw. K') sind die Kosten, um die die Gesamtkosten ansteigen, wenn eine Mengeneinheit mehr produziert wird. Algebraisch ist es die 1. Ableitung der Kostenfunktion, grafisch die Steigung.

!

Während die Grenzkosten den Kostenzuwachs für jede einzelne Mengeneinheit beziffern, können die Gesamtkosten auch einer Durchschnittsbetrachtung unterzogen werden. Werden **Durchschnittskosten** (DK oder k) betrachtet, geht es nicht darum herauszufinden, wie hoch die Kosten pro produziertem Stück steigen (= Grenzkosten), sondern wie hoch die Kosten im Durchschnitt pro Stück bei einer bestimmten Ausbringungsmenge sind. Die BWL spricht hier von **Stückkosten.**

> **Merke:**
>
> **Durchschnittskosten** (DK) bzw. **Stückkosten** (k) sind die Kosten, die bei einer bestimmten Produktionsmenge im Durchschnitt pro Stück anfallen (arithmetisches Mittel). Sie werden auch Stückkosten genannt. In diesem Fall werden die Gesamtkosten pro Stück berechnet (K/x = k).

Die Stückkosten setzen sich aus den fixen Kosten pro Stück und en variablen Kosten pro Stück zusammen. Stückkosten (k) werden dadurch berechnet, dass die Gesamtkosten (K) durch die Anzahl der produzierten Einheiten (x) geteilt werden. Die darin enthaltenen variablen Stückkosten (k_v) berechnen sich analog, indem die gesamten variablen Kosten (K_v) durch die Anzahl der produzierten Einheiten geteilt werden. Die stückfixen Kosten (k_f) wiederum ergeben sich bei Division der fixen Gesamtkosten (K_f) durch die Ausbringungsmenge (x). Insgesamt zeigt sich ein Zusammenhang wie in Tab. 5.9 dargestellt.

Tab. 5.9: Kostenfunktionen und ihre algebraische Darstellung.

Funktion	algebraische Darstellung	Legende
Gesamtkosten (K(x))	$K = K_f + K_v = (k_f \cdot x) + (k_v \cdot x)$	x = Menge [Einheit]
Stückkosten (k(x))	$k = \dfrac{K}{x} = \dfrac{K_f}{x} + \dfrac{K_v}{x} = k_f + k_v$	K(x) = Kostenfunktion [€] K'(x) = Grenzkostenfunktion [€] K_f = Fixe Kosten [€]
Grenzkosten (K'(x))	K' bzw. $\dfrac{dK}{dx}$	k_f = fixe Stückkosten [€/Stck.] K_v = variable Kosten [€] k_v = variable Stückkosten [€/Stck.]

Angesichts der hohen Fixkosten (z. B. First Copy Costs) und der geringen variablen Vervielfältigungskosten liegt es auf der Hand, dass Medienunternehmen versuchen, größtmögliche Auflagen am Markt unterzubringen. Denn wenn sehr hohe Fixkosten vorliegen und die Produktion von zusätzlichen Mengeneinheiten nur sehr geringe variable Stückkosten verursachen, ist es attraktiv, so viele Kopien wie möglich zu produzieren. Der hier beabsichtigte Effekt liegt in der Verteilung der Fixkosten auf die steigende Ausbringungsmenge. Dieser Effekt wird Kostendegression genannt. Wenn sich speziell die Fixkosten auf die Menge verteilen, spricht die BWL von der sogenannten **Fixkostendegression**. Fixkostendegression bedeutet die Verteilung der fixen Kosten auf eine steigende Ausbringungsmenge.

> **Merke:**
> **Fixkostendegression** bezeichnet den Automatismus, dass sich die fixen Kosten auf eine zunehmende Ausbringungsmenge verteilen. Je höher die Menge, desto geringer wird der Wert für die stückfixen Kostenanteile (k_f).
> Die Fixkostendegression gehört zu den Skaleneffekten (Economies of Scale).

Der Degressionseffekt wird deutlich, wenn in Erinnerung gerufen wird, dass sich die stückfixen Kosten berechnen, indem die Fixkosten (K_f) durch die Ausbringungsmenge (x) dividiert werden. Je größer die Menge (x) wird, desto kleiner wird der Quotient ($k_f = K_f/x$). Diesen Effekt zu verdeutlichen, ist recht einfach, wie das folgende Beispiel zeigt.

Beispiel: Der Film „Avatar" hat Produktionskosten (also First Copy Costs) von ca. 350 Mio. Euro verursacht. Um in die Kinos gebracht zu werden, müssen Kopien angefertigt werden. Angenommen, eine Kopie für ein Kino herzustellen koste 1.500 Euro (k_v). Nun werden 3.000 Kopien (x) für Europa hergestellt, um 3.000 Kino mit dem Film zu bestücken. Damit ergibt sich folgende Rechnung:

$$K = K_f + k_v \cdot x$$
$$=> K = 350.000.000 + (1.500 \cdot 3.000) = 354.500.000$$

Während also das Urmaster 350 Mio. € an Produktionskosten verschlungen hat, kosten weitere 3.000 Exemplare herzustellen gerade einmal 4,5 Mio. € zusätzlich. Die Durchschnittskosten (k) pro Filmkopie sinken von 350 Mio. € auf 118.166 € (= 354.500.000/3.000). Verantwortlich ist der Effekte der Fixkostendegression. Jede weitere Kopie würde den Effekt verstärken. Die Stückkosten sinken immer weiter auf die variablen Stückkosten (1.500 €) zu.

Wenn nun unterstellt wird, dass jedes Kino von 40.000 Besuchern aufgesucht wird, dann werden rund 120 Mio. Zuschauer den Film sehen. Um die Produktions- und Kopierkosten in Höhe von 354,5 Mio. Euro zu decken, müsste jeder der 120 Mio. Zuschauer bereit sein, ca. 2,95 € Eintritt zu zahlen.

$$\frac{350.000.000 + (1.500 \cdot 3.000)\ €}{12.000.000\ Besucher} \approx 2,95\ €/Besucher$$

Wäre aber der Film gefloppt und es würden nur 1.000 Personen in jedes der 3.000 Kino gehen, dann sieht die Rechnung schon ganz anders aus; nämlich: 354,5 Mio. €/3 Mio. Zuschauer = ca. 118 € pro Zuschauer. Diesen Kinoeintrittspreis würden die Filminteressierten sicherlich nicht bezahlen wollen.

Noch lukrativer können Downloads vermarktet werden, da „keinerlei" Vertriebskosten (Vervielfältigungskosten) anfallen. In diesem Fall wäre es kostenneutral, wie viele Downloads auch immer abgerufen würden. Es fallen keine variablen Kosten an. Die Gesamtkosten bleiben bei jeder Menge Downloads auf der Höhe von 350 Mio. Euro. (First Copy Costs) stehen. Damit sorgt jeder neue Nutzer für ein Absinken der Durchschnittskosten. Während die Kostenuntergrenze bei physischen Produkten die variablen Stückkosten (z. B. Materialkosten) sind, liegt die Untergrenze für immaterielle Leistungen ohne variable Kostenanteile bei null. Das heißt die Durchschnittskosten sinken ad infinitum gegen null, weil keine Grenzkosten existieren.

Die **absolute Kostenuntergrenze** für Kinovorstellungen liegt in Höhe der Filmkopiekosten pro Zuschauer, die Untergrenze für eine Blu-Ray liegt in Höhe der Produktionskosten für den Filmträger und die Untergrenze für Downloadangebote liegt bei null. Aber nur bei rein digitalen Gütern (keine variablen Kosten) können die Grenzkosten null betragen. Dieser Effekte soll noch einmal anhand der Buch- bzw. e-Book-Produktion erläutert werden (vgl. auch Abb. 5.15).

Beispiel: Ein Buchverlag will eine Publikation produzieren. In einer Variante wird sie als materielles Printprodukt und in einer anderen Variante als digitales E-Book hergestellt. Der Einfachheit halber sei in der Buchproduktion ein linearer Kostenverlauf unterstellt, d. h., dass jedes Buch in der Druckerei in diesem Beispiel gleichhohe Produktionskosten von fünf Euro verursacht. Da die E-Books zum Download angeboten werden, sollen die Grenzkosten der E-Book-Verteilung mit Null angenommen werden. Die First Copy Costs (Lektorat, Grafikarbeiten etc.) werden hier auf 5.000 Euro veranschlagt. Da der Autor ausschließlich am Vertriebserlös beteiligt ist, fallen keine Honorare an. Weitere Kosten werden vernachlässigt.

Abb. 5.15 zeigt den Unterschied zwischen den Kostenverläufen des Buches und des E-Books. Im oberen Bereich der Abbildung wird die jeweilige Gesamtkostenentwicklung im unteren Bereich die Stückkostenentwicklung dargestellt.

Die Abbildung zeigt einerseits den deutlichen Unterschied in der Gesamtkostenentwicklung: Während in der materiellen Produktion jeweils pro Buch fünf Euro Materialkosten etc. entstehen (variable Stückkosten sind gleich fünf Euro), verursacht die Bereitstellung als digitale Variante keine zusätzlichen Kosten. Das heißt, jeder beliebigen Ausbringungsmenge stehen ausschließlich die First Copy Costs in Höhe von 5.000 Euro gegenüber. Die variablen Stückkosten liegen bei null. Da für eine lineare Kostenfunktion immer gilt, dass die durchschnittliche Steigung auch der Kostensteigung je Ausbringungsstück entspricht (sonst wäre die Funktion nicht linear), liegen auch die Grenzkosten (zusätzliche Kosten pro zusätzlicher Mengeneinheit bzw. 1. Ableitung der Funktion) für die klassische Buchproduktion bei jeweils fünf Euro und beim E-Book bei null.

Wird die Stückkostenfunktion (K//x bzw. k), die sich aus den fixen und den variablen Kostenbestandteilen jeder einzelnen Mengeneinheit zusammensetzt, betrachtet, so ist deutlich zu erkennen, dass die Durchschnittskosten der Digitalvariante tiefer fällt (weil keine variablen Kostenanteile vorhanden sind) und ad infinitum gegen null strebt (ebenfalls, weil keine variablen Kostenbestandteile vorhanden sind). Die Stückkostenfunktion des materiellen Produkts nähert sich hingegen immer weiter den variablen Stückkosten in Höhe von fünf Euro an. Das heißt, die Produktion jedes einzelnen Buches wird immer mindestens die fünf Euro Materialkosten etc. verursachen. Die Durchschnittskosten können selbst bei einer Milliardenauflage nicht unter fünf

Gesamtkostenfunktion
$(K = K_f + K_v)$

E-Bookproduktion
(Gesamtkostenentwicklung in Tsd. €)

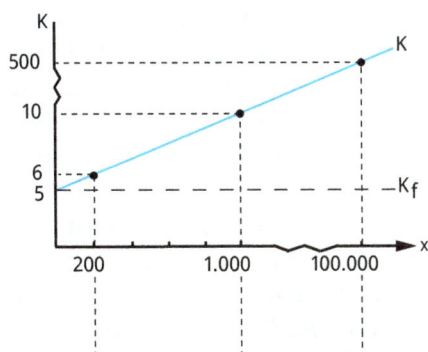

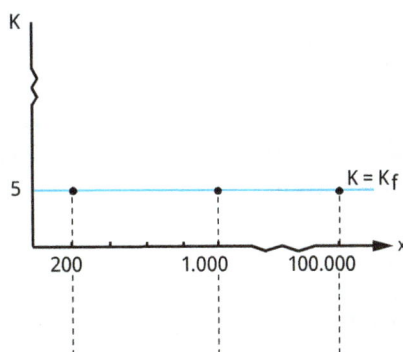

(Stückkostenentwicklung in €)

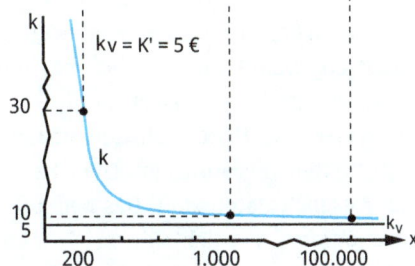

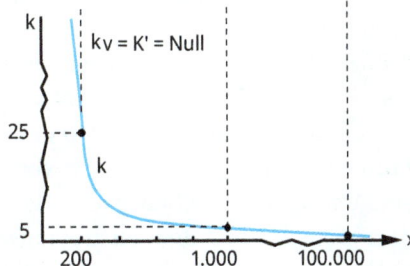

(Stückkostenentwicklung in €)

Abb. 5.15: Kostenverläufe in der analogen und digitalen Buchproduktion.

Euro fallen. Immer aber gilt für beide Produktionsvarianten: je größer die Anzahl der produzierten Menge ist, desto kleiner wird der Fixkostenanteil je Buch (k_f = 5.000//x).

Für den Verlag bedeutet dies, dass in beiden Fällen bei einem gegebenen Verkaufspreis jede größere am Markt abgesetzte Menge einer kleineren vorgezogen wird (weil die Produktionskosten jeder weiteren Einheit sinken und damit die Gewinnspanne erhöhen). Im folgenden Kapitel werden die Vorteile, die die Größe von Produktionsmengen bieten, erläutert.

> **Merke:**
> **Digitalprodukte** können (weitgehend) ohne Grenzkosten vervielfältigt werden. Die Kostendegression verläuft ad infinitum, da keine variablen Kosten (und damit auch keine Grenzkosten) existieren.
>
> **Materielle Produkte** tragen immer variable Kosten, da sie ohne Material nicht hergestellt werden können. Die Kostendegression ist insofern begrenzt, als dass die Fixkostendegression auf die variablen Kosten zuläuft. Die Grenzkosten bilden die absolute Untergrenze der Degression.

5.7.5 Kosteneinsparungen durch Größenvorteile

Unternehmen streben nach Wachstum und Größe. Einen Eindruck, warum das so ist, hat bereits der vorstehende Kapitelabschnitt zeigen können: sinkende Durchschnittskosten (Kostendegression) sind mengenabhängig und große Outputmengen sind daher relativ gesehen (also bezogen auf die Stückkosten) günstiger herzustellen als kleinere. Das heißt, starke Degressionseffekte stärken die Starken (die großen Unternehmen) am Markt.

Insbesondere (aber nicht ausschließlich) in der Medienökonomie kommen noch weitere Gründe dazu, warum große, kapitalstarke Unternehmen Vorteile gegenüber kleineren Medienbetrieben haben: Einerseits sind es die hohen First Copy Costs und das Problem der Sunk Costs. Andererseits sind es die niedrigen Grenzkosten und damit der Unterschied zwischen hohen Fixkosten und geringen Vervielfältigungskosten in der Produktion. Zudem können Unternehmen mit einer größeren Palette an Produkten Content mehrfach verwenden (FCC auf mehrere Produkte verteilen) und größere Lerneffekte (Erfahrungen) in der Produktion ausnutzen. Und last but not least begleiten (bzw. bilden) größere Unternehmen auch größere Netzwerke.

Damit ergeben sich **vier grundsätzliche Vorteile, die Unternehmen nutzen können**. Die Ökonomie spricht von Einsparungseffekten (**Economies**). Die Effekte sind umso größer, je höher die zugrunde gelegten Ausgangsdaten sind. Das bedeutet, dass große, finanz- und ausbringungsstarke Unternehmen, deutlich stärkere Effekte nutzen können als kleinere. Aber die Effekte selbst wirken grundsätzlich und damit in Unternehmen jedweder Größenordnung. Die vier Economies werden im Folgenden vorgestellt.

1. Economies of Scale
Je höher die Produktions- bzw. Absatzmenge und je höher die Fixkosten im Verhältnis zu den variablen Kosten sind, desto stärker und tiefer sinken die Stückkosten. Die BWL spricht hier von größenordnungsbezogenen Einsparungseffekten bzw. von Skaleneffekten (engl. Economies of Scale). Die Fixkostendegression (das Absinken der durchschnittlichen Fixkostenanteile je Ausbringungseinheit mit steigender Produktionsmenge) gehört zu den Economies of Scale. Das Grundschema dieses Effektes und der Unterschied zwischen den Effekten bei materiellen und digitalen Gütern ist bereits am Beispiel der Buchproduktion/e-Book-Produktion im vorstehenden Kapitel beschrieben worden (vgl. Abb. 5.15). Jeder Verlag kann den Effekt nutzen, aber ein Verlag, der deutlich höhere Produktionsmengen herstellt als ein kleinerer, kann auch größere Effekte genießen. Je größer die Produktionsmenge, desto geringer sind die Durchschnittskosten des Produktes. Damit entstehen Preissetzungsvorteile oder höhere Gewinnmargen für die Anbieter.

> **Merge:** !
> **Economies of Scale** sind Skaleneffekte (Größenordnungseffekte), die darauf beruhen, dass eine steigende Produktionsmenge zu geringeren Fixkostenanteilen pro Stück führen; d. h., der Anteil der Fixkosten an den Kosten pro Stück sinkt bei höherer Stückzahl.

2. Economies of Scope

Einen weiteren Größenvorteil (Skaleneffekt), den insbesondere die Big Player der Medienwirtschaft nutzen können, bezeichnet die BWL als Verbundvorteil (engl. Economies of Scope). Unter dem Begriff Economies of Scope werden Kostenvorteile eingeordnet, die bei einer steigenden Produktvielfalt durch einen Verbundvorteil entstehen. So können bei der Herstellung mehrerer verschiedener Medienprodukte durch dasselbe Unternehmen oder durch Kooperationen verschiedener Unternehmen Kostenvorteile entstehen. Wenn die Gesamtkosten der Produktion mehrerer Produkte niedriger sind als die Summe der Produktionskosten, die die einzelnen Produkte bei getrennter Fertigung verursachen würden (vgl. Dewenter und Rösch 2015: 25). Dies ist beispielsweise der Fall, wenn einzelner Content in mehreren Produkten verwendet werden kann oder Produktionsanlagen und Vertriebskanäle mehrfach genutzt werden können. Verbundeffekte können auch dadurch auftreten, dass eine Kooperation zwischen Unternehmen zu Synergieeffekten führt, die nicht aufkommen würden, wenn die Unternehmen separat produzieren.

In der Praxis führt dies beispielsweise zu Kooperationen verschiedener Medienunternehmen im Bereich der journalistischen Recherche oder des Vertriebs oder auch zur Integration von TV-Sendern, Onlineportalen und Printverlagen und damit zur Bildung von zu konglomeraten Medienunternehmen.

> **Merge:** !
> **Economies of Scope** sind Verbundeffekte, die darauf beruhen, dass bei einer steigenden Produktvielfalt oder durch Unternehmenskooperationen Kostenvorteile oder Synergieeffekte entstehen; d. h. die Gesamtkosten der Verbundproduktion sind geringer als die Summe der Einzelkosten bei getrennter Produktion.

3. Economies of Experience

Der dritte Größenvorteil (Skaleneffekt), den Unternehmen generieren können liegt darin, Erfahrungen, die mit steigender Produktionstätigkeit gewonnen werden, auszunutzen. Dieser Erfahrungs- oder Lernkurveneffekt wird Economies of Experience genannt. Economies of Experience treten auf, wenn die Grenz- und Durchschnittskosten aufgrund von Erfahrungen, die das Unternehmen in die Produktion einbringt, sinken (vgl. Dewenter 2015: Kap. 4.3.5). Allerdings muss festgehalten werden, dass sich Erfahrungseffekte nicht automatisch einstellen. Erfahrungen bieten Kosteneinsparungs*potenziale*. Bleiben sie ungenutzt, verpuffen sie wirkungslos. Es sinken auch nur jene Kosten, die der Wertschöpfung unterliegen; also sinken beispielsweise Materialkosten dadurch nicht. Das Erfahrungskurvenkonzept besagt allgemein, dass die Stückkosten um 20 bis 30 Prozent sinken, wenn sich die kumulierte Ausbringungsmenge (aufaddierte Produktionsmenge der Vergangenheit bis zur Gegenwart) des Unternehmens verdoppelt.

> **!** **Merke:**
> **Economies of Experience** sind Erfahrungseffekte, die darauf beruhen, dass Erfahrungen und Ergebnisse von Lernprozessen so in den Produktionsprozess eingebracht werden, dass die Durchschnittskosten bzw. die Grenzkosten der Produktion sinken. Sie stellen sich nicht automatisch ein, sondern bieten zunächst nur Kosteneinsparungspotenziale und müssen aktiv umgesetzt werden.

4. Economies of Networks

Der letzte hier aufgeführte Größenvorteil zeigt sich in den Netzwerk-(Skalen-)Effekten; in den Economies of Networks. Sie beziehen sich auf das Phänomen, dass der Wert eines Produkts oder einer Dienstleistung mit der Anzahl der Benutzer dieses Produkts oder dieser Dienstleistung steigt. Mit anderen Worten: Je mehr Menschen ein Produkt oder eine Dienstleistung verwenden, desto wertvoller wird es für jeden einzelnen Benutzer (vgl. Kap. 5.6.2) und in der Summenbetrachtung der Benutzer auch für das das Netzwerk betreibende Unternehmen. Solche Skaleneffekte führen häufig zu einem „Winner-takes-all"-Szenario, (zumindest einem „Winner-takes-most"-Szenario) bei dem ein dominanter Netzwerkbetreiber durch die Verbreitungshäufigkeit die eigene Position stärkt und es Konkurrenten deutlich erschwert, auf dem Markt Fuß zu fassen (Stichwort Facebook/Instagram, SAP-Software etc.)

Zu diesem Effekte zu zählen ist auch das Phänomen der sozialen Anschlusskommunikation. Unter dem Begriff Anschlusskommunikation wird die "kommunikative Verarbeitung von Medienangeboten in sozialen Gruppen" (Kepser und Abraham 2016: 120) verstanden. Warum diese Kommunikation, die weitestgehend über Netzwerke läuft, wichtig für Medienunternehmen ist, zeigt die Kinofilmindustrie deutlich. Filmproduzenten investieren hohe Geldsummen in die Ankündigung und die Promotion neuer Filme, damit schon im Vorfeld des Kinostarts häufig und intensiv über ihn gesprochen wird. Je stärker das gelingt, desto stärker wird der Druck für Kinofilminteressierten, diesen Film auch zu schauen. Wer ihn nicht gesehen hat, kann nicht mitreden (der Kommunikationsetat, der vor dem Filmstart von „Avatar" ausgegeben wurde, lag bei rund 150 Mio. Euro).

Fazit: Damit liegen vier ganz wesentliche Gründe vor, das Wachstum des Unternehmens (der Ausbringungsmenge) als Priorität zu betrachten, denn es folgt sowohl der Logik der Fixkostendegression als auch der der Verbund- und Netzwerkvorteile und der des Erfahrungskurvenkonzeptes. Mitunter gesellen sich auch noch Netzwerkeffekte dazu. Das Managementziel liegt darin, möglichst schnell große Marktanteile zu gewinnen, um durch hohen Output die internen Kosten senken zu können und dadurch Wettbewerbsvorteile zu erlangen.

5.8 Die Folgen der Subadditivität von Kosten

Subadditivität ist ein mathematischer Begriff, der die Eigenschaft von Funktionen beschreibt, bei der die Summe der Werte einer Gesamtfunktion kleiner ist als die Summe der Werte der Einzelfunktionen. Das heißt (vgl. Blum et al. 2005: 35), für alle Mengen (x) und alle Teilmengen x_i (mit $0 < x_i < x$ und i = 1, 2, ..., n) gilt:

$$K(x) < \sum_{i=1}^{n} K(x_i)$$

Auf den ökonomischen Alltag übertragen bedeutet dies, dass bei subadditiven Kostenstrukturen die Aufteilung der Produktionsmenge auf mehrere Unternehmen zu höheren Produktionskosten als bei der Produktion durch ein einziges Unternehmen führt (Borrmann und Finsinger 1999: 122). Dieser Effekte kommt dadurch zustande, dass hohe Fixkosten bei gleichzeitig niedrigen Grenzkosten hohe Skalenerträge (Größenvorteile) generieren (vgl. Varian 2011, Pindyck und Rubinfeld 2005 sowie Stocker 2009: 75) und damit die Stückkosten immer weiter fallen. Dies ist in der Medienwirtschaft nahezu uneingeschränkt der Fall, wie bereits ausgeführt wurde. Die FCC sind hoch, die Vervielfältigungskosten niedrig. Am stärksten wirken diese Effekte in Netzwerkindustrien; bspw. bei Plattformbetreibern, da hier innerhalb einer technisch installierten Plattform sogar gar keine Grenzkosten anfallen.

Liegt Subadditivität vor, tendiert der Markt zum Monopol, denn das größte oder am schnellsten wachsende Unternehmen wird langfristig alle anderen verdrängen, wenn der Staat nicht in den Markt eingreift. Eine solche Marktform wird **„natürliches Monopol"** genannt, weil die Produktionsbedingungen die Monopolisierung begründen (vgl. Pindyck und Rubinfeld 2005: 477). Die Monopolisierungstendenzen eines natürlichen Monopols kennt nicht nur die Medienwirtschaft, alle leitungsgebundenen und virtuellen Netzwerke sind so ausgestaltet. Beispielsweise würde die Stromproduktion einer doppelten Menge zwar die auch die doppelte Menge an Kraftwerken benötigen, nicht aber die doppelte Durchleitungskapazität (Strommasten, Kabelverbindungen etc.). Hier würde weiterhin ein einziges Stromverteilernetz ausreichen. Würde ein zweiter Anbieter eigene Stromverteilernetze aufbauen, entstehen höhere Kosten, als wenn nur ein Anbieter ein Netz betreibt. Gleiches gilt auch für das Schienennetz, das Telefonnetz u. a. Im Bereich digitaler Güter oder e-Marketplaces (wie bspw. eBay) ist der Effekte noch einmal größer durch die Netzwerkeffekte (vgl. Kap. 5.6.2).

Bezogen auf die Medienwirtschaft muss aber relativiert werden; zumindest außerhalb der ökonomischen Diskussion: Zwar würde ein TV-Sender, eine Zeitung, eine Social Media-Plattform, eine Software etc. ausreichen, die Bevölkerung mit den entsprechenden Leistungen zu versorgen, dies ist aber eine reine volkswirtschaftliche Betrachtung. Bezogen auf die Ressourcenallokation (Verwendung der Betriebsmittel und Budgets) ist das natürliche Monopol optimal; vor allem bei homogenen Gütern (Strom, Gas etc.). Nicht optimal ist es, wenn Leistungen unterschieden werden können und eine Unterscheidung vom Verbraucher auch gewünscht wird. Hier muss zwischen den Vorteilen durch Wettbewerb und den damit verbundenen Kostennachteilen durch das Vorhandensein mehrerer Anbieter unterschieden werden. Die Leistungen der RF-, Printmedien- und Plattformanbietern sind nicht homogen und eine Homogenität ist auch weder individuell aus Sicht der Rezipierenden noch aus Sicht der Gesellschaft gewünscht. Die Leistungen sind höchst unterschiedlich und diese Vielfalt ist nicht nur gewünscht, sie ist auch (zumindest im Kernbereich Journalismus) gesetzlich verankert. Der Staat wacht darüber, dass keine Meinungsmachtkonzentrationen in Deutschland entstehen können (vgl. bspw. Rundfunkstaatsvertrag (RStV), Kommission zur Ermittlung des Konzentrationsgrades (KEK), Kartellrecht, Medienfusionskontrolle u. v. a.). Der Staat sichert die Medienvielfalt und damit auch die Meinungsvielfalt. In Deutschland dürfen keine Informationsmonopole entstehen.

? **Fragen/Aufgaben zu Kapitel 5.8**
1. Begründen Sie, was der Begriff Subadditivität der Kosten bedeutet und warum diese zu Monopolisierungstendenzen in der Medienwirtschaft führt.
2. Begründen Sie, warum der Monopolisierungstendenz in der Medienwirtschaft politisch entgegengewirkt wird.

Lösungshinweise finden Sie im achten Kapitel „Lösungsskizzen".

5.9 Die Folgen der mangelhaften Schutzfähigkeit von Nutzungsrechten

Im Umfeld der Rechtsnormen die Entstehung und Bereitstellung von Medieninhalten betreffend, greift das Urhebergesetz (UrhG). Dieses Gesetz ist ein Schutzrecht, das Urheber (Schöpfer eines Sprach-, Bild- oder Filmwerkes etc.) vor nichterlaubter Nutzung oder kommerzieller Auswertung ihrer Werke schützt.

Urheberschaft bedeutet, dass jemand etwas schöpferisch Neues geschaffen hat. **Urheber** im Sinne des deutschen Urheberrechtsgesetzes ist gemäß § 7 UrhG ein menschlicher Schöpfer (eine juristische Person hat gem. § 134 UrhG keine Urhebereigenschaft), der insbesondere auf dem Gebiet der Literatur, Kunst, Musik oder Wissenschaft (Autor, Maler, Komponist etc.) ein Werk geschaffen hat, das seine persönliche Schöpfung darstellt, und das als solche sinnlich wahrnehmbar ist.

Das Urheberrecht ist ein absolutes Recht und schützt die persönlichen, geistigen und wirtschaftlichen Interessen des Urhebers. **Urheberrechte** können nicht abgetreten oder übertragen werden (vgl. § 29 Abs. 1 UrhG). Was aber eingeräumt werden kann, sind Nutzungsrechte (vgl. § 31 UrhG). So bestimmt § 31 Abs. 1: „Der Urheber kann einem anderen das Recht einräumen, das Werk auf einzelne oder alle Nutzungsarten zu nutzen (Nutzungsrecht). Das Nutzungsrecht kann als einfaches oder ausschließliches Recht sowie räumlich, zeitlich oder inhaltlich beschränkt eingeräumt werden." Ein Urheber (z. B. ein Autor, Grafiker oder Komponist etc.) kann also Nutzungs- und Verwertungsrechte an seinem Werk (Text, Bild, Programm, Musik etc.) vollständig übertragen oder nur einzelne **Nutzungsrechte** (die Vervielfältigung, Aufführung oder Verbreitung etc.).[42] Konkret bedeutet dies, dass im Falle einer Nutzungsrechtsübertragung kein Eigentum veräußert wird und auch der Nutzer einer urheberrechtlich schutzfähigen Leistung kein Eigentum erwirbt.

Für den Fall, das Kreativinhalte auf einen Medienträger übertragen wurden und dieser Medienträger (Zeitung, Buch, DVD etc.) an Konsumenten veräußert wird, erwirbt der Konsument war Eigentumsrechte am Medienträger, nicht aber am Inhalt. So können Filme oder Musikstücke sowie andere digitale Produkte z. B. sowohl über einen materiellen Medienträger vermarktet als auch über ein Downloadangebot zur Verfügung gestellt werden. In beiden Fällen kann der Nutzer im Rahmen der erworbenen Nutzungsrechte frei und ggfs., ohne zeitlich limitiert zu sein, über sein Produkt verfügen. Beide Medieninhalte können aber auch über einen Streamingdienst zur Verfügung gestellt werden. Dann erwirbt der Nutzer keinerlei Rechte, die darüber hinausgehen, dass er sich die Inhalte während des Streamingvorgangs anschauen bzw. anhören darf. „Die Daten werden beim Streaming lediglich aus technischen Gründen zur Wiedergabe auf dem Endgerät des Nutzers zwischengespeichert, während die Eigentumsrechte beim Anbieter verbleiben" (Schumann et al. 2014: 25). Eine solche Nutzungsart ist nur bei Informationsgütern möglich.

Anders also als in der Konsumgüterindustrie gehen die Leistungen der Anbietenden also nicht in vollem Umfang in das Eigentum der Käufer über. Zwar gehört dem Käufer die Zeitung oder die DVD (der materielle Medienträger), die er gekauft hat, aber über die Inhalte kann er lediglich im Rahmen allgemeiner oder spezieller Nutzungsrechte verfügen, die vertraglich festgelegt werden. Anders als ein Brot, das im Konsum untergeht (gegessen werden kann) oder eine Hose, die getragen, verändert, verschenkt

---

42 Das Urheberrecht erlischt allerdings 70 Jahre nach dem Tod des Urhebers (§ 64 UrhG).

oder weiterveräußert werden kann, darf ein Käufer zwar auch das Trägermedium Zeitung oder DVD veräußern, verändern oder zerstören, aber an den Inhalten hat der Erwerber nur Nutzungsrechte erworben. Diese dürfen nicht verändert werden (zu den Rechten vgl. Einzelnormen im UrhG sowie Literatur zur Property Rights-Theorie der Neuen Institutionenökonomik sowie als Übersicht in Dreiskämper 2013: 136).

Insbesondere die Immaterialität der Medieninhalte erlaubt es dem Rechteinhaber (z. B. Verlag), Mediengüter ohne großen monetären Aufwand auf verschiedene Weisen bereitzustellen und zu vermarkten. Die Folge sind unterschiedliche Geschäftsmodelle. Dies sind Vorteile für die Rechteinhaber. Aber diese **Vorteile** können auch in **Nachteile** umschlagen.

Gerade aufgrund der leichten Reproduzierbarkeit von Medieninhalten, sind Urheberrechtsverletzungen an der Tagesordnung. Vor allem die Digitalisierung fördert die Möglichkeit von Urheberrechtsverletzungen, da die Erstellung von Kopien produktionstechnisch sehr einfach und ohne Qualitätsverlust möglich ist. Zwar ist die unerlaubte Verwertung urheberrechtlich geschützter Werke strafbewährt (vgl. § 106 UrhG) und kann mit Freiheitsstrafe von bis zu drei Jahren oder Geldstrafen belegt werden, dies hindert viele allerdings nicht, Urheberrechtsverletzungen zu begehen (Stichwort digitale Piraterie). Der ökonomische Schaden allein durch die Online-Filmpiraterie wird für 2022 von Digital TV-Research weltweit auf 51 Milliarden US-Dollars geschätzt (vgl. Statista 2024). Der Schaden in der Musik- und Softwareindustrie ist hier noch gar nicht berücksichtigt. Die **Schutzfähigkeit von Medieninhalten ist mangelhaft** und dies ist zum Nachteil der Rechteinhaber.

> **?** **Frage zu Kapitel 5.9**
> 1. Unterscheiden Sie das Urheberrecht von Nutzungsrechten.
> 2. Begründen Sie, warum Nutzungsrechte in der Medienwirtschaft so leicht ausgehebelt werden können.
>
> Lösungshinweise finden Sie im achten Kapitel „Lösungsskizzen".

Damit sind die wesentlichen Güter- und Produktionseigenschaften von Mediengütern abgearbeitet. Das folgende Kapitel widmet sich nun den institutionellen Einheiten, die Mediengüter produzieren; also den Medienunternehmen.

6 Strategische Zielsetzungen medienwirtschaftlicher Unternehmen

Die Ausrichtung eines Unternehmens wird nicht nur durch die Rechtsformwahl bestimmt. Abhängig von der Vision, die der Unternehmensausrichtung zugrunde liegt, müssen auch andere Entscheidungen[43] mit großer Tragweite getroffen werden. Solche Entscheidungen gehören in die Kategorie der **konstitutiven** (grundlegenden) **Entscheidungen**.

> **Merke:**
> **Konstitutive Entscheidungen** sind grundlegend wirkende Entscheidungen, die strategische Auswirkungen haben, d. h. langfristig wirken, schwierig zu korrigieren sind und die Zielerreichung grundsätzlich beeinflussen.

Dazu gehören neben der Rechtsformwahl, Entscheidungen über den Standort ebenso, wie Entscheidungen darüber, was produziert wird und in welcher Qualität etwas produziert wird. Aber auch die Antwort auf die Frage, ob und wie intensiv mit anderen Unternehmen kooperiert werden soll, ist von großer Bedeutung für die Unternehmensausrichtung. Je nachdem, welche Lösungen hier gefunden werden, unterscheiden sich Medienunternehmen, die breit oder eng aufgestellt sind, die die Wertschöpfung autonom oder kooperativ ausgestalten oder die ihre Angebote lokal oder global anbieten.

Die letztgenannten Kriterien beschäftigen sich mit dem WARUM und dem WIE in der Leistungsorganisation eines Unternehmens. Akademisch interessant ist die Frage, ob das WARUM (das Motiv) und das WIE (die Methodik) operationalisiert oder wenigstens systematisiert werden kann. Dann wären Medienunternehmen in Gruppen einteilbar und gut hinsichtlich ihrer Gemeinsamkeiten oder Unterschiede zu analysieren. Aber die Abgrenzungsmöglichkeiten scheinen in vielen Fällen eher fließender Natur zu sein; selten ein Fall von entweder oder. Die Gattungszugehörigkeit, der Kommerzialisierungsgrad oder der Grad der Autonomie in der Herstellung sind heute auf ganze Unternehmen bezogen kaum noch trennscharf zu definieren.

Eindeutig klassifiziert werden können Medienunternehmen aufgrund ihrer Rechtsform, ihrer Größe, des Umsatzes, der Mitarbeiterzahl oder ihres produktbezogenen Internationalisierungsgrades. Diese **Klassifizierung** führt aber höchstens zu statistisch interessanten Werten. Wo oder wie sollte aber ein Verlag bspw. zugeordnet werden, der gattungsübergreifend Zeitungen und TV-Veranstaltungen produziert, parallel dazu eine Kommunikationsplattform betreibt und dabei die Leistungen sowohl in Teilen autonom als auch gleichzeitig in Kooperation mit anderen Unternehmen herstellt? Die

---

43 Eine Entscheidung ist die Wahl einer Handlung aus mindestens zwei möglichen Handlungsalternativen unter Beachtung der übergeordneten Ziele.

https://doi.org/10.1515/9783111548999-006

Leistungen könnten auch noch sowohl journalistischer als auch unterhaltender oder werblicher Art sein und in Teilen national, in Teilen international vermarktet werden.

Eine gattungs-, branchen- oder zielgruppenbezogene Zuordnung von Unternehmen hinsichtlich ihrer Tätigkeiten macht also heute nur noch wenig Sinn. Wer Zuordnungen bilden will und damit ein Ordnungsschema schaffen möchte, kann dies höchstens noch über **Typologien**[44] bewerkstelligen (vgl. Kap. 3.4). Hier sind fließende Übergänge begriffsimmanent, d. h. ein Bewertungskontinuum zwischen den Ausprägungen „idealtypisch" und „marginal erfüllt" ist Bestandteil einer Typologie als Ordnungsschema zur Systematisierung von Objekten.

Auf die überwiegende Mehrzahl moderner Medienunternehmen treffen heute mehrere der einschlägig zur Auswahl stehenden Merkmalsausprägungen bzgl. eines Kriteriums (Produktangebot bzw. Gattungszugehörigkeit, Zielgruppenausrichtung, Kommerzialisierungsgrad sowie Autonomie- bzw. Integrationsgrad etc.) gleichzeitig zu. Die Konvergenz der Medienindustrie (vgl. Kap. 3.4.2) und die Globalisierung der Märkte dynamisiert diese Ausprägungsvielfalt noch einmal deutlich.

In diesem Kapitel wird ein Überblick über die strategischen Möglichkeiten von Medienunternehmen gegeben, die aufzeigen, wie Medienunternehmen ihre Leistungserstellung ausrichten können. Der folgende Themenkasten zeigt die abgearbeiteten Inhalte.

Themen von Kap. 6: Die Ausrichtungsparameter der Leistungsorganisation von Medienunternehmen

Die Ausrichtung an den Unternehmenszielen
Das Güterangebot bewegt sich zwischen Kommerz und Gemeinnützigkeit.

Die Ausrichtung am Güternutzen oder der Nutzungsart
Das Güterangebot ist ein sehr weicher Faktor für die Leistungsausrichtung von Medienunternehmen.

Die Ausrichtung an Qualität oder Kosten
Unternehmen können Qualitätsprodukte oder kostenminimale Akzeptanzleistungen produzieren.

Die Ausrichtung am Integrationsgrad in der Wertschöpfung
Der Integrationsgrad in der Wertschöpfung unterscheidet Fokussierer von Generalisten.

---

44 Eine Typologie bildet Einheiten, indem einzelnen Objekten (z. B. Unternehmen) als wesentlich erachtete Elemente oder charakteristische Eigenschaften so zugeordnet werden, dass homogene Objektgruppen entstehen. Das Vorhandensein eines Merkmals bestimmt die Zugehörigkeit. Anders als bei einer Klassifikation von Objekten, in der die Zugehörigkeit von Objekten eine strenge Entweder-Oder-Frage ist (gehört dazu oder gehört nicht dazu), zieht eine Typologie keine so klaren Grenzen. Es gibt in einer Typologie vielmehr Elemente, die einen Typ besonders gut repräsentieren, und andere, die ihm gerade noch marginal zugeordnet werden können. Das heißt, es gibt Abstufungen im Grad der Zugehörigkeit. Es entstehen Grauzonen und Schnittmengen. Ein Objekt kann auch mehreren Typen angehören und es gibt häufig auch Objekte, deren Zuordnung strittig ist. Auch können Objekte aus verschiedenen Klassen einem Typus angehören (vgl. Lehmann o. Jg, o. S.).

Die Ausrichtung am Autonomiegrad in der Wertschöpfung
Der Autonomiegrad in der Produktion unterscheidet Marktlösungen von Kooperationen und Konzentrationen.

Die Ausrichtung an der geografischen Ausbreitung
Die Streuung des Angebotes liegt zwischen Lokalität und Globalität.

6.1 Zielsetzungen in der Leistungsmotivation: Zwischen Kommerz und Gemeinnützigkeit

Kein erwerbswirtschaftlich arbeitendes Medienunternehmen sieht in der Leistungserstellung einen Selbstzweck. Das Produzieren und Bereitstellen von Inhalten/Produkten dient der Gewinnerwirtschaftung. Das heißt, die Leistungsergebnisse sind Mittel zum Zweck, Rendite zu erwirtschaften. Medienunternehmen können – so sie das wollen oder ihre Existenz darauf ausgerichtet ist – auch als Non-Profit-Unternehmen am Markt agieren. In diesem Fall ist das Leistungsergebnis nicht Mittel zum Zweck, sondern der Zweck selbst. Ob und wie stark der Kommerzialisierungsgedanke im Unternehmen verfolgt wird, ist also abhängig von der formalen Zielsetzung des Medienunternehmens. Themenfelder, die in diesem Zusammenhang in diesem Kapitelabschnitt diskutiert werden, können dem folgenden Themenkasten entnommen werden.

Themen von Kap. 6.1: Zielsetzungen zwischen Rendite und Gemeinwohl
An Rendite orientierte Medienunternehmen
Die Konsumentensouveränität bestimmt das Medienangebot. Stimmt das Angebot, stimmt die Rendite.

Am Gemeinwohl orientierte Medienunternehmen
Die finanzierte Gemeinnützigkeit macht unabhängig. Der Preis dafür sind paternalistisch bestimmte Angebote.

Kommerziell agierende Unternehmen sehen den Sinn ihrer Existenz darin, Gewinne zu erwirtschaften. Sie stellen dementsprechend ökonomische Ziele wie die Erwirtschaftung einer höchstmöglichen Kapitalrendite in den Mittelpunkt ihres Tuns und gestalten ihre Leistungsangebote anhand des Kriteriums der kommerziellen Vermarktbarkeit der Produkte. Diese Zielsetzung gilt vor allem für Medienunternehmen, die Unterhaltungsprodukte anbieten.

Der kommerziellen Medienindustrie gegenüber stehen Medienunternehmen, die gemeinnützig ausgerichtet sind. Im Mediensektor der Bundesrepublik Deutschland wird diese Art der Unternehmensausrichtung vor allem durch den öffentlich-rechtlichen Rundfunk repräsentiert. Darüber hinaus existiert aber auch noch ein kleiner Bereich privat getragener, nicht kommerzieller Rundfunkunternehmen, zu denen sogenannte „offene Kanäle" und „freie Radios", wie TV-Bürgerkanäle, der Universitätsrundfunk oder private Spartenkanäle wie Bibel-TV etc. gehören (vgl. Gläser 2021: 87).

Während im kommerziellen Medienbereich über alle Gattungen hinweg Effizienz und Rentabilität als Leitwerte gelten und sich damit das mediale Angebot an den Konsumentenpräferenzen orientiert, zeichnet sich der durch die Gesellschaft (über Haushaltsbeiträge) finanzierte Medienbereich (ausschließlich öffentlich-rechtlicher Rundfunk) aus durch die Leitwerte politische Teilhabemöglichkeit und Hilfestellung zur Alltagsbewältigung (vgl. Dreiskämper 2013: Kapitel VI.).

Das mediale Angebot der öffentlich-rechtlichen Sender dient der von Politik (Staat) und Wirtschaft unabhängigen Grundversorgung der Bürger mit Informationen und Unterhaltung. Hier werden auch **Randgruppeninteressen** programmtechnisch berücksichtigt, während kommerzielle Unternehmen **Mainstreaminhalte in den Mittelpunkt ihrer Programminhalte** setzen. Die Herstellung des Programms öffentlich-rechtlicher Sendeanstalten hat zwar nach Wirtschaftlichkeitsprinzipien zu erfolgen, das Programm selbst ist hingegen nicht ausschließlich an Konsumentenpräferenzen ausgerichtet. Die Einschaltquote ist kein, zumindest nicht das dominante oder gar alleinige Erfolgskriterium.

Kollektiv durch die Gesellschaft finanzierte Rundfunkunternehmen verfolgen also ganz deutlich auch gesellschaftsrelevante Ziele. Der Rezipient soll befähigt werden, am demokratischen Willensbildungsprozess aktiv und qualifiziert teilnehmen zu können. Diesem Zweck dienliche Programmteile werden dem Rezipienten quasi unabhängig davon, ob eine konkrete Nachfrage besteht, „vorgesetzt". Die Programmverantwortlichen wirken insofern als Elite, die für die breite Masse an Zuschauern und Zuhörern stellvertretend entscheiden, welche Programminhalte für das Publikum als sinnvoll, nützlich und förderlich erachtet werden. Die **Konsumentensouveränität wird also zum Teil ausgehebelt** und Paternalismus (hier: Bevormundung durch Gatekeeper)[45] greift (Vgl. Dreiskämper 2013, Kiefer 2005 oder Karmasin 2001 sowie Karmasin und Winter 2000 und 2001). Stimmen die Elitenentscheidungen mit den Kundenpräferenzen der breiten Masse überein, werden auch hohe Einschaltquoten erreicht. Stimmen sie nicht überein, werden die geringen Einschaltquoten mit gesellschaftlicher Themenrelevanz oder Nischenprogrammcharakter legitimiert.

> **!** **Merke:**
> **Kommerziell orientierte Medienunternehmen** bieten Mainstreamprogramme an, orientieren sich aber im Angebot an den Konsumentenpräferenzen der breiten Masse.
>
> **Gesellschaftlich refinanzierte Medienunternehmen** bieten neben Mainstream- auch Nischenprogramme an, orientieren sich in der Angebotsplanung aber elitär paternalistisch.

---

45 Die Chefredaktion übernimmt die Einschätzung, ob ein Thema Relevanz hat und was an dem Thema bedeutungsvoll ist. Berichte sind das Ergebnis von Selektionen (Entscheidungen, Filterungen, Reduktionen und Bearbeitungen).

Eine solche bipolare Positionierung der Medienunternehmen bildet die Realität in der Medienwirtschaft allerdings nicht angemessen ab. Sie verkürzt zu stark. So zählen beispielsweise Gamepublisher, private Rundfunkveranstalter, Filmproduzenten und die überwiegende Mehrzahl der Agenturen und Freiberufler eindeutig zu den renditeorientierten Medienunternehmen. Was aber ist mit den tagesaktuellen journalistischen Printmedienproduzenten, den Zeitungsverlagen oder den Zeitschriften- und Buchverlagen, die sog. Qualitätsprodukte publizieren?

Da auch diese Verlage privatwirtschaftlich agieren, privates Kapital zur Produktion einsetzen und die Programmaufwendungen über Markterlöse refinanzieren müssen, ist auch hier eine grundsätzliche Renditeorientierung stark zu vermuten. Aber trotz kommerzieller Ausrichtung unterscheiden sich diese – zumindest graduell – von den Anbietern von ausschließlich Mainstream-Inhalten. Diese vielleicht als Qualitätsmedienhersteller zu bezeichnenden Betriebe tarieren renditeorientierte und publizistische Ziele aus.

Dementsprechend können in einem Kontinuum zwischen absolut renditeorientierten und absolut informationsversorgenden (inhalteorientierten) Unternehmensleistungen drei unterschiedliche Typen von Medienunternehmen unterschieden werden (vgl. Schumann et al. 2014: 10 und hier Tab. 6.1):

1. **Medienunternehmen, die erwerbswirtschaftliche Ziele in den Mittelpunkt stellen** und ihre Gewinne maximieren wollen.

   Medienunternehmen, die erwerbswirtschaftliche Ziele in den Mittelpunkt stellen, sehen die publizistische Leistung als Nebenbedingung an, die erfüllt werden muss, um die ökonomischen Ziele erreichen zu können (z. B. private Rundfunkanbietende, Boulevardpresse-, Film-, Musik-, Onlinecontent-Produzenten, Mehrzahl der Agenturen und Freiberufler etc.).

2. **Medienunternehmen, die erwerbswirtschaftliche und publizistische Ziele austarieren** und gleichermaßen verfolgen.

   Medienunternehmen, die erwerbswirtschaftliche und publizistische Ziele austarieren (z. B. journalistische Qualitätspresse wie SPIEGEL, FAZ, Die Welt, taz etc.), verfolgen nicht die Maximierung ihrer Gewinne. Sie zielen ab auf eine angemessene Renditeerwirtschaftung[46] unter Berücksichtigung des öffentlichen Funktionsauftrags journalistischer Massenmedien: die aktuelle, faktenbezogene und professionelle Fremdbeobachtung relevanter Gesellschaftsbereiche. Allerdings zeigen diese Medien häufig auch Tendenzen, konsensuell gleichgeschaltete Elitenmeinungen zu vertreten und dabei den Auftrag im Sinne „des öffentlichen Interesses kritisch kontrollierend zu wirken" (Krüger 2020) aus den Augen verlieren.

---

46 Was eine „angemessene" Rendite ist, ist allerdings kaum objektiv festzulegen. Hilfsweise könnte die Höhe des jeweils aktuellen Kapitalmarktzinses zuzüglich eines individuell bemessenen Risikozuschlags herangezogen werden.

3. **Medienunternehmen, die den öffentlichen Funktionsauftrag der Massenmedien erfüllen müssen** und für die Versorgung der gesellschaftlich organisierten Bürgerschaft mit journalistisch relevanten Informationen und Unterhaltungsangeboten alimentiert werden (öffentlich-rechtliche Rundfunkanstalten).

Medienunternehmen, die einen öffentlichen Funktionsauftrag erfüllen müssen, definieren sich über ihre kommunikationsbezogenen Ziele, Menschen zu befähigen. Wirtschaftliche Ziele sind auf die Umsetzung des ökonomischen Prinzips beschränkt. Es dürfen keine Budgets verschwendet werden.[47]

Tab. 6.1 zeigt die verschiedenen Ausrichtungen dieser unterschiedlich stark kommerzialisierten Medienunternehmen.

Tab. 6.1: Ziel-Leistungsmatrix unterschiedlicher Typen von Medienunternehmen.

Zielorientierung	Leistung	Ausrichtung	Sachziel	Formalziel
primär rendite-orientiert	Informations- und Unterhaltungsangebote mit Mainstreamcharakter	privat-kommerziell	Ermöglichung von Eskapismus und Optimierung der Reichweite	Optimierung der Rendite
primär meinungs-orientiert	Informationsangebote unter Berücksichtigung von nicht monetär defizitären Nischen-Programmen	austariert zwischen Rendite und Qualität, privat-kommerziell	Informationsvermittlung, Entwicklung von Meinungshoheit und politische Meinungsbildung sowie Vermittlung von Handlungsmustern	Meinungsführerschaft, Optimierung der Reichweite und angemessene Renditeerwirtschaftung
primär befähigungs-orientiert	Bildungsorientierte, Mündigkeit und gesellschaftliche Teilhabe fördernde Inhalte, die Wissen, Werte, Normen und Wir-Gefühl vermitteln	non-kommerziell, öffentlich-rechtlich	Hilfe zur Alltagsbewältigung, gesellschaftliche Integration, Teilhabe an der politischen Willensbildung und Unterhaltung	gesellschaftlicher Funktionsauftrag bei Einhaltung von Kosteneffizienzvorgaben

Im Umfeld einer klassischen Medienbetriebslehre werden die publizistischen Normen – vor allem die der öffentlich-rechtlichen Medienunternehmen und des Pressewesens – nicht diskutiert. Diese Diskussion ist ggfs. dem Themenfeld, das das Medienmanagement bereitstellt, vorbehalten (vgl. Gläser 2021 oder Wirtz 2023) oder findet in der Publizistik und Politik statt. Deswegen konzentrieren sich die Ausführungen in

---

47 Wann „Budgetverschwendung" einsetzt oder welche Budgets in welcher Höhe für welche Programmteile verausgabt werden sollten, ist Gegenstand vieler, langwieriger und sehr kontrovers geführter Diskussionen.

dieser Publikation weitgehend auf rein ökonomische Zielkonzeptionen (zum Thema Ziele im Allgemeinen, betriebliche Zielbereiche, den Zielformulierungsbedingungen und Zielbeziehungen sowie zur Unterscheidung von Sach- und Formalzielen gibt Kapitel 2.3 Auskunft).

> **Merke:**
>
> **Primär renditeorientierte Medienunternehmen** bieten Informations- und Unterhaltungsangebote mit Mainstreamcharakter, um eine höchstmögliche Reichweite zu erzielen und damit eine bestmögliche Rendite zu erwirtschaften.
>
> **Primär publizistisch orientierte Medienunternehmen** bieten Informations- und Unterhaltungsangebote mit Mainstreamcharakter, aber auch Nischenprogramme an, soweit mit ihnen keine Verluste erwirtschaftet werden. Insgesamt soll eine höchstmögliche Meinungsmacht erzielt und eine angemessene Rendite erwirtschaftet werden.
>
> **Primär befähigungsorientierte Medienunternehmen** erfüllen einen gesellschaftlichen Funktionsauftrag, Hilfe zur Alltagsbewältigung, gesellschaftliche Integration, Teilhabe an der politischen Willensbildung zu sichern, sind alimentiert und können daher ein sehr breites Themenangebot produzieren, müssen aber kosteneffizient arbeiten.

Welche Fragen und Probleme im Umfeld der BWL zu diskutieren sind, zeigt die hier einschlägige basisökonomische Zielkonzeption. Diese Konzeption teilt die Zielbereiche u. a. in Erfolgsziele sowie Finanzziele und Leistungsziele ein (vgl. Tab. 6.2). Die Erfolgsziele gehören zu den Formalzielen, Finanz- und Leistungsziele sind ökonomischen Sachziele (zur Unterscheidung von Formal- und Sachzielen führt Kapitel 2.3.2 aus).

Auskunft über die wesentlichen in Tab. 6.2 abgebildeten Kennziffern gibt Band 3 dieser Publikationsreihe).

Tab. 6.2: Basisökonomische Zielkonzeption.

Erfolgsziele	Finanzziele	Leistungsziele
– Umsatzvolumen und -struktur	– Zahlungsfähigkeit	– Art und Struktur des Produktions- und Absatzprogramms
– betriebliche Wertschöpfung	– Kapitalstruktur	
– Kostenstruktur	– Kapitalbeschaffung	
– Gewinn	– Ausschüttungshöhe/-quote	– Faktor- und Produktqualitäten
– Rentabilität	– Struktur und Volumen des Investitions- und Finanzierungsprogramms	– Marktanteile
– Unternehmenswertsteigerung		– Produktions- und Absatzmengen
– etc.	– etc.	– Produktionsstandorte und Absatzwege
		– etc.

Anhand der Ziel-Leistungsmatrix und der Priorisierung ökonomischer Zielsetzungen können Medienunternehmen durchaus typologisiert werden.

? **Fragen/Aufgaben zu Kapitel 6.1**
1. Erklären Sie, wie in Bezug auf Medienunternehmen zwischen absolut renditeorientierten und absolut informationsversorgenden (inhalteorientierten) Unternehmensleistungen (abgestuft) unterschieden werden kann.
2. Erklären Sie bitte, warum es einen Unterschied macht, ob die Reichweitenoptimierung als Formalziel oder als Sachziel verfolgt wird.

Lösungshinweise finden Sie im achten Kapitel „Lösungsskizzen".

6.2 Zielsetzungen im Leistungsnutzen: Zwischen Funktion und Intensität

Medienunternehmen, die sich fragen, was sie herstellen wollen, um ihre formalen Ziele zu erreichen, können aus einer breiten Palette an Möglichkeiten wählen. Sie können Fakten kommunizieren, wie es bspw. die Nachrichtenagenturen machen, sie können Reportage, Dokumentationen, Features, Kommentare etc. veröffentlichen, wie es bspw. Printmedienverlage, RF-Anstalten und Online-Dienste tun. Sie können aber auch werbliche Produkte oder andere Inhalte (bildende, wissenschaftliche etc.) jedweder Art auf den Markt bringen.

Es kann auch anders gefragt werden: Soll „leichte Kost" oder sollen wissensorientierte Formate angeboten werden? Wird diese Frage aus der Perspektive der Nutzungsart gestellt, führt die Diskussion zu einer Differenzierung von Lean-back- oder Lean-forward-Medien, denn je nach Aufmerksamkeitsgrad beim Konsum zeigen sich unterschiedliche Haltungen. Welche Art des Leistungsnutzens die Kommunikatoren beim Konsumenten erreichen wollen, definiert schlussendlich die Ausrichtung der inhaltlichen Produktion, die in diesem Kapitel vorgestellt werden soll (vgl. Themenkasten).

Themen von Kap. 6.2: Zielsetzungen im technisch-funktionalen Nutzen der Mediengüter
Medienoutputs haben unterschiedliche Leistungsnutzen
Die inhaltliche Ausrichtung der Produktionsergebnisse zeigt die Wirkungsansprüche der Medienunternehmen.

Medienoutputs werden auf unterschiedliche Art genutzt
Die Konsumhaltung definiert die Medienwirkung.

Festgestellt wurde schon in Kapitel 3.3, dass es aus der Produktperspektive Sinn macht, zwischen Medienunternehmen im engeren und weiteren Sinne zu unterscheiden. Zu den Medienunternehmen im engeren Sinne werden die Unternehmen gezählt, die journalistische Produkte herstellen. Zu den Medienunternehmen im weiteren Sinne werden die Unternehmen gezählt, die unterhaltende Produkte oder Vorprodukte produzieren. Als „Unternehmen der Medienindustrie" werden ergänzend zu den ersten beiden Unternehmenstypen die Unternehmen bezeichnet, die im Bereich der Vervielfältigung, des Transports und der Vernetzung aktiv sind (vgl. Tab. 3.5 in Kapitel 3.3).

Dennoch stoßen Bemühungen, Unternehmensleistungen zu systematisieren auf große Widerstände, da zwar die Produkte (die Leistungen), nicht aber die Medienunternehmen anhand der produzierten Güternutzenfacetten typisiert werden können. Nur wenige Unternehmen sind tatsächlich so stark fokussiert, dass eine solche Einteilung Sinn ergeben würde.

Zielsetzung: Leistungsnutzen

Werden Leistungsnutzen von Medieninhalten geordnet, könnte die folgende Einteilung (vgl. Tab. 6.3) greifen:

Tab. 6.3: Typisierung der Medienoutputs nach Leistungsnutzen.

Produktwelt	Beispiel	Medienunternehmen
Information	Nachrichten, aktueller Zeitungsbericht, politische Reportage, Börseninformation, Podcast etc.	Aktuelle Printmedienverlage, Nachrichtenbüros, RF-Anstalten, Plattformbetreiber, Online-Dienste etc.
Unterhaltung	Spielfilm, TV-Show, Hörspiel, Home-Story, Game, Musik, Podcast	Verlage, RF-Anstalten, Filmproduzenten, Studios, Game-Entwickler, Plattformbetreiber etc.
Bildung	Schulbuch, Fachpublikation, Dokumentation, (Online-)Lexikon	Verlage, RF-Anstalten, Online-Dienste etc.
Werbung	RF-Spot, Anzeige, Plakat, Banner	Werbeagenturen, Grafiker, Texter, Verlage, RF-Anstalten
Public Relations	Broschüre, Pressemitteilung, Blog/Post, Website	PR-Agenturen, Bild-Agenturen etc.
Vorleistungen	Grafik, Foto, Design, Text, Filmschnitt	Freelancer, Agenturen, Produktionsunternehmen

Aus der Übersicht der leistenden Medienproduzenten wird deutlich, dass auch hier die klassischen Gattungsgrenzen aufgelöst sind. Hersteller von Printmedien (Zeitung, Zeitschriften, Plakate, Bücher) sind ebenso wie Hersteller von klassischen elektronischen Medien (Filme, TV- und Radiosendungen, Musik) und Hersteller von interaktiven elektronischen Medien (Internetgüter (Plattformangebote, Video- und PC-Spiele) mehrfach involviert.

Auch können die Güternutzen nicht immer einzelnen Kategorien zugeordnet werden: So bspw. die Produkte, die dem **Infotainment** oder dem **Edutainment** dienen.

–   Zum Infotainment, das sich aus den begriffen Information und Entertainment (Unterhaltung) zusammensetzt, gehören Medienangebote, die den Konsumieren-den sowohl informieren als auch unterhalten sollen. Hier wird Wissen auf eine unterhaltsame Art vermittelt. Beispielhaft wären hier die „TERRA X"-Reihe (ZDF) oder die ProSieben-Produktion „Galileo" zu nennen. Doch obwohl beide Sendun-gen zum gleichen Genre gezählt werden können, sind die qualitativen Unter-schiede zwischen den ZDF-Edel-Features und den eher niveauschwachen P7-Produktionen mehr als nur deutlich sichtbar.
–   Der Begriff Edutainment setzt sich aus den Wörtern Education und Entertain-ment zusammen. In diesem Segment werden Medien ausgespielt, die Unterhal-tung mit Bildung verbinden. Im engeren Sinne gehören neben vereinzelten TV-Programmen im Kinderprogramm vor allem Computerspiele oder Multimedia-Anwendungen dazu.

Obwohl die Grenzen der Leistungsnutzen deutlich verschwimmen, wird immer noch allgemein von TV-Veranstaltern, Zeitungsverlagen, Publishern oder Werbeagenturen gesprochen. Während allerdings vor Jahren derartige Bezeichnungen noch über das konkrete Bestätigungsfeld Auskunft gab, geht der Trend heute immer mehr in die Richtung, dass die Bezeichnung nur noch Hinweise auf das dominante Tätigkeitsfeld geben. Das Problem dieser Art der Abgrenzung nach Geschäftsfeldern ist auch bereits in den Ausführungen zur TIME-Industrie als intersektorales Konvergenzgebilde (vgl. Abb. 3.5 in Kapitel 3.4.2;) beschrieben worden.

> **!** **Merke:**
> **Informationsangebote** dienen der Wissensvermittlung und sind daten- und faktenbasiert.
>
> **Unterhaltungsangebote** dienen der Generierung von Kurzweil, Entspannung, Ablenkung und Zer-streuung. Sie sind weitgehend emotional aufgebaut
>
> **Infotainment-Angebote** dienen der Informationsvermittlung, werden aber mit Unterhaltungsattribu-ten ausgestattet, um eine höhere Reichweite zu generieren. Oft geht es darum, komplexe Sachverhalte aus Wissenschaft, Wirtschaft und Politik auf unterhaltende Weise zu vermitteln.
>
> **Edutainment-Angebote** beziehen sich auf Konzepte der Wissensvermittlung, bei dem die Inhalte spielerisch und gleichzeitig auch unterhaltsam vermittelt werden.

Zielsetzung: Nutzungsart

Ein anderer Versuch über Gütereigenschaften medienwirtschaftliche Zugehörigkeiten zu definieren, kann über die **Nutzungsart von Medien** versucht werden. Diese ist deutlich gekoppelt an den Leistungsnutzen. Wird auf die Nutzungsart abgestellt, kön-nen die sogenannten Lean-back-Medien von den Lean-forward-Medien unterschieden werden. Diese Bezeichnungen gehen auf die innere Haltung der Konsumierenden ge-

genüber dem Medieninhalt zurück oder können aufgrund der Körperhaltung der Mediennutzer während des Konsums abgeleitet werden.
- **Lean-back-Medien** sind geprägt von einer eher passiven und reaktiven Konsumption. Lean-back-Medien gehören zu den Zerstreuungsmedien.
- **Lean-forward-Medien** hingegen werden in der Regel aktiv genutzt; mitunter findet auch eine direkte Interaktion statt.

Auf diese Unterscheidung aufbauend, können Medien auch ihren vom Rezipienten abverlangten Konzentrationsniveau entsprechend systematisiert werden. Diese Perspektive führt zur Unterscheidung von Fokussierungsmedien und Zerstreuungsmedien.
- **Fokussierungsmedien** (Aufmerksamkeitsmedien) sind Medien, deren Nutzenhorizont auf die Aufmerksamkeit der Konsumierenden abstellt. Zu den Fokussierungsmedien gehören beispielsweise Nachrichtensendungen, informationsgetragene Printmedien, Blogs, aber auch Live-Events, Videospiele oder Fachbücher etc. Im Wesentlichen handelt es sich hier um Lean-forward-Medien.

Diese Medien fokussieren einerseits auf Wissensvermittlung, geben Alltagsorientierung und wirken transparenzschaffend und meinungsbildend. Sie ergänzen andererseits aber auch die individuellen Erfahrungen der Empfänger durch medial vermittelte Realitäten (vgl. Burkart 2002: 378 f.).

Soweit dieses Leistungsangebot durch journalistische Medien bereitgestellt wird, steht weniger der Erlebnis-, sondern mehr der rationale Charakter möglicher Medienwirkungen im Vordergrund. Soweit dieses Leistungsangebot über Unterhaltungsmedien transportiert wird, steht der aktive Interaktionsprozess oder die aktive Auseinandersetzung mit den Inhalteangeboten im Vordergrund. So bezieht sich dieser Interaktionsprozess in der Regel auf die Möglichkeit, Medieninhalte zu steuern; wie beispielsweise über die Nutzung von Links oder über Spielekonsolen.
- **Zerstreuungsmedien** sind Inhalteträger, die es dem Rezipienten aus einer passiven Haltung heraus ermöglichen, für sich selbst Kurzweil zu produzieren. Zu den Zerstreuungsmedien gehören Programmangebote (z. B. Entertainment- oder Infotainmentelemente etc.), die über das Fernsehen, das Radio, den Boulevardmedien, Social Networks und anderen Kommunikationsträgern zur Verfügung gestellt werden.

Der Nutzen für die Empfänger liegt darin, dass sie in einer Lean-back-Atmosphäre Zerstreuung und Ablenkung finden können. Zerstreuungsmedien ermöglichen es den Menschen, sich zu erholen, von der Arbeit abzulenken und sich so weit zu entspannen, dass sie ihre Probleme bzw. die Anforderungen in ihrem Leben bewältigen können (vgl. „Rekreationsfunktion der Medien" nach Ronneberger (1971) bzw. „Gratifikationsfunktion" nach Saxer (1974), Schenk (2007) und Teichert (1972/1973)).

Wenn es um Leistungsnutzen von Medien geht, darf eine dritte Produktkategorie nicht vergessen werden: die Werbemedien.

– **Werbemedien** sind alle Inhalteträger, die in direkter oder indirekter Art werblichen Zwecken dienen.

Je nach innerer Betroffenheit der Konsumierenden in Bezug auf die dargestellten Inhalte (= Involvement), können die Werbemedien (den Abverkauf steigernde Medien) zu den Fokussierungs- oder Zerstreuungsmedien zählen; in der Mehrzahl allerdings zu den Zerstreuungsmedien.

In Bezug auf die Werbemedien besteht die Aufgabe der vorleistenden Medienunternehmen in der Kreation und Produktion der Inhalte, die der publizierenden und damit Öffentlichkeit herstellenden Medienunternehmen besteht hauptsächlich darin, die vorproduzierten Medieninhalte zu distribuieren.

Für die werbetreibenden Unternehmen als Auftraggeber liegt das finale Leistungsangebot der Medien in der Absatzförderung bzw. der gezielten Stimulation von Warenkreisläufen etc. Der Nutzen für die werbetreibende Wirtschaft liegt in der (erhofften) Aufmerksamkeit der Rezipienten und in der Reichweite, die durch die Medieninhalte generiert wird. Der Nutzen aus Sicht der Werbebotschaftenempfänger kann informierender und/oder unterhaltender Art sein.

> **! Merke:**
>
> **Fokussierungsmedien** (Aufmerksamkeitsmedien) sind Medien, deren Erwartungs- und Nutzenhorizont auf die Aufmerksamkeit der Konsumierenden abstellt.
>
> **Zerstreuungsmedien** sind Inhalteträger, die es dem Rezipienten aus einer passiven Haltung heraus ermöglichen, für sich selbst Kurzweil zu produzieren.

Fazit: Die Übergänge zwischen informations- und unterhaltungsdominanten Elementen oder boulevardesken und wissenschaftlichen Themen innerhalb der einzelnen Medienkategorien sind ebenso fließend, wie die zwischen individuell und gesellschaftlich relevanten Inhaltenutzen. Gleiches gilt auch für die Nutzungsart der Medien. Denn wenn sowohl ein Zeitungsartikel als auch ein Kinofilm oder ein Ego-Shooter-Spiel zu den Fokussierungsmedien gehören und andererseits sowohl ein Gedichtband von Goethe als auch die US-amerikanische Horror-Splatter-Filmreihe „Saw" zu den Zerstreuungsmedien gezählt werden können, offenbart sich die Durchlässigkeit in dieser Perspektive.

Allein die Werbemedien können eindeutig abgegrenzt werden, da sie als „geschlossenes System" angeliefert bzw. in andere Medienprodukte oder Medienträger integriert werden. Zudem werden sie auf einem separaten Markt – dem Werbemarkt – gehandelt. Diese formale Abgrenzung ist so definitionsstark, dass es wenig relevant erscheint, dass auch Werbung informativ und/oder unterhaltsam sein kann bzw. ist. Werbung erfüllt eine parallel zu nicht-werblichen Contents bestehende Brückenfunktion zwischen Anbietenden und Nachfragern. Der Kern des Leistungsangebotes „Werbung" liegt in der Absatzförderung. Der Kern des Rezipientennutzens liegt in der Entscheidungshilfe, die angeboten wird.

Diese Durchlässigkeit mag gemessen an einem Wunsch nach Ordnung, frustrierend sein, entspricht aber der heute weitgehend gültigen Ausgestaltung des medienunternehmerischen Alltags: „Medieninstitutionen operieren [..] nicht in einzelnen Gattungen, sondern in Mediengattungs-Portfolios, wodurch es wenig zielführend ist, die klassische Clusterung beizubehalten" (Friedrichsen, Grübelbauer und Haric 2015: 20). Mit anderen Worten: Wenn die Modelle die Realität nicht mehr ausreichend widerspiegeln, verlieren sie an Schärfe und müssen geändert werden.

Frage zu Kapitel 6.2
Wie können die Outputleistungen von Medienunternehmen nach Nutzen und Nutzungsart unterschieden werden?

Lösungshinweise finden Sie im achten Kapitel „Lösungsskizzen".

[?]

6.3 Zielsetzungen im Leistungsanspruch: Zwischen Qualität und Kosten

Medienunternehmen müssen nicht nur entscheiden, was sie anbieten wollen, sondern auch, mit welchem Leistungsanspruch sie ihre Produkte auf den Markt bringen wollen. Ein Medienunternehmen muss also für sich entscheiden, ob es beispielsweise Bücher oder Filme, Games oder Musik etc. herstellen möchte. Es muss auch entscheiden, an wen sich die Güter richten, welche Aufgaben die Produkte erfüllen sollen und mit welcher Technologie die Güter produziert werden. So können beispielsweise Kinderbücher oder Fernsehdokumentationen für Naturliebhaber oder webbasierte Strategiespiele für den deutschen Markt produziert werden (vgl. Bühner 2004: 211). Entscheidungen in diesem Bereich betreffen die **Geschäftsfelder** eines Unternehmens. Werden diese Entscheidungen etwas abstrakter gebündelt, ergibt sich die Frage, WIE sie ihre Leistungsangebote zu etwas Besonderem machen wollen. Das heißt, es müssen **Wettbewerbsstrategien** definiert werden. Eine Wettbewerbsstrategie beantwortet die Frage, wie das Unternehmen Wettbewerbsvorteile gegenüber anderen Anbietenden auf dem Markt generieren möchte (vgl. zu diesem Thema auch das Kapitel Marketing in Band 3 dieser Publikationsreihe). Der nachfolgende Themenkasten umschreibt die inhaltlichen Schwerpunkte in diesem Kapitel.

Themen von Kap. 6.3: Zielsetzungen in Bereich des Leistungsanspruchs
Qualitätsmedien müssen als solche erkennbar sein
Medieninhalte, die sich positiv vom Standard abheben, begründen führende Medienmarken.

Qualitätsreduzierte Medien haben Kostenvorteile
Medieninhalte können inhaltlich oder produktionstechnisch kostengünstig produziert werden.

> **Spezialmedien können hochwertig oder qualitätsreduziert sein**
> Medieninhalte mit speziellen Inhalten können hochwertig oder kostengünstig produziert werden

Porter (vgl. Porter 2013: 75 ff.) unterscheidet hier drei **generische Wettbewerbsstrategien**, auf die in Band 2 noch genauer eingegangen wird. Nach Porter entscheiden sich Unternehmen alternativ für die Differenzierungsstrategie (häufig auch Qualitätsführerschaft genannt), die Kostenführerschaft oder die Nischenstrategie:

– **Differenzierung**: Unternehmen versuchen die besten (sich von Wettbewerbsprodukten abhebende) Produkte anzubieten. Produktmarken haben ihren Ursprung in dieser Strategie.

– **Kostenführerschaft**: Unternehmen versuchen, das Kostenmanagement zu optimieren, um kostengünstiger als die Wettbewerber zu produzieren und Preisvorteile am Markt generieren zu können. Diskountmarken und Massenwaren haben ihren Ursprung in dieser Strategie.

– **Nischenstrategie**: Unternehmen konzentrieren sich auf ein spezielles Leistungsprogramm. Hochspezialisierte Unternehmen begründen ihren Unternehmenserfolg auf diese Strategie.

Beide Entscheidungsbereiche, sowohl die geschäftsfeldstrategischen (was machen wir?) als auch die wettbewerbsstrategischen (mit welchem Anspruch produzieren wir?), haben deutlichen Einfluss auf die Ausgestaltung der betrieblichen Wertschöpfung und damit auch auf das Endergebnis. Die Wertschöpfungsarchitektur und die Qualität der ausführenden Aktivitäten innerhalb der Wertschöpfungsstufen (vgl. Kap. 6.4.1) bilden die Grundlage für jedes Leistungsergebnis. Die **Wertschöpfungsarchitektur** definiert die Produktspezifik (Eigenschaften). Sie bestimmt, ob beispielsweise Endprodukte oder Vorprodukte hergestellt werden und definiert damit auch, welche Ressourcen (Assets und Kompetenzen) im Unternehmen vorhanden sein müssen. Die konkrete Ausgestaltung der Aktivitäten innerhalb der Wertschöpfungskette konfiguriert hingegen die **Wertgenerierung** und damit die **Qualität des Outputs** (vgl. ausführlich zum Thema Strategietypen in Band 2 dieser Reihe).

> **!** **Merke:**
> **Differenzierer** bieten Produkte an, die sich qualitativ, vom Innovationsstand her oder über ihr Image von Wettbewerberprodukten abheben.
>
> **Kostenführer** bieten Produkte an, die über eine effiziente und kostenoptimierte Produktion so günstig, wie möglich produziert und i. d. R. preisgünstig angeboten werden.
>
> **Nischenanbieter** bieten hochspezialisierte Produkte auf Basis der Differenzierungs- oder auf Basis der Kostenführerschaftsstrategie an.

Differenzierer setzen hohe Ansprüche an ihre Produkte und Dienstleistungen. Sie wollen am Markt als Standardsetzer, als Qualitätsführer oder Innovatoren erkannt werden.

Dafür nehmen sie sich auch das Recht, höhere Preise zu fordern. **Kostenführer** setzen darauf, die Umstände der Produktion so auszugestalten, dass eine möglichst effizient aufgestellte Leistungskette zu geringstmöglichen Produktionskosten führt. **Nischenbesetzer** spezialisieren sich auf besondere Produktlösungen und können innerhalb der besetzten Nische sowohl als Differenzierer als auch als Kostenführer agieren.

Spezifität	Methode (Wettbewerbsvorteil)	
	Konsumentenperspektive	Unternehmensperspektive
branchenweites Angebot	*Differenzierung* Alleinstellung wahrnehmbarer, relevanter Leistungen (z.B. Produktion High-end-Medien; Investigative Inhalte)	*Kostenführerschaft* Maximierung der Effizienz; Minimierung der Kosten (z.B. Produktion von Kopien, Billigproduktionen)
Angebot im Marktsegment der Branche	*Fokussierung auf Nischenangebote* mit Differenzierungs- oder Kostenvorteilen	
	(z.B. Special Effects, hochwertige Technik und Materialien)	(z.B. Zweitverwertungen, Laieneinsatz, minderwertige Technik und Materialien)

Abb. 6.1: Generische Wettbewerbsstrategien von Medienunternehmen nach Porter.

Abb. 6.1 zeigt, dass die Strategie der Differenzierung eine Strategie ist, die darauf setzt, dass der Produktvorteil vom Kunden wahrgenommen wird. Die Strategie der Kostenführerschaft, kann, muss aber nicht vom Kunden wahrnehmbar sein. Die Kosteneffizienz kann inhaltlich oder produktionstechnisch ausgerichtet werden. Auch die Verfolger der Nischenstrategie sind in der Medienwirtschaft für den Konsumenten nicht zwingend erkennbar.

Anders als in der Konsumgüterindustrie, in der Markenwaren oft relativ leicht von Nachahmerprodukten unterschieden werden können und Spezialangebote häufig nur in speziellen Einzelhandelsgeschäften zu bekommen sind, ist die Situation in der Medienwirtschaft für Letztnutzer nur bedingt transparent. Dies liegt zum einen an der Informationsasymmetrie (vgl. Kap. 5.3) und der damit verbundenen Bewertungsunsicherheit und zum anderen daran, dass die Unterschiede in den Produktionskosten nicht zwingend auch zu unterschiedlichen Marktpreisen führt. Ein schlechter Kinofilm, ein schlecht geschriebenes Buch oder eine unseriös geschriebene Zeitung/ Zeitschrift kann im Prinzip genauso teuer verkauft werden, wie ihre guten Pendants. Die produktionsinterne Kostensituation wird nach außen so gut wie überhaupt nicht sichtbar, da die Produktpreise, die am Markt gefordert werden, nicht eindeutig an die Kostensituation gekoppelt sind. Zudem sind die Qualitätsmerkmale schwierig zu objektivieren (was dem einen „gefällt" ist für andere „nicht ausreichend"). Qualität beruht häufig auf subjektiven Einschätzungen.

Auch die Nischenanbieter können, müssen für den Letztverbraucher aber nicht sichtbar sein. Eine thematisch hochspezialisierte Zeitschrift ist sicherlich als Nischenanbieter erkennbar. Ob aber eine Dokumentation, ein Blog oder ein sonstiger Inhalt von einem Spezialisten, der sich mit keinem anderen Thema beschäftigt kreiert wurde, weiß der Rezipient nur in Ausnahmefällen, denn es setzt spezifisches Wissen voraus. Soweit diese Lieferanten Vorleistungen für nachgeschaltete Medienunternehmen erbringen, ist die Nischenposition hingegen für die Leistungsempfänger offensichtlich. In diesem Sinne werden sich die Differenzierer eher der Angebote bedienen, die von wertproduzierenden Nischenanbietern offeriert werden und die der Kostenführerstrategie folgenden Unternehmen eben nicht.

Fragen/Aufgaben zu Kap. 6.3
1. Wie können sich die Produkte und Dienstleistungen hinsichtlich des strategischen Anspruchs der Leistungserbringer an ihre Güter grundsätzlich unterscheiden?
2. Warum ist diese Unterscheidung in der Medienwirtschaft nur bedingt von Bedeutung?

Lösungshinweise finden Sie im achten Kapitel „Lösungsskizzen".

6.4 Zielsetzungen in der Leistungserstellung: Zwischen Fokussierung und Integration

Wenn darüber entschieden wurde, welches Ziel die Leistungserstellung haben soll, welcher Nutzen durch die eigenen Produkte vermittelt werden soll und welche Ansprüche an die eigenen Leistungen gestellt werden, öffnet sich ein viertes Entscheidungsfeld für Medienunternehmen: Es muss darüber entschieden werden, wie eng oder wie breit die eigenen Produktionsaktivitäten ausgestaltet werden sollen. Mit anderen Worten: Welche Tätigkeiten im Wertschöpfungsprozess soll das Unternehmen übernehmen? Fokussiert es sich auf einzelne Teilbereiche der Wertschöpfung oder übernimmt es die gesamten Aktivitäten, die durchgeführt werden müssen, um ein Produkt von der Idee bis zur Veröffentlichung zu bringen? Der nachfolgende Themenkasten umschreibt die inhaltlichen Schwerpunkte in diesem Kapitel.

Themen von Kap. 6.4: Die Leistungserstellung umschreibt den Wertschöpfungsprozess
Das Modell der Wertschöpfungskette gilt nur formal für alle Unternehmen
Die Generierung von Werten in Unternehmen kann einheitlich modelliert, muss aber spezifisch modifiziert werden.

Die Informationswirtschaft generiert Kundenwerte ohne materiellen Input
Wenn Informationen die Geschäftsgrundlage sind, ändert sich das Wertschöpfungsmodell grundlegend.

Fokussierer begrenzen ihre wertschöpfenden Aktivitäten
Nischenanbieter fokussieren ihre Wertschöpfungsaktivitäten auf Spezialbereiche in der Produktion.

Generalisten bilden ein breites Tätigkeitsspektrum ab
Die Leistungsbreite und Leistungstiefe von Medienunternehmen kann höchst unterschiedlich ausgeprägt sein.

6.4.1 Der Wertschöpfungsprozess im Allgemeinen und Speziellen

Die Wertschöpfung ist ein zentraler Vorgang in der betriebswirtschaftlichen Betrachtung von Unternehmen. Die Wertschöpfung entsteht in einem Prozess von Teilaktivitäten, in dem von außen zugeführte Inputfaktoren in marktfähige Güter transformiert werden. Die Art und Weise, wie die Transformation organisiert ist und auf welchem Qualitätsniveau sie stattfindet, begründet Stärken oder Schwächen von Unternehmen (vgl. Porter 2014). Das Konzept der Wertschöpfungskette ist von Porter als Instrument zur Identifikation von Wettbewerbsvorteilen entwickelt worden (vgl. Macharzina und Wolf 2008: 305).

Die Ausgestaltung und der Umfang der Wertschöpfungskette kann aber auch zur Typisierung von Unternehmen, Branchen, Branchenzugehörigkeiten oder zur Klassifizierung strategischer Unternehmensausrichtungen eingesetzt werden. Diese Aspekte sollen im Folgenden untersucht werden.

Im engeren Sinne bezeichnet die BWL mit dem Begriff **Wertschöpfung** die Differenz zwischen den von einem Unternehmen geschaffenen Werten und den von außen in den Produktionsprozess zugeführten Güterwerten vorgelagerter Produktionsstufen. Dieses Begriffsverständnis wird auch als **innerbetriebliche (intraorganisationale) Wertschöpfung** bezeichnet. Davon abgegrenzt wird die **überbetriebliche (interorganisationale) Wertschöpfung** die den Entstehungsweg eines Produktes von der Urproduktion bis zur Nutzung abbildet. Sie kann sowohl mehrere Unternehmen als auch mehrere Branchen umfassen. (Vgl. Porter 2014: 63 ff.)

Ein Beispiel für die **intraorganisationale Wertschöpfung** wäre die Produktion einer Website, die von der Recherche bis zur Onlinestellung ins Internet durch ein einziges Unternehmen vorgenommen wird. Ein Beispiel für eine **interorganisationale Wertschöpfung** wäre die Zeitungsproduktion, mithilfe fremder und eigener Zulieferungen (Beiträge) sowie der technischen Produktion (Drucklegung) und Verteilung durch externe Partner. Auch der gesamte Produktionsprozess ausgehend von der Erdölförderung bis hin zum Produkt DVD-Schutzhülle wäre ein Beispiel für die interorganisationale Wertschöpfung.

> **!** **Merke:**
> **Wertschöpfung** entsteht in einem Prozess von Teilaktivitäten, in dem durch eigene Aktivitäten mit oder ohne von außen zugeführte Inputfaktoren marktfähige Güter entstehen. Sie stellt einen intraorganisationalen oder interorganisationalen Transformationsprozess dar. Werttechnisch ist sie die Differenz zwischen den von einem Unternehmen geschaffenen Werten und den von außen dem Produktionsprozess zugeführten Güterwerten. Kurz: Wert des produzierten Ergebnisses abzüglich der integrierten Vorleistungen anderer Unternehmen bzw. Leistungen vorgelagerter Produktionsstufen.

Porter hat die betriebliche Organisation des Wertschöpfungsprozesses als erster allgemein – wie in **Abb. 6.2** (in Anlehnung an Porter 2014: 64) dargestellt – modelliert. Der Verdienst dieser Darstellung liegt darin, dass dieses Modell so konzipiert ist, dass es auf eine prinzipielle Art die grundlegende Wertschöpfungsarchitektur (Value Chain) jedes Unternehmens abbildet. Werden die Wertketten mehrerer Unternehmen hintereinandergeschaltet, zeigt sich die interorganisationale Wertkette als Ergebnis verschiedener Wertkettenstufen (Supply Chain).

Das Modell in Abb. 6.2 (oberer Darstellungsbereich: die Value Chain) differenziert die komplette Wertschöpfungsaktivität eines Unternehmens in zwei unterschiedliche Bereiche. Ein Bereich ist durch waagerechte Strukturen, der andere Bereich durch senkrecht angeordnete Strukturen dargestellt. Porter nennt diese beiden Typen von Wertschöpfungsaktivitäten: die unterstützenden und die primären Unternehmensaktivitäten (vgl. hier und folgend Porter 2014: 62–73):

- **Primäre Aktivitäten** befassen sich mit der physischen Herstellung des Produktes, dessen Verkauf und Übermittlung an den Abnehmer sowie dem Kundendienst.
- **Unterstützende Aktivitäten** begleiten die objektorientierten Aktivitäten und bilden das betriebliche Korsett, das betriebsüberspannend wirkt.

Die Art und Weise, wie die Strukturen gelebt und wie die Wertaktivitäten ausgeführt werden ist entscheidend dafür, ob das Unternehmen Wettbewerbsvorteile kostentechnischer oder qualitativer Art generiert oder nicht.

Der untere Bereich in Abb. 6.2 bildet die gesamte Wertschöpfungschronologie als Gliederkette aller an der Entstehung eines Produktes beteiligten Unternehmen ab (die Supply Chain).

Auf Medienunternehmen übertragen, zeigen die **unterstützenden Aktivitäten** keine wesentlichen Besonderheiten im Vergleich zu Unternehmen anderer Branchen:

- Im Bereich der **Unternehmensinfrastruktur** geht es um eine ganze Reihe von Aktivitäten. Dazu gehören die Tätigkeiten im Umfeld der Geschäftsführung, Controlling, Investition und Finanzen, Rechnungswesen, Rechtsfragen etc. Diese Aktivitäten steuern sowohl einzelne Unternehmenseinheiten (z. B. Konzerngesellschaften) als auch die Ebenen in den einzelnen Unternehmenseinheiten sowie die Beziehungen zwischen den sekundären Ebenen und Phasenaktivitäten im primären Bereich.

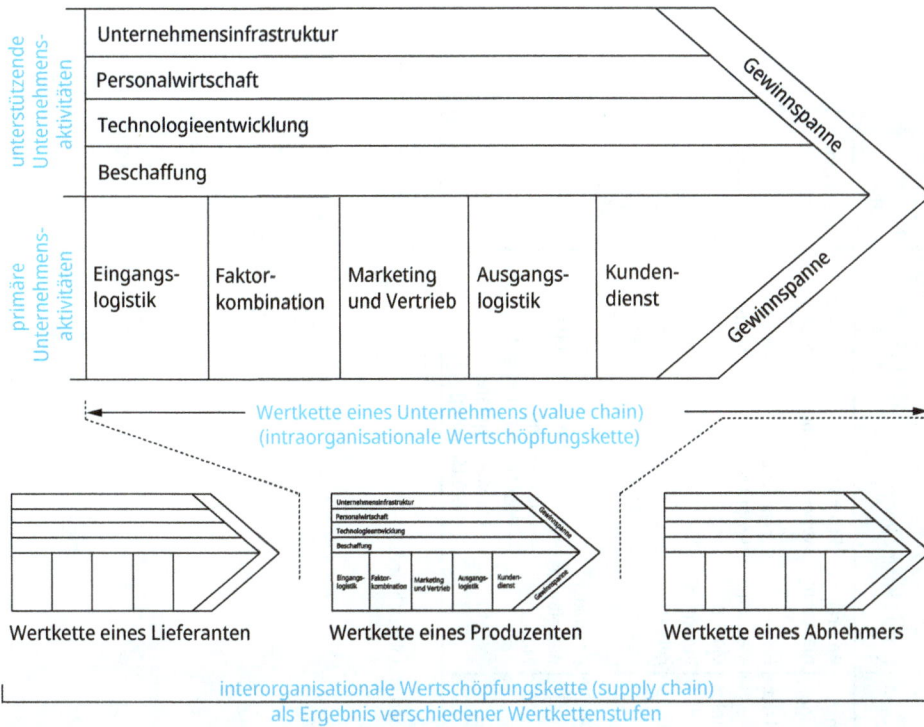

Abb. 6.2: Intra- und interorganisationales Wertkettenmodell nach Porter.

– Im Bereich **Personalwirtschaft** geht es um alle Konzepte und Tätigkeiten im Umfeld mit der Rekrutierung, Einstellung, Aus- und Fortbildung und Freisetzung jedweder Art von Personal.
– Im Bereich der **Technologieentwicklung** geht es darum, verwendete Technologien, Verfahren, Know-how, Arbeitsabläufe etc. zu definieren und zu optimieren. Auch der Bereich Forschung & Entwicklung gehört in diesen Bereich.
– Im Bereich der **Beschaffung** geht es darum, betriebsübergreifend Einkaufsmethoden, Richtlinien und Kompetenzen zu definieren (es geht nicht um den konkreten Einkaufs von Inputs, der von der primären Betriebsfunktion Eingangslogistik erledigt wird).

Die **primären Aktivitäten** sind hingegen unternehmensspezifisch ausgestaltet. Abb. 6.3 zeigt den Ausschnitt „primäre Aktivitäten" aus Abb. 6.2, wie er auf einen generischen (allgemein, unspezifisch modellierten) Medienbetrieb übertragen werden kann (vgl. in Anlehnung an Wirtz 2023: 76). Diese Prozessdarstellung modelliert den medialen Wertschöpfungsprozess der Entstehung, Herstellung und Vermarktung von Medienprodukten ohne Berücksichtigung gattungsspezifischer Ausprägungen am Beispiel der klassischen Wertschöpfungskette. Sie stellt also die primären Aktivitäten innerhalb eines

Eingangs-logistik	Generierung von Content / Faktorkombination (Produktion Ur-Master)		Bündelung	Marketing und Vertrieb		Ausgangs-logistik	Kunden-dienst
Programm-vorplanung: – Ideen-Entwicklung – Informations-beschaffung – Rechte-einkauf für Textbeiträge, Filme, Fotos etc.	Programm-planung: – Themen – Art – Inhalt – Länge	Programm-realisierung: Kreativproduktion (Urheberleistungen) – Eigenproduktion – Co-Produktion – Koordination der Fremdproduktions-einheiten	Programm-fertigstellung: – Auswahl der Produkt-bestandteile – Redaktion – Lektorat – Layout – Design – Verpackung	Programm-marketing: Preis- Mengen-planung Kommuni-kation Lizenz-handel Produkt-begleitende MaFo	Programm-vervielfältigung: technische Produktion materieller Kopien – Druck – Pressung elektronische Übermittlung: – Ausstrahlung – Web-Hosting (Upload) – techn. Endgeräte (Bereitstellung)	Programm-verteilung: logistische Distribution – Kanalwahl – Direktvertrieb – Indirekter Vertrieb	Programm-begleitung: Hotlines, Services für Konsumenten und Werbe-kunden, Add-on-Leistungen
ggfs. Werbe-akquisition		ggfs. Aufbereitung der Werbeträger	ggfs. Werbe-platzierung				

Kunde

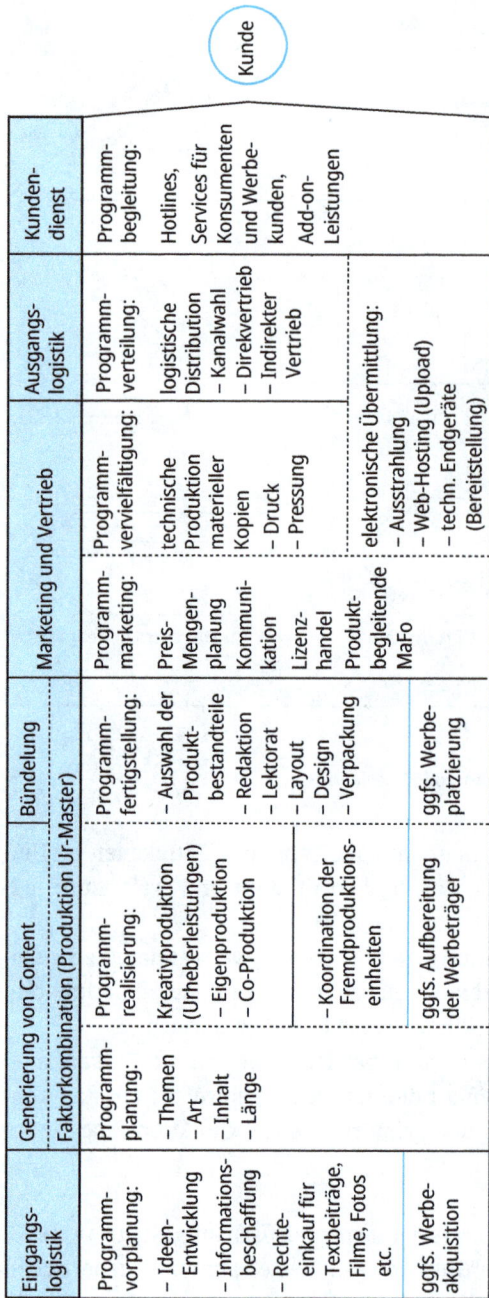

Abb. 6.3: Primäre Wertschöpfungsaktivitäten eines generischen Medienunternehmens.

generischen Medienunternehmens aus einer abstrakt gedachten Medienbranche dar. Dieser primäre Bereich visualisiert ausschließlich die an der Leistungsentstehung direkt beteiligten Unternehmensaktivitäten und wird im Folgenden beschrieben.

– **Eingangslogistik**: In der ersten Phase werden konkrete Umsetzungsideen recherchiert und ausgearbeitet, fertiger Content aus eigenen Quellen (z. B. Archivmaterial, eigenes Programmvermögen) organisiert, Rechte eingekauft (Abdruckrechte, Ausstrahlungsrechte etc.) bzw. die Herstellung neuen Contents beauftragt und ggfs. allgemeine und kontextbezogene Werbeaufträge akquiriert.

– **Faktorkombination**: Die zweite Phase, in der die grundsätzliche Make-or-Buy-Problematik entschieden wird, umfasst drei Stufen und ist nicht identisch mit der Phase der Produktion in der herkömmlichen Sachgüterindustrie. Hier werden anders als üblich, nicht alle Produktionsaktivitäten zusammengefasst, sondern es erscheint vorteilhaft, hier zwischen planerischem Tun, konkretem Kreieren/Produzieren und Ausgestalten (auch Bündelung oder Kompilation genannt) zu unterscheiden. Ein weiterer deutlicher Unterschied zur herkömmlichen Sachgüterindustrie liegt vor allem darin, dass Medienunternehmen in dieser Phase die **Urmaster** produzieren; nicht das Massenprodukt.

  – Auf der **1. Stufe** der Faktorkombination (**konzeptionelle und planerische Aktivitäten**) werden die Produkte (Zeitungsausgabe, RF-Sendung, Film etc.) oder Produktbestandteile (Bericht, Beitrag, Bild, Interview etc.) des Programms (Zeitungskonzept, Sendeplätze) konkret konzipiert und geplant. Hier wird entschieden, welche Themen mit welcher inhaltlichen Ausrichtung bearbeitet werden sollen, in welcher Länge, welchem Stil etc. Diese Stufe umfasst die Programmplanung.

  – Auf der **2. Stufe** der Faktorkombination (**herstellende Aktivitäten**) findet die Kreation (urheberschaftliche Leistungen) z. B. durch Autoren etc. statt oder die technische Produktion der Produktbestandteile (z. B. durch Fotografen, Filmschaffende etc.). Die technische Produktion wird üblicherweise in die Phasen Pre Production, Production und Post Production unterteilt. Die kreative Umsetzung kann unternehmensintern oder in Co-Produktion mit Externen realisiert werden. Begleitend findet die organisatorische Koordination der eigenen und fremden Herstellungsaktivitäten statt. Soweit Werbeplatzierungen im Medienprodukt vorgesehen sind, kann hier auch die technische Aufbereitung der Werbemittel durchgeführt werden. Die Stufe umfasst die Programmrealisierung.

  – Auf der **3. Stufe** der Faktorkombination (**ausgestaltende Aktivitäten**) findet die sogenannte Bündelung (auch Packaging oder Kompilation genannt) statt. Dieses beinhaltet alle Tätigkeiten, die im Zusammenhang mit der Gestaltung der Produkte zu marktfähigen Endprodukten stehen. Hier werden die Printprodukte (z. B. Zeitung, Zeitschrift) ressort- und artikelbezogen zusammengestellt, Sendeabläufe (z. B. TV, Radio) festgelegt, Design und Titel erarbeitet, ggfs. Verpackungen konzipiert (z. B. bei materiellen Endprodukten wie eine

Musik-CD) und auch ggfs. akquirierter Werberaum platziert (bei werbefinanzierten Medien). Das schlussendlich aus seinen Einzelelementen zusammen-
gestellte Endprodukt entsteht. Dieses wird **Urmaster** genannt.. Diese Stufe
umfasst die Programmfertigstellung.

Damit ist die Faktorkombination als Gesamtphase abgeschlossen. Das Medium (Urmaster) ist hergestellt. Ein Unikat ist als Einzelfertigung (vgl. Kap. 5.7) entstanden

– **Marketing und Vertrieb**: In dieser Phase sind die Aktivitäten darauf ausgerichtet, die Programme marktgerecht bereitzustellen. Zu unterscheiden sind Aktivitäten, die in das Aufgabenfeld des Marketings gehören und Aktivitäten, die dem
Vertrieb zugeordnet werden können.

  – Das **Marketing** umfasst Entscheidungen zum Produkt oder Produktpro-
gramm. Dazu werden Marktanalysen herangezogen, die Auskunft über die
Kundenakzeptanz und die Produktreputation geben. Des Weiteren werden
Entscheidungen zum Preis-Leistungs- und Preis-Mengenverhältnis getroffen.
In diesem Entscheidungsfeld geht es um Fragen der Qualität, der Kosten, der
Reichweite und der Einnahmensicherung. Auch die Programmkommunika-
tion ist hier verortet. In diesem Entscheidungsfeld geht es darum, die Be-
kanntheit und das Image zu steuern. Auch der Lizenzhandel (Verkauf von
konfiguriertem Content an Zweitverwerter) ist Bestandteil dieser Phase.
Diese Teilstufe umfasst die das Programmmarketing.

  – Der **Vertrieb** umfasst Entscheidungen zur Mengenoptimierung (Reichweite),
zur Lagerhaltung (Speicherung) und zur Sicherstellung der Versorgung der
Kunden mit Produkten in der gewünschten Anzahl und die Auswahl und Ausgestaltung der Absatzkanäle.
Hinsichtlich der Vertriebsaktivitäten muss allerdings zwischen dem Vertrieb
materieller Produkte und immaterieller Produkte unterschieden werden.

    – Zur Vertriebsaktivität im Umfeld **materieller Produkte** gehört die Ver-
vielfältigung des Urmasters; also die Herstellung des Massenproduktes.
Dies geschieht durch den Druck (Printprodukte) oder durch die sogenannte Pressung (z. B. CD-/DVD-Produktion).

    – Im Umfeld **immaterieller Produkte** (elektronische Medien) entfällt der
Vervielfältigungsschritt. Hier ist die Vervielfältigung an die Bereitstellung
des Produktes (z. B. Ausstrahlung von Rundfunkprogramm oder Web-
Hosting von Internetcontent) geknüpft und fällt mit der logistischen Auslieferung auf der Stufe der Ausgangslogistik zusammen. Hier bildet die
„Vervielfältigung" eine Einheit mit der logistischen Distribution (Pro-
grammverteilung).

– **Ausgangslogistik**: Diese Phase ist durch die Verteilung der Endprodukte an die
Zielgruppen gekennzeichnet oder auch die Übertragung der Inhalte an Archive
und sonstige Adressaten. Welche **Kanäle** die logistische Auslieferung zum Kunden (Konsument oder Unternehmen) nutzt, ist vom Unternehmen zu entscheiden.

Gewählt werden können unterschiedliche physische Verteilernetze für materielle Güter (Eigenvertrieb oder Vertrieb über den Handel) oder elektronische Leitungs- oder Funknetzwerke für die digitalen Güter (via Terrestrik, Satellit, Kabel, Online oder Mobile).

Die **Vertriebsform** kann auf zwei unterschiedlichen Wegen erfolgen.

- Entweder verteilen die Produzenten ihre (physischen oder immateriellen) Produkte selbst. In diesem Fall liegt **direkter Vertrieb** vor (vgl. Band 3).
- oder es werden Handelsorganisationen (z. B. Großhandel, Einzelhandel) bzw. (lizenzierte, entgeltzahlende) Plattformen o. ä. eingeschaltet. In diesem Fall liegt **indirekter Vertrieb** vor (vgl. Band 3).
- **Kundendienst:** Die den vom Medienunternehmen beeinflussbaren Wertschöpfungsprozess abschließenden Aktivitäten umfassen eine Vielzahl von Serviceleistungen für Konsumenten, Werbungtreibende oder sonstige Kunden. Hierunter fallen programmbegleitende Informationen, Hotlines, (digitale) Add-On-Leistungen und sonstige Hilfestellungen und Kundenbindungsaktivitäten. Diese Wertschöpfungsstufe umfasst die Programmbegleitung.
- **Kunde:** Die finale Wertschöpfungsstufe im Gesamtprozess von der Idee bis zur Wirkung endet mit dem Endnutzer. Erst wenn er die Angebote nutzt, entsteht Wirkung. Diese Stufe liegt aber nicht mehr im Einflussbereich des Medienunternehmens. Insofern kann, muss diese Stufe aber nicht im Prozess berücksichtigt werden.

> **Merke:**
> **Primäre Wertschöpfungsaktivitäten** liefern einen direkten wertschöpfenden Beitrag zur Erstellung eines Produktes oder einer Dienstleistung. Die primären Wertschöpfungsstufen (Eingangslogistik, Produktion, Ausgangslogistik, Marketing und Vertrieb sowie Kundenservice) bauen dabei aufeinander auf und sind immer kundenbezogen
>
> **Sekundäre Wertschöpfungsaktivitäten** dienen der Aufrechterhaltung der primären Wertschöpfungsaktivitäten. Sekundäre Wertschöpfungsaktivitäten (z. B. Management, Controlling, Personalwirtschaft etc.) haben unterstützende Funktionen für den Wertschöpfungsprozess und arbeiten eher ohne Kundenbezug.

Im Zuge der Digitalisierung, sowie der Fokussierungsstrategien im Konzernverbund (vgl. Kap. 6.4.2 und 6.4.3) haben sich die Wertschöpfungsarchitekturen innerhalb einzelner Medienunternehmen teilweise erheblich geändert. Im Falle der Desintegration von Tätigkeitsfeldern wird die klassische Aufeinanderfolge der primären Aktivitäten auf verschiedene Unternehmen verteilt. **Desintegration** bedeutet hier, dass Unternehmen Tätigkeiten outsourcen. Dieser Umstand wird auch **Externalisierung von Wertschöpfungskettenaktivitäten** genannt. Werden Aktivitäten auf externe Partner ausgelagert, kann das über Marktlösungen geschehen (Kooperation nicht verbundener Unternehmen) oder über Konzernlösungen (Kooperation verbundener Unternehmen) (vgl. Miroschedji 2002: 128). Die Auslagerung kann so weit ausgestaltet werden, dass letztendlich virtuelle Unternehmen entstehen. **Virtuelle Unternehmen** zeichnen sich dadurch aus, dass sie als rechtlich und wirtschaftlich unabhängige Unternehmen aufgabenbezogene Tätigkeiten in einem gewissen Zeitraum durchführen und dass sich dieser Geschäftsverbund danach wieder auflöst (vgl. Keuper 2010). Das kann eine probate Organisationsform im medienwirtschaftlichen Umfeld von Mehrfachverwertungen sein, aber ist auch eine ökonomisch interessante Antwort auf die sich immer stärker verkürzenden Produktlebenszyklen und die hohe Dynamik im technologischen Umfeld von Medienprodukten. So entstehen unterschiedliche Zuständigkeiten innerhalb der Wertschöpfungskettenarchitektur, die hochspezialisierte oder sehr flexibel reagieren könnende Medienunternehmen übernehmen. Ein Beispiel für eine modulare Wertschöpfungskette, die real oder virtuell ausgestaltet werden kann zeigt Abb. 6.4.

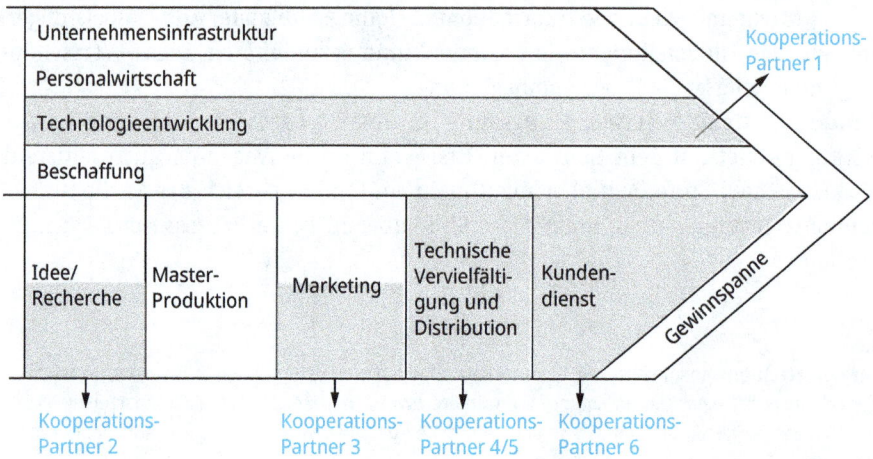

Abb. 6.4: Modulare (realwirtschaftliche oder virtuelle) Wertschöpfungskette.

Die in Abb. 6.4 dargestellte Wertkette, die als Orchesterorganisation bezeichnet werden kann (vgl. Bieger und Reinhold 2011: 39) zeigt auf, dass lediglich die Masterproduktion eigenständig durch das federführende Medienunternehmen durchgeführt wird. Der Bereich der Initiierung und der des Marketings erfolgt in Co-Aktivitäten. Die technische Vervielfältigung, die Bereitstellung der Medieninhalte und den Kundendienst übernehmen Kooperationspartner in Gänze. Ist diese Art der Kooperation auf die einmalige Herstellung und Verbreitung eines Inhaltes begrenzt, werden eher virtuelle Unternehmensverbünde (Verbünde, die lediglich über Informations- und Kommunikationstechnologien miteinander verbunden sind) bestehen. Wird auf Dauer so organisiert, liegt es nahe, realwirtschaftliche Verbünde aufzubauen.

> **Merke:**
> **Wertschöpfungsaktivitäten können internalisiert werden.** Dies ist dann der Fall, wenn ein Unternehmen bisher nicht durchgeführte Wertschöpfungsaktivitäten in den eigenen Wertschöpfungsprozess einbringt und ausführt.
>
> **Wertschöpfungsaktivitäten können externalisiert werden.** Dies ist dann der Fall, wenn ein Unternehmen bisher durchgeführte Wertschöpfungsaktivitäten auslagert und an Kooperationspartner übergibt. Eine solche Wertschöpfungsarchitektur wird auch Orchesterorganisation genannt. Diese kann in realwirtschaftlichen Verbünden durchgeführt werden (i. d. R. dauerhafte Produktionsgemeinschaften) oder als virtuelle Unternehmen (zweckgebundenes Netzwerk auf Zeit).

Völlig anders organisiert sich eine Wertschöpfungskette heute, wenn rein digitale Wertschöpfung betrieben wird. **Digitale Wertschöpfung** entsteht in reiner Form, wenn das Geschäftsfeld aus dem Handel mit Informationen oder digitalisierten Produkten besteht. Solche Geschäftsmodelle haben die **Digitale Wirtschaft** entstehen lassen.

Als eine der am frühesten, schnellsten und nachhaltigst durch die **digitale Transformation** beeinflussten Branchen gilt die Medienbranche (vgl. hier und folgend Altmeppen et al. 2023). Medienprodukte sind Informationsprodukte und damit bestens geeignet für die digitale Wertschöpfung. Auch die Geschäftsmodelle innerhalb der Medienwirtschaft sind weitgehend digitalbasiert: das Sammeln, Organisieren, Verarbeiten und Bereitstellen von Informationen erfolgt digital; so z. B. die Beschaffung der Inputfaktoren (Recherche, Rechteeinkauf etc.), die Verarbeitung der Produktionsfaktoren (digitale Filmproduktion, Erstellung des Zeitungsmasters etc.) bis hin zur Distribution der Outputs (Content-Streamings oder -Uploads).

Ist die **Information** die **Handelsware**, benötigen die anbietenden Unternehmen keine Assets im herkömmlichen Sinne oder nur sehr wenige. Airbnb verfügt über keine Hotels und Betten, ist aber ein führender Vermittler für Unterkünfte. Uber hat keine Autos, ist aber mittlerweile ein internationaler Online-Vermittlungsdienst für die Personenbeförderung. Immo-Scout24 oder McMakler besitzen keine Häuser, sind aber Big Player in der Vermittlung von Immobilien und Wohnraum. WhatsApp und Facebook organisieren Kommunikation, besitzen aber keine Inhalte.

Die Wertschöpfung dieser Unternehmen basieren auf dem **Informationsdreisprung**. Der Informationsdreisprung beinhaltet die Informationssammlung, die Informationsverarbeitung und die Informationsübertragung (vgl. hier und fortfolgend Kollmann 2016: 521 f.). Auf diesem Grundmodell basieren nicht nur die Geschäftsmodelle der Suchmaschinen, sondern auch alle Wertschöpfungsaktivitäten von e-Shops im Umfeld des e-Commerce. Abb. 6.5 (in Anlehnung an Kollmann 2016: 51) zeigt, wie die Wertkettenarchitektur im primären Bereich der Wertkette in der Digitalen Informationsökonomie (z. B. in der **Plattformökonomie**) organisiert ist.

Es fällt auf, dass in der elektronischen Wertschöpfungskette **keinerlei physische Wertkettenbestandteile** existieren und dass die Chronologie der Prozesse aufgelöst ist, da auf Basis der Algorithmen Zeitausdehnungen keine wahrnehmbaren Formen

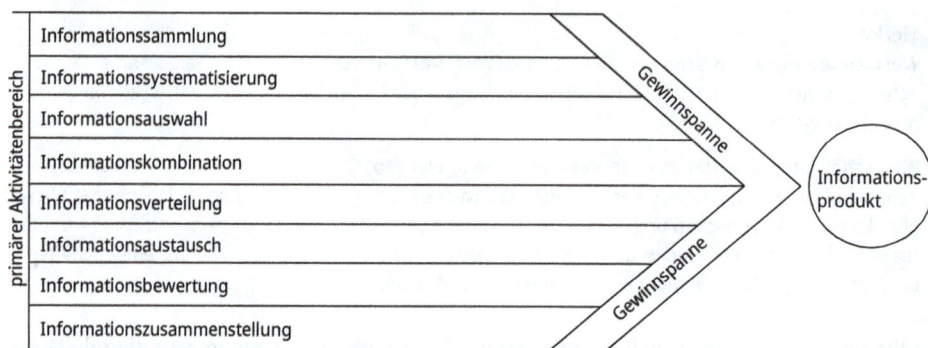

Abb. 6.5: Elektronische Wertschöpfungskette in der Digitalen Wirtschaft.

annehmen. Das Ergebnis besteht in der effektiven und effizienten Generierung von potenziell sechs Kundenwerten (vgl. Abb. 6.6):

– dem **Strukturierungswert**: Generierung von Übersicht über die Inhalte
– dem **Selektionswert**: Angebot von Auswahlmöglichkeiten aus gegebenen Information
– dem **Kommunikationswert:** Ermöglichung eines kommunikativen Austausches
– dem **Matchingwert**: die Zusammenführung von Anfragen und Antworten sowie
– dem **Abstimmungswert:** Ermöglichung von Kooperationen und ggfs. auch
– dem **Transaktionswert:** Ermöglichung der Abwicklung von Geschäften.

Damit werden Mehrwerte geschaffen, die Informationen, deren Organisation und Ausspielung geldwert machen. Diese Vorteile greifen sowohl in der Beschaffung von Informationen (e-Procurement) sowie in der Organisation von e-Communities und e-Companies (vor allem natürlich im Bereich der e-Marketplaces).

> **❗ Merke:**
> **Digitalbasierte Wertschöpfungsaktivitäten** liegen dann vor, wenn der gesamte Wertschöpfungs-prozess immateriell abläuft und keine physischen Assets involviert sind (z. B. Material). In solchen Fällen erfolgt die Wertschöpfung als digital organisierter Prozess der Informationssammlung, Informa-tionsverarbeitung und Informationsübertragung. Generiert werden Strukturierungs-, Selektions-, Kom-munikations-, Matching-, Abstimmungs- und ggfs. Transaktionswerte.

Da die Ergebnisse der elektronischen Wertschöpfung – wie auch im realen Wirtschafts-geschehen – qualitativ unterschiedlich sein können, soll kurz aufgezeigt werden, worin sich digitale Wertschöpfungsergebnisse unterscheiden können. Zentraler Punkt der Be-wertung ist – wie auch in materiell basierten Geschäftsmodellen – die Wirksamkeit **(Effektivität)** der Ergebnisse. Kundenwirksam sind sie dann, wenn sowohl die zeitli-chen Aspekte als auch die inhaltlichen und gestalterischen den Kundenerwartungen entsprechen. Abb. 6.6 (in Anlehnung an Kollmann 2016: 49) zeigt den Gesamtzusam-menhang von Kundenwerten und den Qualitätsmerkmalen des Prozessergebnisses.

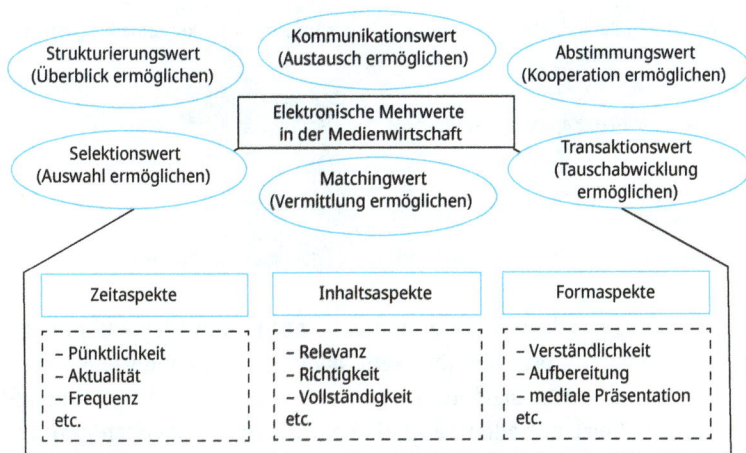

Abb. 6.6: Elektronische Mehrwerte und Qualitätsmerkmale.

Abb. 6.6 zeigt, dass neben den sechs Mehrwerten, die die digitale Wertschöpfung generieren kann, drei Qualitätsmerkmale das Prozessergebnis kennzeichnen:

- Die **Zeitaspekte** spiegeln wider, in welcher Frequenz und Aktualität Medieninhalte z. B. zur Verfügung gestellt werden sollen (Börseninformationen machen nur Sinn, wenn sie schnell erfolgen).
- Die **inhaltlichen Aspekte** zielen darauf ab, dass die gewünschten Informationen richtig und vollständig geliefert werden (Segelflieger brauchen Informationen über Luftveränderungen genau und differenziert).
- Die **Gestaltungsaspekte** (Formaspekte) umfassen z. B. die Anforderungen der Kunden an die Verständlichkeit und die Aufbereitung (unverständliche Informationen braucht niemand). Hier spielen dann auch die medialen Ausspielungen ein Rolle; ob also ein Medieninhalt nur digital oder auch physisch zur Verfügung gestellt werden soll.

Der Aufbau, die Aktivitäten und das Ergebnis der Wertschöpfungskette eines Medienunternehmens zeigen also an, ob das Unternehmen physische Produkte oder digitale Produkte herstellt, ob es als Spezialist oder als Generalist aufgestellt ist und ob es autonom oder vernetzt arbeitet. Diese letzten beiden Ausrichtungen sollen in den folgenden Kapitelabschnitten dargestellt werden.

Fragen/Aufgaben zu Kapitel 6.4.1

1. Wie ist das Modell der Wertschöpfungskette von Porter aufgebaut und wie können Sie dieses auf ein modellhaftes Medienunternehmen übertragen?
2. Worin liegt der Unterschied zwischen einer klassischen und einer digitalen Wertschöpfungsarchitektur?

3. Welche Werte können durch die digitale Wertschöpfung in der Informationsökonomie hergestellt werden?

Lösungshinweise finden Sie im achten Kapitel „Lösungsskizzen".

6.4.2 Wertschöpfungsprozesse mit unterschiedlichen Integrationsgraden

Ein Unternehmen kann sich spezialisieren und eine ganz bestimmte Wertschöpfungsstufe in der interorganisationalen Wertschöpfungskette bedienen. Zum anderen können Unternehmen auch den gesamten Wertschöpfungsprozess in der Medienproduktion abdecken bzw. als relevanter Player auf allen wesentlichen Stufen der Wertschöpfungskette beteiligt sein. Dementsprechend unterscheidet die Betriebswirtschaft zwischen:

– **Spezialisten**: Solche Unternehmen zählen zu den Nischenanbietern. Dazu gehören die Freiberufler (z. B. Designer, Fotografen, Filmer, Autoren) und die Spezialagenturen (z. B. Presseagenturen, Media Agenturen und Creative Agenturen). Aber auch TV- und Werbefilm-Produzenten, Ton-Studios, Content-Broker, Rechtehändler, Fachbuchverlage, Druckereien sowie Betreiber von Vertriebskanälen etc. können in den meisten Fällen zu den Spezialisten gezählt werden. Sie zeichnen sich dadurch aus, dass sie über Spezialkenntnisse (Kompetenzen) und spezielle Assets (z. B. Produktionsmittel) verfügen und werden deshalb auch als **Fokussierer** bezeichnet. Aufgrund des engen Leistungsportfolios und in Bezug auf ihren Wertschöpfungsbeitrag werden diese Spezialisten auch Fokussierer genannt.

– **Generalisten**: Unternehmen, die als Generalisten am Markt etabliert sind, sind breit aufgestellt, d. h., die stellen viele Produkte her oder produzieren ihre Produkte weitgehend autonom. Da sie eine weitgehend autonome Produktionssituation verwirklichen, werden sie auch **Integrierer** genannt. Zu den Integrierern gehören zahlreiche große Medienkonzerne (Bertelsmann, Time Warner, Springer, öffentlich-rechtliche Rundfunkanstalten etc.), die von der Erstellung, über die Bündelung bis zum Vertrieb der Medienleistungen alle Aktivitäten entweder maßgeblich durchführen, zumindest aber den gesamten Wertschöpfungsprozess kontrollieren.

! **Merke:**
Generalisten (Integrierer) sind Medienunternehmen, die die gesamte (zumindest sehr große Teile der) Wertschöpfungskette in der Medienproduktion abdecken, d. h., sie führen weitgehend alle Aktivitäten der Medienproduktion (von der Kreation über die Bündelung bis hin zum Vertrieb) durch, kontrollieren sie zumindest durchgehend.

Spezialisten (Fokussierer) sind Medienunternehmen, die nur einen speziellen Ausschnitt aus der Wertschöpfungskette bedienen, d. h., sie fokussieren ihre Tätigkeiten auf Teilaufgaben.

Die Managementliteratur differenziert Spezialisten und Generalisten durch den Grad der Integration eigener Wertschöpfungstätigkeiten (vgl. Wirtz 2023: 904 ff. und Gläser 2021: 333 ff.) und den Grad der (Un-)Abhängigkeit in der Wertschöpfung. **Integration** bedeutet dabei zunächst allgemein, dass Teilaufgaben zu Aufgabenkomplexen gebündelt werden und stellt damit das Gegenteil zur Differenzierung dar. **Differenzierung** bedeutet entsprechend, die Aufgliederung der unternehmerischen Gesamtaufgabe in Teilaufgaben (vgl. Macharzina 2008: 552). Der Autonomiegrad misst die Abhängigkeit in der Produktion von anderen Marktakteuren. Auch Medienunternehmen müssen sich entscheiden, in welchem Umfang und an welcher Wertschöpfungsstufe sie im interorganisationalen Herstellungsprozess beteiligt sein wollen. Wie sich die Unternehmen in diesem Zusammenhang aufstellen können, zeigt Tab. 6.4.

Fokussierer bzw. Spezialisten können nur einen begrenzt möglichen Ausbau ihrer Wertschöpfungstätigkeiten nutzen, indem sie bspw. ihre Leistungen differenzieren. Dies würde bedeuten, dass Fokussierer ihr Portfolio auf Produkte ähnlicher Art wie die aktuellen erweitern. Im Marketingjargon ausgedrückt: Sie erweitern die Programmtiefe und liefern unterschiedliche Varianten ihrer bisherigen Angebote. Dies kennzeichnet z. B. das Markenumfeld von GEO (ein Reportagemagazin von Gruner + Jahr, das es aktuell in unterschiedlichen Line Extensions (Markentransfer auf neue Produkte) gibt: GEO, GEOlino, GEOlino extra, GEOlino mini, Mein erstes GEOlino, GEO Epoche und GEO Epoche Portrait und verschiedene Sonderausgaben). Darüber hinaus erscheinen Bücher mit entsprechenden Naturthemen unter der Marke GEO und sogar ein TV-Spartensender existiert, der über RTL verbreitet, aber nur via Pay-TV empfangen werden kann. Jenseits der redaktionellen Aktivitäten arbeitet der Verlag natürlich mit den Facilities des Gruner + Jahr Verlags, denen der Muttergesellschaft von Gruner + Jahr (RTL) und anderen Dienstleistern auf kooperativer Ebene.

Integrierer, deren Ziels es ist, Produkte weitgehend autonom herzustellen und damit Unabhängigkeit zu gewinnen, haben eine deutlich höhere Aktivitätenbreite als Fokussierer. Integrierer sind Generalisten, beherrschen die Aktivitäten auf vielen unterschiedlichen Marktsegmente und sind auf vielen unterschiedlichen Märkten eigenaktiv tätig. Typische Beispiele für generalistisch differenzierte Medienmarktteilnehmer sind die Bertelsmann SE & Co. KGaA aus Gütersloh oder auch die ProSiebenSat.1 Media SE mit Sitz in Unterföhring bei München. Letztere ist sowohl im Fernseh-, Digital- und Contentvermarktungsgeschäft aktiv, als auch in der Programmentwicklung und -produktion, dem Online-Handel und im Online-Dating-Segment. Noch um einige Größenordnungen breiter aufgestellt ist Bertelsmann. Zum Bertelsmannkonzern mit seinen acht Geschäftsbereichen gehören neben der RTL Group mit ihren fast 70 Fernseh- und rund 30 Radiosendern, etlichen Plattformen und dem weltweit größten Creator-Netzwerk WeAreEra, über 300 Verlage auf fünf Kontinenten, BMG als internationalem Musikunternehmen, das sowohl als Musikverlag als auch als Plattenlabel auftritt, darüber hinaus die Arvato Group, die sowohl in der Druckindustrie als auch als IT-Dienstleister für Online-Händler tätig ist, der Bertelsmann Marketing Service sowie einer Kommunikationsagentur, die in Deutschland führend im Bereich Content

Tab. 6.4: Verhaltenskonzepte von Fokussierern und Integrierern.

Unternehmenstyp	Entscheidungsfeld	Zielparameter	Strategische Optionen	Strategisches Ergebnis
Fokussierer (Spezialist)	Leistungsumfang	Konzentration auf Kernkompetenzen	Fokussierung auf nicht leicht imitierbare Angebotsleistungen (ggfs. mit Programmtiefe)	Nischenbesetzung
	Autonomiegrad	Netzwerkbildung	Sicherung von Wettbewerbsvorteilen durch Bildung von strategischen Netzwerken zwischen spezialisierten Unternehmen	Kooperationsabhängigkeit
Integrierer (Generalist)	Leistungsumfang	Diversifikation des Leistungsangebotes	Erweiterung des Leistungsangebotes auf eine breite Palette an Produkten und Dienstleistungen sowie Eingliederung vor- und nachgelagerter Geschäftsfelder	Risikostreuung
	Autonomiegrad	Integration der Wertschöpfungsaktivitäten	Sicherung und Ausbau eines möglichst hohen Autonomiegrades in der Leistungserstellung	Unabhängigkeit

Marketing ist und andere Unternehmen mehr. Bertelsmann ist damit der mit gewaltigem Abstand größte Medienkonzern in Deutschland (vgl. Tab. 6.8)

Anders als der **Grad der Integration**, der angibt wie (un-)abhängig das Unternehmen bzw. der Konzern vom Input Dritter abhängig ist bzw. wie viele der Tätigkeitsstufen im Wertschöpfungsprozess selbst erledigt werden und wie viele unterschiedliche Tätigkeitsfelder (Wertschöpfungsprozesse) im Unternehmen/Konzern abgearbeitet werden, gibt das Begriffspaar **Programmbreite und Programmtiefe** Auskunft über die Programmarchitektur der insgesamt hergestellten Leistungsangebote; also der des Produktprogramms. Die Produktionsbreite in der Fertigung definiert die angebotene Anzahl unterschiedlicher Produktarten oder Produktlinien im Portfolio (vgl. Schierenbeck und Wöhe 2012: 47 ff.). Die Programmtiefe zeigt auf, wie viele unterschiedliche Ausführungen in einer Produktlinie enthalten sind. Hier wird auch von Produktvarianten gesprochen (vgl. Bruhn 2022: 150 f.). Wie die Programmarchitektur schematisch dargestellt werden kann zeigt Abb. 6.7.

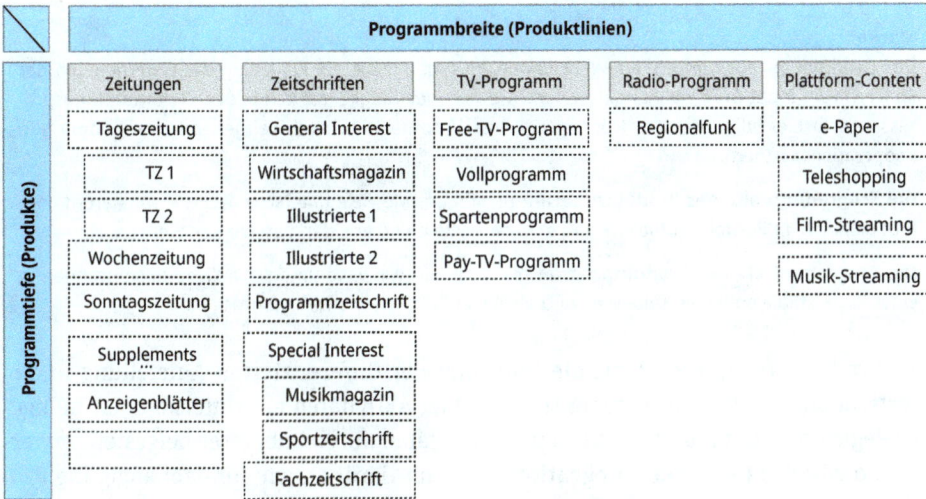

Abb. 6.7: Programmbreite und Programmtiefe eines fiktiven Medienunternehmens.

Abb. 6.7. zeigt die Programmarchitektur eines breit aufgestellten Medienunternehmens. Ein Spezialist bedient häufig nur ein Segment. Dies aber u. U. mit einer großen Programmtiefe. Die Abbildung zeigt aber auch exemplarisch, dass die einzelnen Produktlinien stärker oder weniger stark ausgebaut sein und ggfs. auch in Produktgruppen eingeteilt werden können. Der oben dargestellte Verlag, der eine mittlere Programmbreite und eine jeweils kleine oder höhere Programmtiefe aufweist, gibt zwei Tageszeitungen, vier General Interest-Zeitschriften, zwei Special Interess-Zeitschriften und (ggfs. unter der Regie eines Tochterunternehmens) mehrere TV-Programme heraus. Auch werden neben anderen Aktivitäten im Netz alle redaktionellen Printprodukte in Form von e-papers publiziert. Zudem wird auch TV-Sendezeit an Handelsunternehmens, die Teleshopping betreiben zur Verfügung gestellt und eigene Streamingplattformen betrieben.

Auffallend ist, dass durch die inhaltliche Artverwandtheit der Produktlinien (z. B. Zeitungen und Regionalfunk), die der Produktgruppen (z. B. Tageszeitungen etc.) und die der einzelnen Produkte (Tageszeitung 1 und 2) Synergieeffekte genutzt werden können. Diese Synergieeffekte werden durch die Homogenität der Produkte und durch die Homogenität der redaktionellen Aufbereitung möglich (vgl. Thommen et al. 2023: 88). So werden viele Ressort-Inhalte (z. B. Nachrichten, Wirtschaftsgeschehen, Sport etc.) mehrfach verwendet werden können. Implizit weist dieser Umstand auch darauf hin, dass auch die Mitarbeiter eines Ressorts (z. B. die Redaktionsmitarbeiter) durchaus für mehrere Produkte gleichzeitig tätig werden. Beides spart Kosten. Und die Mehrfachverwertung produzierter Inhalte kann zu zusätzlichen Einnahmen führen. Aus diesen Gründen haben Medienunternehmen sehr wohl ein großes Interesse daran, Programmbreite und Programmtiefe aufeinander abzustimmen.

> **!** **Merke:**
>
> **Der Grad der Integration in der Wertschöpfung** gibt an, wie (un-)abhängig das Unternehmen/der Konzern vom Input Dritter abhängig ist bzw. wie viele der Tätigkeitsstufen in den Wertschöpfungsprozessen selbst erledigt werden. Hoch integrierte Unternehmen sind weitgehend unabhängig von Kooperationspartnern.
>
> **Die Programmbreite des Produktprogramms** gibt an, wie viele unterschiedliche Produktarten oder Produktlinien im Portfolio enthalten sind bzw. hergestellt und am Markt angeboten werden.
>
> **Die Programmtiefe des Produktprogramms** zeigt auf, wie viele unterschiedliche Ausführungen in einer Produktlinie enthalten sind. Hier wird auch von Produktvarianten gesprochen.

Der Grad der Integration bzw. die Intensität der differenzierten Aufstellung in der Wertschöpfung wird daran gemessen, wie viel Aktivitäten ein Unternehmen in eigener Regie übernimmt und wie viele der Aktivitäten durch Zulieferer beigesteuert werden. So gibt der **Grad der Integration** Auskunft darüber, wie (un-)abhängig die Produktion erfolgt. Ein hoher Grad sagt aus, dass das Unternehmen sehr stark integrierte Wertschöpfungsprozesse abarbeitet und nur einen geringen Kooperationsbedarf aufweist. Weniger stark integrierte Unternehmen steuern häufig nur einen kleinen Arbeitsteil im gesamten interorganisationalen Wertschöpfungskette bei.

Bezogen auf die Möglichkeiten, die Produktpalette oder einzelne Wertschöpfungsketten im eigenen Unternehmen/Konzern zu erweitern, werden grundsätzlich drei Integrationsformen (Möglichkeiten des Ausbaus), die unterschiedlich ausgestaltet werden können, unterschieden. Tab. 6.5 gibt eine Übersicht.

Tab. 6.5: Strategieansätze im Ausbau der betrieblichen Wertschöpfung durch unterschiedliche Integrationsformen.

Integrationsform	Bedeutung	Ausdehnungs-richtung	Umsetzung
horizontale Integration	Ausweitung des Leistungsspektrums auf bestehende Wertschöpfungsstufen	intern	Bildung von Unternehmensgruppen
		extern	Beteiligung an Wettbewerbern
vertikale Integration	Ausweitung des Leistungsspektrums um vorgelagerte oder nachgelagerte Stufen der Wertschöpfungskette	intern	Aufbau neuer Wertschöpfungsstufen
		extern	Beteiligung an Lieferanten (Rückwärtsintegration) oder Abnehmer (Vorwärtsintegration)
laterale Integration	Ausweitung des Leistungsspektrums auf neue Märkte oder neue Wertschöpfungsketten	intern	Einstieg in neue Märkte
		extern	Akquisition branchenfremder Unternehmen

Merke:

Horizontale Integration bedeutet die Leistungsbreitenerweiterung von Unternehmen durch die Bildung von Unternehmensgruppen (interne Ausdehnung) oder Beteiligung an Unternehmen auf gleicher Verarbeitungs- oder Handelsstufe (externe Ausdehnung).

Vertikale Integration bedeutet die Leistungstiefenerweiterung von Unternehmen durch die Erweiterung der Wertschöpfungstätigkeiten aus vor- oder nachgelagerten Wertschöpfungsstufen. Bei der Integration vorgelagerter Wertschöpfungsstufen handelt es sich um eine Rückwärtsintegration (die Fertigungstiefe wird in Richtung von Zuliefererleistungen erweitert). Bei der Integration nachgelagerter Wertschöpfungsstufen handelt es sich um eine **Vorwärtsintegration** (die Fertigungstiefe wird in Richtung von Abnehmerleistungen erweitert). Auch die vertikale Integration kann als interne und externe Ausweitung durchgeführt werden.

Laterale (diagonale) Integration bedeutet die Leistungserweiterung von Unternehmen durch Wertschöpfungsprozesse aus branchenfremden Bereichen. Die Wertschöpfungsstufe ist in dieser Fall ohne Bedeutung. Es liegt eine interne Integration vor, wenn eigene Unternehmen gegründet werden. Bei externer Ausdehnung werden branchenfremde Unternehmen akquiriert.

Wie die Integrationsformen zusammenhängen bzw. sich unterscheiden verdeutlicht noch einmal Abb. 6.8 (in Anlehnung an Vahs und Schäfer-Kunz 2015: 123).

Die horizontale Integration: Leistungsbreitenerweiterung durch Bildung von Unternehmensgruppen oder Beteiligung an Unternehmen auf gleicher Verarbeitungs- oder Handelsstufe.

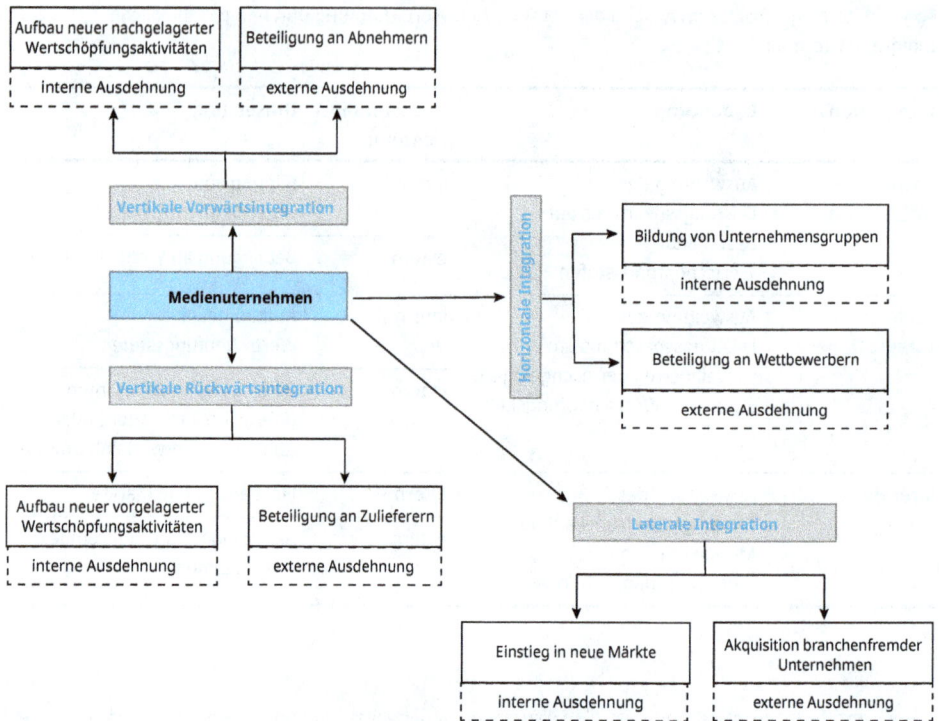

Abb. 6.8: Integrationsformen zum Ausbau der Wertschöpfungsaktivitäten.

Die horizontale Integration stellt auf die Produktions- bzw. Programmbreite ab. So wird zwischen breit auf gestellten und schmal aufgestellten Medienunternehmen unterschieden. Die geringste Breite zeigen hier Ein-Produkt- oder Ein-Produktlinien-Unternehmen. Ein Beispiel wäre ein Fachzeitschriftenverlag mit einer Fachzeitung oder andererseits ein Naturfilmproduktionsunternehmen, das Dokumentationen über verschiedene Naturbereiche produziert. Die größte Breite zeigen die „Big Player" der Medienindustrie. Sie stellen sowohl eng verwandte Güter im Sortimentsverbund her (verschiedene Zeitschriften etc.), zeichnen sich aber auch durch ein stark diversifiziertes Produktprogramm, das jeweils separat hergestellt wird, aus (z. B. TV- und Printprodukte und Plattformorganisation).

Die Breitenaufstellung der Medienunternehmen ist im Zuge der Digitalisierung und den damit verbundenen Kostenvorteilen in der Produktion deutlich gestiegen, da sich Inhalte leicht und kostengünstig auf materiellen und gleichzeitig elektronischen Trägermedien abbilden lassen. Dadurch entstehen deutliche Verbundeffekte (Economies of Scope), die sich auf der Kostenseite und auf der Ertragsseite auswirken. So ermöglicht beispielsweise die Erweiterung des Printmedienprogramms um elektronische Varianten deutlich höhere Erträge bei nur geringer Kostenzunahme.

Unternehmen, die Verbundeffekte nutzen wollen, können dies durch den Ausbau der **Programmbreite** ihres Portfolios (Gesamtheit der Unternehmensleistungen) bewerkstelligen. Ein Weg dies zu tun, kann über die Gründung von Schwesterunternehmen geschehen, die auf gleicher Wertschöpfungsstufe stehen oder durch die Beteiligung an Unternehmen auf gleicher Wertschöpfungsstufe. Auf gleicher Wertschöpfungsstufe stehen Unternehmen, wenn sie gemessen am Wertschöpfungsprozess die gleichen Aktivitäten ausführen (z. B. Zulieferer-, Produktions- oder Handelsunternehmen). Horizontal integriert sich beispielsweise ein Verlag, der sich anderen Verlagen oder TV-Anstalten beteiligt oder ein Radiosender, der einen neuen Musik-Spartensender gründet. Werden neue Unternehmen gegründet, handelt es sich um eine **interne Ausdehnung**. Durch die Beteiligung an anderen Unternehmen (Wettbewerbern) entsteht eine **externe Ausdehnung**. So entstehen Unternehmensgruppen (z. B. Senderfamilien, wie ProSiebenSat.1 Media SE), deren einzelne Unternehmen (z. B. Sat.1, Kabel eins, ProSieben, ProSieben Maxx, Sixx etc.) bestimmte Marktsegmente besetzen.

Rahmen einer horizontalen Integration weiten Medienunternehmen also ihr Leistungsangebot auf bereits bestehenden Wertschöpfungsstufen aus. Das heißt, sie versuchen, Synergien zu generieren. Dies kann geschehen, in dem sich die Einkaufsmacht in der Beschaffung von Gütern erhöht (Zuliefererfirmen), indem sich die Vervielfältigungsmengen in der Produktion erhöhen und eine höhere Fixkostendegression genutzt werden kann (Produktionsunternehmen) oder indem Handelsunternehmen Vorteile im Vertrieb oder größere Marktanteile generieren.

So entstehen auch internationale Marktbesetzungen. Dies durch die Beteiligung bestehender Unternehmen an anderen am Markt bereits aktiven Wettbewerbern auf der gleichen Marktstufe (z. B. die RTL-Beteiligung an der französischen TV-Groupe M6 sowie anderen europäischen Sendeveranstaltern). Durch die zunehmende horizontale Integration werden die Unternehmen zwar unanfälliger gegenüber Krisenzeiten, aber auch immer komplexer, unübersichtlicher und schwerfälliger. Hohe Komplexitätskosten sind die Negativfolgen.

Die vertikale Integration: Leistungstiefenerweiterung durch die Erweiterung der Wertschöpfungstätigkeiten aus vor- oder nachgelagerten Wertschöpfungsstufen.

Die vertikale Integration eines Betriebes hat Einfluss auf die organisatorische Gestaltung des Unternehmens (vgl. Macharzina und Wolf 2008: 552 f.), weil sich die Fertigungstiefe verändert. Je mehr Stufen der Produktion innerhalb eines Unternehmens integriert sind, desto komplexer wird die Organisation und desto autonomer wird das Unternehmen hinsichtlich der Herstellung des finalen Produktes.

Wenn beispielsweise ein Radiosender von der Urheberschaft der Beiträge, über die Produktion bis hin zur Ausstrahlung der Sendung autonom arbeitet, muss der Betrieb zwangsläufig differenzierter und komplexer aufgestellt sein als die Einzelwirtschaft „freier Radioreporter", der nur seine persönlichen Reportagedienste gegen Entgelt zur Verfügung stellt. Die Leistungserstellung des Radiosenders kann alle Teilaufgaben der Radioproduktion umfassen: Von der Autorenschaft der Mitarbeiter über deren redaktionelle Arbeit, die technische Produktion und die Distribution. Damit würde der Sender alle Wertschöpfungsstufen der Wertkette eines Radioprogrammveranstalters abdecken. Der Reporter als Freiberufler hingegen deckt nur den Teil der Kreativarbeit ab.

Eine ebenso geringe Fertigungstiefe wie der Reporter zu Beginn des Wertschöpfungsprozesses zeigt beispielsweise ein Unternehmen, das am Ende des Wertschöpfungsprozesses nur die Endfertigung eines Produktes (z. B. die Produktion und das Zusammenfahren einer „Konservensendung") vornimmt. Die höchste Fertigungstiefe liegt bei großen Medienkonzernen vor. So integriert die Bertelsmann AG beispielsweise durch unterschiedliche Tochtergesellschaften alle Stufen der medialen Wertschöpfung.

Zum Konzernverbund gehören u. a. die Fernsehgruppe RTL Group (60 Fernsehsender und 31 Radiostationen sowie viele Produktionsgesellschaften weltweit), die Buchverlagsgruppe Penguin Random House (rund 250 Verlage), der Zeitschriftenverlag Gruner + Jahr, das Musikunternehmen BMG, der Dienstleister Arvato (Datenmanagement, CRM-Lösungen und IT-Kundenservices) und die Bertelsmann Printing Group (Unternehmen der Druckindustrie) (vgl. Website Bertelsmann.de). Das Unternehmensnetzwerk ermöglicht quasi alle Medienprodukte eigenständig zu kreieren, zu produzieren und zu distribuieren. Abhängigkeiten von Zulieferer oder Abnehmern werden damit geringgehalten.

Sieht ein Unternehmen Tätigkeitslücken in ihren Wertschöpfungsstufen, die es Füllen möchte, hat es die Möglichkeit ausgehend vom eigenen Tätigkeitsfeld, sich um vorgelagerte oder nachgelagerte Tätigkeiten zu ergänzen.

– **Rückwärtsintegration** liegt dann vor, wenn das Unternehmen seine **Fertigungstiefe in Richtung seiner Bezugsquellen erweitert**. Das integrierte Wertkettenglied liegt näher am Wertschöpfungsursprung. Die Rückwärtsintegration dient der Sicherung von Bezugsquellen und sorgt für eine bessere Kontrolle über Einkaufspreise und Qualitäten (vgl. Gläser 2014: 353). Die Beteiligung eines TV-Veranstalters an einer TV-Produktionsunternehmung stellt eine solche Rückwärtsintegration als **externe Erweiterung** dar. Ein Beispiel wäre die Beteiligung der RTL Group an der UFA Film & TV Produktion. Die Wertschöpfungsaktivität kann aber auch durch den Aufbau einer eigenen Produktionseinheit, die in die Produktionskettenlücke passt, erweitert werden. Dann handelt es sich um eine **interne Ausdehnung**.

– **Vorwärtsintegration** liegt dann vor, wenn das Unternehmen seine Fertigungstiefe in Richtung Kunde erweitert. Von Vorwärtsintegration wird deswegen gesprochen, weil die neue Stufe ausgehend von der Position des Unternehmens in der Wertschöpfungsprozesslogik näher am Kunden angesiedelt ist. Vorwärts integriert sich ein Unternehmen, wenn auch Tätigkeiten erledigt werden, die das bisherige Endergebnis des Produktionsprozesses weiterentwickeln oder wenn der Betrieb auch den Vertrieb übernimmt, der zuvor anderen Unternehmen überlassen wurde. So könnte sich ein TV-Veranstalter eine Videoplattform aufbauen (**interne Ausdehnung**). Ein Beispiel wäre die Erweiterung des ProSiebenSat.1 Group-Geschäftsfelds auf die Videoplattform Joyn. Das Unternehmen kann sich auch an im Vertrieb angesiedelte Unternehmen beteiligen (externe Ausdehnung).

Ein Beispiel wäre die Übernahme von Maxdome als Video-on-Demand-Angebot der ProSiebenSat.1 Group im Jahr 2011. Auch ein Verlag, der sich an einer Druckerei beteiligt oder eigene Druckfacilities anschafft, integriert sich vorwärts.

Die laterale (auch genannt diagonale oder konglomerate) **Integration:** Leistungserweiterung durch die Erweiterung der Wertschöpfungstätigkeiten in branchenfremde Märkte.

Die dritte Form der Integration, die laterale Integration, bezeichnet den Versuch, die aktuelle Produktpalette um Produkte bzw. Leistungen aus branchenfremden Märkten zu bereichern, um aktuell gegebene Abhängigkeiten von bestehenden Märkten und Produkten zu reduzieren und das Unternehmensrisiko breiter zu streuen. Sonys Eintritt in den Markt für Videokonsolen, Apples Einstieg in den Musikmarkt (beides sind **interne Ausdehnungen**) oder der Kauf von YouTube durch den Suchmaschinenbetreiber Google (**externe Ausdehnung**) sind Beispiele. Aus die Ausführungen zur TIME-Industrie (vgl. Kap. 3.4.2) gehören ebenfalls in dieses Diskussionsfeld, da die Konvergenzen lateralen Integrationen zugrunde liegen.

Fragen/Aufgaben zu Kapitel 6.4.2   [?]
1. Worin unterscheiden sich fokussierte Medienunternehmen von breit integrierten?
2. Welche unterschiedlichen betrieblichen Integrationsformen können unterschieden werden?
3. Welche Folgen hat die Integration auf die Größe, die Komplexität und die Struktur von Unternehmen?

Lösungshinweise finden Sie im achten Kapitel „Lösungsskizzen".

6.4.3 Wertschöpfung zwischen Autonomie und Kooperation

Angelehnt an die Ausführungen zum Integrationsgrad in der Fertigung, ist das Merkmal des Freiheitsgrades hinsichtlich der unternehmerischen Entscheidungsfindung und damit die Frage der wirtschaftlichen und rechtlichen Souveränität des Unternehmens.

Um eine Marktleistung arbeitsteilig herzustellen, können unterschiedliche **Intensitäten in der Zusammenarbeit** gewählt werden. Die **Marktleistung** kann (vgl. Eisenführ und Theuvsen 2004: 148–158):

–   selbstständig durch ein Unternehmen erbracht werden, indem es im Wettbewerb mit anderen Unternehmen agiert,
–   das Ergebnis einer Kooperation zwischen selbstständigen Unternehmen sein, die ein gemeinsames Ziel verfolgen,

- das Ergebnis eines Zusammenschlusses von Unternehmen (Unternehmenskonzentration) sein, die wirtschaftlich gemeinsam agieren oder
- das Ergebnis von verschmolzenen Unternehmen (Unternehmensfusion) sein, die als neue Einheit am Markt agiert.

Auskunft über die wesentlichen Formen der betrieblichen Zusammenarbeit gibt Abb. 6.9. Die einzelnen Formen unterscheiden sich im Grad der Entscheidungsautonomie bzw. im Grad der Bindungsintensität. Die einzelnen Formen der Zusammenarbeit, die in Abb. 6.9 aufgeführt sind, werden im Folgenden erläutert.

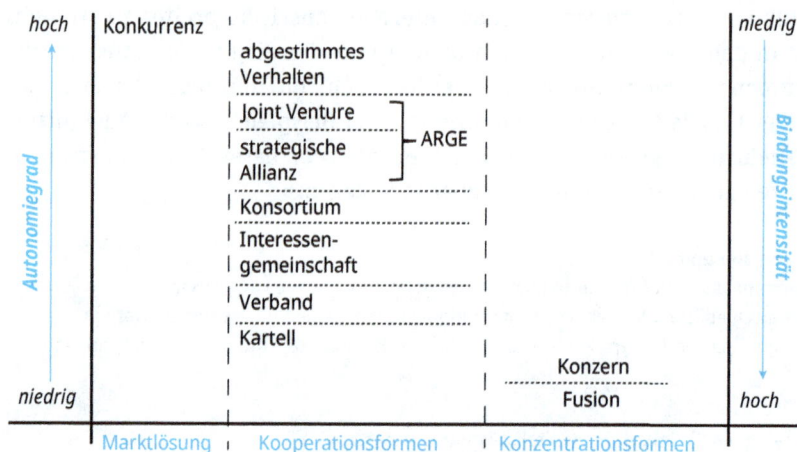

Abb. 6.9: Intensitäten unternehmerischer Zusammenarbeit.

– Medienleistungen als Marktlösungen

Wird ein Produkt oder ein Produktbestandteil nur durch ein Unternehmen hergestellt, ist die Souveränität des Unternehmens hinsichtlich der Entscheidungsfreiheit ohne Einschränkung gegeben. Das Management entscheidet im Rahmen der üblichen Abhängigkeiten zu anderen Marktteilnehmern autonom. Es herrscht **Wettbewerb** vor und es ergeben sich typische **Marktlösungen** von Angebot und Nachfrage. Eigenständig entscheidende Medienunternehmen gelten als das Rückgrat der Medienwirtschaft und ihre Vielzahl gilt als Garant für die mediale Vielfalt. Selbstständige Unternehmen arbeiten häufig als Spezialisten (Fokussierer), die sich auf ein bestimmtes Produktsegment fokussieren.

Absolut autonom durchgeführt werden die Prozessschritte, wenn ein Unternehmen alle Tätigkeiten innerhalb der Wertschöpfungskette ohne fremderstellte Teilleistungen einzubinden, abarbeitet. Diese Produktionsweise bildet in der Realität sicherlich einen Ausnahmefall. In der Regel werden sowohl Leistungen freier Mitarbeiter (z. B. Autoren, Schauspieler und sonstige Kreative) als auch Rechte (Nutzungsrechte über Artikel, TV-Beiträge etc.) am Markt eingekauft und in das Produkt (Print-

Medium, Rundfunk-Sendung, E-Game, Online-Präsenz etc.) integriert. Auch ist der Distributionsprozess häufig ausgelagert.

Allerdings unterscheiden sich die Unternehmen z. T. erheblich durch den Komplexitätsgrad ihrer Tätigkeiten. Journalistenbüro beliefern Verlage und beenden ihre jeweilige Tätigkeit mit der Abgabe des Manuskriptes. TV-Produzenten liefern einzelne Magazinbeiträge für die Programmveranstalter. Synchronstudios erstellen eine neue Sprachversion von einem Film. Musik-Studios endfertigen Musikaufnahmen. Grossisten, Filmverleiher oder Infrastrukturanbietende hingegen distribuieren lediglich fremderstellte Medienträger und gehören deswegen nur zum erweiterten Bereich der Medienunternehmen (vgl. Kap. 3.3). Diese eher fokussierten Unternehmen unterscheiden sich wiederum erheblich in Struktur, Größe und Komplexität von den eher breit aufgestellten, integrierten Unternehmen.

Verfolgt ein Unternehmen eine Fokussierungsstrategie, konzentriert es sich in seinen Aktivitäten auf eine einzelne Stufe oder einen kleinen Ausschnitt aus der medialen Wertkette, um hier möglicherweise Qualitäts- oder Kostenvorteile zu generieren (vgl. Porter 2014: 38 f.). Solche Einzelwirtschaften sind in der Regel Zulieferer oder Abnehmer vor- oder nachgelagert aktiver Medienbetriebe. Das breite Feld der Freiberufler ist hier angesiedelt, aber auch TV-Produktionsunternehmen, Studios, leistungsspezialisierte Agenturen u. v. a. m.

Diese dem liberalen Marktmodell am nächsten kommende Produktionsform, stellt zwar eine potenziell höchstmögliche Produktqualität in Aussicht, birgt jedoch auch Schwierigkeiten in sich. Dem liberalen Marktmodell am nächsten liegt diese Produktionsform, weil **rechtlich und wirtschaftlich selbstständige Unternehmen** unabhängig von rechtlichen oder wirtschaftlichen Einflussnahmen Dritter miteinander um die Beauftragung konkurrieren und so automatisch dafür Sorge getragen wird, dass der Preis für die Zulieferleistungen niedrig bleibt und die Qualität im definierten Rahmen liegt.

Die Schwierigkeiten liegen aber darin, dass die Verfügungsrechte verdünnt werden und die Transaktionskosten mit der steigenden Anzahl an Projektbeteiligten rasch und stark ansteigen. Denn je mehr Rechteinhaber an einem Werk mitwirken, desto schwieriger wird die Projektabstimmung, desto länger dauert die Produktion und desto höher sind die Anbahnungs-, Durchführungs- und Kontrollkosten für die Beteiligten (vgl. Picot et al. 2003: 53 ff.; Heinrich 2010: 63 ff. und Williamson 1990).

Fokussierer mit ihrem hohen Grad an Autonomie produzieren Qualität und Vielfalt, sind aber auch dafür verantwortlich, dass hohe Transaktionskosten entstehen, die die Marktlösungen ineffizient (zumindest sehr teuer) machen können. Um diese Nachteile auszugleichen, aber auch um Synergien aufbauen und nutzen sowie Risiken reduzieren zu können, kooperieren Unternehmen.

– Medienleistungen als Ergebnis von Kooperationen
Die Kooperation ist eine Form der Zusammenarbeit zwischen Unternehmen, in der die Kooperationspartner ihre **rechtliche Selbstständigkeit** voll erhalten. Die **wirt-**

schaftliche Selbstständigkeit wird in von der Kooperation betroffenen Segmenten oder Projektrahmen in Teilen aufgegeben bzw. abgestimmt. Kooperationen können durch „lockere" Agreements begründet werden, aber auch auf fester vertraglicher Basis gelebt werden. Die kooperierenden Unternehmen gehen davon aus, dass sie ihre Ziele zusammen besser erreichen können als allein. Kooperationen sollen Erträge steigern, Risiken minimieren oder Zugang zu Ressourcen ermöglichen, die sie sonst nicht hätten (vgl. Wirtz 2023: 843).

Es können fünf unterschiedliche **Typen** von Kooperationen unterschieden werden (vgl. im Folgenden Führmann und Theuvsen 2004: 149 f. und Gläser 2014: 91 f.). Diese sind wie folgt ausgestaltet:

– Die **Arbeitsgemeinschaft** (ARGE): Eine Arbeitsgemeinschaft ist gekennzeichnet durch die zeitlich begrenzte, projektbezogene Zusammenarbeit von Unternehmen (häufig als GbR in Form von Joint Venture oder strategischen Allianzen am Markt aktiv).

– Das **Konsortium** (Syndikat): Ein Konsortium ist eine Gelegenheitsgemeinschaft; am häufigsten im Versicherungswesen und im Bank- und Börsenwesen zur Eingrenzung von Risiken eingesetzt, aber auch zum Einkauf von Filmkontingenten eingesetzt.

– Die **Interessengemeinschaft**: Eine Interessengemeinschaft begründet eine dauerhafte Zusammenarbeit von Unternehmen zur Wahrung und Förderung eines gemeinsamen Interesses (häufig gemeinnützige Organisationen).

– Der **Verband**: Ein Verband ist ein Zusammenschluss von Unternehmen, um gemeinsame Interessen und Aufgaben nach Branchen, Regionen und/oder Aufgaben organisiert zu vertreten (Wirtschaftsverbände, Industrie- und Handelskammern, Arbeitgeberverbände etc.).

– Das **Kartell**: Ein Kartell ist ein Zusammenschluss von Unternehmen, der den Wettbewerb in einer Branche hinsichtlich bestimmter Parameter beschränken soll. Kartelle sind zunächst einmal generell verboten (vgl. GWB; Kartellgesetz), da unterstellt wird, dass marktbeherrschende Stellungen zum Nachteil Dritter ausgenutzt werden. Es gibt allerdings Ausnahmen. Kommen Ausnahmeregelungen in Frage, müssen die Kartelle bei der Kartellbehörde angemeldet, mitunter müssen sie auch bei der Kartellbehörde beantragt und durch die genehmigt werden.

Zwei besondere **Formen** der Kooperation (konkret: der Arbeitsgemeinschaft) sind das Joint Venture und die strategische Allianz. Beide Formen sind insbesondere geeignet, Markteintritts- und Marktbearbeitungsstrategien auf neuen oder internationalen Märkten umzusetzen (vgl. folgend Macharzina und Wolf 2008: 268 ff. sowie Wirtz 2023: 844 ff., Gläser 2021: 92 f. und Sjurts 2005):

– Ein **Joint Venture** ist eine von zwei oder mehreren Unternehmen gemeinsam getragene Körperschaft, die befristet oder unbefristet angelegt ist. Joint Ventures verknüpfen einzelne Unternehmensaktivitäten organisatorisch und bündeln Ressourcen (wie z. B. Lizenzen, Rechte, Kundenstamm, Produktionsanlagen oder Finanzmittel) in der gemeinsam geführten Gesellschaft. Joint

Ventures werden oft bei der Umsetzung von multinationalen Strategien genutzt. Das sind Strategien, innerhalb derer an die Gastländer angepasste Strategien verfolgt werden. Hier werden durch eine heimische und ausländische Unternehmung Tochterunternehmen gegründet, um im ausländischen Markt Fuß zu fassen. Die Anteile an der Gesellschaft sind häufig paritätisch verteilt, müssen es aber nicht sein.

Die **Vorteile** von Joint Ventures liegen vor allem in den Bereichen der Economies of Scale und Economies of Scope. Skaleneffekte treten vor allem bei horizontalen Joint Ventures auf; also zwischen Unternehmen auf der gleichen Wertschöpfungsstufe. Verbundeffekte treten vor allem bei der Verbindung von Unternehmen mit komplementären Ressourcen auf. Die **Nachteile** liegen vor allem in der Gefahr des Know-how-Abgangs, des erhöhten Koordinationsaufwandes und in möglichen unternehmenskulturellen Differenzen (z. B. unterschiedliches Verständnis über die Art und Weise der Geschäftsführung).

– Eine **strategische Allianz** ist eine Partnerschaft zwischen Unternehmen, die sich auf einen konkreten Kooperationsbereich beschränkt und auf die Bildung eines rechtlich selbstständigen Unternehmens sowie auf eine wechselseitige Kapitalbeteiligung verzichtet. Die strategische Allianz ermöglicht, dass sich die Teilnehmer einerseits auf ihre jeweiligen Kernkompetenzen konzentrieren, aber gleichzeitig ein deutlich breiteres Marktangebot schaffen können, ohne dabei einen höheren Ressourcenbedarf (z. B. Know-how, Personal, Technik oder Kapital) zu benötigen oder die unternehmerische Flexibilität einzubüßen. Aus diesem Grund ist die strategische Allianz ein Instrument geworden, das in der Medienwirtschaft alltäglich ist und heute auf allen Stufen des Wertschöpfungsprozesses umgesetzt wird.

Die Potenziale strategischer Allianzen für Medienunternehmen können auf folgenden Ebenen realisiert werden (Picot und Neuburger 2006: 423 ff.):

Allianzen auf der Ebene der Inhalteerstellung: Strategische Allianzen existieren beispielsweise zwischen Autoren, Künstlern, Komponisten und Studios, um fachliche Ressourcen zu bündeln und so erforderliche Inhalte gemeinsam in kürzerer Zeit und höherer Anzahl zu erstellen oder ergänzend eine größere Vielfalt an Inhalten zu erzeugen zu können (Beispiele: Autorengemeinschaft, die sich fachlich ergänzt und gemeinsam vielfältigere oder komplettere Inhalteangebote kreieren können; klassische Studiotechnik, die sich durch das Angebot digitaler Spezialeffekte ergänzt etc.).

Allianzen auf der Ebene der Redaktion und Bündelung von Inhalten: Hier entstehen neuartige Möglichkeiten der Bündelung vorhandener Inhalte und zusätzliche Konfigurationen neuartiger Angebote. So können zusätzliche Zielgruppen erreicht werden bzw. vielfältigere Medienprodukte angeboten werden (Beispiele: Bücher können in Hörbücher transformiert werden, Fachbücher werden mit CD-Material ergänzt, Verlage ergänzen ihre Angebote durch die Abbildung des Inhalts auf Internet-Portalen und erweitern die Nutzung um interaktive und multimediale Möglichkeiten etc.).

Allianzen auf der Ebene der Distribution: Hier teilen sich Unternehmen die Distributionskanäle (Beispiele: zwei konkurrierende Zeitungen nutzen denselben Vertriebs- und Zustellweg; zwei Informationsanbietende stellen ihre unterschiedlichen Inhalte in einer gemeinsamen betriebenen Plattform zur Verfügung). In diesen Fällen werden deutliche Skaleneffekte erzielt. Es können aber auch Verbundeffekte genutzt werden; z. B., wenn mehrere Unternehmen Distributionsprozesse ergänzend abwickeln (Beispiel: Kooperation zwischen Internet Service Providern und Payment-Diensten, die erforderliche Abrechnungsprozesse gemeinsam organisieren).

Die **Vorteile** der strategischen Allianz sind vielfältig und liegen in den Bereichen: Kosten, Risiken, Kompetenzbündelung und Flexibilität. Im Ergebnis entstehen deutliche Wettbewerbvorteile für die Kooperationspartner. Die Marktdurchdringung und Marktentwicklung kann deutlich schneller und risikoärmer erarbeitet werden. Dies gilt insbesondere für das Angebot von Leistungsbündeln oder Komplementärprodukten. Dabei ist zu beachten, dass dieselbe strategische Allianz auch von unterschiedlichen Konkurrenten genutzt werden kann. So stellt beispielsweise ein Internetportal verschiedenen Unternehmen eine Kundenzugangsplattform zur Verfügung, auf der diese ihre Produkte und Leistungen anbieten.

Kooperationen begründen **Netzwerkstrategien**. Netzwerkstrategen bilden sogenannte Business Webs, die Picot und Neuburger wie folgt beschreiben:

> Bei Business Webs handelt es sich um Gruppen von Unternehmen, bei denen die beteiligten Unternehmen komplementäre Teilleistungen erstellen, die sich zu einem Systemprodukt ergänzen. Mit diesen Systemprodukten erhalten die Nachfrager ganzheitliche Problemlösungen, die für die Nachfrager einen höheren Wert darstellen als die einzelnen Teilleistungen [..] Voraussetzung für die Existenz von Business Webs sind direkte oder indirekte Netzwerkeffekte. Denn je mehr Unternehmen sich am Business Web beteiligen, desto größer wird aufgrund von Netzeffekten der Wert des Systemprodukts für den Nachfrager. Gleichzeitig erhöht sich der Anreiz für weitere Unternehmen, sich am Business Web zu beteiligen. Somit wirken auf Grund von Netzwerkeffekten immer mehr neue Kunden und Hersteller von Komplementärprodukten an einem Business Web mit. (Picot und Neuburger 2006: 426).

Innerhalb des **Business Webs** kooperieren die beteiligten (rechtlich und wirtschaftlich selbstständigen) Unternehmen, außerhalb des Business Webs stehen sie in Konkurrenzbeziehungen. Dieses Verhaltensprinzip (Kooperation bei gleichzeitiger Konkurrenz), wird als Coopetition bezeichnet und ist das wesentliche Merkmal von Business Webs. Solche Webs sind vor allem für die IT- und die Beratungsbranche interessant, werden aber auch in der Filmproduktion und Musikindustrie zunehmend relevant.

Netzwerke können vertikal (intramediär), horizontal (intermediär) oder diagonal (konvergent) ausgerichtet sein (vgl. Hacker 1999:163 f. und Gläser 2021: 337 f.)).

- **Vertikale Netzwerke** basieren auf der Fokussierungsstrategie und ermöglichen es den Netzwerkmitgliedern, sich auf ihre Kernkompetenzen zu konzentrieren, indem sie vor- oder nachgelagerte Wertschöpfungsaktivitäten, die sie nicht selbst durchführen möchten, auslagern. Der Vorteil vertikaler Netzwerke liegt in der Optimierung der eigenen Leistungstiefe. Diese Form der Arbeitsorganisation ist in der Verlags- und der Filmproduktionsindustrie sowie in der Contentbranche, die Plattformen mit Informationen beliefern Alltag. Verlage teilen sich die Recherche, Filmproduktionsunternehmen lagern die Postproduktion oder das Equipment aus und Plattformen werden von unzähligen Inhalteproduzenten beliefert. Diese Netzwerkverbindungen sind intramediär ausgestaltet.
- **Horizontale Netzwerke** basieren auf der Zusammenarbeit von Unternehmen aus unterschiedlichen Medienbereichen. Sie werden deswegen intermediäre Netzwerke genannt. Auch hier geht es um die Verschlankung eigener Wertschöpfungsengagements und die damit verbundene Kostenreduktion sowie im die Errichtung von Markteintrittsbarrieren gegenüber potenziellen Neueinsteiern. Horizontale Netzwerke entstehen vor allem durch das Zusammenwachsen von klassischen Medienbereichen und der Plattformökonomie (z. B. durch die Zusammenarbeit im Uploaden von RF-Veranstaltungen ins Internet).
- **Diagonale Netzwerke** entstehen durch das Konvergenzstreben der Unternehmen aus der TIME-Branche. Es ist die einfachste Form, in neue Märkte einzutreten, ohne den gesamten Kompetenzbereich, den es neu zu erschließen gilt, aufbauen zu müssen. Diagonale Netzwerke sind im Zuge des Einfalls der Telekommunikationsunternehmen oder Soft- und Hardwareproduzenten in die Medienbranche entstanden.

– Medienleistungen als Ergebnis von Konzentrationen

Als **Konzentration** wird der **Zusammenschluss von Unternehmen** bezeichnet. Die Konzentration kann in Form der Konzernbildung (engl.: Acquisition) oder als Fusion (Verschmelzung, engl. Merger) realisiert werden. Beide Formen der Zusammenarbeit sind deutliche Wachstumstreiber in der Medienwirtschaft und werden häufig dann realisiert, wenn das Unternehmen auf dem Weg zum „Global Player" ist.

- Auf Basis der **Konzernbildung**, die sich aus Unternehmensakquisitionen ergibt, erfolgt die Zusammenarbeit durch Unternehmen, die in ihrer rechtlichen Eigenständigkeit erhalten bleiben, ihre wirtschaftliche Eigenständigkeit aber weitgehend aufgeben (müssen), da durch **Kapitalverflechtungen** oder Verträge Abhängigkeiten begründet werden.

Unternehmensverbünde werden laut Aktiengesetz (§ 15) in fünf Arten unterschieden[48]: Es sind verbundene Unternehmen, die rechtlich selbständig sind und

---

48 Die Einzelnormen sind AktG §§ 15–19, 291, 292.

- im Verhältnis zueinander in Mehrheitsbesitz stehen/mit Mehrheit beteiligt sind (Beteiligungsquote oder Stimmrechte größer als 50 Prozent);
- abhängige und herrschende Unternehmen darstellen (ein Unternehmen hat unmittelbar oder mittelbar herrschenden Einfluss auf ein Unternehmen);
- Konzernunternehmen sind (ein Verbund von Unternehmen steht unter der Leitung eines Unternehmens. Im Unterordnungskonzern herrscht eine Muttergesellschaft. Im Gleichstellungskonzern ist keines der Unternehmen abhängig vom anderen);
- wechselseitig aneinander beteiligt sind (gegenseitig besitzen alle Gesellschaften mehr als 25 Prozent der Anteile an den anderen Gesellschaften) oder
- als Unternehmen Vertragsteil eines Unternehmensvertrags sind (die Leitung des Unternehmens liegt bei einem anderen Unternehmen; Basis ist ein Beherrschungs- oder Gewinnabführungsvertrag).
- Auf der Basis von **Fusionen**, die sich aus Verschmelzungen von Unternehmen ergeben, entstehen neue Unternehmen. Entweder entsteht eine neue Rechtspersönlichkeit, indem die beteiligten Unternehmen in einem neuen Unternehmen aufgehen (vgl. Zusammenschluss von AOL und Time Warner im Jahre 2001 zu AOL Time Warner Corp.)[49]. In diesem Fall spricht die BWL von **Verschmelzung durch Neubildung**.

Es können Unternehmen aber auch in ein bestehendes Unternehmen integriert werden (vgl. die 2018 erfolgte Übernahme von Time Warner durch AT&T)[50]. Hier spricht die BWL von **Verschmelzung durch Aufnahme**. Solche Integrationen müssen nicht immer einvernehmlich stattfinden. Sie können auch als feindliche Übernahme realisiert werden (vgl. die Übernahme von Mannesmann durch Vodafone im Jahre 1999).

Für den Fall, dass Unternehmen in einem wirtschaftlichen Verbund rechtlich selbstständiger Unternehmen organisiert sind, „drückt sich die Intensität der kapitalmäßigen Verflechtung in der Höhe der jeweiligen Beteiligungsquoten aus, die von den angegliederten Unternehmen gehalten werden." (Schierenbeck und Wöhle 2016: 60) Die Abstufungen der kapitalbezogenen Verflechtung sehen wie folgt aus: Unter 25 Prozent Kapitalbeteiligung liegt eine Minderheitsbeteiligung vor, von 25 % bis unter 50 % eine Sperrminderheitsbeteiligung, ab 50 Prozent bis unter 75 Prozent eine Mehrheitsbeteiligung, ab 75 Prozent bis unter 95 Prozent eine Dreiviertelmehrheitsbeteiligung und über 95 Prozent eine Eingliederungsbeteiligung.[51] Die Ver-

---

49 Die „Ehe" hielt allerdings nicht lange. Nachdem die sog. Dotcom-Blase 2002 geplatzt war und dadurch Wertberichtigungen bei AOL fällig wurden, die einen Verlust von fast 100 Milliarden US $ bescherten, wurde 2003 AOL aus dem Firmennamen gestrichen. 2009 wurde AOL wieder ein eigenständiges Unternehmen und 2015 von Verizon übernommen.
50 Anmerkung: das Unternehmen wurde nochmals fusioniert und mehrmals umfirmiert. Heute heißt es Warner Bros. Discovery Inc.
51 Zu den rechtlichen Grundlagen im AktG und HGB vgl. einführend und übersichtlich Schierenbeck und Wöhle 2016: 61 f.

flechtungen der Unternehmen untereinander können über einen sogenannten Beteiligungsstammbaum abgebildet werden.[52]

Unternehmenskonzentrationen (Konzernbildungen und Fusionen) können rechtlich heikel sein. In bestimmten Fällen sind sie verboten oder anzeigepflichtig. Im Brennpunkt medienwirtschaftlicher und medienpolitischer Interessen stehen vor allem die Senderfamilien und die großen Medienkonzerne.[53] Zum einen wegen der publizistischen Brisanz (Abbau von Vielfalt; Aufbau von Meinungsmacht) und zum anderen wegen der zunehmenden ökonomischen Marktmacht gegenüber den Zulieferern, den Kunden und den bestehenden Wettbewerbern. **Konzentrationen im Mediensektor** sind einer spezifischen und kontinuierlichen Kontrolle durch die Kommission zur Ermittlung der Konzentration im Medienbereich (KEK) und dem Bundeskartellamt unterworfen. So untersagte beispielsweise im Jahre 2005 das Bundeskartellamt aufgrund des Votums der KEK die Übernahme der ProSiebenSat.1 AG durch die Axel Springer AG.

Fazit: Fusionen und Konzernbildungen sind strategische Organisationslösungen für wachstumsorientierte Integrierer. Fokussierer und stark kostenbelastete Integrierer, die eine Verschlankung anstreben, bevorzugen kooperationsbasierte Netzwerke. Das heißt bezogen auf den jeweiligen Autonomiegrad der Akteure, dass Fokussierer und Integrierer innerhalb ihrer Wertschöpfungsaktivitäten weitgehend autonom handeln können, werden sie zu Netzwerkern geht die Autonomie allerdings verloren. Den Gesamtzusammenhang aus einer gattungsbefreiten Perspektive zeigt Abb. 6.10.

Abb. 6.10 zeigt die Gattungsbefreiung in der Darstellung der Medienproduktion durch die tätigkeitsorientierte Aufteilung des Wertschöpfungsprozesses in die Bereiche Kreation, Redaktion, Produktion und Distribution; ungeachtet der Zuordnung spezifischer Branchen. Die Organisationsform wiederum wird nach dem Kriterium „Autonomiegrad" ausdifferenziert und zeigt die drei typischen Organisationsformen der medialen Wertschöpfung aus der institutionellen Perspektive (Fokussierer, Integrierer und Netzwerker):

- **Fokussierer** können den höchsten Autonomiegrad realisieren. Natürlich sind sie von ihren Abnehmern im Sinne der marktwirtschaftlichen Gesetze abhängig, d. h., autonom zu entscheiden, etwas zu produzieren, was niemand will, ist möglich, aber sinnfrei. Dennoch genießen sie die größtmögliche unternehmerische Entscheidungsfreiheit gegenüber allen anderen Marktteilnehmern.
- **Integrierer** sind ebenfalls noch weitgehend entscheidungsfrei, da sie den gesamten Wertschöpfungsprozess oder zumindest weite Teile davon abdecken. Aber sie müssen schon erhebliche Einschränkungen dergestalt in Kauf nehmen, als

---

52 Über Beteiligungsstammbäume führender Medienkonzerne geben die Media Perspektiven – Basisdaten jährlich Auskunft.
53 Nicht selten stehen große Medienkonzerne und Konzerne der TIME-Branchen für mehrere Hundert Unternehmensbeteiligungen im In- und Ausland.

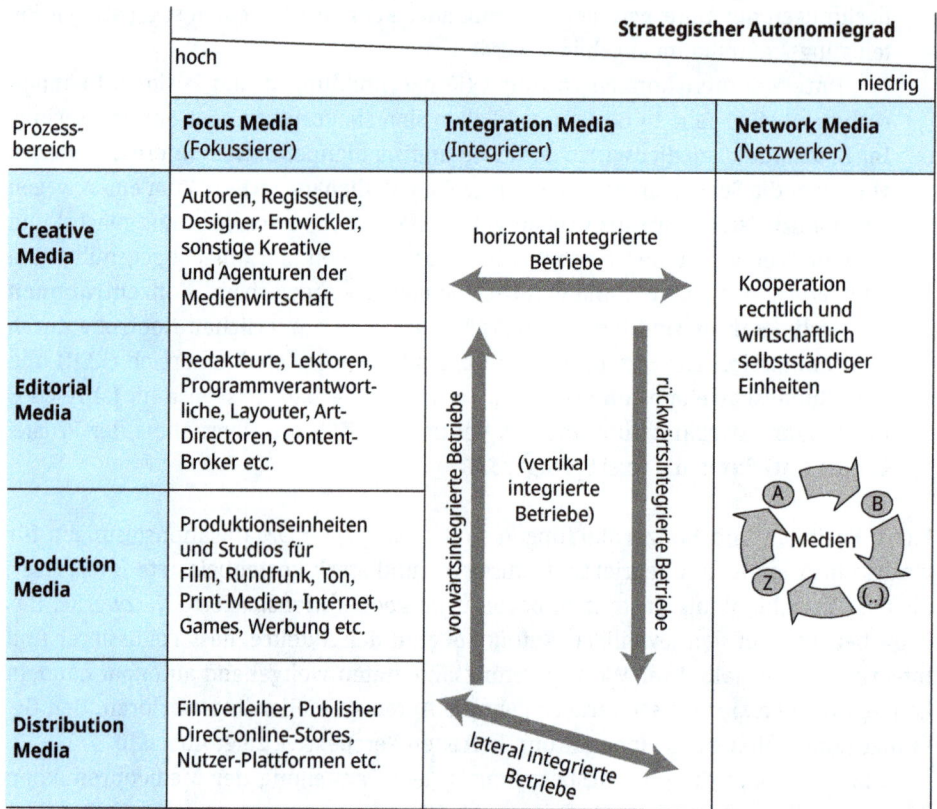

Abb. 6.10: Aktivitätenorientierte Organisationsformen der Medienproduktion.

dass sie auf die Kompetenzen und Ressourcen der verbundenen Unternehmen Rücksicht nehmen müssen.

– **Netzwerker** erleben den geringsten Autonomiegrad. Ein Netzwerk macht nur Sinn, wenn die Abläufe und einzelnen Wertaktivitäten aufeinander abgestimmt sind. Ein Netzwerk kann schnell und flexibel agieren, verteilt Risiken und erweitert Beschaffungs- oder Absatzmöglichkeiten, aber immer zum Preis höherer Abhängigkeiten.

In Anlehnung an eine wertschöpfungsstufenorientierte, aber gattungsbefreite Differenzierung von Medienunternehmen wie in Abb. 6.10 dargestellt, gibt Tab. 6.6 hier einen Überblick über die jeweils dominante **Verhaltensstrategie** der Marktteilnehmergruppen bezogen auf ihr Tätigkeitsfeld. Es wird deutlich, dass es die Tätigkeitsschwerpunkte und nicht die gattungsspezifischen Zuordnung der Outputs sind, die die Umsetzungsstrategien und damit den Autonomiegrad von Medienunternehmen bestimmen. Das heißt, es ist sowohl für den Integrationsgrad als auch den Autonomiegrad mit dem gearbeitet wird, völlig gleichgültig, in welche Mediengattung die Outputs

Tab. 6.6: Geschäftsfeldtypen und dominante Unternehmensstrategie.

Geschäftsfeldtyp	dominante Unternehmensstrategie	Medienunternehmen
Content-Kreation (Creative Media)	Fokussierung (Focus Media)	Freiberufler (Autoren, Designer, Regisseure etc.), spezialisierte Agenturen, Entwicklerbüros etc.
Content-Präsentation (Distribution Media)		Druckereien, Presse-Grosso, Kinos, Bereitsteller von Infrastruktur, Plattformbetreiber mit standardisiertem Markt-Content
Content-Bündelung (Editorial Media)	Netzwerkbildung (Network Media)	kleinere Verlage, Film- und Musikproduzenten, Plattformbetreiber mit originärem Contentangebot, Game-Publisher, Werbeagenturen, sonstige Fokussierer
Content-Produktion (Production Media)		
Komplettanbietende (Integration Media)	Integration (Integration Media)	Zeitungs- und Zeitschriftenverlage, Radio- und TV-Programmveranstalter, große Publisher, konvergierende TIME-Unternehmen

gehen. Auch dieses Argument steht für die Auflösung klassischer Gattungszuordnungen in der Medienwirtschaft. Durch unterschiedliche Portfoliostrukturen (differenziert in breit oder eng) werden Unternehmenscluster in der Medienwirtschaft gebildet, die aussagekräftiger sind als die klassischen Einteilungen unter der Bezugsgröße „Mediengattung".

Fragen/Aufgaben zu Kapitel 6.4.3   ❓

1. Was beschreibt das Merkmal des Autonomiegrades in der Wertschöpfung?
2. Wie können Autonomiegrade anhand der rechtlichen und wirtschaftlichen Selbstständigkeit unterschieden werden.
3. Was führt integrierte Unternehmen und Fokussierer dazu, Netzwerkstrategien zu verfolgen?

Lösungshinweise finden Sie im achten Kapitel „Lösungsskizzen".

6.5 Zielsetzungen in der geografischen Ausbreitung: Wachstum ist notwendig

Eng verbunden mit den Produktionsnetzwerken, in die ein Medienunternehmen eingebunden ist, ist die Frage nach der Zielsetzung hinsichtlich der geografischen Ausbreitung. Medienunternehmen können ausschließlich lokal agieren (Stichwort Lokalfunk) oder auch weltumspannend aktiv sein (Stichwort Global Player). Dieser Aspekt orientiert sich aber nicht mehr vornehmlich an den Wertschöpfungsnetzwerken, die

bedient oder aus denen geschöpft wird, sondern an den Beschaffungs- und Absatzmärkten, auf denen Medienunternehmen aktiv sind.

Im Beschaffungsbereich ist die geografische Ausbreitung der Aktivitäten heute genauso weitgreifend wie die im Bereich der Absatzmärkte. Aus der Internationalisierung
der Absatzmärkte und den damit verbundenen Mehrfachverwertungen von Inhalten
(identische Mehrfachverwertungen, Verwertungen unterschiedlicher Versionen von Inhalten etc.) ergeben sich „Economies" in allen möglichen Varianten (Skaleneffekte, Verbundeffekte, Erfahrungseffekte und Netzwerkeffekte). Aus diesen Möglichkeiten ergeben sich entsprechend auch Handelsbeziehungen zu allen möglichen nationalen wie
internationalen Beschaffungsmärkten, um entsprechende Nutzungsrechte einzukaufen.

Die Internationalisierungstendenzen sind vor allem der Unternehmenskonzentration und den intermediären Verflechtungen geschuldet. Welches Thema in diesem Ab-
schnitt abgehandelt wird, zeigt der folgende Themenkasten.

**Themen von Kap. 6.5: Die geografische Ausbreitung der Aktivitäten bestimmt den Internationa-
lisierungsgrad**
Unternehmen decken unterschiedliche Marktgrößen ab
Medienunternehmen können lokal aktiv sein, aber auch weltumspannend. Eine Abgrenzung zeigt fünf
Größenordnungen für Unternehmen.

Unternehmenswachstum aus Ausdruck einer Überlebensstrategie
Nur große Unternehmen können dem steigenden Wettbewerbsdruck standhalten. Die klassische Sicht
lautet „big is beautiful", die moderne Sicht relativiert dieses Meinung in Teilen.

Hinsichtlich des Absatzmarktes grundsätzlich unterschieden werden
- **lokal** ausgerichtete Medienunternehmen
- **regional** ausgerichtete Medienunternehmen
- **überregional/national** ausgerichtete Medienunternehmen und
- **international/multinational** ausgerichtete Medienunternehmen.

Dabei ist der Grad der geografischen Ausbreitung eines Unternehmens weniger
davon abhängig, wo das Rechtsgebilde seinen „Sitz" hat, als mehr davon, wie die
Unternehmenstätigkeit räumlich strukturiert ist (vgl. Schierenbeck und Wöhle 2016:
51 ff.). Dabei können sie sowohl zentralisiert als auch dezentralisiert aufgestellt sein.
Eine zentrale Organisation liegt vor, wenn die Produktion an einem Standort gebündelt ist und der die Warenlogistik so aufgestellt ist, dass auch der Absatz des Leistungsangebotes auf eine Region konzentriert ist. Ein Unternehmen ist hingegen dezentral aufgestellt, wenn dies nicht der Fall ist. Als Einteilungskriterium für die
Ausbreitung des Unternehmens dienen der Ort bzw. die Orte, an denen das Unternehmen aktiv ist (vgl. Thommen et al. 2017: 38 f.). Die Charakteristika der aufgeführten
Unternehmenstypen zeigt Tab. 6.7:

Tab. 6.7: Unternehmenstypen und geografische Ausbreitung.

Unternehmenstyp	geografische Ausbreitung	Ausprägung/Beispiele
lokale Unternehmen	lokaler Standort	Das Unternehmen ist mit seinen Aktivitäten in erster Linie auf einen lokal begrenzten Raum, eine Stadt oder ein Ballungsgebiet konzentriert. Typische Beispiele sind lokale Rundfunkanstalten, Lokalzeitungen, kleine Agenturen, Studios und kleinbetriebliche Druckereien sowie der gesamte lokalzentrierte Internetbereich.
regionale Unternehmen	regionaler Standort	Das Unternehmen ist in einer Region aktiv (Bundesland oder Metropolen, wie das Ruhrgebiet). Dabei ist es unerheblich, ob das Unternehmen zentral oder dezentral in der Region aufgestellt ist. Typische Beispiele sind die öffentlich-rechtlichen Rundfunkanstalten der ARD, Privatradios oder regionale Zeitungsverlage sowie der gesamte regionalzentrierte Internetbereich.
nationale Unternehmen	nationaler Standort	Das Unternehmen ist bundesweit tätig und unterhält auch verschiedene Betriebsstätten im Inland. Typische Beispiele sind die privaten TV-Sender (RTL, Sat.1 etc.) und die überregional aktiven öffentlich-rechtlichen TV-Anstalten (Das Erste (ARD), ZDF), aber auch überregionale Printverlage (Zeitung, Zeitschrift und Buch) und kleinere Musikverlage sowie sprachgebundene Internet-Contentanbietende.
internationale/ globale Unternehmen	internationaler Standort	Das Unternehmen produziert hauptsächlich im Inland, exportiert seine Produkte unverändert aber auch in andere Länder. Typische Beispiele sind größere Musik-Verlage, Game-Publisher oder die internationale Filmindustrie sowie entsprechende Internetbereiche.
multinationale/ globale Unternehmen	multinationale Standorte	Das Unternehmen kennt hinsichtlich seiner Leistungserstellung und -verwertung keine Landesgrenzen, gleicht aber Produkte gem. spezifischer Länderkriterien an. In der Regel werden in verschiedenen Ländern Tochtergesellschaften unterhalten. Typische Beispiele sind Zeitungs- und Zeitschriftenverlage, aber auch die Senderfamilien privater Rundfunkunternehmen, Unternehmen der Kinofilm- und Games-Industrie sowie alle grenzüberschreitend tätigen Internetdienstleister mit kulturell basierten Modifikationen (Sprache).

Während in der herkömmlichen **Sachgüterindustrie** die internationale (bis hin zur globalen) Ausbreitung der Unternehmen zunehmend an Bedeutung gewinnt, ist die Medienbranche vor allem für die multinationale Dezentralisierung prädestiniert. Sachgüter werden in weiten Teilen in identischer Form auf internationalen Märkten vermarktet. Allenfalls einzelne Komplementärgüter (z. B. Netzstecker) und Add-on-Dienstleistungen (z. B. Gebrauchsanweisungen) werden in nationaler Variante bereitgestellt. Ein DVD-Player, ein TV-Gerät oder ein Radio wird nicht an nationale Gegebenheiten angeglichen, sondern so wie produziert, vermarktet. Aber auch im Bereich der Add-on-Dienstleistungen hat die Industrie schon lange kostenoptimierend reagiert. In den meisten Fällen werden z. B. gleich multinational angeglichene Beihefter als Einheit (in allen relevanten Sprachen) produziert, um sich den Aufwand für Einzelanfertigungen und den logistischen Aufwand der Zuordnung von landessprachlich korrekten Güterbestandteilen sparen zu können.

In der **Medienindustrie** hingegen werden sehr häufig insbesondere kulturelle Besonderheiten, wie beispielweise die Sprache bei der Endfertigung der Produkte berücksichtigt (Printausgaben, RF-Sendungen, Portaltexte etc.). In Deutschland werden eher in Ausnahmefällen die Originale vermarktet (so z. B. The New York Times International Edition oder auch vereinzelt Programmkino-Filme oder wissenschaftliche Texte).

Der Internationalisierungsbegriff wird allerdings in der wissenschaftlichen Literatur nicht einheitlich benutzt. Er kann daran ausgerichtet sein, das Internationalität bedeutet, dass Aktivitäten (i. d. R. gemeint sind Marketingaktivitäten) eines im Inland beheimateten Unternehmens im Ausland stattfinden (vgl. Vahs und Schäfer-Kunz 2005: 99). Er kann aber auch funktionsübergreifend – und damit weniger einschränkend als durch den Absatzmarkt definiert – angewendet werden. In diesem Fall dehnt sich der Internationalisierungsbegriff auf das gesamte Unternehmen aus und beinhaltet auch den Finanzierungs-, Beschaffungs- und Produktionsbereich sowie den Bereich der Forschung und Entwicklung. Das letztere Verständnis trifft wohl passender auf die Medienwirtschaft zu (vgl. Wirtz 2023: 832). Der Betriff „multinationale Unternehmen" bedeutet im Sinne der Allgemeinen Betriebswirtschaftslehre, dass ein Unternehmen Standorte und Aktivitäten im Inland und im Ausland betreibt (vgl. Vahs und Schäfer-Kunz 2005: 99). Marketingtechnisch kann Multinationalität aber auch bedeuten, dass unabhängig von der Standortdiskussion, ein Unternehmen Produkte und Dienstleistungen an Landesgegebenheiten anpasst.

> **Merke:**
>
> **Internationalisierung** bedeutet, dass ein im Inland beheimatetes Unternehmen grenzüberschreitend aktiv wird.
>
> **Multinationalisierung** bedeutet, dass ein Unternehmen Standorte und Aktivitäten im Inland und im Ausland betreibt oder dass Produkte und Dienstleistungen an Landesgegebenheiten angepasst werden.

Die Doktrin[54] vom Wachstum als Überlebensnotwendigkeit

Wachstum als solches bedeutet, dass die Betriebsgröße – gemessen bspw. an der Menge der eingesetzte Produktionsfaktoren, Menge oder Höhe der Leistung (Umsatz,

---

54 Eine Doktrin stellt ein System von Ansichten und Aussagen dar, die i. d. R. auch den Anspruch hat, allgemeine Gültigkeit zu besitzen

Absatz etc.) oder dem Unternehmenserfolg (Gewinn, Marktkapitalisierung etc.) – nachhaltig gesteigert wird. Größeninduzierte Effekte, wie die einzelnen Economies, sind schon vorgestellt worden (vgl. Kap. 5.7.5). Diese wirken nicht nur dann, wenn einzelne Geschäftsbereiche wachsen, sondern auch und insbesondere, wenn neue Geschäftsfelder aufgebaut werden (vgl. Band 2 dieser Publikationsreihe). Wachstum braucht, generiert aber auch Kapital. Das heißt u. a., dass große Unternehmen einfacher die Entwicklung von Innovationen vorantreiben können und auch vor feindlichen Übernahmen besser geschützt sind.

Insbesondere **Medienunternehmen** können aber über die Entwicklung und Nutzung der genannten Vorteile hinaus aus zwei spezifischen medienwirtschaftlichen Gründen gezwungen sein, auf Wachstum zu setzen. Der eine Grund liegt im Zusammenwachsen der Märkte. Der andere Grund liegt in den elektronischen Netzwerkeffekten begründet.

– Wachstum aufgrund von steigendem Wettbewerbsdruck

Die zunehmenden Internationalisierungstendenzen sind der sich dynamisierenden Angebotsschwemme an Medieninhalten und dem sich damit deutlich verstärkendem Wettbewerb geschuldet. Medienunternehmen, die nicht wachsen, also bspw. nur aktuell von ihnen genutzte Distributionskanäle einsetzen und keine Investitionen in den Ausbau ihres Verteilernetzes tätigen, schrumpfen. Und Medienunternehmen, die erheblich in die Qualität ihrer Produkte investieren, um dem Wettbewerb standzuhalten, aber nicht gleichzeitig ihre Absatzmärkte erweitern, laufen ebenfalls Gefahr, dass ihre Gewinne zurückgehen.

Der einzige **Ausweg aus dem Dilemma** ist die Eroberung neuer Märkte. Die Ausweitung der Absatzmärkte durch Mehrfachverwertungen erstellter Inhalte führt zu einer Erhöhung der Produktionsmenge bei relativ gleichbleibenden Kosten. Und dies wiederum führt zu erhöhten Economies of Scale, Economies of Scope und Economies of Experience. Skaleneffekte führen dazu, dass die Stückkosten pro erstellter Medieneinheit sinken. Verbundeffekte werden aus der Mehrfachverwertung generiert. Lerneffekte ergeben sich aus den schnell steigenden Erfahrungen, die gemacht werden. Alle Effekte können in Kosteneinsparungen umgesetzt werden (welche Strategien hier ein- und umgesetzt werden, führt Band 2 dieser Publikationsreihe aus).

– Wachstum als Antwort auf natürliche Monopolisierungstendenzen

Medienunternehmen, die innerhalb von Plattformindustrien aktiv sind, sind allein schon aufgrund der Subadditivität der Kosten gezwungen, ihre rezipientenorientierten Netzwerke auszubauen (weil dies auch alle Wettbewerber tun werden). Die Grenzkosten des Wachstums sind hier nahezu null. Zudem sind Netzwerke mit starken direkten Netzwerkeffekten (vgl. Kap. 5.6.2) – wie sie bspw. im gesamten Social Media-Bereich gegeben sind – „Winner-take-all"-Märkte. Die am schnellsten wachsenden Plattformen, werden die Wettbewerberplattformen mit langsamem Wachstum „entmagnetisieren". Sollte tatsächlich eine Plattform am Markt aktiv werden, die innovative Lösungen bietet, werden Plattformbetreiber, die sich angegriffen fühlen, (feindliche) Übernahmen anstreben; bestenfalls, bevor der Gegner eine marktrelevante Größe erreicht hat.

Die Kritik an der Wachstumsdoktrin

Während die Notwendigkeit und die Vorteile des Unternehmenswachstums offensichtlich auf der Hand liegen, mehren sich die Stimmen, die deutliche Kritik an der Wachstumsdoktrin formulieren (vgl. Sjurts 2005: 439). Angeführt werden solche Einwände von den zunehmenden Komplexitätskosten, die wachsende Unternehmen begleiten. Je weiter die Produktpalette in die Breite wächst oder je höher der Diversifikationsgrad des Unternehmen wird, desto höher wird der Koordinierungs- und Abstimmungsaufwand. Mega-Konzerne wie bspw. AOL Time Warner (2001) oder auch die Hochzeit zur DaimlerChrysler AG (1989) haben gezeigt, dass Mega-Verbünde auch dysfunktional werden können, wenn sie nicht zusammenpassen und lediglich des Größenargumentes wegen gebildet wurden.

Wachstum muss aber nicht zwingend die interne Unternehmensstruktur selbst größer werden lassen. Es gibt unterschiedliche Wege, Wachstum zu realisieren. Die Akquisition stellt dabei nur einen Weg dar, nicht DEN Weg. Letztendlich wachsen die meisten Unternehmen über Kooperationen oder Beteiligungen (vor allem Joint Ventures), um bestenfalls die Reibungsverluste so klein wie möglich zu halten oder durch die Gründung von Tochtergesellschaften, wenn die vollständige Kontrolle beibehalten werden soll.

> **!** **Merke:**
> **Unternehmenswachstum** generiert Skalen-, Verbund- und Lernkurveneffekte und ist vor allem im Umfeld der Netzwerkökonomie wegen der natürlichen Monopolisierungstendenzen der Märkte von grundlegender Bedeutung. Wachstum führt aber auch zu verzögerten Reaktionszeiten am Markt und zu steigenden Komplexitätskosten durch den höheren Koordinations- und Abstimmungsaufwand.

Wie auch immer im Einzelnen gewachsen wurde: Letztendlich sind Mega-Konzerne entstanden. Im internationalen Vergleich spielen deutsche Medienunternehmen hier jedoch eine eher unterordnete Rolle. Die Bertelsmann SE & Co. KGaA, Deutschlands mit großem Abstand umsatzstärkster Medienkonzern, rangiert im internationalen Vergleich lediglich auf dem 18. Platz (Quelle: IfM Stand: 2023)[55]. Die in Tab. 6.8 ausgewiesenen Umsatzzahlen der weltweit größten Unternehmen beziehen sich nicht auf den Gesamtumsatz der Unternehmen, sondern nur auf ihren **Umsatz im Mediensegment**.

Der weltweit zehntplatzierte Medienkonzern, die Sony Corporation, erzielt allein in etwa den gleichen Umsatz, auf den die zehn größten Medienunternehmen in Deutsch-

---

[55] sowie https://mediadb.eu/die-zehn-grosten-deutschen-medienkonzerne-2023/ (Abrufe am 16.07.2024).

Tab. 6.8: Die zehn größten deutschen und weltweit größten Medienkonzerne 2023.

Rang	größte deutsche Medienunternehmen	Umsatz in Mrd. €	Rang	größte Medienkonzerne weltweit	Umsatz in Mrd. €
1.	Bertelsmann (Gütersloh)	20,169	1.	Alphabet Inc. (Mountain View/USA)	284,280
2.	ARD (München/Berlin)	7,250	2.	Meta Platforms, Inc. (Menlo Park/US)	124,430
3.	Axel Springer SE (Berlin/ Hamburg)	4,000	3.	Comcast (Philadelphia/USA)	112,430
4.	ProSiebenSat.1 SE (Unterföhring)	3,852	4.	ByteDance Ltd. (Pekin/CN)	101,730
5.	Verlagsgruppe Georg von Holtzbrinck (Stuttgart)	3,600	5.	The Walt Disney Company (Burbank/USA)	82,214
6.	Hubert Burda Media (Offenburg)	2,921	6.	Amazon.com, Inc. (Seattle/ US)(nur subscription services und advertising services)	80,565
7.	ZDF (Mainz)	2,501	7.	Tencent Holdings, Inc. (Shenzen/CN).	79,500
8.	Bauer Media Group (Hamburg)	2,200	8.	Apple Inc. (Cupertino/US) (nur die Serviceleistungen)	78,794
9.	Ströer SE & Co.KGaA (Köln)	1,914	9.	Charter Communications Inc. (Stamford/US)	50,500
10.	Funke Mediengruppe (Essen)	1,143	10.	Sony Corporation (Tokyo/JP) (nur Pictures, Music und Games)	48,000

land zusammen kommen.[56] Jenseits der Umsatzzahlen können auch anderen Kennzahlen für die Messung von Unternehmensgrößen herangezogen werden (vgl. **Tab. 7.3**).

Zwischenfazit: Aktuell scheint es tatsächlich nur eine Möglichkeit zu geben, den Erfolg von Größenwachstum zu bewerten und die richtige Wachstumsstrategie zu benennen: Auf die Zukunft warten und retrospektiv analysieren. Das ist unbefriedigend, aber vielleicht immer noch besser als Mutmaßungen zu formulieren, die im Für-und-wider korrekt, aber in der Ergebnisvorhersage nur spekulativ sind.

Die Ausführungen über Skaleneffekte und Verbundeffekte (vgl. Kapitel 5.7.5) haben allerdings den in der Regel positiven Zusammenhang zwischen Unternehmenserfolg und Größe des Betriebes verdeutlicht. Größeneffekte im Produktionsprozess

---

56 Einen strukturierten Überblick über jeden einzelnen Konzern findet der Leser in den Datenbanken auf der Homepage des IfM: www.mediadb.eu.

verursachen Stückkostensenkungen. Verbundeffekte können für Synergien sowohl in der Organisation, der Finanzierung sowie in der Produktion und der Verwertung der Leistungen sorgen. Die Forderung nach immer mehr Größe stößt allerdings auf eine zunehmende Skepsis, denn eine zunehmende Lähmung ehemals agiler Prozesse kann ebenfalls zum Preis, der für Wachstum zu zahlen ist, gezählt werden. Dazu gehören auch die zunehmenden Komplexitätskosten.

Wann ein Unternehmen die „richtige" Größe hat, also weder noch zu klein oder schon zu groß ist, ist allenfalls aus Sicht der Produktionstheorie sicher zu bewerten. Denn die Produktionstheorie legt eindeutig fest, dass der Betrieb die optimale Größe hat, dessen Kapazitäten genau ausreichen, die Menge zu produzieren, bei der die Stückkosten im Minimum liegen (vgl. Band 3 dieser Publikationsreihe). Alle anderen Perspektiven und Argumentationen zur Unternehmensgröße transportieren mehr oder weniger begründete Meinungen und werden kontrovers diskutiert.

Zur Relevanz der größentechnischen Zuordnung von Medienunternehmen
Den Daten der Destatis[57] (Statistisches Bundesamt) ist zu entnehmen, dass von den ca. 3,6 Mio. Unternehmen in Deutschland rund 99,5 Prozent der Unternehmen zu den KMU (Kleine und Mittlere Unternehmen) gezählt werden. Von den rund 125.000 Unternehmen, die in Deutschland mit der Kreation und Bündelung von Medienprodukten (inkl. Bereiche Games, Musik und Werbung) befasst sind (vgl. Dreiskämper 2017: 108) und insgesamt rund 100 Mrd. € erwirtschaften (vgl. Dreiskämper 2017: 106) gehören allerdings – gemessen am bundesdeutschen Durchschnitt – unverhältnismäßig viele Unternehmen in die Kategorie Großunternehmen. Dies liegt einerseits an hohen Investitionskosten und andererseits an den hohen First Copy Costs und den damit verbundenen Risiken. Beide Marktbarrieren bevorteilen also große und kapitalstarke Unternehmen.

Allerdings ist die **Größenstruktur in den unterschiedlichen Teilbranchen der Medienindustrie** unterschiedlich ausgeprägt. Die klassischen Kernbereiche Zeitung, Zeitschrift, Fernsehen und Hörfunk werden aber deutlich von Großunternehmen dominiert. Die Film-/TV- und Musikwirtschaft zeigt hingegen einen hohen Anteil an mittelständischen und vor allem kleinen und Kleinstunternehmen. Ebenso mittelständisch, wenn auch mit einem steigenden Anteil an Kleinstunternehmen, ist das Buchverlagswesen strukturiert. Im Agenturbereich liegt die Quote der Großunternehmen bei rund zehn Prozent. Es zeigt sich aber auf breiter Front, also unter dem Betrachtungswinkel der Vielfältigkeit in der Agenturlandschaft (Kreativ-, Werbe-, PR-, Media-Agenturen etc.), dass gerade diese Branche geprägt ist von einem beherrschenden Anteil an Klein- und Kleinst-Unternehmen (ähnlich der Unternehmensstruktur im Umfeld der TV-Produktionsbranche, die im Zulieferbetrieb großteilig geprägt ist von Einzelunternehmern und kleinen Personengesellschaften).

---

57 https:/www.destatis.de/DE/ZahlenFakten/GesamtwirtschaftUmwelt/UnternehmenHandwerk/Unter nehmensregister/Tabellen/UnternehmenRechtsformenWZ2008.html (Abruf am 14.02.2017).

Weniger die ökonomisch „richtige Größe", als mehr die normenbezogene Einteilung in „definierte Größen" soll zum Schluss dieses Kapitels wenigstens angesprochen werden: Es gibt Normen, die Unternehmen handelsrechtlich oder EU-einheitlich in unterschiedliche Größenkategorien einordnen.[58] Diese Einordnung hat wirtschaftspolitische und rechtliche Auswirkungen (Förderung, Mitbestimmung, Publizitätspflichten etc.), ist aber auch von Bedeutung für das Verständnis, warum Betriebe unterschiedliche Aufbaustrukturen, Führungsphilosophien, Angebotsflexibilitäten, Reaktionsgeschwindigkeiten u. v. a. m. haben.

So werden Unternehmen (genauer: Kapitalgesellschaften) eindeutig klassifiziert in „Großunternehmen", „kleine und mittlere Unternehmen" (KMU) und Kleinstunternehmen. Die Kriterien, anhand derer die Systematik gebildet wird, sind die Beschäftigtenzahl, die Umsatz- und die Bilanzsumme. Da insofern eine eindeutige Zuordnung möglich ist, ist das Ergebnis eine eindeutige Klassifizierung. Diese sieht, wie in Kapitel 7 durch **Tab. 7.3** (Darstellung der Größenordnungen von Kapitalgesellschaften nach HGB) dargestellt, aus. Die Klassifizierung wird wie folgt vorgenommen: Es gibt drei **größenbestimmende Merkmale**:

– die Anzahl der Beschäftigten,
– der Umsatz und
– die Bilanzsumme.

Die **Regel der Klassifizierung** lautet:

Zwei der drei Kriterien müssen zutreffen bzw. dürfen nicht unter- oder überschritten werden.

Die Klassifizierung ist für die medienwirtschaftlich aktiven Unternehmen aber nur **bedingt geeignet**. Insbesondere das Merkmal der Beschäftigtenanzahl bereitet im Mediensektor Probleme, da viele Unternehmen zahlreiche freie Mitarbeiter beschäftigen. Zum Teil sind sie so stark in den Wertschöpfungsprozess eingebunden, dass das Tarifvertragsgesetz (§ 12 a) von „Festen freien Mitarbeitern" spricht und sie den Festangestellten z. B. im Bereich des Kündigungsschutzes und des Urlaubsanspruchs weitgehend gleichstellt (vgl. Gläser 2014: 78). Das gewaltige Heer von mitwirkenden Freiberuflern wird letztlich nicht erfasst (was rechtlich korrekt ist, die ökonomischen Verhältnisse aber nicht wirklich widerspiegelt).

Fragen/Aufgaben zu Kapitel 6.5   **?**
1. Unterscheiden Sie lokale, regionale, nationale, internationale und multinationale Unternehmen.
2. Welche Gründe sprechen für, welche gegen stark forciertes Unternehmenswachstum?

---

58 Es gibt unterschiedliche Definitionsansätze von Unternehmensgrößen: handelsrechtliche gem. §§ 267 und 267a HGB sowie § 221 UGB, die Einordnung des Instituts für Mittelstandsforschung Bonn (IfM) sowie die der EU-rechtlichen Empfehlung (gem. Titel I, Artikel 2 der EU-Kommissionsempfehlung vom 06.05.2003; 2003/361/EG).

3. Welche medienwirtschaftlichen Gründen machen Wachstumsstrategien notwendig?
4. Anhand welcher Kriterien und wie teilt das HGB bzw. das EU-Recht Unternehmen größenordnungstechnisch ein?

Lösungshinweise finden Sie im achten Kapitel „Lösungsskizzen".

6.6 Zielsetzungen in der Entgelterwirtschaftung: Zwischen Zwangsabgaben und Marktlösungen

Sind Medienunternehmen erwerbswirtschaftlich tätig, müssen Sie Gewinne erwirtschaften; das bedeutet, dass sie auf lange Sicht Erträge generieren müssen, die den Aufwand, den sie haben, übersteigen. Die öffentlich-rechtlichen Anstalten befinden sich hier in einer wesentlich komfortableren Situation: Einnahmequelle ist vor allem die Gesellschaft (Stichwort Haushaltsabgabe, Rundfunkbeitrag). So betragen die Erträge aus dem Rundfunkbeitrag im Jahr 2022 6,3 Mrd. Euro für die ARD und 2,3 Mrd. Euro für das ZDF. „Zubrote" erwirtschaften beide Rundfunkanstalten hauptsächlich durch Lizenzverkäufe, Werbeeinnahmen und Sponsorings. Auch wenn die Generierung von Werbe- und Sponsoreinnahmen in den Öffentlich-rechtlichen eng reglementiert ist[59], kommt die ARD auf Werbeinnahmen (TV + Hörfunk) in Höhe von rund 435 Mio. Euro (Stand 2022) und das ZDF auf Werbeinnahmen in Höhe von 182 Mio. Euro (Stand 2022) (vgl. Mediaperspektiven: Basisdaten 2023). Beide Unternehmen verzeichnen den Verkauf aller zur Verfügung stehenden Werbezeiten.

Diese Einnahmequellen werden sehr kontrovers diskutiert. Immerhin treten die über Beiträge voll finanzierten Anstalten damit in einen offenen Wettbewerb um die Haupteinnahmenquellen der privaten Rundfunkveranstalter. Und Budget, das Werbungtreibende an die öffentlich-rechtlichen Rundfunkunternehmen abgeben, verlieren die privaten als potenzielle Erlöse. Das kann durchaus als unfair oder wettbewerbsverzerrend empfunden werden, denn Einnahmen über den Rezipientenmarkt (so, wie die öffentlich-rechtlichen Anstalten) können die Free-TV-Veranstalter nicht generieren. Sie sind auf die Werbeeinnahmen angewiesen.

Privaten Medienunternehmen, die nicht durch Zwangsentgelte finanziert werden, stehen verschiedene Möglichkeiten, Entgelte zu generieren, zur Verfügung. Sie können den Rezipienten medial getragene Leistungen verkaufen; so bspw. Bücher, Filme, Games

---

59 Im Bereich der Werbung unterliegen die öffentlich-rechtlichen Rundfunkanstalten gesetzlichen Beschränkungen, wonach Werbesendungen nur 20 Minuten pro Tag bis 20.00 Uhr und nicht an Sonn- und Feiertagen ausgestrahlt werden dürfen. Im Privatfernsehen dürfen in einer Stunde zwölf Minuten Werbung gezeigt werden (20 % pro Stunde) – egal, ob es sich dabei um Werbe- oder Teleshoppingspots handelt. Darüber hinaus dürfen Produkte platziert und Hinweise auf Sponsoren gegeben werden.

oder Musikstücke. Sie können Werbeplätze an die werbungtreibenden Wirtschaftsunternehmen veräußern; so bspw. Anzeigen, Plakatflächen oder online-Banner. Sie können aber auch mediale Vorprodukte anbieten; so bspw. zu Marketingzwecke produzierte Medieninhalte oder mit Medieninhalten Lizenzhandel betreiben. Je nach Leistung sprechen sie damit unterschiedliche Zielgruppen (Erlösquellen) an und sind auf unterschiedlichen Märkten aktiv (Tab. 6.9 gibt einen groben Überblick).

Tab. 6.9: Märkte, Zielgruppen und Erlösarten von privatwirtschaftlichen Medienunternehmen.

Absatzmarkt	Zielgruppe/ Erlösquelle	Beispiel	Erlösart
Konsumentenmarkt (Rezipientenmarkt)	Leser, Zuschauer, Zuhörer, Nutzer	Printerzeugnisse, (audio-)visuelle Programminhalte, Games; digitaler Content, Archivzugriffe	Transaktionserlöse je Nutzung, Abonnements
Werbemarkt	Werbungtreibende Unternehmen	Werbeflächen, Werbezeiten	Transaktionserlöse je Fläche oder Zeit
Zulieferermarkt	Nachfrager nachgeschalteter Wertschöpfungsstufen	Mediale Vorleistungen produzierender Unternehmen (Design, Autorenleistungen etc.)	Honorare
	Nachfrager medialer Endprodukte	Lizenzen, Verwertungsrechte	Nutzungsrechte- und Lizenz-Erlöse

Tab. 6.9 zeigt, dass drei große Absatzmärkte von den Medienunternehmen bespielt werden können:

– Auf dem **Konsumentenmarkt (Rezipientenmarkt)** können Entgelte von der jeweiligen Nutzerschaft medialer Angebote erwirtschaftet werden. Hier anzusiedeln wären bspw. die Anbieter und Nachfrager von Printprodukten und anderen privaten Gütern (vgl. Kap. 5.5.4). Auch Streamingplattformen mit ihren Club-Gütern (vgl. Kap. 5.5.5) wären hier einzuordnen. Die Entgelte können sich auf die konkrete Nutzung eines bestimmten Mediums beziehen. In diesem Fall werden Transaktionserlöse erzielt, indem z. B. ein Buch oder ein Artikel oder ein Film verkauft wird. Entgelte können aber auch generiert werden, indem nutzungsunabhängige Leistungen angeboten werden. Hier wäre ein Abonnement einzuordnen. Abonnements zählen zu den transaktionsunabhängigen Erlöse, weil nicht eine konkrete Nutzung, sondern die Möglichkeit, bestimmte Leistungen in Anspruch zu nehmen, bezahlt wird.
– Auf dem **Werbemarkt** können Entgelte realisiert werden, weil Werbeplätze und Werbezeiten private Güter darstellen. Wer Werbeplätze nutzen will, muss dafür einen Gegenwert bieten (Ausschlussfähigkeit vom Nutzen ist gegeben).

– Auf den **Zulieferermärkten** können Entgelte von Unternehmen erwirtschaftet werden, weil mediale Vorleistungen und mediale Endprodukte Handelsgüter sind, die von nachgelagerten Wertschöpfern oder auch Wettbewerbern nachgefragt werden.

Abb. 6.11 gibt einen Überblick über die handelsübliche Marktlogik, die auf voneinander unabhängigen Märkten gilt: Das dargestellte Medienunternehmen fragt auf zwei Beschaffungsmärkten Produktionsfaktoren nach (Inhalte und mediale bzw. technische Vorleistungen) und bezahlt dafür mit Geld. Des Weiteren ist das Unternehmen auf zwei Absatzmärkten aktiv: auf dem Werbemarkt verkauft es bspw. Plakatflächen und auf dem Rezipientenmarkt betreibt es eine Plattform mit Immobilienmarkt-Informationen und einer exklusiven Immobilien-Community. Auf dem Werbemarkt werden Werbeflächen gegen Geld angeboten. Auf dem Rezipientenmarkt finanziert sich das Unternehmen durch Kundenabonnements.

Marktlogik einseitiger Medienmärkte

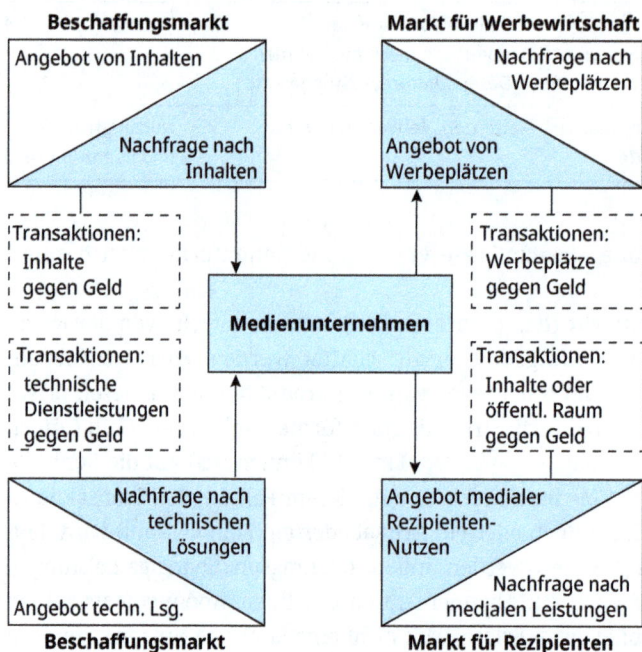

Abb. 6.11: Die Marktlogik einseitiger Medienmärkte.

Für den Fall aber, dass ein Medienunternehmen seine Rezipientenmarktaktivitäten mit den Werbemarktaktivitäten kombiniert – also bspw. eine teilweise werbefinanzierte Tageszeitung oder ein werbefinanziertes RF-Programm oder eine Plattform mit Werbeplatzierungen produziert – ändert sich die Marktlogik auf den Absatzmärkten.

Hier entstehen nun **zweiseitige Märkte**[60] (vgl. 5.1.4), zwischen denen das Medienunternehmen als Intermediär fungiert.

Abb. 6.12 zeigt, dass sich auf Seiten der Beschaffungsmärkte nichts ändert. Hier kauft das Medienunternehmen weiterhin Inhalte, die es nicht selbst produziert, ein; möglicherweise auch die technische Infrastruktur, wenn es bspw. eine Content-Plattform bespielt. Die Beschaffungsmärkte funktionieren autonom. Hier liegt keine Marktverbindung vor.

Die veränderte Marktlogik greift auf den Absatzmärkten. Das Medienunternehmen verknüpft den Werbemarkt mit dem Rezipientenmarkt und wird zum Intermediär. Den Werbungtreibenden wird über das Medienunternehmen Zugang zum Rezipientenmarkt ermöglicht. Nun können Werbebotschaften den Zielgruppenmitgliedern aus dem Rezipientenkreis des Mediums zugänglich gemacht werden. Diese Form der Ansprache erweist sich für die Werbungtreibenden als wesentlich kostengünstiger als die Direktansprache über eigene Medien. Durch diesen, vom Medienunternehmen angebotenen Mehrwert, können in Abhängigkeit von der erzielbaren Medienreichweite hohe Entgelte von den Wirtschafsunternehmen gefordert werden. Sind diese Entgelte ausreichend hoch, können die Rezipienten sogar kostenlos von den Medienunternehmen beliefert werden (Stichwort Free-TV oder Social Media Plattformen). Das „Entgelt" der Rezipienten erfolgt dann in Form von Aufmerksamkeit und/oder in der Beisteuerung von eigenem Content der z. B. eine Plattform wiederum attraktiver macht. Im Fall, dass sich auf Seiten der Rezipienten immer noch eine Zahlungsbereitschaft zeigt, können die Medienunternehmen sowohl von den Wirtschaftsunternehmen als auch von den Rezipienten Entgelte fordern (Stichwort Zeitung; Zeitschrift) Die Werbungtreibenden wiederum generieren den Vorteil, dass die von der Werbung Angesprochenen bestenfalls die beworbenen Produkte wahrnehmen und kaufen. So entsteht zwischen allen drei Marktparteien eine Win-Win-Win-Situation.

Zu den Entgelterwirtschaftungsmöglichkeiten im Detail wird in Band 3 dieser Publikation ausgeführt.

Fragen/Aufgaben zu Kapitel 6.6   `?`
1. Erläutern Sie kurz, worin sich die Marklogik auf normalen (einseitigen) Märkten von der auf zweiseitigen Märkten unterscheidet.
2. Erläutern Sie kurz, warum Werbungtreibende Medien nutzen, um ihre Botschaften zu kommunizieren.

Lösungshinweise finden Sie im achten Kapitel „Lösungsskizzen".

---

60 Zur Erinnerung: Zweiseitige Märkte liegen dann vor, wenn zwei selbstständige Märkte so miteinander verbunden sind, dass Änderungen auf einem Markt zu Veränderungen auf dem anderen Markt führen. Ein Intermediär ist ein Vermittler zwischen den Märkten.

Marktlogik zweiseitiger Medienmärkte

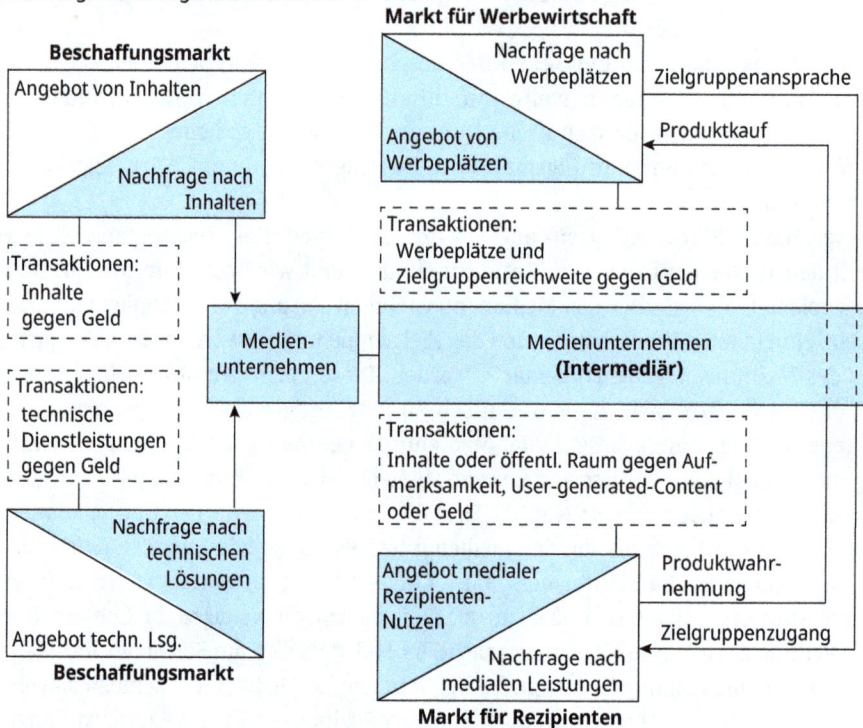

Abb. 6.12: Die Marktlogik zweiseitiger Medienmärkte.

6.7 Zielsetzungen in der Zukunftsgestaltung: Die digitale Transformation fordert ein Umdenken

Veränderungen, die durch digitale Technologien hervorgerufen werden, wirken schon seit der Jahrtausendwende auf Produkte, Unternehmen, Branchen und Märkte. Hier bildet die Medienindustrie keine Ausnahme. Ganz im Gegenteil, gerade die Medien- und Kommunikationsindustrie ist in Teilen disruptiv revolutioniert worden. Als Beispiele können hier die Buchbranche, die Film- und TV-Branche oder die e-Gamebranche genannt werden. Während letztere sogar erst durch die Digitalisierung gebildet werden konnte, wurden die Buch- und die Filmbranche zumindest völlig auf den Kopf gestellt (Stichwort e-Book oder Streaming-Dienste). Medienunternehmen, die in Zukunft erfolgreich am Markt agieren wollen, dürfen sich dieser digitalen Transformation nicht entziehen, sondern sie müssen diese Gegebenheit als solche anerkennen und proaktiv daran arbeiten, die sich hier ergebenen Chancen für sich zu nutzen.

> **Merke:**
> Der Begriff **Digitale Transformation** steht nicht nur für den Nutzungswechsel von einer analogen zu einer digitalen Technologie, sondern insgesamt für die technischen, wirtschaftlichen, kulturellen und gesellschaftlichen Veränderungen, die durch den Einsatz von digitaler Technologie in den Lebens- und Wirtschaftsbereichen von Individuen und Gesellschaften erfolgen (vgl. e-Commerce, Internet of Things, Social Media etc.).

Zunächst gilt es zu erkennen, dass sich die technologische, die individuelle, die soziale und damit auch die ökonomische Umwelt dramatisch geändert hat. Vieles in der Medienwirtschaft ist möglich geworden und hat sich als brauchbar erwiesen. Die Brauchbarkeit hat Medienunternehmen dazu bewogen, entsprechende Güter auf den Markt zu bringen.

– **Einfluss auf die Rezeption:** Der Umgang mit den Gütern und der Technologie hat dazu geführt, dass sich Konsumentengewohnheiten geändert und an die neuen Möglichkeiten angepasst haben. Letztlich haben sich die individuellen Bedingungen sozialisiert und sind damit ökonomisch hochgradig interessant geworden, da gewaltige Zielgruppen entstanden sind.

Um das Beschriebene an einem Beispiel zu verdeutlichen, reicht das Stichwort Social Media-Plattform völlig aus. Aber auch außerhalb der Medienindustrie sind solche Phänomen zu beobachten. Amazon, Uber oder Airbnb sind Belege dafür, dass die digitalgetragene Neuorganisation von klassischen Marktlösungen (im Handel, im Personentransportwesen oder im Tourismus etc.) ganze Branche revolutionieren kann.

Wenn sich Möglichkeiten ändern, ändern sich Angebote. Sich ändernde Angebote führen zu sich verändernden Unternehmen und das wiederum zu sich verändernden Branchen. Die technische Möglichkeit, Waren online zu bestellen, hat Jeff Bezos auf die Idee gebracht, Bücher über eine digitale Plattform zu verkaufen. Er gründete Amazon als Onlinebuchhandlung. Am 16. Juli 1995 verkaufte Amazon das erste Buch über die eigene Internetplattform. Ein Jahr später erwirtschaftete Amazon bereits einen Umsatz in Höhe von 15,7 Mio. US-Dollar. Prinzipiell hat Bezos nichts wirklich Neues gemacht. Er hat Bücher verkauft. Das disruptive an diesem Geschäftsmodell ist aber, dass weite Teile des klassischen Buchhandels disintermediiert (als Vermittler zwischen Verlag und Leserschaft ausgeschaltet) wurden. Der Buchhandel hat sich nachhaltig geändert. Heute ist das Unternehmen eines der weltweit größten mit einem gewaltigen Portfolio in den Bereichen E-Commerce, Streaming Media, Cloud Computing und künstliche Intelligenz. Der Umsatz lag 2023 bei 575 Mrd. US-Dollar (in Deutschland: 33,6 Mrd. US-Dollar), die Mitarbeiterzahl ist auf 1,5 Mio. Personen angestiegen.

Aus Sicht der Medienwirtschaft hat die digitale Transformation über die Möglichkeiten der technischen Umsetzung von Inhalten dazu geführt, dass Mediengattungen und Medienmärkte zusammenwachsen (Stichwort Medienkonvergenz; Kapitel 3.4.2) oder sich gegenseitig substituieren. Ein Zusammenwachsen ist bspw. bei Podcasts zu sehen, eine Substitution verkörpert u. a. der Wechsel von Rubrikanzeigen in den Printvarianten der Zeitungen hin zu digitalen Darstellungen auf Plattformen (Stichwort Stellenanzeigen oder Immobilienanzeigen etc.) oder der Ersatz von journalistischen Angeboten klassischer Zeitungen durch den Konsum von Newsstreams im Internet.

Auch aus Sicht der Hersteller wirkt die digitale Transformation umwälzend; bspw. auf die Wertschöpfungskette, die Produkt- und Sortimentsgestaltung und die Transaktionskostensituation in der Vermarktung.

- **Einfluss auf die Wertschöpfungskette**: Die Digitalisierung erlaubt schnellere und reaktionsempfindlichere Kooperationen zwischen den Inhalteproduzenten bis hin zur Bildung virtueller Unternehmen. Auch die Disintermediation mit ihrem Ausschluss des Handels als Verwertungsstufe durch die Bildung von eigenen Verkaufsplattformen (e-Shops) wirkt hier einschneidend.
- **Einfluss auf die Produktgestaltung**: Die Digitalisierung erlaubt ein sehr flexibles Unbundling von Leistungsbündeln. So können redaktionelle Produktkonzepte wie bspw. eine Zeitungsausgabe oder eine Magazinsendung leicht in ihre Einzelbestandteile zerlegt und separat angeboten werden. Im Umkehrschluss lassen sich auch einzelne Teilprodukte wieder zu Gesamtpaketen bündeln, indem bspw. News aus unterschiedlichen Quellen zusammengesetzt und vermarktet werden.
- **Einfluss auf die Sortimentsgestaltung**: Die Digitalisierung von Medienprodukten führt dazu, dass weder die Vervielfältigung noch der Transport oder die Lagerhaltung eine nennenswerte Kostengröße darstellen. Dadurch werden Nischenprodukte mit höherer Zeitelastizität als Absatzwaren ökonomisch interessant. Eine hohe Zeitelastizität im Werteverlust haben Medieninhalte, die eine längere Vermarktungszeit haben (Musik, Bücher etc.). Ohne Digitalisierung würde Nischenprodukte zu bevorraten, wenig Sinn machen. Mit Digitalisierung können sog. Long Tails entstehen. **Long Tails** entstehen, wenn viele Nischenprodukte in Summe zu einem hohen Umsatz führen. Das Sortiment wird durch viele selten gekaufte Produkte gebildet oder ergänzt (vgl. Anderson 2007: 287). Der Abverkauf einer großen Menge selten gekaufter Titel führt zu hohen Umsätzen.
- **Einfluss auf die Transaktionskosten**: Die Digitalisierung senkt nicht nur die variablen Produktionskosten auf bis zu null, sondern führt auch zu geringen Kosten die im Zusammenhang mit der Verwertung und Bevorratung (z. B. Kapitalbindungskosten) entstehen.

Wie stark **disruptive Innovationen** auf einen Markt einwirken können, hat die Musikbranche (vgl. Band 2 dieser Publikationsreihe) zu Beginn des Jahrtausends schmerzlich erfahren müssen. Die Möglichkeit, ohne Qualitätsverlust Raubkopien herstellen zu können, hat die Musikverlage und Tonträgerunternehmen (Platten-Label) an den Rand des Ruins getrieben. Da das Publikum nicht mehr gewillt war, die hohen Preise für die Musikerzeugnisse zu bezahlen und leicht Kopien herstellen konnte, brachen die Umsätze ein. Die Preismodelle, die dem Abverkauf von Musik-CDs zugrunde lagen taten ihr Übriges zum Zusammenbruch der Musikindustrie. Musikinteressierte mussten bspw. eine komplette CD kaufen, auch wenn vielleicht nur ein einziger Titel auf dieser CD auf wirkliches Interesse stieß. Da es den Platten-Labels an Alternativen oder Ideen mangelte, war die Spirale des Niedergangs eingeleitet: Die Strategiekrise (Fehleinschätzung) führte zur Erfolgskrise. Die Erfolgskrise (Marktanteils- und Ertragsrückgang) führte zur Liquiditätskrise. Die Liquiditätskrise (Überkapazitäten und Cashflow-Rückgang) führte zur Insolvenzschwemme (vgl. Meyer-Mayländer und Seeger 2004).

> **Merke:** !
> **Disruptive Innovationen** bewirken grundsätzliche Neuerungen für bekannte Problemlösungen (z. B. Streamingangebote). Sie ersetzen bestehende Produkte, Dienstleistungen und Geschäftsfelder bis hin zu Marktstrukturen nachhaltig, indem sie sie grundlegend verändern oder verdrängen.
>
> **Inkrementelle Innovationen** bewirken eine schrittweise Weiterentwicklung vorhandener Problemlösungen (z. B. die Individualisierung von Streamingangeboten), indem sie Gegebenes schrittweise verbessern, im Kern aber erhalten.

Erst die Integration der Möglichkeiten, die die digitale Transformation bot und ein strategisches Umdenken brachte die Wende. Die digitale Disruption wurde zunächst als Weiterentwicklung und Change-Projekt evolutionär im Geschäftsmodell der Platten-Labels eingearbeitet und schlussendlich als Ersatz. Die Bedrohung wurde als Chance uminterpretiert: die Distributionsmöglichkeit über das Internet, verbunden mit neuen Preismodellen (Einzeldownloads zu stark reduzierten Preisen und Abonnements) als Anpassungsstrategie der Musikunternehmen (vor allem aber die Marktbesetzung durch neue Anbieter aus der Komplementärgüterindustrie wie bspw. Apple) brachte neuen Aufschwung.

Solche **Umdenkprozesse** sind nicht einfach zu handhaben. Oftmals führen sie zu unangenehmen mitunter sogar schmerzlichen Auswirkungen. Zu den unangenehmen Auswirkungen zählen die Neuorganisation von Geschäftsmodellen und die der Organisationseinheiten im Unternehmen. Traditionelles neu zu denken verursacht Unwohlsein, weil Eingeübtes und vielleicht über Jahrzehnte erfolgreich Durchgeführtes plötzlich nicht mehr ausreicht, keine Sicherheit mehr bietet. Zu den schmerzlichen Auswirkungen zählen Folgeerscheinungen, wie bspw. Umsatzrückgänge, der Kapazitätenabbau oder die Freisetzung von Mitarbeitern. Vor allem die Tatsache, dass die Auswirkungen von Veränderungsprozessen erst langfristig wirksam werden und nur in Maßen prognostizierbar sind, machen echte Change-Prozesse unbeliebt.

Bezogen auf die Aufgaben des Medienmanagements müssen digitale Transformationsprozesse dahingehend unterschieden werden, ob sie Auswirkungen auf Prozesse oder Produkte haben. Prozesstechnologien entstehen nicht in Unternehmen der Medienindustrie, sie werden nur von ihnen genutzt (Stichwort Druckindustrie, 3D-Technologie oder Künstliche Intelligenz). **Prozesstechnologien** wirken i. d. R. weniger auf die Branche als Ganzes ein als mehr auf die Kostensituation in einzelnen Unternehmen. **Produkt-**

technologien (z. B. das autonome Fahren, ChatGPT, Big Data-Vermarktung etc.) hingegen können Branchen nachhaltig ändern, weil sie Einfluss auf Zielgruppen und damit auch Marktstrukturen haben.

Die wahrscheinlich aktuell am stärksten (und kontroversesten) diskutierte Produktinnovation – sowohl im privaten Bereich als auch im professionell medienwirtschaftlichen Kontext – ist der Einsatz von KI (künstlicher Intelligenz).

> **! Merke:**
> Als **künstliche Intelligenz (KI)** werden in der Informatik Methoden zusammengefasst, mit denen anspruchsvolle kognitive Leistungen von Menschen nachgebildet werden. Inwiefern es sich hier um eine eigenständige Kreativleistung handelt, ist umstritten. KI kann hinsichtlich seiner Leistungsstärke ausdifferenziert werden und bewegt sich zwischen einfacher Mustererkennung, der Analyse und Bewertung von Sachverhalten bis hin zu komplexem Planen und Handeln.

Die Anwendungsbereiche von künstlicher Intelligenz in der Medienwirtschaft sind ebenso vielfältig wie wirkungsstark auf Medienunternehmen und Medienbranchen; am deutlichsten vielleicht im Verlagswesen, nah gefolgt von der Bewegt-Content-Industrie (Film- und Gaming-Industrie). Als Beispiele können das Schreiben von Artikeln, die Konzeption von Narrativen bis hin zum Ersatz von Schauspielern, Synchronsprechern etc. herangezogen werden. Dass sich, wie eingangs dargelegt, digitale Transformationsprozesse nicht nur auf individuelle, berufliche und ökonomische Gegebenheiten auswirken, sondern auch deutlich kulturelle und soziale Auswirkungen auf die Gesellschaft zeigen, wird in Diskussionen deutlich, die thematisieren, welches Wirkungs- und Machtpotenzial im Einsatz von KI eingeschlossen ist (Stichwort Beeinflussung von Wahlen, Fake-Newsverbreitung, Agenda-Building etc.). Insbesondere der Einsatz von KI hat damit auch deutlich moralische und rechtliche Facetten, die gemanagt werden müssen.

Damit bekommt auch der Begriff des Innovationsmanagements im Zuge der digitalen Transformation eine grundsätzliche neue Komponente. Die Veränderung der Medientechnik führt zu Veränderungen von Herstellungsprozessen; diese wiederum zu Veränderungen von Geschäftsmodellen und betrieblichen Organisationsformen und damit u. U. zu einer Neuausrichtung von Medienunternehmen.

Nur dann, wenn das Management die strategischen und organisatorischen Voraussetzungen geschaffen hat, die für einen Chance-Prozess notwendig sind, wird es auch gelingen, die Prozesse, Produkte und Wertschöpfungsketten so zu ändern, dass eine positive Weiterentwicklung in Form einer proaktiven Anpassungsstrategie Medienunternehmen auf die Zukunft vorzubereiten (vgl. Hess 2022: 8). Dafür braucht es offene Denkkonzepte, variable, medienproduktübergreifende Organisationsformen, Kollaborationswillen und ein agiles Projektmanagement, das Freiräume für Veränderungen fördert (vgl. Band 3 dieser Publikationsreihe)

Fragen/Aufgaben zu Kapitel 6.7

1. Erläutern Sie kurz, was digitale Transformation für die Medienwirtschaft bedeutet.
2. Inwiefern nimmt die digitale Transformation Einfluss auf die Wertschöpfungskette, die Produkt- und Sortimentsgestaltung und die Transaktionskostensituation von Medienunternehmen?
3. Worin unterscheiden sich disruptive von evolutionären (inkrementellen) Innovationen?
4. Wie können sich Medienunternehmen auf eine durch Entwicklungsunsicherheit geprägte Zukunft vorbereiten?

Lösungshinweise finden Sie im achten Kapitel „Lösungsskizzen".

7 Die rechtliche Verfasstheit von Medienunternehmen

Nachdem nun erläutert ist, wie sich Medienunternehmen ausrichten können, soll nun noch geklärt werden, in welcher rechtlichen Verfasstheit medienwirtschaftliche Akteure am Wirtschaftsverkehr teilnehmen möchten. Diese Entscheidung betrifft die Wahl des rechtlichen Rahmens, den sich die Akteure im Zusammenhang mit ihren wirtschaftlichen Aktivitäten geben wollen: die Wahl der Rechtsform. Die Frage nach der Rechtsform kommt nicht nur bei der Neugründung auf, sondern auch, wenn sich Größenänderungen ergeben oder wenn sich die Eigentümerstruktur (z. B. die Anzahl der Gesellschafter) ändert. Im Fall der Gründung muss (!) eine Entscheidung über die Rechtsformwahl getroffen werden. Für den Fall, das sich Größenordnungen oder Eignerstrukturen ändern, kann (!) eine Entscheidung über die künftige Rechtsform erneut relevant werden.

Konstitutiv (grundlegend maßgeblich) sind diese Entscheidungen, weil sie langfristige Auswirkungen haben, schwierig zu korrigieren sind und die Zielausrichtungen grundsätzlich beeinflussen. Später dazu kommen Entscheidungen über die Standortwahl, die Wahl der unternehmerischen Zusammenarbeit oder auch Entscheidungen darüber, welches Produktportfolio in welcher Qualität entwickelt und angeboten werden soll. All diese Entscheidungen sind konstitutiver Natur.

In diesem thematisch allgemein gehaltenen Kapitel, dessen Ausführungen für alle Unternehmen gelten, werden die Rechtsformen von Unternehmen beschrieben und ausgeführt, welche Konsequenzen mit den einzelnen Rechtsformen im Zusammenhang stehen. Der folgende Themenkasten gibt einen Überblick über die in diesem Kapitel abgearbeiteten Themenfelder.

> **Inhalte des Kap. 7: Die Wahl der Rechtsform und ihre Folgen**
> **Die Rechtsform definiert die Rahmenbedingungen**
> Die Rechtsform definiert, welche Regelungen oder Möglichkeiten in Bezug auf die Kapitalbeschaffung, den Haftungsumfang, die Leitungsbefugnis, die Gewinn-/Verlustverteilung, die steuerliche Belastung und viele andere Bereiche greifen.
>
> Zu unterscheiden sind **Einzelunternehmen/Freiberufler von Personen- und Kapitalgesellschaften**. Im Umfeld der Medienwirtschaft spielen auch die **Anstalten des öffentlichen Rechts** eine bedeutende Rolle.

„Jedes Unternehmen in Deutschland muss in Form einer der gesetzlich zugelassenen Rechtformen geführt werden." (Paul 2015: 197). Durch die Rechtsform werden die Regeln bestimmt, nach denen Unternehmen ihre Beziehungen im Innenbereich und im Außenbereich gestalten können oder müssen. Im Innenbereich geht es vor allem um die Beziehungen zwischen den Gesellschaftern bzw. Anteilseignern und den Mitarbeitern. Im Außenverhältnis werden die Beziehungen geregelt, die das Unternehmen zu

https://doi.org/10.1515/9783111548999-007

Kunden, Lieferanten und Gläubigern pflegt. Die Rechtsnormen sind vor allem im Gesellschaftsrecht hinterlegt; insbesondere im Bürgerlichen Gesetzbuch (BGB), im Gesetz betreffend die Gesellschaften mit beschränkter Haftung (GmbHG), im Aktiengesetz (AktG) und im Handelsgesetzbuch (HGB).

Abb. 7.1 (in Anlehnung an Gläser 2021: 85) zeigt die Systematik, die die Rechtsformen aus dem privatwirtschaftlichen und dem öffentlich-rechtlichen Bereich ordnet.

Grundsätzlich werden die privatwirtschaftlichen Formen in drei Rechtsformklassen eingeteilt:

– **Einzelunternehmungen** und **freie Berufe,**
– **Personengesellschaften** und
– **Kapitalgesellschaften.**

Im Bereich öffentlich-rechtlich organisierter Aufgaben sind zwei Klassen von Rechtsformen etabliert:

– **Rechtsgebilde mit Rechtspersönlichkeit**: Anstalt des öffentlichen Rechts und Körperschaften des öffentlichen Rechts und
– **Betriebe ohne Rechtspersönlichkeit**: Regie- oder Eigenbetriebe.

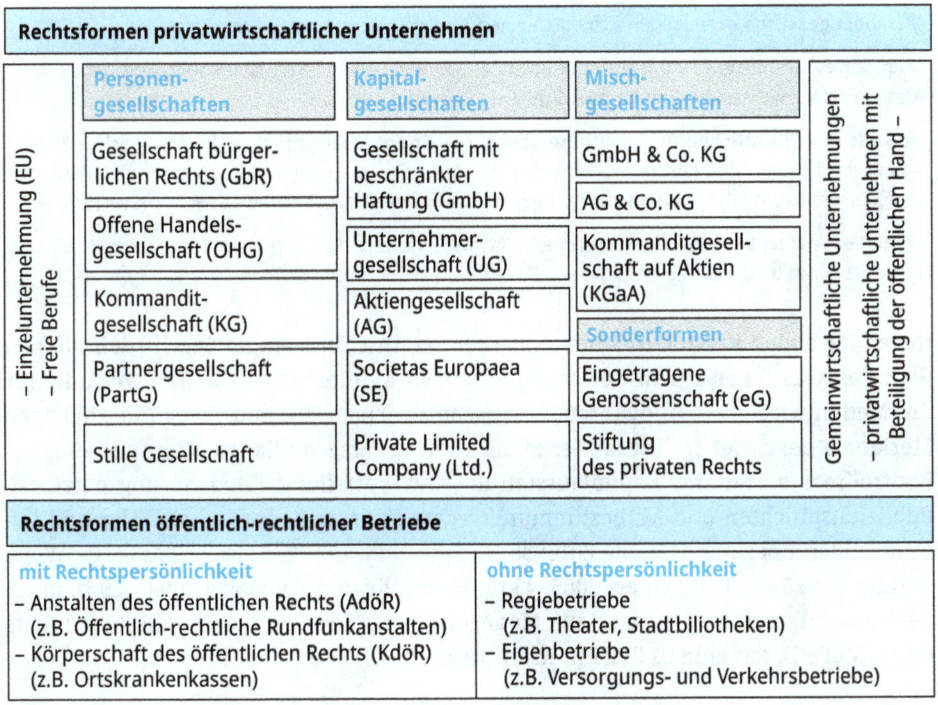

Rechtsformen privatwirtschaftlicher Unternehmen

Einzelunternehmung (EU) – Freie Berufe	Personengesellschaften	Kapitalgesellschaften	Mischgesellschaften	Gemeinwirtschaftliche Unternehmen – privatwirtschaftliche Unternehmen mit Beteiligung der öffentlichen Hand –
	Gesellschaft bürgerlichen Rechts (GbR)	Gesellschaft mit beschränkter Haftung (GmbH)	GmbH & Co. KG	
	Offene Handelsgesellschaft (OHG)	Unternehmergesellschaft (UG)	AG & Co. KG	
	Kommanditgesellschaft (KG)	Aktiengesellschaft (AG)	Kommanditgesellschaft auf Aktien (KGaA)	
	Partnergesellschaft (PartG)	Societas Europaea (SE)	Sonderformen	
			Eingetragene Genossenschaft (eG)	
	Stille Gesellschaft	Private Limited Company (Ltd.)	Stiftung des privaten Rechts	

Rechtsformen öffentlich-rechtlicher Betriebe

mit Rechtspersönlichkeit	ohne Rechtspersönlichkeit
– Anstalten des öffentlichen Rechts (AdöR) (z.B. Öffentlich-rechtliche Rundfunkanstalten) – Körperschaft des öffentlichen Rechts (KdöR) (z.B. Ortskrankenkassen)	– Regiebetriebe (z.B. Theater, Stadtbiliotheken) – Eigenbetriebe (z.B. Versorgungs- und Verkehrsbetriebe)

Abb. 7.1: Rechtsformen von privaten und öffentlich-rechtlichen Betrieben.

Welche Rechtsform im privatwirtschaftlichen Bereich gewählt wird, hängt (in Anlehnung an Schneck 1997: 178) weitestgehend von den folgenden **elf Entscheidungskriterien** ab:

– Möglichkeiten der Kapitalbeschaffung (Fremdfinanzierungsmöglichkeiten)
– Haftungsumfang der Kapitalgeber (Ausschluss privater Haftung)
– Leitungsbefugnis (Geschäftsführungskompetenzen)
– Gewinn- und Verlustverteilung (Teilhabeproporz)
– Steuerliche Belastung (Körperschaftssteuer)
– Publizitätspflicht (Grad der Offenlegung von Interna)
– Gründungsaufwand (Kosten, Gründungskapital)
– Folgekosten (Publizitäts- und Organaufwand (z. B. Aufsichtsrat etc.)
– Firmierung (Namensgebungsmöglichkeit)
– Inhaberstrukturwechsel (Gesellschafterwechsel oder Nachfolgeregelung)
– Mitbestimmungsregelungen (Arbeitnehmermitbestimmung).

> **!**
>
> **Merke:**
>
> **Einzelunternehmungen/freie Berufe**: Hier vereint eine natürliche Person alle Rechte und Pflichten auf sich.
>
> **Personengesellschaften**: Bilden sich durch einen Zusammenschluss natürlicher Personen.
>
> **Kapitalgesellschaften**: Sind juristische Personen, die eine eigene Rechtspersönlichkeit haben und deren Existenz nicht an bestimmte natürliche Personen gebunden ist.
>
> **Anstalt des öffentlichen Rechts/Körperschaft des öffentlich-rechtlichen Rechts**: Rechtsgebilde mit Rechtspersönlichkeit (aus der allgemeinen Staatsverwaltung ausgegliedert), denen eine öffentliche Aufgabe gesetzlich oder satzungsmäßig zugewiesen worden ist. Sie sind und daher selbst rechtsfähig.
>
> **Regie- oder Eigenbetriebe**: Betriebe ohne Rechtspersönlichkeit, die mehr oder weniger eng an die öffentliche Verwaltung von Gebietskörperschaften angebunden sind.

In den folgenden Kapitelabschnitten werden im Anschluss an die Begriffsdefinitionen über das, was unter einem Gewerbe und einem Kaufmann verstanden wird, die für die Medienwirtschaft relevanten Gesellschaftsformen anhand ihrer einschlägigen Merkmale beschrieben. Diese Merkmale sind: Rechtsgrundlagen, Leitungsbefugnis, Kontrollrechte, Haftung, Kapitalausstattung, GuV-Verteilung, Finanzierungspotenzial, Publizitätspflichten und Mitbestimmungsrechte für Arbeitnehmer (vgl. hier und folgend Schierenbeck und Wöhle 2016: 38 ff.; Paul 2015: 196 ff., Gläser 2021: 86 ff.; Wöhe und Döring 2013: 212 ff., Olfert 2005: 43 ff.; Eisenführ und Theuvsen 2004: 129 ff. unter Berücksichtigung des Gesetzes zur Modernisierung des Personengesellschaftsrechts (kurz: MoPeG), das zum 01.01.24 in Kraft trat).

Fragen/Aufgaben zum Einleitungstext von Kapitel 7
1. Was wird allgemein durch die Rechtsformen reglementiert?
2. Welche Fragestellungen führen zur Wahl der Rechtsform?
3. Wie werden die Rechtsformen klassifiziert?

Lösungshinweise finden Sie im achten Kapitel „Lösungsskizzen".

7.1 Der Gewerbe- und der Kaufmannsbegriff

Ein Gewerbe ist jede erlaubte, dem Erwerb dienende, wirtschaftlich selbstständige berufliche Tätigkeit, die auf eigene Rechnung und Verantwortung über längere Zeit oder dauerhaft mit Gewinnerzielungsabsicht betrieben wird. Nicht unter den Gewerbebegriff fallen freiberufliche Tätigkeiten und Tätigkeiten aus dem Bereich der Urproduktion (Land- und Forstwirtschaft, Jagd, Fischerei und der Bergbau). Auch erfordert ein Gewerbe einen nach Art oder Umfang in kaufmännischer Weise eingerichteten Geschäftsbetrieb. Ist das nicht der Fall, handelt es sich um einen sog. **Kleingewerbebetrieb**[61] (vgl. § 1 Abs. 2 HGB). Ein solcher ist bspw. nicht zur doppelten Buchführung verpflichtet, sondern kann seinen Gewinn über eine einfache Einnahme-Überschussrechnung ermitteln. Außerdem kann er bei der Umsatzsteuererklärung die Ist-Versteuerung wählen. Dadurch verschiebt sich die Fälligkeit der Umsatzsteuer auf den Voranmeldungszeitraum des Zahlungseingangs. Kleingewerbetreibende unterliegen nicht den Vorschriften des Handelsgesetzbuches (HGB), sondern nur denen des Bürgerlichen Gesetzbuches (BGB) und den Steuervorschriften.

Nicht zu den Gewerbetreibenden zu zählen sind **Privatleute**, die zwar gegen Entgelt, aber nur sporadisch Dienstleistungen erbringen oder Handel mit Gegenständen aus ihrem Privatbesitz treiben (z. B. private Gelegenheits-Ebay-Verkäufer oder Gelegenheitswebdesigner, die hin und wieder im erweiterten Privatumfeld tätig werden und eine kleine Aufwandsentschädigung erhalten).

Auch muss der Begriff des **Kleinunternehmers** von dem des **(Klein-)Gewerbetreibenden** unterschieden werden. Die Kleinunternehmerschaft ist ein Begriff aus dem Umsatzsteuerrecht und kann sowohl Gewerbetreibende als auch Selbstständige und Freiberufler sowie Land- und Forstwirte betreffen. Kleinunternehmer ist, dessen Vorjahresumsatz nicht über 22.000 Euro gelegen hat und im laufenden Jahr voraussichtlich nicht mehr als 50.000 Euro betragen wird.

---

61 Anmerkung: Nur natürliche Personen und Gesellschaften bürgerlichen Rechts (GbR) können Kleingewerbetreibende sein.

Jede auf Einkommen abzielende berufliche Tätigkeit muss steuerrechtlich beim Finanzamt angemeldet werden. Aber nur ein Gewerbe muss beim Gewerbeamt angemeldet werden. Das Amt stellt gegen eine kleine Gebühr den Gewerbeschein aus, vorausgesetzt, es liegen keine Anzeichen darüber vor, dass der Anmeldende nicht über die erforderliche Zuverlässigkeit verfügt, den Betrieb ordnungsgemäß zu führen. Das wird (grob eingegrenzt) dann unterstellt, wenn er finanzielle Probleme hat, Steuerrückstände vorliegen oder rechtskräftig wegen Straftaten verurteilt ist.

Die Ausübung eines Gewerbes unterliegt der Gewerbeordnung, es ist aber jedem freigestellt, ein Gewerbe zu betreiben, soweit keine Rechtsnorm dagegen spricht (Stichwort Gewerbefreiheit; abgeleitet aus der allgemeinen Berufswahlfreiheit aus Art. 12 GG). Eingeschränkt ist die Gewerbefreiheit bspw. bei handwerklichen Tätigkeiten und für Gewerbe, die einer Konzession bedürfen (Gaststättengewerbe, Makler- und Bewachungsgewerbe). Die Bereiche, auf die die Gewerbeordnung nicht anzuwenden ist, werden in § 6 der Gewerbeordnung (GewO) und in § 18 des Einkommensteuergesetzes (EstG) aufgezählt (siehe Freiberufler in Kap. 7.2.2). Der Gewerbebegriff findet in vier Wirtschaftssektoren Anwendung: Industrie, Handwerk, Handel und Sonstiges (inkl. Dienstleistungen und Verlagswesen).

> **!** **Merke:**
> Ein **Gewerbe** ist eine nach außen erkennbare, erlaubte, selbstständige wirtschaftliche Tätigkeit, die auf Dauer angelegt ist, zum Zwecke der Gewinnerzielung ausgeübt wird und nicht zu den freiberuflichen Tätigkeiten gezählt wird.

In der Regel (nicht immer) führen Kaufleute ein Unternehmen. Der **Kaufmannsbegriff** kann umgangssprachlich ökonomisch oder rechtlich interpretiert werden. Im ökonomischen Sinne ist umgangssprachlich vom Kaufmann die Rede, wenn ein Unternehmer gemeint ist. Ist im rechtlichen Sinne von Kaufleuten die Rede, ist nicht der Unternehmer bzw. die Unternehmerin gemeint, sondern vom Kaufmann oder der Kauffrau im Sinne des Handelsgesetzbuches (vgl. § 1 Abs. 1 HGB). Dies muss unterschieden werden, weil die Unternehmereigenschaft auch vorliegen kann, wenn die Kaufmannseigenschaft nicht gegeben ist (vgl. Freiberufler).

Das Handelsgesetzbuch unterscheidet im Großen und Ganzen drei für diese Publikation relevante Arten von Kaufleuten (vgl. Tab. 7.1 in Anlehnung an Wörlen und Kokemorr 2012: 15): den Istkaufmann, den Kannkaufmann und den Formkaufmann. Auf die Erörterung des Fiktivkaufmanns und des Scheinkaufmanns (§ 5 HGB) soll hier verzichtet werden.

Die Kaufmanneigenschaft hat rechtliche Folgen. Liegen bei Rechtsgeschäften bei einem der beteiligten Personen Kaufmanneigenschaften vor, so gelten die Bestimmungen des Handelsrechtes für das Rechtsgeschäft; nicht ausschließlich nur die des Bürgerlichen Gesetzbuches (BGB) (vgl. Ann, Hauck und Obergfell 2012: 119).

Tab. 7.1: Hauptarten des Kaufmannbegriffs nach HG.B.

Istkaufmann (§ 1 HGB)	Kannkaufmann (§ 2 HGB)	Formkaufmann (§ 6 HGB)
– Betreiber eines Handelsgewerbes, das nach Art oder Umfang einen in kaufmännischer Weise eingerichteten Geschäftsbetrieb erfordert. – Der Unternehmer eines solchen Betriebs gilt automatisch und unmittelbar als Kaufmann. – Der Ist-Kaufmann ist nach § 29 HGB verpflichtet, die Firma ins Handelsregister (HReg.) einzutragen. – Die Eintragung hat deklaratorische (rechtserklärende) Wirkung.	– Kleingewerbetreibender – Im handelsrechtlichen Sinne zunächst kein Kaufmann und damit nicht den Regelungen des HGB unterworfen. – Ein Kleingewerbetreibender kann seine Firma aber ins Handelsregister eintragen (Wahlrecht), damit das HGB auf ihn Anwendung findet. – Die Eintragung hat dann für die Kaufmannseigenschaft eine konstitutive (rechtsbegründende) Wirkung. – Mit der Eintragung wird der Kleingewerbetreibende zum Kaufmann.	– Jedes Privatrechtssubjekt, das aufgrund seiner Rechtsform als Kaufmann einzuordnen ist. – Hierzu zählen die Handelsgesellschaften OHG, KG, aber auch Kapitalgesellschaften und Genossenschaften. – Die Eintragung in das Handelsregister ist verpflichtend

Merke: !

Ein **Kaufmann/**eine **Kauffrau** im Sinne des Handelsgesetzbuches (HGB) ist jede Person, die ein Handelsgewerbe betreibt.

Es werden im Wesentlichen drei **Kaufmannsarten** unterschieden:

1. **Istkaufmann** nach § 1 HGB: Jeder, der ein Handelsgewerbe betreibt.
2. **Kannkaufmann** nach § 2 HGB: Kleingewerbetreibender und im handelsrechtlichen Sinne zunächst kein Kaufmann und damit nicht den Regelungen des HGB unterworfen. Er kann seine Firma aber ins Handelsregister eintragen lassen und wird damit zum Kaufmann.
3. **Formkaufmann** nach § 6 HGB: Jedes Privatrechtssubjekt, das aufgrund seiner Rechtsform als Kaufmann einzuordnen ist (Handels- und Kapitalgesellschaften sowie Genossenschaften).

Fragen/Aufgaben zu Kapitel 7.1 ?

1. Definieren Sie den Begriff Gewerbe und grenzen Sie ihn von dem des Kleingewerbes ab.
2. Was ist ein Kaufmann im Sinne des HGB und welche drei Hauptformen können hier unterschieden werden?

Lösungshinweise finden Sie im achten Kapitel „Lösungsskizzen".

7.2 Einzelunternehmen und Freiberufler

Als Einzelunternehmen gilt jeder Gewerbebetrieb, der von einer einzelnen natürlichen Person geführt wird. In Deutschland existierten 2023 rund 2,0 Mio. Gewerbebetriebe, die von Einzelunternehmern geführt werden. Das sind etwas weniger als 60 Prozent aller Unternehmen (= 3,5 Mio. Betriebe).

7.2.1 Die Einzelunternehmung (EU)

Der **Einzelunternehmer** ist ein Kaufmann im Sinne des HGB (§ 1 Abs. 1 HGB), außer in den Ausnahmefällen, in denen „das Unternehmen nach Art oder Umfang einen in kaufmännischer Weise eingerichteten Geschäftsbetrieb nicht erfordert"[62] (§ 1 Abs. 2 HGB).

Der Kaufmann ist nach § 29 HGB verpflichtet, die **Firma** in das Handelsregister eintragen zu lassen. Die Firma ist der Name, unter dem ein Kaufmann seine Geschäfte betreibt. Ausgewiesen wird die Eintragung durch die Deklaration als „eingetragener Kaufmann" (e. Kfm.) oder „eingetragene Kauffrau" (e. Kfr.). Üblich ist aber auch die geschlechtsneutrale Abkürzung „e. K." (Beispiel: Willi Wuchtig DVD-Handel e. K.)

Die Rechtsgrundlagen für das Einzelunternehmen finden sich in §§ 1 bis 104 HGB. Hier ist u.a. geregelt, dass die Einzelfirma keine eigene Rechtspersönlichkeit besitzt, aber ein Kaufmann unter seiner Firma klagen und verklagt werden kann (§ 17 Abs. 2 HGB). Träger von Rechten und Pflichten ist der Unternehmer als natürliche Person. Dementsprechend liegen auch alle Leitungs- und Kontrollbefugnisse in seinen Händen. Allerdings trägt er auch die volle finanzielle Verantwortung. Für die Verbindlichkeiten des Unternehmens haftet der Einzelunternehmer persönlich und unmittelbar mit seinem gesamten Betriebs- und Privatvermögen. Gewinne und Verluste werden ausschließlich dem Unternehmer zugeordnet.

Die Kapitalausstattung des Unternehmens erfolgt durch Einlagen in das Betriebsvermögen. Entnahmen verringern die Kapitalausstattung. Im Falle, dass Fremdfinanzierungen notwendig sind, prüfen die Banken die privaten Vermögensverhältnisse sowie die persönliche Reputation.

Um das Unternehmen (insbesondere steuerlich) prüfen zu können, ist der Kaufmann verpflichtet Bücher zu führen und einen Jahresabschluss zu erstellen (Aus-

---

62 Wann ein Unternehmen einen in kaufmännischer Weise eingerichteten Geschäftsbetrieb erfordert (also die Kaufmannseigenschaft und nicht ein Kleingewerbe vorliegt), ist nicht einheitlich geregelt, sondern wird nach dem Gesamtbild der Verhältnisse beurteilt. Dabei geht § 238 HGB von der Vermutung zu Gunsten der Kaufmannseigenschaft aus, die im Einzelfall widerlegt werden kann. Als kritische Größen werden u.a. die Höhe des Anlage- und Umlaufvermögens herangezogen, die Vielfalt und der Umfang des Leistungsprogramms, der Umsatz, die Anzahl der qualifizierten Beschäftigten und die räumliche Ausdehnung des Betriebes.

nahme: Kleingewerbe). Eine Publikation des Jahresabschlusses ist nicht erforderlich. Das Gleiche gilt auch für die Prüfung des Abschlusses durch einen Wirtschaftsprüfer.

In der Medienwirtschaft betrifft diese Rechtsform nur sehr wenige Teilnehmer (z. B. Selbstverlage). Die Teilnehmerzahl erhöht sich ganz leicht, wenn auch Komplementärgüteranbietende hinzugerechnet würden.

> **Merke:** !
> Eine **Einzelunternehmung** ist ein kaufmännisch geführter Betrieb ohne eigene Rechtspersönlichkeit. Träger von Rechten und Pflichten ist der Unternehmer als natürliche Person. Für die Verbindlichkeiten des Unternehmens haftet der Einzelunternehmer persönlich und unmittelbar mit seinem gesamten Betriebs- und Privatvermögen.

7.2.2 Der freie Beruf

Freiberufler sind Angehörige der „freien Berufe" und gehören nicht in die Kategorie Gewerbetreibende. Dementsprechend sind Freiberufler auch keine Kaufleute und nicht dem Kaufmannsrecht, das im HGB kodifiziert ist, unterworfen. Eine Anmeldung im Handelsregister ist nicht vorgesehen.

Der Freiberufler führt keine Firma, d. h., er „firmiert" nur unter seinem Namen. Zu den freiberuflichen Tätigkeiten gehört die selbstständige Erbringung von Dienstleistungen, die sich durch besondere berufliche Qualifikation oder schöpferische Begabung auszeichnet und persönlich, eigenverantwortlich und fachlich unabhängig erbracht werden. Die Freiberuflerschaft wird also von gewerblichen Tätigkeiten abgegrenzt.

Zu den freien Berufen gehören laut Einkommensteuergesetz (EStG) alle Berufe, die selbstständig ausgeübt werden und wissenschaftlicher, künstlerischer, schriftstellerischer, unterrichtender oder erzieherischer Art sind: Journalisten, Bildberichterstatter, Regisseure, Schriftsteller, Künstler, Rechtsanwälte und Notare, Ingenieure, Architekten, Steuerberater und Wirtschaftsprüfer, Ärzte, Masseure, Hebammen, Physiotherapeuten und Heilpraktiker sowie Dolmetscher, Übersetzer, Lotsen, Wissenschaftler, Lehrer und Erzieher.

Für die Medienwirtschaft haben die Vertreter freier Berufe eine große Bedeutung, da sie einen großen Anteil an der kreativen Wertschöpfung zur Medienproduktion beitragen. Ausgehend von der umsatzsteuerrechtlichen Kleinunternehmensgrenze nach § 19 UStG arbeiten in Deutschland ca. 18.000 Journalisten und Pressefotografen, fast 8.000 Schriftsteller und einige zehntausend Dienstleister im Umfeld von Design, Film und Funk (vgl. Dreiskämper 2017: 126). In diese Mengen sind gemäß § 19 UstG nur Wirtschaftseinheiten eingerechnet, die mehr als 22.000 Euro jährlich umsetzen. Die unzähligen (!) nebenberuflich Tätigen werden statistisch nicht erfasst.

Da Freiberufler ihren (vor allem steuerrechtlich vorteilhaften) Status nur dann behalten, wenn sie eben keine gewerblichen Tätigkeiten ausüben, müssen sie aufpassen (vgl. Hofert 2012: 21 ff.). Denn der Verkauf ihrer Leistungen stellt in der Praxis ein häufiges Problem dar: Wenn ein Designer, ein Schriftsteller oder ein Regisseur seine Dienstleistung vermarktet, ist er freiberuflich tätig. Wenn er aber ein Bild, ein Buch oder einen Film verkauft, betreibt er Handel. Selbst wenn nur zwei Prozent gewerblicher Umsätze getätigt wurden, erlischt die Freiberuflichkeit steuerrechtlich insgesamt (vgl. BFH-Urteil vom 11.08.1999; das Steuerrecht spricht hier von der „Infektionstheorie"). Die Rechtsfolgen werden in der Regel dadurch vermieden, dass die gewerblichen und die freiberuflichen Umsätze in separaten Gesellschaften getätigt werden.

Für den freiberuflich Tätigen gelten, mit Ausnahme der gewerberechtlichen Bestimmungen, die gleichen Bedingungen wie für den Einzelunternehmer: Der Freiberufler ist alleiniger Träger von Rechten und Pflichten, hält alle Leistungs- und Kontrollbefugnisse in seinen Händen, trägt allein die finanzielle Verantwortung und haftet für alle Verbindlichkeiten persönlich und unmittelbar mit seinem gesamten Betriebs- und Privatvermögen. Gewinne und Verluste werden ausschließlich dem Unternehmer zugeordnet.

Die Kapitalausstattung des Unternehmens erfolgt durch private Einlagen in das Betriebsvermögen. Um das Jahresergebnis zu ermitteln, ist der Freiberufler verpflichtet, seine Gewinne/Verluste durch eine Einnahmen-Überschuss-Rechnung festzustellen. Eine Publikation ist nicht erforderlich.

> **!** **Merke:**
> Ein **Freiberufler** ist weder Gewerbetreibender noch Kaufmann. Freiberuflich tätig ist, wer Dienstleistungen erbringt, die sich durch besondere berufliche Qualifikation oder schöpferische Begabung auszeichnen und persönlich, eigenverantwortlich und fachlich unabhängig erbracht werden. Der Freiberufler ist alleiniger Träger von Rechten und Pflichten, hält alle Leistungs- und Kontrollbefugnisse in seinen Händen und haftet für alle Verbindlichkeiten persönlich und unmittelbar mit seinem gesamten Betriebs- und Privatvermögen. Er darf nicht gewerblich tätig werden.

> **?** **Frage/Aufgabe zu Kapitel 7.2**
> Worin unterscheidet sich der Einzelunternehmer vom Freiberufler?
>
> Lösungshinweise finden Sie im achten Kapitel „Lösungsskizzen".

7.3 Personengesellschaften und ihre Charakteristika

Eine Personengesellschaft ist ein Zusammenschluss von mindestens zwei Personen (natürliche und/oder juristische) zur Erreichung eines gemeinsamen Zweckes. Sie ist rechtsfähig, aber selbst keine juristische Person. Das heißt sie kann Träger von Rechten und Pflichten sein, also Rechte erwerben und auch Verbindlichkeiten eingehen.

Personengesellschaften zeichnen sich vor allem durch ihren stark ausgeprägten Personenbezug aus. Sie lebt von dem Zusammenwirken/der Synergie der einzelnen Gesellschafter und dem gegenseitigen Vertrauen ineinander. Aufgrund dieses engen Personenbezugs können die Mitgliedschaftsrechte aus dem Gesellschaftsverhältnis z. B. auch nicht übertragen werden. So wird dem Bedürfnis Rechnung getragen, dass die persönliche Zusammensetzung der Gesellschaft möglichst unverändert bleiben soll.

Die enge Verknüpfung zwischen Gesellschaft und Gesellschaftern zeigt sich darüber hinaus auf nahezu allen Strukturebenen: So obliegen i. d. R. Geschäftsführung und Vertretungsbefugnis den Gesellschaftern selbst (sog. Selbstorganschaft) und Beschlüsse müssen grundsätzlich einstimmig gefasst werden. Die Einkommensteuerpflicht trifft die Gesellschafter persönlich und sie haften auch persönlich für die Verbindlichkeiten der Gesellschaft. Deswegen bedarf es für die Gründung einer Personengesellschaft z. B. auch keines Mindestkapitals.[63] Das Fremdfinanzierungspotenzial von Personengesellschaften hängt ebenfalls von der Kreditwürdigkeit ihrer Gesellschafter ab.

Rund zwölf Prozent der Unternehmen in Deutschland (im Jahr 2023 ca. 410.000) nutzen die Rechtsformen von Personengesellschaften. Zu ihnen gehören die Gesellschaft des bürgerlichen Rechts (GbR oder BGB-Gesellschaft), die Partnergesellschaft (PartG), die Offene Handelsgesellschaft (OHG), die Kommanditgesellschaft (KG) und die Stille Gesellschaft. Welche Rechtsformen in diesem Kapitel vorgestellt werden, zeigt der nachfolgende Themenkasten.

Inhalte in Kap. 7.3: Personengesellschaften: Menschen, nicht Kapital stehen im Mittelpunkt

Die Gesellschaft bürgerlichen Rechts (GbR und eGbR)
Die Urform aller Personengesellschaften. Typisch für viele Start-ups in den Medienbranchen.

Die Partnergesellschaft (PartG)
Häufig Gemeinschaften von Freiberuflern mit Einschränkung der gesamtschuldnerischen Haftung.

Die offene Handelsgesellschaft (OHG)
Gesellschaft, die Gewerbe betreibt und als Firma auftritt. Häufige Rechtsform bei Verlagen.

Die Kommanditgesellschaft
Gesellschaft mit Zweiklassen-Gesellschaftern. In vielen Sonderformen vertreten.

Die Stille Gesellschaft
Gesellschaft mit nicht sichtbaren Vermögensanteilen.

7.3.1 Die (eingetragene) Gesellschaft bürgerlichen Rechts (GbR/eGbR)

Die Gesellschaft bürgerlichen Rechts (GbR, auch mitunter BGB-Gesellschaft genannt) gilt als Urform aller Personengesellschaften. Sie findet ihren normativen Anknüpfungspunkt in den §§ 705 ff. BGB. Die GbR ist eine auf Vertrag beruhende Gemein-

---

63 Anders als bei Personengesellschaften, wird bei der Gründung von Kapitalgesellschaften sehr wohl eine Mindestkapitalausstattung verlangt.

schaft von mindestens zwei (natürlichen oder juristischen) Personen, die einen gemeinsamen Zweck verfolgen.[64]

Dieser Zweck, den jeder Gesellschafter ab der Gründung dann zu fördern auch verpflichtet ist, kann ganz unterschiedlich sein: von der Lotto-Tipp- oder Fahrgemeinschaft, über Journalistenbüros und Gemeinschaftspraxen oder -kanzleien bis hin zu Arbeitsgemeinschaften z. B. im Baubereich. Häufig werden sie als Gelegenheitsgesellschaften auf Zeit (für Projekte) gegründet.

Der Gründungsvertrag kann mündlich, schriftlich oder durch konkludentes Handeln[65] abgeschlossen werden. Ein Mindestkapital ist nicht notwendig. Insbesondere aufgrund dieser einfachen Rahmenbedingungen war die GbR lange Zeit die bevorzugte Rechtsform für Start-ups (heute ist es die UG siehe Kap. 4.4.2). Im Umfeld der Medienwirtschaft findet sich die GbR als Gesellschaftsform häufig in den wenig kapital- und risikointensiven Kreativbereichen (Journalismus, Design, Filmproduktionsdienstleistungen).

Abhängig vom Willen ihrer Gesellschafter kann die GbR in zwei Formen auftreten: Als
– rechtsfähige (sog. Außen-)Gesellschaft bürgerlichen Rechts oder als
– nicht rechtsfähige (sog. Innen-)Gesellschaft bürgerlichen Rechts.

Unterschiede ergeben sich dabei mit Blick auf die Wirkungsweise und Funktion der Gesellschaft.

Während die **Innen-GbR** lediglich dazu dient, das Rechtsverhältnis zwischen den Gesellschaftern auszugestalten (ohne nach außen (Nichtgesellschaftern gegenüber) in Erscheinung zu treten), kann die **Außen-GbR** selbst am Rechtsverkehr teilnehmen. Das heißt, die Außen-GbR kann selbst Träger von Rechten und Pflichten und somit auch z. B. Vertragspartner sein.

Eine juristische Person stellt die GbR aber auch in Form der Außen-GbR nicht dar. Sie ist viel mehr als Gruppe der Gesellschafter zu betrachten, die als Gruppe Rechte oder Pflichten z. B. aus einem Vertrag erwirbt. Im Verhältnis zu Dritten (also Nichtgesellschaftern gegenüber) entsteht die Außen-GbR dabei nicht schon durch den Gründungsvertragsabschluss, sondern erst, wenn sie mit Zustimmung aller Gesellschafter, tatsächlich am Rechtsverkehr teilnimmt.

Auch gibt es seit dem 01.01.2024 die Möglichkeit, eine Außen-GbR in ein eigenes Gesellschaftsregister (vergleichbar mit dem Handelsregister) eintragen zu lassen. Die Eintragung muss notariell beglaubigt werden. Mit der Eintragung gehen dann z. B. einige

---

64 Das Recht der GbR ist im Zuge des Gesetzes zur Modernisierung des Personengesellschaftsrecht (MoPeG) und Wirkung zum 1.01.24 durch den Gesetzgeber geändert worden. Die Reform kodifiziert damit die Rechtsprechung und die vorherrschende vertragsgestaltende Praxis, so dass Klarheit geschaffen wurde.
65 Konkludentes Handeln liegt vor, wenn das Handeln eindeutig einen bestimmten Willen erkennen lässt.

rechtliche Vorteile im Rechtsverkehr einher. Eine eingetragen Außen-GbR muss einen entsprechenden Zusatz im Namen führen und heißt dann: **eGbR**. Die Entstehung der Außen-GbR im Verhältnis zu Dritten, kann dann statt durch eine aktive Teilnahme am Rechtsverkehr (s.o.) auch durch die Eintragung ins Gesellschaftsregister erfolgen.

Die Leitung (Geschäftsführung und Vertretung) und damit auch alle Kontrollrechte obliegen grundsätzlich allen Gesellschaftern gemeinsam. Durch die Teilnahme am Rechtsverkehr ergeben sich Haftungsfragen mit Blick auf die Verbindlichkeiten der Gesellschaft: Neben dem Gesellschaftsvermögen (das nach geänderter Rechtslage kein Gesamthandsvermögen[66] mehr ist und sich maßgeblich aus den Einlagen der Gesellschafter und ggf. erzielten Gewinnen zusammensetzt) haften alle Gesellschafter zusätzlich mit ihrem gesamten privaten Vermögen als Gesamtschuldner[67] (§§ 420 ff. BGB). Die persönliche Haftung der einzelnen Gesellschafter kann Dritten gegenüber auch nicht eingeschränkt oder ausgeschlossen werden. Ausgleichsansprüche gegenüber Mitgesellschaftern werden sodann ausschließlich im Innenverhältnis geregelt.

Wegen der gesamtschuldnerischen und unbegrenzten Haftung der einzelnen Gesellschafter hat der Gesetzgeber auf eine Mindestkapitalausstattung der Gesellschaft verzichtet. Die Finanzierung der Gesellschaft speist sich vielmehr aus den Einlagen der Gesellschafter. Auch das Finanzierungspotenzial durch Fremdkapital richtet sich nach der Kreditwürdigkeit der Gesellschafter.

Soweit nicht anders vertraglich vereinbart, partizipieren alle Gesellschafter zu gleichen Teilen an Gewinnen bzw. Verlusten. Diese werden – soweit kein in einer kaufmännischen Weise eingerichteter Geschäftsbetrieb vorliegt – in einer Einnahme-Überschussrechnung ermittelt. Ein handelsrechtlicher Jahresabschluss muss nicht erstellt werden. Prüfungs- und Publizitätspflichten existieren ebenfalls nicht.

Merke: !

Eine **Gesellschaft bürgerlichen Rechts** (GbR) ist eine von mindestens zwei Rechtssubjekten (natürliche oder juristische Personen) durch Vertrag begründete Personengesellschaft zur gemeinsamen Förderung eines beliebigen Zwecks. Der Gründungsvertrag kann dabei formlos: Also mündlich, schriftlich oder durch konkludentes Verhalten geschlossen werden.

Die GbR gibt es in zwei verschiedenen Ausprägungen:

- Sie kann in Form der **Außen-GbR** (ohne juristische Person zu sein) Trägerin von Rechten und Pflichten sein, selbst am Rechtsverkehr teilnehmen, verfügt über ein eigenes Vermögen und die

---

66 Vermögen, über das nur gemeinschaftlich verfügt werden kann und den Gesellschaftern nicht in Anteilen, sondern gemeinsam gehört.

67 Das heißt, jeder Gesellschafter haftet dem Forderungsinhaber gegenüber auch persönlich (also mit seinem eigenen Vermögen) und in voller Höhe für die durch die Gesellschaft eingegangenen Verbindlichkeiten. Der Forderungsinhaber kann die gesamte Forderung von jedem einzelnen Gesellschafter verlangen. Im Innenverhältnis (also im Verhältnis der Gesellschafter untereinander), kann der in Anspruch genommene Gesellschafter dann die jeweiligen Anteile an der Forderungssumme von den anderen zurückverlangen.

> Gesellschafter haften für die Verbindlichkeiten der Gesellschaft auch persönlich. Optional kann die Außen-GbR in das Gesellschaftsregister eingetragen werden (sog. **eGbR**).
> – Alternativ kann die GbR auch als reine Innengesellschaft (**Innen-GbR**) gegründet werden. Dann dient sie lediglich der Ausgestaltung der Rechtsbeziehungen ihrer Gesellschafter untereinander (vgl. Fahrgemeinschaft), ist nicht rechtsfähig, nimmt daher nicht am Rechtsverkehr teil und hat z. B. auch kein eigenes Vermögen.

7.3.2 Die Partnergesellschaft (PartG)

Auch die PartG gehört zu den Personengesellschaften. Anders als bei den übrigen Gesellschaftsformen kann die Partnergesellschaft jedoch nur von natürlichen Personen gegründet werden (eine reine Kapitalbeteiligung ist nicht möglich). Genauer: Es handelt sich um eine Gesellschaftsform, deren Zweck sich in einem Zusammenschluss von Freiberuflern zur Ausübung ihrer Berufe erschöpft. Da Freiberufler keine Gewerbetreibenden sind, handelt es sich hier um eine Gesellschaft, die kein Handelsgewerbe ausübt. Der Freiberuflerstatus der Gesellschafter bleibt erhalten (die Folge: keine Buchführungspflicht, keine Gewerbesteuer).

So teilen sich viele Freiberufler mit Kollegen Büroräume, Equipment, Personal und andere Facilities, die der gemeinschaftlichen Berufsausübung dienen, weil es kostengünstiger ist, solche Gemeinkosten zu verteilen. Am häufigsten ist die Partnergesellschaft wohl im Umfeld von Anwaltskanzleien, Arztpraxen[68] und journalistischen Gemeinschaften zu finden.

Normativer Anknüpfungspunkt der Partnerschaftsgesellschaft ist das Partnergesellschaftsgesetz (PartGG). Die PartG ist rechtsfähig, kann also Trägerin von Rechten und Pflichten sein. Ferner bringt diese Gesellschaftsform einige formale Anforderungen mit sich, die es einzuhalten gilt: So muss die Firma beispielsweise Zusatz „und Partner" oder „Partnerschaft" beinhalten[69] und sie muss ins Partnerschaftsregister eingetragen werden. Ein Mindestkapital ist bei Gründung nicht aufzubringen.

Mit Blick auf die Haftung der Gesellschafter, gilt grundsätzlich auch hier die – für Personengesellschaften strukturprägende – gesamtschuldnerische Haftung eines jeden Gesellschafters mit seinem privaten Vermögen. Allerdings weist die Partnergesellschaft hier eine Besonderheit auf: Während die Vollhaftung der Gesellschafter bei der GbR (oder OHG) im Verhältnis zu Dritten nicht eingeschränkt werden kann, besteht bei der

---

68 Hier muss dann begrifflich zwischen der Gemeinschaftspraxis und der Praxisgemeinschaft unterschieden werden. Die Gemeinschaftspraxis ist häufig eine GbR und die Praxisgemeinschaft als Zusammenschluss von selbstständigen Ärzten oder Arztgemeinschaften eine Partnergesellschaft.
69 Die Nennung mindestens eines Gesellschafternamens und die Aufführung aller Berufsbezeichnungen in der Firmenbezeichnung ist nicht mehr notwendig.

PartG die Möglichkeit, die Haftung unbeteiligter Gesellschafter für Fehler, die anderen Gesellschaftern im Zuge der Berufsausübung unterlaufen sind, zu beschränken. Dies erfordert den Abschluss einer Haftpflichtversicherung mit einer Mindestsumme, die sich nach der Berufsgruppe der Partner richtet. Auch muss der Namenszusatz „mbB" geführt werden. Es handelt sich hier um eine Sonderform der Partnerschaftsgesellschaft: die Partnerschaftsgesellschaft mit beschränkter Berufshaftung. Bei der **PartG mbB** ist die Haftung für berufliche Fehler auf das Gesellschaftsvermögen beschränkt: Selbst der Gesellschafter, der für die Folgen z. B. einer Fehlberatung haftet, muss dafür nicht mit seinem Privatvermögen einstehen. Diese Haftungsbegrenzungen gelten jedoch nur für „Berufsversehen", nicht für andere Verbindlichkeiten wie unbezahlte Rechnungen etc.

Das Rechtsverhältnis der Partner untereinander richtet sich ansonsten überwiegend nach dem Partnerschaftsvertrag. So ist auch die Gewinn- und Verlustbeteiligung regelmäßig vertraglich festgelegt. Fehlt es an einer entsprechenden Vereinbarung, so orientiert sich die Beteiligung an den Beiträgen der Gesellschafter oder – wenn auch diese nicht vereinbart wurden – erfolgt die Verteilung nach Köpfen.

Partnergesellschaften können im journalistischen Bereich als Bürogemeinschaft und im produzierenden Medienbereich (TV-Produktion, Musikstudio etc.) gefunden werden, wenn sich mehrere Unternehmer Personal, vor allem aber Equipment und Räumlichkeiten teilen.

Merke:
Eine **Partnergesellschaft (PartG)** ist eine rechtsfähige Personengesellschaft in Form eines Zusammenschlusses von Freiberuflern, zur Ausübung ihres Berufs. Entsprechend übt die PartG kein Handelsgewerbe aus.

An der Partnerschaftsgesellschaft dürfen sich nur natürliche Personen beteiligen. Eine bloße Kapitalbeteiligung ist nicht zulässig. Alle Partner haften den Gläubigern für die Verbindlichkeiten der Gesellschaft grundsätzlich unbeschränkt und gesamtschuldnerisch. Durch vertragliche Regelung kann aber die Haftung für Ansprüche aus fehlerhafter Berufsaus-übung auf den Verschuldenden konzentriert werden.

Die **Partnergesellschaft mit beschränkter Berufshaftung (PartG mbB)** ist eine PartG, bei der die Haftung für berufliche Fehler auf das Gesellschaftsvermögen beschränkt ist: Selbst der Gesellschafter, der für die Folgen eines „Berufsversehens" haftet, muss dafür nicht mit seinem Privatvermögen einstehen. Diese Haftungsbegrenzungen gelten nicht für andere Verbindlichkeiten wie unbezahlte Rechnungen etc.

7.3.3 Die offene Handelsgesellschaft (OHG)

Die offene Handelsgesellschaft (OHG) ist eine Personengesellschaft, deren Zwecksetzung darin liegt, ein Handelsgewerbe unter einer gemeinschaftlichen Firma zu betreiben. Entsprechend kommt der OHG auch die Kaufmannseigenschaft zu. Zur Gründung bedarf es mindestens zwei (natürlicher oder juristischer) Personen. Durch das Gesetz zur Modernisierung des Personengesellschaftsrechts (MoPeG) kann die OHG (ebenso wie die KG und die GmbH & Co.KG) nun auch als Zusammenschluss von Freiberuflern auftreten (vgl. §§ 105–160 HGB), wenn es das jeweilige Berufsrecht erlaubt.[70]

Die OHG hat eigenes Gesellschaftsvermögen, ist rechtsfähig, aber keine juristische Person und ihre Gesellschafter haften – charakteristisch für Personengesellschaften – persönlich und in vollem Umfang für die Verbindlichkeiten der Gesellschaft. Aufgrund der Vollhaftung der Gesellschafter bedarf es für die Gründung auch hier keines Mindestkapitals. Das Fremdfinanzierungspotenzial richtet sich auch bei der OHG wieder nach der Kreditwürdigkeit der Gesellschafter, während die Eigenfinanzierung in der Regel über die Einlagen gewährleistet wird und ggf. über die Aufnahme weiterer Gesellschafter aufgestockt werden kann. Letztere Variante stellt jedoch wegen des engen persönlichen Vertrauensverhältnisses der Gesellschafter untereinander einen Ausnahmefall dar.

Darüber hinaus bringt die OHG einige formale Anforderungen mit sich: So muss sie zum Beispiel gemeinschaftlich durch ihre Gesellschafter ins Handelsregister eingetragen werden.[71] Auch muss die Bezeichnung „OHG" zwingend Bestandteil des Firmennamens sein. Aufgrund der Kaufmannseigenschaft ist die OHG zudem verpflichtet, Bücher zu führen und handelsrechtliche Jahresabschlüsse zu erstellen. Eine Publizitäts- und Prüfungspflicht durch Sachverständige ist hingegen nicht vorgeschrieben.

Das Recht zur Leitung (sog. Geschäftsführungsbefugnis) obliegt grundsätzlich allen Gesellschaftern dergestalt, dass sie jeweils befugt sind, allein zu handeln (Alleinvertretungsbefugnis). Im Gesellschaftsvertrag kann die Geschäftsführung aber auch auf einzelne Gesellschafter konzentriert oder eine gemeinschaftliche Ausübung der Geschäftsführung vereinbart werden. Gleichzeitig hat jeder Gesellschafter auch das Recht auf Einsichtnahme in sämtliche Geschäftsbücher. Denn nur über das dahinterstehende Recht auf Information und der damit einhergehenden Kontrollmöglichkeit, kann das System der uneingeschränkten Haftung der einzelnen Gesellschafter legitimiert werden.

---

70 Für freiberufliche Selbstständige wie Journalisten, PR-Agentinnen, Werbe-Berater und Unternehmensberaterinnen etc. gibt es kein Berufsrecht, das die Kooperationsmöglichkeiten klar beschränkt und dafür bestimmte Rechtsformen ausschließt. Allerdings gelten bspw. für den Journalisten der Pressekodex und für die PR-Agentin der Kommunikationskodex des Deutschen Rats für Public Relations mit deren ethischen Vorgaben. Wenn Vertreter der genannten Berufsgruppen miteinander erwerbswirtschaftlich kooperieren, könnte dies deutlich gegen berufsethische Leitlinien verstoßen.

Freiberufler, wie bspw. Anwälte, Ärztinnen oder Architekten, gehören zu den zulassungspflichtigen Berufen und sind in Berufskammern organisiert. Die Möglichkeit, sich mit Angehörigen anderer Berufe zusammenzuschließen, ist bei ihnen eingeschränkt, mitunter auch durch Standesrecht verboten. Auch die Rechtsformen für Berufsausübungsgemeinschaften können hier reglementiert sein.

71 Anders aber als beim Betrieb eines Handelsgewerbes entsteht die freiberufliche OHG erst mit der Eintragung in das Handelsregister.

Die Verteilung von Gewinnen und Verlusten richtet sich vorrangig nach den Vereinbarungen im Gesellschaftsvertrag. Wurde vertraglich hingegen keine Anteilsquote vereinbart (was nur selten der Fall ist), greifen die gesetzlichen Bestimmungen der § 120 Abs. 1 S. 2 HGB in Verbindung mit § 709 III BGB. Hier wird festgelegt, dass die Gewinn- und Verlustverteilung sich nach den vereinbarten Beträgen (sog. Beitragsquote) richtet. Fehlt es auch an einer solchen Vereinbarung, so wird nach gleichen Anteilen (also nach Köpfen) verteilt (sog. Kopfquote).

Der Unterschied zwischen einer GbR und einer OHG liegt grundsätzlich darin, dass die Zwecksetzung der OHG sich auf den Betrieb eines Handelsgewerbes bezieht, während für die GbR jede beliebige Zwecksetzung formuliert werden kann. Allerdings kann die Gesellschaftsform der OHG auch dann durch eine Eintragung im Handelsregister begründet werden, wenn kein Handelsgewerbe, sondern zum Beispiel nur ein Kleingewerbe betrieben wird oder die Gesellschaft der gemeinschaftlichen Ausübung freier Berufe gewidmet ist.

Im Umfeld der Medienwirtschaft ist die OHG als Gesellschaftsform häufig im Verlagswesen (Bücher, Filme, Internetdienstleistungen etc.) oder im Bereich des Medienvertriebs vertreten. Da mit den Änderungen durch das MoPeG die OHG auch für Freiberufler geöffnet wurde, kann es durchaus möglich sein, dass künftig Freiberufler, die mit Gewerbetreibenden zusammen eine Gesellschaft gründen wollen, diese Rechtsform wählen. Für den freiberuflich Tätigen würde dies allerdings bedeuten, dass er zumindest für Einkünfte, die innerhalb der OHG erwirtschaftet werden, seine Steuer- und Buchführungsprivilegien einbüßt. Die Folgen wären die Gewerbesteuerpflicht, der Wechsel von der Ist- zur Soll-Besteuerung und die Pflicht zur doppelten Buchführung.

> **Merke:**
> Eine **Offene Handelsgesellschaft (OHG)** ist eine durch mindestens zwei (natürlich oder juristische) Personen gegründete Personengesellschaft, die ein Handelsgewerbe unter gemeinschaftlicher Firma betreibt. Die OHG kann aber auch durch Eintragung im Handelsregister entstehen, wenn z. B. statt des Handelsgewerbes lediglich ein Kleingewerbebetrieb vorliegt. In jedem Fall ist die OHG zwingend im Handelsregister einzutragen. Die OHG ist Kaufmann und als solche rechtsfähig; jedoch keine juristische Person. Typisch für Personengesellschaften haften die Gesellschafter unbeschränkt und persönlich.

7.3.4 Die Kommanditgesellschaft (KG)

Die Kommanditgesellschaft (KG) ist ein Sonderfall der OHG und gehört somit ebenfalls zu der Gruppe der rechtsfähigen Personengesellschaften. Kann also Verbindlichkeiten eingehen und Trägerin von Rechten und Pflichten sein. Genau wie die OHG ist auch die KG Kaufmann.

Der gemeinschaftlich verfolgte Zweck, der jeder Personengesellschaft zugrunde liegt, erschöpft sich auch bei der KG in der Ausübung eines Handelsgewerbes unter gemeinschaftlicher Firma.[72] Der Unterschied zur OHG liegt dabei vor allem in der Zweiteilung der Gesellschafterstruktur. Während ein Gesellschafter gesamtschuldnerisch und unbeschränkt mit seinem gesamten privaten Vermögen für die Verbindlichkeiten der KG haftet (der sog. **Komplementär**), ist die Haftung des anderen Gesellschafters (der sog. **Kommanditist**) der Höhe nach auf eine festgelegte Summe (Haftsumme) beschränkt (§ 171 HGB). Die beiden Gesellschaftertypen unterscheiden sich also maßgeblich über den Haftungsumfang, wobei es für die KG mindestens eines Gesellschafters jeder Art bedarf. Den rechtlichen Rahmen der KG bilden die §§ 161–177a HGB.

Die Gesellschaft muss im Handelsregister eingetragen werden und erfordert die Bezeichnung „Kommanditgesellschaft" oder „KG" im Namen. Eintragungspflichtig sind darüber hinaus zum Beispiel die Namen der Kommanditisten, sowie die auf sie entfallende Haftsumme. Zudem ist auch die KG (als Kaufmann) verpflichtet, Bücher zu führen und handelsrechtliche Jahresabschlüsse zu erstellen, aber auch sie braucht – wie die OHG – die Abschlüsse weder zu publizieren noch prüfen zu lassen.

Die Geschäftsführungsbefugnis fällt grundsätzlich den Komplementären zu. Die Kommanditisten sind – wenn der Gesellschaftsvertrag nichts anderes besagt – von der Geschäftsführung ausgeschlossen. Sie haben jedenfalls keine Vertretungsmacht, aber gewisse Informations-/ Kontrollrechte. So dürfen sie z. B. eine Abschrift des Jahresabschlusses und Einsicht in die ihm zugrundeliegenden Dokumente oder Auskunft über die Gesellschaftsangelegenheiten verlangen (vgl. § 166 HGB). Diese Rechte dürfen auch vertraglich nicht ausgeschlossen werden. Ansonsten sind die Rechtsverhältnisse der Gesellschafter untereinander grundsätzlich frei vereinbar. So auch die Gewinn- und Verlustverteilung. Fehlt es an einer entsprechenden Vereinbarung greift mit Blick auf die Gewinnverteilung das Rangverhältnis (vgl. OHG): Aufteilung der Gewinne nach Beiträgen oder Köpfen. Bei der Verlustbeteiligung der Gesellschafter greift bei den Kommanditisten wieder die Haftungsbeschränkung.

Das Finanzierungspotenzial setzt sich aus den Vermögensverhältnissen der Komplementäre und der Möglichkeit zusammen, die Einlagen der Kommanditisten zu erhöhen oder neue Kommanditisten aufzunehmen. Darüber hinaus kann Fremdkapital akquiriert werden. Hier greifen ähnliche Bedingungen wie in bei der OHG.

Im Umfeld der Medienwirtschaft wird die Rechtsform der KG sehr häufig als Mischform (GmbH & Co. KG) angesiedelt (vgl. Ausführungen zur Mischform).

> **!** **Merke:**
> Eine **Kommanditgesellschaft (KG)** ist eine Personengesellschaft, deren Zweck auf den Betrieb eines Handelsgewerbes unter gemeinschaftlicher Firma gerichtet ist. Die Besonderheit dieser Gesellschafts-

---

[72] Durch die Modernisierung des Personengesellschaftsrechts ist auch die Kommanditgesellschaft nunmehr für Freiberufler geöffnet.

form liegt vor allem im Haftungssystem: Während ein Gesellschafter gesamtschuldnerisch und unbeschränkt mit seinem gesamten privaten Vermögen für die Verbindlichkeiten der KG haftet (sog. Komplementär), ist die Haftung des anderen Gesellschafters der Höhe nach auf eine festgelegte Summe
(Haftsumme) beschränkt (sog. Kommanditist). Die Geschäftsführungs- und Vertretungsbefugnis obliegt
in der Regel den Komplementären. Die Rechtsverhältnisse der Gesellschafter untereinander sind grundsätzlich frei vereinbar.

7.3.5 Die stille Gesellschaft

Die stille Gesellschaft ist eine Personengesellschaft, die ausschließlich im Innenverhältnis zwischen den beteiligten Personen Wirkung entfaltet (sog. Innengesellschaft). Ihren
normativen Anknüpfungspunkt findet die stille Gesellschaft in den §§ 230–237 HGB.

Wesensmerkmal dieser Gesellschaftsform ist, dass eine Person (der sog. „stille Gesellschafter") sich mit einer Vermögenseinlage an dem Handelsgewerbe einer anderen
Person beteiligt, wobei die Einlage direkt in das Vermögen des Gesellschafters eingebracht wird und nicht dem Vermögen des Handelsgewerbes zufällt. Diese Beteiligung
ist nach außen nicht erkennbar (deswegen „stille" Gesellschaft).

Der gemeinsame Zweck, dessen es bei jeder Personengesellschaft bedarf, liegt in
diesem Fall in der gemeinschaftlichen Gewinnerzielungsabsicht.

Die stille Gesellschaft hat den Vorteil für den Geschäftsinhaber, dass er Kapital
erhält, ohne Leitungsbefugnisse abgeben zu müssen (anderweitige Vereinbarungen
zwischen den Parteien sind natürlich zulässig) und ohne, dass die Einlage nach außen
als Fremdkapital sichtbar wird. Der stille Gesellschafter, der in der Regel also keine
Geschäftsführungsbefugnisse, sondern nur Informationsrechte innehat, genießt den
Vorteil, dass er am Gewinn partizipiert.

Während die Gewinnbeteiligung obligatorisch ist, kann die Verlustbeteiligung des
„stillen Kapitals" vertraglich ausgeschlossen werden kann. Im Falle der Insolvenz genießt der stille Gesellschafter jedoch den anderen Insolvenzgläubigern gegenüber keinen Vorrang und bekommt sein Kapital entsprechend auch nur in Höhe der Insolvenzquote zurückerstattet.

Zur Häufigkeit kann aufgrund der fehlenden Transparenz dieser Gesellschaftsform keine gesicherte Aussage gemacht werden.

Merke:
Eine **Stille Gesellschaft** ist eine Personengesellschaft, bei der sich eine Person (der stille Gesellschafter) mit einer Vermögenseinlage an dem Handelsgewerbe einer anderen Person beteiligt. Diese Einlage geht in das Vermögen des Gesellschafters und nicht in das Vermögen des Handelsgewerbes
über. Die Beteiligung ist nach außen nicht erkennbar. Die Wirkung dieser Gesellschaftsform entfaltet
sich mithin ausschließlich im Innenverhältnis (sog. Innengesellschaft). Während die Gewinnbeteiligung
zwingend ist, kann die Verlustbeteiligung des stillen Kapitals vertraglich ausgeschlossen werden. Im
Insolvenzfall wird der stille Gesellschafter den anderen Insolvenzgläubigern gegenüber jedoch nicht
bevorzugt.

!

7.4 Kapitalgesellschaften und ihre Charakteristika

Kapitalgesellschaften sind Gesellschaften, bei denen nicht die Gesellschafter im Mittelpunkt stehen, sondern das Kapital das ausschlaggebende Kriterium darstellt. Das zeigt sich u.a. darin,
– dass das Ausscheiden oder der Tod eines Gesellschafters keinerlei Auswirkungen auf die Existenz der Gesellschaft hat,
– dass Gesellschafter das Unternehmen nicht führen müssen, sondern die Geschäftsführung an Manager delegieren können,
– dass Gewinn- oder Verlustzuweisungen ausschließlich an Kapitalanteilen festgemacht werden und
– dass die Haftung für die Verbindlichkeiten der Gesellschaft auf das Gesellschaftsvermögen beschränkt ist. Gesellschafter haften nicht ihrem Privatvermögen. Gesellschaft und Gesellschafter sind strikt getrennt zu betrachten.

Aufgrund der Haftungsbeschränkung sieht der Gesetzgeber vor, dass Kapitalgesellschaften mit einem Mindestkapital ausgestattet werden müssen. Zudem gelten für alle Kapitalgesellschaften die Vorschriften des HGB, weil sie automatisch und unabhängig davon, welche Tätigkeiten sie ausüben, als Kaufmann eingeordnet werden. Eine Kapitalgesellschaft ist kraft ihrer Rechtsform immer eine Kauffrau. Das HGB spricht von einem Formkaufmann (§ 6 Abs. 2 HGB). Eine Kapitalgesellschaft entsteht erst mit ihrer Handelsregistereintragung. Handlungsfähig wird die Gesellschaft erst, wenn die Gesellschafter natürliche Personen beauftragen, tätig zu werden.

Kapitalgesellschaften haben eine eigenständige Rechtspersönlichkeit. Sie sind juristische Personen. Juristische Personen sind Träger von Rechten und Pflichten – also rechtsfähig – und handeln durch ihre gesetzlichen Vertreter, d. h., Vertreter unterschreiben Verträge und verpflichtet bzw. begünstigt wird die Gesellschaft. Nicht die Gesellschafter, sondern die juristische Person baut Vermögen auf (vgl. Aktivseite der Bilanz) und häuft Schulden an (vgl. Passivseite der Bilanz). Die Geschäftsanteile sind erblich und können verkauft werden. Die Gesellschaft, nicht der Gesellschafter ist der Kaufmann.

Auch diese Gesellschaftsformen sollen in den folgenden Ausführungen anhand der zu Beginn des Kapitels aufgezählten Kriterien dargestellt werden. Einen Überblick über die Gesellschaftsformen, die im Folgenden abgearbeitet werden, leistet der folgende Themenkasten.

Inhalte in Kap. 7.4: Kapitalgesellschaften: Das Kapital steht im Mittelpunkt, nicht die Menschen
Die Gesellschaft mit beschränkter Haftung (GmbH)
Die mit Abstand häufigste Rechtsform im Bereich der Kapitalgesellschaften.

Die Unternehmergesellschaft (UG)
Die Gesellschaftsform, die die Haftungsgrundlage der GmbH aushebelt.

Die Aktiengesellschaft (AG)
Die Gesellschaftsform, die als Ein-Mann-AG oder in breitem Streubesitz existiert.

Die Societas Europaea (SE, Europa-AG)
Eine supranationale Kapitalgesellschaft mit Sitz in einem Staat der Europäischen Union.

Die Private Limited Company (Ldt.)
Gesellschaftsform, die dem britischen Recht unterliegt und mit der GmbH vergleichbar ist.

In Deutschland waren 2023 rund 810.000 Kapitalgesellschaften aktiv. Das sind rund 23 Prozent aller Unternehmen. Die bekanntesten Vertreter der Kapitalgesellschaften sind die Gesellschaft mit beschränkter Haftung (GmbH) sowie ihre „kleine Schwester", die Unternehmergesellschaft (UG) und die Aktiengesellschaft (AG). Aber auch die europäische Variante der AG, die Societas Europaea (SE, Europa-AG) und vereinzelt die Private Limited Company (Ldt.) sind in Deutschland aktiv. In Jahr 2023 waren rund 79 % der im Handelsregister eingetragenen Unternehmen Gesellschaften mit beschränkter Haftung. 9,5 % waren als Unternehmergesellschaften eingetragen und 0,9 % der Unternehmen waren Aktiengesellschaft (inkl. der Rechtsform Societas Europaea) (vgl. Statistisches Bundesamt. Stand 12.23).

7.4.1 Die Gesellschaft mit beschränkter Haftung (GmbH)

Die Gesellschaft mit beschränkter Haftung (GmbH) ist die bevorzugte Rechtsform für kleine und mittlere Betriebe, deren Gesellschafter ihre Haftung auf die Kapitaleinlage beschränken wollen. Die Gründung erfolgt durch eine oder mehrere (natürliche oder juristische) Personen. Dazu ist ein Gesellschaftsvertrag zu formulieren, der notariell beurkundet werden muss. Rechtsgrundlage ist das GmbH-Gesetz (GmbHG).

Das von den Gesellschaftern einzubringende Mindestkapital (Stammkapital) beträgt 25.000 Euro. Gestückelt werden können die Anteile in 100 Euro-Teile. Das Vermögen der Gesellschaft dient in voller Höhe der Haftung gegenüber den Gläubigern. Gesellschafter haften nur mit ihrer Kapitaleinlage. Bis die Gesellschaft ins Handelsregister eingetragen ist – dies ist der Entstehungszeitpunkt der juristischen Person – haften die

Gesellschafter, die Rechtshandlungen vornehmen, allerdings persönlich und gesamtschuldnerisch.

Die Firma (der Name) der GmbH kann als Personenfirma oder als Sachfirma kenntlich gemacht werden oder einen Fantasienamen tragen, muss aber immer den Zusatz „Gesellschaft mit beschränkter Haftung" in irgendeiner allgemeinverständlichen Form tragen; beispielsweise Nick Nolte GmbH, Filmgesellschaft m.b.H. oder Gesellschaft für Träume mit beschränkter Haftung.

Um die juristische Person nach innen und außen vertreten zu können, braucht die Gesellschaft **Organe**. Diese sind:

1. Die **Geschäftsführung**: Sie besteht aus einem oder mehreren Personen, die die Geschäfte der GmbH führen. Sie können, müssen aber nicht Gesellschafter der GmbH sein.

2. Die **Gesellschafterversammlung**: Die Gesellschafterversammlung ist das beschließende Organ der GmbH. Sie bestellt und entlastet die Geschäftsführung, stellt den Jahresabschluss fest und beschließt die Verteilung des Reingewinns. Die Geschäftsführung hat jedem Gesellschafter auf Wunsch unverzüglich Auskünfte über Vorgänge in der Gesellschaft zu geben.

Gesellschaften, die der Mitbestimmung unterliegen, haben zudem einen Arbeitsdirektor. Ein **Arbeitsdirektor** ist dann zu bestellen, wenn die GmbH mehr als 2.000 Arbeitnehmer beschäftigt. Schon bei mehr als 500 Beschäftigten muss ein Aufsichtsrat[73] gebildet werden. Der **Aufsichtsrat** überwacht die Geschäftsleitung.

Das Stimmrecht der Gesellschafter ist proportional zur Höhe der Kapitalanteile verteilt. Ebenso verteilt ist die Zurechnung von Gewinnen oder Verlusten. Zum Schutz der Gläubiger hat der Gesetzgeber allerdings eine Ausschüttungssperre in Höhe des Stammkapitals installiert (§ 30 GmbHG).

Die Finanzierungsmöglichkeit der GmbH durch Fremdkapital ist durch die Haftungsbegrenzung eingeschränkt. Häufig machen die Banken die Vergabe von Krediten von der Stellung zusätzlicher Sicherheiten abhängig. Beliebt sind vor allem Grundschulden, Forderungsabtretungen oder Bürgschaften durch die Gesellschafter. Übernimmt ein Gesellschafter eine Bürgschaft, wird der Gedanke der beschränkten Haftung ausgehebelt.

Hinsichtlich der Prüfung und Publizität, aber auch der Bestimmungen zur Mitbestimmung unterliegt die GmbH den gleichen gesetzlichen Regelungen wie alle anderen Kapitalgesellschaften (inkl. der GmbH Co.KG, die in diesem Punkt den Kapitalgesellschaften nach § 264a HGB gleichgestellt wird). Diese Bestimmungen sind größenklassenabhängig (vgl. Tab. 7.2 in Anlehnung an Wöhe und Döring 2013: 225).

---

73 Das Betriebsverfassungsgesetz (BetrVG) schreibt die Bildung eines Aufsichtsrats ab 500 Beschäftigten vor. In diesem Fall muss der Aufsichtsrat zu einem Drittel von der Belegschaft gewählt werden. Das Mitbestimmungsgesetz (MitbG) verlangt die Bildung des Aufsichtsrats zu gleichen Teilen durch Anteilseigner und Arbeitnehmer, wenn die Gesellschaft mehr als 2.000 Angestellte hat.

Tab. 7.2: Prüfungs- und Offenlegungsvorschriften bei Kapitalgesellschaften nach HGB.

Größenklasse	Prüfung nach § 316 HGB durch Wirtschaftsprüfer	Offenlegung gem. § 325 HGB bzw. § 1 PublG
kleine Kapitalgesellschaften	keine Prüfungspflicht	– Bilanz und Anhang – verkürzte Form – elektronischer Bundesanzeiger
mittelgroße Kapitalgesellschaften	Prüfungspflicht für – Jahresabschluss – Lagebericht	– Jahresabschluss und Lagebericht – verkürzte Form – elektronischer Bundesanzeiger
große Kapitalgesellschaften und sonstige Großunternehmen	Prüfungspflicht für – Jahresabschluss – Lagebericht	– Jahresabschluss und Lagebericht – verkürzte Form – elektronischer Bundesanzeiger

Die Prüfungen erfolgen jeweils durch einen vereidigten Wirtschaftsprüfer. Die Jahresabschlüsse werden zur Publikation beim „Bundesanzeiger" elektronisch eingereicht. Wie die Größenklassen von Kapitalgesellschaften nach §§ 267 und 267a HGB definiert werden, zeigt Tab. 7.3. Zwei der drei Kriterien müssen erfüllt sein bzw. dürfen nicht überschritten werden. Rechtsfolgen der Merkmale treten nur ein, wenn die Merkmale an den Abschlussstichtagen von zwei aufeinanderfolgenden Geschäftsjahren über- oder unterschritten werden (§ 267 Abs. 4 HGB)

Tab. 7.3: Größenklassifizierung von Kapitalgesellschaften nach §§ 267 und 267a HGB.

Größenklasse	Anzahl Beschäftigte	Jahresumsatz	Bilanzsumme	Unternehmen Anzahl	in %
Kleinstunternehmen	≤ 10	≤ 0,9 Mio. €	≤ 0,45 Mio. €	2,607 Mio.	82,3
kleines Unternehmen	≤ 50	≤ 15 Mio. €	≤ 7,5 Mio. €	0,465 Mio.	14,6
mittleres Unternehmen	≤ 250	≤ 50 Mio. €	≤ 25 Mio. €	0,080 Mio.	2,4
Großunternehmen	≥ 250	≥ 50 Mio. €	≥ 25 Mio. €	0,020 Mio.	0,06

Im Umfeld der Medienwirtschaft ist die GmbH die für die Zulieferbetriebe im produzierenden Gewerbe beliebteste Gesellschaftsform, da hier die KMU (kleine und mittlere Betriebe) vornehmlich vertreten sind. Auch Tochtergesellschaften der Großunternehmen werden häufig in Form einer GmbH gegründet. Die Big Player in den klassischen Kernbereichen der Print- und Rundfunkmedien gehören zu den Großunternehmen. Gerade aber die Größe der Gesellschaften anhand der Mitarbeiter festzulegen, führt in der Medienwirtschaft zu fehlerhaften Einordnungen. Dies deshalb, weil oft der Anteil der freien Mitarbeiter enorm hoch ist.

> **Merke:**
> Eine **Gesellschaft mit beschränkter Haftung (GmbH)** ist eine Kapitalgesellschaft, die einen beliebigen Zweck verfolgen kann und bei der alle Gesellschafter gegenüber den Gesellschaftsgläubigern nur mit ihrer Einlage haften. Gründungsgesellschafter können natürliche oder juristische Personen sein. Das Stammkapital beträgt mindestens 25.000 Euro. Die Gesellschafter können/müssen aber nicht die Geschäftsführung übernehmen.

7.4.2 Die Unternehmergesellschaft (UG)

Die Unternehmergesellschaft (UG) ist eine **Mini-GmbH**, deren Mindeststammkapital nur einen Euro betragen muss (§ 5a GmbHG) und bis 24.900 Euro betragen kann. Ansonsten gelten alle Bestimmungen des GmbHG auch für die Mini-GmbH. Mit einer Ausnahme: Zur Kompensation der mangelhaften Kapitalausstattung muss eine Mini-GmbH eine gesetzliche Rücklage bilden. § 5a Abs. 2 GmbHG bestimmt, dass ein Viertel des jeweils laufenden Jahresgewinns in die Rücklagen einzustellen ist, bis 25.000 Euro Stammkapital angesammelt worden sind. Sind 25.000 Euro angespart, so hat die Gesellschaft die Wahl, ob sie zukünftig als GmbH auftreten möchte oder nicht.

Die Mini-GmbH dient der Erleichterung von Existenzgründungen und baut die Gründungsbarriere der Mindestkapitalanforderung für sogenannte Start-ups ab. Die Auswirkungen auf die Fremdkapitalbeschaffung liegen auf der Hand, denn Banken scheuen das hohe Ausfallrisiko, das die geringe Eigenkapitalausstattung mit sich bringt. Die rechtlich Etablierung dieser Gesellschaftsform im Jahre 2008 hat aber zu einem deutlichen Boom der Gesellschaftsgründungen durch vor allem junge Menschen geführt. Sie hat auch dazu geführt, dass die Anzahl der GbR-Gründungen zurückging und sich stattdessen deutlich haftungsbeschränkte Unternehmergesellschaften gebildet haben.

> **Merke:**
> Eine **Unternehmergesellschaft (Mini-GmbH)** ist eine Kapitalgesellschaft, die einen beliebigen Zweck verfolgen kann und bei der alle Gesellschafter gegenüber den Gesellschaftsgläubigern nur mit ihrer Einlage haften. Gründungsgesellschafter können natürliche oder juristische Personen sein. Das Stammkapital beträgt mindestens 1 Euro. Die Gesellschafter können/müssen aber nicht die Geschäftsführung übernehmen. Bis ein Stammkapital von 25.000€ erreicht ist, gilt die Thesaurierungspflicht von 1/4 des jährlichen Gewinns als Rücklage.

7.4.3 Die Aktiengesellschaft (AG)

Die Aktiengesellschaft (AG) ist eine Kapitalgesellschaft, die strengeren gesetzlichen Regelungen als die GmbH unterliegt. Diese sind im Aktiengesetz (AktG) zu finden. Die Aktiengesellschaft ist eine Handelsgesellschaft mit eigner Rechtspersönlichkeit, an denen sich Eigenkapitalgeber durch den Erwerb von Aktien beteiligen. Die Firma trägt den Namenszusatz AG.

In Deutschland existieren (Stand 2023) rund 11.000 Aktiengesellschaften, rund 430 davon haben eine Börsenzulassung (Stand 2023). Die 40 größten Aktiengesellschaften werden seit 2021 sind im Deutschen Aktienindex (DAX) gelistet.

Die AG wird von einer oder mehreren Personen gegründet. Zur Gründung der AG wird ein Gesellschaftsvertrag festgeschrieben, der Satzung genannt wird. Das Mindestkapital der AG beträgt 50.000 Euro und muss bei Gründung zu mindestens einem Viertel eingezahlt werden. Die Stückelung des Kapitals beträgt ein Euro (Nennbetrag) pro Aktie.

Das Grundkapital (von den Aktionären bei der Gründung mindestens aufzubringende Eigenkapital) berechnet sich als Produkt von Nennbetrag und Aktienanzahl. Aktien dürfen nicht unter ihrem Nennwert (unter pari), durchaus aber über ihrem Nennwert (über pari) ausgegeben werden. Die Differenz zwischen Ausgabewert und Nennwert heißt Agio.

Die **Aktie** ist ein Wertpapier, dass seinem Inhaber vier grundsätzliche Rechte garantiert:
- Stimmrecht in der Hauptversammlung (Ausnahme: Vorzugsaktien)
- Recht auf Gewinnbeteiligung (Dividende genannt)
- Aktienbezugsrecht bei Kapitalerhöhung
- Anteil am Liquidationserlös.

Die Aktiengesellschaft hat drei Organe, auf die die Leitungs- und Kontrollrechte in der Gesellschaft verteilt sind: der Vorstand, der Aufsichtsrat (AR) und die Hauptversammlung (HV). Zusätzlich Kontrollrechte liegen beim Abschlussprüfer, der die Buchhaltung und den Jahresabschluss gem. § 316 HGB prüft. Die Organe der Aktiengesellschaft übernehmen die in Tab. 7.4 gelisteten Aufgaben (in Anlehnung an Wöhe und Döring 2013: 224):

Tab. 7.4: Organe und Kompetenzenverteilung in der Aktiengesellschaft.

Organe	Kompetenzen
Vorstand (gem. §§ 76 bis 94 AktG)	- leitet die Gesellschaft in eigner Verantwortung - ist nicht an Weisungen des AR oder der HV gebunden - erstellt den Jahresabschluss - besteht meistens aus mehreren Personen - wird durch AR für maximal fünf Jahre bestellt (Wiederwahl ist möglich) - hat weitgehende Berichtspflichten gegenüber dem AR

Tab. 7.4 (fortgesetzt)

Organe	Kompetenzen
Aufsichtsrat (AR) (gem. §§ 95 bis 116 AktG)	– überwacht den Vorstand – bestellt und ruft Vorstandsmitglieder ab – besteht aus drei bis 21 Mitgliedern – Mitglieder werden durch HV für maximal vier Jahre bestellt – Belegschaft bestimmt AN-Vertreter im AR in mitbestimmten Unternehmen

Hauptversammlung (HV)
(gem. §§ 118 bis 147 AktG)
	– Versammlung der Aktionäre
	– Eine Stimme pro stimmberechtigter Aktie
	– Wichtige Rechte der HV gem. § 119 AktG:
	  – Bestellung der AR-Mitglieder (jenseits Mitbestimmung)
	  – Verwendung des Bilanzgewinns
	  – Bestellung von Abschlussprüfern bzw. Sonderprüfern
	  – Satzungsänderungen, Kapitalveränderungen
	  – Auflösung der Gesellschaft

Die Aktiengesellschaft haftet für ihre Verbindlichkeiten mit ihrem gesamten Vermögen; der Aktionär nur bis zur Höhe des Aktiennennbetrages seines Aktienbestandes. Ist der Betrag voll eingezahlt, ist der Aktionär von einer weitergehenden Haftung für die Verbindlichkeiten der Gesellschaft befreit. Als Gläubigerschutz dient die Ausschüttungssperre für das Gesellschaftsvermögen in Höhe des Grundkapitals.

Gewinne und Verluste werden gleichmäßig auf alle Aktien gleich verteilt. Sonderregeln existieren für Vorzugsaktien. Aktionäre haben Anspruch auf die Hälfte des Jahresüberschusses (§ 58 AktG). Die andere Hälfte kann der Vorstand in „Gewinnrücklagen" für spätere Verwendungszwecke einstellen.

Die Finanzierungsmöglichkeiten einer Aktiengesellschaft sind hervorragend. Sie kann neue Aktien ausgeben und Gewinne einbehalten (Eigenfinanzierung) oder Kapital von außen zuführen (Fremdfinanzierung). Die Prüfungs- und Publizitätspflichten der AG sind mit denen der GmbH identisch. Mitbestimmungsrechte der Arbeitnehmer orientieren sich an der Branche, in der die AG tätig ist und anhand der Unternehmensgröße.

> **!** **Merke:**
> Eine **Aktiengesellschaft (AG)** ist eine Kapitalgesellschaft, die einen beliebigen Zweck verfolgen kann. Das Kapital ist in Aktien zerlegt. Alle Aktionäre haften gegenüber Gesellschaftsgläubigern nur mit ihrer Einlage. Die Haftung ist auf das Gesellschaftsvermögen begrenzt. Das Stammkapital beträgt mindestens 50.000 Euro. Die Gesellschaft wird vom Vorstand geführt und vom Aufsichtsrat kontrolliert. Beschließendes Organ ist die Hauptversammlung.

7.4.4 Die Societas Europaea (SE)

Die Rechtsform der Societas Europaea (SE) basiert auf der europäischen Verordnung (EG) Nr. 2157/2001 sowie der Richtlinie 2001/86/EG über die Beteiligung der Arbeitnehmer und wurde im Jahre 2004 eingeführt.

Die Societas Europaea wird auch **Europa-AG** (oder Europäische Gesellschaft) genannt und ist für Unternehmen geschaffen worden, die bereits supranational in Europa (also in verschiedenen EU-Staaten) tätig sind. Eine Neugründung als SE ist nicht möglich. Sie kann sie nur von bereits bestehenden Kapitalgesellschaften gegründet werden, deren Sitze sich in verschiedenen Mitgliedstaaten der Europäischen Union befinden (sog. Mehrstaatlichkeitspostulat). Auch der Sitz der SE muss in dem Mitgliedsstaat liegen, in dem sich die Hauptverwaltung der SE befindet.

Die Gründung der (supranationalen) Gesellschaft beruht auf der Idee grenzüberschreitender Umwandlungen bzw. Neuorganisationen von Unternehmen, damit sie in einer rechtlich einheitlichen Organisation ohne Gründung ausländischer Tochterunternehmen (für die verschiedene nationale Gesetze gelten würden) expandieren können. Auch die Sitzverlegung der Gesellschaft in andere Länder der EU ist nun ohne Auflösung oder Neugründung möglich.

Das gezeichnete Kapital einer SE beträgt mindestens 120.000 Euro. Die SE kann in ihrer Satzung zwischen dem monistischen System nach angelsächsischem Modell mit einem einheitlichen Verwaltungsrat (Board of Directors) und dem deutschen dualistischen System mit einem Aufsichtsrat und einem Vorstand wählen (vgl. Art. 38 – 45 des Gesetzes zur Einführung der Europäischen Gesellschaft (SEEG) und SE-Verordnung 2157/2001 über das Statut der Europäischen Gesellschaft vom 08.10.2001).

Die Vorteile einer SE liegen darin, dass internationale Konzerne durch die Gründung einer SE eine einheitliche Holding-Gesellschaft errichten können, die im Ergebnis schlankere und kostengünstigere Strukturen aufweist. Darüber hinaus müssen auch nicht mehr die Gewinne aus den (vielen) Tochtergesellschaften in den einzelnen EU-Staaten durch jeweilige Gewinnausschüttungen zusammengetragen werden, sondern entstehen automatisch innerhalb der SE. Dieses Procedere gestaltet die Verwendung wesentlich einfacher.

Aktuell sind rund 410 dieser Gesellschaften in Deutschland operativ tätig. Im Umfeld der Medienwirtschaft findet das neue Modell häufig dann Anwendung, wenn hoch diversifizierte Unternehmen mit einem breiten Portfolio im In- und Ausland strategisch als Global Player auftreten wollen. Beispiele sind die Medienkonzerne Axel Springer SE und ProSiebenSat.1 Media SE oder Bertelsmann SE & Co. KGaA (deren Geschäftsführung bei der Komplementärin, der Bertelsmann Management SE liegt).

> **Merke:**
> Die **Societas Europaea** (**EA**) bzw. **Europa-AG** ist eine Kapitalgesellschaft, die nur von bereits bestehenden Kapitalgesellschaften gegründet werden, deren Sitze sich in verschiedenen Mitgliedstaaten der Europäischen Union befinden.

Der Sitz der SE muss in dem Mitgliedsstaat liegen, in dem sich die Hauptverwaltung der SE befindet. Das Stammkapital beträgt 120.000 Euro und ist in Aktien zergliedert. Die Geschäftsführung wird im monistischen System durch den Board of Directors oder im dualistischen System durch den Vorstand geregelt.

7.4.5 Die Private Limited Company (Ldt.)

Die Private Limited Company (Ltd.) ist vergleichbar mit der deutschen GmbH. Allerdings kann eine Ldt. theoretisch mit einem Gründungskapital von nur einem britischen Pfund (ca. 1,17 Euro; Stand: Februar 2017) ausgestattet werden. Da im Vergleich zur GmbH auch eine notarielle Beurkundung nicht erforderlich ist, liegen auch die Gründungskosten bei der Ltd. geringer.

Allerdings unterliegt diese Rechtsform grundsätzlich dem britischen Recht (mit Unterhalt eines „Registered Office" in England), sodass in Verbindung mit der Unterstellung der Zweigniederlassung in Deutschland (als Kapitalgesellschaft mit eigener Rechtspersönlichkeit) unter das deutsche Handels- und Steuerrecht ein höherer laufender, rechtsformbedingter Aufwand entsteht.

Obwohl es sich um eine Kapitalgesellschaft handelt, ist nach britischem Recht in Krisenzeiten die Haftung nicht nur auf das Gesellschaftsvermögen beschränkt. Falls der Geschäftsführer nicht entsprechende Maßnahmen zur Vermeidung einer Insolvenz durchgeführt hat, haftet er mit seinem Privatvermögen (vgl. Schierenbeck und Wöhle 2016: Kap. 2.2). Die Ldt. ist mitunter im grenzüberschreitenden Filmproduktionsgeschäften vertreten.

! **Merke:**
Die **Private Limited Company (Ldt.)** ist eine Kapitalgesellschaft nach britischem Recht, ähnelt der GmbH, benötigt aber nur ein Gründungskapital von einem britischen Pfund.

? **Fragen/Aufgaben zu Kapitel 7.4**
1. Was haben alle Kapitalgesellschaften gemeinsam?
2. Was sind die rechtlichen Eckpunkte der GmbH?
3. Worin unterscheidet sich die Mini-GmbH von einer klassischen GmbH?
4. Welche Organe hat eine Aktiengesellschaft und welche Zuständigkeiten haben die Organe?

Lösungshinweise finden Sie im achten Kapitel „Lösungsskizzen".

7.5 Mischformen und Sonderformen

Zu den bekanntesten Mischformen der Gesellschaftsformen gehören GmbH & Co. KG bzw. die AG & Co. KG als Personengesellschaften und die Kommanditgesellschaft auf

Aktien (KGaA). Die wahrscheinlich bekanntesten Sonderformen stellen die Genossenschaft und die Stiftung dar. Alle Rechtsformen sind auch im Umfeld der Medienwirtschaft aktiv.

Inhalte zu Kap. 7.5: Haftungsbeschränkung plus Steuerbegünstigung
Die GmbH & Co. KG und die AG & Co. KG
Eine Gesellschaftsform, die die Vorteile der Personengesellschaft mit denen der Kapitalgesellschaft kombiniert.

Die KG auf Aktien (KGaA)
Die KGaA verbindet die Vorteile der AG im Bereich der Finanzierungsmöglichkeiten mit der starken Stellung der Komplementäre bei der Entscheidungsfindung.

Die eingetragene Genossenschaft (eG)
Genossen sind motiviert. Ein offener Gesellschafterkreis kann aber die Kapitalbasis schwanken lassen.

Die Stiftung des privaten Rechts
Bei der Abfassung der Stiftungsverfassung hat der Stifter volle Entscheidungsfreiheit, den Zugriff auf das Kapital verliert er allerdings.

7.5.1 Die GmbH & Co. KG und die AG & Co. KG

Die GmbH & Co. KG und die AG & Co. KG sind Spezialformen der KG, bei der die juristische Person – die AG bzw. die GmbH – die Funktion des Komplementärs übernimmt. Dabei können die Gesellschafter der AG oder der GmbH gleichzeitig auch Kommanditisten der KG sein.

Dass auch die KG und damit auch die GmbH & Co. KG und die AG & Co. KG als Rechtsform für die Freien Berufe zur Verfügung steht (soweit es das Standesrecht erlaubt), ergibt sich aus dem Verweis des § 161 II HGB auf das OHG-Recht. Dadurch wird es den Angehörigen der Freien Berufe ermöglicht, mit der GmbH & Co. KG eine weitere haftungsbeschränkte Rechtsform neben der PartG mbB zu wählen. Dies hat den Vorteil, dass hier anders als in der PartG mbB die Haftungsbeschränkung nicht nur für „Berufsversehen" (fehlerhafte Berufsausübung) greift. Ab dem 1.1.2024 besteht die Möglichkeit, eine weitgehende Haftungsbeschränkung durch eine Berufsausübungsgesellschaft in Form der GmbH & Co. KG zu erreichen. „Insofern ist ein Ausweichen auf die Rechtsformen des Kapitalgesellschaftsrechts nicht mehr erforderlich [...] Dadurch besteht künftig mehr Flexibilität bei der Gründung und Strukturierung von Berufsausübungsgesellschaften. Insbesondere die Möglichkeit einer weitgehenden Haftungsbeschränkung unter Verwendung der GmbH & Co.KG ist begrüßenswert" (Rubner und Leuering 2023: 655 ff.). Kritisch angemerkt sei an dieser Stelle aber, dass dieser Vorteil sicherlich nicht aus Sicht der potenziellen Gläubiger formuliert ist.

Die Firma muss den Zusatz „& Co. KG" im Namen enthalten. Dadurch wird die Haftungsbeschränkung, die der Konstruktion innewohnt, gekennzeichnet. Beispiele: Spiegel Verlag Rudolf Augstein GmbH & Co. KG, Georg von Holtzbrinck GmbH & Co.

KG, Hubert Burda Media Holding GmbH & Co. KG – um nur einige bekannte zu nennen.

Durch die spezielle Konstruktion dieser Rechtsform ist einerseits die Haftung aller natürlichen Personen, die an einer solchen Unternehmung beteiligt sind, auf ihre Kapitaleinlage beschränkt, andererseits erfolgt die Beschränkung der vollen Haftung des Komplementärs auf das Vermögen der juristischen Person. Darüber hinaus gelten für die Kommanditisten die gesetzlichen Vorschriften zur KG als Personengesellschaft, was insbesondere aus steuerlichen Gründen vorteilhaft sein kann. Spezielle Unterschiede zwischen den beiden Formen AG & Co. KG und GmbH & Co. KG sind in den Unterschieden der beiden Grundformen AG bzw. GmbH zu suchen. (Vgl. Schierenbeck und Wöhle 2016: Kapitel 2.2)

> **!** **Merke:**
> Die **Co. KG**: Die Haftungsbegrenzung durch ein Kapitalgesellschaft als Komplementär reduziert das Finanzrisiko der Gesellschaft. Durch die Eigenschaft, insgesamt eine Personengesellschaft zu sein, verbleiben mögliche steuerliche Vorteile.

7.5.2 Die Kommanditgesellschaft auf Aktien (KGaA)

Die Kommanditgesellschaft auf Aktien ist eine Kombination von KG und AG, wobei die KGaA als juristische Person der AG nähersteht als der KG (und entsprechend zu den Kapitalgesellschaften gezählt wird und im AktG geregelt ist). Häufig sind es Familienunternehmen, die eine größere Kapitalbasis suchen, die sich in eine KGaA umwandeln. Das Mindestkapital liegt bei 50.000 Euro. Rechtsgrundlagen bilden die §§ 161–177 HGB sowie §§ 278–290 AktG.

Das Kommanditkapital ist in Aktien verbrieft, mindestens ein Gesellschafter haftet aber als Komplementär unbeschränkt persönlich und ist damit auch zur Geschäftsführung und Vertretung der Gesellschaft befugt.

Die Kommanditaktionäre haben weitgehend die gleichen Rechte und Pflichten wie die Aktionäre einer AG (vgl. folgend Wöhe und Döring 2013: 227). Sie
- leisten eine Einlage in Höhe des Grundkapitals,
- üben als Aktieninhaber das Stimmrecht in der Hauptversammlung (HV) aus, die wiederum den Aufsichtsrat (AR) bestimmt und
- partizipieren am Gewinn bzw. Verlust nach Maßgabe ihrer Aktienzahl.

Der Komplementär muss eine Einlage leisten (§ 281 AktG), die in der Satzung festgelegt wird. Die Aufteilung der Gewinne bzw. Verluste wird in der Satzung geregelt. Gegenüber den anderen Organen der Gesellschaft hat der Komplementär eine ausgesprochen starke Stellung. Er
- hat Leitungsbefugnis kraft Gesetz (§ 278 Abs. 2 AktG), wird also nicht durch AR bestellt,

– hat bei wichtigen Hauptversammlungsbeschlüssen ein Vetorecht (§ 285 Abs. 2 AktG) und
– unterliegt einer schwächeren Kontrolle durch den AR als der Vorstand einer AG.

Die KGaA verbindet die Vorteile der AG (insbesondere was die Finanzierungsmöglichkeiten betrifft) mit der starken Stellung der persönlich haftenden Gesellschafter einer KG. Aufgrund der starken Position der Komplementäre wird diese Rechtsform gerne von Familienunternehmen gewählt, da sie es einerseits ermöglicht, eine breite Kapitalbasis auszuschöpfen (möglicher Börsengang), andererseits aber weitgehend resistent ist gegenüber feindlichen Übernahmeversuchen.

Bekannte Beispiele für Unternehmen, die in der Rechtsform der KGaA verfasst sind, sind Henkel, Merck, Fresenius und Fresenius Medical Care (alles DAX-Unternehmungen). Auch die Lizenzspielerabteilungen einiger Bundesligavereine sind in der Form der KGaA verfasst. So zum Beispiel Borussia Dortmund GmbH & Co. KGaA, Hertha BSC GmbH & Co. KGaA, 1. FC Köln GmbH & Co. KGaA und andere mehr. Im Mittelpunkt dieser Verfassungen steht vor allem die Übernahmeresistenz der Unternehmen. Ein Big Player in der Medienwirtschaft ist die Bertelsmann SE & Co. KGaA.

> **Merke:**
> Die **KGaA**: Hier werden die Vorteile einer breiten Kapitalbasis verbunden (vgl. AG) mit der unternehmenspolitisch starken Stellung der Komplementäre. **!**

7.5.3 Die eingetragene Genossenschaft (eG)

Die Genossenschaft ist eine Gesellschaft mit eigener Rechtpersönlichkeit (juristische Person) und einer nicht geschlossenen Anzahl an Mitgliedern, die einen wirtschaftlichen Zweck verfolgen. Geregelt werden die Bedingungen der Genossenschaft im Genossenschaftsgesetz (GenG).

Genossenschaften finden sich häufig im Kreditwesen (Volksbanken) und Produktionsgewerbe (Winzergenossenschaften), aber auch vereinzelt in der Medienwirtschaft. Bekannte Vertreterin ist „Die Tageszeitung (taz) Verlagsgenossenschaft eG".

Die Genossen sind i. d. R. natürliche Personen, können aber auch juristische Personen sein. Zur Gründung sind sieben Mitglieder notwendig, die ein Statut (Satzung) formulieren und die Genossenschaft ins Genossenschaftsregister eintragen, das beim Amtsgericht geführt wird. Die Firma kann eine Sach-, Personen oder Fantasiefirma sein, muss aber immer den Zusatz e.G. im Namen tragen.

Mit Eintritt in die Genossenschaft übernimmt das Mitglied den satzungsmäßig festgelegten Geschäftsanteil, der auch zu mindestens einem Zehntel sofort eingezahlt werden muss. Das Eigenkapital der Genossenschaft besteht aus der Summe aller Geschäftsanteile. Durch Ein- und Austritte von Genossen schwankt dieses mehr oder weniger.

Das kann zu Finanzierungsproblemen führen, denn Austritte reduzieren einerseits die Eigenkapitalbasis und damit andererseits auch das Haftungskapital. Umgekehrt ist der Effekte, wenn die Genossenschaftsbasis wächst.

Als juristische Person verfügt die Genossenschaft über drei Organe: dem Vorstand, dem Aufsichtsrat und der Generalversammlung. Der Vorstand, der aus mindestens zwei Personen bestehen muss, leitet die Gesellschaft. Der Aufsichtsrat, der aus mindestens drei Personen bestehen muss, kontrolliert den Vorstand. Die Generalversammlung wählt den Vorstand und den Aufsichtsrat und entscheidet über die Gewinnverwendung. Jedes Mitglied hat – unabhängig von der Höhe des Geschäftsanteils – eine Stimme (Abweichungen können satzgemäß verankert werden). Die Gewinnanteile der Genossen bemessen sich hingegen an der Höhe der einzelnen Geschäftsanteile.

Genossenschaftliche Jahresabschlüsse unterliegen grundsätzlich der Prüfung (§ 53 GenG). Bezüglich der Mitbestimmung gelten die gleichen Regelungen wie für Kapitalgesellschaften. Im Umfeld der Medienwirtschaft ist die eingetragene Genossenschaft bekannt durch die Tageszeitung taz. Genossen sind die Leser, die Mitarbeiter und Sonstige.

> **!** **Merke:**
> Die **Genossenschaft** nutzt die Möglichkeit, motivierte Genossen an das Unternehmen zu binden und die Organstruktur der Aktiengesellschaft für die Lenkung. Schwankungen auf der Mitgliederbasis haben Auswirkungen auf die Eigenkapitalbasis.

7.5.4 Die Stiftung des privaten Rechts

Unter einer Stiftung des privaten Rechts (gem. §§ 80 ff. BGB) wird ein Vermögen verstanden, „das von einer Person zu einem von ihr festgesetzten dauernden Zweck in der Weise verselbständigt wird, dass das Vermögen aus dem Rechtskreis des Stifters ausgeschieden und mit eigener Rechtspersönlichkeit ausgestattet wird." (Meier-Hayoz und Forstmoser 1978: 58)

Sie ist „eine juristische Person, die vom Stifter mit Vermögenswerten ausgestattet wird. Eine Stiftung ist auf Dauer einem vom Stifter festgesetzten Zweck gewidmet. Bei der Abfassung der Stiftungsverfassung hat der Stifter volle Entscheidungsfreiheit." (Olfert und Rahn 1999: 131). Die Führung der Stiftung liegt beim Vorstand und die Vermögenserträge der Stiftung dienen in der Regel einem wohltätigen Zweck, der in der Satzung definiert ist.

Das in der Medienindustrie bekannte Beispiel ist die Bertelsmann-Stiftung, die 1977 von Reinhard Mohn gegründet wurde und gem. § 2 unter anderem der Förderung der Medien-Wissenschaft, Förderung der Bildung und der Erforschung und Entwicklung von innovativen Führungskonzepten in Wirtschaft und Staat dient.

Eine Stiftung ist eine juristische Person, die nur dem Satzungszweck verpflichtet ist. Niemand ist berechtigt, das Stiftungsvermögen entgegen dem Satzungszweck zu verwenden. Das gilt insbesondere auch für den Stifter selbst. Das Stiftungsvermögen gehört nicht mehr zum Vermögen des Stifters. Er hat damit keine freie Verfügungsgewalt mehr über das Vermögen.

Da die Stiftung nicht als Gesellschaftsform für erwerbswirtschaftliche Unternehmen gedacht und geeignet ist, werden nicht die Unternehmen in Stiftungen umgewandelt, sondern Anteile des Unternehmens in die Stiftung übertragen. Die Stiftung wird also (Mit-)Eigentümer des Unternehmens. So gehört der Bertelsmann-Konzern seit 1993 mehrheitlich der Bertelsmann Stiftung, besitzt jedoch keine Stimmrechte. (Vgl. Paul 2015: 225 f.)

Merke: !
Die **Stiftung des privaten Rechts** verfolgt ausschließlich den vom Stiftungsgeber festgelegten Zweck. Mit der Kapitaleinlage verliert der Stifter die Verfügungsgewalt über das Stiftungsvermögen. Sollen Stiftungen Einfluss auf Unternehmen haben oder von deren Gewinnen profitieren, werden nicht die Unternehmen in Stiftungen umgewandelt, sondern (Teile von) Unternehmen an die Stiftung übertragen.

Fragen/Aufgaben zu Kap. 7.5 ?
1. Warum wird die GmbH & Co.KG gerne im Falle von risikoreichen Projekten als Rechtsform gewählt?
2. Warum ist die GmbH & Co.KG als Rechtsform auch für freiberuflich arbeitende Berufsgemeinschaften interessant?
3. Wodurch genießt der Komplementär einer Kommanditgesellschaft auf Aktien (KGaA) eine starke Stellung im Unternehmen?
4. Was ist das Besondere an der Rechtsform einer Genossenschaft hinsichtlich der Mitgliederzahl?
5. Wodurch zeichnet sich eine Stiftung des privaten Rechts aus?

Lösungshinweise finden Sie im achten Kapitel „Lösungsskizzen".

7.6 Öffentlich-rechtliche Rechtsformen

Wie bereits ausgeführt folgt die deutsche Wirtschaftsordnung der Idee der sozialen Marktwirtschaft (vgl. Kap. 4.1). Der Staat setzt und überwacht lediglich den Rahmen, innerhalb dessen sich die Marktakteure frei entfalten können. Mitunter ist der Staat aber nicht nur Regel- und Überwachungsinstanz, sondern auch selbst wirtschaftlicher Akteur auf einzelnen Märkten. Für diese als „wirtschaftliche Betätigung der öffentlichen Hand" bezeichneten Aktivitäten bedient sich der Staat öffentlicher Betriebe. **Öffentliche Betriebe** stehen ganz oder teilweise im Eigentum der öffentlichen Hand (Bund, Länder und Gemeinden). Hält die öffentliche Hand Anteile an privatrechtlich geführten Unternehmen (z. B. Lufthansa, Volkswagen), so werden diese Unternehmen gemeinwirtschaftliche Unternehmen genannt.

Öffentliche Betriebe entstehen durch Ausgliederung öffentlicher Aufgaben in eine rechtlich selbstständige oder unselbstständige Unternehmung. Dies kann auf kommunaler, Landes- oder Bundesebene erfolgen. Die Produkte und Dienstleistungen, die öffentliche Unternehmen anbieten, sind in der Regel öffentliche Güter oder Allmendegüter (vgl. Kap. 5.5.7 und 5.5.6). Betroffen sind vor allem Aktivitäten in der Energieversorgung, der Wasserwirtschaft und Abfallentsorgung, im ÖPNV, im Gesundheits- und Sozialwesen etc., aber auch im Bereich Kunst, Unterhaltung und Bildung.

Im Jahr 2019 existierten in Deutschland etwa 19.000 öffentliche Unternehmen. Der überwiegende Anteil von ca. 87,5 % entfällt auf öffentliche Unternehmen im mehrheitlichen Eigentum von Kommunen, weitere ca. 10 % auf die Unternehmen der Bundesländer (vgl. Destatis). Der „Öffentlichkeitsbegriff" muss allerdings hinsichtlich der Trägerschaft oder der Funktion unterschiedenen werden.
- Die Trägerschaft zielt ab auf die Mehrheitsverhältnisse im Unternehmen (mehrheitlich oder gänzlich im Eigentum des Staates). Dabei schreibt § 65 der BHO (Bundeshaushaltsordnung) vor, dass sich der Bund an privatrechtlich organisierten Unternehmen nur bei wichtigem Interesse beteiligt.
- Die Funktion zielt ab auf den Betriebszweck. Hiernach ist ein Unternehmen dann öffentlich, wenn es für die Allgemeinheit tätig wird, also der Öffentlichkeit dient und einen öffentlichen Zweck verfolgt. Das Tätigwerden kann auf zwei Arten ausgerichtet sein: privatwirtschaftlich (erwerbswirtschaftlich) organisiert oder einem öffentlichen Zweck (Gemeinwohlbelangen) dienend. Dabei ist grundlegend, dass das ausschließliche Ziel zu verfolgen, Gewinne zu erwirtschaften, öffentlichen Betrieben untersagt ist (BVerfGE 61, 82, 107 f. aus 1982).

Welche öffentlich-rechtlichen Organisationen in diesem Kapitel beschrieben werden, zeigt der nachfolgende Themenkasten.

Inhalte zu Kap. 7.6: Öffentlich-rechtliche Körperschaften: Das Gemeinwohl steht im Mittelpunkt
Die Körperschaft des öffentlichen Rechts (KdöR)
Eine mitgliedschaftlich verfasste juristische Person des öffentlichen Rechts, die öffentliche Aufgaben, die ihr durch Gesetz oder Satzung zugewiesen sind, wahrnimmt. Sie repräsentiert Mitglieder und erheben Gebühren.

Die Anstalt des öffentlichen Rechts (AdöR)
Eine mit einer öffentlichen Aufgabe betraute juristische Person des öffentlichen Rechts, deren Aufgaben ihr durch Gesetz oder Satzung zugewiesen worden sind. Sie hat keine Mitglieder, sondern Nutzer (Bürger) und erheben nicht Gebühren, sondern Beiträge.

Regie- und Eigenbetriebe
Die Gesellschaftsform

Das Verhältnis des Staates zur Medienwirtschaft (insbesondere zum Rundfunk) ist in Deutschland tief belastet. Der Missbrauch des Rundfunks als inhaltlich gleichgeschaltetes und zentralisiertes Propagandainstrument im Dritten Reich, hat nach dem Ende des Zweiten Weltkriegs dazu geführt, dass ein Rundfunksystem geschaffen wurde, das zwar gemeinnützig und öffentlich-rechtlich organisiert ist, weil Rundfunk der Allgemeinheit zugutekommt, aber nicht vom Staat gelenkt oder beeinflusst werden kann. Auch Art. 5 Abs. 1 Satz 2 GG schützt alle mit der Veranstaltung von Rundfunk und alle mit Kommunikationsfreiheiten verbundenen Prozesse der öffentlichen Meinungsbildung (Meinungs-, Presse- und Informationsfreiheit).

Das aus der Rundfunkfreiheit abgeleitete Recht der Rundfunkveranstalter, über ihr Programm autonom entscheiden zu können, würde sicherlich über eine Mitbestimmung des Staates als Unternehmensinhaber aushebelbar sein. Aus diesem Grunde verbietet es sich es sich, einen staatlichen Rundfunk zu etablieren. Ein solches System wäre gegeben, wenn der Staat Eigentümer des Rundfunkunternehmens wäre und die Geschäfte führen würde oder wenn das Rundfunkunternehmen durch Steuergelder finanziert würde.

Dies galt es zu verhindern, aber an der öffentlichen Aufgabe, die ein Rundfunk übernimmt und daran, dass die Ausstrahlung des Programms eine Verteilung von öffentlichen Gütern darstellt (keine Ausschließbarkeit von Nutzen gewollt und keine Konsumrivalität gegeben), ändert sich nichts. Dieses Problem musste gelöst werden.

Das Vorbild zur Lösung wurde in England gefunden: Seit 1927 sendet die British Broadcasting Corporation (BBC) als sog. „Public-Service"-Modell, das sich ausschließlich durch Rundfunkgebühren finanziert, Rundfunkprogramm. Dieses Vorbild wurde auch für den deutschen Rundfunk übernommen und funktioniert bis heute in Form einer Anstalt des öffentlichen Rechts: Ein öffentlicher Betrieb mit nicht-wirtschaftlicher Ausrichtung.

Die **öffentlich-rechtlichen Rechtsformen** werden unterschieden in Betriebe mit eigner Rechtspersönlichkeit oder ohne eigene Rechtspersönlichkeit. Öffentlich-rechtliche Betrieben mit eigener Rechtspersönlichkeit differenzieren sich in Körperschaften und Anstalten des öffentlichen Rechts. Bei den öffentlich-rechtlichen Betrieben ohne eigene Rechtspersönlichkeit werden in der Hauptsache Regiebetriebe und Eigenbetriebe unterschieden.

7.6.1 Körperschaften des öffentlichen Rechts (KdöR)

Die Körperschaft des öffentlichen Rechts (KdöR) kann völkerrechtlich konzipiert sein (z. B. internationale Organisationen), staatsrechtlich (Träger ist dann der Bund) ausgestaltet sein (z. B. Deutsche Rentenversicherung, die Berufsgenossenschaften, die Agentur für Arbeit, z. T. Krankenkassen, aber auch das Deutschlandradio) oder auch landesrechtlich (Träger ist dann ein Bundesland) verankert sein (z. B. z. B. Universitäten,

Fachhochschulen, z. T. Krankenkassen etc.). Die kleinste Gebietskörperschaft ist die Gemeinde (vgl. hier und folgend Bieback 1976).

Es gibt auch Selbstverwaltungen als Körperschaften des öffentlichen Rechts. Diese regeln staatliche Aufgaben eigenverantwortlich und sind organisatorisch aus der staatlichen Verwaltung ausgegliedert (z. B. Rechtsanwaltskammern oder die Landesärztekammer). Sie unterliegen aber der staatlichen Rechtsaufsicht.

Im Umfeld der Medienwirtschaft ist das Deutschlandradio herauszustellen. Das Deutschlandradio ist die einzige Rundfunkanstalt in Deutschland, die eine Körperschaft des öffentlichen Rechts darstellt. Sie ist gemeinnützig, produziert drei bundesweite Hörfunkprogramme, betreibt eine Website mit zahlreichen Podcasts und gibt ein Magazin als Print- und Digitalausgabe heraus. Das Deutschlandradio hat einen aus den Haushaltsabgaben der Bürger finanzierten Jahresetat von rund 270 Mill Euro (Stand 2022). Werbung und Sponsoring finden nicht statt. Die tragenden Mitglieder des Radios sind die Landesrundfunkanstalten der ARD sowie das ZDF (§ 1 Abs. 1 Deutschlandradio-Staatsvertrag).

Die anderen öffentlich-rechtlichen Rundfunkanstalten sind hingegen Anstalten des öffentlichen Rechts, da sie keine Mitglieder haben.

7.6.2 Anstalten des öffentlichen Rechts (AdöR)

Auch die Anstalt des öffentlichen Rechts (AdöR) ist rechtlich selbständig und mithin auch eine juristische Person. Sie erfüllt einen bestimmten, in der Satzung festgeschriebenen Nutzungszweck und ist im Unterschied zu den Körperschaften des öffentlichen Rechts nicht mitgliederschaftlich organisiert, sondern dienen stattdessen Benutzern. Das Verhältnis zwischen den Benutzern und der Anstalt wird in der Anstaltsordnung festgeschrieben.

Die Trägerschaft kann beim Bund liegen. In diesem Fall wird von Bundesanstalten gesprochen (z. B. die Kreditanstalt für Wiederaufbau,). Die Trägerschaft kann aber auch beim Land oder der Kommune liegen. Dies ist beispielsweise bei den Landesbanken oder den Sparkassen der Fall.

Die im Umfeld der Medienwirtschaft interessanten Landes-AöR sind die öffentlich-rechtlichen Rundfunkanstalten der ARD und das ZDF (nicht aber das Deutschlandradio; siehe Körperschaft des öffentlichen Rechts). Die ARD (Arbeitsgemeinschaft der öffentlich-rechtlichen Rundfunkanstalten der Bundesrepublik Deutschland) ist ein 1950 gegründeter Verbund öffentlich-rechtlicher Rundfunkanstalten in Deutschland. Zum Verbund gehören die Landesrundfunkanstalten BR, HR, MDR, NDR, RB, RBB, SWR, SR und der WDR. Die Arbeitsgemeinschaft gab sich 1950 eine Satzung, die durch den Rundfunkstaatsvertrag (RStV) ergänzt wird. Auch die Landesmedienanstalten sind AöR. Zu den Aufgaben der Landesmedienanstalten gehören die Überwachung der privaten Rundfunkanbietende, der Fernsehanstalten und Telemedien sowie die Vergabe von Sendelizenzen an private Hörfunk- und Fernsehveranstalter.

Geleitet werden die Landesrundfunkanstalten der ARD und das ZDF durch den Intendanten. Kontrolliert werden diese durch den Rundfunkrat (bei den ARD-Anstalten) bzw. dem Fernsehrat (beim ZDF) und den Verwaltungsrat (ARD-Anstalten und ZDF). Der Intendant hat die Aufgabe die Anstalt zu leiten und sie nach außen zu vertreten. Er trägt die Verantwortung für die Programmgestaltung sowie für den gesamten Betrieb. Er hat dafür zu sorgen, dass das Programm den gesetzlichen Vorschriften entspricht. Der Fernseh- bzw. Rundfunkrat vertritt die Allgemeinheit. Er überwacht das Programm, genehmigt den vom Verwaltungsrat beschlossenen Haushalt und wählt den Intendanten. Er setzt sich aus Vertretern gesellschaftlich, sozial, kulturell, religiös und politisch relevanter Interessensvertretungen zusammen (Rechtgrundlagen und Regelungen finden sich in den Staatsverträgen der jeweiligen Anstalten).

Der Verwaltungsrat beschließt den Haushaltsplan und überwacht Tätigkeit des Intendanten insbesondere in Haushaltsfragen. Er besteht aus 14 Mitgliedern, darunter fünf Vertreter der Bundesländer und ein Vertreter des Bundes. Die weiteren acht Mitglieder werden vom Fernsehrat gewählt und dürfen keiner Regierung oder gesetzgebenden Körperschaft angehören.

Das ZDF, die den in der ARD zusammengeschlossenen Landesrundfunkanstalten und das Deutschlandradio bilden den öffentlich-rechtlichen Rundfunk in Deutschland. Auch der staatliche Auslandsfunk, die Deutsche Welle, gehört zu den AdöR, untersteht aber der Rechtsaufsicht durch die Bundesregierung.

Insofern nimmt die Deutsche Welle tatsächliche eine Sonderstellung unter den Rundfunkanstalten ein. Sie ist Mitglied der ARD, finanziert sich jedoch nicht aus dem Rundfunkbeitrag, den die Bürger entrichten. Die Deutsche Welle finanziert ihre Aktivitäten aus den Steuergeldern des Bundes. Die Inhalte des Senders, die in 32 Sprachen ausgestrahlt werden, dienen der Förderung der deutschen Sprache, der Verbreitung deutscher Sichtweise auf das Weltgeschehen und dem Verständnis der Kulturen und Völker (vgl. §§ 3 und 4 Deutsche Welle Gesetz (DWG)).

7.6.3 Eigenbetriebe und Regiebetriebe

Wenn es um wirtschaftlich geprägte Erfüllung öffentlicher Aufgaben geht, kommen auf kommunaler Ebene häufig Eigenbetriebe und Regiebetriebe ins Spiel. Die Versorgung der Bürger mit kommunal organisierten Gütern betrifft auch die Kulturlandschaft und sollen auch diese beiden betriebsformen angesprochen werden.
- **Eigenbetriebe** sind vor allem im kommunalen Bereich etabliert und in vielen Fällen als Versorgungsbetriebe für die Daseinsvorsorge von Bürgern verantwortlich.

  In diesem Sinne tragen Eigenbetriebe beispielsweise oft Verantwortung für die Wasser-, Abwasser- oder Stromversorgung, sind als Krankenhausbetreiber oder als Verkehrsbetrieb aktiv oder managen die kommunalen Theater oder Museen. Sie weisen eine relative Selbstständigkeit auf, die sich u.a. in der Erstellung eines eigenen Wirtschaftsplans und in einer größeren Entscheidungskompetenz bei der Führung der laufenden Geschäfte niederschlägt.

Eigenbetriebe sind aus dem Haushalt der Trägerkörperschaft ausgegliedert und bilden ein eigenes kommunales Sondervermögen, das gesondert verwaltet wird. Mangels Rechtspersönlichkeit ist der gesetzliche Vertreter von Eigenbetrieben der (Ober-)Bürgermeister der Trägerkörperschaft, sofern kein Betriebsleiter bestellt ist (§ 2 EigenbetriebsVO). Durch die fehlende eigene Rechtspersönlichkeit können Eigenbetriebe keine Verpflichtungen eingehen und keine Rechte erwerben. Das kann zunächst nur durch den gesetzlichen Vertreter der Gemeinde, den Bürgermeister, vorgenommen werden (soweit kein Betriebsleiter bestellt ist).

Der kommunale Eigenbetrieb ist als rechtlich unselbständige öffentlich-rechtliche Organisationseinheit einer Gemeinde ebenso insolvenzunfähig wie der Regiebetrieb.

– **Regiebetriebe** sind als Bestandteile der öffentlichen Verwaltung eng an die Gebietskörperschaften (Städte, Kreise, Länder, Bund) gebunden, von denen sie als ausgegliederte Abteilungen durch Beamte auf der Grundlage der Gemeindeordnungen bzw. der Kreisordnungen geführt werden. Sie weisen gegenüber den Eigenbetrieben eine geringere Selbstständigkeit auf. Sie besitzen kein abgegrenztes Betriebsvermögen, sondern sind in den gemeindlichen Haushalt eingeordnet. Wie die ihn führende Kommune ist der Regiebetrieb insolvenzunfähig. Regiebetriebe sind also rechtlich unselbständige Einheiten der Trägerkörperschaft, die finanzwirtschaftlich kein Sondervermögen der Gemeinde darstellen, sondern in die Haushaltswirtschaft des Gemeindehaushalts der Trägerkörperschaft integriert sind.

Der Regiebetrieb ist hauptsächlich für kleinere Betriebseinheiten gedacht (z. B. Kindergärten, kleine Museen und Theater, Stadtbüchereien, Friedhöfe oder Schwimmbäder etc.).

? **Fragen/Aufgaben zu Kapitel 7.6**
1. Warum ist der Rundfunk in Deutschland z. T. öffentlich-rechtlich organisiert?
2. Wie wird trotz der öffentlich-rechtlichen Struktur die Staatsferne des Rundfunks durchgesetzt?

Lösungshinweise finden Sie im achten Kapitel „Lösungsskizzen".

8 Lösungsskizzen zu den Lernkontrollfragen und Aufgaben

Alle in diesem Kapitel angebotenen Lösungen zu den Lernkontrollfragen, sollen Lernenden Orientierung bieten. Es besteht nicht der Anspruch, abschließend und in voller Ausführlichkeit auf die Fragen einzugehen.

8.1 Lösungsskizzen zu den Fragen/Aufgaben aus Kapitel 1

Lösungsskizzen zu den Fragen/Aufgaben aus Kapitel 1.1

1. **Welche Aufgaben kommen der Wissenschaft im Allgemeinen zu?**

   Erkenntnisse über die Wirklichkeit bzw. Ausschnitte der Wirklichkeit systematisch, intersubjektiv und mit nachvollziehbaren Methoden gewinnen, um die wesentlichen Eigenschaften, kausalen Zusammenhänge und Gesetzmäßigkeiten über ihre Erkenntnisgegenstände herauszuarbeiten. Die Erkenntnisse werden schlussendlich in Form von Begriffen, Hypothesen, Theorien, Gesetzen und Maßbestimmungen fixiert. Es werden Sachverhalte oder Phänomene beschrieben (deskriptive Funktion), erklärt (explikative Funktion) und/oder angewendet (pragmatische Funktion).

   Anmerkung: Wissenschaftlich untersucht (verifiziert oder falsifiziert) werden können nur Theorien und Aussagen, die wahrheitsfähig sind. Zu den wahrheitsfähigen Aussagen gehören alle empirischen (aus Erfahrung und Beobachtung gewonnenen) und auf Logik beruhende Aussagen. Sie beschreiben Zustände, wie sie sind. Zu den nicht-wahrheitsfähigen Aussagen gehören alle normativen (wertenden) Aussagen. Da sie beschreiben, wie etwas sein soll und damit auf Werturteilen beruhen, sind sie auch nicht wahrheitsfähig.

2. **Welche Wissenschaften gehören zur Gruppe der Wirtschaftswissenschaften**

   Die Wirtschaftswissenschaften setzen sich aus den Schwesterdisziplinen Volkswirtschaftslehre (VWL): Makroökonomie und Mikroökonomie und Betriebswirtschaftslehre (BWL): Allgemeine BWL und Spezielle BWL (funktionale und institutionelle) zusammen.

3. **Warum ist das gutenberg'sche BWL-Verständnis für die Analyse von Medienbetrieben häufig wenig geeignet?**

   Im Mittelpunkt des gutenberg'schen BWL-Verständnisse steht die Gestaltung der Produktionsfaktorenkombination und damit vor allem die Produktivitätsbeziehung zwischen Faktoreinsatz und Faktorertrag. Dieser Betrachtungswinkel ist geeignet für Produktionsverfahren, die eine eindeutige Beziehung zwischen Inputfaktoren und Ausbringungsmenge aufweisen (z. B. maschinelle Produktion von materiellen Massenwaren). Eine solche Beziehung ist in vielen Medienbetrieben – insbesondere den Content herstellenden – nicht darstellbar. Daher kann es auch

https://doi.org/10.1515/9783111548999-008

keine „optimale Produktion" im Sinne des Verhältnisses von Faktorenverbrauch, Arbeitsintensität und Output geben. Kreativprozesse können nicht einmal zwingend in Produktions- oder Verbrauchsfunktionen dargestellt werden können. Damit gibt es in vielen Fällen auch keinen mathematisch bestimmbaren Zusammenhang zwischen Input, Verarbeitungsprozess und Output (Ausnahme: maschinelle Vervielfältigungen von Medienprodukten).

4. **Zu welcher Betriebswirtschaftslehre gehört die Medienbetriebslehre? Bitte begründen Sie Ihre Antwort.**

   Die Medienbetriebslehre gehört zur Gruppe der Speziellen und hier der Institutionellen Betriebswirtschaftslehren, weil sie den Medienbetrieb aus dem Blickwinkel der Medienbranche (Wirtschaftszweig) betrachtet und dabei die produktions- und kostentheoretischen sowie institutionellen Besonderheiten, die einen Medienbetrieb und den Medienmarkt charakterisieren, in ihren Lösungsangeboten berücksichtigt.

Lösungsskizzen zu den Fragen/Aufgaben aus Kapitel 1.2

1. **Was leistet die Medienbetriebslehre als betriebswirtschaftliche Wissenschaftsdisziplin?**

   Sie leistet die Beschreibung, Analyse und Erklärung von Besonderheiten, die einen Medienbetrieb nach innen und hinsichtlich seiner Schnittstellen nach außen charakterisieren. Das Ziel ist Formulierung brancheninterner verallgemeinerungsfähiger Zustände, Ergebnisse und Wirkungszusammenhänge medienbetrieblicher Prozesse.

2. **Was leistet das Medienmanagement als medienwirtschaftlich orientierte Wissenschaftsdisziplin?**

   Es leistet die Beschreibung, Analyse und Erklärung des Managementprozesses, der auf die Steuerung der ressourcen- und marktorientierten Wertschöpfungskette in Medienbetrieben abzielt. Das Ziel liegt in der Entwicklung von Handlungsanleitungen und Gestaltungsvorschlägen in Entscheidungssituationen von Medienbetrieben.

3. **Was leistet die Medienökonomie als volkswirtschaftlich orientierte Wissenschaftsdisziplin?**

   Als mikroökonomische Disziplin leistet sie die Beschreibung, Analyse und Erklärung von Akteursverhalten in medienökonomischen Situationen und die Koordination der Märkte über den Preis. Als makroökonomische Disziplin beschreibt, analysiert und erklärt sie, wie Wettbewerb und Märkte von, für und durch Medien entstehen und funktionieren.

4. **In welchen Fällen kann es aus ökonomischer Perspektive Sinn machen, zwischen der klassischen und der digitalen Medienwirtschaft forschungstechnisch zu unterscheiden?**

Es kann dann Sinn machen, wenn die Digitalisierung von Produkten oder Leistungserstellungsprozessen deutliche Auswirkungen auf die Produktions- und Konsumptionsprozesse hat; wenn sich beispielsweise Effizienzbedingungen, Geschäftsmodelle und Erlösquellen auftun, ändern oder untergehen. Solche Änderungen beeinflussen nicht nur organisatorische Strukturen im Unternehmen, sondern haben u. U. auch deutliche Auswirkungen auf etliche Herausforderungen, denen sich das Management zu stellen hat (Strategie, Beschaffung, Marketing, Vertrieb etc.).

5. **Definieren Sie die Begriffe Medienbetriebslehre, Medienökonomie und Medienmanagement.**

   - Die Medienbetriebslehre ist eine betriebswirtschaftliche Wissenschaftsdisziplin aus der Gruppe der Institutionellen Betriebswirtschaftslehren und befasst sich mit der Beschreibung, Analyse und Erklärung von Besonderheiten in und im branchenspezifischen Umfeld von Medientrieben. Dabei greift sie auf Erkenntnisse der Allgemeinen BWL und der Funktionalen BWL zurück.

   - Die Medienökonomie ist eine volkswirtschaftliche Wissenschaftsdisziplin und befasst sich mit der Beschreibung, Analyse und Erklärung über die Funktionsweise der Medienmärkte und des Wettbewerbs auf ihnen. Dabei konzentriert sich die makroökonomische Variante auf Fragestellungen, die sich mit den Strukturen und volkswirtschaftlichen Prozessen der Medienwirtschaft als Industrie und der Leistungsfähigkeit ihrer Branchen beschäftigen. Die mikroökonomische Variante hingegen untersucht die Entscheidungskalküle der medienwirtschaftlich aktiven Marktteilnehmer und modelliert die Preisbildung auf den unterschiedlichen Medienmärkten sowie die Funktionsweise der (Netzwerk-)Gütermärkte.

   - Das Medienmanagement ist eine betriebswirtschaftliche Wissenschaftsdisziplin aus der Gruppe der Funktionalen Betriebswirtschaftslehren und befasst sich mit den an den Unternehmenszielen von Medienbetrieben ausgerichteten Aktivitäten der Planung, Organisation, Durchführung und Kontrolle des Leistungserstellungs- und Leistungsverwertungsprozesses sowie den Fragen der Führung von Medienbetrieben.

Lösungsskizzen zu den Fragen aus Kapitel 1.3

1. **Warum ist die medienwirtschaftliche Analyse allein nicht in der Lage ein komplettes Szenario der relevanten Fragestellungen im Umfeld der Herstel-**

lung von Öffentlichkeit zu beantworten und auf komplementärwissenschaftliche Erkenntnisse angewiesen?

Die wirtschaftswissenschaftlichen Disziplinen beschäftigen sich mit der Beschreibung, Analyse und Erklärung von Akteursverhalten in medienökonomischen Situationen. Darüber hinaus sind aber auch zahlreiche Fragestellungen, die die betrieblichen, marktlichen und branchenspezifischen Herausforderungen beeinflussen, zu beantworten. Solche beschäftigen sich mit technologischen, politischen und gesellschaftlichen Bedingungen und Anforderungen. Hier brauchen die medienökonomischen Disziplinen (Medienbetriebslehre, Medienmanagementlehre und Medienökonomie) interdisziplinäre Unterstützung, wenn insbesondere Handlungsempfehlungen für die Wirtschaftspolitik, insbesondere die Ordnungs-, Wettbewerbs- und Medienpolitik erarbeitet werden sollen.

2. **Welche Komplementärwissenschaften stehen hier mit welchen Erkenntnisinteressen im Fokus?**

Zur Lösung vgl. Tab. 1.4.

8.2 Lösungsskizzen zu den Fragen/Aufgaben aus Kapitel 2

Lösungsskizzen zu den Fragen/Aufgaben aus Kapitel 2.1

1. **Unterteilen Sie die Wirtschaftssubjekte nach Art der Trägerschaft und Art der Bedarfsdeckung.**

Vgl. hierzu Tab. 2.1: Systematik der Wirtschaftseinheiten

2. **Worin liegt der Unterschied zwischen dem, was ein Betrieb und dem, was ein Unternehmen genannt wird?**

Ein Betrieb ist ein unabhängig vom Wirtschaftssystem definiertes Wirtschaftssubjekt, das die konstitutiven Eigenschaften der Fremdbedarfsdeckung, der Wirtschaftlichkeit und des finanziellen Gleichgewichts realisiert. Ein Unternehmen ist ein Betrieb, der zusätzlich die Prinzipien des Privateigentums (private Verfügungsrechte über das Kapital), das Autonomieprinzip (Selbstbestimmung über das eigene Tun und Unterlassen) und das erwerbswirtschaftliche Prinzip (Gewinnstreben) verankert hat. Das Unternehmen ist demnach ein Betrieb im Umfeld der Marktwirtschaft.

3. **Worin unterscheiden sich privat-kommerzielle und öffentlich-rechtliche Betriebe?**

Die privat-kommerzielle Betriebe (Unternehmen) folgen dem Autonomieprinzip, dem Prinzip des Privateigentums und dem erwerbswirtschaftlichen Prinzip. Die öffentlich-rechtlichen Betriebe unterliegen dem Organ- und dem Gemeinnützigkeitsprinzip sowie dem Prinzip des Gemeineigentums.

4. **Benennen Sie die wesentlichen Charakteristika eines Unternehmens aus Sicht der Managementlehre.**

   Wesentlich aus Sicht der Unternehmensführung ist die Charakterisierung des Unternehmens als ein offenes, dynamisches, komplexes, autonomes, marktorientiertes und produktives soziales System, das durch die Kombination von Produktionsfaktoren an den Bedürfnissen des Marktes orientierte produktive Leistungen erstellt und austauscht.

5. **Was versteht die Ökonomie unter dem ökonomischen Prinzip und welche Ausprägungen kann dieses annehmen?**

   Das ökonomische Prinzip sagt grundsätzlich aus, dass rational (vernünftig) gehandelt werden muss; dass keine Ressourcen verschwendet werden dürfen. Es stellt eine Entscheidungsmaxime dar, die zwischen zwei Handlungsoptionen auswählen lässt. Positiv formuliert: Entweder soll mit den gegebenen Mitteln ein maximal möglicher Output generiert werden (Maximalprinzip) oder ein vordefiniertes Ziel soll mit dem geringstmöglichen Ressourceneinsatz realisiert werden (Minimalprinzip). Die diese beiden Ausprägungen generalisierende Formulierung wird Extremumprinzip genannt (vgl. hierzu Abb. 2.2: Das ökonomische Prinzip und seine drei Ausprägungen).

6. **Bilden Sie bitte jeweils ein Beispiel für eine Handlungsanweisung nach dem Minimum- sowie dem Maximumprinzip, wenn in einem Call-Center Kunden kontaktiert werden sollen.**

   Minimumprinzip: 150 Kunden sollen in kürzest möglicher Zeitspanne angerufen werden (Ziel: 150 Kunden ist vorgegeben; Arbeitszeiteinsatz soll minimiert werden).

   Maximumprinzip: In einem Zeitraum von drei Stunden, sollen so viele Kunden, wie möglich angerufen werden (Aufwand bzw. Ressourceneinsatz ist vorgegeben: drei Stunden; Ziel: Kundenkontakte sollen maximiert werden).

7. **Nennen Sie bitte drei grundsätzliche Unterscheidungsmerkmale für Unternehmen und zeigen Sie auf, welche Kriterien innerhalb der von Ihnen genannten Unterscheidungsmerkmale beispielhaft herangezogen werden können.**

   a. Die Güterart, die erstellt wird. In diesem Fall werden Sachleistungs- und Dienstleistungsunternehmen unterschieden. Hier ist aber zu berücksichtigen, dass eine strikte Trennung heute in vielen Fällen kaum noch möglich ist, da nahezu alle Unternehmen, die Produkte produzieren auch Dienstleistungen anbieten.

   b. Die Unternehmensgröße: Hier werden kleine von mittleren und großen Unternehmen unterschieden. Maßstäbe für die Zuordnung sind beispielsweise die Bilanzsumme, die Höhe der Umsatzerlöse und die Beschäftigtenzahl.

c. Das Betriebsziel: Dieses Kriterium differenziert die Betriebe in erwerbswirtschaftlich ausgerichtete Unternehmen, die im marktwirtschaftlichen Wettbewerb stehen und an Gewinnerzielung ausgerichtet sind (Unternehmen) und in Betriebe, die keine Gewinnerzielungsabsicht haben (Non-Profit-Organisationen) und am Gemeinwohl orientiert sind.

8. **Was versteht die Ökonomie unter wirtschaftlichem Handeln?**
Wirtschaftliches Handeln ist das Umgehen mit knappen Ressourcen unter Beachtung ökonomischer Leitlinien und damit das Umsetzen eines optimalen Verhältnisses zwischen eingesetzten Mitteln und erwünschtem Zweck.

9. **Erläutern Sie kurz das ökonomische Problem der Knappheitsbewältigung.**
Die Knappheit von Wirtschaftsgütern einerseits und die Unbegrenztheit von Bedürfnissen andererseits führt zum Problem der optimalen Bedürfnisbefriedigung und damit zu der Frage, wie die begrenzten Ressourcen eingesetzt werden müssen, um ein höchstmögliches Maß an Bedürfnissen in einer Gesellschaft befriedigen zu können. Die Knappheitsbewältigung bildet das Kernproblem aller Gesellschaften und damit auch aller ökonomischen Wissenschaften. Schlussendlich geht es darum, ein möglichst hohes Wohlstandsniveau zu erreichen.

Lösungsskizzen zu den Fragen/Aufgaben aus Kapitel 2.2

1. **Definieren Sie die Begriffe Bedürfnis und Wirtschaftsgüter.**
Als Bedürfnisse werden in der Ökonomie Mangelzustände verstanden, die mit dem Wunsch verbunden sind, den Mangel zu überwinden. Solche Bedürfnisse sind höchst unterschiedlicher Art und können möglicherweise hierarchisch zwischen Existenz- und Luxusbedürfnissen geordnet werden.
Wirtschaftsgüter sind Leistungsergebnisse von Produktions- und Dienstleistungsbetrieben und bilden den Oberbegriff für materielle Produkte, Dienstleistungen und Rechte, die in den Produktionsprozess eingebracht werden oder aus ihm hervorgehen. Zu den generellen Eigenschaften von Wirtschaftsgütern zählen, dass sie der Bedürfnisbefriedigung dienen, nicht zu jeder Zeit und an jedem gewünschten Ort in der gewünschten Qualität und Menge zur Verfügung stehen und auf Märkten gehandelt werden.

2. **Welche Arten von Bedürfnissen können nach Maslow grundsätzlich unterschieden werden?**
Bedürfnisse unterscheiden sich im Grad ihrer Dringlichkeit. Auf der untersten Ebene liegen die physiologischen Grundbedürfnisse, die der existenziellen Grundsicherung dienen. Darauf folgen die Sicherheitsbedürfnisse, mit denen Lebensrisiken bewältigt werden sollen. Im Anschluss greifen die sozialen Bedürfnisse nach Liebe, Nähe und Geborgenheit. Sind diese drei sogenannten Defizitbedürfnisse befriedigt, greifen die Wachstumsbedürfnisse, zu denen der Wunsch nach Wertschätzung und abschließend der Wunsch nach Selbstverwirklichung zählen.

3. **Grenzen Sie die Begriffe Bedürfnis, Bedarf und Nachfrage voneinander ab.**
   Bedürfnisse sind Mangelzustände, die mit dem Wunsch verbunden sind, den Mangel zu überwinden. Der Bedarf ist das auf ein Objekt ausgerichtete Verlangen, das der Bedürfnisbefriedigung dient. Der Bedarf wird zur Nachfrage, wenn eine Kaufabsicht angezeigt und mit Zahlungsbereitschaft untermauert wird.
4. **Nennen Sie vier unterschiedliche Güterarten und die jeweils dazu gehörenden Gütermerkmale.**
   Vgl. hierzu die Auflistung in Tab. 2.2.

Lösungsskizzen zu den Fragen/Aufgaben aus Kapitel 2.3
1. **Was ist eine Entscheidung und worin liegen die wesentlichen Unterschiede zwischen strategischen und operativen Entscheidungen?**
   Eine Entscheidung ist die Wahl zwischen mindestens zwei Alternativen, von denen eine die sogenannte Unterlassungsalternative sein kann. Die wesentlichen Unterschiede zwischen strategischen und operativen Entscheidungen liegen in ihrer Ausrichtung (Strategie zielt auf Effektivität, Operatives auf Effizienz ab), im Wahlfreiheitsgrad (Strategien sind weitgehend frei wählbar; Operatives von übergeordneten Nebenbedingungen abhängig), in ihren Wirkungen (Strategien wirken langfristig und verzögert; Operatives wirkt kurzfristig und direkt), in der Komplexität (Strategien bewältigen komplexe, Operatives konkrete Problemfelder) und im Unsicherheitsgrad (Strategien unterliegen hoher Unsicherheit, Operatives ist im Risiko einschätzbar) (vgl. auch Tab. 2.3).
2. **Worin besteht der Unterschied zwischen einem Sach- und einem Formalziel? Nennen Sie im Anschluss jeweils zwei Beispiele je Zielbereich nebst konkretem Anwendungsbereich.**
   Ziele beschreiben entweder was (formal) erreicht werden soll oder wie das (formal) Festgelegte erreicht werden soll. Sachziele beziehen sich auf das konkrete Handeln eines Unternehmens innerhalb der einzelnen betrieblichen Funktionen (z. B. Management, Beschaffung, Produktion, Absatz) und somit auf die konkrete Steuerung des Unternehmens. Sachziele (z. B. Verkauf einer bestimmten Menge von Produkten) richten sich nach den Formalzielen.
   Formalziele stellen übergeordnete Ziele dar und geben den Sachzielen Orientierung. Formalziele werden auch Erfolgsziele genannt, weil in ihnen der Erfolg des Unternehmens ausgedrückt wird. Sie sind immer direkt messbar (vgl. Tab. 2.4 und die anschließenden Erläuterungen)
3. **Nennen Sie drei Arten von Zielbeziehungen und geben Sie für jede Art der Zielbeziehung ein Beispiel an.**
   Zielbeziehungen geben Auskunft darüber, ob sich die gesetzten Ziele gegenseitig unterstützen, behindern oder ob sie neutral zueinanderstehen. Komplementäre Zielbeziehungen liegen vor, wenn der Zielerreichungsgrad des einen Ziels den Zielerreichungsgrad des anderen Ziels unterstützt (z. B. Erhöhung des Gewinns und Reduktion der Fehlerquote). Konkurrierend sind Ziele dann, wenn der Zieler-

reichungsgrad des einen Ziels durch den Zielerreichungsgrad des anderen Ziels negativ beeinträchtigt wird (z. B. Produktqualität erhöhen und Produktionskosten senken). Indifferent sind Ziele dann, wenn die Ausmaße der einzelnen Zielerreichungen keinen gegenseitigen Einfluss haben (z. B. Erweiterung des Fuhrparks und Anschaffung einer neuen Abrechnungssoftware).

4. **Erläutern Sie kurz, welche Anforderungen Ziele erfüllen müssen, damit sie führungstechnisch sinnvoll formuliert sind.**
   Ziele dienen als Maßstäbe, an denen unternehmerischer Handlungserfolg gemessen wird. Daher sind die Zielbildung und die Zielkonkretisierung eine unverzichtbare Aufgabe des Managements. Das bedeutet, dass es Aufgabe des Managements ist, dafür Sorge zu tragen, dass die von ihm definierten Ziele SMART definiert sind. SMART steht für spezifisch, messbar, anspruchsvoll (bzw. attraktiv oder akzeptiert), realistisch und terminiert. Nur ein SMART formuliertes Ziel ist ein im Sinne der Unternehmenssteuerung brauchbares Ziel, weil nur dann konkrete Handlungsoptionen abgeleitet und der Zielerreichungsgrad gemessen werden kann (vgl. Tab. 2.5).

5. **Was versteht die Ökonomie unter der Operationalisierung qualitativer Ziele und warum ist sie wichtig?**
   Das Messbarmachen von nicht direkt messbaren Phänomenen wird Operationalisierung genannt. Die Operationalisierung von komplexen Phänomenen, wie beispielsweise das Image, die Attraktivität oder die Zufriedenheit, ist wichtig, weil nur durch die Messbarmachung qualitative Ziele in quantitative (SMARTe) Ziele umgewandelt werden können. Dies wiederum ist die Voraussetzung für die Messung des Zielerreichungsrades.

8.3 Lösungsskizzen zu den Fragen/Aufgaben aus Kapitel 3

Lösungsskizzen zu den Fragen/Aufgaben aus Kapitel 3.1

1. **Zeigen Sie kurz und beispielhaft auf, dass die ökonomische Dimension nur einen Teilbereich des Gesamtspektrums der Medienwirtschaft abdeckt.**
   Lösungshinweise finden Sie in den Tab. 3.1

2. **Beschreiben Sie kurz den Unterschied zwischen der funktionalen, technischen, organisationalen und gütertypologischen Perspektive auf die Medien.**
   Lösungshinweise finden Sie in Tab. 3.2

3. **Beschreiben Sie das Hemisphären-Schichten-;Modell des Medienbegriffs**
   Lösungshinweise finden Sie in Abb. 3.1

Lösungsskizzen zu den Fragen/Aufgaben aus Kapitel 3.2

1. **Unterscheiden Sie Kommunikationsinhalte von Kommunikationsmitteln und Kommunikationsträgern.**

   Kommunikationsinhalte sind Informationen (Wissenseinheiten), Informationsbündel (z. B. journalistische Darstellungen oder Werbebotschaften) und Kommunikationselemente, die der Unterhaltung dienen (z. B. Kurzweiliges, Witziges, Spannendes). Diese Inhalte (Contents) bilden den zentralen Kern der Medienleistung, da sie es sind, die die Bedürfnisse der Konsumenten nach Information und Unterhaltung befriedigen.

   Kommunikationsmittel machen die inhaltliche Botschaft sinnlich wahrnehmbar (z. B. Texte, Grafiken, Filme, Zeitungsberichte, Werbeanzeigen, Werbebanner).

   Kommunikationsträger speichern und transportieren (übertragen) die in den Kommunikationsmitteln dargestellten Medieninhalte (z. B. Bücher, Zeitungen, Rundfunk, DVD, Online-Medien) an die Konsumenten.

2. **Definieren Sie den gütertypologischen Medienbegriff.**

   Mediengüter sind Inhalte (Contents), die bei einem bestimmten Kreis von Rezipienten einen informativen, bildenden und/oder unterhaltenden Nutzen generieren, aus verschiedenen Kommunikationsmitteln (Assets) zusammengesetzt sind und über unterschiedliche Kanäle bzw. Träger distribuiert werden können. Sie werden als publizistische Endprodukte oder Vorleistungen für Unternehmen auf Märkten gehandelt oder bereitgestellt.

3. **Definieren Sie, was eine Dienstleistung ist.**

   Eine Dienstleistung ist eine selbstständige, marktfähige Leistung, die mit der Bereitstellung und/oder dem Einsatz von Leistungspotenzialen interne und externe Faktoren kombiniert. Sie wird mit dem Ziel erbracht, an Menschen oder Objekten nutzenstiftende Wirkungen zu erzielen.

4. **Erläutern Sie kurz, was es bedeutet, dass Dienstleistungen potenzial-, prozess- und ergebnisorientiert sind.**

   Potenzialorientiert sind Dienstleistungen, weil sowohl Anbieter als auch Nachfrager bestimmte Fähigkeiten und Bereitschaften benötigen, um ein gewünschtes Austauschergebnis erzielen zu können; prozessorientiert sind sie, weil die Beziehung der Beteiligten von der Kontaktqualität der Beteiligten und der Qualität der jeweiligen Inputfaktoren (z. B. Know-how, Engagement, Rahmenbedingungen etc.) abhängt; ergebnisorientiert sind Dienstleistungen, weil das Ergebnis der Dienstleistung am Markt gehandelt und über Marktpreise bewertet wird. Im Unterschied zu Waren steht aber nicht die materielle Produktion oder der materielle Wert eines Endproduktes im Vordergrund, sondern die zu einem Zeitpunkt oder in einem Zeitrahmen erbrachte Tätigkeit zur Deckung eines Bedarfs.

5. **Erläutern Sie kurz, warum die dominante Leistung der Mediengüter aus Dienstleistungsbestandteilen besteht und welche ökonomischen Folgen dies hat.**

Die Kernleistung von medialen Angeboten ist es, Inhalte zu vermitteln und damit Wissen oder Unterhaltung zu generieren. Die Materialität von Mediengütern spielt nur für den Transport der Inhalte eine Rolle. Inhalte und Medienwirkungen entstehen im Dienstleistungsprozess. Da sowohl der Prozess als auch das Ergebnis immaterieller Natur ist, ist auch die Möglichkeit der Leistungsbewertung ist für den Konsumenten mehrheitlich sehr schwierig (vgl. journalistische Produkte) oder zumindest dominant von subjektiven Kriterien bestimmt (vgl. unterhaltende Produkte). Ex ante können Qualitäten überhaupt nicht bewertet werden. Die Qualität der Inhalte kann stark schwanken. Mediendienstleistungsangebote sind in der Mehrzahl autonom und standardisiert produzierbar (vgl. Filme, Zeitungen etc.), können aber auch in hohem Maße integrativ und individuell erstellt werden (z. B. Schulungen, Play-List-Konfigurationen etc.). Auf weitere Eigenschaften weist Tab. 3.4 hin.

6. **Unterscheiden Sie Medien als Vorleistungen für Unternehmen und Medien als publizistische Endprodukte.**

Als Vorleistungen für Unternehmen zeichnen sich Medien dadurch aus, dass sie die Geschäftsprozesse der nach-fragenden Unternehmen fördern. Sie unterstützen den Wertschöpfungsprozess von Wirtschaftsunternehmen und werden in allen Teilbereichen des Wertschöpfungsprozesses eingesetzt; insbesondere in der (internen) Kommunikation, im Marketing und im Vertrieb.

Als publizistische Endprodukte zeichnen sie sich dadurch aus, dass sich ihre Zweckbestimmung beim Konsumenten (Zuschauer, Zuhörer, Leser oder User) entfaltet. Hierzu gehören vor allem die Massenmedien, die von Verlagen, Rundfunkanstalten, Internet-Dienstleistern etc. gegen direktes Entgelt vom Konsumenten und/oder über die Werbung finanziert, auf den Markt gebracht werden.

7. **Welche Nutzenfacetten hat ein Mediengut? Beschreiben Sie kurz.**

Ausschlaggebend für den Erwerb eines Mediengutes ist sein Nutzen. Die Nutzenfacetten eines (Medien-)Gutes gliedern sich in einen technisch-funktionalen Grundnutzen (Nachrichten sollen informieren, Spielfilme unterhalten) und in einen psychologischen Zusatznutzen. Der psychologische Zusatznutzen wird üblicherweise in zwei Sphären wirksam: Als Erbauungsnutzen in der persönlichen Sphäre des Nutzers und als Geltungsnutzen in der Sozialsphäre des Nutzers. Der Erbauungsnutzen ist nach innen gerichtet und fördert das Wohlbefinden (Ästhetik, sich besser fühlen etc.). Der Sozialnutzen ist nach außen gerichtet und fördert das Ansehen in der Gemeinschaft (Markenimages, mitreden zu können etc.

8. **Geben Sie jeweils ein Beispiel für Medienleistungen an, die**
   a. **autonom bzw. integrativ erstellt werden**
   Ein Massenmedium wird größtenteils autonom durch Anbieter erstellt, eine persönliche Beratung Bedarf der Integration des Empfängers.
   b. **standardisiert bzw. individualisiert erstellt werden**
   Eine Zeitung wird im Layout standardisiert produziert, Werbeinhalte eher individualisiert. In einer Vorlesung sind die Folien standardisiert, der Ablauf hingegen ist abhängig von der Zuhörerschaft.
   c. **diskret bzw. kontinuierlich erstellt werden**
   Eine Kinoveranstaltung ist insofern diskret, weil sie innerhalb eines bestimmten Zeitintervalls stattfindet, zur Verfügung gestellte Internetinhalte können dauerhaft genutzt werden.
   d. **kreativ bzw. repetitiv erstellt werden.**
   Unterhaltende oder informierende Inhalte sind das Ergebnis eines Kreativprozesses, automatisierte Prozesse (z. B. Datenbankauswertungen) verweisen auf repetitive Leistungen.
9. **Worin besteht der Unterschied in der Qualitätsbewertung von Sachgütern und Dienstleistungen für den Leistungsempfänger und wie kann der Leistungsanbieter diesen Unterschied ausnutzen? Erläutern Sie und untermauern Sie Ihre Erläuterung mit einem Beispiel.**
   Sachgüter haben normierte Eigenschaften (Größe, Beschaffenheit etc.), die eindeutig oder zumindest grundsätzlich vor dem Kauf oder während der Nutzung überprüfbar sind. Die Informationsasymmetrie (der unterschiedliche Kenntnisstand über die Eigenschaften) zwischen Anbieter und Nachfrager ist gering. Dienstleistungen sind Leistungsversprechen, die durch eine hohe Informationsasymmetrie gekennzeichnet sind. Der Leistungserbringer hat einen viel größeren Wissenstand über sein Tun als der Nachfrager. Da der Auftragnehmer (Anbieter) dem Auftraggeber (Nachfrager) potenzielle Mängel bspw. nicht offenlegt, kann er seine Überlegenheit ausnutzen und ggfs. mindere Qualität anbieten, ohne dass es der Leistungsempfänger bemerkt. Ein Journalist bspw. könnte seinen Bericht perfekt recherchieren, bevor er ihn veröffentlicht oder Mutmaßungen anstellen, aber verheimlichen, dass es sich um Mutmaßungen handelt (Stichwort: Fake-News). Der Rezipient hat kaum eine Möglichkeit, mit vertretbarem Zeit- oder Kostenaufwand den Bericht zu überprüfen. Er muss sich auf die Korrektheit, zumindest die Wahrhaftigkeit des Berichtes verlassen.

Lösungsskizzen zu den Fragen/Aufgaben aus Kapitel 3.3

1. **Erläutern Sie bitte, welche e-Plattformen zum Kreis der Medienunternehmen gezählt werden.**

Zum Kreis der Medienunternehmen sind Content-Plattformen zu zählen (bspw. Netflix, YouTube, Mediatheken, Verlagsportale mit Interaktionsmöglichkeiten etc.) da ihr Sachziel darin begründet liegt, Medieninhalte auszuspielen. Die Bandbreite an Content-basierten Anbietern ist sehr ausgeprägt und umfasst Informations-, Entertainment-, Education- und Infotainmentplattformen.

Auch Connection-Plattformen fokussieren sich auf die Realisierung von Informationsaustauschmöglichkeiten und gehören damit zumindest zum erweiterten Kreis der Medienunternehmen. Hierzu zählen allen voran die sozialen Netzwerkdienste wie Facebook, Instagram, TikTok oder internetbasierte Instand-Messaging-Dienste wie WhatsApp oder Telegram etc. Sie schaffen öffentliche oder teilöffentlich zugängliche Kommunikationsräume, in denen sich die Teilnehmer austauschen können. Zwar bieten die Betreiber keine eigenen Inhalte an, ermöglichen es aber durch die Verbindung der Teilnehmer und den Darstellungsmöglichkeiten, Inhalte und Interaktion generieren zu lassen (User generated Content; Instant Articles).

Commerce-Plattformen (z. B. Online-Shops und e-Marketplaces) stellen den Transaktionsnutzen in den Vordergrund ihrer Aktivitäten und fallen insofern ebenso aus dem Kreis der gesuchten Unternehmen heraus wie auch die Context-Plattformen (Suchmaschinen), deren Sachziel in der Systematisierung und Ausspielung von im Internet vorhandenen Informationen liegt.

2. **Definieren Sie die Begriffe „Medienunternehmen" und „Unternehmen der erweiterten Medienindustrie".**

Medienunternehmen (im engeren Sinne: aus gesellschaftlicher und politischer Sicht) sind bivalente Organisationen, deren strategischer Fokus auf der Kreation, Redaktion, Bündelung und/oder Produktion sowie ggfs. der Verteilung von journalistischen, bildenden, unterhaltenden und werblichen Inhalten, die der breiten Öffentlichkeit zugänglich gemacht werden sollen, liegt.

Medienunternehmen (im weiten Sinne: aus betriebswirtschaftlicher Sicht) sind alle Einzelwirtschaften, die sich auf kaufmännischer Basis direkt mit der Erstellung, Bündelung oder der Produktion von Inhalten beschäftigen. Dabei ist es irrelevant, ob der Content ein marketingtechnisches mediales Vorprodukt (Werbung, PR) oder ein publizistisches Endprodukt ist.

Keine originären Medienunternehmen, aber ggfs. zum erweiterten Kreis der Unternehmen der Medienbranche zu zählende Unternehmen, sind die, die lediglich technische Endgeräte zum Medienkonsum oder Speichermedien anbieten, die, die nur produktionstechnisch vervielfältigen (Druckereien, Kopierwerke), die, die nur Transportmöglichkeiten anbieten (Mobilfunk- und Kabelnetzbetreiber) oder Handelsmarktplätze, die Medien vertreiben (Amazon etc.) oder Context-Plattformen (google, Bing etc.) sowie reine Distributoren (Film-Verleiher, Grossisten, Buchhandlungen etc.). Solche Unternehmen können ggfs. der Medienwirtschaft zugeordnet werden. Auch die Unternehmen, die lediglich Produktionsergebnisse von Medienbetrieben (Vorprodukte) zu Kommunikationszwecken einsetzen, gehören nicht zu den Medienunternehmen (werbetreibende Unternehmen).

3. **Was bedeutet es, dass Medienunternehmen bivalente Unternehmen sein können?**

   Die Bivalenz (Doppelwertigkeit) von Medienunternehmen bezieht sich auf die publizistische und die ökonomische Dimension des Tätigkeitsumfeldes, einerseits gesellschaftliche Verantwortung zu tragen und andererseits Wertschöpfung zu betreiben. Aus der Bivalenz der Medienunternehmen folgt, dass sie sowohl publizistische als auch ökonomische Ziele verfolgen. Die publizistischen Ziele unterscheiden sich im unterschiedlichen Anspruch an die Bereitstellung von Kulturgütern (z. B. Boulevardthemen versus „Qualitätsthemen"). Die ökonomischen Ziele unterscheiden sich hinsichtlich der grundsätzlichen Gewinnerzielungsabsicht (Non-Profit- versus For-Profit-Unternehmen), bzw. der Höhe der Renditeerwartung („Gewinnmaximimum" versus „kapitalmarktorientierte Rendite").

4. **Beschreiben Sie, welche konstitutiven Eigenschaften ein Medienunternehmen hat.**

   Ein Medienunternehmen definiert sich dadurch, dass es eine planvoll organisierte Wirtschaftseinheit ist, deren strategischer Fokus (Sachziel) auf der autonomen oder integrierten urheberschaftlichen Erstellung von informativen, unterhaltenden oder werblichen Inhalten und/oder Bündelung eigen- oder fremderstellter Inhalte und/oder Transformation der Inhalte auf ein speicherfähiges Medium liegt. Dabei können die Inhalte direkt oder indirekt distribuiert werden. Die eigene Herstellung von Öffentlichkeit ist optional (vgl. Tab. 3.7)

5. **Führen Sie kurz aus, worin der Unterschied zwischen der betriebswirtschaftlichen Definition eines Medienunternehmens und der Definition aus Sicht der gesellschaftspolitischen Perspektive liegt.**

   Aus der gesellschaftspolitischen Sicht stehen journalistisch orientierte Medienunternehmen im Fokus, weil deren Zweck in der Herstellung von Öffentlichkeit bzw. der Produktion und Bereitstellung von Gütern und Dienstleistungen, die der Öffentlichkeit zugeführt werden sollen, besteht. Damit tragen sie eine erhebliche Verantwortung für die Gesellschaft. Die publizistischen Funktionen, die Unternehmen erfüllen, die Massenmedien produzieren, tragen durch die Herstellung von Öffentlichkeit in maßgeblicher Form dazu bei, dass die Gesellschaft zusammengehalten wird. Sie geben Orientierung, informieren, klären auf, helfen, den Alltag zu bewältigen und befähigen zur Teilnahme an der demokratischer Willensbildung. Die Betriebswirtschaft hat die Aufgabe, Ist-Situationen betrieblicher Produktionen zu analysieren und Hilfestellungen zur Bewältigung von Herausforderungen im betrieblichen Alltag zu liefern. Normative Ansprüche zu hinterfragen, gehört nicht zum Zielekanon der BWL. Deswegen unterscheidet die Betriebslehre nicht zwischen gesellschaftspolitischen Ansprüchen an die produzierten

Inhalte, sondern urteilt lediglich darüber, ob Medienprodukte Gegenstand der Analyse sind oder Nicht-Medienprodukte. Somit wird es irrelevant, ob der Content ein marketingtechnisches mediales Vorprodukt (Werbeanzeige), ein publizistisches Teilprodukt (Autorenleistung, Filmszene) oder Endprodukt (Zeitungsausgabe, TV-Magazinsendung) ist.

Aus Sicht der Managementperspektive (Stichwort: Normativer Anspruch einer Organisation), der Gesellschaft (Stichwort: 4. Gewalt) und der Politik (Stichwort: Medienregulierung) ergibt die Sonderstellung journalistisch orientierter Wirtschaftseinheiten Sinn, aus Sicht der Betriebswirtschaftslehre nicht! Die Medien-BWL urteilt weder über Ziele noch über Zwecke von Produkten. Damit ist auch die Stellung eines Gutes in der Supply Chain (Vorprodukt oder publizistisches Endprodukt) oder die Komplexität des betrieblichen Tuns (Freelancer oder global Player) nicht relevant für die innerbetriebliche Perspektive eines Contentproduzenten. Deswegen weist dieses Definitionsverständnis auch die Produzenten von medialen Vorleistungen (alle Kreativagenturen und unternehmerisch aktiven Freelancer der Medienlandschaft, die Content herstellen) zum Kreis der Medienunternehmen zugehörend aus. Betriebswirtschaftlich definiert sich ein Medienunternehmen also lediglich über seine konkrete Aktivität, über seine Wertschöpfungskette.

6. **Begründen Sie, warum ein Filmverleiher oder eine Druckerei nicht den Medienunternehmen zugeordnet wird.**

Filmverleiher oder Druckereien gehören zur erweiterten Medienindustrie, nicht zu den Medienunternehmen, da ihnen die konstitutiven Eigenschaften der Kreation von Inhalten und auch der Bündelung von Inhalten fehlen. Die Herstellung von Öffentlichkeit ist kein zwingendes Definitionskriterium.

Lösungsskizzen zu den Fragen/Aufgaben aus Kapitel 3.4

1. **Erläutern Sie, worin der Unterschied zwischen dem volkswirtschaftlichen und dem betriebswirtschaftlichen Blick auf die Medienwirtschaft liegt.**

Aus volkswirtschaftlicher Sicht werden Aggregate untersucht. Solche Aggregate sind Märkte und die durch sie gebildeten Branchen. Betrachtet werden die Leistungdaten der Branchen und die Funktionsweise des Wettbewerbs. Dieses Wissen ist essenziell für z. B. wirtschaftspolitische Entscheidungen. Aus betriebswirtschaftlicher Sicht ist es wichtig zu wissen, welche Einzelwirtschaften miteinander interagieren oder in Konkurrenz stehen, also auf dem gleichen Markt aktiv. Dieses Wissen ist essenziell für alle Managemententscheidungen. Es bildet die Basis für das gesamte Marketing eines Unternehmens.

2. **Grenzen Sie die Medienwirtschaft ab von der Kultur- und Kreativwirtschaft sowie von der Unterhaltungs- und Informationswirtschaft.**

Die Medienwirtschaft ist ein volkswirtschaftlicher Teilbereich, der aus Märkten und Einzelwirtschaften besteht, deren strategischer Fokus auf der Kreation oder Redaktion, der Produktion und/oder der Verteilung von journalistischen, bildenden, unterhaltenden und werblichen Inhalten liegt. Im globalen, gesellschaftlichen

Sinne gehören die Medienwirtschaft, die Kultur- und Kreativwirtschaft sowie die Unterhaltungs- und Informationswirtschaft zum Dienstleistungssektor (tertiärer Sektor der Wirtschaft). Innerhalb des Tertiärsektors gehört die Medienwirtschaft in den Kreis der Kulturbetriebe. Zu den Kulturbetrieben gehören aber auch die Oper, das Theater, der Tanz, das Kunsthandwerk etc. Deswegen ist diese Zuordnung zu weit gefasst für Unternehmen, die redaktionelle und werbliche Medieninhalte kreieren, produzieren, absetzen und/oder konsumieren. Auch die von der Wirtschaftsministerkonferenz (WMK) definierte Kultur- und Kreativwirtschaft, ist zu weit gefasst. Zum einen zählen zur Kultur- und Kreativwirtschaft auch Architekturleistungen, das Kunsthandwerk und die darstellende Kunst als einschlägige Teilmärkte, andererseits werden aber auch nur Einzelwirtschaften zum Kreis der Marktakteure gezählt, die mit ihren Leistungen Einkommen erzielen wollen (die öffentlich-rechtlichen Rundfunkanstalten würden also nicht erfasst).

Auch die Umschreibung der Medienwirtschaft als Unterhaltungs- und Informationswirtschaft, die den Kultur- und Kreativbetrieben zugeordnet werden kann, ist immer noch zu diffus. Das wird schnell deutlich, wenn berücksichtigt wird, dass zur Unterhaltungswirtschaft beispielsweise auch Sport- und Wettveranstaltungen zählen. Zur Informationswirtschaft wiederum zählen auch beispielsweise das Bibliothekswesen und Unternehmen der Nachrichtentechnik. Letztendlich speist sich Medienwirtschaft aber wohl am ehesten aus diesem Wirtschaftsbereich.

3. **Welche Unternehmen sind als zur Medienwirtschaft und welche als zur mediennahen Industrie gehörend einzuordnen?**
Die Medienwirtschaft setzt sich Märkten und Einzelwirtschaften zusammen, deren strategischer Fokus auf der Kreation oder Redaktion, der Produktion und/ oder der Verteilung von journalistischen, bildenden, unterhaltenden und werblichen Inhalten in den Branchen Print, Rundfunk, Film, Musik, Digital Games oder Internet liegt. Im engsten Sinne wird die Medienwirtschaft aus journalistisch aktiven Unternehmen gebildet. Als der mediennahen Industrie zugeordnet sind alle ausschließlich technische Komplementärgüterhersteller und Plattformbetreiber, die keinen originären Inhalt herstellen. Damit gehören ausschließlich transportierende Inhaltedistributoren, wie Telekommunikations- und Infrastrukturanbieter, Kabelnetz-, Satellitenbetreiber oder Online-Provider zu den Anbietern von Komplementärgütern und nicht zur Medienwirtschaft. Eine ähnliche Einschätzung gilt für die reinen Vervielfältiger wie Druckereien oder Kopierwerke.
4. **Begründen Sie, welche Teile der Musikindustrie und welche Internetdienstleistungen zur Medienwirtschaft zu zählen sind.**
Im Hinblick auf die Musikindustrie ist die Abgrenzung noch relativ einfach: Da sich Fragestellungen der Ökonomie weniger mit Darstellungs- und Kunstformen (z. B. akustischen Ausdrucksformen) beschäftigen, wird der zur Medienwirtschaft zu zählende Bereich des Musikmarktes eingeschränkt auf technische Produktionsteil-

nehmer; also auf Teilnehmer, die mit der Erstellung des Musikmasters, der Vervielfältigung sowie der Verwertung und Distribution befasst ist. Dieses eingeengte Verständnis verortet die Produzenten und Verlage zur Medienwirtschaft im engeren Sinne gehörend und die Tonträgerhersteller und vor allem die Distributoren zur Medienwirtschaft im weiteren Sinne (mediennahe bzw. medienbestimmte Industrie). Der Bereich Interpretation (Künstler), Instrumentenbau (Handwerk) und Kreation (Urheber) verbleibt in der Kulturindustrie.

Im Umfeld der Internetdienstleistungen werden zur Medienwirtschaft alle Geschäftsfelder gezählt, auf denen originäre Leistungen (Inhalte) der Medienwirtschaft erstellen werden (z. B. E-Papers oder eines Content-Portale). Soweit lediglich Komplementärdienste, wie beispielsweise der reine Transport medialer Inhalte durch Internet Service Provider angeboten werden, also lediglich Internet-Konnektivität bereitgestellt wird und Datenpakete transportiert werden, ist die Zuordnung zur Telekommunikation oder die Bezeichnung „Unternehmen der Medienindustrie" die logischere Variante.

Grenzwertig erscheinen aber Leistungsangebote, die Inhalte klassifizieren und systematisiert bündeln (Context-Geschäftsmodelle). Solche Anbieter monitoren von beliebigen Kommunikatoren veröffentlichten Content und konfektionieren diesen beispielsweise in Form von nach Themen geordneten, verlinkten Ausschnitten. Die Anbieterleistung besteht hier in der (automatisierten) Kontextuierung von Inhalten (z. B. google News). Wenn dieses eher formale Leistungsangebot als eigenständige publizistische Leistung interpretiert wird, dann wäre es als ein medienwirtschaftliches (zumindest mediennahes) Angebot einzuordnen. Werden ausschließlich Suchfunktionen realisiert, wäre diese Leistung hingegen nicht als medienwirtschaftlich einzustufen. Die Einschätzung gilt auch für das Geschäftsmodell Connection, da hier lediglich Möglichkeiten des Zugangs, der Kontaktaufnahme und des Informationsaustausches zur Verfügung gestellt werden (Social Media-Plattformanbieter). Das Kommunikationswesen Social Media hingegen könnte der Medienwirtschaft zugeordnet werden, da hier Inhalte kreiert und publiziert werden. Das Modell Commerce, in dem die Anbahnung, die Aushandlung und/oder die Abwicklung von Internet-Transaktionen im Mittelpunkt (Stichwort: Auktionsplätze (z. B. eBay), Malls (z. B. Amazon) sowie Hersteller-Shopsysteme) stehen, ist mediengetragen, gehört aber nicht zur Medienwirtschaft, sondern zum elektronischen Handel (E-Commerce).

5. **Welche Branchen gehören zur TIME-Industrie und was ist in diesem Zusammenhang unter dem Begriff Konvergenzstreben zu verstehen?**
   Als TIME-Industrie wird ein Branchenverbund ursprünglich separat funktionierender Teilmärkte bezeichnet, der aus Unternehmen der Telekommunikation (Netzbranche), der Informationstechnik (Computerbranche), der Medien (Contentbranche) und der Entertainmenthardware (Branche der Unterhaltungselektronik) gebildet wird.

Als medienwirtschaftliche Branchenkonvergenz wird der Prozess verstanden, dass Unternehmen der einzelnen TIME-Branchen hinsichtlich ihrer Medienmarktleistungen zusammenwachsen. Die Branchenabgrenzungen werden durchlässig oder lösen sich ganz auf.

6. **Welche drei Hauptgründen führten dazu, dass die TIME-Branchen konvergieren, und wie funktioniert der Konvergenzprozess?**

   Gründe dafür sind die Digitalisierung der Produkte, die Deregulierung der Märkte und die Fragmentierung der Angebotsleistungen aufgrund der veränderten Nutzungspräferenzen der Nachfrager. Wie der Konvergenzprozess funktioniert, zeigt Tab. 3.9

7. **Grenzen Sie bitte die Medienbranchen anhand von drei unterschiedlichen Parametern ab.**

   Medienbranchen (Medienmärkte und Mediengattungen) können anhand der Parameter Technizität (z. B. gedruckte oder elektronische Medien), Reichweite (z. B. Individual-, Gruppen- und Massenmedien) und Leistung der Medienträger (z. B. Leistungsnutzen für die Empfänger) abgegrenzt werden (vgl. auch Abb. 3.7).

8.4 Lösungsskizzen zu den Fragen/Aufgaben aus Kapitel 4

Lösungsskizzen zu den Fragen/Aufgaben aus Kapitel 4.1

1. **Erläutern Sie, wie das Modell der freien Marktwirtschaft funktioniert.**

   Aus Sicht der ökonomischen Theorie basiert die freie Marktwirtschaft auf den Rechtsinstituten des privaten Eigentums und den damit verbundenen Verfügungsrechten sowie der Privatautonomie der Wirtschaftssubjekte (Handlungs- und Entscheidungsfreiheit). Auf dieser Basis kommen Nachfragen (die auf Bedürfnissen und Zahlungsbereitschaften basieren) und Angebote (die auf Renditeerwartungen und der Herstellungsmöglichkeit von spezifischen Leistungen beruhen) zusammen. Dabei orientieren sich die Nachfragenden an der Nutzenerwartung gegenüber den Gütern und ihren ihnen zur Verfügung stehenden Budgets. Die Anbietenden orientieren sich an der Gewinnerwartung durch den Tausch und ihren ihnen zur Verfügung stehenden Ressourcen. Beide Parteien wollen den größtmöglichen Vorteil für sich generieren. Der Wettbewerb zwischen den Marktparteien (Anbietende gegen Anbietende, Nachfragende gegen Nachfragende und Nachfragende gegen Anbietende) entsteht und wird letztlich über den Preis, der gefordert wird und dem Preis den zu zahlen die Nachfragenden bereit sind, ausgefochten. Der Preis bestimmt die Menge, die am Markt gehandelt wird. Sind sich die Marktteilnehmer über den Preis einig, entsteht ein Marktgleichgewicht. Der Markt wird geräumt.

2. **Erläutern Sie, wie der Preis eines Gutes als Koordinierungsinstrument für den Markt fungiert.**

   Der Preis koordiniert den Markt, da die Zahlungsbereitschaften für ein Gut die Nachfragemengen definieren: Je höher die Zahlungsbereitschaft, desto wahrscheinlicher ist es, dass das Gut erworben werden kann. Je niedriger der Preis angesetzt ist, desto mehr Marktteilnehmende fragen das Gut nach. Die Gewinnerwartungen der Anbietenden (Rendite auf das eingesetzte Kapital) definieren die Angebotsmenge: Je höher der durchsetzbare Preis ist, desto mehr Anbietende sind bereit, in die Produktion einzusteigen und Güter anzubieten. Je niedriger der Preis angesetzt ist, desto weniger Marktteilnehmer bieten das Gut an. Stimmen die Vorstellungen hinsichtlich des Preises von Anbietenden und Nachfragenden überein, entsteht ein Gleichgewichtspreis, zu dem alle Nachfragenden, die bereit sind, den Preis zu zahlen, befriedigt werden und alle Anbietenden, die bereit sind zu diesem Preis anzubieten, werden ihre Güter verkaufen. Damit definiert der Marktpreis die Gütermenge am Markt, die gehandelt wird. Der Preis wird von beiden Marktparteien so lange angeglichen (verändert), bis Übereinstimmung hergestellt ist. Jetzt ist der Markt im Gleichgewicht. D. h., es wird genau das und genau so viel produziert, wie der Markt über die Nachfrage aufnimmt. Einer Verschwendung von Ressourcen (Produktion von Fehlproduktionsmengen oder Überzahlung von Gütern) ist vorgebeugt und jeder, der die Kosten der Produktion zu zahlen bereit ist, wird befriedigt.

3. **Erläutern Sie, in welchen Teilen bzw. auf welchen Märkten in der Medienwirtschaft Marktversagen ein Normalzustand ist.**

   Marktversagen liegt dann vor, wenn der Marktmechanismus, der durch Angebot und Nachfrage bestimmt wird, nicht dazu führt, dass die Ressourcen der Marktteilnehmer in einer effizienten Weise verteilt werden. Marktpreis und/oder Marktmenge führen nicht zu einem optimalen Ergebnis. Dies ist dann z. B. der Fall, wenn der Preis nicht die Wertschätzung der Konsumierenden widerspiegelt. In der Medienwirtschaft wird dieser Umstand durch die Werbefinanzierung oder durch die entgeltlose zur Verfügungstellung der Medieninhalte, aber auch durch staatliche Eingriffe (Bezuschussungen, Steuerreduzierung) ausgelöst. Wenn Güter unterhalb des Wertschätzungspreises angeboten werden, werden automatisch Übermengen produziert. Letztlich ist auch die Eigenschaft vor allem von digitalen Gütern, nicht-rival im Konsum zu sein, marktgleichgewichtsschädigend.

4. **Beschreiben Sie die sechs Grundfunktionen des Wettbewerbs.**

   Vgl. Tab. 4.1

5. **Erläutern Sie kurz, warum die Produktionsbedingungen in der Inhalteproduktion nicht durch Produktionsfunktionen abgebildet werden können.**

   Die Produktion von Inhalten kann nicht durch Produktionsfunktionen dargestellt werden, weil es keinen mathematisch abbildbaren Zusammenhang zwischen der Menge und Güte der Einsatzfaktoren und der Menge und Güte der Ausbringungsmenge gibt.

Lösungsskizzen zu den Fragen/Aufgaben aus Kapitel 4.2

1. **Erläutern Sie, welche grundsätzliche Einstellung das Verhalten von Marktteilnehmern nach der ökonomischen Theorie antreibt und welches Entscheidungskalkül die Marktteilnehmer zugrunde legen.**

   Die Ökonomie unterstellt grundsätzlich den Eigennutzen und die Nutzenmaximierung als ursprüngliche Antriebskräfte für ökonomisches Verhalten. Eigennutzen bedeutet, dass Individuen egoistisch eigene Interessen verfolgen, wenn sie handeln und einen Vorteil suchen. Diese Modellvorstellung macht Akteure berechenbar, da ihre Motive für andere verständlich, nachvollziehbar und glaubhaft sind. Egoismus ist ein plausibles Handlungsmotiv.

   Neben dem Eigennutzen als Handlungsmotiv wird des Weiteren unterstellt, dass der Einzelne seine Wahlentscheidungen so ausrichtet, dass er im Rahmen der ihm zur Verfügung stehenden Alternativen genau die wählt, die ihm den höchsten Nutzen generiert. Welcher Nutzen als der höchste angesehen wird, ist von Individuum zu Individuum unterschiedlich. Das ökonomische Nutzenkonzept geht davon aus, dass der Wert eines Gutes subjektiv davon abhängt, welches Bedürfnis vorherrscht, wie dringend das Bedürfnis ist und welchen Beitrag das Gut zur Bedürfnisbefriedigung beiträgt.

   Das Entscheidungskalkül in ökonomischen Situationen besteht damit in einer rationalen Nutzen-Kosten-Abwägung. Ein höherer Ertrag wird einen geringeren Ertrag und ein geringerer Aufwand einem höheren Aufwand vorgezogen. Die Differenz zwischen Ertrag und Aufwand wird als Nettonutzen bzw. Nettogewinn bezeichnet. Um Nettonutzen bzw. -gewinn zu maximieren, wird nach dem ökonomischen Prinzip gehandelt.

2. **Stellen Sie den Kaufentscheidungsprozess dar und erläutern Sie ihn.**

   Abb. 4.2 zeigt, dass, wenn Menschen einen Mangel verspüren und ausgleichen möchten, sie nach Gütern suchen, die helfen, das Bedürfnis zu stillen. Diese Suche ist abhängig von den eigenen Ressourcen, die für die Beschaffung und für die Bedürfnisbefriedigung eingesetzt werden können (z. B. Budget, Zeit, Interesse etc.). Die Aufmerksamkeit richtet sich auf das Güterangebot auf dem Markt, das bezahlt werden könnte (Bedarf). Nun beginnt der Suchende mit dem Alternativenvergleich, wenn verschiedene Güter das Bedürfnis befriedigen können. Indem der Suchende beispielsweise in Geschäfte geht oder sich Online erkundigt, wird die Suche marktrelevant (Nachfrage). Abhängig von den Alternativen, die der Nachfrager gefunden hat und abhängig von den sonstigen Beschaffungsdispositionen (Zeit, Budget, Verfügbarkeit etc.), führen Betroffene Nutzen-Kosten-Kalkulationen durch, d. h., sie überlegen, mit welchem Gut bei gegebenem Budget die höchstmögliche Bedürfnisbefriedigung erreicht, bzw. mit welchem Gut ein bestimmtes Bedürfnisbefriedigungsniveau unter Einsatz geringstmöglicher Geldmittel realisiert werden kann (Wirtschaftlichkeitsprinzip). Das ausschlaggebende Element für die Nachfrage ist der Nutzen und die Zahlungsbereitschaft, die der Nachfrager durch bzw. für ein bestimmtes Gut hat. Wenn sich der Nachfrager entschieden hat, findet die Transaktion (der Tausch, Kauf) statt. Abgeschlossen wird der gesamte Prozess durch die persönliche Nützlichkeitsbewertung. Das hieraus resultierende Werturteil findet Niederschlag in der nächsten Objektbeurteilung, da sich der Erfahrungsschatz des Nachfragers erweitert.

3. **Stellen Sie das Angebotsverhalten von Marktteilnehmern dar und erläutern Sie den Prozess.**

Abb. 4.3 zeigt, dass wenn Nachfrage am Markt angezeigt wird, potenzielle Anbieter sehen, dass sie mit einer entsprechenden Angebotsleistung Gewinne erzielen könnten. Daraufhin werden sie die Wettbewerbssituation analysieren und entscheiden, ob das eigene Unternehmen ähnliche, bessere oder günstigere Problemlösungen herstellen könnte. Je höher die Renditeaussicht für das Unternehmen ist, desto stärker wird es auf den Markt drängen und die erforderliche Menge produzieren. Die produzierte Menge wird mit dem höchstmöglichen marktgängigen Preis ausgezeichnet und verkauft. Die dokumentierte Zufriedenheit der Nachfrager (Mund-zu-Mund-Propaganda, Rezensionen etc.) wirkt sich auf die Reputation bzw. das Image des Anbieters bzw. des Produktes aus. Das Marktergebnis (der Gewinn) wiederum beeinflusst die künftigen Entscheidungen hinsichtlich der Weiterentwicklung des eigenen Angebotes im Verhältnis zu den Angeboten der Wettbewerber.

Lösungsskizzen zu den Fragen/Aufgaben aus Kapitel 4.3

1. **Erläutern Sie die Aussagen im vorstehenden Merksatz zum Modell des Homo Oeconomicus.**

In der orthodoxen ökonomischen Theorie gilt der Homo Oeconomicus als das Modell eines Wirtschaftsakteurs, der sein Verhalten

– egoistisch motiviert ausrichtet: das eigene Wohlergehen zu steigern ist Handlungsmotiv;

– nach dem ökonomischen Prinzip ausgestaltet: Handeln nach dem Minimaloder Maximalprinzip;

– auf bedingt rationalen Entscheidungen stützt: Satisfizierer, statt Maximierer (Grenznutzen = Grenzkosten);

– autonom an individuellen Nutzen-Kosten-Erwägungen orientiert: Vergleich durch Nutzen-Kosten-Kalkulation;

– danach ausrichtet, (langfristig) den eigenen Nutzen zu maximieren: Mehr von Gewünschtem oder weniger von Nicht-Gewünschtem zu erreichen.

Das Nutzenmaximum ist dann erreicht, wenn der Nutzen einer zusätzlich generierten Gütereinheit genauso hoch ist, wie die Kosten, die für diese zusätzliche Einheit aufgewendet werden müssen. Die Grenzkosten dürfen den Grenznutzen nicht übersteigen.

2. **Warum muss im Umfeld der Medienwirtschaft das Optimalitätsgebot der Ökonomie hinterfragt werden?**

Das Optimalitätsgebot der Ökonomie sagt aus, dass keine Ressourcen verschwendet werden sollen. Um optimale (rationale) betriebswirtschaftliche Entscheidungen zwischen ökonomischen Alternativen treffen zu können, müssen aber sechs Bedingungen erfüllt sein. Diese Bedingungen liegen in der Medienwirtschaft nicht ausreichend ausgeprägt vor.

– Markttransparenz: Dem Entscheider liegen nicht alle entscheidungsrelevanten Informationen vor.

– Bewertungssicherheit: Der Entscheider leidet unter der Informationsasymmetrie und kann die Konsequenzen seiner Entscheidung nicht wirklich abschätzen.

– Werteklarheit: Der Nachfrager kommuniziert seine Preisbereitschaft nicht, wenn er es nicht muss

– Preiswettbewerb: Nicht Knappheit, sondern Menge bestimmt den Wert eines Produktes. Dadurch kommt es zu Überproduktionen. Eine Preis-Absatz-Funktion kann auf werbefinanzierten Rezipientenmärkten nicht konstruiert werden. Insbesondere auf werbefinanzierten Märkten regelt der Preis den Markt nicht mehr.

– Input-Output-Relation: Es existiert keine eindeutige Produktionsfunktion dergestalt, dass mit steigendem Input auch der Output oder die Qualität zunimmt.

– Messbarkeit: Optimalität ist sowohl aus produktionstechnischer als auch aus rezeptionstechnischer Sicht – wenn überhaupt – nur sehr schwierig zu operationalisieren und nur ordinal sowie subjektiv messbar.

Lösungsskizzen zu den Fragen/Aufgaben aus Kapitel 4.4

1. **Erläutern Sie, wie ein Marktgleichgewicht (Preis und Menge) entsteht und was der Begriff umschreibt.**

Nachfrager haben bezüglich der Güter, die sie erwerben wollen, eine bestimmte Zahlungsbereitschaft. Diese ist abhängig von der Dringlichkeit, mit der sie ein Gut haben möchten und ihrem Budget, das für den Erwerb zur Verfügung steht. Je höher der Marktpreis durch Anbieter gesetzt wird, desto geringer ist die Nachfrage nach dem Gut. Anbieter haben bezüglich der Güter, die sie am Markt anbieten wollen, eine kostenbedingte Mindestforderung (die ggfs. durch einen Gewinnaufschlag erhöht wird). Je höher die Zahlungsbereitschaft der Nachfrager ist, desto mehr Angebot würde ein Hersteller anbieten, da er Rendite realisieren kann. Wenn die Preisbereitschaft der Nachfrager mit der Preisforderung der Anbieter übereinstimmt, kommt es zum Marktgleichwicht. Der im Marktgleichgewicht gültige Preis definiert die Menge, die am Markt gehandelt wird. Jeder, der bereit ist, den geforderten Preis zu zahlen, bekommt die Ware. Jeder, der bereit ist, zum nachgefragten Preis anzubieten, wird seine Angebotsmenge verkaufen.

2. **Beschreiben Sie die vier Funktionen des Preises in der Marktwirtschaft.**
Vgl. Tab. 4.2

3. **Erläutern Sie, wie die Nachfrage- und die Angebotsfunktion am Markt entstehen**
Die Gesamtnachfragefunktion entsteht aus der Addition der Einzelnachfragefunktionen der Nachfragenden. Diese wiederum bilden sich aus den Zahlungsbereitschaften der Nachfragenden in Bezug zu den Gütern, die gebraucht werden. Die Preis- bzw. Zahlungsbereitschaft ergibt sich aus der Präferenz dem Gut gegenüber (z. B. die Dringlichkeit) und dem Budget, das zur Verfügung steht. Daraus ergeben sich Haushaltsoptima, die angeben, zu welchem Preis welche Menge nachgefragt würde. Durch die Addition der Mengen, die zu einem bestimmten Preis nachgefragt werden, entsteht die Gesamtnachfragemenge, die sich bei den jeweiligen Preisen ergeben. Da aufgrund der Budgetbeschränkungen bei hohen Preisen eine geringe und bei niedrigen Preisen eine hohe Nachfrage entsteht, verläuft die Nachfragefunktion mit negativer Steigung (im p-x-Koordinatensystem (aber auch im x-p-Koordinatensystem) von oben links nach unten rechts. Der Marktlogik korrekt entsprechend, wäre ein p-x-Koordinatensystem zugrunde zu legen, da immer die unabhängige Variable auf der X-Achse abgebildet wird und der Preis ja die Menge bestimmt. In den Wirtschaftswissenschaften hat sich aber weitgehend das x-p-Koordinatensystem durchgesetzt. Deswegen steht in den meisten Koordinatensystemen, die verwendet werden, der Preis auf der Y-Achse. Dies entspricht nicht der volkswirtschaftlichen Logik, aber die Funktionswerte bleiben vergleichbar die gleichen, da die Funktion lediglich invers dargestellt wird.

Die Gesamtangebotsfunktion entsteht auf die gleiche Art, wie die Nachfragefunktion. Nur werden hier die einzelnen Angebotsmengen aufaddiert, die Unternehmen bereit sind, bei bestimmter Preisakzeptanz der Nachfragenden auf den Markt zu bringen. Ist der zu erwartende Preis gering, werden wenige Anbietende technisch in der Lage oder willens sein, Angebotsmengen zu produzieren. Die Gewinnspannen, die erwirtschaftete werden können, sind zu gering oder würden sogar zu Verlusten führen. Je höher der Marktpreis, desto mehr Anbietende betreten den Markt. Deswegen verläuft die Angebotsfunktion steigend (im p-x-Koordinatensystem (aber auch im x-p-Koordinatensystem) von unten links nach oben rechts).

4. **Erläutern Sie den Unterschied zwischen einer Bewegung auf einer Angebots- oder Nachfragefunktion und der Verschiebung dieser Funktionen.**
Die Bewegung auf einer Angebotsfunktion bildet ab, wie stark sich die von Anbietern zur Verfügung gestellte Menge am Markt verändert, wenn sich die Preise verändern. Je steiler die Funktion, desto weniger reagiert die Menge auf Preissteigerungen (z. B. Güter, die nicht schnell produziert werden können wie bspw. Obstkulturen oder Antiquitäten). Je flacher die Funktion verläuft, desto stärker weiten die Anbietenden ihre Mengen bei steigenden Preisen aus. Dies ist bei Gü-

tern der Fall, die Massenwaren darstellen oder bei Gütern, die einen geringen Anteil an Fixkosten bei Produktionsausweitung haben)

Die Bewegung auf einer Nachfragefunktion bildet ab, wie stark sich die nachgefragte Menge auf dem Markt verändert, wenn sich die Preise verändern. Ein steiler Funktionsverlauf zeigt an, dass sich die Nachfragemengen bei Preisänderungen nur geringfügig ändern. Dies ist z. B. bei notwendigen Gütern (Grundnahrungsmittel, für die es keine Substitute gibt) oder Markenwaren der Fall. Ein flacher Verlauf zeigt an, dass die Mengennachfrage deutlich auf Preisänderungen reagiert. Dies ist z. B. bei nicht lebensnotwendigen Gütern oder solchen der Fall, für die es viele Substitute gibt.

Ganz anders liegt der Fall, wenn sich Kurven verschieben. In diesem Fall ändern sich nicht die Preisbereitschaften der Nachfragenden oder die Preisforderungen der Anbietenden. Es ändert sich die Menge an Nachfragen oder Angeboten; z. B. durch eine Erhöhung der Marktteilnehmer. Die Verschiebung der Kurven nach rechts zeigen an, dass mehr Nachfrage-/Angebotsmengen auf dem Markt existieren. Die Verschiebung nach links zeigt eine Reduzierung der Mengen an. Alle Mengen, die zu einem bestimmten Preis angeboten oder nachgefragt werden, werden aufaddiert. So entsteht die Verschiebung.

5. **Erläutern Sie, wie Konsumentenrenten und Produzentenrenten am Markt entstehen.**

Konsumentenrente ist die Differenz zwischen der maximalen Zahlungsbereitschaft eines Konsumenten für ein Gut und dem Marktpreis, den er zahlen muss, um das Gut zu erhalten. Produzentenrente ist die Differenz aus dem Gleichgewichtspreis, den der Produzent aufgrund der Marktverhältnisse tatsächlich erhält (Marktpreis) und dem Preis, den er mindestens benötigt oder will.

6. **Erläutern Sie kurz, wie sich Nachfrage- und Angebotsüberhänge auf den Preis auswirken.**

Nachfrageüberhänge wirken sich preissteigernd aus. Zu einem bestimmten Preis werden zu wenig Angebote am Markt platziert. Die Nachfrage ist wesentlich höher (vgl. Abb. 4.9). Dadurch entsteht ein Anreiz für die Anbietenden, den Preis zu erhöhen. Das wiederum führt dazu, dass mehr Anbieter bereit sind, anzubieten. Preis-Mengen-Relationen werden sich sukzessive anpassen, bis das Marktgleichgewicht einstellt.

Angebotsüberhänge führen zur umgekehrten Marktreaktion (vgl. Abb. 4.9). Anbietende werden den Markt verlassen, weil sie zum geforderten Preis ihre Waren nicht los werden. Der Preis sinkt und die Nachfrage weitet sich aus bis das Gleichgewicht am Markt hergestellt ist.

7. **Erläutern Sie kurz, warum der Preismechanismus auf werbefinanzierten Medienmärkten nicht funktioniert.**
Der Preis verliert auf den Rezipientenmärkten seine vier Eigenschaften, die er haben muss, um ökonomisch sinnvolle Marktgleichgewichte entstehen zu lassen: Die Allokationsfunktion wird ausgehebelt, weil nicht zwingend das hergestellt wird, was die Rezipienten wünschen. Die Koordinationsfunktion wird ausgehebelt, weil Angebotsmengen nicht den tatsächlichen Nach-fragemengen entsprechen. Die Signalfunktion wird ausgehebelt, weil der Preis eines Gutes nicht seinem Wert entspricht. Und die Selektionsfunktion wird ausgehebelt, weil auch nicht (ausreichend) zahlungsbereite Konsumenten Güter nutzen können.

Lösungsskizzen zu den Fragen/Aufgaben aus Kapitel 4.5

1. **Erläutern Sie, was unter Ökonomisierung und was unter Kommerzialisierung verstanden wird und worin sich beide Konzepte unterscheiden.**
Ökonomisierung bedeutet das bewusste, geplante und rückhaltlose Berücksichtigen von Wirtschaftlichkeits-prinzipien in der Produktion und der Verteilung von Gütern, um Ressourcenverschwendungen vorzubeugen. Ökonomische Prinzipien müssen auch ohne Gewinnerzielungsabsicht eingehalten werden, da das Einhalten ein konstitutives Merkmal eines Betriebes ist. Die Kommerzialisierung hingegen ist die privatwirtschaftliche Instrumentalisierung der Ökonomisierung. Ihr Ziel besteht in der langfristigen Gewinnmaximierung. Sie orientiert sich an renditespezifischen Effizienzkriterien. Insofern ist die Kommerzialisierung eine marktwirtschaftliche Ausprägung der Ökonomisierung.

2. **Problematisieren Sie kurz, warum die Kommerzialisierung im Umfeld der journalistischen Medienproduktion kritisch gesehen werden kann.**
Im Umfeld des Journalismus bestehen erhebliche Bedenken gegenüber der Kommerzialisierung der aktuellen Berichterstattung, da die Gefahr besteht, dass das Ziel der Renditeerwirtschaftung dazu führt, die journalistische Berichterstattung von ihrem öffentlichen Auftrag zu lösen. Befürchtet wird die Entmeritorisierung der Medienprodukte, bei der die soziale Nutzenfunktion durch Verkäuflichkeit und Rentabilität ersetzt werden. Bei einer zunehmenden Ausrichtung der Medienerstellung an marktorientiertem Denken und Handeln werde die Aufgabe des Journalismus, 4. Gewalt im Staate zu sein, ausgehöhlt, weil damit die Entscheidungen darüber, was Medien veröffentlichen auf ökonomische Reize zurückzuführen werden und nicht mehr auf den journalistischen Auftrag.
Dieser Vorwurf ist nachvollziehbar, kann aber auf betriebswirtschaftlicher Ebene nicht diskutiert werden, da das Aufgabenverständnis der berichterstattenden Medien normativ hergeleitet ist.

3. **Warum könnte es politisch angezeigt sein, zwischen der Medienbetriebslehre und der Ökonomie des Journalismus zu unterscheiden?**

   Angezeigt ist die Unterscheidung, wenn der Erkenntnisraum der Disziplinen als Kriterium herangezogen wird. Erkenntnisraum der Medienbetriebslehre sind Produkte, Unternehmen und Märkte, die innerhalb der Medienwirtschaft platziert werden. Erkenntnisraum einer Ökonomie des Journalismus sind Produkte, Unternehmen und Märkte die journalistische Massenmedien fokussieren. Im Umfeld journalistischer Produkte und Dienstleistungen wäre ein anderer Normenkatalog hinsichtlich der Produktionsbedingungen und des Zielekanons zu unterstellen. Diese Zielausrichtung könnte sogar so weit ausgeweitet werden, dass alle meritorischen Leistungen dem marktwirtschaftlichen Wettbewerb entzogen werden. Als Vorbild für alle gesellschaftlich relevanten Leistungserbringer würde dann ein dem Vorbild des öffentlich-rechtlichen Rundfunks folgendes System installiert werden müssen. So könnte garantiert werden, dass Mainstream-Programme Nischenthemen nicht mehr vorgezogen werden, die Inhaltequalität wächst und der Journalismus ausschließlich seinem Aufgabenfeld verpflichtet wäre. Allerdings würde damit ein durchgehend paternalistisches Zielsystem entstehen, das es „Gatekeepern" (z. B. den Chefredaktionen der Verlage) erlaubt und ermöglicht, die Konsumentensouveränität vollends auszuhebeln.

   Unter diesen Umständen wäre es Aufgabe einer Ökonomie des Journalismus zu beschreiben, unter welchen Umständen Medieninhalte, die Informationsfunktionen erfüllen und damit herausragende Bedeutung für den Zusammenhalt der Gesellschaft und die Demokratie haben, produziert und verteilt werden sollen.

4. **Erläutern Sie, warum der Shareholderansatz gegenüber dem Stakeholderansatz im Verständnis um die Teilhabe an Unternehmensentscheidungen und Unternehmenserfolgen in Deutschland Priorität genießt.**

   Das Eigentumsrecht (in Deutschland: § 903 BGB) bestimmt, dass der Eigentümer einer Sache mit ihr nach Belieben verfahren und andere von jedweder Einwirkung ausschließen kann, soweit nicht das Gesetz oder Rechte Dritter entgegenstehen. Eigentumsrecht ist ein Herrschaftsrecht. Sogar das Grundgesetz (Art. 14 GG) schützt das Eigentum als Grundrecht. Als Eigentum gelten hier alle vermögenswerten Positionen, die die Rechtsordnung einer Person zuordnet, schränkt aber auch ein, dass Eigentum verpflichtet und sein Gebrauch dem Wohle der Allgemeinheit zu dienen hat (Art. 14 Abs. 2 GG).

   Nach dem Shareholder-Konzept hat die Unternehmensleitung die Aufgabe, unternehmerische Entscheidungen so zu treffen, dass die Einkommens- und Vermögensposition der Shareholder verbessert wird. Dieser Ansatz geht davon aus, dass sowohl der Unternehmenserfolg (Gewinn) als auch das Unternehmensrisiko (Verlust) in vollem Umfang die Eigentümer trifft. Deswegen sei es folgerichtig, dass die Eigentümer bzw. ihre Vertreter (Manager) das Unternehmen so führen, wie sie es für richtig halten und dass ihre Ziele Priorität haben.

Nach dem Stakeholder-Konzept (Harmoniemodell) hat die Unternehmensleitung die Aufgabe, die Interessen der Anspruchsgruppen im Verhandlungsweg zusammenzuführen und alle Stakeholder in angemessener Weise am Unternehmenshandeln und am Unternehmenserfolg teilhaben zu lassen. Dieser Ansatz geht davon aus, dass ein Unternehmen als eine Koalition verschiedener Anspruchsgruppen zu interpretieren sei, da alle Stakeholder (Kapitalgeber, Mitarbeiter, Kunden, Lieferanten, allgemeine Öffentlichkeit etc.) einen Beitrag zum Unternehmen beisteuern. Folgerichtig dürfe auch nicht die Gewinnmaximierung der Eigentümer, sondern die Steigerung des Allgemeinwohls oberstes Ziel des Unternehmens sein. Dieses Allgemeinwohl entstünde durch einvernehmliche Verhandlungen zwischen den Anspruchsberechtigten. Inwieweit das Allgemeinwohl durch die Verwendung von Eigentum berechtigt betroffen ist, kann aber nur im Einzelfall bestimmt werden und ist auch dann immer noch strittig, da der Begriff Allgemeinwohl rechtlich unbestimmt ist. Diese Problematik kann nur juristisch (nicht betriebswirtschaftlich) geklärt werden. Wirtschaftlich gilt der Grundsatz „wer die Musik bezahlt, bestellt, was gespielt wird.“

Lösungsskizzen zu den Fragen/Aufgaben aus Kapitel 4.6

1. **Was bedeuten die Begriffe Bivalenz, Funktionsträgereigenschaft und Leistungsträgereigenschaft im Zusammenhang mit der Medienwirtschaft?**
   Bivalenz (Zweiwertigkeit) von Mediengütern, Medienunternehmen und Medienmärkten bedeutet, dass sie immer einen kostengetragenen ökonomischen und einen informations- bzw. unterhaltungsgetragenen kulturellen Wert haben.
   Die Funktionsträgereigenschaft von Mediengütern, Medienunternehmen und Medienmärkten umschreibt die Aufgaben, die sie erfüllen bzw. die ihnen zugeordnet werden. Die zugewiesenen Funktionen können völlig unter-schiedlich interpretiert werden; je nachdem, ob sie durch die Politik, die Publizistik oder die Ökonomie formuliert werden.
   Die Leistungsträgereigenschaft von Mediengütern, Medienunternehmen und Medienmärkten umschreibt das Ergebnis, das sie liefern bzw. liefern sollen; also inwiefern sie ihre Funktionen erfüllen. Die erwarteten Leistungen oder die Maßstäbe, an denen die Leistungen gemessen werden, unterscheiden sich z. T. elementar; je nachdem, ob sie durch die Politik, die Publizistik oder die Ökonomie formuliert werden.

2. **Warum ist die Auseinandersetzung mit den Funktionen und Leistungen von medienwirtschaftlichen Analysen wichtig?**
   Während den Unterhaltungsmedien nur sehr begrenzten Ansprüche an die Bedürfnisbefriedigung zugesprochen werden, sind die Bedingungen im Bereich der Pressemedien völlig anders einzuordnen. Hier zeigt sich mitunter eine Ambivalenz (Widersprüchlichkeit), die zu deutlichen Diskussionen führen kann. Sie haben eine sowohl individuelle als auch gesellschaftliche Dimension. Nicht geklärt ist hingegen, welche Ansprüche Priorität genießen sollen.

Die Funktion vieler Unterhaltungsmedien liegt einfach nur darin, Entspannung zu ermöglichen, den Bedarf nach Ablenkung und Entlastung vom Alltag zu ermöglichen. Ihre Leistung wird daran gemessen, in welchem Maße sie dieser Funktion entsprechen. Bewertungsmaßstab ist das subjektive Gefallen oder Nicht-Gefallen. Aber auch hier meldet die Gesellschaft schon Ansprüche an. Unterhaltungsmedien sollen ihrer Rekreationsfunktion (Erholungsfunktion) entsprechend auch zur Stabilisierung der Gesellschaft beitragen, indem sie zur Rückgewinnung verbrauchter Kräfte und dem Wiederherstellen der Leistungsfähigkeit der Menschen beitragen.

Probleme beginnen dann aufzutreten, wenn die individuellen Maßstäbe nicht mit den gesellschaftlichen übereinstimmen. So könnte stundenlanges Gaming oder der Konsum gehörschädigender lauter Musik dem Einzelnen gefallen und Alltagsentlastung bieten. Die Gesellschaft würde möglicherweise anders urteilen.

Noch deutlicher werden die unterschiedlichen Ansprüche, wenn es um die aktuelle bzw. informative Berichterstattung (den Journalismus) in den Medien geht. Die Presse soll informieren und dem Einzelnen Geschehnisse außerhalb des direkt zugänglichen persönlichen Erlebnisfelds medial vermitteln. Sie soll Werte der Gesellschaft vermitteln. Sie soll kritisieren, kontrollieren, Integration ermöglichen und die staatsbürgerlichen Handlungskompetenzen fördern. Was aber ist, wenn Konsumenten keine Lust haben, sich zu informieren und leichten Unterhaltungsmedien inhaltlich hochwertigen Medieninhalten den Vorrang geben? Und was ist, wenn ein Medienunternehmen das gesellschaftliche Verantwortungskonzept zwar kennt, aber mehr daran interessiert ist, mit wenig aufwendigen Produkten hohe Gewinne zu erzielen? In solchen Diskussionen stellt sich die Frage, welche Ansprüche, Forderungen und Konzepte Vorrang genießen sollen. Solche Fragen kann die BWL nicht beantworten. Die Antworten können aber die Empfehlungen der BWL deutlich beeinflussen.

3. **Worin liegt die Bivalenz der Leistungsträgerschaft von Medien, Medienunternehmen und Medienmärkten begründet?**
Die **Bivalenz der Leistungsträgerschaft von Mediengütern** liegt darin begründet, dass sie einerseits Inhalte (Bedeutungen, Wissen etc.) transportieren und andererseits durch ihre Herstellung Kosten verursachen. In der Eigenschaft, publizistisches Redaktionsprodukt zu sein, kommt die Kulturguteigenschaft zum Ausdruck. In der Eigenschaft Kosten zu verursachen, kommt die Wirtschaftsguteigenschaft zum Ausdruck (vgl. Tab. 4.6).

Die **Bivalenz der Leistungsträgerschaft von Medienunternehmen** wird dadurch deutlich, dass sie einerseits Öffentlichkeit herstellen und die Inhalte zugänglich machen (publizistische Dimension) – also Kulturbetriebe darstellen –, gleichzeitig aber auch als Wertschöpfer tätig sind. Sie kombinieren Ressourcen und transformieren sie zu Gütern höheren Wertes (ökonomische Dimension), verbrauchen dabei aber auch Ressourcen, die einer alternativen Verwendungsmöglichkeit nicht mehr zur Verfügung stehen (vgl. Tab. 4.6).

Die **Bivalenz der Leistungsträgerschaft von Medienmärkten** ist dadurch geprägt, dass Medienmärkte gleichzeitig Kulturplattformen und Transaktionsplattformen bzw. Kooperationsräume sind. Sie sind reale oder virtuelle Orte, auf denen Inhalte bereitgestellt, also öffentlich zugänglich gemacht werden. Bezogen auf die Medienmärkte bedeutet Bivalenz, dass sie öffentliche Transparenz für Themen herstellen und als Diskussionsplattformen dienen (publizistische Dimension). Die ökonomische Dimension der Medienmärkte liegt hingegen in ihrer Leistung, Orte des Tausches zu sein sowie Preisforderungen, Preisbereitschaften und Mengenbereitstellungen effizient nach dem Gebot der Konsumentensouveränität aufeinander abzustimmen. Durch diese Art der Organisation soll eine effiziente Allokation der vorhandenen Ressourcen (Produktionsmittel oder Haushaltsbudgets) sichergestellt werden, da nur produziert wird, was nachgefragt wird (vgl. Tab. 4.6).

4. **Erläutern Sie, welche Leistungen Mediengüter, Medienunternehmen und Medienmärkte in modernen Gesellschaften erfüllen können und warum diese Leistungen bivalent sind.**

Leistungen, definiert als das Ergebnis zweckorientierter Handlungen oder Einrichtungen, werden sowohl durch Güter als auch durch Unternehmen und Märkte erbracht, und zwar in bivalenter (zweiwertiger) Form.

Die Bivalenz der Leistungsträgerschaft von Mediengütern liegt darin begründet, dass sie einerseits Inhalte (Bedeutungen, Wissen etc.) transportieren und andererseits durch ihre Herstellung Kosten verursachen. In der Eigenschaft, publizistisches Redaktionsprodukt zu sein, kommt die Kulturguteigenschaft zum Ausdruck. In der Eigenschaft Kosten zu verursachen, kommt die Wirtschaftsguteigenschaft zum Ausdruck (vgl. Tab. 4.6).

Die Bivalenz der Leistungsträgerschaft von Medienunternehmen wird dadurch deutlich, dass sie einerseits Öffentlichkeit herstellen und die Inhalte zugänglich machen – also Kulturbetriebe darstellen –, gleichzeitig aber auch als Wertschöpfer tätig sind. Sie kombinieren und verbrauchen Ressourcen und transformieren sie zu Gütern höheren Wertes (ökonomische Dimension). Aus publizistischer Sicht zählt die erwünschte Wirksamkeit der Inhaltebereitstellung und die Qualität der Ergebnisse, die ökonomische Sicht fokussiert auf die Kosten und die Verwertbarkeit der Produktionsergebnisse (vgl. Tab. 4.6).

Die Bivalenz der Leistungsträgerschaft von Medienmärkten ist dadurch geprägt, dass Medienmärkte gleichzeitig Kulturplattformen und Transaktionsplattformen bzw. Kooperationsräume sind. Sie sind reale oder virtuelle Orte, auf denen Inhalte bereitgestellt, also öffentlich zugänglich gemacht werden. Bezogen auf die Medienmärkte bedeutet Bivalenz, dass sie öffentliche Transparenz für gesellschaftsrelevante Themen herstellen und als Diskussionsplattformen dienen (publizistische Dimension). Die ökonomische Dimension der Medienmärkte liegt hingegen in ihrer Leistung, Orte des Tausches zu sein sowie Preisforderungen,

Preisbereitschaften und Mengenbereitstellungen effizient nach dem Gebot der Konsumentensouveränität aufeinander abzustimmen (vgl. Tab. 4.6). Diese Tauschplattformen können nur – so die Ökonomie – effizient funktionieren, wenn sie frei von Regulierungen gehalten werden. Dieser liberal-ökonomischen Schlussfolgerung bzw. Wertung widersprechen etliche Sozialwissenschaftler vehement. Publizisten oder Politologen beispielsweise weisen darauf hin, dass ein solch autonomes Kooperationsgefüge extrem gesellschaftsschädigend sein kann. Konsumenten (hier: Bürger) müssten z. T. vor sich selbst geschützt und in einzelnen Bereichen bevormundet werden, damit die Möglichkeit der Mitwirkung an demokratischen Willensbildungsprozessen ermöglicht werde. Deswegen sollte durch höhere Instanzen (beispielsweise den Staat) in den Markt eingegriffen werden. Der Markt dürfe nicht sich selbst überlassen bleiben, wenn unliebsame Zustände vermieden werden sollen.

5. **Erläutern Sie, was grundsätzlich unter der Dissoziativität von medienwirtschaftlichen Funktionen verstanden wird.**

Medienwirtschaftliche Funktionen – verstanden als die Aufgabe, die ein Objekt erfüllen soll – können unterschiedlich priorisiert werden. Dies führt zu einer Funktions-, Identitäts- oder Aufgabendefinitionsstörung und wird Dissoziativität genannt. Sie gilt ganz besonders für die aktuell berichterstattenden Massenmedien.

Die Dissoziativität von Mediengütern besteht darin, dass Mediengüter einerseits individuelle Bedürfnisse nach Information und Unterhaltung effektiv befriedigen sollen, andererseits aber auch gesellschaftsrelevante Funktionen, wie beispielsweise die Abbildung, Stabilisierung oder Weiterentwicklung der demokratisch organisierten Gesellschaft zu erfüllen haben (vgl. Tab. 2.2). Die ökonomische Sicht priorisiert die Aufgabe, Güter zu produzieren, die die persönlichen Bedürfnisse der Nachfrager befriedigen, weil alles andere zur Fehlallokation von Ressourcen führt. Die publizistisch-politische Sicht priorisiert die gesellschaftsrelevante Funktion der Medien. Diese paternalistische Interpretation bevorzugt eine Allokation von Ressourcen, die ein möglichst hohes Niveau an informierter Gesellschaftsteilhabe ermöglicht.

Die Dissoziativität von Medienunternehmen basiert auf der der Güter und besteht darin, dass Unternehmen einerseits ein auf die Nachfrage der Nutzer ausgerichtetes Angebot bereitstellen sollen (ökonomische Sicht) und andererseits aber auch verpflichtet sind, Hilfestellungen zur Alltagsbewältigung anzubieten bzw. bereitzustellen (publizistisch-politische Sicht). Diese Hilfestellungen erfolgen in Form von Wissens-, Werte- und Normenvermittlungen etc. und ist weniger an der Konsumentensouveränität als mehr an einem Konstrukt der Fremdverantwortung ausgerichtet, das Gesellschaftsvertrag genannt wird.

Die Dissoziativität von Medienmärkten besteht darin, dass es jedem Teilnehmer möglich sein soll, nach eigenen Vorstellungen und im Wettbewerb mit anderen eigennützige Ziele zu verfolgen; zum Beispiel Gewinne erzielen zu können (ökonomische Sicht). Der ökonomischen Theorie zufolge führt dies zu den besten Ergebnissen hinsichtlich der Angebote, Angebotsmengen und der entsprechenden Preis-Leistungs-Verhältnisse. Im Spannungsverhältnis zu den ökonomischen Postulaten steht die politisch-publizistische Forderung, Medien innerhalb geschützter Räume produzieren und handeln zu können. Ein Markt ist dann ein „geschützter Raum", wenn Wettbewerbsprinzipien ausgehebelt werden und auch „unwirtschaftliche", aber gesellschaftlich gewünschte Angebote bereitgestellt werden.

6. **Klären Sie für sich selbst, ob oder inwieweit ökonomische oder publizistische Anforderungen an die Medienwirtschaft für Sie Priorität haben.**
   Hier können nur Sie selbst eine Lösung für sich finden. Überlegen Sie insbesondere im Umfeld des Journalismus und wägen Sie die öffentliche Aufgabe des Journalismus ab mit den privaten Anforderungen der Rezipienten an die Presseleistungen.

8.5 Lösungsskizzen zu den Fragen/Aufgaben aus Kapitel 5

Lösungsskizzen zu den Fragen/Aufgaben aus Kapitel 5.1

1. **Erläutern Sie das Phänomen der Verbundenheit von Mediengütern.**
   Die Verbundenheit von Mediengütern kann sich auf ihren Funktions- und Leistungsanspruch beziehen, individuelle und gesellschaftliche Bedürfnisse gleichzeitig befriedigen zu sollen. In diesem Fall wird von Bivalenz gesprochen.
   Sie kann sich darauf beziehen, dass sie im Wettbewerb mit anderen Mediengütern stehen. In diesem Fall wird von Substitutionalität gesprochen. Sie kann sich auf ihre nutzungs- bzw. transporttechnische Trägerbindung beziehen. In diesem Fall wird von Komplementarität gesprochen. Sie kann sich aber auch auf ihre produktionstechnische Kontiguität (Gleichzeitigkeit) von werblichen und redaktionellen Inhalten beziehen. In diesem Fall wird von einem Kuppelprodukt gesprochen.

2. **Welche Auswirkungen hat die nutzenbezogene, zeitliche und technische Substitutionalität von Mediengütern auf die Angebotsleistungen von Medienunternehmen?**
   Die Eigenschaft der Substitutionalität beschreibt das sich gegenseitig ersetzen können. Alle Substitute stehen im Wettbewerb zueinander. Nutzenbezogen stehen Inhalte (unterschiedliche Angebote einzelner Medienunternehmen) in Konkurrenz zueinander. Da der Medienkonsum zeitlich limitiert ist (mehr als 24 h gibt ein Tag nicht her), reduziert i. d. R. eine zeitliche Zuwendung zu einem Medium, die zeitliche Zuwendung zu einem anderen Medium. Technisch kann eine Zeitung durch ein e-Paper ersetzt werden.

3. **Welche Auswirkungen hat die inhaltliche und technische Komplementarität von Mediengütern auf die Angebotsleistungen von Medienunternehmen?**
   Die inhaltliche Komplementarität kann zu inhaltlichen Angebotsbündelungen führen (Themenschwerpunkte). Die technische Komplementarität macht den Medienkonsum i. d. R. erst möglich: Ohne Tastatur keine PC-Eingabe, ohne TV-Gerät, kein Fernsehkonsum und ohne Lautsprecher, kein Hörerlebnis. Die technische Komplementarität kann auch strategisch genutzt werden, indem bspw. die Spiele-Konsolen preiswerter und die e-Games teurer angeboten werden. Der Spiele-Konsolenverkauf belebt den Markt und die Spiele erwirtschaften die Gewinne.

4. **Was sind Kuppelprodukte und welcher Doppelnutzen ist hier im Umfeld von Mediengütern zu beobachten?**
   Als Kuppelprodukte werden Produkte bezeichnet, die zwar unterschiedlich sind, aber während eines einzigen Produktionsvorgangs entstehen. In der Medienwirtschaft wäre das bei mindestens teilweise werbefinanzierten Medieninhalten der Fall. So entsteht in der Zeitungsproduktion während der Inhaltebündelung und dem anschließenden Druck eine Zeitungsausgabe, die redaktionellen und werblichen Inhalt transportiert.

5. **Was ist ein Intermediär im Umfeld der Medienwirtschaft?**
   Als Intermediär wird in der Ökonomie ein Vermittler (z. B. eine Kommunikationsplattform, ein e-Marketplace oder ein Einkaufszentrum) bezeichnet, der unterschiedliche Märkte (Anbietende und Nachfragende) miteinander verbindet. So vermittelt ein Verlag zwischen Inhalteproduzenten, Werbetreibenden und Konsumierenden.

6. **Definieren Sie das Konstrukt zweiseitiger Markt.**
   Ein zweiseitiger Markt ist dann gegeben, wenn zwei voneinander getrennte Märkte so miteinander verbunden sind, das Änderungen auf einem der beiden Märkte zu Veränderungen auf dem anderen Markt führen. Vermittler zwischen den beiden Märkten werden Intermediäre genannt. So ist eine TV-Anstalt ein Intermediär, der Inhaltemärkte mit Werbemärkten verbindet. Änderungen auf dem Inhaltemarkt führen zu einer Veränderung der Reichweite. Die veränderte Reichweite hat Einfluss auf die Schaltpreise auf dem Werbemarkt.

Lösungsskizzen zu den Fragen/Aufgaben aus Kapitel 5.2

1. **Begründen Sie, dass die Kernleistungen der Mediengüter immateriell sind.**
   Die Kernleistungen von Mediengütern bestehen in den Inhalten, die sie transportieren. Diese Inhalte sind immaterieller Natur, da sie keine Stofflichkeit aufweisen. Die Speicherung auf Medienträger dient lediglich der Konservierung der Inhalte, dem Transport der Inhalte und der Aufhebung der Orts-Zeit-Synchronität in der Mediennutzung.

2. **Erläutern Sie bitte, welche Eigenschaften Dienstleistungen von Produkten unterscheiden.**

Vgl. hierzu Abb. 5.2 und

3. **Stellen Sie kurz dar, warum sich der Konsument mediale Leistungsergebnisse selbst produzieren muss.**

Der Medienkonsum findet innerhalb eines Dienstleistungsprozesses statt. Medienanbietende und Rezipierende bringen ihre Potenzialfaktoren in diesen Prozess ein. Die Wirkung des Prozesses wird aber ausschließlich im Einflussbereich des Konsumierenden generiert. Das heißt die Mediennutzenden generieren mithilfe des Mediums und ihrer eigenen Potenzialfaktoren (Equipment, Zeit, Aufmerksamkeit, Vorwissen etc.) das Dienstleistungsergebnis (Informiertheit oder Unterhaltung) selbst.

Lösungsskizzen zu den Fragen/Aufgaben aus Kapitel 5.3

1. **Erläutern Sie, was unter Informationsasymmetrie zu verstehen ist.**

Mit Informationsasymmetrie werden unterschiedliche Kenntnisstände zwischen Vertrags- oder Kommunikationspartnern verstanden. Es handelt sich also um eine Ungleichverteilung von Informationen bzw. Wissensständen.

2. **Charakterisieren Sie Inspektions-, Erfahrungs- und Vertrauensgüter.**

Vgl. Abb. 5.4

3. **Erklären Sie kurz, warum ein journalistischer Bericht ein Vertrauensgut, eine Zeitungsausgabe aber eher ein Erfahrungsgut ist?**

Ein journalistischer Bericht gehört zu den Vertrauensgütern, weil er weder ex ante noch ex post vom Rezipienten mit akzeptablem Rechercheaufwand faktisch überprüft werden kann. Die Entscheidung zu Rezipieren erfolgt unter Unkenntnis (nicht alle Fakten sind bekannt) bzw. Unsicherheit (nicht alle Fakten können bewertet werden). Eine Zeitungsausgabe wird eher als ganzheitliches Produkt einer Marke empfunden. Das Markenguthaben baut sich im Zeitverlauf auf und bildet die Reputation eines Anbietenden. Insofern handelt es sich um ein Erfahrungsgut.

4. **Was versteht die ökonomische Theorie unter einem Informationsparadoxon im Zusammenhang mit Medieninhalten und welche Auswirkungen hat dieser Umstand auf die Vermarktung von Medienprodukten?**

Das Informationsparadoxon besagt, dass mit zunehmender Information über etwas, die Vermarktungsfähigkeit dieses Etwas sinkt. Anbietende dürfen deswegen nur ausgewählte Teile ihrer Informationen oder Unterhaltungsmodule preisgeben, um genügend Spannung oder Interesse aufzubauen, ohne das Nutzungserlebnis vorwegzunehmen.

5. **Was versteht ein Medienmanager unter „kosteninduziertem Qualitätsmanagement"?**
Das kosteninduzierte Qualitätsmanagement ist eine Folge der mangelhaften Bewertungsmöglichkeit der Medieninhalte, die damit beantwortet wird, dass nur die Qualität angeboten wird, die als nicht minderwertig empfunden wird. Da diese Qualität kostengünstiger hergestellt werden kann, entscheidet die Kostensituation über das Qualitätsniveau.

6. **Begründen Sie kurz, warum die mangelhafte Möglichkeit der Qualitätsbewertung bei Medienprodukten eine permanente Überprüfung der Qualität durch den Konsumenten notwendig macht.**
Die mangelhafte Möglichkeit der Qualitätsbewertung macht aber eine permanente Überprüfung der Qualität durch den Konsumenten notwendig, denn nur so kann er auf Dauer überprüfen, ob die angebotenen Inhalte noch den eigenen Ansprüchen oder den Qualitätsversprechen der Anbietenden genügen. Geschieht dies nicht oder wird es nicht interaktiv von den Rezipierenden kommuniziert, führt dies auf Dauer zum kosteninduziertem Qualitätsmanagement mit der Folge, dass Lemon-Markets entstehen.

7. **Wozu dienen das Signaling und das Screening im Zusammenhang mit dem Thema Informationssymmetrie?**
Um die Informationsasymmetrie abmildern zu können, bedienen sich die Qualitätsmedienanbietenden der Signalgebung. Unter dem Begriff des Signaling wird der Versuch verstanden, positive Signale an die schlechter informierte Marktseite auszusenden, um das Angebot attraktiver zu machen. Es werden Referenzen angegeben, Reputation aufgebaut, Marken gebildet, Garantieversprechen formuliert oder prominente Akteure eingebunden, die eine hohe Glaub-würdigkeit transportieren.
Die Nachfragenden hingegen prüfen systematisch das Marktangebot. Unter dem Begriff Screening wird der Versuch verstanden, Informationsdefizite seitens der schlechter informierten Marktseite durch Informationsbeschaffungsaktivitäten abzubauen. Hier können auch spezialisierte Dritte unterstützend eingeschaltet werden (Informanten, Kritiker, Suchmaschinen, Berater, Verbraucherzentralen etc.).

Lösungsskizzen zu den Fragen/Aufgaben aus Kapitel 5.4
1. **Erläutern Sie den Begriff der Zeitelastizität und zeigen Sie kurz auf, welche Auswirkungen sie auf die Wertstabilität der medialen Leistungsangebote hat.**
Der Begriff Zeitelastizität beschreibt, wie stark eine abhängige Variable (z. B. der Wert eines Gutes) auf die Zeit als unabhängige Variable reagiert (z. B. wie stark die negative Steigung einer Funktion verläuft). Ist die Zeitelastizität hoch (flacher Verlauf der Wertkurve), verliert das Produkt nur langsam an Wert und wird als Gebrauchsgut bezeichnet. Ist die Zeitelastizität niedrig (steiler Verlauf der Wertkurve), verliert das Produkt schnell an Wert und wird als Verbrauchsgut bezeichnet.

2. **Was bedeutet Versioning in der Produktpolitik von Medienunternehmen?**
Versioning bedeutet, dass vorhandene Medieninhalte (oder Software) in unterschiedlichen Versionen mehrfach verwertet werden Solchen Versionen können zeitliche, inhaltliche oder qualitative Differenzierungen zugrunde liegen. Zeitliche Differenzierungen setzen auf unterschiedliche Dringlichkeiten. Die inhaltliche Differenzierung kreiert Produkte mit unterschiedlichem Leistungsumfang. Qualitative Differenzierungen beruhen in der Regel auf unterschiedlichen Präsentationsformen (verschiedene Auflösungen, unterschiedliche Layouts etc.). Immer sind solche Vermarktungen mit unterschiedlichen Preisen ausgestattet.

3. **Was bedeutet Windowing in der Produktpolitik von Medienunternehmen?**
Windowing bedeutet, dass Produkte in nacheinander folgenden Zeitfenstern vermarktet werden, um die Erlöspotenziale zu maximieren. Hier werden unterschiedliche Preisbereitschaften der Käufer ausgenutzt. So wird ein Film in der Regel zunächst im Kino, dann über Pay-per-View, Pay-TV und schließlich im Free-TV ausgestrahlt und damit fünfmal vermarktet.

4. **Warum muss hinsichtlich der Wertstabilität von Werbung zwischen Werbeplatz und Werbewirkung unterschieden werden?**
Der Werbeplatz ist mit seiner Belegung verbraucht und stellt somit ein extremes Verbrauchsgut dar. Die Werbewirkung hält sich länger in den Köpfen der Informationsempfänger und kann auch bei wiederholtem Kontakt noch wirken. Damit gehört der Werbeinhalt zu den Gebrauchsgütern.

Lösungsskizzen zu den Fragen/Aufgaben aus Kapitel 5.5

1. **Erläutern Sie den Begriff Marktfähigkeit und welche Voraussetzungen gegeben sein müssen, damit Güter marktfähig sind.**
Marktfähigkeit umschreibt die Eigenschaft eines Gutes, am Markt gehandelt werden zu können. Um voll marktfähig zu sein, muss Ausschlussmöglichkeit vom Nutzen und Nutzenrivalität gegeben sein. Eine teilweise Marktfähigkeit liegt vor, wenn nur die Ausschlussfähigkeit gegeben ist.

2. **Erläutern Sie die Begriffe private Güter, Clubgüter, Allmendegüter und öffentliche Güter und problematisieren Sie sie hinsichtlich ihrer Eigenschaften aus Anbietendensicht.**
Private Güter (Individualgüter) besitzen die Eigenschaften Ausschlussfähigkeit und der Nutzenrivalität. Diese Güter sind aus Anbietersicht optimal. Jeder der solche Güter nutzen will, muss sie erwerben. Damit stehen sie keinem anderen Käufer zur Verfügung.

Clubgüter (Quasi-private Güter) besitzen die Eigenschaften der Ausschlussfähigkeit, nicht aber die der Nutzenrivalität und sind deswegen nur bedingt marktfähig. Der Eigentümer kann seine Eigentumsrechte durchsetzen, allerdings können auch mehrere Nachfrageinteressierte das Gut (gleichzeitig) nutzen. Dies kann zum Vorteil des Anbietenden ausgelegt werden, weil er das Produkt nur einmal anbieten muss, aber mehrfach nutzen lassen kann. Dies kann auch zum

Nachteil des Anbietenden ausgelegt werden, weil das Produkt von mehreren Personen genutzt werden kann, aber möglicherweise nur eine Person bezahlt.

Öffentliche Güter (Kollektivgüter) besitzen weder die Eigenschaften der Ausschlussfähigkeit noch die der Nutzenrivalität und sind deswegen nicht marktfähig: Kein privater Anbieter würde das Gut anbieten. Die Güter sind frei zugänglich und können von vielen gleichzeitig uneingeschränkt genutzt werden.

Lösungsskizzen zu den Fragen/Aufgaben aus Kapitel 5.6

1. **Erläutern Sie den Begriff „externer Effekt" und grenzen Sie ihn von dem der „Externalität" ab.**

Externe Effekte liegen vor, wenn sich individuelle Aktivitäten auf die Wohlfahrt unbeteiligter Dritter positiv oder negativ auswirken. Wenn also durch die Nutzung oder Produktion soziale Kosten oder soziale Nutzen entstehen. Gehen die Auswirkungen nicht als Kosten oder Erlöse bzw. Nachteile oder Vorteile in die Wirtschaftsrechnungen der Akteure ein, werden externe Effekte Externalitäten genannt. Externe Effekte und Externalitäten werden immer bei erst einer gesamtwirtschaftlichen Betrachtung sichtbar.

2. **Unterscheiden Sie bitte die verschiedenen Ausprägungen von Netzwerkeffekten.**

Netzwerkeffekte können

– positiv sein: Sie entstehen dann, wenn der Nutzen des Produktes für einen Teilnehmer steigt, sobald ein zusätzlicher Teilnehmer hinzukommt (Telekommunikationsnetz, soziale Netzwerke, werbefinanzierte Medien);

– negative sein: Sie entstehen dann, wenn ein System begrenzte Kapazitäten hat und zusätzliche Nutzer den Wert des Netzwerkes für die bereits involvierten Teilnehmer absenken (überlastete Mobilfunknetze, Internet- oder Serverkapazitäten, Störempfinden bei übertriebener Werbeplatzierung);

– direkt sein: Sie liegen dann vor, wenn die Teilnehmer- oder Güteranzahl den Wert eines Netzwerkes unmittelbar beeinflusst. Profitiert das Netzwerk von neuen Mitgliedern, entstehen positive direkte Netzeffekte; sinkt der Nutzen mit der Anzahl der Mitglieder, liegt ein negativer direkter Netzeffekt vor. Der Zugang zum Netzwerk erhält einen eigenen Wert (Telefonnetzwerk, soziales Netzwerk);

– indirekt sein: Sie liegen dann vor, wenn die Nutzungsmöglichkeit bzw. der Wert des Produkts von der Verfügbarkeit von Komplementärgütern abhängt und damit von der Größe eines zweiten Netzwerkes. Hier ist der Nutzen nicht direkt auf das Produkt zurückzuführen, sondern auf die Nutzung darauf basierender Anwendungen und Produkte (Systemproduktnetzwerke, Hauptprodukt plus kompatible Peripheriegeräte, Plug-ins, Apps etc.).

3. **Welche Bedeutungen haben Netzwerkeffekte für das Management von Netzwerkunternehmen?**

Netzeffekte können strategisch genutzt werden, um positive direkte und indirekte Wirkungen zu erzielen. Dabei ist strategisch darauf zu achten, dass negativen direkten oder indirekten Effekten entgegengewirkt wird.

4. **Erläutern Sie den Begriff Lock-in-Effekt, den Sinn solcher Effekte und deren Ausprägungen.**

Lock-in Effekte (Gefangennahmeeffekte) sind Maßnahmen, die die Abwanderung von Netzwerkmitgliedern durch den Aufbau von Wechselbarrieren verhindern sollen. Die Wechselkosten sollen so hoch wie möglich gestaltet werden, um den Mitgliedern einen Wechsel unmöglich, schwerstmöglich oder unangenehm zu machen. Ein Kunde wird so lange nicht wechseln, bis die voraussichtlichen Wechselkosten durch einen entstehenden Nutzen beim neuen Produkt ausgeglichen oder vielleicht sogar über-kompensiert werden. Lock-in Maßnahmen und ihre Einordnung Tab. 5.7.

Lösungsskizzen zu den Fragen/Aufgaben aus Kapitel 5.7

1. **Unterscheiden Sie die unterschiedlichen Fertigungstypen und Fertigungsverfahren und begründen Sie welche für die Medienwirtschaft eine besondere Bedeutung haben.**

Fertigungstypen orientieren sich an der Ausbringungsmenge je Produktionsvorgang. Hier werden die Einzelfertigung und der Mehrfachfertigung unterschieden. Die Einzelfertigung ist das in der Inhalte-Industrie vorherrschende Fertigungsverfahren. Jeder Artikel, jede Filmszene, jedes Foto, jeder Fernseh- und Radiobeitrag, jedes Game und jede Zeitung etc. wird als Unikat angefertigt. Die Mehrfachfertigung zeichnet sich dadurch aus, dass Produkte nicht einmalig, sondern eben mehrfach hergestellt werden. Wenn der Produktionsprozess über eine längere Zeit ununterbrochen wiederholt wird, ohne dass ein Ende absehbar ist, handelt es sich um die sogenannte Massenfertigung. Eine Massenfertigung in diesem unbeschränkten Mengenverständnis gibt es in der medienwirtschaftlichen Inhalte-Produktion eher nicht. Zur Mehrfachfertigung gehörend, aber keine Massenproduktion im engeren Sinne darstellend, zählt die Serienfertigung mit ihren unterschiedlichen Facetten. In der Serienfertigung werden meistens mehrere Produkte hintereinander in einer begrenzten Stückzahl hergestellt. Es handelt sich um eine Kleinserienproduktion, wenn nur wenige gleiche Produkte hergestellt werden (z. B. kleinere Datenträger-Auflagen). Von einer Großserie wird gesprochen, wenn die Produktion hohe Stückzahlen umfasst (Zeitungen, Zeitschriften etc.). Die Sortenfertigung und die Chargenfertigung sind weitere Spielarten der Serienfertigung. Die Abgrenzung von der reinen Serienfertigung ist allerdings nicht eindeutig definiert. Während die Sortenfertigung eher mehrere unterschiedliche Einheiten von einem Produkt hergestellt (z. B. Visitenkarten eines Unternehmens, die für mehrere Personen angefertigt werden), kommt die Chargenfertigung in der Medienwirtschaft eher nicht vor. Die Mass Customization als letzter Fertigungstyp unterscheidet sich als Produktionstyp von der Massenproduktion und der Serienproduktion, indem sie – als eine moderne Form der individualisierten Massenproduktion – die Vorteile der Massenproduktion (hohe Stückzahlen, vereinheitlichter Produktionsprozess) mit der Individualität besonderer Kundenanforderungen (spezifische Wünsche) verbindet. Der Produktionstyp Mass Customization ermöglicht es Kunden, sich über einen sogenannten Produktkonfigurator z. B. einen individualisierten Newsletter zusammenstellen bzw. individuelle Fotobücher herstellen lassen.

Fertigungsverfahren definieren die organisatorische Gestaltung der Bearbeitungsreihenfolge der Erzeugnisse und die Zuordnung der Aufgaben zu den Arbeitsplätzen. Unterschieden werden das Fließprinzip, das Werkstattprinzip und das Gruppenprinzip.

Das Fließprinzip wird in der Regel bei größeren Serien- und Massenproduktionen eingesetzt. In der Druckindustrie wird die Fließbandfertigung sogar zur vollautomatischen Fertigung. Für die Medienindustrie sind Fließfertigungsverfahren immer dann interessant, wenn materielle Medienträger in größerer Zahl hergestellt werden.

Das Werkstattprinzip fasst drei unterschiedliche Organisationsformen zusammen. Allen gemeinsam ist, dass die Betriebsmittel und die Arbeitsplätze räumlich nah beieinander zusammengefasst sind. Bei der rein künstlerischen oder autorenschaftlichen Fertigung wird ein Produkt vollständig von einer Person an einem Arbeitsplatz hergestellt (z. B. Freiberufler). Die Werkstattfertigung wird ebenfalls häufig in der kundenauftragsbezogenen Einzel- oder Kleinserienfertigung eingesetzt (z. B. die Requisitenproduktion). Das dritte Fertigungsverfahren des Werkstattprinzips ist die sogenannte Baustellenfertigung (Platzprinzip bei Außendrehaufnahmen).

Für die Herstellung von komplexen Medieninhalten (Filme, Zeitungen, Games etc.) sind allerdings Gruppenfertigungsverfahren wesentlich bedeutender. Im Falle von Gruppenfertigungsverfahren werden Funktionsgruppen nach Aufgabenstellungen zusammengestellt und in fertigungstechnische Einheiten aufgeteilt (z. B. Recherche, Redaktion, Layout etc.).

2. **Begründen Sie, warum First Copy Costs Sunk Costs darstellen.**
   Zur Bestimmung der FCC werden alle Kosten zusammengerechnet, die für die Erstellung des Urmasters angefallen sind. In Summe werden sie sich nicht mehr ändern. Deswegen sind FCC Fixkosten. Diese Kosten sind verloren, wenn das Projekt ein Flopp wird, da keine Teile des Urmasters separat am Markt angeboten werden können.

3. **Beschreiben Sie, worin der Unterschied zwischen Stückkosten, variablen Stückkosten und den Grenzkosten besteht.**
   Stückkosten sind die Kosten, die pro Stück im Durchschnitt anfallen. Berechnet werden sie, indem die Gesamtkosten durch die produzierte Menge geteilt wird.

Variable Stückkosten beziehen sich nur auf die mengenabhängigen Kosten, die bei der Produktion anfallen. Es handelt sich hier ebenfalls um Durchschnittskosten. Berechnet werden sie, indem die variablen Gesamtkosten (ohne Berücksichtigung der Fixkosten) durch die produzierte Menge geteilt wird. Als Grenzkosten werden die Kosten bezeichnet, die dadurch anfallen, dass ein weiteres Stück produziert wird. Damit sind die Grenzkosten, die Kosten, um die die Gesamtkosten ansteigen, wenn ein weiteres Stück produziert wird. Berechnet werden Grenzkosten beispielsweise über die 1. Ableitung der Kostenfunktion. Dadurch können sie für jede einzelne Produktionseinheit berechnet werden. Es handelt sich also nicht um Durchschnittskosten.

4. **Erläutern Sie den Begriff der Fixkostendegression und überprüfen Sie, welche Bedeutung dieser Effekt für Unternehmen aus den Medienbranchen hat.**
   Die Fixkostendegression bezeichnet den Effekt, den die Verteilung der Fixkosten auf eine steigende Ausbringungsmenge hat. Berechnet wird sie durch die Division der Fixkosten durch die jeweilige Ausbringungsmenge.

5. **Erklären Sie das Konzept der Größen- und der Verbundvorteile („Economies of") und welche Bedeutung diese für die Medienunternehmen haben.**
   Economies sind Einsparungspotenziale. Solche können durch Skaleneffekte (Fixkostendegression, Erfahrungskurveneffekte und Netzwerkgrößen) generiert werden oder durch Verbundvorteile (z. B. bei Verbundproduktionen oder Mehrfachverwertungen von Produkten und Diensten). Für Medienprodukte spielen diese Effekte insbesondere im Umfeld der Produktion von Massenmedien eine große Rolle. Alle Effekte basieren darauf, dass Unternehmen ihre Größenvorteile ausnutzen können

6. **Worin besteht der wesentliche Unterschied zwischen der Fixkostendegression und den Erfahrungskurveneffekten?**
   Die Fixkostendegression unterliegt einem Automatismus. Sie kann gar nicht verhindert werden. Erfahrungskurveneffekte sind Einsparungspotenziale. Werden Erfahrungen gemacht und umgesetzt, können die Effekte eintreten, wenn nicht, dann nicht.

Lösungsskizzen zu den Fragen/Aufgaben aus Kapitel 5.8

1. **Begründen Sie, was der Begriff Subadditivität der Kosten bedeutet und warum diese zu Monopolisierungstendenzen in der Medienwirtschaft führt.**
   Subadditivität ist ein mathematischer Begriff, der die Eigenschaft von Funktionen beschreibt, bei der die Summe der Werte einer Gesamtfunktion kleiner ist als die Summe der Werte der Einzelfunktionen. Auf den ökonomischen Alltag übertragen bedeutet dies, dass bei subadditiven Kostenstrukturen die Aufteilung der Produktionsmenge auf mehrere Unternehmen zu höheren Produktionskosten als bei der Produktion durch ein einziges Unternehmen führt. Dieser Effekte kommt dadurch zustande, dass hohe Fixkosten bei gleichzeitig niedrigen Grenzkosten hohe Skalenerträge (Größenvorteile) generieren und damit die Stückkosten immer wei-

ter fallen. Dies ist in der Medienwirtschaft nahezu uneingeschränkt der Fall: Die FCC sind hoch, die Vervielfältigungskosten niedrig. Am stärksten wirken diese Effekte in Netzwerkindustrien; bspw. bei Plattformbetreibern, da hier sogar gar keine Grenzkosten anfallen. Liegt Subadditivität vor, tendiert der Markt zum Monopol, denn das größte oder am schnellsten wachsende Unternehmen wird langfristig alle anderen verdrängen, wenn der Staat nicht in den Markt eingreift.

2. **Begründen Sie, warum der Monopolisierungstendenz in der Medienwirtschaft politisch entgegengewirkt wird.**

Die Eigenschaft, ein natürliches Monopol zu sein, ist im Medienbereich nur volkswirtschaftlich – bezogen auf die optimale Allokation der Produktionsfaktoren – vorteilhaft zu bewerten. Zwar würde ein Medienunternehmen, das gewaltige Skalen-, Verbund- und Netzeffekte generieren würde, ausreichen, die Bevölkerung mit medialen Leistungen zu versorgen, aber hier muss zwischen den Vorteilen durch Wettbewerb und den damit verbundenen Kostennachteilen durch das Vorhandensein mehrerer Anbieter unterschieden werden. Die Leistungen der RF-, Printmedien- und Plattformanbietern sind nicht homogen und eine Homogenität ist auch weder individuell aus Sicht der Rezipierenden noch aus Sicht der Gesellschaft gewünscht. Die Leistungen sind höchst unterschiedlich und diese Vielfalt ist nicht nur gewünscht, sie ist auch gesetzlich verankert. Der Staat wacht darüber, dass keine Meinungsmachtkonzentrationen in Deutschland entstehen können. Er sichert die Medienvielfalt und damit auch die Meinungsvielfalt. In Deutschland dürfen keine Informationsmonopole entstehen.

Lösungsskizzen zu den Fragen/Aufgaben aus Kapitel 5.9

1. **Unterscheiden Sie das Urheberrecht von Nutzungsrechten.**

Das Urheberrecht ist ein absolutes Recht und schützt die persönlichen, geistigen und wirtschaftlichen Interessen des Urhebers. Urheberrechte können nicht abgetreten oder übertragen werden. Es können lediglich Nutzungsrechte vermarktet werden. Nutzungsrechte können als einfache oder ausschließliche Rechte, aber auch räumlich, zeitlich oder inhaltlich beschränkt eingeräumt werden. Konkret bedeutet dies, dass im Falle einer Nutzungsrechtsübertragung kein Eigentum veräußert oder erworben wird.

2. **Begründen Sie, warum Nutzungsrechte in der Medienwirtschaft so leicht ausgehebelt werden können.**

Da die Kernleistungen der Medieninhalteanbieter digital vorliegen und damit leicht ohne Qualitätsverlust reproduzierbar sind, sind privat als auch kommerziell begründete Urheberrechtsverletzungen an der Tagesordnung.

8.6 Lösungsskizzen zu den Fragen/Aufgaben aus Kapitel 6

Lösungsskizze zu den Fragen/Aufgaben aus Kapitel 6.1
1. **Erklären Sie, wie in Bezug auf Medienunternehmen zwischen absolut renditeorientierten und absolut informationsversorgenden (inhalteorientierten) Unternehmensleistungen (abgestuft) unterschieden werden kann.**
Primär renditeorientierte Medienunternehmen bieten Informations- und Unterhaltungsangebote mit Mainstreamcharakter, um eine höchstmögliche Reichweite zu erzielen und damit eine bestmögliche Rendite zu erwirtschaften.
Primär publizistisch orientierte Medienunternehmen bieten Informations- und Unterhaltungsangebote mit Mainstreamcharakter, aber auch Nischenprogramme an, soweit mit ihnen keine Verluste erwirtschaftet wer-den. Insgesamt soll eine höchstmögliche Meinungsmacht erzielt und eine angemessene Rendite erwirtschaftet werden.
Primär versorgungsorientierte Medienunternehmen erfüllen einen gesellschaftlichen Funktionsauftrag, Hilfe zur Alltagsbewältigung, gesellschaftliche Integration, Teilhabe an der politischen Willensbildung zu sichern, sind alimentiert und können daher ein sehr breites Themenangebot produzieren, müssen aber kosteneffizient arbeiten.
2. **Erklären Sie bitte, warum es einen Unterschied macht, ob die Reichweitenoptimierung als Formalziel oder als Sachziel verfolgt wird.**
Ist die Reichweitenoptimierung ein Formalziel, wird der Erfolg des Unternehmens am Zielerreichungsgrad „Reichweite" gemessen. Dies kann der Fall sein, wenn Medienunternehmen Meinungsmacht generieren wollen. Ist die Reichweitenoptimierung das Sachziel eines Unternehmens, geht es darum, mit diesem Ziel ein Formalziel – z. B. „Renditeerwirtschaftung" – zu erreichen. Das Formalziel sagt aus, was erreicht werden soll, das Sachziel erläutert, wie das Formalziel erreicht werden soll.

Lösungsskizze zur Frage/Aufgabe aus Kapitel 6.2
Wie können die Outputleistungen von Medienunternehmen nach Nutzen und Nutzungsart unterschieden werden?
Werden Outputleistungen nach ihrem Nutzen unterschieden, differenzieren sie sich in:
- Informationsangebote, die der Wissensvermittlung dienen und daten- und faktenbasiert sind,
- Unterhaltungsangebote, die der Generierung von Kurzweil, Entspannung, Ablenkung und Zerstreuung dienen. Sie sind weitgehend emotional aufgebaut,
- Infotainment-Angebote, die der Informationsvermittlung dienen und mit Unterhaltungsattributen ausgestattet werden. Sie vermitteln komplexe Sachverhalte aus Wissenschaft, Wirtschaft und Politik auf unterhaltende Weise,

- Edutainment-Angebote, die sich auf Konzepte der Wissensvermittlung beziehen und Inhalte spielerisch und gleichzeitig auch unterhaltsam vermitteln und
- Werbung, die als Vorleistung oder Endprodukt an Öffentlichkeitshersteller geliefert wird.

Werden Outputleistungen nach ihrer Nutzungsart unterschieden, differenzieren sie sich in

- Fokussierungsmedien (Aufmerksamkeitsmedien), deren Erwartungs- und Nutzenhorizont auf die Aufmerksamkeit der Konsumierenden abstellt und
- Zerstreuungsmedien, die es dem Rezipienten aus einer passiven Haltung heraus ermöglichen, für sich selbst Kurzweil zu produzieren.

Lösungsskizzen zu den Fragen/Aufgaben/Aufgaben aus Kapitel 6.3

1. **Wie können sich die Produkte und Dienstleistungen hinsichtlich des strategischen Anspruchs der Leistungserbringer an ihre Güter grundsätzlich unterscheiden?**
   Unterscheiden werden sie anhand der generischen Wettbewerbsstrategien von Porter. Porter unterscheidet die Differenzierungs-, von der Kostenführerschafts- und der Nischenstrategie. Differenzierer legen hohen Wert auf Innovation, Qualität und Werthaltigkeit. Kostenführer verfolgen die Strategie möglichst kostengünstiger Produktion. Nischenanbieter bieten Spezialprodukte an und können in ihrem Segment sowohl als Kostenführer als auch als Differenzierer auftreten.
2. **Warum ist diese Unterscheidung in der Medienwirtschaft nur bedingt von Bedeutung?**
   Die Strategie der Differenzierung setzt darauf, dass die Produktwerte vom Kunden wahrgenommen werden. Die Strategie der Kostenführerschaft, kann, muss aber nicht vom Kunden wahrnehmbar sein. Auch die Verfolger der Nischenstrategie sind in der Medienwirtschaft für den Konsumenten nicht zwingend erkennbar. Dies liegt zum einen an der Informationsasymmetrie und der damit verbundenen Bewertungsunsicherheit und zum anderen daran, dass die Unterschiede in den Produktionskosten nicht zwingend auch zu unterschiedlichen Marktpreisen führt. Die produktionsinterne Kostensituation wird nach außen nicht sichtbar, da die Produktpreise am Markt nicht eindeutig an die Kostensituation gekoppelt sind. Zudem sind die Qualitätsmerkmale schwierig zu objektivieren ist. Qualität beruht häufig auf subjektiven Einschätzungen. Auch die Nischenanbieter werden für Letztverbraucher kaum sichtbar, da dieses zu erkennen, spezifisches Wissen beim Rezipienten voraussetzt. Soweit diese Lieferanten Vorleistungen für nachgeschaltete Medienunternehmen erbringen, ist die Nischenposition hingegen für die Leistungsempfänger offensichtlich, da sie die Marktteilnehmer kennen.

Lösungsskizze zu den Fragen/Aufgaben aus Kapitel 6.4.1

1. **Wie ist das Modell der Wertschöpfungskette von Porter aufgebaut und wie können Sie dieses auf ein modellhaftes Medienunternehmen übertragen?**
   Den Aufbau des porter'schen Wertschöpfungsmodells gibt Abb. 6.2 wieder.
   Wie dieses Modell auf ein generisches Medienunternehmen übertragen werden kann, erläutert Abb. 6.3

2. **Worin liegt der Unterschied zwischen einer klassischen und einer digitalen Wertschöpfungsarchitektur?**
   Die klassische Wertschöpfungsarchitektur ist streng chronologisch organisiert und arbeitet i. d. R. sowohl mit materiellen als auch immateriellen Ressourcen. Die digitale Wertschöpfungsarchitektur ist zeitparallel ausgerichtet und wird algorithmengesteuert. Die hier produzierten Ergebnisse sind immer immaterieller Natur. Es entstehen informationsgetragene Mehrwerte

3. **Welche Werte können durch die digitale Wertschöpfung in der Informationsökonomie hergestellt werden?**
   Die Werte bestehen in der effektiven und effizienten Generierung von Übersicht (Strukturierungswert) und Auswahlmöglichkeiten aus gegebenen Information (Selektionswert), aus der Ermöglichung des kommunikativen Austausches (Kommunikationswert) und der Zusammenführung von Anfrage und Antwort (Matchingwert) sowie der Ermöglichung von Kooperationen (Abstimmungswert) und ggfs. auch der Abwicklung von Geschäften (Transaktionswert). Diese Vorteile greifen sowohl in der Beschaffung von Informationen (e-Procurement) sowie in der Organisation von e-Communities und e-Companies (vor allem natürlich im Bereich der e-Marketplaces). Vgl. auch **Abb. 6.6.**

Lösungsskizzen zu den Fragen/Aufgaben aus Kapitel 6.4.2

1. **Worin unterscheiden sich fokussierte Medienunternehmen von breit integrierten?**
   Fokussierte Unternehmen konzentrieren sich auf ein Produkt oder eine Produktlinie, können aber auch nur in einem speziellen Teil in der Wertschöpfungskette aktiv sein. Breit integrierte Unternehmen zeichnen sich durch ein breites und in der Regel auch tiefes Produktprogramm aus (vgl. auch Abb. 6.7).

2. **Welche unterschiedlichen betrieblichen Integrationsformen können unterschieden werden?**
   Vgl. hierzu Abb. 6.8 und Tab. 6.5.

3. **Welche Folgen hat die Integration auf die Größe, die Komplexität und die Struktur von Unternehmen?**
   Die Unternehmens-/Konzern-Steuerung wird mit zunehmender Größe der Organisation komplexer und schwieriger. Die Struktur erweitert sich, die Abstimmungsprozesse werden umfassender und die Koordinationskosten der Organisation steigen.

Lösungsskizzen zu den Fragen/Aufgaben aus Kapitel 6.4.3

1. **Was beschreibt das Merkmal des Autonomiegrades in der Wertschöpfung?**

   Der Autonomiegrad gibt Auskunft darüber, wie eigenständig oder vernetzt ein Unternehmen seine Wertschöpfung ausgestaltet. Abb. 6.9 gibt Auskunft über den Autonomiegrad unterschiedlicher Organisationsformen der Marktbearbeitung.

2. **Wie können Autonomiegrade anhand der rechtlichen und wirtschaftlichen Selbstständigkeit unterschieden werden.**

   Die rechtliche Selbstständigkeit ist in allen Marktlösungen und Kooperationsformen gegeben. Sie unterscheiden sich allerdings im Grad der rechtlichen Bindung (vgl. Abb. 6.9). Soweit Fusionen oder die Bildung von Unternehmenskonzernen greifen, verlieren integrierte Unternehmen häufig ihre rechtliche und wirtschaftliche Unabhängigkeit.

3. **Was führt integrierte Unternehmen und Fokussierer dazu, Netzwerkstrategien zu verfolgen?**

   Sowohl Fokussierer als auch Integrierer können zu Netzwerkern werden, wenn sie in fremde Wertschöpfungsprozesse involviert werden bzw. fremde Unternehmen in den eigenen Wertschöpfungsprozess einbetten. So können sowohl vertikale als auch horizontale und laterale Netzwerke entstehen.

   – **Vertikale Netzwerke** basieren auf der Fokussierungsstrategie und ermöglichen es den Netzwerkmitgliedern sich auf ihre Kernkompetenzen zu konzentrieren, indem sie vor- oder nachgelagerte Wertschöpfungsaktivitäten, die sie nicht selbst durchführen möchten, auslagern. Der Vorteil vertikaler Netzwerke liegt in der Optimierung der eigenen Leistungstiefe. Diese Form der Arbeitsorganisation ist in der Verlags- und der Filmproduktionsindustrie sowie in der Contentbranche, die Plattformen mit Informationen beliefern Alltag. Diese Netzwerkverbindungen sind intramediär ausgestaltet.

   – **Horizontale Netzwerke** basieren auf der Zusammenarbeit von Unternehmen aus unterschiedlichen Medienbereichen. Sie werden deswegen intermediäre Netzwerke genannt. Auch hier geht es um die Verschlankung eigener Wertschöpfungsengagements und die damit verbundene Kostenreduktion sowie im die Errichtung von Markteintrittsbarrieren gegenüber potenziellen Neueinsteiern. Horizontale Netzwerke entstehen vor allem durch das Zusammenwachsen von klassischen Medienbereichen und der Plattformökonomie (z. B. durch die Zusammenarbeit im Uploaden von RF-Veranstaltungen ins Internet).

   – **Diagonale Netzwerke** entstehen durch das Konvergenzstreben der Unternehmen aus der TIME-Branche. Es ist die einfachste Form, in neue Märkte einzutreten, ohne den gesamten Kompetenzbereich, den es neu zu erschließen gilt, aufbauen zu müssen. Diagonale Netzwerke sind im Zuge des Einfalls der Telekommunikationsunternehmen oder Soft- und Hardwareproduzenten in die Medienbranche entstanden

Lösungsskizzen zu den Fragen/Aufgaben aus Kapitel 6.5

1. **Unterscheiden Sie lokale, regionale, nationale, internationale und multinationale Unternehmen.**

Lösungshinweis: Tab. 6.7

2. **Welche Gründe sprechen für, welche gegen stark forciertes Unternehmenswachstum?**

Zu den Gründen für das Unternehmenswachstum sprechen eindeutig die Skaleneffekte und Verbundeffekte, die über Wachstum verstärkt realisiert werden können. Größeneffekte im Produktionsprozess verursachen Stückkostensenkungen. Verbundeffekte können für Synergien sowohl in der Organisation, der Finanzierung sowie in der Produktion und der Verwertung der Leistungen sorgen. Die Forderung nach immer mehr Größe stößt allerdings auf eine Skepsis, denn eine zunehmende Lähmung ehemals agiler Prozesse und die zunehmenden Komplexitätskosten sprechen gegen ein zu ausdifferenziertes und auch gegen ein zu schnelles Wachstum.

3. **Welche medienwirtschaftlichen Gründen machen Wachstumsstrategien notwendig?**

– Wachstum aufgrund von steigendem Wettbewerbsdruck: Die zunehmenden Internationalisierungstendenzen sind der sich dynamisierenden Angebotsschwemme an Medieninhalten und dem sich damit deutlich verstärkendem Wettbewerb geschuldet. Medienunternehmen, die nicht wachsen, also bspw. nur aktuell von ihnen genutzte Distributionskanäle einsetzen und keine Investitionen in den Ausbau ihres Verteilernetzes tätigen, schrumpfen. Und Medienunternehmen, die erheblich in die Qualität ihrer Produkte investieren, um dem Wettbewerb standzuhalten, aber nicht gleichzeitig ihre Absatzmärkte erweitern, laufen ebenfalls Gefahr, dass ihre Gewinne zurückgehen.

– Wachstum als Antwort auf natürliche Monopoltendenzen: Medienunternehmen, die innerhalb von Plattformindustrien aktiv sind, sind allein schon aufgrund der Subadditivität der Kosten gezwungen, ihre rezipientenorientierten Netzwerke auszubauen (weil dies auch alle Wettbewerber tun werden). Die Grenzkosten des Wachstums sind hier nahezu null. Zudem sind Netzwerke mit starken direkten Netzwerkeffekten – wie sie bspw. im gesamten Social Media-Bereich gegeben sind – „Winner-take-all"-Märkte. Die am schnellsten wachsenden Plattformen, werden die Wettbewerberplattformen mit langsamem Wachstum „entmagnetisieren". Sollte tatsächlich eine Plattform am Markt aktiv werden, die innovative Lösungen bietet, werden Plattformbetreiber, die sich angegriffen fühlen, (feindliche) Übernahmen anstreben; bestenfalls, bevor sie eine marktrelevante Größe erreicht hat.

4. **Anhand welcher Kriterien und wie teilt das HGB bzw. das EU-Recht Unternehmen größenordnungstechnisch ein?**

   Es gibt drei **größenbestimmende Merkmale**:
   - die Anzahl der Beschäftigten,
   - der Umsatz und
   - die Bilanzsumme.

   Die **Regel der Klassifizierung** lautet: Zwei der drei Kriterien müssen zutreffen bzw. dürfen nicht unter- oder überschritten werden.

Lösungsskizzen zu den Fragen/Aufgaben aus Kapitel 6.6

1. **Erläutern Sie kurz, worin sich die Marklogik von normalen (einseitigen) Märkten von der auf zweiseitigen Märkten unterscheidet.**

   Die Marktlogik einseitiger Märkte erschöpft sich in der Koordinierung von Angebot und Nachfrage. Zweiseitige Märkte sind über einen Intermediär verbunden und Änderungen auf einem Markt zeigen Auswirkungen auf dem anderen Markt (z. B. Reichweitenerhöhung auf Rezipientenmärkten führen zu Werbepreiserhöhung auf den Werbemärkten).

2. **Erläutern Sie kurz, warum Werbungstreibende Medien nutzen, um ihre Botschaften zu kommunizieren.**

   Dies ist deshalb der Fall, weil die Verteilung der Botschaften über Medienunternehmen, die bestehende Vertriebsstrukturen haben, kostengünstiger für die Werbungtreibenden ist als die Direktkommunikation.

Lösungsskizzen zu den Fragen/Aufgaben aus Kapitel 6.7

1. **Erläutern Sie kurz, was digitale Transformation für die Medienwirtschaft bedeutet.**

   Veränderungen, die durch die digitale Transformation hervorgerufen werden, wirken auf Produkte, Unternehmen, Branchen und Märkte. Medienunternehmen, die in Zukunft erfolgreich am Markt agieren wollen, dürfen sich dieser digitalen Transformation nicht entziehen, sondern sie müssen diese Gegebenheit als solche anerkennen und proaktiv daran arbeiten, die sich hier ergebenen Chancen für sich zu nutzen.

   Zunächst gilt es zu erkennen, dass sich die technologische, die individuelle, die soziale und damit auch die ökonomische Umwelt dramatisch geändert hat. Vieles in der Medienwirtschaft ist möglich geworden und hat sich als brauchbar erwiesen. Die Brauchbarkeit hat Medienunternehmen dazu bewogen, entsprechende Güter auf den Markt zu bringen. Der Umgang mit den Gütern und der Technologie hat wiederum dazu geführt, dass sich Konsumentengewohnheiten geändert und an die neuen Möglichkeiten angepasst haben. Letztlich haben sich die individuellen Bedingungen sozialisiert und sind damit ökonomisch hochgradig interessant geworden, da gewaltige Zielgruppen entstanden sind. Aus Sicht der Medienwirtschaft hat die digitale Transformation über die Möglichkeiten der technischen Umsetzung von Inhalten dazu geführt, dass Mediengattungen und Medienmärkte zusammenwachsen oder sich gegenseitig substituieren.

2. **Inwiefern nimmt die digitale Transformation Einfluss auf die Wertschöpfungskette, die Produkt- und Sortimentsgestaltung und die Transaktionskostensituation von Medienunternehmen?**

    – Einfluss auf die Wertschöpfungskette: Die Digitalisierung erlaubt schnellere und reaktionsempfindlichere Kooperationen zwischen den Inhalteproduzenten bis hin zur Bildung virtueller Unternehmen. Auch die Disintermediation mit ihrem Ausschluss des Handels als Verwertungsstufe durch die Bildung von eigenen Verkaufsplattformen (e-Shops) wirkt hier einschneidend.

    – Einfluss auf die Produktgestaltung: Die Digitalisierung erlaubt ein sehr flexibles Unbundling von Leistungs-bündeln. So können redaktionelle Produktkonzepte wie bspw. eine Zeitungsausgabe oder eine Magazinsendung leicht in ihre Einzelbestandteile zerlegt und separat angeboten werden. Im Umkehrschluss lassen sich auch einzelne Teilprodukte wieder zu Gesamtpaketen bündeln, indem bspw. News aus unterschiedlichen Quellen zusammengesetzt und vermarktet werden.

    – Einfluss auf die Sortimentsgestaltung: Die Digitalisierung von Medienprodukten führt dazu, dass weder die Vervielfältigung noch der Transport oder die Lagerhaltung eine nennenswerte Kostengröße darstellen. Dadurch werden Nischenprodukte mit höher Zeitelastizität als Absatzwaren ökonomisch interessant. Ohne Digitalisierung würde Nischenprodukte zu bevorraten, wenig Sinn machen. Mit Digitalisierung können sog. Long Tails entstehen. Der Abverkauf einer großen Menge selten gekaufter Titel führt zu hohen Umsätzen.

    – Einfluss auf die Transaktionskosten: Die Digitalisierung senkt nicht nur die variablen Produktionskosten auf bis zu null, sondern führt auch zu geringen Kosten die im Zusammenhang mit der Verwertung und Bevorratung (z. B. Kapitalbindungskosten) entstehen.

3. **Worin unterscheiden sich disruptive von evolutionären (inkrementellen) Innovationen?**

    Disruptive Innovationen bewirken grundsätzliche Neuerungen für bekannte Problemlösungen (z. B. Streamingangebote). Sie ersetzen bestehende Produkte, Dienstleistungen und Geschäftsfelder bis hin zu Marktstrukturen nachhaltig, indem sie sie grundlegend verändern oder verdrängen.

    Inkrementelle Innovationen bewirken eine schrittweise Weiterentwicklung vorhandener Problemlösungen (z. B. die Individualisierung von Streamingangeboten), indem sie Gegebenes schrittweise verbessern, im Kern aber erhalten.

4. **Wie können sich Medienunternehmen auf eine durch Entwicklungsunsicherheit geprägte Zukunft vorbereiten?**

    Auf eine durch Entwicklungsunsicherheit geprägte Zukunft kann sich ein Medienunternehmen durch ein konsequentes Innovationsmanagements vorbereiten.

Dies aus dem Grund, da die Veränderung der Medientechnik zu Veränderungen von Herstellungsprozessen führt; diese wiederum zu Veränderungen von Geschäftsmodellen und betrieblichen Organisationsformen und damit u. U. einer Neuausrichtung von Medienunternehmen.

Nur dann, wenn das Management die strategischen und organisatorischen Voraussetzungen geschaffen hat, die für einen Chance-Prozess notwendig sind, wird es auch gelingen, die Prozesse, Produkte und Wertschöpfungsketten so zu ändern, dass eine positive Weiterentwicklung in Form einer proaktiven Anpassungsstrategie Medienunternehmen auf die Zukunft vorzubereiten. Dafür braucht es offene Denkkonzepte, variable, medienproduktübergreifende Organisationsformen, Kollaborationswillen und ein agiles Projektmanagement, das Freiräume für Veränderungen fördert.

8.7 Lösungsskizzen zu den Fragen/Aufgaben aus Kapitel 7

Lösungsskizzen zu den Fragen/Aufgaben aus der Einleitung zu Kapitel 7

1. **Was wird allgemein durch die Rechtsformen reglementiert?**
   Durch die Rechtsform werden die Regeln bestimmt, nach denen Unternehmen ihre Beziehungen im Innenbereich und im Außenbereich gestalten können oder müssen. Im Innenbereich geht es vor allem um die Beziehungen zwischen den Gesellschaftern bzw. Anteilseignern und den Mitarbeitern. Im Außenverhältnis werden die Beziehungen geregelt, die das Unternehmen zu Kunden, Lieferanten und Gläubigern pflegt.

2. **Welche Fragestellungen führen zur Wahl der privatwirtschaftlichen Rechtsform?**
   Welche Rechtsform im privatwirtschaftlichen Bereich gewählt wird, hängt ab von elf Entscheidungskriterien:
   - Möglichkeiten der Kapitalbeschaffung (Fremdfinanzierungsmöglichkeiten)
   - Haftungsumfang der Kapitalgeber (Ausschluss privater Haftung)
   - Leitungsbefugnis (Geschäftsführungskompetenzen)
   - Gewinn- und Verlustverteilung (Teilhabeproporz)
   - Steuerliche Belastung (Körperschaftssteuer)
   - Publizitätspflicht (Grad der Offenlegung von Interna)
   - Gründungsaufwand (Kosten, Gründungskapital)
   - Folgekosten (Publizitäts- und Organaufwand (z. B. Aufsichtsrat etc.)
   - Firmierung (Namensgebungsmöglichkeit)
   - Inhaberstrukturwechsel (Gesellschafterwechsel oder Nachfolgeregelung)
   - Mitbestimmungsregelungen (Arbeitnehmermitbestimmung).

3. **Wie werden die Rechtsformen klassifiziert?**

Im privatwirtschaftlichen Rahmen:
- Einzelunternehmungen/freie Berufe: Hier vereint eine natürliche Person alle Rechte und Pflichten auf sich.
- Personengesellschaften: Bilden sich durch einen Zusammenschluss natürlicher Personen.
- Kapitalgesellschaften: Juristische Personen, die eine eigene Rechtspersönlichkeit haben und deren Existenz nicht an bestimmte natürliche Personen gebunden ist.

Im öffentlich-rechtlichen Rahmen:
- Anstalten des öffentlichen Rechts und Körperschaften des öffentlich-rechtlichen Rechts: Rechtsgebilde mit Rechtspersönlichkeit (aus der allgemeinen Staatsverwaltung ausgegliedert), denen eine öffentliche Aufgabe gesetzlich oder satzungsmäßig zugewiesen worden ist.
- Regie- oder Eigenbetriebe: Betriebe ohne Rechtspersönlichkeit, die mehr oder weniger eng an die öffentliche Verwaltung von Gebietskörperschaften angebunden sind.

Lösungsskizzen zu den Fragen/Aufgaben aus Kapitel 7.1

1. **Definieren Sie den Begriff Gewerbe und grenzen Sie ihn von dem des Kleingewerbes ab.**

Ein Gewerbe ist eine nach außen erkennbare, erlaubte, selbstständige wirtschaftliche Tätigkeit, die auf Dauer angelegt ist, zum Zwecke der Gewinnerzielung ausgeübt wird und nicht zu den freiberuflichen Tätigkeiten gezählt wird.

Ein Kleingewerbe liegt dann vor, wenn das Gewerbe keinen nach Art oder Umfang in kaufmännischer Weise eingerichteten Geschäftsbetrieb erfordert.

2. **Was ist ein Kaufmann im Sinne des HGB und welche drei Formen können hier unterschieden werden?**

Ein Kaufmann im Sinne des Handelsgesetzbuches ist jede Person, die ein Handelsgewerbe betreibt.

Es werden im Wesentlichen drei Kaufmannsarten unterschieden:
- Istkaufmann nach § 1 HGB: Jeder, der ein Handelsgewerbe betreibt.
- Kannkaufmann nach § 2 HGB: Kleingewerbetreibender und im handelsrechtlichen Sinne zunächst kein Kaufmann. Er kann seine Firma aber ins Handelsregister eintragen lassen und wird damit zum Kaufmann.
- Formkaufmann nach § 6 HGB: Jedes Privatrechtssubjekt, das aufgrund seiner Rechtsform als Kaufmann einzuordnen ist.

Lösungsskizze zur Frage/Aufgabe aus Kapitel 7.2

Worin unterscheidet sich der Einzelunternehmer vom Freiberufler?

Ein Einzelunternehmer ist ein Kaufmann, der einen kaufmännisch eingerichteten Betrieb ohne eigene Rechtspersönlichkeit führt. Ein Freiberufler ist weder Gewerbetreibender noch Kaufmann. Freiberuflich tätig ist, wer Dienstleistungen erbringt, die sich durch besondere berufliche Qualifikation oder schöpferische Begabung auszeichnen und persönlich, eigenverantwortlich und fachlich unabhängig erbracht werden.

Anmerkung: Beide sind Träger von Rechten und Pflichten als natürliche Person. Für die Verbindlichkeiten aus der Tätigkeit haften beide persönlich und unmittelbar mit ihrem gesamten Betriebs- und Privatvermögen.

Lösungsskizzen zu den Fragen/Aufgaben aus Kapitel 7.3

1. **Was haben Personengesellschaften gemeinsam?**

   Es sind privatrechtliche Zusammenschlüsse, die auf die persönliche Mitwirkung der Gesellschafter abzielen. Gesellschafter sind i. d. R. (Ausnahme: Kommanditist) unbeschränkt und gesamtschuldnerisch haftbar. Steuern auf den Gewinn treffen nicht die Gesellschaft, sondern die Gesellschafter.

2. **Wie wird eine GbR gegründet?**

   Eine Gesellschaft bürgerlichen Rechts (GbR) ist eine von mindestens zwei Rechtssubjekten (natürliche oder juristische Personen) durch Vertrag begründete Personengesellschaft zur gemeinsamen Förderung eines beliebigen Zwecks. Der Gründungsvertrag kann dabei formlos: Also mündlich, schriftlich oder durch konkludentes Verhalten geschlossen werden. Nimmt sie nicht am Rechtsverkehr teil, existiert sie nur als Innen-GbR.

3. **Worin liegt der Unterscheid zwischen einer GbR und einer eGbR?**

   Eine GbR, die am Rechtsverkehr teilnimmt, ist eine Außen-GbR und damit (ohne juristische Person zu sein) Trägerin von Rechten und Pflichten. Wird die GbR in das Gesellschaftsregister eingetragen, wird sie zur eGbR.

4. **Wozu werden PartG gegründet und was ist das Konzept der PartG mbB?**

   Eine Partnergesellschaft (PartG) ist eine rechtsfähige Personengesellschaft in Form eines Zusammenschlusses von Freiberuflern, zur Ausübung ihres Berufs. Dies geschieht, um bspw. Fixkosten eines laufenden Betriebs aufzuteilen und Gerätschaften gemeinschaftlich nutzen zu können.

   Da alle Partner den Gläubigern für die Verbindlichkeiten der Gesellschaft grundsätzlich unbeschränkt und gesamtschuldnerisch gegenüber haften, kann hier zum Schutz gegen die Haftung für Ansprüche aus fehlerhafter Berufsausübung von Partnern, die Partnergesellschaft mit beschränkter Berufshaftung (PartG mbB) gegründet werden. Bei dieser Rechtsform ist die Haftung für berufliche Fehler auf das Gesellschaftsvermögen beschränkt. Selbst der Gesellschafter, der für die Folgen eines „Berufsversehens" haftet, muss dafür nicht mit seinem Privatvermögen einstehen. Diese Haftungsbegrenzungen gelten nicht für andere Verbindlichkeiten wie unbezahlte Rechnungen etc.

5. **Was unterscheidet die OHG von der KG?**

   Beide Gesellschaften betreiben ein Handelsgewerbe unter gemeinschaftlicher Firma durch zwei oder mehr Personen. Bei der OHG haften alle Gesellschafter gegenüber den Gesellschaftsgläubigern unbeschränkt mit ihrem gesamten Vermögen. Bei der KG haftet mindestens ein Gesellschafter gegenüber den Gesellschaftsgläubigern unbeschränkt (Komplementär) und mindestens ein Gesellschafter nur mit seiner Einlage haftet (Kommanditist).

6. **Erklären Sie das Konzept der stillen Gesellschaft**

   Die stille Gesellschaft hat den Vorteil für den Geschäftsinhaber, dass er Kapital erhält, ohne Leitungsbefug-nisse abgeben zu müssen (anderweitige Vereinbarungen zwischen den Parteien sind natürlich zulässig) und ohne, dass die Einlage nach außen als Fremdkapital sichtbar wird. Der stille Gesellschafter, der in der Regel also keine Geschäftsführungsbefugnisse, sondern nur Informationsrechte innehat, genießt den Vorteil, dass er am Gewinn partizipiert.

   Während die Gewinnbeteiligung obligatorisch ist, kann die Verlustbeteiligung des „stillen Kapitals" vertrag-lich ausgeschlossen werden kann. Im Falle der Insolvenz genießt der stille Gesellschafter jedoch den anderen Insolvenzgläubigern gegenüber keinen Vorrang und bekommt sein Kapital entsprechend auch nur in Höhe der Insolvenzquote zurückerstattet.

Lösungsskizzen zu den Fragen/Aufgaben aus Kapitel 7.4

1. **Was haben alle Kapitalgesellschaften gemeinsam?**

   Es sind Gesellschaften mit eigener Rechtspersönlichkeit (juristische Person) und eigenem Vermögen. Die Haftung der Gesellschafter (natürliche oder juristische Personen) ist auf die Kapitaleinlage begrenzt. Außerdem kann die Geschäftsführungsbefugnis von der kapitalmäßigen Beteiligung entkoppelt werden. Die Geschäftsanteile sind vererblich und veräußerbar und die Steuern treffen nicht die Gesellschafter, sondern die Gesellschaft.

2. **Was sind die rechtlichen Eckpunkte der GmbH?**

   Kapitalgesellschaft mit beliebigen Zweck. Der Handelsregistereintrag ist zwingend vorgeschrieben. Mindestens ein Gründungsgesellschafter. Dieser kann eine natürliche Person oder juristische Person sein. Geschäftsführer werden durch Gesellschafterversammlung benannt. Gesellschafter können/müssen aber nicht Geschäftsführer sein. Das Stammkapital beträgt mindestens 25.000 €. Die Anteile daran sind jeweils ein Vielfaches von 100 €. Das Stimmrecht ist nach Geschäftsanteilen verteilt und jeder hat Anspruch auf Anteile am Jahresüberschuss. Die Gesellschaft haftet mit ihrem Vermögen. Die Gesellschafter haften nicht über ihre Einlage hinaus.

3. **Worin unterscheidet sich die Mini-GmbH von einer klassischen GmbH?**

   Sie unterscheidet sich durch die Höhe des Gründungskapitals (1 Euro statt 25.000 €). Außerdem durch die Thesaurierungspflicht von 1/4 des jährlichen Gewinns als

Rücklage bis das Stammkapital von 25.000€ erreicht ist. Dann hat die Gesellschaft die Wahl, ob Sie weiterhin als UG oder als GmbH firmieren will.

4. **Welche Organe hat eine Aktiengesellschaft und welche Zuständigkeiten haben die Organe?**

Eine AG hat drei Organe: Die Hauptversammlung, den Vorstand und den Aufsichtsrat. Die Zuständigkeiten sind wie folgt geregelt:

- Hauptversammlung: Beschließendes Organ der Gesellschaft. Beschlüsse über Satzungsänderungen, über wesentliche Fragen (z. B. Fusionen), Wahl der Aktionärsvertreter für den Aufsichtsrat und Beschluss über Verwendung des Gewinns.
- Vorstand: Eigenverantwortliche Führung der laufenden Geschäfte. Vertretung der AG nach außen. Berichtet vierteljährlich an den Aufsichtsrat. Stellt Jahresabschluss und Lagebericht auf und ruft die Hauptversammlung ein.
- Aufsichtsrat: Bestellung und Abberufung des Vorstands. Vertretung der AG gegenüber dem Vorstand. Überwachung der Geschäftsführung und Prüfung Jahresabschluss sowie durch MitbestG und BetrVG: Wahrung der Arbeitnehmerinteressen.

Lösungsskizzen zu den Fragen/Aufgaben aus Kapitel 7.5

1. **Warum wird die GmbH & Co.KG gerne im Falle von risikoreichen Projekten als Rechtsform gewählt?**

Dies geschieht deswegen, weil die steuerlichen Vorteile einer Personengesellschaft (die KG ist eine Personengesellschaft) genutzt, die Vollhaftung mit dem privaten Vermögen von Gesellschaftern aber ausgehebelt werden kann, indem die Eigenschaft, ein Komplementär zu sei, einer GmbH zugeordnet wird. Die GmbH kann durchaus einem der Kommanditisten gehören. Die GmbH haftet nur mit ihrem aktuellen Gesellschaftsvermögen (das kann durchaus auch vollends aufgebraucht sein). Damit wäre das Haftungsrisiko praktisch auf null gedrückt.

2. **Warum ist die GmbH & Co.KG als Rechtsform auch für freiberuflich arbeitende Berufsgemeinschaften interessant?**

Dies deshalb, weil die Haftungsbeschränkungen der PartG mbB hier erweitert sind und sich nicht nur auf fehlerhafte Berufsausübung beschränken.

3. **Wodurch genießt der Komplementär einer Kommanditgesellschaft auf Aktien (KGaA) eine starke Stellung im Unternehmen?**

Dies kann er tun, weil der Komplementär einer KG die Entscheidungsgewalt innehat, unabhängig davon, wie groß die Aktionärsgemeinschaft ist.

4. **Was ist das Besondere an der Rechtsform einer Genossenschaft hinsichtlich der Mitgliederzahl?**

Die Mitgliederzahl kann schwanken. Das hat Auswirkungen auf die Kapitalbasis.

5. **Wodurch zeichnet sich eine Stiftung des privaten Rechts aus?**

Sie ist eine juristische Person, verfolgt einen beliebigen, vom Stifter benannten, Zweck und ist nur diesem Satzungszweck verpflichtet. Niemand ist berechtigt, das Stiftungsvermögen entgegen dem Satzungszweck zu verwenden. Das Stiftungsvermögen gehört nicht mehr zum Vermögen des Stifters. Er hat damit keine freie Verfügungsgewalt mehr über das Vermögen. Die erwirtschafteten Erträge dienen oft gemeinnützigen Zwecken.

Lösungsskizzen zu den Fragen/Aufgaben aus Kapitel 7.6

1. **Warum ist der Rundfunk in Deutschland z. T. öffentlich-rechtlich organisiert?**

Bis 1984 gab es in Deutschland ausschließlich den öffentlich-rechtlichen Rundfunk. Erst mit der Privatisierungswelle in den 1980er Jahren wurde privater Rundfunk zugelassen. Die ursprüngliche nicht duale Organisation entsprang nach dem Zweiten Weltkrieg und den Erfahrungen, die unter den Nationalsozialisten mit dem gleichgeschalteten Propagandafunk gemacht wurden, der Idee, ein Rundfunksystem zu schaffen, dass staatsfern ist und trotzdem ein öffentliches Gut bereitstellt. So wurde nach dem Vorbild des britischen Senders BBC auch in Deutschland ein von den Bürgern des Landes beitragsfinanziertes Rundfunksystem aufgebaut. Damit soll die Unabhängigkeit und Freiheit des Rundfunks gem. dem Willen des Grundgesetzes gewährleistet.

2. **Wie wird trotz der öffentlich-rechtlichen Struktur die Staatsferne des Rundfunks durchgesetzt?**

Dies geschieht durch die allgemeine Beitragspflicht (Haushaltsabgabe; früher GEZ-Gebühr genannt) der Bürger, die die Finanzierung des Rundfunks gewährleisten und damit von einer Staatsfinanzierung durch Steuergelder entkoppeln. Durch die staatsferne Finanzierung ist auch der Einfluss politischer Gremien deutlich eingeschränkt. Zudem garantiert Art. 5 GG die Rundfunkfreiheit, über die das Verfassungsgericht wacht.

Literaturverzeichnis

Abell, Derek (1980): Defining the Business. The Starting Point of Strategic Planning, Englewood Cliffs.

Akerlof, G. A. (1970): The Market for Lemons: Quality Uncertainty and the Market Mechanism. In: Quarterly Journal of Economics. Band 84. Nr. 3: 488–500.

Altmeppen, Klaus-Dieter/Karmasin, Matthias (Hrsg.) (2003): Medien und Ökonomie. Band 1/1: Grundlagen der Medienökonomie: Kommunikations- und Medienwissenschaft, Wirtschaftswissenschaft. Wiesbaden.

Altmeppen, Klaus-Dieter (2007): Das Organisationsdispositiv des Journalismus. In: Altmeppen, Klaus-Dieter/Hanitzsch, Thomas/Schlüter, Carsten(Hrsg.): Journalismustheorie. Next Generation. Soziologische Grundlegung und theoretische Innovation. Wiesbaden.

Anderson, Chris (2007): The Long Tail – der lange Schwanz. Nischenprodukte statt Massenmarkt – Das Geschäft der Zukunft. München.

Andler, Kurt (1929): Rationalisierung der Fabrikation und optimale Losgröße. München.

Ann, Christoph/Hauck, Ronny/Obergfell, Eva I. (2012): Wirtschaftsprivatrecht kompakt. München.

Ansoff, Harry I. (1965): Checklist for Competitive and Competence Profiles. Corporate Strategy. New York.

Anzenbacher, Arno (1981): Einführung in die Philosophie. Wien.

Backhaus, Klaus/Voeth, Markus (Hrsg.) (2015): Handbuch Business-to-Business-Marketing. 2. Auflage. Wiesbaden.

Bain, J.S. (1956): Barries to new competition, Cambridge (Mass.).

Bain, J.S. (1968): Industrial organization, 2nd. Ed., New York.

Bamberg, Günter/Coenenberg, Adolf G./Krapp, Michael (2012): Betriebswirtschaftliche Entscheidungslehre. 15. Auflage. München.

Bauer, Christoph (2005): Tageszeitungen im Kontext des Internets. 1. Auflage. Wiesbaden.

Bauer, H.H. (1989): Marktabgrenzung. Konzeption und Problematik von Ansätzen und Methoden zur Abgrenzung und Strukturierung von Märkten unter besonderer Berücksichtigung von marketingtheoretischen Verfahren. Berlin.

Bea, Franz X./Göbel, E. (2010): Organisation. 4., neu bearbeitete und erweiterte Auflage. Stuttgart.

Bea, Franz X./Haas, Jürgen (2016): Strategisches Management. 8. Auflage. Stuttgart.

Becker, Garry S. (1965): A Theory of the Allocation of Time. In: Economic Journal. 75. Jg.: 493–517.

Becker, Jochen (2013): Marketing-Konzeption. Grundlagen des zielstrategischen und operativen Marketing-Managements. 10. erweiterte und überarbeitete Auflage. München.

Bentele, Günter/Brosius, Hans-Bernd (Hrsg.) (2013): Lexikon Kommunikations- und Medienwissenschaft. Wiesbaden.

Berekoven, Ludwig (1997): Der Dienstleistungsmarkt in der Bundesrepublik Deutschland. Göttingen.

Berekoven, Ludwig/Eckert, Werner/Ellenrieder, Peter (2009): Marktforschung. Methodische Grundlagen und praktische Anwendung. 12., überarbeitete und erweiterte Auflage. Wiesbaden.

Berninghaus, Siegfried K./Ehrhart, Karl-Martin/Güth, Werner (2010): Strategische Spiele. Eine Einführung in die Spieltheorie. 3., verbesserte Auflage. Heidelberg. London. New York.

Berthel, J./Becker, F. G. (2017): Personal-Management. 11. Auflage. Stuttgart.

Bester, Helmut (2012): Theorie der Industrieökonomik. 6. Auflage. Berlin. Heidelberg.

Beyer, Andrea/Carl, Petra (2012): Einführung in die Medienökonomie. 3. Auflage. Konstanz. München.

Bieback, Karl-Jürgen (1976): Die öffentliche Körperschaft. Berlin.

Bieger, Thomas/Reinhold, S. (2011): Das wertbasierte Geschäftsmodell. In: Bieger,Thomas/Knyphausen-Aufseß, zu, Dodo/Krys, Christian (Hrsg.) (2011): Innovative Geschäftsmodelle: Konzeptionelle Grundlagen, Gestaltungsfelder und unternehmerische Praxis. Heidelberg, Dordrecht, London, New York: S. 13–70.

Biesel, Hartmut H. (2013): Key Account Management erfolgreich planen und umsetzen: Mehrwert-Konzepte für Ihre Top-Kunden. 3. Auflage. Wiesbaden.

https://doi.org/10.1515/9783111548999-009

Blake, Robert R./Mouton, Jane S. (1986): Verhaltenspsychologie im Betrieb. Der Schlüssel zur Mitarbeit. Düsseldorf.

Blankart, C.B. (1994): Öffentliche Finanzen in der Demokratie. Eine Einführung in die Finanzwissenschaft. 2. überarbeitete Auflage. München.

Bleicher, Knut (2004): Das Konzept integriertes Management. Visionen – Missionen – Programme. 7., überarbeitete und erweiterte Auflage. Frankfurt am Main/New York.

Blohm, H./Lüder, K./Schaefer, C. (2012): Investition: Schwachstellenanalyse des Investitionsbereichs und Investitionsrechnung. 10. Auflage. München.

Blum, Ulrich/Dudley, Leonard/Leibbrand, Frank/Weiske, Andreas (2005): Angewandte Institutionenökonomik. Theorien, Modelle, Evidenz. Wiesbaden.

Böhm, Markus/Kleinz, Torsten (2023): (S+) Wahlkampfauftakt von Ron DeSantis: Darum macht Musk Twitter zum rechten Durchlauferhitzer. In: Der Spiegel. 25. Mai 2023, ISSN 2195–1349 (spiegel.de [abgerufen am 25. Mai 2023])

Bohlken, Eike (2003): Medienethik als Verantwortungsethik. Zwischen Macherverantwortung und <Nutzerkompetenz. In: Debatin, Bernhard/Funiok, Rüdiger (Hrsg.): Kommunikations- und Medienethik. Konstanz: 35–49.

Bonfadelli, Heinz/Friemel, Thomas N. (2014): Medienwirkungsforschung. 5. Auflage. Konstanz.

Borrmann, Jörg/Finsinger, Jörg (1999): Markt und Regulierung. München

Brehler, Reiner (1998): Planungstechniken. Eine anwendungsorientierte Einführung. Wiesbaden.

Bretthauer, Stefan (2022): Wettbewerbs- und Kartellrecht, in: Rolf Stober (Hrsg.), Deutsches und internationales Wirtschaftsrecht, Heidelberg.

Breyer-Mayländer, Thomas/Werner, Andreas (2003): Handbuch der Medienbetriebslehre. München.

Meyer-Mayländer, Thomas/Seeger, Christopf (2004): Verlage vor neuen Herausforderungen: Krisenmanagement in der Pressebranche. Bonn.

Bröckermann, R. (2003). Personalwirtschaft. Stuttgart.

Bruhn, Manfred (2022): Marketing. Grundlagen für Studium und Praxis. 15. Auflage. München.

Bruhn, Manfred (2015): Relationship Marketing. Das Management von Kundenbeziehungen. 4. überarbeitete Auflage. München.

Bruhn, Manfred (2005): Unternehmens- und Marketingkommunikation. Handbuch für ein integriertes Kommunikationsmanagement. Wiesbaden.

Bruton, James (2016): Corporate Social Responsibility und wirtschaftliches Handeln: Konzepte – Maßnahmen – Kommunikation (Management und Wirtschaft Praxis, Band 81). Berlin.

Bühner, Rolf (2004): Betriebswirtschaftliche Organisation. 10. bearbeitete Auflage. München. Wien.

Budäus, Dietrich/Gerum, Elmar/Zimmermann, Gebhard (1988): Betriebswirtschaftslehre und Theorie der Verfügungsrechte. Wiesbaden.

Burkart, Roland (2002): Kommunikationswissenschaft. 4. Auflage. Wien. Köln. Weimar.

Business Software Alliance (BSA). 2011. Eighth Annual BSA-IDC Global Software Piracy Study.

Bussiek, Jürgen/Ehermann, Harald (2010): Buchführung. 6. Auflage. Ludwigshafen.

Chandler, Alfred D. Jr. (1996): Strategy and Structure: Chapters in the History of the American Industrial Enterprise. Cambridge (Massachusetts).

Clement, Reiner/Schreiber, Dirk (2016): Internet-Ökonomie: Grundlagen und Fallbeispiele der vernetzten Wirtschaft. Berlin. Heidelberg.

Coase, Ronald H. (1937): The Nature of the firm. Economica 4: 386–405. London.

Coase, Ronald H. (1950): British Broadcasting – A Study in Monopoly. London. New York. Toronto.

Corsten, Hans/Gössinger, Ralf (2009): Dienstleistungsmanagement. 12. Auflage. München.

Danner, Marc (2002): Strategisches Nischenmanagement. Entstehung und Bearbeitung von Marktnischen. Wiesbaden.

Deutscher Bundestag (2016): Finanzierungslandschaft privater regionaler Fernsehsender. Wissenschaftliche Dienste. WD 10 – 3000–019/16. Berlin

Dewenter Ralf/Haucap Justus (2008): Wettbewerb als Aufgabe und Problem auf Medienmärkten: Fallstudien aus Sicht der „Theorie zweiseitiger Märkte", Helmut-Schmidt-Universität, Fachgruppe Economics, Diskussionspapier Nr. 78. https://www.econstor.eu/dspace/bitstream/10419/38737/1/ 586157727.pdf. Zugegriffen: 5. Dez. 2012

Dewenter, Ralf/Rösch, Jürgen (2015): Einführung in die neue Ökonomie der Medienmärkte. Eine wettbewerbsökonomische Betrachtung aus Sicht der Theorie der zweiseitigen Märkte. Wiesbaden.

Dickenberger, D./Gniech, G./Grabitz, H.J. (2002): Die Theorie der psychologischen Reaktanz. In: Frey, Dieter/Irle, Martin (Hrsg.): Theorien der Sozialpsychologie. Bd. 1. Bern, Göttingen, Toronto, Seattle.

Diekmann, Andreas (2009): Spieltheorie: Einführung, Beispiele, Experimente. Reinbek bei Hamburg.

Diller, Hermann (2008): Preispolitik. 4. Auflage. Stuttgart.

Diller, Hermann (2014): Preisinteresse und hybrider Kunde. In: Diller, Hermann/Hermann, Andreas (2014): Handbuch Preispolitik: Strategien — Planung — Organisation — Umsetzung. Wiesbaden: 241–257.

Dillerup, Ralf/Stoi, Roman (2013): Unternehmensführung. 4., komplett überarbeitete und erweiterte Auflage. München.

Döbler, Thomas (2007): Die Theoriefamilie der Neuen Institutionenökonomik – Transaktionskosten, Verfügungsrechte und Prinzipal Agent. In: Steininger, Christian (Hrsg.): Politische Ökonomie der Medien. Theorie und Anwendung. Wien. Berlin: 55–66.

Döring, Ulrich/Buchholz, Rainer (2015): Buchhaltung und Jahresabschluss. Mit Aufgaben und Lösungen. 14. Auflage. Berlin

Döring, Ulrich (2004): Zwischen Effizienz und Ethik. In: Döring, Ulrich/Kussmaul, Heinz (Hrsg.) (2004): Spezialisierung und Internationalisierung: Entwicklungstendenzen der deutschen Betriebswirtschaftslehre. Festschrift für Prof. Dr. Dr. h.c. mult. Günter Wöhe zum 80. Geburtstag am 2. Mai 2004. Wiesbaden.

Dornbach, Wolfgang (1987): Journalismusforschung in der Bunderepublik: Offene Fragen trotz „Forschungsboom". In: Wilke, Jürgen (Hrsg.): Zwischenbilanz der Journalistenaus-bildung. München: 105–142.

Dreiskämper, Thomas (2008): Medienökonomie. Eine Autopolemik. Ökonomische Überlegungen zu den Grenzen der grenzenlosen Verantwortung eines Medienmanagers. In: Institut für Informations- und Kommunikationsökologie (Hrsg.), zfkm (Zeitschrift für Kommunikationsökologie und Medienethik) 1/ 2008. Duisburg: 84–98.

Dreiskämper, Thomas (2010): Schriftenreihe Medienökonomie. Externe Effekte und die Unmöglichkeit der Internalisierung im Medienbereich. https://www.dreiskaemper.de/index.php/wissenschaft.html

Dreiskämper, Thomas (2013): Medienökonomie I: Lehrbuch für Studiengänge medienorientierter Berufe: Konzeptionsansätze und theoretische Fundierungen der Medienökonomie. Münster.

Dreiskämper, Thomas (2017): Makroökonomische Analyse der Medienwirtschaft. Forschungsfelder, Erkenntnisinteressen, Konzepte und Grenzen der Medienökonomie. München.

Eggert, Andreas (2001): Konzeptionelle Grundlagen des elektronischen Kundenbeziehungsmanagements. In: Eggert, Andreas/Fasscott, Georg (Hrsg) (2001): eCRM, Electronic Customer Relationship Management. Management der Kundenbeziehungen im Internetzeitalter. Stuttgart: 87–106.

Eisenführ, Franz/Theuvsen, Ludwig (2004): Einführung in die Betriebswirtschaftslehre. 4. Auflage. Stuttgart.

Engelhardt, W.H./Kleinaltenkamp, M./Reckenfelderbäumer, M. (1992): Dienstleistungen als Absatzobjekt. Arbeitsbericht Nr. 52 des Instituts für Unternehmensführung und Unternehmensforschung an der Ruhr-Universität Bochum. Bochum.

Erlei, Mathias (1992): Meritorische Güter. Die theoretische Konzeption und ihre Anwendung auf Rauschgifte als demeritorische Güter. Münster. Hamburg.

Erlei, Mathias/Leschke, Martin/Sauerland, Dirk (2007): Neue Institutionenökonomik. 2. Auflage. Stuttgart.

Esch, Franz-Rudolf (2010): Wirkung integrierter Kommunikation: Ein verhaltenswissenschaftlicher Ansatz für die Werbung. 5. Auflage. Wiesbaden

Esch, Franz-Rudolf (2010a): Strategie und Technik der Markenführung. 6. Auflage. Wiesbaden.

Fabris, Hans Heinz (1981): Massenmedien – Instrumente der „Skandalisierung" oder „Vierte Gewalt"? Zum Kontrollpotential der Medien. In: Christian Brünner (Hrsg.): Korruption und Kontrolle. Böhlau, Wien: 239–264.

Faßler, Manfred (1997): Was ist Kommunikation? Eine Einführung. München.

Fechner, Frank (221): Medienrecht. 21. Auflage. Tübingen.

Feldmann, Valerie/Zerdick, Axel (2004): E-Merging-Media. Die Zukunft der Kommunikation. In: Zerdick, Axel/Schrape, Klaus/Burgelmann, Jean-Claude/Silverstone, Roger/Feldmann, Valerie/Heger, Dominik K./Wolff, Carolin: E-Merging-Media. Kommunikation und Medienwirtschaft der Zukunft. European Communication Council Report. Berlin. Heidelberg. New York:10–30

Frantzke, Anton (1999): Grundlagen der Volkswirtschaftslehre. Mikroökonomische Theorie und Aufgaben des Staates in der Marktwirtschaft. Stuttgart.

Freidank, Carl-Christian (2012): Kostenrechnung. Grundlagen des innerbetrieblichen Rechnungswesens und Konzepte des Kostenmanagements. 9., aktualisierte Auflage. München.

Frese, E (2005): Grundlagen der Organisation: Entscheidungsorientiertes Konzept der Organisationsgestaltung. 9., vollständig überarbeitete Auflage. Wiesbaden.

Frey, Bruno (1990): Ökonomie ist Sozialwissenschaft – Die Anwendung der Ökonomie auf neue Gebiete. München.

Freyer, Ulrich (2009): Nachrichten-Übertragungstechnik: Grundlagen, Komponenten, Verfahren und Systeme der Telekommunikationstechnik. München.

Friedl, Gunther/Hofmann, Christian/Pedell, Burkhard (2017): Kostenrechnung: Eine entscheidungsorientierte Einführung. 3. Auflage. Wiesbaden.

Friedrichsen, Mike/Grüblbauer, Johanna/Haric, Peter (2015): Strategisches Management von Medienunternehmen. Einführung in die Medienwirtschaft mit Case-Studies. 2. Auflage. Wiesbaden.

Frietzsche, Ursula (2001) Externe Faktoren in der Dienstleistungsproduktion. Wiesbaden.

Fritsch, Michael (2014): Marktversagen und Wirtschaftspolitik. Mikroökonomische Grundüberlegungen staatlichen Handelns. 9. vollständig überarbeitete Auflage. München.

Funiok, Rüdiger (2002): Medienethik: Trotz Stolperstein ist der Wertediskurs über Medien unverzichtbar. In: Karmasin, Matthias (Hrsg.) 2002. Stuttgart: 37–58.

Gahlen, B./Hardes, H.-D./Rahmeyer, F./Schmid, A. (1981). Volkswirtschaftslehre (12. Aufl.). Tübingen.

Geiger, Ingmar (2011): Strategien des Geschäftsbeziehungsmanagements. In: Kleinaltenkamp, Michael/Plinke, Wulff/Geiger, Ingmar/Jacob, Frank/Söllner, Albrecht (2011): Geschäftsbeziehungsmanagement. 2. Auflage. Wiesbaden: 141–194.

Gerrig, Richard J./Zimbardo, Philip G. (2008): Psychologie. 18., aktualisierte Auflage. München.

Gessler, Michael (Hrsg.) (2011): Kompetenzbasiertes Projektmanagement. 4. Auflage. Band 1. Deutsche Gesellschaft für Projektmanagement. Nürnberg.

Geyer, Helmut (2013): Praxiswissen BWL – Crashkurs für Führungskräfte und Quereinsteiger. 2. Auflage. Freiburg.

Gieseking, Thomas (2009): Gewinnoptimale Preisbestimmung in werbefinanzierten Märkten: Eine conjoint-analytische Untersuchung eines Publikumszeitschriftenmarktes Wiesbaden.

Gigerenzer, Gerd (2013): Risiko. Wie man die richtigen Entscheidungen trifft. München.

Gläser, Martin (2003): Controlling im Rundfunk – Ganzheitliche Steuerung privater und öffentlich-rechtlicher Rundfunk-Unternehmen. In: Brösel, G./Keuper, F. (Hrsg.): Medienmanagement. Aufgaben und Lösungen. München. Wien: 147–170.

Gläser, Martin (2014): Medienmanagement, 3. vollständig überarbeitete Auflage. München.

Gläser, Martin (2021): Medienmanagement, 4. vollständig überarbeitete Auflage. München.

Goolsbee, Austan/Levitt, Steven/Syverson, Chad (2014): Mikroökonomik. Stuttgart.

Gossen, Hermann Heinrich (1854): Entwickelung der Gesetze des menschlichen Verkehrs, und der daraus fließenden Regeln für menschliches Handeln, Braunschweig.

Groll, K. (1991): Erfolgssicherung durch Kennzahlensysteme. 4. Auflage. Freiburg i. Br.

Gutenberg, Erich (1951/1982): Grundlagen der Betriebswirtschaftslehre, Band 1, Die Produktion. 24. Auflage. Berlin, Heidelberg, New York.

Gutenberg, Erich (1955/1984): Grundlagen der Betriebswirtschaftslehre, Band 2, Der Absatz. 24. Auflage. Berlin, Heidelberg, New York.

Hachmeister, Lutz (Hrsg.) (2008): Grundlagen der Medienpolitik. Ein Handbuch. München.

Hacker, Thomas (1999): Vernetzung und Modularisierung – (Re)Organisation von Medienunternehmen. In: Schumann, Matthias/Hess, Thomas (Hrsg) (1999): Medienunternehmen im digitalen Zeitalter. Neue Technologien, Neue Märkte, Neue Geschäftsansätze. Wiesbaden: S. 155–175

Häberle, Siegfried G. (2008): Das neue Lexikon der Betriebswirtschaftslehre. Oldenbourg.

Haller, Sabine (2012): Dienstleistungsmanagement – Grundlagen, Konzepte, Instrumente. 5. Auflage. Wiesbaden.

Hardes, Heinz-Dieter/Uhly, Alexandra (2007): Grundzüge der Volkswirtschaftslehre, München.

Harris, F. W. (1913): How Many Parts to Make at Once Factory: The Magazine of Management 10(2): 135–136,152. Reprinted in Operations Research 38(6): 947–950, 1990; abrufbar unter: https://userhome.brooklyn.cuny.edu/irudowsky/CIS10.31/articles/EOQModel-OriginalPaper.pdf. Abgerufen am 09.06.17

Hass, Berthold H. (2002): Geschäftsmodelle von Medienunternehmen. Wiesbaden.

Haucap Justus/Wenzel Tobias (2011): Wettbewerb im Internet: Was ist online anders als offline? Düsseldorfer Institut für Wettbewerbsökonomie. https://www.dice.hhu.de/fileadmin/redaktion/Fakultaeten/Wirtschaftswissenschaftliche_Fakultaet/DICE/Ordnungspolitische_Perspektiven/016_OP_Haucap_Wenzel.pdf. Zugegriffen: 05.05.2017

Haufler, Andres (2014): Das Paretoprinzip. Erreichbar unter: https://www.ecpol.econ.uni-muenchen.de/downloads/wipo1/ss09/wipo1–02.pdf. Abgerufen am 02.06.2017

Heinen, Edmund (1968): Einführung in die Betriebswirtschaftslehre. Wiesbaden.

Heinen., Edmund (1971): Grundlagen betriebswirtschaftlicher Entscheidungen: Das Zielsystem der Unternehmung. Wiesbaden.

Heinhold, Michael (2010): Kosten- und Erfolgsrechnung in Fallbeispielen. 5. Auflage. Stuttgart.

Heinrich, Jürgen (2001): Ökonomisierung aus wirtschaftswissenschaftlicher Perspektive. In: Medien- und Kommunikationswissenschaft. 49. Jahrgang, Heft 2: 500–514.

Heinrich, Jürgen (1994): Soziale Marktwirtschaft. Konzeption – Entwicklung – Zukunftsaufgaben. 6. Aufl. Ludwigsburg, Berlin.

Heinrich, Jürgen (2002): Ökonomie der Medien – Grundlage einer Medientheorie. In: Eurich, Claus (Hrsg.): Gesellschaftstheorie und Mediensystem. Interdisziplinäre Zugänge zur Beziehung von Medien, Journalismus und Gesellschaft. Münster: 58–72.

Heinrich, Jürgen (2010): Medienökonomie. Band 1: Mediensystem, Zeitung, Zeitschrift, Anzeigenblatt. 3. Auflage. Wiesbaden.

Helbling, Jürgen (2011): Kommodifizierung. In: Fernand Kreff, Eva-Maria Knoll, Andre Gingric (Hrsg.): Lexikon der Globalisierung. Bielefeld.

Hennerkes, Christian (2002): Medienfonds als Finanzierungsinstrument für deutsche Kinospielfilmproduktionen. Baden-Baden.

Hensel, K.P. (1978): Grundformen der Wirtschaftsordnung. Marktwirtschaft und Zentralverwaltungswirtschaft. 3. Auflage. München

Hentschel, B. (1992): Dienstleitungsqualität aus Kundensicht. Vom merkmals- zum ereignisorientierten Ansatz. Wiesbaden.

Hentze, Joachim/Graf, Andrea/Kammel, Andreas/Lindert, Klaus (2005): Personalführungslehre: Grundlagen, Funktionen und Modelle der Führung. 4. Auflage. Stuttgart.

Herder-Dorneich, Philipp (1996): Dienstleistungsökonomik. In: Rudolph Bauer (Hrsg.), Lexikon des Sozial- und Gesundheitswesens. Oldenbourg.

Herdzina, Klaus/Seiter, Stephan (2009): Einführung in die Mikroökonomik. 11. Auflage. München.

Herrmann, Andreas (2014): Relevanz des Preismanagements für den Unternehmenserfolg. In: Diller, Hermann/Hermann, Andreas (2014): Handbuch Preispolitik: Strategien — Planung — Organisation — Umsetzung. Wiesbaden: 33–45.

Herzberg, Frederick (1968): One more time: how do you motivate employees? In: Harvard Business Review. 46, 1: 53–62.

Herzberg, Frederick/Mausner, Bernhard/Snyderman, Barbara (1959): The Motivation to Work. 2. Auflage. New York.

Hess, Thomas (2022). Digitale Transformation strategisch steuern. Wiesbaden.

Hickethier, K. (2010): Einführung in die Medienwissenschaft. 2. aktualisierte und überarbeitete Auflage. Stuttgart.

Hiller, H./Füssel, S. (2006): Wörterbuch des Buches. Frankfurt. a. M.

Hilke, W. (1984): Dienstleistungsmarketing aus Sicht der Wissenschaft. Diskussionsbeiträge des Betriebswirtschaftlichen Seminars der Universität Freiburg. Freiburg.

Hinterhuber, Hans H. (2011): Strategische Unternehmensführung I. Strategisches Denken: Vision, Ziele, Strategie. 8. Auflage. Berlin.

Hinterhuber, Hans H./Matzler, Knut (2002): Kundenorientierte Unternehmensführung. Kundenorientierung – Kundenzufriedenheit – Kundenbindung. 3. Auflage. Wiesbaden.

Hinze, Franz (2004): Gründung und Führung einer Buchhandlung: Gründung und Führung einer Buchhandlung: Standortwahl und Geschäftsraum – Formalitäten – Beschaffung und Lagerhaltung – Verkauf und Kundenservice – Rechtsform – Buchführung – Betriebsstatistik. Frankfurt am Main.

Hippner, Hajo/Wilde, Klaus D. (2006): Grundlagen des CRM. Konzepte und Gestaltung. 2. Auflage. Wiesbaden.

Hirsch, Fred (1980): Die sozialen Grenzen des Wachstums. Cambridge.

Hofert, Svenja (2012): Praxisbuch für Freiberufler: Alles, was Sie wissen müssen, um erfolgreich zu sein. 4. überarbeitete Auflage. Offenbach.

Holtbrügge, D. (2015): Personalmanagement. 6. Auflage. Berlin et al.

Homann, Karl/Suchanek, Andreas (2005): Ökonomik. Eine Einführung. 2. Auflage. Tübingen.

Homburg, Christian (2017): Marketingmanagement. Strategie – Instrumente – Umsetzung – Unternehmensführung. 6. Auflage. Wiesbaden.

Homp, Cristian/Wilfried Krüger (1997): Kernkompetenz-Management. Wiesbaden.

Horvárth, Péter (2011): Controlling. 12., vollständig überarbeitete Auflage. München.

Hügens, Torben (2008): Balanced Scorecard und Ursache-Wirkungsbeziehungen: Kausale Modellierung und Simulation mithilfe von Methoden des Qualitative Reasoning (Information – Organisation – Produktion). Wiesbaden.

Hungenberg, Harald (2011): Strategisches Management in Unternehmen. Ziele – Prozesse – Verfahren. 6., überarbeitete Auflage. Wiesbaden.

Hutzschenreuter, Thomas (2006): Wachstumsstrategien – Einsatz von Managementkapazitäten zur Wertsteigerung. 2. Auflage. Wiesbaden.

Hutzschenreuter, Thomas (2015): Allgemeine Betriebswirtschaftslehre: Grundlagen mit zahlreichen Praxisbeispielen. 6. Auflage. Wiesbaden.

Jackson, Barbara B. (1985): Build Customer Relationships that Last. In: Harvard Business Review, Vol. 63, No. 6: 120–128.

Jost, Peter-J. (2001): Die Prinzipal-Agenten-Theorie in der Betriebswirtschaftslehre. Freiburg.

Jung, H. (2011): Personalwirtschaft. 9. Auflage. München

Kahnemann, Daniel (2012): Schnelles Denken, langsames Denken. München.

Kamiske, G./Brauer, J. (1995). Qualitätsmanagement von A bis Z, Erläuterungen und moderne Begriffe des Q-Managements 2. Auflage. München.

Kaplan, Robert S.//Norton, David N. (1997): Balanced Scorecard. Strategien erfolgreich umsetzen. Stuttgart.

Karmasin, Matthias (2001): Das Medienunternehmen als kommunikationswissenschaftliches und ökonomisches Betrachtungsobjekt. Konturen einer Theorie der Medienunternehmung. In: Karmasin, Matthias/Knoche, Manfred/Winter, Carsten (Hrsg.): Medienwirtschaft und Gesellschaft I. Medienunternehmen und die Kommerzialisierung von Öffentlichkeit. Münster.

Karmasin, Matthias/Winter, Carsten (2000) Kontexte und Aufgabenfelder von Medienmanagement. In: Karmasin Winter (Hrsg.): Grundlagen des Medienmanagements. München: 15–39.

Karmasin, Matthias/Winter Carsten (2002): Globale Kommerzialisierung von Medienkultur. In: Karmasin, Matthias (Hrsg.): Medien und Ethik. Stuttgart: 9–36.

Katz, Elihu/Blumler, J. G./Gurevitch, M. (1974). Utilization of mass communication by the individual. In: Blumler, J. G./Katz, E. (Hrsg.): The uses of mass communication: Current perspectives on gratifications research. London: 19–32.

Kessel, Katja/Reimann, Sandra (2010): Basiswissen Deutsche Gegenwartssprache. 3. Auflage. Stuttgart.

Keuper, Frank (2010): TransformIT. Wiesbaden.

Kiefer, Marie Luise (2003): Medienfunktionen als meritorische Güter. In: Medien Journal 27, 3: 31–46.

Kiefer, Marie Luise (2005): Medienökonomik. Einführung in eine ökonomische Theorie der Medien. 2. Auflage. München/Wien.

Kiefer, Marie Luise/Steininger Christian (2013): Medienökonomik. 3. Auflage. München.

Kiefer, Marie Luise (2017): Journalismus als Dienstleistung? Eine dienstleistungstheoretische Einschätzung: In: Medien und Kommunikationswissenschaft, 65. Jahrgang 2017, Nr. 4:682–703. Baden-Baden.

Kieser, A./Walgenbach, P. (2010): Organisation. 6., überarbeitete Auflage. Stuttgart.

Kloock, Josef (1983): Kuppelproduktion. In: Wolfgang Lück (Hrsg.), Lexikon der Betriebswirtschaft, 1983. München.

Knieps, Günter (2008): Wettbewerbsökonomie. Regulierungstheorie, Industrieökonomie, Wettbewerbspolitik. 3. Auflage. Heidelberg.

Knoblich, H./Oppermann, R. (1996): Dienstleistung – Ein Produkttyp. In: der markt, 35. Jahrgang, Nr. 136: 13–22.

Köcher, A. (2002): Controlling der werbefinanzierten Medienunternehmung. Köln.

Kolb, M. (2008): Personalmanagement. Wiesbaden.

Kollmann, Tobias (2006): E-Business. Grundlagen elektronischer Geschäftsprozesse in der Digitalen Wirtschaft. 6. überarbeitete Auflage. Wiesbaden.

Kosiol, Erich (1976): Organisation der Unternehmung. 2. Auflage. Wiesbaden.

Kotler, Philip/Keller, Kevin L./Biemel Friedhelm (2007): Marketing-Management. Strategien für wertschaffendes Handeln. 12. Auflage. München.

Kotler, Philip/Bliemel, Friedhelm (2009): Marketing-Management. Analyse, Planung und Verwirklichung. 10. überarbeitete und aktualisierte Auflage. München.

Kotler, Philip/Keller, Kevin Lane/Opresnik, Marc Oliver (2015): Marketing-Management: Konzepte – Instrumente – Unternehmensfallstudien. 14. aktualisierte Auflage. Hallbergmoos.

Krallmann, Herrmann/Bobrik, Anette (2013): Systemanalyse im Unternehmen: Prozessorientierte Methoden der Wirtschaftsinformatik. 6. Auflage. München.

Krause, Hans-Ulrich (2016): Controlling-Kennzahlen für ein nachhaltiges Management. Ein umfassendes Kompendium kompakt erklärter Key Performance Indicators. München.

Krautter, J. (1973): Marketing-Entscheidungsmodelle. Wiesbaden.

Kreutzer, Ralf, T. (2014): Praxisorientiertes Marketing. 2. Auflage. Wiesbaden.

Kreutzer, Ralf, T. (2016): Online Marketing: Kompaktwissen. Wiesbaden.

Kroeber-Riel, W./Gröppel-Klein, A. (2013): Konsumentenverhalten. 10. Auflage. München

Kroeber-Riel, W./Esch, F.-R. (2004): Strategie und Technik der Werbung. Verhaltenswissenschaftliche Ansätze. 6. Auflage. Stuttgart.

Krüger, Uwe/Sevignani, Sebastian (2020): Ideologie, Kritik, Öffentlichkeit. Frankfurt a. M.

Küpper, Hans-Ulrich (2013): Controlling: Konzeption, Aufgaben, Instrumente. Stuttgart.

Kürble, Peter (2006): Die unternehmensinterne Wertschöpfungskette bei Dienstleistungen am Beispiel der TV-Programmveranstalter. Arbeitspapier Nr. 4 der FOM. https://econstor.eu/bitstream/10419/75192/1/749738359.pdf. Abgerufen am 07.01.2016

Kuhlen, Rainer (1995): Informationsmarkt. Chancen und Risiken der Kommerzialisierung von Wissen. Schriften zur Informationswissenschaft Vol. 15. Konstanz.

Landwehr, R. (1988): Standardisierung der internationalen Werbeplanung: Eine Untersuchung der Prozessstandardisierung am Beispiel der Werbebudgetierung im Automobilmarkt. Frankfurt am Main.

Lange, Bernd-Peter (2008): Medienwettbewerb, Konzentration und Gesellschaft. Interdisziplinäre Analyse von Medienpluralität in regionaler und internationaler Perspektive. Wiesbaden.

Laukemann, Marc (2016): Partnergesellschaft. 3. Auflage. München.

Lasswell, H.D. (1967): The structure and function of communication in society. In: Berelson, B./Janowitz, M (Hrsg.): Reader in public opimion communication. 2. Auflage. New Yortk: 178–192.

Lehmann, Christian: 'Typologie' vs. 'Klassifikation'. Universität Erfurt, abgerufen am 03.02.17. Text erreichbar unter: https://www.christianlehmann.eu/ling/typ/typ_vs_klasse.php

Linde, Frank (2005): Ökonomie der Information. Göttingen.

Lindenberg, Siegwart (1985): An assesment of the new political economy: Its potential for the social sciences and for sociology in particular. In: Sociological Theory. Vol. 3: 99–114.

Lobigs, Frank (2005): Medienmarkt und Medienmeritorik. Beiträge zur ökonomischen Theorie der Medien. Dissertation. Zürich.

Lück, Helmut (1996): Kurt Lewin. Weinheim.

Ludwig, Johannes (1998): Zur Ökonomie der Medien: Zwischen Marktversagen und Querfinanzierung: Von J. W. Goethe bis zum Nachrichtenmagazin Der Spiegel. Wiesbaden.

Lusch, Robert F./Vargo, Stephen L. (2014): Service Dominant Logic. Premises, Perspectives, Possibilities. Cambridge, New York.

Jochen Lux, Jochen (2006): Der Tatbestand der allgemeinen Marktbehinderung: Ein Beitrag zu den Grenzen des Lauterkeits-rechts (Geistiges Eigentum und Wettbewerbsrecht, Band 6) Tübingen.

Macharzina, Klaus/Wolf, Joachim (2008): Unternehmensführung. Das internationale Managementwissen. Konzepte – Methoden – Praxis. Wiesbaden.

Marchthaler, Jörg: Wertanalyse, Value Management, Wertorientierte Unternehmensführung: Entwicklungen und Methoden. Blankenheim.

Maleri, R. (1994). Grundlagen der Dienstleistungsproduktion. 4. Auflage. Berlin, Heidelberg.

Mankiw, Gregory N./Taylor, Mark P. (2012): Grundzüge der Volkswirtschaftslehre. 5., überarbeitete und erweiterte Auflage. Stuttgart.

Martens, Dirk/Herfert, Jan/Karbe, Tobias (2012): Auswirkungen digitaler Piraterie auf die Ökonomie von Medien. Untersuchung der Effekte von Urheberrechtsverletzung auf die Film-, Musik- und Games-Wirtschaft in Deutschland und der Region Berlin-Brandenburg. Berlin.

Maslow, Abraham H. (1954/1981): Motivation und Persönlichkeit (Originaltitel: Motivation and Personality) 12. Auflage. Reinbeck.

Matiaske, W./Mellewigt, T. (2002): Motive, Erfolge und Risiken des Outsourcings – Befunde und Defizite der empirischen Outsourcing-Forschung. In: Zeitschrift für Betriebswirtschaft, 72. Jahrgang, Heft 6: 641–659.

McGregor, Douglas (1960): The Human Side of Enterprise. New York.

Meedia (2016): Fast nur Flops, vor allem bei ProSieben und RTL II: die erste Neustart-Bilanz der TV-Saison 2016/17. Veröffentlicht am: 23.09.2016 unter: https://meedia.de/2016/09/23/fast-nur-flops-vor-allem-bei-prosieben-und-rtl-ii-die-erste-neustart-bilanz-der-tv-saison-201617 (abgerufen am 28.12.2017)

Meffert, Heribert (2009): Marketing. Grundlagen marktorientierter Unternehmensführung. Konzepte – Instrumente – Praxisbeispiele. 9. überarbeitete und erweiterte Auflage. Wiesbaden.

Meffert, Heribert/Bruhn, Manfred/Hadwich, Karsten (2015): Dienstleistungsmarketing. Grundlagen – Konzepte – Methoden. Mit Fallstudien. 8., vollständig überarbeitete und erweiterte Auflage. Wiesbaden.

Meffert, Heribert/Burmann, Christoph/Kirchgeorg, Manfred (2015): Marketing. Grundlagen marktorientierter Unternehmensführung. Konzepte – Instrumente – Praxisbeispiele. 12., überarbeitete und aktualisierte Auflage. Wiesbaden.

Meffert, Heribert/Freter, Hermann (1974): Entscheidungsmodelle der Werbebudgetierung. Das Wirtschaftsstudium 4(5): 52–70.

Meier, Werner A./Trappel, Josef (2001): Medienökonomie. In: Jarren, Otfried/Bonfadelli, Heinz: Einführung in die Publizistikwissenschaft. Bern. Stuttgart. Wien: 161–196.

Meier-Hayoz, A./Forstmoser, P. (1978): Grundriss des schweizerischen Gesellschaftsrechts. 3. Auflage. Bern.

Miles, R.E./Snow, C.C. (1978): Organizational Strategy, Structure and process. New York.

Mintzberg, H. (1978): Patterns in Strategy Formation. In: Management Science. 24. Jahrgang. Heft 9: 934–948.

Mintzberg, H./McHugh, A. (1985): Strategy Formation in an Adhocracy. In: Administrative Science Quarterly. 30. Jahrgang. Heft 2: 160–197.

Miroschedji de, Sania Alexander (2002): Globale Unternehmens- und Wertschöpfungsnetzwerke: Grundlagen – Organisation – Gestaltung. Wiesbaden.

Möller, Thor/Dörrenberg, Florian (2003): Projektmanagement. München.

Müller-Armack, Alfred: Der Moralist und der Ökonom. Zur Frage der Humanisierung der Wirtschaft. In: Ders: Genealogie der Sozialen Marktwirtschaft. 2., erw. Auflage. Haupt, Bern 1981

Musgrave, Richard A. (1957): A Multiple Theory of Budget Determination. Finanzarchiv 17: 333–343.

Neumann, John von/Morgenstern, Oskar (2004): Theory of Games and Economic Behavior. Princeton NJ (Erstveröffentlichung 1944)

Nieschlag, Robert/Dichtl, Erwin/Hörschgen, Hans (2002): Marketing. 19. Auflage. Berlin.

Olbrich, Rainer (2006): Marketing: Eine Einführung in die marktorientierte Unternehmensführung. 2. Auflage. Berlin, Heidelberg.

Olfert, Klaus (2005): Kompakt-Training. Einführung in die Betriebswirtschaftslehre. Ludwigshafen (Rhein).

Olfert, Klaus/Reichel, Christopher (2008): Finanzierung, 14., verbesserte und aktualisierte Auflage. Ludwigshafen.

Olfert, Klaus/Rahn, H.-J. (1999): Einführung in die Betriebswirtschaftslehre. Ludwigshafen.

Palich, I. E./Cardinal, L.B./Miller, C.C. (2000): Curvilinearity in the Diversification-Performance-Linkage – AN Examination of Over Three Decades of Research. In: Strategic Management Journal, 21. Jg., Heft 2; 155–174.

Paul, Joachim (2015): Praxisorientierte Einführung in die Allgemeine Betriebswirtschaftslehre. Mit Beispielen und Fallstudien, 3., aktualisierte Auflage, Wiesbaden.

Paul, Joachim (2014): Beteiligungscontrolling und Konzerncontrolling. Wiesbaden.

Pepels, Werner (2009): Handbuch des Marketings. 5. Auflage. München.

Pepels, Werner (2015): Grundlagen des Vertriebs. 3. vollständig überarbeitete Auflage. Berlin.

Perridon, Louis/Steiner, Manfred/Rathgeber, Andreas W. (2016): Finanzwirtschaft der Unternehmung. 17., überarbeitete Auflage. München.

Pfaff, Dieter (2004): Praxishandbuch Marketing – Grundlagen und Instrumente, Frankfurt.

Picot, A./Ditl, H./Franck, E. (2008): Organisation: Eine ökonomische Perspektive. 5. Auflage, Stuttgart.

Picot, A./Neuburger, R. (2006): Internet-Ökonomie. In: Altmeppen, Klaus-Dieter/Karmasin, Matthias (Hrsg.) (2003): Medien und Ökonomie. Band 3: Anwendungsfelder der Medienökonomie. Wiesbaden: 121–143.

Picot, A./Reichwanld, R./Wigand, R.T (2003): Die grenzenlose Unternehmung. Information, Organisation und Management, 5. Auflage. Wiesbaden.

Pindyck, Robert S./Rubinfeld, Daniel L. (2005): Mikroökonomie. 6. Auflage. München.

Piper, Nikolaus (2007): Ökonom aus Königstein. Artikel in der Süddeutschen Zeitung vom 19. Januar 2007.

Plinke, Wulff/Söllner, Ralf (2017): Kundenbindung und Abhängigkeitsbeziehungen. In: Bruhn, Manfred/ Homburg, Christian (2017) (Hrsg.): Handbuch Kundenbindungsmanagement: Strategien und Instrumente für ein erfolgreiches CRM. 8., vollständig überarbeitete und erweiterte Auflage. Wiesbaden.

Polanyi, Karl (1978): The Great Transformation. Frankfurt a. M.

Porter, Michael E. (2013): Wettbewerbsstrategie: Methoden zur Analyse von Branchen und Konkurrenten. 12. aktualisierte und erweiterte Auflage. Frankfurt.

Porter, Michael E. (2014): Wettbewerbsvorteile: Spitzenleistungen erreichen und behaupten. 8. durchgesehene Auflage. Frankfurt.

Posset, Markus (2022): Medienökonomie: Alles, was Sie über Print, Fernsehen, Radio und Internet wissen müssen. Wiesbaden.

Pradel, Marcus/Schulte, Thomas (2006): Guerilla Marketing für Unternehmertypen. o.O.

Prechtl, Peter (2016): Axiom. In: Helmut Glück (Hrsg.): Metzler Lexikon Sprache. Stuttgart.

Preißler, Peter, R. (2008): Betriebswirtschaftliche Kennzahlen: Formeln, Aussagekraft, Sollwerte, Ermittlungsintervalle. München.

Pross, Harry (1979): Publizistik: Thesen zu einem Grundcolloquium. Neuwied.

Puppis, Manuel (2007): Einführung in die Medienpolitik. München.

Purkert, Walter (2001): Brückenkurs Mathematik für Wirtschaftswissenschaftler. 4. durchgesehene Auflage. Stuttgart. Leipzig. Wiesbaden.

Raab, Gerhard/Unger, Alexander/Unger, Fritz (2000): Marktpsychologie. Grundlagen und Anwendung. 3. Auflage. Wiesbaden.

Rau, Harald (2007): Qualität in einer Ökonomie der Publizistik. Betriebswirtschaftliche Lösungen für die Redaktion. Wiesbaden.

Reed, David P. (1999): That Sneaky Exponential – Beyond Metcalfe's Law to the Power of Community Building, in: Context Magazine 3, 1999

Rentmeister, Jahn/Klein, Stefan (2003): Geschäftsmodelle – ein Modebegriff auf der Waagschale. In: ZfB-Ergänzungsheft 1:17–30.

Richter, Rudolf//Furubotn, Eiric G. (2003): Neue Institutionenökonomik. 3. Auflage. Tübingen.

Ridder, H.-G. (2006): Personalwirtschaftslehre. 2. Auflage. Stuttgart.

Rieck, Christian (2010): Spieltheorie. Eine Einführung. 10., überarbeitete Auflage. Eschborn.

Rieg, R. (2001): Beyond Budgeting. In: Controlling Nr. 11/2001: 571 ff.

Rimscha von, Björn/Siegert, Gabriele (2015): Medienökonomie. Eine problemorientierte Einführung. Wiesbaden.

Robbins, Stephen, P./Coulter, Mary/Fischer, Ingo (2014): Management. Grundlagen der Unternehmensführung. 12., aktualisierte Auflage. Hallbergmoos.

Röpke, Jochen (1979): Wettbewerb, Pressefreiheit und öffentliche Meinung. Eine Analyse der Wirkungen. In: Schmollers Jahrbuch. Zeitschrift für Wirtschafts- und Sozialwissenschaften: 171–192

Ronneberger, Franz (1971): Sozialisation durch Massenkommunikation. Stuttgart.

Ronneberger, Franz (1974): Die politischen Funktionen der Massenkommunikation. In: Langenbucher, Wolfgang (Hrsg.): Zur Theorie der politischen Kommunikation. München: 193–205.

Rubner, Daniel/Leuering, Dieter (2023): Personenhandelsgesellschaftsrecht für Freiberufler nach dem MoPeG. NJW-Spezial 2023: 655 ff.

Rühl, Manfred (1998) Politische Kommunikation – Wirtschaftswissenschaftliche Perspektiven. In: Jarren O./ Sarcinelli U./Sachser U. (Hrsg.): Politische Kommunikation in der demokratischen Gesellschaft. Handbuch mit Lexikonteil, Opladen. Wiesbaden: 173–185.

Samuleson, Paul/Nordhaus, William (1998): Volkswirtschaftslehre. 15. Auflage. Wien. Frankfurt.

Sander, Matthias (2011): Marketing-Management: Märkte, Marktforschung und Marktbearbeitung. 2. Auflage. Konstanz und München.

Saxer, Ulrich (1974): Funktionen der Massenmedien in der modernen Gesellschaft. In: Kurzrock, Reuprecht/Rust, Holger/Saxer, Ulrich (Hrsg.): Medienforschung. Berlin: 22–33.

Scheffler, Wolfgang (2013): Besteuerung von Unternehmen III: Steuerplanung. 2. Auflage. Heidelberg.

Schellmann, Bernhard/Baumann, Andreas/Gläser, Martin/Kegel Thomas (2017): Handbuch Medien. Medien verstehen – gestalten – produzieren. 7., erweiterte und verbesserte Auflage. Haan-Gruiten.

Schenk, Michael (2007): Medienwirkungsforschung. 3. Auflage. Tübingen.

Scherm, E./Süß, S. (2003): Personalmanagement. München.

Scherr, Maximilian//Berg, Achim//König, Birgit//Rall, Wilhelm (2008): Einsatz von Instrumenten der Strategieentwicklung in der Beratung. In: Bamberger, Ingolf (Hrsg.): Strategische Unternehmensberatung, 5. Auflage. Wiesbaden: 125–152.

Schewe, Gerhard (2015): Unternehmensverfassung: Corporate Governance im Spannungsfeld von Leitung, Kontrolle und Interessenvertretung. Wiesbaden.

Schicha, Christian/Brosda, Carsten (Hrsg.) (2000): Medienethik zwischen Theorie und Praxis. Münster.

Schierenbeck, Henner/Wöhle, Claudia B. (2016): Grundzüge der Betriebswirtschaftslehre. 19. Auflage. München.

Schiersmann, Christiane/Thiel, Heinz-Ulrich (2013): Organisationsentwicklung: Prinzipien und Strategien von Veränderungsprozessen. 4. Auflage. Berlin.

Schmidlin, Nikolas (2013): Unternehmensbewertung & Kennzahlenanalyse: Praxisnahe Einführung mit zahlreichen Fallbeispielen börsennotierter Unternehmen. 2., überarbeitete Auflage. München.

Schmidt, G.: Organisation und Business Analysis – Methoden und Techniken. ibo Schriftenreihe Bd. 1. 15., unveränderte Auflage. Gießen.

Schneck, Ottmar (1997): Betriebswirtschaftslehre. Eine praxisorientierte Einführung mit Fallbeispielen. Frankfurt am Main.

Schneider, Dieter (1992): Investition, Finanzierung und Besteuerung. 7., vollständig überarbeitete und erweiterte Auflage. Wiesbaden.

Schnettler, Josef/Wendt, Gero (2003): Konzeption und Mediaplanung für Werbe- und Kommunikationsberufe. Lehr- und Arbeitsbuch für die Aus- und Weiterbildung. Berlin.

Schögel, Marcus (2012): Distributionsmanagement. Das Management der Absatzkanäle. München.

Schönstedt, Eduard (1999): Der Buchverlag: Geschichte, Aufbau, Wirtschaftsprinzipien, Kalkulation und Marketing. Stuttgart.

Scholz, Christian (Hrsg.) (2006): Handbuch Medienmanagement. Berlin. Heidelberg.

Schoppen, Willi (2015): Corporate Governance: Geschichte – Best Practice – Herausforderungen. Frankfurt am Main.

Schreyögg, Georg/Geiger, Daniel (2015): Organisation: Grundlagen moderner Organisationsgestaltung. Mit Fallstudien. 6. Auflage. Wiesbaden.

Schubert, Klaus/Klein, Martina (2011): Das Politiklexikon. 5., aktualisierte Auflage. Bonn.

Schülein, Johann August/Reitze, Simon (2016): Wissenschaftstheorie für Einsteiger, 4. Auflage, Wien.

Schüller, A. (1967): Dienstleistungsmärkte in der Bundesrepublik Deutschland. Sichere Domäne selbstständiger mittelständischer Unternehmen? Köln.

Schuldenzucker, Ulrike (2014): Prüfungstraining. Analysis und Lineare Algebra. Stuttgart.

Schulenburg, von der, Johann-Matthias/Greiner, Wolfgang (2007): Gesundheitsökonomik. Tübingen.

Schult, Christoph/Rosenbach, Marce (2024)l: Stimmungsmache in sozialen Medien: Baerbocks Digitaldetektive decken russische Desinformationskampagne auf. In: Der Spiegel. 26. Januar 2024, abgerufen am 26. Januar 2024

Schultz, Volker (2017): Basiswissen Rechnungswesen: Buchführung, Bilanzierung, Kostenrechnung, Controlling. 8. Auflage. Darmstadt.

Schumann, Matthias/Hess, Thomas/Hagenhoff, Svenja (2014): Grundfragen der Medienwirtschaft. Eine betriebswirtschaftliche Einführung. 6. Auflage. Berlin.

Schwaninger, Markus (1994): Managementsysteme. Das St. Galler Management-Konzept. Frankfurt am Main.

Schwarzbauer, Florian (2009): Modernes Marketing für das Bankgeschäft. Mit Kreativität und kleinem Budget zu mehr Verkaufserfolg. Wiesbaden.

Seidel, Horst/Temmen, Rudolf (2000): Grundlagen der Volkswirtschaftslehre. 18. Auflage. Bad Homburg vor der Höhe.

Shapiro, Carl/Varian, Hal R. (1999): Information Rules: A Strategic Guide to the Network Economy. In: Harvard Business School Press, Boston.

Simon, Hermann (1995): Preismanagement kompakt: Probleme und Methoden des modernen Pricing. Wiesbaden.

Simon, Hermann/Fassnach, Martin (2015): Preismanagement: Strategie – Analyse – Entscheidung – Umsetzung. Wiesbaden.

Simons, Jacob V. Jr./ Russell, G R. (1999): A Taxonomy and Cost based Model for Customer Batchin. In: Mass Service Operations, Oxford.

Sjurts, Insa (2005): Strategien in der Medienbranche. Grundlagen und Fallbeispiele. 3. überarbeitete und erweiterte Auflage. Wiesbdanen.

Sjurts, Insa (2004): Der Markt wird's schon richten!? Medienprodukte, Medienunternehmen und die Effizienz des Marktprozesses. In: K.-D. Altmeppen/M. Karmasin (Hrsg.), Problemfelder der Medienökonomie. Medien und Ökonomie (Bd. 2). Wiesbaden: 159–182.

Sjurts, Insa (2004a): Strategische Optionen in der Medienkrise: Print, Fernsehen, neue Medien. München

Sjurts, Insa (2005): Strategien in der Medienbranche. Grundlagen und Fallbeispiele. 3. Auflage. Wiesbaden.

Sjurts, Insa (Hrsg.) (2011): Gabler Lexikon Medienwirtschaft. 2. aktualisierte und erweiterte Auflage. Wiesbaden.

Smith, Adam (1776/2005): An Inquiry into the Nature and Causes of the Wealth of Nations. (dt. 2005: Untersuchung über Wesen und Ursachen des Reichtums der Völker). Stuttgart.

Staehle, W.H. (1999): Management. 8. Auflage. München.

Stapleton, Tony (Course Team Chair) (2000): Complexity and the External Environment. The Open University.

Starbatty, Joachim (2002): Das Menschenbild in den Wirtschaftswissenschaften. https://www.uni-tuebingen.de/uni/wwa/download/GeschWipo/176.pdf (Zugriff: 24.04.09).

Statista 2024: https://de.statista.com/statistik/daten/studie/777976/umfrage/legaler-umsatz-mit-video-streaming-und-verluste-durch-online-piraterie/ (abgerufen am 16.06.24)

Statistisches Bundesamt (Hrsg.) (1996): Pressestatistik 1994. Wiesbaden. Stuttgart (1996 erschien die letzte Pressestatistik, dann wurde sie eingestellt)

Steinmann, Horst/Schreyögg, Georg (2005): Management. Grundlagen der Unternehmensführung. 6. Auflage. Wiesbaden.

Sterblich, Ulrike/Kreßner, Tino/Theil, Anna/Bartelt, Denis (2015): Das Crowdfunding-Handbuch. Freiburg.

Strauss, Bernd/Bruhn, Manfred (2003): Dienstleistungsnetzwerke. Wiesbaden.

Strebel, Xavier Gilbert, Paul (1987): Strategies to outpace the competition. In: Journal of Business Strategy. Band 8, Nr. 1.

Swoboda, B., Giersch, J., & Foscht, T. (2006): Markenmanagement – Markenbildung in der Medienbranche. In: Scholz, C. (Hrsg.): Medienmanagement. Heidelberg: 789–813.

Tatievskaya, Elena (2003): Einführung in die Aussagelogik. Berlin.

Teichert, Willi (1972/1973): Fernsehen als soziales Handeln. In: Rundfunk und Fernsehen 20: 421–439; und: Fernsehen als soziales Handeln II. In: Rundfunk und Fernsehen 23: 301–320.

Thaler, Richard (2010): Nudge: Wie man kluge Entscheidungen anstößt. Berlin.

Thom, N. (2003): Betriebliches Vorschlagswesen. Ein Instrument der Betriebsführung und des Verbesserungsmanagements. 6., überarbeitete und ergänzte Auflage. Berlin.

Thommen, Jean-Paul/Achleitner, Ann-Kristin (1998): Allgemeine Betriebswirtschaftslehre. Umfassende Einführung aus managementorientierter Sicht, Stuttgart.

Thommen, Jean-Paul/Achleitner, Ann-Kristin/Gilbert, Dirk Ulrich/Hachmeister, Dirk/Kaiser, Gernot (2017): Allgemeine Betriebswirtschaftslehre. Umfassende Einführung aus managementorientierter Sicht. 8., überarbeitete und erweiterte Auflage. Wiesbaden.

Thommen, Jean-Paul/Achleitner, Ann-Kristin/Gilbert, Dirk Ulrich/Hachmeister, Dirk/Jarchow, Swenja/Kaiser, Gernot (2023): Allgemeine Betriebswirtschaftslehre. Umfassende Einführung aus managementorientierter Sicht. 10., überarbeitete und aktualisierte Auflage. Wiesbaden.

Tomczak, Torsten/Reinecke, Sven/Reinecke, Sabine (2009): Kundenpotenziale ausschöpfen – Gestaltungsansätze für Kundenbindung in verschiedenen Geschäftstypen. In: Hinterhuber, Heinz H./Matzler, Kurt (Hrsg.) (2009): Kundenorientierte Unternehmensführung. Kundenorientierung – Kundenzufriedenheit – Kundenbindung. 6. Auflage. Wiesbaden: 107–132.

Treschel, F. (1973): Investitionsplanung und Investitionsrechnung. 2. Auflage. Bern. Stuttgart.

Tucker, A. W. (1950): A Two-Person Dilemma – The Prisoner's Dilemma. Nachdruck in: Straffin, P. D. (1983): The Mathematics of Tucker – A Sampler, In: Two-Year College Mathematics Journal, 14. Jg., Nr. 3, S. 228–232.

Ulrich, Klaus (2005): Bewertung von Medienunternehmen. In: Drukarczyk, J./Ernst, D. (Hrsg): Branchenorientierte Unternehmesbewertung. München: 56–72.

Ulrich, Hans (1970): Die Unternehmung als produktives soziales System. 2. Auflage. Bern. Stuttgart.

Ulrich, Hans (2001): Systemorientiertes Management. Bern.

Ulrich, P./Fluri, E. (1995): Management. Eine konzentrierte Einführung. 7. Auflage. Stuttgart.

Unger, Fritz/Fuchs, Wolfgang/Michel, Burkhard (2013): Mediaplanung. Methodische Grundlagen und praktische Anwendungen. 6. Auflage. Berlin. Heidelberg.

Vahs, Dietmar (2015): Organisation: Ein Lehr- und Managementbuch. 9. Auflage. Stuttgart.

Vahs, Dietmar/Schäfer-Kunz, Jan (2015): Einführung in die Betriebswirtschaftslehre. 7., überarbeitete Auflage. Stuttgart.

Varian, Hal R. (2011): Grundzüge der Mikroökonomik. 8. überarbeitete und verbesserte Auflage. München.

Varian, Hal R./Buchegger, Reiner (2007). Grundzüge der Mikroökonomik (7. Aufl.). München.

Vershofen, Wilhelm (1940): Handbuch der Verbrauchsforschung. Berlin.

Vettiger, H. (2006): Einführung in die Betriebswirtschafts- und Managementlehre. Zürich/Chur.

Vidale, M. L./Wolfe, H. B. (1957): An operations-research study of sales response to advertising. Operations Research 5 (3): 370–381.

Weber, Bernd/Rager, Günther (2006): Medienunternehmen – Die Player auf den Medienmärkten. In: Scholz, Christian (Hrsg.) (2006): Handbuch Medienmanagement. Berlin. Heidelberg. New York: 117–143.

Weber, Jürgen/Schäffer, Utz (2016): Einführung in das Controlling. 15. Auflage. Stuttgart.

Weber, Max (1922): Wirtschaft und Gesellschaft. Grundriss der verstehenden Soziologie. Kap. III. Die Typen der Herrschaft. https://www.textlog.de/7323.html. Abgerufen am 25.05.2017

Wehrheim, Michael/Wirtz, Holger (2013): Die Partnerschaftsgesellschaft: Recht, Steuer, Betriebswirtschaft (Rechtsformen der Wirtschaft, Band 15). 5. völlig neu bearbeitete Auflage. Berlin.

Weiber, Rolf/Ferreira, Katharina (2015): Transaktions- versus Geschäftsbeziehungsmarketing. In: Backhaus, Klaus/Voeth, Markus (Hrsg.) (2015): Handbuch Business-to-Business-Marketing. 2. Auflage. Wiesbaden: 121–146

Weinberg, R. S. (1960): An analytical approach to advertising expenditure strategy. New York.

Weischenberg, Siegfried (1992): Journalistik. Bd. 1: Mediensysteme, Medienethik, Medien-institutionen. Opladen.

Weizsäcker, Carl Christian von (1997): Wettbewerb in Netzen. In: Wirtschaft und Wettbewerb (WuW); Handelsblatt Fachmedien. Band 47: 572–579

Welge, Martin (2012): Strategisches Management: Grundlagen – Prozess – Implementierung. 6., aktualisierte Auflage. Wiesbaden.

Welge, Martin/Eulerich, Marc (2014): Corporate-Governance-Management: Theorie und Praxis der guten Unternehmensführung. Wiesbaden.

Welge, Martin/Al-Laham, Andreas/Eulerich, Marc (2017): Strategisches Management. Grundlagen – Prozess. Implementierung. 7. Auflage. Wiesbaden.

Wensley, Robin/Moore, Mark H. (2011): Choice and Marketing in Public Value Management: The Creation of Public Value? In: Benington, John, Mark H. Moore (Hrsg.): Public Value. Theory and Practice. Basingstoke UK, New York:127–143.

Wersig, Gernot (1985): Die kommunikative Revolution. Strategien zur Bewältigung der Krise der Moderne. Opladen.

Wiedemer, Volker (2007): Standardisierung und Koexistenz in Netzeffektmärkten. Köln.

Wilken, Robert/Jacob, Frank (2015): Vom Produkt- zum Lösungsanbieter. In: Backhaus, Klaus/Voeth, Markus (Hrsg.): Handbuch Business-to-Business-Marketing. 2. Auflage. Wiesbaden: 127–164.

Williamson, Oliver E. (1990): Die ökonomischen Institutionen des Kapitalismus: Unternehmen, Märkte, Kooperationen. Tübingen.

Winkelmann, Peter (2012): Vertriebskonzeption und Vertriebssteuerung. Die Instrumente des integrierten Kundenmanagements – CRM. 5., vollständig überarbeitete und erweiterte Auflage. München.

Winter, Stefan (2015): Grundzüge der Spieltheorie. Ein Lehr- und Arbeitsbuch für das (Selbst-)Studium. Berlin. Heidelberg.

Wirtz, Bernd W./Becker, Daniel R. (2002): Geschäftsmodellansätze und Geschäftsmodellvarianten im Electronic Business. In: WiSt – Wirtschaftsstudium, Heft 2/2002: 85–90.

Wirtz, Bernd W./Pelz, R. (2006): Medienwirtschaft – Zielsysteme, Wertschöpfungsprozesse und -strukturen. In: Scholz, C. (Hrsg.): Handbuch Medienmanagement. Berlin, Heidelberg, New York: 261–278.

Wirtz, Bernd W. (2023): Medien- und Internetmanagement. 11. Auflage. Wiesbaden.

Wittmann, W. (1959): Unternehmung und unvollkommene Information: Unternehmerische Voraussicht – Ungewißheit und Planung. Köln.

Wöbken, Hergen (2010): „Digitale Mentalität der Webaktiven"; Institut für Strategieentwicklung (Hrsg.).

Wöhe, Günter/Döring, Ulrich/Brösel, Gerrit (2023): Einführung in die Allgemeine Betriebswirtschaftslehre. 28., überarbeitete und aktualisierte Auflage. München.

Wörlen, Rainer/Kokemoor, Axel (2012): Handelsrecht mit Gesellschaftsrecht. 11. Auflage. München

Wolf, Joachim (2013): Organisation, Management, Unternehmensführung: Theorien, Praxisbeispiele und Kritik. 5. Auflage. Wiesbaden.

Woratschek, H. (1998): Positionierung, Analysemethoden, Entscheidungen, Umsetzung. In: Meyer, A. (Hrsg.): Handbuch Dienstleistungsmarketing. Band 1. Stuttgart: 693–710.

Woratschek, H. (2001): Zum Stand einer „Theorie des Dienstleistungsmarketings". In: Die Unternehmung. 55 Jahrgang, Nr. 4/5: 261–278.

Wübker, G./Schmidt-Gallas, D. (2014): Pricingstrategien für Banken. In: Diller, Hermann/Hermann, Andreas (2014): Handbuch Preispolitik. Wiesbaden: 667–687.

Yukl, G. (2013): Leadership in Organizations. 8th Edition. London.

Zäpfel, Günter (1982): Produktionswirtschaft: Operatives Produktionsmanagement. Wiesbaden.

Zentes, Joachim/Swoboda, Berhard/Schramm-Klein, Hanna (2013): Internationales Marketing. 3. Auflage. München.

Zydorek, Christoph (2013): Einführung in die Medienwirtschaftslehre. Wiesbaden.

Stichwortverzeichnis

https://doi.org/10.1515/9783111548999-010